Treasures for Scholars Worldwide

龙向洋 编

哈佛燕京图书馆书目丛刊第19种

美国哈佛大学哈佛燕京图书馆藏中国新方志目录

Catalogue of the New Chinese Local Gazetteers in the Harvard-Yenching Library, Harvard University, U.S.A.

［吉黑沪苏浙皖闽］

·2·

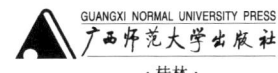
广西师范大学出版社
·桂林·

吉林省

005285258
吉林省志
吉林省地方志编纂委员会编纂 长春 吉林人民出版社 1991 年

013704293
吉林省志 第 1 卷 林业志 1986—2000
吉林省地方志编纂委员会编纂 长春 吉林人民出版社 2012 年 538 页

009511263
吉林省志 第 1 卷 总述
吉林省地方志编纂委员会编纂 长春 吉林人民出版社 2004 年 517 页

009046198
吉林省志 第 2 卷 大事记
吉林省地方志编纂委员会编纂 长春 吉林人民出版社 2001 年 847 页

013752512
吉林省志 第 2 卷 商务志 1986—2000
吉林省地方志编纂委员会编纂 长春 吉林人民出版社 2011 年 614 页

009961664
吉林省志 第 3 卷 建置沿革志
吉林省地方志编纂委员会编纂 长春 吉林人民出版社 2005 年 439 页

011328089
吉林省志 第 5 卷 人口志
吉林省地方志编纂委员会编纂 长春 吉林省地方志编纂委员会发行 1992 年 484 页

008689347
吉林省志 第 6 卷 中国共产党志
吉林省地方志编纂委员会编纂 长春 吉林人民出版社 1997 年 739 页

009511262
吉林省志 第 7 卷 政府志
吉林省地方志编纂委员会编纂 长春 吉

林人民出版社 2003 年 820 页

011328073

吉林省志 第 8 卷 人民代表大会志

吉林省地方志编纂委员会编纂 长春 吉林省地方志编纂委员会发行 1994 年 414 页

009840091

吉林省志 第 9 卷 人民政协志

吉林省地方志编纂委员会编纂 长春 吉林人民出版社 2005 年 531 页

008486625

吉林省志 第 10 卷 民主党派 工商联志

吉林省地方志编纂委员会编纂 长春 吉林人民出版社 1995 年 491 页

011327492

吉林省志 第 11 卷 政事志 民政

吉林省地方志编纂委员会编纂 长春 吉林人民出版社 1991 年 420 页

011328064

吉林省志 第 11 卷 政事志 人事

吉林省地方志编纂委员会编纂 长春 吉林人民出版社 1994 年 606 页

009675435

吉林省志 第 11 卷 政事志 外事

吉林省地方志编纂委员会编纂 长春 吉林人民出版社 2004 年 280 页

012541845

吉林省志 第 11 卷 政事志 侨务

吉林省地方志编纂委员会编纂 长春 吉林人民出版社 2009 年 261 页

008486628

吉林省志 第 12 卷 司法公安志 检察

吉林省地方志编纂委员会编纂 长春 吉林人民出版社 1992 年 291 页

008838745

吉林省志 第 12 卷 司法公安志 公安

吉林省地方志编纂委员会编纂 长春 吉林人民出版社 1998 年 753 页

009675441

吉林省志 第 12 卷 司法公安志 审判

吉林省地方志编纂委员会编纂 长春 吉林人民出版社 2004 年 328 页

010280410

吉林省志 第 12 卷 司法公安志 司法行政

吉林省地方志编纂委员会编纂 长春 吉林人民出版社 2000 年 427 页

008689238

吉林省志 第 13 卷 群众团体志 妇联

吉林省地方志编纂委员会编纂 长春 吉林人民出版社 1999 年 420 页

008444114

吉林省志 第 13 卷 群众团体志 共青团

吉林省地方志编纂委员会编纂 长春 吉林人民出版社 2000年 428页

009840065
吉林省志 第13卷 群众团体志 工会
吉林省地方志编纂委员会编纂 长春 吉林人民出版社 2004年 399页

008689223
吉林省志 第14卷 军事志
吉林省地方志编纂委员会编纂 长春 吉林人民出版社 1996年 740页

011327503
吉林省志 第15卷 经济综合管理志 标准计量
吉林省地方志编纂委员会编纂 长春 吉林人民出版社 1991年 321页

011327513
吉林省志 第15卷 经济综合管理志 工商行政管理
吉林省地方志编纂委员会编纂 长春 吉林文史出版社 1991年 288页

011328061
吉林省志 第15卷 经济综合管理志 物价
吉林省地方志编纂委员会编纂 长春 吉林人民出版社 1994年 792页

011327521
吉林省志 第15卷 经济综合管理志 统计
吉林省地方志编纂委员会编纂 长春 吉林人民出版社 1991年 467页

008799844
吉林省志 第15卷 经济综合管理志 物资
吉林省地方志编纂委员会编纂 长春 吉林人民出版社 1995年 420页

008689279
吉林省志 第15卷 经济综合管理志 土地
吉林省地方志编纂委员会编纂 长春 吉林人民出版社 2000年 592页

008689212
吉林省志 第15卷 经济综合管理志 计划
吉林省地方志编纂委员会编纂 长春 吉林人民出版社 2000年 681页

008689215
吉林省志 第15卷 经济综合管理志 劳动
吉林省地方志编纂委员会编纂 长春 吉林人民出版社 1998年 498页

011321367
吉林省志 第16卷 农业志 种植
吉林省地方志编纂委员会编纂 长春 吉林人民出版社 1993年 551页

011320315
吉林省志 第 16 卷 农业志 农业机械化
吉林省地方志编纂委员会编纂 长春 吉林人民出版社 1993 年 423 页

011328069
吉林省志 第 16 卷 农业志 畜牧
吉林省地方志编纂委员会编纂 长春 吉林人民出版社 1994 年 551 页

008689230
吉林省志 第 16 卷 农业志 农村生产关系
吉林省地方志编纂委员会编纂 长春 吉林人民出版社 1999 年 540 页

011321372
吉林省志 第 17 卷 林业志
吉林省地方志编纂委员会编纂 长春 吉林人民出版社 1994 年 800 页

008587881
吉林省志 第 20 卷 轻工业志 一轻工业
吉林省地方志编纂委员会编纂 长春 吉林人民出版社 1997 年 521 页

009961663
吉林省志 第 20 卷 轻工业志 纺织
吉林省地方志编纂委员会编纂 长春 吉林人民出版社 2008 年 405 页

008689350
吉林省志 第 21 卷 重工业志 电力
吉林省地方志编纂委员会编纂 长春 吉林文史出版社 1995 年 745 页

008689362
吉林省志 第 21 卷 重工业志 石油化学工业
吉林省地方志编纂委员会编纂 长春 吉林人民出版社 1994 年 757 页

008689181
吉林省志 第 21 卷 建材志
吉林省地方志编纂委员会编纂 长春 吉林人民出版社 2005 年 337 页

011312081
吉林省志 第 21 卷 重工业志 机械
吉林省地方志编纂委员会编纂 长春 吉林人民出版社 2007 年 413 页

008689176
吉林省志 第 22 卷 地质矿产志
吉林省地方志编纂委员会编纂 长春 吉林人民出版社 2001 年 683 页

008689321
吉林省志 第 23 卷 医药志
吉林省地方志编纂委员会编纂 长春 吉林人民出版社 1994 年 939 页

008486638
吉林省志 第 24 卷 烟草志
吉林省地方志编纂委员会编纂 长春 吉林人民出版社 1996 年 426 页

011320317
吉林省志　第 25 卷　乡镇企业志
吉林省地方志编纂委员会编纂　长春　吉林人民出版社　1993 年　345 页

008689182
吉林省志　第 26 卷　交通志　铁道
吉林省地方志编纂委员会编纂　长春　吉林人民出版社　1994 年　913 页

009241476
吉林省志　第 26 卷　交通志　公路　水运　民航
吉林省地方志编纂委员会编纂　长春　吉林人民出版社　2003 年　713 页

011327586
吉林省志　第 27 卷　邮电志
吉林省地方志编纂委员会编纂　长春　吉林人民出版社　1991 年　439 页

008587860
吉林省志　第 28 卷　建设志　测绘
吉林省地方志编纂委员会编纂　长春　吉林人民出版社　1996 年　410 页

009046196
吉林省志　第 28 卷　建设志　城乡建设
吉林省地方志编纂委员会编纂　长春　吉林人民出版社　2001 年　1410 页

008486629
吉林省志　第 30 卷　财政志
吉林省地方志编纂委员会编纂　长春　吉林人民出版社　1993 年　870 页

011327590
吉林省志　第 31 卷　金融志
吉林省地方志编纂委员会编纂　长春　吉林人民出版社　1991 年　577 页

008689249
吉林省志　第 32 卷　国内商业志　商业
吉林省地方志编纂委员会编纂　长春　吉林人民出版社　1996 年　590 页

008486631
吉林省志　第 33 卷　对外经贸志
吉林省地方志编纂委员会编纂　长春　吉林人民出版社　1995 年　717 页

008486634
吉林省志　第 34 卷　海关商检志
吉林省地方志编纂委员会编纂　长春　吉林人民出版社　1995 年　195 页

008689175
吉林省志　第 36 卷　档案志
吉林省地方志编纂委员会编纂　长春　吉林人民出版社　1999 年　333 页

011328084
吉林省志　第 37 卷　教育志
吉林省地方志编纂委员会编纂　长春　吉林人民出版社　1992 年　568 页

011328075
吉林省志 第39卷 文化艺术志 文学
吉林省地方志编纂委员会编纂 长春 吉林人民出版社 1996年 418页

008689284
吉林省志 第39卷 文化艺术志 电影
吉林省地方志编纂委员会编纂 长春 吉林人民出版社 1996年 357页

008802947
吉林省志 第39卷 文化艺术志 社会文化
吉林省地方志编纂委员会编纂 长春 吉林人民出版社 1992年 349页

009840075
吉林省志 第39卷 文化艺术志 艺术
吉林省地方志编纂委员会编纂 长春 吉林人民出版社 2004年 732页

011328491
吉林省志 第41卷 体育志
吉林省地方志编纂委员会编纂 长春 吉林人民出版社 2003年 614页

011312080
吉林省志 第42卷 新闻事业志 报纸
吉林省地方志编纂委员会编纂 长春 吉林人民出版社 2006年 348页

009409457
吉林省志 第43卷 文物志
吉林省地方志编纂委员会编纂 长春 吉林人民出版社 1991年 410页

008842721
吉林省志 第44卷 宗教志
吉林省地方志编纂委员会编纂 长春 吉林人民出版社 2000年 485页

009511261
吉林省志 第45卷 民族志
吉林省地方志编纂委员会编纂 长春 吉林人民出版社 2003年 531页

009744787
吉林省志 第47卷 人物志
吉林省地方志编纂委员会编纂 长春 吉林人民出版社 2005年 1044页

009840089
吉林省志 第48卷 武警志
吉林省地方志编纂委员会编纂 长春 吉林人民出版社 2005年 353页

012638972
吉林省志 第49卷 方志志
吉林省地方志编纂委员会编纂 长春 吉林人民出版社 2009年 318页

011311030
中共吉林化学工业公司委员会党校志
1958—1988
中共吉林化学工业公司委员会党校编 吉林 中共吉林化学工业公司委员会

党校 1993年 239页

012956923
中共吉林省纪(监)委志
中共吉林省纪律检查委员会编 吉林 中共吉林省纪律检查委员会 1989年 193页

012141572
中国改革志 吉林卷
吉林省经济体制改革委员会 中国改革杂志社编 北京 人民日报出版社 2000年 435页

009046226
吉林省驻京办事处简志
吉林省人民政府驻北京办事处简志编纂委员会编纂 长春 吉林人民出版社 1996年 330页

010730275
吉林省检察志
吉林省人民检察院编 长春 吉林省人民检察院 2002年 316页

010280361
吉林省劳动志
吉林省劳动厅编 长春 吉林省劳动厅 1992年 747页

011313045
吉林乡镇企业志
吉相编 长春 吉林乡镇企业志编辑委员会 198u年 770页

010253903
吉林供电志 1986—2002
吉林供电志编纂委员会编 北京 中国电力出版社 2006年 741页

011067189
吉林建材志
吉林省建筑材料总公司编 吉林 吉林省建筑材料总公司 1993年 381页〔吉林物资系统志丛书 18〕

011068433
吉林木材志
吉林省木材公司编 吉林 吉林省木材公司 1987年 106页〔吉林物资系统志丛书 9〕

011067738
吉林燃料志
吉林省燃料公司编 吉林 吉林省燃料公司 1990年 214页

007662428
吉林省电力工业志
吉林省电力工业志编委会编 北京 中国城市出版社 1994年 701页〔中国电力工业志丛书〕

013508014
吉林省电力工业志 1991—2002
吉林省电力有限公司编 北京 中国电力

出版社 2012 年 803 页〔中国电力工业志丛书〕

011497832
吉林省火电建设志
吉林省火电建设志编辑室编 吉林 吉林省火电建设志编辑室 1988 年 396 页

009853986
吉林交通志
吉林省交通厅编 哈尔滨 黑龙江人民出版社 1988 年 672 页

008492459
吉林省邮电志 吉林市卷
吉林省邮电局编 北京 北京燕山出版社 1999 年 633 页

009391913
吉林省税务通志
吉林省国家税务局 吉林省地方税务局编 北京 中国税务出版社 2004 年 700 页

010777128
吉林省建设银行志
中国人民建设银行吉林省分行行志编纂委员会编 吉林 中国人民建设银行吉林省分行行志编纂委员会 1994 年 471 页

010777130
吉林省农村金融志
吉林省农村金融志编纂委员会编 长春 吉林人民出版社 1994 年 504 页

008395423
朝鲜语简志
宣德五 金祥元 赵习编著 北京 民族出版社 1985 年 176 页〔中国少数民族语言简志丛书〕

011761790
中国歌谣集成 第 11 卷 吉林卷
中国民间文学集成全国编辑委员会 中国歌谣集成吉林卷编辑委员会编 北京 中国 ISBN 中心 2005 年 749 页

009884390
中国谚语集成 第 17 卷 吉林卷
中国民间文学集成全国编辑委员会 中国民间文学集成吉林卷编辑委员会编 北京 中国 ISBN 中心 2003 年 881 页

010061570
吉林省艺术集成 吉林省文化艺术志资料汇编
吉林省艺术集成办公室 吉林省文化厅文艺志编辑室编印 吉林 吉林省艺术集成办公室 吉林省文化厅文艺志编辑室 1985 年

007908844
中国民间歌曲集成 第 8 卷 吉林卷
中国民间歌曲集成全国编辑委员会主

编 中国民间歌曲集成吉林卷全国编辑委员会编纂 北京 中国ISBN中心 1997年 1176页〔十部文艺集成志书〕

010022767
中国戏曲音乐集成 吉林卷 人物介绍 人物简介
中国戏曲音乐集成吉林卷编辑部编 长春 中国戏曲音乐集成吉林卷编辑部 1996年 120页

008707906
中国戏曲音乐集成 第14卷 吉林卷
中国戏曲音乐集成编辑委员会 中国戏曲音乐集成吉林卷编辑委员会编 北京 中国ISBN中心 1999年 963页〔十部文艺集成志书〕

009649194
中国民族民间器乐曲集成 第16卷 吉林卷
中国民族民间器乐曲集成全国编辑委员会 中国民族民间器乐曲集成吉林卷编辑委员会编 北京 中国ISBN中心 2000年 2册 1644页

007927607
中国民族民间舞蹈集成 第9卷 吉林卷
中国民族民间舞蹈集成编辑部编 北京 中国ISBN中心 1997年 635页〔十部文艺集成志书〕

011762004
中国曲艺音乐集成 第15卷 吉林卷
中国曲艺音乐集成全国编辑委员会 中国曲艺音乐集成吉林卷编辑委员会编 北京 中国ISBN中心 2000年 1391页

011762369
中国曲艺志 第11卷 吉林卷
中国曲艺志全国编辑委员会 中国曲艺志吉林卷编辑委员会编 北京 中国ISBN中心 2005年 675页

004864466
中国戏曲志 第16卷 吉林卷
中国戏曲志编辑委员会 中国戏曲志吉林卷编辑委员会编 北京 中国ISBN中心 1993年 786页〔十部文艺集成志书〕

002870833
吉林方志大全
曹殿举主编 长春 吉林文史出版社 1989年 1303页

001643331
吉林风物志
长春 吉林文史出版社 1985年 351页〔中国风物志丛书〕

009797382
吉林省地名志 吉林省市县地名考释
李德润著 长春 吉林人民出版社 2005

年 279 页〔吉林省地名地情文库〕

012202869
吉林省自然地名志
刑国志主编 北京 气象出版社 1993 年 466 页

002210899
长白山志
王季平主编 长春 吉林文史出版社 1989 年 474 页

009814651
吉林省地震监测志
吉林省地震局编 北京 地震出版社 2005 年 235 页〔中国地震监测志系列〕

011324962
吉林省军事气候志
1980 年 155 页

011324949
吉林省野生经济植物志
吉林省野生经济植物志编辑委员会编著 长春 吉林人民出版社 1961 年 559 页

012317294
中国长白山植物资源志
周繇编著 北京 中国林业出版社 2010 年 606 页

009853046
长白山伞菌图志
谢支锡 王云 王柏编著 董立石绘图 吉林 吉林科学技术出版社 1986 年 288 页

013236386
中国长白山食用植物彩色图志
周繇 朱俊义 于俊林著 北京 科学出版社 2012 年 501 页

011445775
中国长白山蝶类彩色图志
周繇 朱俊义著 于俊林 徐克学摄影 长春 吉林教育出版社 2003 年 205 页

001631597
长白山植物药志
吉林省中医中药研究所 长白山自然保护区管理局 东北师范大学生物系编著 长春 吉林人民出版社 1982 年 1503 页

011320430
吉林药材图志
段维和等主编 常健寰等编著 傅景华编审 北京 中医古籍出版社 1995 年 927 页

007995564
中国长白山药用植物彩色图志
严仲铠 李万林主编 北京 人民卫生出版社 1997 年 549 页

011328382
吉林土种志
吉林省土壤肥料总站编 吉林 吉林科学技术出版社 1997年 393页

011580095
吉林省土壤志
吉林省土壤普查鉴定规划工作办公室编 长春 吉林省土壤普查鉴定规划工作办公室 1959年 229页

009106169
吉林省农作物品种志
陈学军编著 北京 科学出版社 2003年 727页

009839654
中国长白山观赏植物彩色图志
周繇 朱俊义 余俊林著 余俊林 周繇 徐克学摄影 陈俊愉主审 长春 吉林教育出版社 2005年 525页

010735878
吉林省蔬菜品种志
吉林省农牧厅 吉林省蔬菜科学研究所编 长春 吉林省蔬菜科学研究所 1984年 304页

011996715
吉林树木图志
赵毓棠主编 北京 中国林业出版社 2009年 711页

011067721
吉林省畜禽疫病志
吉林省畜禽疫病普查办公室编 赵中三主编 孙考取 王克强副主编 长春 吉林省畜禽疫病普查办公室 1991年 495页

011068395
吉林金属材料志
吉林省金属材料公司编 吉林 吉林省金属材料公司 1988年 238页〔吉林省物资系统志丛书 2〕

010777244
吉林省水利志
吉林省水利厅编纂 长春 吉林人民出版社 1997年 2册

长春市

007657494
长春市志
长春市地方志编纂委员会编 长春 吉林文史出版社 1992年

013221018
长春市志 分水村志
分水村村民委员会编 分水村 分水村村民委员会 2010年 454页

009865092
长春市志 人民代表大会志 送审稿
市人大史志办公室编 长春 市人大史志办公室 1995年 2册

010143042
长春市志 人事志 送审稿
长春市地方志办公室编 长春 长春市地方志办公室 1999年 1册

008661339
长春市志 第1卷 总志
顾万春 李荣先主编 长春 吉林人民出版社 2000年 2册 1201页

009048569
长春市志 第2卷 审判志
长春市地方志编纂委员会 赵建军主编 长春 吉林文史出版社 1993年 310页

009048594
长春市志 第3卷 电影志
长春市地方志编纂委员会编 长春 吉林文史出版社 1992年 381页

009048610
长春市志 第4卷 金融志
长春市地方志编纂委员会编 长春 吉林文史出版社 1993年 378页

009048653
长春市志 第5卷 体育志
长春市地方志编纂委员会编 长春 吉林文史出版社 1993年 288页

009048657
长春市志 第6卷 邮电志
长春市地方志编纂委员会编 长春 吉林文史出版社 1994年 381页

009048672
长春市志 第7卷 城市供水志
长春市地方志编纂委员会编 长春 吉林文史出版社 1993年 333页

009048682
长春市志 第8卷 煤炭工业志
长春市地方志编纂委员会 杨守文主编 长春 吉林文史出版社 1993年 334页

009048733
长春市志 第9卷 农业机械化志
长春市地方志编纂委员会 王英杰主编 长春 吉林文史出版社 1993年 374页

009048739
长春市志 第10卷 农业志
长春市地方志编纂委员会 史纪章主编 长春 吉林文史出版社 1993年 570页

009048748
长春市志 第11卷 粮食志

长春市地方志编纂委员会编 长春 吉林人民出版社 1996年 455页

009048761

长春市志 第12卷 卫生志

长春市地方志编纂委员会 孙明主编 长春 吉林文史出版社 1993年 566页

009048768

长春市志 第13卷 教育志

长春市地方志编纂委员会编 长春 吉林人民出版社 1995年 646页

009048778

长春市志 第14卷 城市煤气志

长春市地方志编纂委员会编 长春 吉林人民出版社 1995年 123页

009048788

长春市志 第15卷 工会志

长春市地方志编纂委员会编 长春 吉林人民出版社 1995年 350页

009048812

长春市志 第16卷 公路交通志

长春市地方志编纂委员会编 长春 吉林文史出版社 1995年 455页

009048818

长春市志 第17卷 商业志

长春市地方志编纂委员会编 长春 吉林文史出版社 1995年 369页

009048822

长春市志 第18卷 自然地理志

长春市地方志编纂委员会编 长春 吉林文史出版社 1995年 577页

009048827

长春市志 第19卷 文物志

长春市地方志编纂委员会编 长春 吉林人民出版社 1995年 277页

008720571

长春市志 第20卷 公安志

长春市地方志编纂委员会编 长春 吉林人民出版社 2000年 929页

009048834

长春市志 第21卷 畜牧业志

长春市地方志编纂委员会编 长春 吉林人民出版社 1996年 408页

009048842

长春市志 第22卷 检察志

长春市地方志编纂委员会编 长春 吉林人民出版社 1996年 281页

009049081

长春市志 第23卷 蔬菜志

长春市地方志编纂委员会编 长春 吉林人民出版社 1996年 385页

009049093

长春市志 第24卷 民俗方言志

长春市地方志编纂委员会编 长春 吉林

文史出版社 1995年 315页

009049113
长春市志 第25卷 对外经济贸易志
长春市地方志编纂委员会编 长春 吉林人民出版社 1996年 527页

009049128
长春市志 第26卷 军事志
长春市地方志编纂委员会编 长春 吉林人民出版社 1995年 926页

009049148
长春市志 第27卷 人大志
长春市地方志编纂委员会编 长春 吉林人民出版社 1999年 400页

009049161
长春市志 第28卷 人口志
长春市地方志编纂委员会编 长春 吉林人民出版社 1999年 542页

009049173
长春市志 第29卷 计划志
长春市地方志编纂委员会编 长春 吉林人民出版社 1995年 414页

009049183
长春市志 第30卷 物价志
长春市地方志编纂委员会编 长春 吉林文史出版社 1997年 481页

009049207
长春市志 第31卷 土地志
长春市地方志编纂委员会编 长春 吉林人民出版社 1998年 525页

009049228
长春市志 第32卷 环境保护志
长春市地方志编纂委员会编 长春 吉林文史出版社 1997年 382页

009049361
长春市志 第33卷 少数民族志 宗教志
田志和 马鸿超 王德才主编 长春 吉林人民出版社 1998年 2册

009049378
长春市志 第34卷 财政志
长春市地方志编纂委员会编 长春 吉林文史出版社 1992年 293页

008720569
长春市志 第35卷 人事志
长春市地方志编纂委员会编 长春 长春出版社 2001年 396页

008720541
长春市志 第36卷 电子工业志
长春市地方志编纂委员会编 长春 长春市地方志编纂委员会 2003年 416页

008720520
长春市志 第37卷 一轻工业志
长春市地方志编纂委员会编 长春 长春

市地方志编纂委员会 2003年 640页

008720518

长春市志 第38卷 二轻和纺织工业志

长春市地方志编纂委员会编 长春 长春市地方志编纂委员会 2003年 324页

008720619

长春市志 第39卷 民政志

马孟寅主编 长春 吉林人民出版社 2002年 500页

008720584

长春市志 第40卷 文化艺术志

王兆一主编 长春 长春出版社 2003年 591页

008720613

长春市志 第41卷 物资志

长春市地方志编纂委员会编 长春 长春市地方志编纂委员会 2003年 415页

008720611

长春市志 第42卷 机械工业志

长春市地方志编纂委员会编 长春 长春市地方志编纂委员会 2003年 555页

008720679

长春市志 第43卷 冶金工业志

王钢责任编辑 长春 长春市地方志编纂委员会 2004年 287页

008720678

长春市志 第44卷 建材工业志

长春市地方志编纂委员会编 长春 长春市地方志编纂委员会 2004年 313页

008720529

长春市志 第45卷 石油化学和医药工业志

长春市地方志编纂委员会编 长春 长春市地方志编纂委员会 2004年 166页

008720604

长春市志 第46卷 工商行政管理志

长春市地方志编纂委员会编 长春 长春市地方志编纂委员会 2006年 257页

008720686

长春市志 第47卷 审计志

长春市地方志编纂委员会编 长春 长春市地方志编纂委员会 2006年 211页

008720671

长春市志 第48卷 司法行政志

长春市地方志编纂委员会编 长春 长春市地方志编纂委员会 2006年 317页

008720564

长春市志 第49卷 民用航空志

长春市地方志编纂委员会编 长春 长春市地方志编纂委员会 2006年 192页

008720683

长春市志 第50卷 乡镇企业志

长春市地方志编纂委员会编 长春 长春
市地方志编纂委员会 2006 年 232 页

008720668

长春市志 第 51 卷 共青团志

长春市地方志编纂委员会编 长春 长春
市地方志编纂委员会 2005 年 504 页

008720617

长春市志 第 52 卷 妇联志

长春市地方志编纂委员会编 长春 长春
市地方志编纂委员会 2005 年 241 页

008720576

长春市志 第 53 卷 政府志

李海善主编 长春 吉林人民出版社
2004 年 469 页

008720583

长春市志 第 54 卷 高等教育志

长春市地方志编纂委员会编 长春 长春
市地方志编纂委员会 2007 年 529 页

008720522

长春市志 第 55 卷 水利志

长春市地方志编纂委员会编 长春 长春
市地方志编纂委员会 2007 年 439 页

008720526

长春市志 第 56 卷 林业志

长春市地方志编纂委员会编 长春 长春
市地方志编纂委员会 2007 年 385 页

008720681

长春市志 第 57 卷 水产志

长春市地方志编纂委员会编 长春 长春
市地方志编纂委员会 2006 年 310 页

008720550

长春市志 第 58 卷 建筑业志

长春市地方志编纂委员会编 长春 长春
市地方志编纂委员会 2007 年 211 页

008829188

长春市志 第 59 卷 劳动志

长春市地方志编纂委员会编 长春 长春
市地方志编纂委员会 2006 年 279 页

008720539

长春市志 第 60 卷 供销合作社志

长春市地方志编纂委员会编 长春 长春
市地方志编纂委员会 2007 年 511 页

008720615

长春市志 第 61 卷 标准计量志 地震志

长春市地方志编纂委员会编 长春 长春
市地方志编纂委员会 2007 年 246 页

008720588

长春市志 第 62 卷 城市公共交通志

长春市地方志编纂委员会编 长春 长春
市地方志编纂委员会 2007 年 478 页

008720628

长春市志 第 63 卷 政协志

长春市地方志编纂委员会编 长春 长春

市地方志编纂委员会 2008 年 416 页

008720673
长春市志 第64卷 税务志
长春市地方志编纂委员会编 长春 长春市地方志编纂委员会 2008 年 2 册

008720557
长春市志 第65卷 房产志
长春市地方志编纂委员会编 长春 长春市地方志编纂委员会 2009 年 323 页

008720610
长春市志 第66卷 广播电视志
长春市地方志编纂委员会编 长春 吉林人民出版社 2009 年 462 页

008720582
长春市志 第67卷 电力工业志
长春市土地志编纂委员会编 长春 长春市土地志编纂委员会 2009 年 473 页

012540868
长春市志 第68卷 人民防空志
长春市地方志编纂委员会编 长春 长春市地方志编纂委员会 2009 年 286 页

012540865
长春市志 第69卷 规划志 城市消防志
长春市地方志编纂委员会编 长春 长春市地方志编纂委员会 2009 年 320 页

009241182
长春铁路分局工会志 1949—1997
长春铁路分局工运史志编审委员会编 长春 长春铁路分局 1998 年 327 页

009889526
长春市人民代表大会志 1989—2002
闻弘主编 长春 长春出版社 2005 年 612 页 〔长春市专志 2〕

013627962
吉林省人民政府接待办公室简志 1950—1995
吉林省人民政府接待办公室编 吉林 吉林省人民政府接待办公室 1996 年 218 页

009992766
长春市公安交通管理志
长春市公安交通管理志编委会编 长春 长春市公安交通管理志编委会 1992 年 429 页

009814657
长春军事志 1989—2000
牛玺廷主编 长春 吉林人民出版社 2005 年 783 页

013221000
长春国家高新技术产业开发区志 1988—2005
长春高新技术产业开发区管理委员会编 长春 吉林人民出版社 2011 年

712 页〔长春市县(市)区志 11〕

011890464
长春经济技术开发区志 1992—2004
长春经济技术开发区志编纂委员会编 长春 吉林人民出版社 2008 年 522 页〔长春市县(市)区志 5〕

011890468
长春经济技术开发区志 2005—2007
长春经济技术开发区志编纂委员会编 长春 吉林人民出版社 2008 年 537 页〔长春市县(市)区志 6〕

013776370
长春市国土志 1991—2010
长春市国土志编纂委员会编 长春 吉林人民出版社 2012 年 791 页

011067759
长春物资志
长春市物资局编 长春 长春市物资局 1989 年 312 页〔吉林物资系统志丛书 8〕

011068498
[第一汽车制造厂]车箱厂志 1953—1986
车箱厂志编辑委员会编 长春 第一汽车制造厂车箱厂志编辑委员会 198u 年 240 页〔第一汽车制造厂厂志丛书〕

009865083
[中国第一汽车制造厂]热处理厂志 1954—1986
第一汽车制造厂热处理厂厂志编纂委员会编 长春 第一汽车制造厂 1988 年 356 页〔中国第一汽车制造厂厂志丛书〕

010469101
长春发电厂志 1908—1985
长春发电厂志编审纂委员会办公室编 长春 长春发电厂 1988 年 334 页

010469104
长春发电设备修造厂厂志 1950—1985
长春发电设备修造厂编 长春 长春发电设备修造厂 1988 年 297 页

013797225
长春机车厂志 1991—2004
长春机车厂志编纂委员会编 长春 长春机车厂 2006 年 158 页

013797228
长春机车工厂志 1954—1990
长春机车工厂厂志编纂委员会编 长春 长春机车工厂 1993 年 274 页

009853962
长春客车厂志 1954—1990
长春客车厂厂史编审委员会编 吉林 吉林人民出版社 1997 年 457 页

013797236

长春汽车材料研究所 中国第一汽车集团公司工艺研究所 中国第一汽车集团公司工艺处所志 1954—2001

2002年 108页

009992760

长春汽车研究所志 1950—1985

所志编纂委员会编 北京 长春汽车研究所 1987年 222页

010730160

长春热电二厂志 1984—1996

长春 长春热电二厂 1998年 552页

009411585

第一汽车制造厂厂志 1950—1986

第一汽车制造厂史志编纂室编 长春 吉林科学技术出版社 1991年 2册

011327109

第一汽车制造厂生活福利处处志 1953—1986

长春 第一汽车制造厂生活福利处 1989年 1册

011313011

国营第二二八厂厂志

厂志编纂委员会编 长春 1987年〔中国兵器工业史丛书〕

013940883

中国水利水电建设集团公司志 中国水利水电第一工程局卷 1958—2006

中国水利水电建设集团公司史志编辑委员会编 北京 中国电力出版社 2013年 453页

012503704

长吉之路 长吉高速公路建设志

王维舟主编 长春 吉林人民出版社 1997年 497页

009768633

长春净月潭旅游经济开发区志

长春净月潭旅游经济开发区志编纂委员会编 长春 长春出版社 2005年 560页〔长春市县(市)区志 1〕

010150992

长春汽车经济贸易开发区志

张宏伟主编 长春 长春出版社 2006年 295页〔长春市县(市)区志 3〕

013374097

吉林省化工进出口公司贸易志 吉林省机械进出口公司贸易志 合订版 1954—1990

吉林省化工进出口公司贸易志编纂委员会编 长春 东北师范大学出版社 1994年 2册 335页

008829184

长春海关志

长春海关志编委会编 长春 吉林摄影出版社 2000年 288页

012587037

长春市贸促会(会展办)志 1990—2008

长春 吉林文史出版社 2009年 249页〔长春市专志 4〕

012249717

长春市第一五〇中学校志 1958—2008

长春市第一五〇中学校志编辑委员会编 长春 长春市第一五〇中学 2008年 589页

010469042

长春邮电学院史志 1947.3—1987.7

长春邮电学院史志编委会编 长春 长春邮电学院 1987年 151页

010468948

吉林大学史志 1946—1986

吉林大学校史编委会编 长春 吉林大学出版社 1986年 173页

009241137

白求恩医科大学名人志

李殿富 卢维主编 范洪学等编委 长春 吉林人民出版社 1999年

009334905

长春市文物志

吉林省文物志编委会编 长春 吉林省文物志编委会 1987年 201页〔吉林省文物志丛书〕

008923412

长春市地名录

长春市地名委员会编 长春 长春市地名委员会 1984年 797页〔吉林省地名录 1〕

009768639

长春净月潭志

长春净月潭志编纂委员会编 长春 长春出版社 2005年 297页〔长春市专志 1〕

009853987

辽河志

水利部松辽水利委员会编 长春 吉林人民出版社 2000年

009853989

松花江志

水利部松辽水利委员会编 长春 吉林人民出版社 2002年 4册

010686953

中国科学院长春应用化学研究所所志 1948—1986

中国科学院长春应用化学研究所所志编辑委员会编 长春 中国科学院长春应用化学研究所 1991年 233页

012503636

白求恩医科大学第三临床学院志 1949—1989

白求恩医科大学第三临床学院编 长春

白求恩医科大学第三临床学院 1989年 280页

012505222
吉林大学中日联谊医院志 1949—2009
高忠礼主编 长春 吉林大学出版社 2009年 868页

011325500
[中国第一汽车制造厂]医疗卫生志 1953—1985
第一汽车制造厂卫生处职工医院编 长春 第一汽车制造厂 1988年 245页
〔中国第一汽车制造厂厂志丛书〕

010475990
长春市中心医院志 1948—2000
长春市中心医院编 长春 长春市中心医院 2002年 441页

011311356
吉林省卫生防疫站站志 1953—1995
吉林省卫生防疫站编 吉林 吉林省卫生防疫站 1999年 572页

009961656
吉林省药品检验所志 1953—1987
苗青 赵子明编写 汝少发 丁德海 刘凡亮审稿 吉林省药品检验所编著 长春 吉林省药品检验所 1989年 359页

011954347
吉林省农业科学院志
吉林省农业科学院编 长春 吉林科学技术出版社 2008年 1270页

012611153
吉林省农业机械研究院志 1958—2008
吉林省农业机械研究院编 长春 农业机械研究院 2008年 281页

010686861
吉林省农业机械研究所志 1958—1988
吉林省农业机械研究所编 长春 吉林省农业机械研究所 1989年 144页

009415113
中国科学院长春光学精密机械与物理研究所所志 1952—2002
所志编委会编 长春 吉林人民出版社 2002年 561页

012809905
长春市城乡规划设计研究院三十周年院庆院志 1980—2010
长春市城乡规划设计研究院三十周年院庆院志编纂委员会编 长春 长春出版社 2010年 76页

014053061
长春市市政工程设计研究院六十周年院庆院志 1953—2013
长春市市政工程设计研究院六十周年院庆院志编纂委员会编 长春 长春市市政工程设计研究院 2013年 265页

012048773

长春消防器材总厂志 1959—2000

长春消防器材总厂厂志编纂委员会编 长春 长春消防器材总厂 2003年 337页

010118636

[水利部东北勘测设计研究院]院志

水利部东北勘测设计研究院院志编纂委员会编纂 长春 吉林人民出版社 2001年 585页

012505225

吉林省水利水电勘测设计研究院院志

吉林省水利水电勘测设计研究院院志编纂委员会编 长春 吉林省水利水电勘测设计研究院出版处 2008年 331页

南关区

005559201

南关区志

长春市南关区地方史志编纂委员会编 长春 吉林文史出版社 1993年 595页

011325499

长春市南关区地名志

长春市南关区人民政府编 长春 长春市南关区人民政府编 1988年 267页

宽城区

009839764

长春市宽城区志 初稿

长春市宽城区地方史志编纂委员会编 宽城区 长春市宽城区地方史志编纂委员会 1990年

007969471

长春市宽城区志

长春市宽城区地方志编纂委员会编 长春 吉林文史出版社 1996年 408页

012995293

长春市宽城区志 1989—2000

长春市宽城区地方志编纂委员会编 长春 吉林人民出版社 2011年 480页 〔长春市县(市)区志 9〕

011471276

奋进乡志 1958—2006

长春市宽城区奋进乡人民政府编 奋进乡 奋进乡人民政府 2007年 300页 〔长春市专志 3〕

008923380

长春市宽城区地名志

长春市宽城区地名志编委会编 长春 长春市宽城区人民政府 1985年 302页 〔吉林省地名志丛书 19〕

朝阳区

008720710
长春市朝阳区志
长春市地方志编纂委员会编 长春 长春市地方志编纂委员会 2002年 496页

013221015
长春市朝阳区志 1989—2000
曹望庆主编 长春 长春出版社 2005年 575页

008923445
长春市朝阳区地名志
长春市朝阳区地名志编辑办公室编 长春 长春市朝阳区人民政府 1984年 250页〔吉林省地名志丛书 18〕

二道区

008720723
长春市二道河子区志
张捷讯 杨文岐主编 王炳吉等副主编 长春 长春市地方志编纂委员会 2006年 610页

009880356
二道河子区志 送审稿
长春市地方志办公室编 长春 长春市地方志办公室 2005年 2册

绿园区

009329305
长春市郊区志
长春市地方志编纂委员会编 长春 吉林文史出版社 1995年 800页

012263971
长春市郊区志 1989—1995
长春市绿园区地方志编纂委员会编 长春 长春市绿园区地方志编纂委员会 2009年 385页〔长春市县(市)区志 7〕

010735955
长春市郊区水利志
长春市郊区水利志办公室编纂 长春 长春市郊区水利局 1989年 198页

011497905
郊区税务志
长春市郊区税务局编 长春 长春市郊区税务局 1989年 179页

双阳区

007657482
双阳县志
双阳县地方志编纂委员会编 长春 吉林文史出版社 1992年 1124页〔吉林省地方志丛书 17〕

010776961

双阳县水利志

双阳县水利局水利志办公室编纂 双阳 双阳县水利局 1988年 187页

013959383

双阳县教育志

双阳县教育志编辑委员会编 双阳 双阳县教育志编辑委员会 1987年 256页

013959385

双阳县教育志 1986—1995

王立宇主编 刘元天主审 长春 长春市双阳区教育局 1999年 396页

009385079

双阳县文物志

吉林省文物志编委会编 长春 吉林省文物志编委会 1986年 127页〔吉林省文物志丛书〕

008444995

双阳县地名志

双阳县人民政府编 双阳 双阳县人民政府 1984年 463页〔吉林省地名志丛书 15〕

九台市

013684429

九台市志 1988—2000

九台市地方志编纂委员会编 长春 吉林大学出版社 2011年 789页

008720717

九台县志

长春市地方志编纂委员会 戴玉芬 陆军 赵锡歧主编 长春 长春市地方志编纂委员会 2001年 1051页〔吉林省地方志丛书 49〕

010735968

九台市水利志

九台市水利志办公室编 九台 九台市水利局 1988年 299页

011497940

九台市粮食志

九台市粮食志编纂委员会编 长春 时代文艺出版社 2007年 2册

013531122

九台市教育志 1987—1997

九台市教育委员会编 九台 九台市教育委员会 1997年 504页

013793079

九台县教育志

九台县教育局编 九台 九台县教育局 1989年 324页

009385058

九台县文物志

吉林省文物志编委会编 长春 吉林省文物志编修委员会 1986年 226页〔吉林省文物志丛书〕

013795539
石头口门水库志 1958—1992
长春市石头口门水库管理处编 长春 长春市石头口门水库管理处 1999 年 310 页

榆树市

011809707
榆树市志 1989—2000
吉林省榆树市地方志编纂委员会编 长春 吉林人民出版社 2008 年 1227 页〔吉林省续修市州县志 15〕

009839906
榆树县志 初稿
榆树县志编写委员会编 榆树 榆树县志编写委员会 1962 年 1 册

005696892
榆树县志
榆树县地方志编纂委员会编 长春 吉林文史出版社 1993 年 1111 页〔吉林省地方志丛书 30〕

012003040
榆树市乡镇志
吉林省榆树市地方志编纂委员会编 长春 吉林人民出版社 2008 年 1415 页

011444229
榆树台镇志 初稿
榆树台镇 1986 年 216 页

010686826
榆树川发电厂志 1967—1985
榆树川发电厂编 延边 榆树川发电厂 1987 年 189 页

010776977
榆树县水利志
榆树县水利志编纂办公室编辑 榆树 榆树县水利志编纂办公室 1990 年 233 页

010474391
榆树市金融志
崔廷礼主编 榆树 1993 年 364 页

013510918
榆树县科技志
榆树县科学技术委员会 榆树县科学技术协会编 榆树 榆树县科学技术委员会 1990 年 546 页

013464234
榆树教育志
榆树市教育委员会编 榆树 榆树市教育委员会 1998 年 421 页

009310558
榆树县文物志
吉林省文物志编委会编 长春 吉林省文物志编委会 1983 年 280 页〔吉林省文物志丛书〕

009397311
榆树县地名志
榆树县人民政府编 榆树 榆树县人民政府 1987年 844页〔吉林省地名志丛书 10〕

德惠市

008720725
德惠县志
德惠县(市)地方志编纂委员会编 长春 长春出版社 2001年 963页〔吉林省地方志丛书 47〕

010776969
德惠县水利志
德惠县水利局编 德惠 德惠县水利局 1989年 239页

农安县

005559205
农安县志
农安县志编纂委员会编 长春 吉林文史出版社 1993年 892页〔吉林省地方志丛书 16〕

012814050
农安县政协志 1959.9—2002.12
农安县政协志编纂委员会编 农安 政协农安县委员会 2004年 790页

011319959
农安县文物志
吉林省文物志编委会编 1986年 448页

011310896
农安县水利志
农安县水利局编 农安 农安县水利局 1991年 207页

010735948
共青团水库志
农安县史志编纂委员会编 1987年 65页

吉林市

012954903
吉林市简志
吉林市地方志编纂委员会编 长春 吉林人民出版社 2011年 590页

008796631
吉林市志
吉林市地方志编纂委员会编 长春 吉林文史出版社 1992年

006548262
吉林市志 第1卷 公安志
吉林市地方志编纂委员会编 长春 吉林文史出版社 1992年 236页

012872617
吉林市志 第1卷 检察志 1986—2003
吉林省吉林市人民检察院编 长春 吉林人民出版社 2007年 328页

007477979
吉林市志 第2卷 公路水运交通志
吉林市地方志编纂委员会编纂 长春 吉林文史出版社 1993年 501页

013045683
吉林市志 第2卷 政协志 1986.1—2007.11
吉林市志政协志编纂委员会编 吉林 中国人民政治协商会议吉林省吉林市委员会 2008年 692页

010244104
吉林市志 第3卷 房地产管理志 1986—2003
吉林市房地产管理局编 长春 吉林人民出版社 2005年 313页

007477978
吉林市志 第3卷 房地产志
吉林市地方志编纂委员会编纂 长春 吉林文史出版社 1992年 294页

007477977
吉林市志 第4卷 税务志
吉林市地方志编纂委员会编纂 长春 吉林文史出版社 1993年 342页

007486970
吉林市志 第5卷 金融志
吉林市地方志编纂委员会编 长春 吉林文史出版社 1992年 483页

007903953
吉林市志 第6卷 邮电志
吉林市地方志编纂委员会编 长春 吉林文史出版社 1992年 424页

007903951
吉林市志 第7卷 环境保护志
吉林市地方志编纂委员会编纂 长春 吉林文史出版社 1992年 269页

008864881
吉林市志 第8卷 土地志
吉林市地方志编纂委员会编 长春 吉林人民出版社 2001年 838页

008731169
吉林市志 第9卷 电力工业志
吉林市地方志编纂委员会编 长春 吉林文史出版社 1995年 576页

008731175
吉林市志 第10卷 铁路运输志
吉林市地方志编纂委员会编 北京 中国

铁道出版社 1995 年 481 页

008731171
吉林市志 第 11 卷 财政志
吉林市地方志编纂委员会编 长春 吉林文史出版社 1994 年 316 页

008731164
吉林市志 第 12 卷 林业志
张柏林等编纂 北京 中国林业出版社 1996 年 396 页

008731168
吉林市志 第 13 卷 物资志
吉林市地方志编纂委员会编 长春 吉林文史出版社 1993 年 336 页

008731162
吉林市志 第 14 卷 文物志
吉林市地方志编纂委员会编 长春 吉林文史出版社 1994 年 538 页

009227387
吉林市志 第 15 卷 体育志
吉林市地方志编纂委员会 吉林市体育志编纂委员会编 长春 吉林人民出版社 2002 年 564 页

009227313
吉林市志 第 16 卷 物价志
吉林市地方志编纂委员会编 长春 吉林人民出版社 2000 年 359 页

009227375
吉林市志 第 17 卷 综述 大事记
吉林市地方志编纂委员会编 长春 吉林人民出版社 2002 年 316 页

009227319
吉林市志 第 18 卷 文化志
吉林市地方志编纂委员会编 长春 吉林文史出版社 1999 年 495 页

009227382
吉林市志 第 19 卷 军事志
吉林市地方志编纂委员会编 长春 吉林人民出版社 2001 年 546 页

009227320
吉林市志 第 20 卷 广播电视志
吉林市地方志编纂委员会编 长春 吉林人民出版社 2000 年 174 页

008731157
吉林市志 第 21 卷 审判志
吉林市地方志编纂委员会编 长春 吉林文史出版社 1998 年 383 页

009310538
吉林市志 第 22 卷 城市规划志
吉林市城乡建设委员会编 吉林 吉林市城乡建设委员会 1997 年 361 页

008731159
吉林市志 第 23 卷 市政府志
吉林市地方志编纂委员会编纂 长春 吉

林文史出版社 1992年 256页

010280086
吉林市志 第24卷 轻工业志
吉林市地方志编纂委员会编 长春 吉林人民出版社 2006年 488页

009992771
吉林市志 第25卷 科技志
吉林市科技志编纂委员会编 吉林 吉林市科技志编纂委员会 1994年 428页

010110090
吉林市志 第26卷 人物志
吉林市地方志编纂委员会编 长春 吉林人民出版社 2004年 410页

010143045
吉林市志 第27卷 地方税务志
吉林市地方志编纂委员会编 长春 吉林人民出版社 2005年 232页

009814678
吉林市志 第28卷 图片志
吉林市地方志编纂委员会编 长春 吉林人民出版社 2005年 273页

010779135
吉林市志 第29卷 建筑材料工业志
吉林市地方志编纂委员会编 长春 吉林人民出版社 2006年 309页

010779132
吉林市志 第30卷 副食品志
吉林市地方志编纂委员会编 长春 吉林人民出版社 2006年 304页

010779139
吉林市志 第31卷 中共地方组织志
吉林市地方志编纂委员会编 长春 吉林人民出版社 2006年 282页

011294936
吉林市志 第32卷 农机志
吉林市地方志编纂委员会编 长春 吉林人民出版社 2006年 198页

011294933
吉林市志 第33卷 化学工业志
吉林市地方志编纂委员会编 长春 吉林人民出版社 2006年 392页

011497845
吉林市志 第34卷 统计志
吉林市地方志编纂委员会编 长春 吉林人民出版社 2007年 274页

011762287
吉林市志 第35卷 共青团志
吉林市地方志编纂委员会编 长春 吉林人民出版社 2007年 192页

011954360
吉林市志 第36卷 妇女团体志
吉林市地方志编纂委员会编 长春 吉林

人民出版社 2007年 220页

011762295
吉林市志 第37卷 人民代表大会志
吉林市地方志编纂委员会编 长春 吉林人民出版社 2007年 254页

011328438
吉林市志 第38卷 检察志
吉林市地方志编纂委员会编 长春 吉林人民出版社 2000年 274页

012097482
吉林市志 第39卷 卫生志
吉林市地方志编纂委员会编 长春 吉林市人民出版社 2008年 419页

012611239
吉林市志 第40卷 档案志
吉林市档案局编 北京 中国社会科学出版社 2009年 543页

012954906
吉林市志 第41卷 大事记
吉林市地方志编纂委员会编 长春 吉林人民出版社 2011年 402页

013045680
吉林市志 第42卷 市政协志
中国人民政治协商会议吉林省吉林市委员会编 吉林 中国人民政治协商会议吉林省吉林市委员会 1997年 603页

013656342
吉林市志 第43卷 工会志
吉林市总工会编印 吉林 吉林市总工会 1997年 529页

013897598
吉林市志 第44卷 工业品商业志
吉林市地方志编纂委员会编 长春 吉林人民出版社 2013年 202页

013897602
吉林市志 第45卷 饮食服务志
吉林市地方志编纂委员会编 长春 吉林人民出版社 2013年 340页

013183623
吉林市社会科学学术志稿
吉林市社会科学联合会编 吉林 吉林市社会科学联合会 1991年 273页

013940822
中共吉林市委党校校志 1952—2002
中共吉林市委党校校志编写组编 吉林 中共吉林市委党校 2002年 145页

013374427
吉林市纪检(监察)志 1950.8—1985.12
中共吉林市纪委编 吉林 中共吉林市纪委 1988年 267页

012174026
吉林铁路分局工会志 1988—2002
吉林铁路分局工会志编纂委员会编 吉

林 吉林铁路分局工会志编纂委员会 2002年 315页

013797324
中共吉林市委组织部简志 1948.4—2008.12
中共吉林市委组织部编 吉林 中共吉林市委组织部 2010年 330页

013897593
吉林市公安交通志
吉林市公安交通志编纂委员会编 长春 吉林人民出版社 2012年 410页

013092962
集体经济志 1979—1989
吉林铁路分局集体经济管理分处编 吉林 吉林铁路分局集体经济管理分处 1991年 308页

013045678
吉林市工商行政管理志 1986—2005
吉林市工商行政管理局编 吉林 吉林市工商行政管理局 2009年 404页

011067771
吉林市物资志
吉林市物资局编 吉林 吉林市物资局 1989年 343页〔吉林物资系统志丛书 7〕

010777147
吉林物资志
吉林物资局编 吉林 吉林物资局 1994—1995年 2册〔吉林物资系统志丛书 1〕

013374433
吉林市自来水公司志 1927—1995
吉林市自来水公司志编纂委员会编 吉林 吉林市自来水公司 1997年 462页

013652722
吉化公司机械厂志 1958—1988
吉化公司机械厂志办公室编 吉林 吉化公司机械厂志办公室 1990年 380页

012872585
吉化江南设计研究院院志 1958—1989
原伟娜主编 吉林 吉林化学工业公司江南设计研究院 1997年 329页

013183555
吉化设计院志 1958—1985
吉化公司设计院院志办公室编 吉林 吉化公司设计院院志办公室 1987年 287页

013374069
吉林电业局志 1907—1985
吉林电业局志办公室编 吉林 吉林电业局志办公室 1988年 361页

013316332
吉林化学工业公司职工教育总校志

1979—1988

吉林化学工业公司编 吉林 吉林化学工业公司职工教育总校 1992 年 239 页

010199805

吉林化学工业公司化肥厂厂志 1954—1988

林化学工业公司化肥厂编纂 吉林 吉林化学工业公司化肥厂 1989 年 376 页

013792424

吉林化学工业公司机动系统专业志 1948—1988 送审稿

机动处编 1988 年 252 页

012952163

吉林化学工业公司建设公司志 1950—1988

吉林化学工业公司建设公司编 吉林 吉林化学工业公司建设公司 1992 年 594 页

013374073

吉林化学工业公司染料厂志 1954—1988

吉林化学工业公司染料厂编 吉林 吉林化学工业公司染料厂编纂委员会 1992 年 462 页

013316327

吉林化学工业公司有机合成厂志 1976—1988

吉林化学工业公司有机合成厂编 吉林 吉林化学工业公司有机合成厂 1991 年 444 页

013183614

吉林化学工业公司志 1938—1988

吉林化学工业公司史志编纂委员会编 吉林 吉林化学工业公司史志编纂委员会 1993 年 787 页

010469188

吉林热电厂志

吉林热电厂史志办公室编 吉林 吉林热电厂 1988 年

013730074

吉林石化志 1989—2010

吉林石化志编纂委员会编 吉林 吉林石化志编纂委员会 2011 年 1033 页

009783249

吉林市九站造纸厂厂志

吉林市九站造纸厂史志办公室编 吉林 吉林市九站造纸厂 1985 年

013792430

吉林市砖瓦厂志 1950—1985

吉林市砖瓦厂志领导小组编 吉林 吉林市砖瓦厂志领导小组 1988 年 274 页

013656345

吉林水工机械厂志 1937—1987

吉林水工机械厂编纂委员会编 吉林 吉林水工机械厂志 1988 年 413 页

013092952
吉林送变电志 1952—1985
吉林送变电工程公司编志委员会编 吉林 吉林送变电工程公司编志委员会 1988年 362页

013092955
吉林送变电志 1986—2005
吉林送变电志编纂委员会编 吉林 吉林送变电志编纂委员会 2008年 564页

011804688
吉林铁合金厂志
吉林 吉林铁合金厂 1993年

011566062
吉林造纸厂志 1940—1985
吉林造纸厂党委调研室编 吉林 吉林造纸厂 1988年 574页

012251201
江炼志 1970—1988
江炼志编纂委员会编 吉林 江炼志编纂委员会 1990年 390页

013772927
[吉林化学工业公司]试剂厂志 1961—1988
吉林化学工业公司试剂厂编 1993年 563页

011500873
中国吉林市长白山葡萄酒厂厂志 1936—1985
吉林市长白山葡萄酒厂厂志办公室编 吉林 吉林市长白山葡萄酒厂 1987年 211页

013190133
中国石油吉林石化公司炼油厂志 1989—2010
中国石油吉林石化公司炼油厂编 吉林 中国石油吉林石化公司炼油厂 2010年 326页

013652725
吉林市公共交通公司志 1949—1986
吉林市公共交通公司修志办公室编 吉林 吉林市公共交通公司修志办公室 1989年 400页

013990701
吉林化学工业公司铁路运输公司志 1958—1988
吉林化学工业公司铁路运输公司编 吉林 吉林市印刷厂 1991年 310页

007992207
吉林铁路分局志 1896—1985
吉林铁路分局志编纂委员会编 北京 中国铁道出版社 1995年 503页

009241461
吉林市城市客运志 1906—1995
吉林市城市客运管理处编 吉林 吉林市城市客运管理处 1986年 186页

011432813

吉化通信公司志 1958—2003

吉林化工厂通信公司编 吉林 吉化通信公司 2003年 548页

008492451

吉林省电信传输局志

吉林省电信传输局编 北京 北京燕山出版社 1999年 84页

013183638

吉林市一商局志

吉林市一商局编 吉林 吉林市一商局 1987年 218页

011320017

中国人民建设银行吉林市分行行志 1953—1985

中国人民建设银行吉林市分行行志编纂组编 吉林 中国人民建设银行吉林市分行行志编纂组 1988年 377页

013820313

吉林铁路分局普通教育志 1986—2000

吉林铁路分局教育中心编 吉林 吉林铁路分局教育中心 2000年 222页

011188570

吉林市戏曲音乐集成

吉林市文化局编 吉林 吉林市文化局 1992年 499页

011188572

吉林市民族民间器乐曲集成

吉林市文化局编 吉林 1997年 567页

010061503

吉林市民族民间舞蹈集成

吉林市文化局编 吉林 吉林市文化局 19uu年 336页

010468954

吉林市戏曲志 初审稿

吉林市戏曲志编辑部编 吉林 1986年 3册 413页

010469191

吉林市戏曲志

吉林市戏曲志编辑部编 长春 吉林省文化厅 1988年 377页

011328426

吉林市朝鲜族志 1907—1988

吉林市民族事务委员会专志编写领导小组编 吉林 吉林市民族事务委员会专志编写领导小组 1999年 372页

010475760

吉林市满族志

吉林市满族联谊会编 吉林 吉林市满族联谊会 1997年 380页

009553762

吉林市市区文物志

吉林省文物志编委会编 长春 吉林省文

物志编委会 1983 年 315 页〔吉林省文物志丛书〕

012505229
吉林市文物博物馆志
吉林市文化局文化艺术志编辑部编 吉林 吉林市印刷厂 1990 年 392 页〔吉林市文化艺术志丛书〕

008923409
吉林市地名录
吉林市地名委员会编 吉林 吉林市地名委员会 1984 年 715 页〔吉林省地名录 2〕

008444186
吉林市地名志
吉林市人民政府编 吉林 吉林市人民政府 1988 年 663 页〔吉林省地名丛书 31〕

010110055
吉林市山水地名志略
邢国志主编 张桂珍副主编 北京 气象出版社 1990 年 477 页

008486622
吉林地区矿产志略
吉林市城市建设志编纂委员会编 吉林 1990 年 286 页

011310827
吉林铁路中心医院志 1909—1985
沈阳铁路局吉林中心医院志编纂委员会编 沈阳 沈阳铁路局吉林中心医院志编纂委员会 1989 年 263 页

013374090
吉林热电厂职工医院院志 1986—2002
吉林热电厂职工医院院志编纂组编 2003 年 1 册

013374093
吉林省电力建设总公司职工医院院志 1986—2002
吉林省电力建设总公司职工医院编 2003 年 19 页

013374428
吉林市康润医院院志 1986—2002
吉林市康润医院编 2003 年 19 页

012251160
吉林市中心医院志
吉林市中心医院志编纂委员会编 吉林 吉林市中心医院志编纂委员会 1997 年 306 页

012251167
吉林市中心医院志 1988—1998
吉林市中心医院志编纂委员会编 吉林 吉林市中心医院 1998 年 390 页

013369114
北华大学北校区医院院志 1986—2002
北华大学北校区医院编印 2003 年

18 页

011066890
吉林省地方病第二防治研究所所志
1950—2000
王玉琨 石如罕主编 吉林省地方病第二防治研究所所志编纂委员会编 吉林 吉林省地方病第二防治研究所 2000 年 286 页

013652730
吉林市农业科学院院志 1908—2008
吉林市农业科学院院志编纂委员会编 吉林 吉林市农业科学院院志编纂委员会 2008 年 220 页

013661577
[吉林市第二中心医院]院志 1909—2009
吉林 吉林市第二中心医院志编纂委员会 2009 年 2 册 751 页

012636539
中国石油吉林石化公司研究院志
中国石油吉林石化公司研究院志编纂委员会编 吉林 中国石油吉林石化公司研究院志编纂委员会 2008 年 2 册

010777043
[吉林化学工业公司]污水处理厂志
1978—1988
吉林 吉林化学工业公司污水处理厂 1990 年 476 页

船营区

012658282
船营区志 1673—1999
吉林市船营区地方志编纂委员会编 长春 吉林大学出版社 2010 年 1116 页 〔吉林省地方志丛书 32〕

011996719
吉林市船营区教育志 1693—1999
吉林市船营区教育志编纂小组编 吉林 吉林市船营区教育志编纂小组 2000 年 291 页

昌邑区

006562120
昌邑区志
昌邑区地方志编纂委员会编 吉林 吉林文史出版社 1992 年 690 页

013647646
桦皮厂镇续志
昌邑区桦皮厂镇续志编纂委员会编 吉林 昌邑区桦皮厂镇续志编纂委员会 2003 年 394 页

013683737
吉林市昌邑区两家子满族乡志 1961—2002
吉林市昌邑区两家子满族乡政府编 吉林 吉林市昌邑区两家子满族乡政府

2003 年 211 页

013686310

吉林市昌邑区土城子满族朝鲜族乡志
1986—2002
吉林市昌邑区土城子满族朝鲜族乡乡志编纂委员会编 吉林 吉林市昌邑区土城子满族朝鲜族乡乡志编纂委员会 2003 年 248 页

013683739

吉林市昌邑区左家镇志 1936—2002
左家镇志编纂委员会编 昌邑区 左家镇志编纂委员会 2003 年 426 页

010468925

兴华街志
吉林市昌邑区兴华街编纂办公室编 兴华街 1985 年 108 页

013820309

吉林市昌邑区教育志
吉林市昌邑区教育局编 吉林 吉林市昌邑区教育局 1990 年 181 页

010469098

吉林市昌邑区城建志
城建环保管理局编 昌邑 昌邑区城建环保管理局 1988 年 180 页

龙潭区

010238573

吉林市龙潭区志 1986—2003
吉林市龙潭区地方志编纂委员会编 崔振吉主编 龙潭区 200u 年 2 册

011805568

龙潭区志 1986—2003
龙潭区地方志编纂委员会编 长春 吉林文史出版社 2006 年 824 页〔吉林省地方志丛书 16〕

010293688

吉林市龙潭区山前街道志 1986—2002
中共龙潭区山前街道工作委员会 龙潭区人民政府山前街道办事处编 吉林 龙潭区人民政府山前街道办事处 2003 年 56 页

010293834

吉林市龙潭区遵义街道志 1979—2002
中共吉林市龙潭区遵义街道工作委员会 龙潭区人民政府遵义街道办事处编 龙潭区 遵义街道办事处 2003 年 131 页

010293689

吉林市龙潭区铁东街志 1986—2002
中共吉林市龙潭区铁东街道党工委 吉林市龙潭区铁东街道办事处编 铁东街 铁东街道办事处 2003 年 106 页

010293686
吉林市龙潭区工会志 1986—2002
吉林市龙潭区总工会编 吉林 吉林市龙潭区总工会 2003年 45页

010293696
吉林市龙潭区信访志 1987—2002
王玉钦主编 龙潭区 2003年 34页

010293701
中共龙潭区委政法委志 1986—2002
中共吉林市龙潭区委政法委员会编 吉林 中共吉林市龙潭区委政法委员会 2003年 99页

009243475
龙潭区地理志
吉林市龙潭区地方志编纂委员会编 吉林 吉林市龙潭区地方志编纂委员会 1991年 167页

013375241
龙潭区江北医院院志 1986—2002
龙潭区江北医院编 2003年 17页

013375244
龙潭区口腔医院院志 1986—2002
龙潭区口腔医院编 2003年 15页

013375246
龙潭区铁东医院院志 1986—2002
龙潭区铁东医院编 2003年 34页

013375243
吉林市龙潭区金珠卫生院院志 1986—2002
吉林市龙潭区金珠卫生院编 2003年 25页

013375231
龙潭街道卫生所所志 1986—2002
龙潭街道卫生所编 2003年 10页

013375234
龙潭区大口钦满族镇卫生院志 1986—2002
龙潭区大口钦满族镇卫生院编 2003年 22页

013375239
龙潭区缸窑中心卫生院院志 1986—2002
龙潭区缸窑镇中心卫生院编 2003年 20页

013375242
龙潭区结核病防治所所志 1986—2002
吉林市龙潭区结核病防治所编 2003年 22页

010293683
吉林市龙潭区城建志 1986—2002
龙潭区城建志编纂委员会编 吉林 龙潭区城乡建设管理局 2003年 173页

丰满区

008864874

[吉林市]郊区志

吉林市郊区地方志编纂委员会编 长春 吉林文史出版社 1996年 617页

009560852

丰满区志 1992—2001

刘刚主编 长春 吉林人民出版社 2003年 622页〔吉林省续修市州县志 4〕

012999184

吉林市丰满区江南乡永庆村志

邹国安主编 永庆村 永庆村志编纂委员会 2010年 245页

009242432

丰满发电厂志 1937—1985

丰满发电厂志编辑室编纂 丰满区 丰满发电厂 1991年 595页

011188221

吉林省民间文学集成 吉林市郊区卷

宋玉兰主编 吉林市郊区民间文学集成编委会编 吉林 吉林市郊区民间文学集成编委会 1988年 333页

013183618

吉林省吉林市郊区土壤志

吉林市郊区土壤普查办公室编 吉林 吉林市郊区土壤普查办公室 1984年 173页

蛟河市

010730479

蛟河市志 1989—2003

吉林省蛟河市志编纂委员会编 长春 吉林人民出版社 2006年 872页〔吉林省续修市州县志 11〕

007486855

蛟河县志

蛟河县志编纂委员会编 长春 长春出版社 1991年 1054页〔吉林省地方志丛书 5〕

013792536

蛟河工会志

吉林省蛟河市总工会修志组编 蛟河 蛟河市总工会 1990年 244页

011067786

蛟河物资志

蛟河县物资局编 蛟河 蛟河县物资局 1989年 168页〔吉林物资系统志丛书 15〕

011328451

蛟河市土地志

蛟河市土地志编纂委员会编 蛟河 蛟河市土地局 2000年 471页

013528623

白石山林业局志

白石山林业局志编纂委员会编 吉林 白

石山林业局志编纂委员会 1998年 784页

013771471
白石山林业局志 1996—2011
白石山林业局志编纂委员会编 长春 吉林人民出版社 2013年 622页

013374440
蛟河市粮食志
蛟河市粮食志编纂小组编 蛟河 蛟河市粮食志编纂小组 1992年 222页

013183663
蛟河县林业志
蛟河县林业志编纂组编 蛟河 蛟河县林业志编纂组 1991年 168页

010469067
蛟河发电厂志 1937—1985
蛟河发电厂编志办公室编 蛟河 蛟河发电厂 1987年 296页

013659378
蛟河煤矿志 1877—1987
蛟河煤矿志编审领导小组编纂 蛟河 蛟河煤矿志编审领导小组 1987年 360页

009385055
蛟河县文物志
吉林省文物志编委会编 长春 吉林省文物志编委会 1987年 406页〔吉林省文物志丛书〕

桦甸市

010576670
桦甸市志 1988—2003
桦甸市地方志编纂委员会编 长春 吉林文史出版社 2006年 986页〔吉林省地方志丛书 12〕

007488668
桦甸县志
桦甸县地方志编纂委员会编 李柏主编 张书海 张敏 辛辅余副主编 长春 吉林人民出版社 1995年 942页〔吉林省地方志丛书 31〕

012264006
常山镇志
桦甸县常山镇志编纂办公室编印 桦甸 桦甸县常山镇志编纂办公室 1986年 362页

012898618
桦甸人大志 1949—2004
赵凡夫主编 北京 中国文史出版社 2005年 426页

010778374
中国黄金第一矿夹皮沟金矿史志
邱玉林 李新清主编 曹可南 于文萍 陈传瑜编写 北京 中国文史出版社 2005年 777页

013792300
桦甸县税务志
桦甸县税务局编纂小组编 桦甸 桦甸县印刷厂 1985年 320页

009385049
桦甸县文物志
吉林省文物志编委会编 吉林 吉林省文物志编委会 1987年 205页〔吉林省文物志丛书〕

010289840
桦甸县地名志
桦甸县地名委员会编 桦甸 桦甸县人民政府 1986年 477页〔吉林省地名志丛书 35〕

舒兰市

010143062
舒兰市志 1986—2002 送审稿
舒兰市地方志编纂委员会办公室编 舒兰 舒兰市地方志编纂委员会办公室 2004年 2册 1040页

010143059
舒兰市志 1986—2002
吉林省舒兰市地方志编纂委员会编 长春 吉林人民出版社 2005年 973页〔吉林省续修市州县志 7〕

005696883
舒兰县志
郭志明 魏忠庆主编 王泰林副主编 长春 吉林人民出版社 1992年 972页

011327711
舒兰矿物局志 1958—1985
李奎谦主编 钱德澍副主编 长春 吉林文史出版社 1992年 602页

010473837
舒兰县水利志
舒兰县水利志编写办公室编 舒兰 舒兰县水利局 1989年 336页

013684649
舒兰车务段志 1934—1985
吉林铁路分局舒兰车务段段志编纂组编 长春 沈阳铁路局吉林印刷厂知青厂 1989年 242页

009334926
舒兰县文物志
吉林省文物志编委会编 长春 吉林省文物志编委会 1985年 215页〔吉林省文物志丛书〕

011580091
舒兰县地名志
舒兰县人民政府编 舒兰 舒兰县人民政府 1987年 666页〔吉林省地名志丛书 29〕

磐石市

011294944

磐石市志 1991—2003

吉林省磐石市地方志编纂委员会编 长春 吉林文史出版社 2006年 936页〔吉林省地方志丛书 14〕

008600726

磐石县志

磐石县志编纂委员会编纂 长春 吉林人民出版社 1999年 948页〔吉林省地方志丛书 37〕

013822135

磐石市人民代表大会志

磐石市人大常委会编 磐石 磐石印刷有限责任公司 2004年 331页

009061018

磐石市政协志 1949—2000

政协磐石市委员会编 磐石 政协磐石市委员会 2001年 351页〔磐石文史资料 第10辑〕

013822143

磐石市政协志 2001—2010

政协磐石市委员会编 磐石 政协磐石市委员会 2011年 250页〔磐石市文史资料 第14辑〕

009335496

磐石县文物志

吉林省文物志编委会编 长春 吉林省文物志编修委员会 1987年 148页〔吉林省文物志丛书〕

009992780

磐石县地名志

磐石 磐石县人民政府 1988年 791页〔吉林省地名志丛书 33〕

永吉县

012141506

永吉县志 1986—2005

永吉县地方志编纂委员会编 长春 吉林文史出版社 2006年 1133页〔吉林省续修市州县志 22〕

013686447

永吉县工会志

永吉县工会志编委会编 永吉 永吉县工会志编委会 1988年 247页

012878875

永吉县财政志 1986—2002

永吉县财政局编 永吉 永吉县财政局 2004年 291页

010469341

永吉县农村金融志

中国农业银行永吉县支行编 永吉 中国农业银行永吉县支行 1988年 102页

011188266
吉林省民间文学集成 永吉县卷
李永庆主编 永吉县民间文学集成编委会编 永吉 永吉县民间文学集成编委会 1988年 660页

009335503
永吉县文物志
吉林省文物志编委会编 长春 吉林省文物志编委会 1985年 318页〔吉林省文物志丛书〕

013797193
永吉县土壤志
吉林省永吉县土壤普查办公室编 永吉 永吉县土壤普查办公室 1983年 215页

010776964
星星哨水库志 1958—1985
吉林省永吉县星星哨水库管理处编 吉林 吉林省永吉县星星哨水库管理处 1990年 243页

四平市

005559206
四平市志
四平市地方志编纂委员会编 长春 吉林人民出版社 1993年 2册 2762页〔吉林省地方志丛书 10〕

013901276
中共四平市委党校志 1949—2009
王作成主编 高玉田 陈守林副主编 四平 中共四平市委党校 2009年 306页

011067204
四平物资志
四平市物资局编 四平 四平市物资局 1989年 207页〔吉林物资系统志丛书 12〕

010469072
四平电业局志 1917—1985
四平电业局编 四平 四平电业局 1987年 523页

013660329
四平市水利志
四平市水利局编 四平 四平市水利局 1994年 788页

010290968
四平机务段志 1926—1986
四平机务段史志编纂委员会编 四平 四平机务段 1988年 312页

008923432
四平市地名录

四平市地名委员会编 四平 四平市地名委员会 1984年 802页〔吉林省地名录 3〕

012174919
四平市中心人民医院志 1995—2007
唐立峰主编 四平 四平市中心人民医院 2008年 414页

铁东区

011188247
吉林省民间文学集成 四平市铁东区歌谣卷
四平市铁东区民间文学集成编委会编 吉林 四平市铁东区民间文学集成编委会 1990年 388页

公主岭市

012264274
公主岭市志 1985—2004
公主岭市地方志编纂委员会 董德主编 长春 吉林人民出版社 2009年 746页〔吉林省地方志丛书 30〕

007657590
怀德县志
怀德县志编纂委员会编著 长春 吉林文史出版社 1996年 1085页〔吉林省地方志丛书 23〕

011995655
公主岭市公安志
吴卫东编著 长春 吉林人民出版社 2008年 1096页

010254034
怀德县军事志
怀德县人民武装部军事志编写组编 怀德 1985年 81页

010290973
公主岭市玉米志
公主岭市玉米志编纂委员会 于海主编 公主岭 公主岭市史志工作委员会 1988年 88页

013092951
吉林省农业科学院畜牧科学分院志
吉林省农业科学院畜牧科学分院编 公主岭 吉林省农业科学院畜牧科学分院 2011年 429页

010468950
吉林省怀德县金融志
怀德县金融志编写组编 怀德 怀德县金融志编写组 1986年 262页

010293784
中国银行公主岭支行志
公主岭 中国银行公主岭支行 2003年 136页

011325304
怀德县体育志
孙少军主编 公主岭 1986年 167页

009385051
怀德县文物志
吉林省文物志编委会编 段新澍等编写 长春 吉林省文物志编委会 1985年 209页〔吉林省文物志丛书〕

008923465
公主岭市地名志
公主岭市人民政府编 公主岭 公主岭市人民政府 1989年 671页〔吉林省地名志丛书 24〕

双辽市

008661349
双辽县志
魏连生主编 杨秀艳副主编 北京 中国青年出版社 2000年 1372页

010110102
卧虎镇乡土志
双辽县卧虎镇乡土志编辑委员会编 双辽 双辽县史志办公室 1986年 180页

010199810
双辽发电厂志 1988—2001
2002年 597页

010776975
双辽县水利志
双辽县水利局编 双辽 双辽县水利局 1990年 191页

011311793
双辽市文化体育志
高纯生主编 长春 吉林文史出版社 2001年 460页

010061533
吉林省民间文学集成 双辽县卷
双辽县民间文学集成编委会编 双辽 双辽县民间文学集成编委会 1987年 499页

梨树县

007902363
梨树县志
梨树县志编纂委员会编 沈阳 辽宁教育出版社 1992年 1231页〔吉林省地方志丛书 13〕

013793114
梨树县志 1986—2005
梨树县地方志编纂委员会编 长春 吉林人民出版社 2012年 863页〔吉林省地方志系列丛书 34〕

010469334

万发乡志

梨树县万发乡史志编委会编 万发乡 1988年 136页〔梨树县地方志丛书〕

011499160

梨树县政协志 1957—2006

政协吉林省梨树县委员会编 梨树 政协吉林省梨树县委员会 2006年 494页

010293042

梨树县第一高级中学校志 1959—1999

梨树县第一高级中学校志编纂委员会编 梨树 梨树县第一高级中学校志编纂委员会 1999年 237页

009385063

梨树县文物志

吉林省文物志编修委员会编 梨树 吉林省文物志编修委员会 1984年 266页〔吉林省文物志丛书〕

008923416

梨树县地名志

梨树县地名志编辑委员会编 梨树 梨树县地名志编辑委员会 1982年 410页〔吉林省地名志丛书 22〕

伊通满族自治县

010730489

伊通满族自治县志

伊通满族自治县志编纂委员会编 长春 吉林人民出版社 2006年 1002页〔吉林省地方志丛书 10〕

007902356

伊通县志

伊通县志编纂委员会编著 长春 吉林文史出版社 1991年 1149页〔吉林省地方志丛书 4〕

011325315

靠山公社志

吉林省伊通县靠山公社志编委会编 伊通 吉林省伊通县靠山公社志编委会 1985年 174页

013757241

伊通三中校志

伊通三中校志编纂委员会编 长春 吉林人民出版社 2012年 232页

009865097

大孤山乡土志

大孤山乡土志编写委员会编 伊通 伊通县志办公室 1983年 218页〔伊通县地方志丛书〕

辽源市

007491028
辽源市志
辽源市地方志编纂委员会编 长春 吉林人民出版社 1995年 1472页

013688967
辽源市志 1986—2002
常忆杰 袁文清主编 赵杰执行主编 辽源市地方志编纂委员会编 长春 吉林人民出版社 2012年 2册〔吉林省地方志系列丛书 38〕

010292136
辽源矿区工会志
许传生 杨立坤主编 辽源 辽源矿区工会 1995年 392页

013375223
辽源市中级人民法院院志 1902—2005
辽源市中级人民法院院志编纂委员会编 辽源 辽源市中级人民法院院志编纂委员会 2006年 333页

011067789
辽源物资志
辽源市物资局编 辽源 辽源市物资局 1989年 207页〔吉林物资系统志丛书 14〕

011499225
辽源电业志 1917—1999
辽源电业志编委会编 辽源 辽源电业志编委会 1999年 447页

010469194
辽源发电厂志 1918—1985
辽源发电厂办公室编 辽源 辽源发电厂办公室 1988年 371页

007825642
辽源矿务局志
邢福德主编 辽源矿务局编 徐州 中国矿业大学出版社 1993年 899页

010577037
辽源市财政志 1986—2000
辽源市财政局编 辽源 辽源市财政局 2000年 662页

010577073
辽源市金融志 1986—1999
辽源市金融志(续志)编纂委员会编 辽源 辽源市金融志(续志)编纂委员会 2002年 594页

010469274
辽源市戏曲志
辽源市戏曲志编辑部编 长春 吉林省文化厅 1988年 223页

009797392

辽源市文物志

吉林省文物志编修委员会编 长春 吉林省文物志编修委员会 1988年 100页〔吉林省文物志丛书〕

008444189

辽源市地名录

辽源市地名委员会编 辽源 辽源市地名委员会 1984年 385页〔吉林省地名录 4〕

009992778

辽源市中医院志 1984.2—2003.12

辽源市中医院志编纂委员会编印 辽源 辽源市中医院志编纂委员会 2003年 675页

012174131

七十五年风雨历程 辽源矿业(集团)有限责任公司职工总医院志 1931.4—2006.5

辽源矿业(集团)有限责任公司职工总医院志编纂委员会编 长春 吉林人民出版社 2008年 750页

010110096

辽源市中心医院志 1947.6—1999.8

辽源市中心医院志编纂委员会编印 辽源 辽源市中心医院志编纂委员会 1999年 507页

东丰县

007938467

东丰县志

东丰县志编纂委员会编 北京 中国广播电视出版社 1994年 725页

013819285

东丰县志 1986—2002

东丰县地方志编纂委员会编 长春 吉林人民出版社 2012年 709页〔吉林省地方志系列丛书 39〕

东辽县

008731122

东辽县志 1902—1986

东辽县地方志编纂委员会编 长春 吉林文史出版社 2002年 712页〔吉林省地方志系列丛书 35〕

009797379

东辽县文物志

吉林省文物志编修委员会编 史吉祥总纂 长春 吉林省文物志编修委员会 1986年 376页〔吉林省文物志丛书〕

通化市

007362232
通化市志
通化市地方志编纂委员会编 高士心主编 北京 中国城市出版社 1996年 1157页〔中华人民共和国地方志丛书〕

012956051
通化市志 1986—2005
肖伟 姜运超主编 长春 吉林人民出版社 2010年 2册〔吉林省地方志丛书33〕

010143066
通化市政协志
孙恒永 张春荣主审 杨春旭 王永富 姜大允主编 岳宗宝 孙焕杰副主编 政协通化市委员会编 通化 政协通化市委员会 2000年 442页〔通化文史资料 14〕

009996581
通钢志 1958—1985
通化钢铁公司史志编委会编 通化 通钢志编辑委员会 1989年 470页

010469294
通化电业局志 1924—1985
通化电业局志编纂委员会编 通化 通化电业局志编纂委员会 1988年 234页

012506252
通化矿务局志
通化矿务局志编纂委员会编 长春 吉林文史出版社 2009年 2册

012836445
通化矿务局志 上卷 1948—1985
通化矿务局志编纂委员会编 长春 吉林文史出版社 2010年 767页

009106606
通化铁路分局志 1925—1995
通化铁路分局志编纂委员会编 北京 中国铁道出版社 1998年 1012页

009244284
通化铁路分局志稿
通化铁路分局志编纂委员会编 通化 通化铁路分局志编纂委员会 1991年

009312165
吉林省邮电志 通化卷
通化市邮电局编 北京 北京燕山出版社 2000年 611页

009992793
通化市科学技术志
通化市科委科技志编纂委员会编 通化 通化市科委科技志编纂委员会 1989年 226页

010022695

通化市民族民间舞蹈集成

通化市文化局编 通化 通化市文化局 1990年 480页

010469285

通化地区戏曲志

通化地区戏曲志编辑部编 长春 吉林省文化厅 1988年 268页

009385081

通化市文物志

吉林省文物志编委会编 长春 吉林省文物志编委会 1986年 103页〔吉林省文物志丛书〕

008444991

吉林省通化市地名志

通化市人民政府编 通化 通化市人民政府 1985年 669页〔吉林省地名志丛书 41〕

010469301

通化市地震志

通化市地震办公室编 通化 通化市地震办公室 1988年 63页

009385033

长白山西南坡野生经济动物志

通化地区农业区划委员会办公室编 富国栋 高文由主编 衣俊鹏等编写 通化 吉林省通化地区农业区划委员会办公室 1985年 272页

009385039

长白山西南坡野生经济植物志

通化地区农业区划委员会办公室编 富国栋 高文由主编 王英贵等编写 通化 吉林省通化地区农业区划委员会办公室 1985年 763页

东昌区

009992789

通化市东昌区志 1985—1997

东昌区地方志编纂委员会编 孙怡主编 长春 吉林人民出版社 2002年 1157页〔吉林省地方志丛书 52〕

二道江区

008846173

通化市二道江区志 1985—1999

二道江区地方志编纂委员会编 王文刚主编 长春 吉林人民出版社 2000年 732页〔吉林省地方志丛书 51〕

010468939

二道江发电厂志 1939—1985

厂志编审纂委员会办公室编 二道江区 二道江发电厂 1986年 360页

梅河口市

008338787

梅河口市志

梅河口市地方志编纂委员会 张长弓总编 长春 吉林人民出版社 1999年 990页〔吉林省地方志丛书 22〕

010730485
梅河口市志 1986—2000
梅河口市地方志编纂委员会 于翠利主编 长春 吉林人民出版社 2006年 707页〔吉林省地方志丛书 6〕

011145148
吉林省民间文学集成 梅河口市歌谣谚语卷
梅河口市民间文学集成编委会编 梅河口 梅河口市民间文学集成编委会 1987年 106页

009335490
海龙县文物志
王洪峰等编写 长春 吉林省文物志编修委员会 1984年 176页〔吉林省文物志丛书〕

008444997
海龙县地名志
海龙县人民政府编 海龙 海龙县人民政府 1984年 248页〔吉林省地名志丛书 27〕

集安市

010143051
集安市志 1984—2003
集安市地方志编纂委员会 佟德才主编 长春 吉林文史出版社 2005年 1098页〔吉林省地方志丛书 5〕

004970728
集安县志
集安县地方志编纂委员会编 集安 集安县地方志编纂委员会 1987年 733页〔吉林省地方志丛书 1〕

009387213
山城子村志
郊区乡山城子村志编写组编 吉林 1983年 55页

011875797
台上镇志
集安市台上镇人民政府编 长春 吉林文史出版社 2008年 351页

012758981
集安建设志
集安市住房和城乡建设局编 长春 吉林大学出版社 2010年

012758978
吉林集安经济开发区志
吉林集安经济开发区志编纂委员会编 长春 吉林大学出版社 2009年 586页

009338210
集安县文物志

集安县文物志编写组 林至德等编 长春 吉林省文物志编委会 1984年 504页〔吉林省文物志丛书〕

008445003
集安县地名志
集安县人民政府编 集安 集安县人民政府 1985年 407页〔吉林省地名志丛书 28〕

通化县

007657591
通化县志
通化县志编纂委员会编 刘福德主编 长春 吉林人民出版社 1996年 952页〔吉林省地方志丛书 36〕

011764829
通化县志 1986—2000
通化县地方志编纂委员会 吉祥云 肖志刚主编 长春 吉林人民出版社 2006年 806页〔吉林省地方志丛书 18〕

009334894
通化县文物志
吉林省文物志编委会编 长春 吉林省文物志编委会 1987年 169页〔吉林省文物志丛书〕

008445007
通化县地名志
通化县地名委员会编 通化县人民政府编 通化 通化县地名委员会 1985年 562页〔吉林省地名志丛书 42〕

辉南县

004893180
辉南县志
吉林省辉南县县志办公室编 深圳 海天出版公司 1989年 525页〔吉林省地方志丛书 3〕

008829201
辉南县志 1986—1997
辉南县县志编纂委员会 苏福刚主编 长春 吉林人民出版社 2000年 1000页〔吉林省续修市州县志 2〕

010468538
辉南县民政局志
辉南县民政局编志小组编 辉南 辉南县民政局 1985年 1册〔辉南县地方志丛书 72〕

010735915
辉南森林经营局志
辉南森林经营局编志办公室编 辉南 辉南森林经营局编志办公室 1985年 294页

012877161
杉松岗矿志
吉林省杉松岗矿业集团矿志编撰办公室编 北京 中华书局 2011年 697页

011310516
辉南县教育志 清末—1984
1985年 363页

009335481
辉南县文物志
吉林省文物志编修委员会编 长春 吉林省文物志编修委员会 1987年 182页〔吉林省文物志丛书〕

008923438
辉南县地名志
辉南县人民政府编 辉南 辉南县人民政府 1987年 317页〔吉林省地名志丛书 34〕

柳河县

003807921
柳河县志
柳河县志编纂委员会编 长春 吉林文史出版社 1991年 752页〔吉林省地方志丛书 2〕

010779143
柳河县志 1986—2000
柳河县地方志编纂委员会 刘吉军主编 长春 吉林人民出版社 2006年 866页〔吉林省地方志丛书 13〕

013319707
柳河县人大志
柳河县人大常委会编纂 柳河 柳河县人大常委会 2011年 679页

009385075
柳河县文物志
吉林省文物志编修委员会编 长春 吉林省文物志编修委员会 1987年 181页〔吉林省文物志丛书〕

008444147
吉林省柳河县地名志
柳河县人民政府编 柳河 柳河县人民政府 1984年 311页〔吉林省地名志丛书 28〕

白山市

012871818
白山市八道江区志 1985—2005
白山市八道江区地方志编纂委员会编 长春 吉林大学出版社 2010年 848页

013126161
白山市志 1986—2005
孙焕华主编 长春 吉林人民出版社 2011年 2册〔吉林省地方志丛书 37〕

011447150

中国武警志 白山市森林支队志 1950—2000

中国人民武装警察部队吉林省森林总队白山市支队史志编审委员会编 白山 白山市森林支队 2002 年 281 页〔武警森林部队史志丛书〕

012871822

白山市水利志 1986—2005

白山市水利志编纂委员会编 吉林 吉林人民出版社 2011 年 361 页

011943020

白山市交通志 1985—2005

白山市交通志编纂委员会编 长春 吉林人民出版社 2008 年 463 页

011311892

白山市教育志 1902—2002

白山市教育志编纂委员会编 北京 同心出版社 2005 年 701 页

011188225

吉林省民间文学集成 浑江市三岔子区卷

浑江市三岔子区民间文学集成编委会编 浑江 浑江市三岔子区民间文学集成编委会 1988 年 666 页

013402785

白山市疾病预防控制中心中心志

白山市疾病预防控制中心中心志编纂委员会编 白山 白山市疾病预防控制中心中心志编纂委员会 2010 年 173 页

浑江区

007479111

浑江市志

浑江市地方志编纂委员会编 北京 中华书局 1994 年 952 页〔吉林省地方志丛书 20〕

011580081

浑江电厂志

浑江电厂志编审委员会编 吉林 浑江电厂志编审委员会 1988 年

008923399

浑江市地名志

浑江市人民政府编 浑江 浑江市人民政府 1987 年 538 页〔吉林省地名志丛书 36〕

江源区

012541908

江源县志 1985—2005

武传仁主编 长春 吉林人民出版社 2009 年 1045 页〔吉林省地方志丛书 56〕

临江市

012174137

临江林业局志 1991—2000

临江林业局志编纂委员会编纂 吉林 临江林业局志编纂委员会 2002年 722页

012831337

大栗子矿志 1986—2005

大栗子矿志编纂领导小组编 吉林 大栗子矿志编纂领导小组 2008年 296页

011440956

临江市教育志 1902—2004

临江市教育志编纂委员会编 北京 同心出版社 2005年 544页

抚松县

007426163

抚松县志

抚松县地方志编纂委员会编 北京 中华书局 1994年 1074页〔吉林省地方志丛书 27〕

012609821

抚松县志 1986—2000

抚松县地方志编纂委员会编 抚松县档案局编 长春 吉林大学出版社 2009年 442页

008444144

抚松县地名志

抚松县人民政府编 抚松 抚松县人民政府 1988年 295页〔吉林省地名志丛书 39〕

011327112

抚松县人参志

陈福增编 长春 吉林人民出版社 1989年 348页

靖宇县

008731731

靖宇县志

靖宇县地方志编纂委员会编 长春 吉林人民出版社 2001年 484页〔吉林省地方志丛书 48〕

010730482

靖宇县志 1986—2002

靖宇县地方志编纂委员会 曲亚男主编 长春 吉林人民出版社 2006年 675页〔吉林省地方志丛书 10〕

011329318

靖宇县交通志 1949—2006

靖宇县交通志编纂委员会编 靖宇 靖宇县交通志编纂委员会 2007年 263页

008444162

靖宇县地名志

靖宇县地名委员会编 靖宇 靖宇县地名

委员会 1984年 248页〔吉林省地名志丛书 38〕

长白朝鲜族自治县

007491021
长白朝鲜族自治县志
长白县志编纂委员会编 黄世明 顾孔生总编 北京 中华书局 1993年 534页〔吉林省地方志丛书 26〕

012132521
长白朝鲜族自治县志 1986—2005
长白朝鲜族自治县志编纂委员会编 韩连第主编 长春 吉林文史出版社 2009年 693页〔吉林省地方志丛书 26〕

011890462
长白朝鲜族自治县林业志
孙准兴 郭发祥主编 长白朝鲜族自治县林业局 长白森林经营局编 郴州 长白朝鲜族自治县林业局 1992年 423页

012967370
长白朝鲜族自治县交通志 1908—2008
长白朝鲜族自治县交通志编纂委员会编 长白 长白朝鲜族自治县交通志编纂委员会 2010年 308页

008923452
长白朝鲜族自治县地名志
长白朝鲜族自治县人民政府编 长白 长白朝鲜族自治县人民政府 1985年 184页〔吉林省地名志丛书 37〕

012951873
长白朝鲜族自治县土壤志
长白朝鲜族自治县农业局 长白朝鲜族自治县农科站编 长白 长白朝鲜族自治县农科站 1985年 287页

松原市

010730492
松原市志
松原市地方志编纂委员会编 长春 吉林人民出版社 2006年 1196页〔吉林省地方志丛书 54〕

011311847
松原市土地志
王广泰主编 王昭全 张殿祥副主编 松原市土地志编纂委员会编 长春 吉林文史出版社 2003年 834页

013731657
松原市国税志 1999—2006
赵德纯主编 郭玉志副主编 松原市国税志编纂委员会编 松原 松原市国税志编纂委员会 2007年 260页

宁江区

012174929
松原市宁江区志 1995—2003
宁江区地方志编纂委员会编 长春 吉林大学出版社 2008年 734页〔吉林省地方志丛书 55〕

扶余市

010469355
扶余县志 一校稿
扶余市史志工作委员会编 扶余 扶余市史志工作委员会 1989年 7册

006795898
扶余县志
松原市扶余区史志工作委员会编 长春 吉林人民出版社 1993年 952页〔吉林省地方志丛书 19〕

014028775
扶余县志 1988—2000
扶余县地方志编纂委员会 刘树林主编 长春 吉林大学出版社 2013年 862页

011068389
扶余物资志
扶余市物资局编 扶余 扶余市物资局 1988年 141页〔吉林物资系统志丛书 5〕

010776970
扶余县水利志
扶余县水利局编印 扶余 扶余县水利局 1989年 284页

009335472
扶余县文物志
陈相伟 李殿福主编 长春 吉林省文物志编修委员会 1984年 180页〔吉林省文物志丛书〕

008444160
吉林省扶余县地名志
扶余县地名委员会办公室编制 扶余 扶余县地名委员会办公室 1985年 382页〔吉林省地名志丛书 9〕

长岭县

007480675
长岭县志
长岭县史志编纂委员会编 苏国清主编 姜长春 隋诚临 江洪副主编 北京 中华书局 1993年 829页〔吉林省地方志丛书 29〕

013901232
长岭县人大志
王继杰主编 长春 吉林文史出版社 2011年 1412页

009335486
长岭县文物志
吉林省文物志编修委员会主编 长春 吉林省文物志编委会 1987年 345页〔吉林省文物志丛书〕

乾安县

008731126
乾安县志
乾安县地方志编纂委员会 徐万江主编 长春 吉林人民出版社 1999年 788页〔吉林省地方志丛书 46〕

012174825
乾安县志 1986—2000
乾安县地方志编纂委员会 张兴贵主编 长春 吉林人民出版社 2008年 745页〔吉林省地方志丛书 25〕

009334897
乾安县文物志
吉林省文物志编委会主编 长春 吉林省文物志编委会 1986年 162页〔吉林省文物志丛书〕

010776957
乾安县水利志
乾安县水利局编纂 乾安 乾安县水利局 1988年 184页

前郭尔罗斯蒙古族自治县

007994531
前郭尔罗斯蒙古族自治县志
前郭尔罗斯蒙古族自治县地方志编纂委员会编 沈阳 辽宁民族出版社 1993年 1163页

010576674
前郭尔罗斯蒙古族自治县志 1986—2000
前郭尔罗斯蒙古族自治县地方志编纂委员会编 长春 吉林文史出版社 2006年 1085页〔吉林省续修市州县志 8〕

013002423
前郭尔罗斯蒙古族自治县国土资源志 1648—2010
前郭尔罗斯蒙古族自治县国土资源志编纂委员会编 长春 吉林大学出版社 2011年 562页

012661748
前郭尔罗斯蒙古族自治县城乡建设志 1986—2008
张恒庆主编 北京 中国文史出版社 2010年 343页〔中国乌江山峡旅游文化丛书〕

012503673
查干湖渔场志 1960—2009
查干湖渔场志编纂委员会编 长春 吉林大学出版社 2010年 606页

010143054
前郭尔罗斯蒙古族自治县农业志
前郭尔罗斯蒙古族自治县农业志编纂委员会编 长春 吉林人民出版社 2006年 565页

009797061
长山热电厂志 1997—2000
长山热电厂编 吉林 长山热电厂 2002年 363页

013705565
前郭炼油厂志 1988—1998
前炼志编审委员会编 前郭 前郭炼油厂志编审委员会 1999年 810页

009385067
前郭尔罗斯蒙古族自治县文物志
吉林省文物志编委会编 长春 吉林省文物志编修委员会 1983年 228页〔吉林省文物志丛书〕

010290575
前郭尔罗斯蒙古族自治县地名志
前郭尔罗斯蒙古族自治县地名委员会编 前郭尔罗斯 前郭尔罗斯蒙古族自治县地名委员会 1989年 930页〔吉林省地名志丛书 8〕

012658217
查干湖志 1547—2007
前郭尔罗斯查干湖旅游经济开发区查干湖志编纂委员会编 焦洪学主编 长春 吉林大学出版社 2009年 577页

009319852
前郭尔罗斯蒙古族自治县引松工程志
前郭尔罗斯蒙古族自治县引松工程志编纂工作委员会编 沈阳 辽宁民族出版社 2003年 369页

013775138
前郭尔罗斯蒙古族自治县水利志
前郭尔罗斯蒙古族自治县水利局编 前郭尔罗斯 前郭尔罗斯蒙古族自治县水利局 1989年 240页

白城市

004344760
白城地区志
白城地区地方志编纂委员会编 长春 吉林文史出版社 1992年 1237页〔吉林省地方志丛书 9〕

007480653
白城市志
白城市地方志编纂委员会编 李杰主编 王起和 姚宏夫 刘永海副主编 北京 中国广播电视出版社 1993年 904页〔吉林省地方志丛书 21〕

008471150
白城市志 1986—1995
白城市地方志编纂委员会编 刘润璞主编 徐国政 张富 刑国明责任主编 戴忠春 李杰副主编 长春 吉林人民出版社 1999年 1186页〔吉林省续修市州县志 1〕

011995230
白城人大志 1985—2007
白城市人大常委会编 吉林 2007年 417页

011068431
白城物资志
白城地区行署物资处编 白城 白城地区行署物资处 1987年 150页〔吉林物资系统志丛书 11〕

010061687
白城地区戏曲音乐集成
白城地区戏曲音乐集成编辑部编 白城 白城地区文化局 1991年 729页

011496826
白城地区文物志简编
长春 吉林人民出版社 1992年 539页

009385030
白城市文物志
吉林省文物志编委会编 长春 吉林省文物志编委会 1986年 122页〔吉林省文物志丛书〕

009865086
白城地区地名录
白城地区地名委员会编 白城 白城地区地名委员会 1984年 1097页〔吉林省地名录 6〕

010289884
白城市地名志
白城市地名委员会编 白城 吉林省白城市人民政府 1986年 373页〔吉林省地名志丛书 2〕

009865102
吉林省白城市地名志 清样本
白城市地名委员会办公室编 白城 白城市地名委员会办公室 1984年 44页

010250409
白城市土壤志
白城市土壤普查办公室 吉林省土壤普查工作组编 白城 吉林省土壤普查工作组 1959年 108页

011996712
吉林省白城市城乡建设专业志 城乡建

设 1996—2000
吉林省白城市建设委员会史志编纂领导小组编纂 白城 吉林省白城市建设委员会史志编纂领导小组 2003年 546页

012967350
白城地区水利志
刘长远主编 白城地区水利志编纂委员会编 白城 白城地区水利志编纂委员会 2000年 424页

洮北区

013126154
白城市洮北区志 1993—2000
白城市洮北区地方志编纂委员会编 长春 吉林人民出版社 2009年 1113页〔吉林省地方志丛书 57〕

洮南市

008731193
洮南市志
洮南市志编纂委员会编著 长春 吉林文史出版社 2000年 556页〔吉林省地方志丛书〕

012266397
洮南市志 1988—2000
洮南市地方志编纂委员会编 周柏涛 徐锋主编 长春 吉林人民出版社 2009年 962页

011500670
洮南市教育志 1902—2001
桑殿武主编 敖英君副主编 洮南市教育志编纂委员会编著 北京 社会科学文献出版社 2004年 460页

009335514
洮安县文物志
陈相伟 李殿福主编 吉林省文物志编修委员会编 长春 吉林省文物志编修委员会 1982年 131页〔吉林省文物志丛书〕

大安市

012173740
大安市志 1986—2000
大安市地方志编纂委员会编 长春 吉林人民出版社 2008年 1070页〔吉林省地方志丛书 17〕

007902366
大安县志
逯献青主编 张富 林万峰副主编 沈阳 辽宁人民出版社 1990年 914页

009334914
大安县文物志
陈相伟 李殿福主编 长春 吉林省文物志编修委员会 1982年 128页〔吉林省文物志丛书〕

镇赉县

007491019
镇赉县志
镇赉县志编纂委员会编 长春 吉林人民出版社 1995年 988页〔吉林省地方志丛书 32〕

012970779
镇赉县人大志
镇赉县人大常务委员会编著 镇赉 镇赉县人大常委 2004年 334页

011497840
吉林省监狱管理局镇赉分局志 1956—2006
李勇赴主编 长春 长春出版社 2006年 936页

009335510
镇赉县文物志
吉林省文物志编修委员会主编 长春 吉林省文物志编修委员会 1985年 176页〔吉林省文物志丛书〕

008923457
镇赉县地名志
镇赉县地名委员会办公室编 镇赉 镇赉县地名委员会办公室 1985年 416页〔吉林省地名志丛书 3〕

通榆县

008487296
通榆县志
通榆县志编纂委员会 赵福山主编 马向东副主编 长春 吉林人民出版社 1994年 938页〔吉林省地方志丛书 28〕

011908994
通榆县志 1986—2000
通榆县地方志编纂委员会 高洪贤主编 付秀杰责任主编 李志凌执行主编 长春 吉林人民出版社 2008年 945页〔吉林省续修市州县志 21〕

011145165
吉林省民间文学集成 通榆县卷
通榆县民间文学集成编委会编 吉林 通榆县民间文学集成编委会 1987年 357页

009338214
通榆县文物志
吉林省文物志编修委员会主编 长春 吉林省文物志编修委员会 1983年 257页〔吉林省文物志丛书〕

延边朝鲜族自治州

007927570
延边朝鲜族自治州志
延边朝鲜族自治州地方志编纂委员会编 北京 中华书局 1996年 2册 2041页

011479441
延边朝鲜族自治州人民代表大会志
1945.11—2007.12
延边朝鲜族自治州人民代表大会志编纂委员会编 延吉 延边人民出版社 2007年 385页

012837551
延边州民政志
延边朝鲜族自治州民政局编印 延边 延边朝鲜族自治州民政局 2009年 424页

012636806
延边朝鲜族自治州中级人民法院志
1952—1992
延边朝鲜族自治州中级人民法院志编纂委员会编 延边 延边朝鲜族自治州中级人民法院志编纂委员会 1992年 209页

012636808
延边朝鲜族自治州中级人民法院志
1992—2001
延边朝鲜族自治州中级人民法院志编纂委员会编 延边 延边朝鲜族自治州中级人民法院志编纂委员会 2002年 400页

011068400
延边物资志
延边物资局编 延边 延边物资局 1988年 269页〔吉林物资系统志丛书13〕

009334854
延边朝鲜族自治州土地志
延边朝鲜族自治州土地志编纂委员会编 延吉 延边人民出版社 2002年 413页

013179393
大石头林业局志
延边朝鲜族自治州林业管理局林业志编纂委员会编 延边 延边朝鲜族自治州林业管理局林业志编纂委员会 1989年 817页〔延边林业志 4〕

009743692
白河林业局志
张猛主编 局志办公室编辑 延边 延边朝鲜族自治州林业管理局林业志编纂委员会 1989年 732页〔延边林业志 5〕

010777988

延边朝鲜族自治州水利志

高振东主编 延边朝鲜族自治州水利局编 延吉 延边朝鲜族自治州水利局 2001年 336页

009879604

吉林省邮电志 延边卷

延边朝鲜族自治州邮电局编 北京 北京燕山出版社 1997年 607页

009992955

延边金融志 1894—2000

王连德主编 延吉 延边大学出版社 2004年 527页

013148694

延边新闻志 延边日报新闻志

延边 延边日报 1988年 219页

010577360

延边朝鲜族自治州教育志 1715—1988

延边朝鲜族自治州教育志编纂委员会编 延吉 东北朝鲜民族教育出版社 1992年 577页

010469336

延边朝鲜族自治州戏曲志

延边朝鲜族自治州戏曲志编辑部编 长春 吉林省文化厅 1988年 208页

010288589

延边朝鲜族自治州地名录

延边朝鲜族自治州地名委员会编 延吉 延边朝鲜族自治州地名委员会 1985年 559页〔吉林省地名录 7〕

011585175

延边中西医医院志 1985—2005

吉林 2005年 144页

011809542

延边肿瘤(胸科)医院院志 1956—2006

延边肿瘤(胸科)医院院志编纂委员会编 延边 延边肿瘤(胸科)医院 2006年 188页

延吉市

007486946

延吉市志

延吉市地方志编纂委员会编 北京 新华出版社 1994年 621页〔吉林省地方志丛书 25〕

009024701

延吉市志 1986—2000

延吉市地方志编纂委员会编 北京 中华书局 2003年 837页

009241132

延吉市土地志 1840—1995

延吉市土地志编纂委员会编 延吉 延边人民出版社 2000年 311页

010473928
延吉金融志
姜延福编纂 长春 东北师范大学出版社 1990年 422页

008444994
延吉市地名志
延吉市人民政府编 延吉 延吉市人民政府 1987年 332页〔吉林省地名志丛书 51〕

011320425
朝药志
崔松男主编 孙尚范 朴京哲副主编 文明龙等编 延吉 延边人民出版社 1995年 276页

图们市

010199812
图们市志 1644—1985
吉林省图们市地方志编纂委员会编 蓝海主编 长春 吉林文史出版社 2006年 664页

012956065
图们铁路分局工会志 1945—1999
图们铁路分局工会志编纂委员会编 图们 图们铁路分局工会 2000年 222页

012662342
图们市人民代表大会志
吉林省图们市人民代表大会常务委员会编 图们 吉林省图们市人民代表大会常务委员会 2006年 555页

008042321
图们铁路分局志 1922—1988
图们铁路分局志编纂委员会编 北京 中国铁道出版社 1994年 563页

008377763
图们市邮电志
张志水编纂 长春 吉林文史出版社 1996年 327页

008444993
图们市地名志
图们市人民政府编 图们 图们市地名志编纂委员会 1985年 323页〔吉林省地名志丛书 52〕

敦化市

007902386
敦化市志
敦化市地方志编纂委员会编 温大成主编 北京 新华出版社 1991年 644页〔吉林省地方志丛书 6〕

013703230
敦化市志 1986—2000
敦化市地方志编纂委员会编 长春 吉林人民出版社 2010年 907页〔吉林省地方志丛书 27〕

013128880
敦化市人民代表大会志
吉林省敦化市人大常委会编 敦化 吉林省敦化市人大常委会 2002年 270页

012679293
敦化市劳动和社会保障志 1949—2008
敦化市劳动和社会保障局编 敦化 敦化市劳动和社会保障局 2008年 511页

010473849
敦化市农业机械公司志
敦化市农业机械公司志编写组编 敦化 敦化市农业机械公司 1990年 42页

013703228
敦化林业局志 1958—2008
任瑞国主编 敦化 敦化林业局志编纂委员会 2008年 703页

009839639
黄泥河林业局志
黄泥河林业局志编辑室编辑 延边 延边朝鲜自治州林业管理局林业志编纂委员会 1988年 658页

010110056
敦化市水利志
敦化市水利局编 敦化 敦化市水利局 1992年 215页

011328490
敦化市地方税务志 1994—2003
敦化市地方税务志编纂委员会编 敦化 敦化市地方税务志编纂委员会 2004年 242页

008923353
敦化县地名志
敦化县人民政府编 敦化 敦化县人民政府 1985年 508页〔吉林省地名志丛书 48〕

010250642
敦化县野生动物简志
林德发 王永昌 王佳贵执笔 敦化 敦化县农业区划办公室 1983年 229页

012758794
敦化市医院院志 1947—2002
敦化市医院院志编纂委员会编 敦化 敦化市医院院志编纂委员会 2003年 368页

012967567
官地中心卫生院院志 1948—2004
敦化市官地中心卫生院编 官地镇 敦化市官地中心卫生院 2005年 295页

珲春市

008830108
珲春市志
珲春市地方志编纂委员会编 长春 吉林人民出版社 2000年 972页〔吉林省地方志丛书 37〕

012541787

珲春市志 1988—2005

珲春市地方志编纂委员会编 长春 吉林人民出版社 2009年 1099页〔吉林省地方志丛书 20〕

012758971

珲电公司志 1978—2001

珲电公司志编撰委员会编 珲春 珲电公司志编撰委员会 2002年 717页

010469145

珲春市民族志 1860—1987

珲春市民族志编写组编 珲春 1988年 148页

010777073

珲春灌区志

珲春灌区志编辑室编 珲春 珲春灌区志编辑室 1992年 328页

龙井市

007902343

龙井县志

龙井县地方志编纂委员会编 沈阳 东北朝鲜民族教育出版社 1989年 738页〔吉林省地方志丛书 7〕

011068398

龙井物资志

龙井县物资局编 龙井 龙井县物资局 1988年 157页〔吉林物资系统志丛书 10〕

011584556

龙井发电厂志 1938—1985

龙井发电厂志编纂委员会编 龙井 龙井发电厂 1987年 241页

008445002

龙井县地名志

龙井县人民政府编 龙井 龙井县人民政府 1985年 383页〔吉林省地名志丛书 49〕

和龙市

011995703

和龙市志 1988—2000

和龙市地方志编纂委员会编 长春 吉林人民出版社 2008年 960页〔吉林省地方志丛书 24〕

005559175

和龙县志

和龙县地方志编纂委员会编 长春 吉林文史出版社 1992年 722页〔吉林省地方志丛书 12〕

008486182

八家子林业局志

八家子林业局志办公室编辑 延边 延边朝鲜族自治州林业管理局林业志编纂委员会 1990年 689页〔延边林业志 6〕

009385046
和龙县文物志
吉林省文物志编委会主编 郭文魁 苗慕舜审订 贾士金审定 长春 吉林省文物志编委会 1984年 160页〔吉林省文物志丛书〕

008445005
和龙县地名志
和龙县地名委员会编 和龙 和龙县地名委员会 1984年 240页〔吉林省地名志丛书 47〕

汪清县

008731189
汪清县志 1909—1985
汪清县地方志编纂委员会编 吉林 吉林省新闻出版局图书管理处 2002年 598页

011327184
汪清县供销社志 1946.5—1989.12
吉林省汪清县供销合作社联合社编 汪清 吉林省汪清县供销合作社联合社 1989年 176页

009385084
汪清县文物志
吉林省文物志编委会主编 方起东 王瑛审订 贾士金审定 长春 吉林省文物志编委会 1984年 162页〔吉林省文物志丛书〕

安图县

007902364
安图县志
安图县地方志编纂委员会编 长春 吉林文史出版社 1993年 703页〔吉林省地方志丛书 18〕

012741881
安图县志 1986—2005
安图县地方志编纂委员会编 长春 吉林人民出版社 2010年 777页〔吉林省地方志丛书 35〕

012249624
安图县政协志
安图县政协志编纂委员会编 延吉 延边大学出版社 1999年 238页

012832091
安图法院志 1949—2006
吉林省安图县人民法院院志编纂委员会编 安图 吉林省安图县人民法院院志编纂委员会 2007年 262页

010280347
安图县林业志
陈恒林总编 赵华审定 安图县林业志办公室编辑 延边 延边朝鲜自治州林管局林业志编纂委员会 1990年 285页〔延边林业志 16〕

013528615

安图制药厂志

安图制药厂志编纂小组编 安图 安图制药厂志编纂小组 1989年 216页

010143038

安图县教育志

田子斌主编 安图县教育志编纂委员会编 延吉 延边大学出版社 1999年 434页

009385025

安图县文物志

吉林省文物志编委会主编 长春 吉林省文物志编修委员会 1986年 142页 〔吉林省文物志丛书〕

011067730

吉林长白山国家级自然保护区管理局志

李文生主编 安图 吉林长白山国家级自然保护区管理局 1990年 340页

黑龙江省

011762108
黑龙江省志
黑龙江省邮电管理局编 哈尔滨 黑龙江省邮电管理局 1999年 886页

010290631
黑龙江省志 大事记 送审稿
黑龙江省地方志编纂委员会编 黑龙江 黑龙江省地方志编纂委员会 1991年 2册

011295506
黑龙江省志 共产党志 1986—2000
黑龙江省志共产党志编纂委员会编 哈尔滨 黑龙江人民出版社 2007年 539页

008377831
黑龙江省志 人民代表大会志
黑龙江省人大志编纂委员会编 哈尔滨 黑龙江省人大常委会办公厅 1997年 524页

009265750
黑龙江省志 武警志
黑龙江省地方志编纂委员会编 哈尔滨 黑龙江省地方志编纂委员会 1999年 280页

008445094
黑龙江省志 第1卷 总述
黑龙江省地方志编纂委员会编 哈尔滨 黑龙江人民出版社 1999年 568页

008486587
黑龙江省志 第2卷 大事记
黑龙江省地方志编纂委员会编 哈尔滨 黑龙江人民出版社 1992年 1116页

008377843
黑龙江省志 第3卷 地理志
黑龙江省地方志编纂委员会编 哈尔滨 黑龙江人民出版社 1998年 718页

008686722
黑龙江省志 第 4 卷 地质矿产志
黑龙江省地方志编纂委员会编 哈尔滨
　　黑龙江人民出版社 1994 年 398 页

009310502
黑龙江省志 第 5 卷 气象志 地震志
黑龙江省地方志编纂委员会编 哈尔滨
　　黑龙江人民出版社 2003 年 2 册

008661841
黑龙江省志 第 6 卷 经济综志
黑龙江省地方志编纂委员会编 哈尔滨
　　黑龙江人民出版社 1999 年 498 页

006466639
黑龙江省志 第 7 卷 农业志
黑龙江省地方志编纂委员会编 哈尔滨
　　黑龙江人民出版社 1993 年 532 页

008486585
黑龙江省志 第 8 卷 土地志
黑龙江省地方志编纂委员会编 哈尔滨
　　黑龙江人民出版社 1997 年 488 页

006135393
黑龙江省志 第 9 卷 水利志
黑龙江省地方志编纂委员会编 哈尔滨
　　黑龙江人民出版社 1993 年 521 页

005536256
黑龙江省志 第 10 卷 畜牧志
黑龙江省地方志编纂委员会编 哈尔滨
　　黑龙江人民出版社 1993 年 494 页

007793012
黑龙江省志 第 11 卷 水产志
黑龙江省地方志编纂委员会编 哈尔滨
　　黑龙江人民出版社 1996 年 660 页

008661844
黑龙江省志 第 12 卷 林业志
黑龙江省地方志编纂委员会编 哈尔滨
　　黑龙江人民出版社 2000 年 964 页

007514053
黑龙江省志 第 13 卷 农机志
黑龙江省地方志编纂委员会编 哈尔滨
　　黑龙江人民出版社 1996 年 482 页

004516421
黑龙江省志 第 14 卷 国营农场志
黑龙江省地方志编纂委员会编 哈尔滨
　　黑龙江人民出版社 1992 年 619 页

005536257
黑龙江省志 第 15 卷 煤炭志
黑龙江省地方志编纂委员会编 哈尔滨
　　黑龙江人民出版社 1993 年 819 页

003801175
黑龙江省志 第 16 卷 石油工业志
黑龙江省地方志编纂委员会编 哈尔滨
　　黑龙江人民出版社 1988 年 347 页

008086720
黑龙江省志　第 17 卷　电力工业志
黑龙江省地方志编纂委员会编　哈尔滨　黑龙江人民出版社　1992 年　421 页

004516422
黑龙江省志　第 18 卷　铁路志
黑龙江省地方志编纂委员会编　哈尔滨　黑龙江人民出版社　1992 年　795 页

008488486
黑龙江省志　第 19 卷　交通志
黑龙江省地方志编纂委员会编　哈尔滨　黑龙江人民出版社　1997 年　1017 页

008191625
黑龙江省志　第 20 卷　邮电志
黑龙江省地方志编纂委员会编　哈尔滨　黑龙江人民出版社　1994 年　487 页

007806614
黑龙江省志　第 21 卷　冶金志
黑龙江省地方志编纂委员会编　哈尔滨　黑龙江人民出版社　1997 年　511 页

007588035
黑龙江省志　第 22 卷　黄金志
黑龙江省地方志编纂委员会编　哈尔滨　黑龙江人民出版社　1996 年　485 页

008645984
黑龙江省志　第 23 卷　机械工业志
黑龙江省地方志编纂委员会编　哈尔滨　黑龙江人民出版社　2003 年　792 页

008645989
黑龙江省志　第 24 卷　电子工业志
黑龙江省地方志编纂委员会编　哈尔滨　黑龙江人民出版社　2003 年　411 页

008645897
黑龙江省志　第 25 卷　化学工业志
黑龙江省地方志编纂委员会编　哈尔滨　黑龙江人民出版社　2003 年　375 页

008645990
黑龙江省志　第 26 卷　轻工业志
黑龙江省地方志编纂委员会编　哈尔滨　黑龙江人民出版社　2001 年　490 页

006802894
黑龙江省志　第 27 卷　烟草志　纺织志
黑龙江省地方志编纂委员会编　哈尔滨　黑龙江人民出版社　1994 年　370 页

008645879
黑龙江省志　第 28 卷　手工业志
黑龙江省地方志编纂委员会编　哈尔滨　黑龙江人民出版社　2000 年　453 页

008645900
黑龙江省志　第 29 卷　建设志
黑龙江省地方志编纂委员会编　哈尔滨　黑龙江人民出版社　2003 年　666 页

008645902
黑龙江省志 第30卷 建材工业志
黑龙江省地方志编纂委员会编 哈尔滨 黑龙江人民出版社 2003年 235页

007792976
黑龙江省志 第31卷 测绘志
黑龙江省地方志编纂委员会编 哈尔滨 黑龙江人民出版社 1996年 465页

007902340
黑龙江省志 第32卷 金融志
黑龙江省地方志编纂委员会编 哈尔滨 黑龙江人民出版社 1989年 728页

003801408
黑龙江省志 第33卷 财政志
黑龙江省地方志编纂委员会编 徐颖主编 哈尔滨 黑龙江人民出版社 1991年 652页

008377838
黑龙江省志 第34卷 对外经济贸易志
黑龙江省地方志编纂委员会编 哈尔滨 黑龙江人民出版社 1997年 515页

008380028
黑龙江省志 第35卷 商业志
黑龙江省地方志编纂委员会编 哈尔滨 黑龙江人民出版社 1994年 592页

008645893
黑龙江省志 第36卷 供销合作社志
黑龙江省地方志编纂委员会编 哈尔滨 黑龙江人民出版社 2003年 593页

008645889
黑龙江省志 第37卷 乡镇企业志
黑龙江省地方志编纂委员会编 哈尔滨 黑龙江人民出版社 2003年 401页

008191622
黑龙江省志 第38卷 粮食志
黑龙江省地方志编纂委员会编 哈尔滨 黑龙江人民出版社 1994年 711页

006135438
黑龙江省志 第39卷 物资志
黑龙江省地方志编纂委员会编 哈尔滨 黑龙江人民出版社 1994年 436页

006466638
黑龙江省志 第40卷 审计志 标准计量志
黑龙江省地方志编纂委员会编 哈尔滨 黑龙江人民出版社 1992年 589页

008191620
黑龙江省志 第41卷 工商行政管理志
黑龙江省地方志编纂委员会编 哈尔滨 黑龙江人民出版社 1994年 366页

006871593
黑龙江省志 第42卷 物价志
黑龙江省地方志编纂委员会编 哈尔滨 黑龙江人民出版社 1993年 509页

008645987

黑龙江省志 第43卷 环境保护志

黑龙江省地方志编纂委员会编 哈尔滨 黑龙江人民出版社 2003年 255页

008645881

黑龙江省志 第44卷 科学技术志

黑龙江省地方志编纂委员会编 哈尔滨 黑龙江人民出版社 1999年 774页

007728285

黑龙江省志 第45卷 教育志

黑龙江省地方志编纂委员会编 哈尔滨 黑龙江人民出版社 1996年 998页

008645916

黑龙江省志 第46卷 文学艺术志

黑龙江省地方志编纂委员会编 哈尔滨 黑龙江人民出版社 2003年 1083页

007589130

黑龙江省志 第47卷 卫生志

黑龙江省地方志编纂委员会编 哈尔滨 黑龙江人民出版社 1996年 528页

008445105

黑龙江省志 第48卷 医药志

黑龙江省地方志编纂委员会编 哈尔滨 黑龙江人民出版社 1999年 909页

007931033

黑龙江省志 第49卷 体育志

黑龙江省地方志编纂委员会编 哈尔滨 黑龙江人民出版社 1997年 965页

005794257

黑龙江省志 第50卷 报业志

黑龙江省地方志编纂委员会编 哈尔滨 黑龙江人民出版社 1993年 372页

007515165

黑龙江省志 第51卷 广播电视志

黑龙江省地方志编纂委员会编 哈尔滨 黑龙江人民出版社 1996年 366页

007806615

黑龙江省志 第52卷 出版志

黑龙江省地方志编纂委员会编 哈尔滨 黑龙江人民出版社 1996年 491页

006135439

黑龙江省志 第53卷 文物志

黑龙江省地方志编纂委员会编 哈尔滨 黑龙江人民出版社 1994年 529页

007728289

黑龙江省志 第54卷 档案志

黑龙江省地方志编纂委员会编 哈尔滨 黑龙江人民出版社 1996年 424页

008445108

黑龙江省志 第55卷 宗教志

黑龙江省地方志编纂委员会编 哈尔滨 黑龙江人民出版社 1999年 370页

008377850
黑龙江省志 第56卷 民族志
黑龙江省地方志编纂委员会编 哈尔滨
黑龙江人民出版社 1998年 438页

007585917
黑龙江省志 第57卷 人口志
黑龙江省地方志编纂委员会编 哈尔滨
黑龙江人民出版社 1996年 761页

008645975
黑龙江省志 第58卷 方言民俗志
黑龙江省地方志编纂委员会编 哈尔滨
黑龙江人民出版社 2001年 671页

008645981
黑龙江省志 第59卷 旅游志 侨务志
黑龙江省地方志编纂委员会编 哈尔滨
黑龙江人民出版社 2002年 391页

008645903
黑龙江省志 第60卷 政权志
黑龙江省地方志编纂委员会编 哈尔滨
黑龙江人民出版社 2003年 915页

008486583
黑龙江省志 第61卷 政协志
黑龙江省地方志编纂委员会编 哈尔滨
黑龙江人民出版社 1997年 436页

005794258
黑龙江省志 第62卷 民政志
黑龙江省地方志编纂委员会编 哈尔滨
黑龙江人民出版社 1993年 566页

008645894
黑龙江省志 第63卷 公安志
黑龙江省地方志编纂委员会编 哈尔滨
黑龙江人民出版社 2001年 604页

008445101
黑龙江省志 第64卷 统计志
黑龙江省地方志编纂委员会编 哈尔滨
黑龙江人民出版社 1999年 848页

008486584
黑龙江省志 第65卷 司法行政志
黑龙江省地方志编纂委员会编 哈尔滨
黑龙江人民出版社 1998年 410页

008686730
黑龙江省志 第66卷 军事志
黑龙江省地方志编纂委员会编 哈尔滨
黑龙江人民出版社 1994年 460页

006466637
黑龙江省志 第67卷 人事编制志
黑龙江省地方志编纂委员会编 哈尔滨
黑龙江人民出版社 1992年 786页

007588034
黑龙江省志 第68卷 劳动志
黑龙江省地方志编纂委员会编 哈尔滨
黑龙江人民出版社 1995年 583页

007902370

黑龙江省志 第69卷 外事志

黑龙江省地方志编纂委员会编 哈尔滨 黑龙江人民出版社 1993年 524页

007792990

黑龙江省志 第70卷 共产党志

黑龙江省地方志编纂委员会编 哈尔滨 黑龙江人民出版社 1996年 776页

008445097

黑龙江省志 第71卷 民主党派 工商联志

黑龙江省地方志编纂委员会编 哈尔滨 黑龙江人民出版社 1999年 627页

008445102

黑龙江省志 第72卷 工会志

黑龙江省地方志编纂委员会编 哈尔滨 黑龙江人民出版社 1999年 588页

008445112

黑龙江省志 第73卷 共青团志

黑龙江省地方志编纂委员会编 哈尔滨 黑龙江人民出版社 1999年 416页

008191621

黑龙江省志 第74卷 妇联志

黑龙江省地方志编纂委员会编 哈尔滨 黑龙江人民出版社 1995年 366页

008645882

黑龙江省志 第75卷 科学文化团体志

黑龙江省地方志编纂委员会编 哈尔滨 黑龙江人民出版社 2000年 728页

008445114

黑龙江省志 第76卷 人物志

黑龙江省地方志编纂委员会编 哈尔滨 黑龙江人民出版社 1999年 1056页

008445064

黑龙江省志 第77卷 出版图书期刊总目

黑龙江省地方志编纂委员会编 哈尔滨 黑龙江人民出版社 1998年 2册 1706页

008377874

黑龙江省志 第78卷 地名录

黑龙江省地方志编纂委员会编 哈尔滨 黑龙江人民出版社 1998年 688页

012049457

黑龙江旅游景区志

黑龙江省地方志编纂委员会 黑龙江省旅游局编 哈尔滨 黑龙江人民出版社 2009年 412页

007508881

黑龙江古代简志

张泰湘编 哈尔滨 黑龙江人民出版社 1988年 288页

011294615

黑龙江省统计学会志 1990.6—2000.10

黑龙江省统计学会秘书处编 黑龙江 黑龙江省统计学会 2000年 144页

011890837
黑龙江统计志 1986—2005
黑龙江统计志编纂委员会编 哈尔滨 黑龙江人民出版社 2008年 996页

012811426
黑龙江省计划生育志 地市篇 1986—2005
黑龙江省计划生育志编纂委员会编 2007年 574页

013507926
黑龙江纪律检查志
中共黑龙江省纪律检查委员会主编 哈尔滨 中共黑龙江省纪律检查委员会 1993年 240页

009560797
黑龙江农垦工会志 1949—1988
黑龙江农垦工会志编审委员会编 黑龙江 黑龙江农垦工会志编审委员会 1992年 343页

007832578
黑龙江省邮电工会志
中国邮电工会黑龙江省委员会工运史编写组编 哈尔滨 中国邮电工会黑龙江省委员会 1990年 591页

012898570
黑龙江省人大政协会议图志 2011
黑龙江省人民代表大会常务委员会 中国人民政治协商会议黑龙江委员会 黑龙江省地方志编纂委员会主编 哈尔滨 黑龙江人民出版社 2011年 327页

009335549
黑龙江政府志
黑龙江省人民政府办公厅编 哈尔滨 黑龙江人民出版社 2001年 736页

009560806
黑龙江省林业公安志 1949—2000
黑龙江省林业公安局编纂 黑龙江 黑龙江省林业公安局 2002年 358页

011564898
黑龙江检察志
黑龙江省人民检察院编著 哈尔滨 黑龙江人民出版社 1988年 192页

010476006
农垦法院志 1982—2002
农垦法院志编纂委员会编 香港 香港通用语言出版公司 2002年 443页

008378080
黑龙江省防空志
黑龙江省人民防空办公室编 哈尔滨 黑龙江省人民防空办公室 1989年 520页

009553740
黑龙江省建设志
黑龙江省建设委员会编 黑龙江 黑龙江省建设委员会 1990年 401页

013728795
黑龙江省农垦总局驻北京联络处志 1989—1998
黑龙江省农垦总局驻北京联络处志编审委员会编 北京 黑龙江省农垦总局驻北京联络处志编审委员会 2000年 161页

009675284
黑龙江省森林工业木材生产志
黑龙江省森林工业总局木材生产局编 1988年 410页

009675287
森林工业志
黑龙江省森林工业总局编纂 于学刚主编 哈尔滨 黑龙江省森林工业总局史志办公室 1989年 746页

011804500
黑龙江省电力工业志 1986—2002
黑龙江电力公司编 北京 中国电力出版社 2007年 531页〔中国电力工业志丛书〕

009743810
黑龙江省烟草通志
黑龙江省烟草通志编纂委员会编 哈尔滨 黑龙江人民出版社 2003年 902页〔黑龙江省烟草通志丛书 第1分册〕

010109178
黑龙江省烟草志
中国烟草总公司黑龙江省公司史志办编 黑龙江 中国烟草总公司黑龙江省公司 1990年 304页

008378076
黑龙江省医疗器械工业志
高承德 杨万兴编著 哈尔滨 黑龙江省医疗器械工业公司 1989年 372页〔黑龙江省医药诸志丛书〕

011564903
黑龙江建设银行志
中国人民建设银行黑龙江省分行史志办公室编 黑龙江 中国人民建设银行黑龙江省分行史志办公室 1990年 362页

008436897
黑龙江农垦分行行志
黑龙江农垦分行行志编纂委员会编 北京 北京图书馆出版社 1998年 207页

008378069
黑龙江省农村金融志
黑龙江省农村金融志编纂委员会编 北京 中国书籍出版社 1992年 436页

009839631

黑龙江冰雪文化图志

黑龙江省地方志编纂委员会编 哈尔滨 黑龙江人民出版社 2004年 3册

011890829

黑龙江省森林工业教育志

黑龙江省森林工业总局教育局编 黑龙江 黑龙江省森林工业总局 1987年 182页

012197185

中国歌谣集成 第17卷 黑龙江卷

中国民间文学集成全国编辑委员会 中国歌谣集成黑龙江卷编辑委员会编 北京 中国ISBN中心 2007年 733页

012197241

中国谚语集成 第20卷 黑龙江卷

中国民间文学集成全国编辑委员会 中国民间文学集成黑龙江卷编辑委员会编 北京 中国ISBN中心 2007年 992页

011564906

黑龙江省艺术史志集成资料汇编

黑龙江省艺术研究所编 哈尔滨 黑龙江省艺术研究所 1984年

008409967

中国民间歌曲集成 第11卷 黑龙江卷

中国民间歌曲集成全国编辑委员会 中国民间歌曲集成黑龙江卷编辑委员会编 北京 中国ISBN中心 1997年 2册 1303页〔十部文艺集成志书〕

008707925

中国戏曲音乐集成 第13卷 黑龙江卷

中国戏曲音乐集成编辑委员会 中国戏曲音乐集成黑龙江卷编辑委员会编 北京 中国ISBN中心 1994年 1027页〔十部文艺集成志书〕

007562229

中国民族民间舞蹈集成 第6卷 黑龙江卷

中国民族民间舞蹈集成编辑部编 北京 中国ISBN中心 1996年 531页〔十部文艺集成志书〕

011762020

中国曲艺音乐集成 第17卷 黑龙江卷

中国曲艺音乐集成全国编辑委员会 中国曲艺音乐集成黑龙江卷编辑委员会编 北京 中国ISBN中心 2002年 1116页

012507294

中国曲艺志 第20卷 黑龙江卷

中国曲艺志全国编辑委员会 中国曲艺志黑龙江卷编辑委员会编 北京 中国ISBN中心 2004年 800页

008704036

中国戏曲志 第24卷 黑龙江卷

中国戏曲志编辑委员会 中国戏曲志黑

龙江卷编辑委员会编 北京 中国 ISBN 中心 1994 年 563 页〔十部文艺集成志书〕

008383955
黑龙江农垦地名录
黑龙江省农垦总局史志办编 北京 人民中国出版社 1997 年 450 页

009685660
黑龙江省地震监测志
黑龙江省地震局编 哈尔滨 哈尔滨地图出版社 2004 年 383 页〔中国地震监测志系列〕

009814596
黑龙江省区域地质志
黑龙江省地质矿产局编 北京 地质出版社 1993 年 734 页〔地质专报 1 区域地质 第 33 号〕

009768587
黑龙江植物资源志
聂绍荃 袁晓颖 杨逢建主编 哈尔滨 东北林业大学出版社 2003 年 940 页

011954224
黑龙江省两栖爬行动物志
赵文阁等编著 北京 科学出版社 2008 年 249 页

008445125
黑龙江省鸟类志
黑龙江省野生动物研究所编 北京 中国林业出版社 1992 年 401 页

001718813
黑龙江省兽类志
马逸清等编著 哈尔滨 黑龙江科学技术出版社 1986 年 543 页

013728784
黑龙江检验检疫志
黑龙江出入境检验检疫局编 黑龙江 黑龙江出入境检验检疫局 2007 年 505 页

009853058
黑龙江省中药志
黑龙江省中药志编审委员会编 哈尔滨 哈尔滨工业大学出版社 1992 年 614 页

009348703
黑龙江农作物品种志
黑龙江省农业科学院主编 哈尔滨 黑龙江人民出版社 1979 年 411 页

013092891
黑龙江树木志
周以良 董世林 聂绍荃编著 周以良主编 哈尔滨 黑龙江科学技术出版社 1986 年 585 页

010730017
黑龙江省药用动物志

程继臻 王国杰主编 哈尔滨 黑龙江科学技术出版社 1995年 326页

007793041
黑龙江名菜志
吴光启 王龡文 吴守田编 哈尔滨 黑龙江科学技术出版社 1984年 111页

哈尔滨市

008445132
哈尔滨市志 第2卷 大事记 人口
哈尔滨市地方志编纂委员会编 哈尔滨 黑龙江人民出版社 1999年 1021页

009117297
哈尔滨市志 第3卷 自然地理
哈尔滨市地方志编纂委员会编 哈尔滨 黑龙江人民出版社 1993年 463页

008445154
哈尔滨市志 第4卷 城市规划 土地 市政公用建设
哈尔滨市地方志编纂委员会编 哈尔滨 黑龙江人民出版社 1998年 943页

008054981
哈尔滨市志 第5卷 建筑业 房产业
哈尔滨市地方志编纂委员会编 哈尔滨 黑龙江人民出版社 1995年 555页

008445135
哈尔滨市志 第6卷 交通
哈尔滨市地方志编纂委员会编 哈尔滨 黑龙江人民出版社 1999年 527页

013528965
哈尔滨市志 第7卷 党政群团 1991—2005
哈尔滨市地方志编纂委员会编 哈尔滨 黑龙江人民出版社 2011年 986页

009117303
哈尔滨市志 第7卷 邮政 电信
哈尔滨市地方志编纂委员会编 哈尔滨 黑龙江人民出版社 1995年 409页

009117302
哈尔滨市志 第8卷 电力工业 石油化学工业
哈尔滨市地方志编纂委员会编 哈尔滨 黑龙江人民出版社 1995年 538页

008054980
哈尔滨市志 第10卷 电子仪表工业 冶金工业
哈尔滨市地方志编纂委员会编 哈尔滨 黑龙江人民出版社 1995年 586页

008445139
哈尔滨市志 第13卷 建材工业 木材

工业

哈尔滨市地方志编纂委员会编 哈尔滨 黑龙江人民出版社 1999年 391页

008445157

哈尔滨市志 第14卷 农业 水利

哈尔滨市地方志编纂委员会编 哈尔滨 黑龙江人民出版社 1998年 614页

008054979

哈尔滨市志 第15卷 日用工业品商业 副食品商业 饮食服务业

哈尔滨市地方志编纂委员会编 哈尔滨 黑龙江人民出版社 1996年 981页

009338134

哈尔滨市志 第18卷 金融

哈尔滨市地方志编纂委员会编 哈尔滨 黑龙江人民出版社 1995年 537页

009203789

哈尔滨市志 第19卷 财政 税务 审计

哈尔滨市地方志编纂委员会编 哈尔滨 黑龙江人民出版社 1996年 858页

008445142

哈尔滨市志 第22卷 环境保护 技术监督

哈尔滨市地方志编纂委员会编 哈尔滨 黑龙江人民出版社 1998年 339页

008445159

哈尔滨市志 第24卷 教育 科学技术

哈尔滨市地方志编纂委员会编 哈尔滨 黑龙江人民出版社 1998年 773页

009338166

哈尔滨市志 第25卷 报业 广播电视

哈尔滨市地方志编纂委员会编 哈尔滨 黑龙江人民出版社 1994年 413页

008445146

哈尔滨市志 第26卷 文化 文学艺术

哈尔滨市地方志编纂委员会编 哈尔滨 黑龙江人民出版社 1999年 478页

008661688

哈尔滨市志 第28卷 中共地方组织

哈尔滨市地方志编纂委员会编 哈尔滨 黑龙江人民出版社 1999年 566页

008445150

哈尔滨市志 第29卷 政权

哈尔滨市地方志编纂委员会编 哈尔滨 黑龙江人民出版社 1998年 661页

009338307

哈尔滨市志 第30卷 政协 民主党派 工商业联合会

哈尔滨市地方志编纂委员会编 哈尔滨 黑龙江人民出版社 1997年 538页

009117289

哈尔滨市志 第32卷 公安 司法行政

哈尔滨市地方志编纂委员会编 哈尔滨 黑龙江人民出版社 1996年 556页

008380049

哈尔滨市志 第33卷 民政侨务

哈尔滨市地方志编纂委员会编 哈尔滨 黑龙江人民出版社 1994年 340页

008445152

哈尔滨市志 第34卷 宗教 方言

哈尔滨市地方志编纂委员会编 哈尔滨 黑龙江人民出版社 1998年 742页

008661685

哈尔滨市志 第36卷 人物 附录

哈尔滨市地方志编纂委员会编 哈尔滨 黑龙江人民出版社 1999年 884页

008487233

松花江地区志

松花江地区志编辑部编 北京 中国统计出版社 1995年 1162页

007293405

中共黑龙江省委党校校志 1948—1988

李国梁主编 张迈明 丁长林 张泽棣副主编 哈尔滨 黑龙江人民出版社 1988年 261页

011571430

中国共产党黑龙江省委员会党校志 1948.2—1998.5

刘斌主编 王宝平副主编 哈尔滨 黑龙江人民出版社 1998年 311页

012003136

中国共产党黑龙江省委员会党校志 1948—2008

黑龙江省委党校编 哈尔滨 黑龙江人民出版社 2008年 247页

007779402

哈尔滨工会志 文献篇 1928—1990

哈尔滨总工会编 哈尔滨 哈尔滨总工会 1991年 559页

010109053

哈尔滨铁路局工会志 1946—2004

哈尔滨铁路局工会志编纂委员会编 哈尔滨 哈尔滨铁路局工会志编纂委员会 2005年 713页

005555650

哈尔滨铁路总工会志 1946—1985 初稿

哈尔滨铁路局工会工运研究室编 1987年 106页

011759029

哈尔滨市妇联志

哈尔滨市妇联史志编纂委员会编 哈尔滨 哈尔滨市妇女联合会 1996年 347页

012638821

哈尔滨市人民代表大会志

哈尔滨市人民代表大会志编纂委员会编 哈尔滨 哈尔滨市人民代表大会志编纂委员会 1999年 308页

012638826

哈尔滨市人民代表大会志 1992.12—2007.1

哈尔滨市人民代表大会志编纂委员会编 哈尔滨 哈尔滨市人民代表大会志编纂委员会 2009年 429页

010293680

哈尔滨铁路检察志 1953—2003

马林主编 哈尔滨 哈尔滨铁路运输检察分院 2003年 206页

013626491

哈尔滨铁路运输中级法院志 1953—2008

徐永森主审 李建辉主编 哈尔滨 黑龙江画报社 2009年 182页

013957436

黑龙江省国土资源勘察规划院院志

黑龙江省国土资源勘察规划院院志编纂委员会编 哈尔滨 黑龙江教育出版社 2013年 236页

008378571

黑龙江省化轻公司志 1962—1985

黑龙江省化工轻工材料公司编 哈尔滨 黑龙江省化工轻工材料公司 1991年 373页

009241059

黑龙江省金属材料公司志 1950—1985

黑龙江省金属材料公司编 黑龙江 黑龙江省金属材料公司 1991年 453页

011757925

哈尔滨房产志 1896—1990

哈尔滨房产志编纂委员会编 哈尔滨 哈尔滨房地产管理局 1993年 428页

012191856

哈尔滨市第一市政工程公司史志 1952—1987

哈尔滨市第一市政工程公司编 哈尔滨 哈尔滨市第一市政工程公司 1987年 89页

009743741

黑龙江省农垦科学院志 1979—1988

黑龙江省农垦科学院院志编写组编 哈尔滨 黑龙江科学技术出版社 1989年 426页

010592492

黑龙江省农垦科学院志 1989—1999

黑龙江省农垦科学院志编写委员会编 哈尔滨 黑龙江省农垦科学院志编写委员会 1999年 559页

008383966

黑龙江省森林工业总局森林资源调查管理局志

黑龙江省森林工业总局森林资源调查管理局编 哈尔滨 黑龙江省森林资源调查管理局 1989年 623页

009797065
哈尔滨车辆厂志
哈尔滨车辆厂编 哈尔滨 哈尔滨出版社 1998年 622页

009960110
哈尔滨电机厂志 1951—1985
哈尔滨电机厂志编纂委员会编 哈尔滨 哈尔滨电机厂 1991年 343页

009411565
哈尔滨电业局志 1905—1985
哈尔滨电业局志编审委员会办公室编 哈尔滨 哈尔滨电业局 1988年 587页

009797069
哈尔滨发电厂志 1926—1985
哈尔滨发电厂志编审委员会编 哈尔滨 哈尔滨发电厂 1991年 308页

011890757
哈尔滨轨道交通装备有限责任公司志 1996—2007
刘松滨主编 哈尔滨 黑龙江人民出版社 2008年 318页

009009933
哈尔滨卷烟厂志
哈尔滨卷烟厂志编纂委员会编 哈尔滨 黑龙江人民出版社 2002年 289页

009405908
哈尔滨气化厂志
柴险峰主编 哈尔滨 哈尔滨地图出版社 2004年 481页

012264953
哈尔滨气化厂志 2001—2006
王怀玺主编 哈尔滨 哈尔滨地图出版社 2009年 506页

011579882
哈尔滨热电总厂志 哈尔滨热电厂志卷
哈尔滨热电总厂志编审委员会编 哈尔滨 哈尔滨热电总厂 1988年

008378960
哈尔滨市纺织系统厂志汇集
哈尔滨市纺织管理局史志办编 哈尔滨 哈尔滨市纺织局 1994年 1152页

011759035
哈尔滨市家具装饰工业志 1930—1990
哈尔滨市家具装饰工业公司编志办编 哈尔滨 哈尔滨市家具装饰工业公司编志办 1992年 121页

010140695
哈尔滨市建筑业志 1898—1990
哈尔滨市建筑工程管理局 哈尔滨市建筑业志编纂委员会编 哈尔滨 黑龙江人民出版社 1995年 420页

011759039

哈尔滨市龙江制鞋厂志 1952—1984 初稿

张祥坤 谢文莉主笔 哈尔滨市龙江制鞋厂史志办公室编 哈尔滨 哈尔滨市龙江制鞋厂 1984年 163页

009743764

哈尔滨市烟草志

哈尔滨市烟草志编纂委员会编 哈尔滨 黑龙江人民出版社 2002年 301页〔黑龙江省烟草通志丛书 第7分册〕

009879601

哈尔滨水利志

哈尔滨市水利局编 哈尔滨 哈尔滨市水利局 1994年 518页

013957141

哈尔滨铁路枢纽扩建工程史志

哈尔滨铁路局哈尔滨枢纽工程办公室编 1993年 97页

009743770

哈尔滨烟叶公司志

哈尔滨烟叶公司志编纂委员会编 哈尔滨 黑龙江人民出版社 2002年 207页〔黑龙江省烟草通志丛书 第6分册〕

013626494

哈尔滨制药二厂志 1975—1997

哈尔滨制药二厂编纂委员会编 哈尔滨 哈尔滨制药二厂编纂委员会 1999年 360页

010109121

哈尔滨轴承厂史志 1950—1985

哈尔滨轴承厂编 哈尔滨 哈尔滨轴承厂 1990年 306页

010195538

哈木器厂志

哈尔滨木器制造厂编著 哈尔滨 哈尔滨木器制造厂 1988年 415页

011890763

哈汽志 1956—2006

哈汽志编委会编 哈尔滨 哈汽志编委会 2006年 759页

011320485

哈药厂志 1958—1997

哈尔滨制药厂编纂委员会编 哈尔滨 哈尔滨制药厂编纂委员会 1998年 553页

008378728

哈一机厂志 1950—1985

国营哈尔滨第一机器制造厂编 哈尔滨 国营哈尔滨第一机器制造厂 1989年 5册

008379234

黑龙江省地质矿产局第一水文地质工程地质大队志 1956—1986

哈尔滨 1987年 242页

008378068
黑龙江省电力建设公司志 1949.5—1958.12
周长春 邓晓红 赵洪昌主编 黑龙江省火电第二工程公司编志办编写 哈尔滨 黑龙江人民出版社 1994年 659页

010292247
黑龙江省哈尔滨糖厂志
黑龙江省哈尔滨糖厂编 哈尔滨 黑龙江人民出版社 1993年 260页

009879591
黑龙江省火电一公司志 1959—1985
黑龙江省火电第一工程公司编 黑龙江 黑龙江省火电第一工程公司 1987年 488页

008377616
黑龙江省送变电工程公司志
黑龙江省送变电工程公司志办公室编 哈尔滨 黑龙江省送变电工程公司办公室 1988年

009743845
黑龙江省烟草物资公司志
黑龙江省烟草物资公司志编纂委员会编 哈尔滨 黑龙江人民出版社 2002年 132页〔黑龙江省烟草通志丛书第3分册〕

010140747
铁道部哈尔滨木材防腐厂厂志 1934—1993
铁道部哈尔滨木材防腐厂厂志编纂委员会编 哈尔滨 铁道部哈尔滨木材防腐厂 199u年 349页

012679452
勇攀高峰 哈尔滨三五味业集团有限公司志 1995—2009
王军 王会志主编 哈尔滨 黑龙江科学技术出版社 2010年 739页

008383926
哈尔滨机务段志 1898—1998
哈尔滨机务段志编纂委员会编 哈尔滨 哈尔滨机务段志编纂委员会 1998年 369页

009743732
哈尔滨铁路分局志 1896—1995
哈尔滨铁路分局志编审委员会编 北京 中国铁道出版社 1999年 1023页

008364343
哈尔滨铁路局志 1896—1994
哈尔滨铁路局志编审委员会编 北京 中国铁道出版社 1996年 2册 2562页

013507825
哈尔滨市道路交通管理志 1898—1996
哈尔滨市公安局交警支队编 哈尔滨 哈尔滨市公安局交警支队 1998年

529 页

010475311

哈尔滨市公路志

哈尔滨市公路管理处编 哈尔滨 哈尔滨市公路管理处 1995 年 319 页

008846521

哈尔滨无线通信简志

哈尔滨移动通信分公司编 哈尔滨 黑龙江移动通信公司哈尔滨分公司 2000 年 133 页

007684066

哈尔滨饮食服务志

哈尔滨市商业委员会地方志编纂办公室编 哈尔滨 黑龙江人民出版社 1991 年 641 页

010474232

哈尔滨市五金交电商业志

哈尔滨市交电公司史志办公室编 北京 中华书局 200u 年 414 页

013776528

哈尔滨市医药商业志

哈尔滨市医药公司编纂 哈尔滨 黑龙江省统计局印刷厂 1994 年 737 页〔黑龙江省医药诸志丛书〕

009743850

黑龙江省烟草卷烟销售公司志

黑龙江省烟草卷烟销售公司志编纂委员会编 哈尔滨 黑龙江人民出版社 2002 年 298 页〔黑龙江省烟草通志丛书 第 2 分册〕

013510574

松花江粮食志

松花江地区行署粮食局编 松花江 松花江地区行署粮食 1995 年 375 页

010140725

哈尔滨物价志 1888—1985

哈尔滨市物价局编 哈尔滨 哈尔滨市物价局 1992 年 570 页

008445163

哈尔滨海关志

哈尔滨海关志编纂委员会编 哈尔滨 黑龙江人民出版社 1999 年 340 页

009382396

黑龙江省五金矿产机械进出口贸易志

黑龙江省分公司编 哈尔滨 黑龙江省五金矿产机械进出口公司 1989 年 367 页

010239346

哈尔滨城市金融志 1946—1990

哈尔滨城市金融志编纂委员会编 哈尔滨 哈尔滨城市金融志编纂委员会 1992 年 667 页

013730110

建设银行哈尔滨市分行志 1991—2002

中国建设银行黑龙江分行编 哈尔滨 中国建设银行黑龙江分行 2008 年 241 页

011764755
松花江地区文化艺术志
松花江地区行政公署文化局 松花江地区文化艺术志编辑部编 哈尔滨 松花江地区行政公署文化局 1996 年 307 页〔黑龙江省文化艺术志丛书〕

012097388
哈尔滨书业志
赵庆骥主编 王明显副主编 毕春凤 邵成运编 哈尔滨 哈尔滨出版社 1996 年 202 页

007490449
哈尔滨科学技术志
哈尔滨市科学技术委员会编 哈尔滨 黑龙江科学技术出版社 1992 年 629 页

014030787
哈尔滨市第三中学校志 1923—2013
哈尔滨市第三中学校志编纂委员会编 2013 年 323 页

013926310
虹桥史志 1997—2008
王凤英主编 哈尔滨 哈尔滨德森制版印刷有限公司 2008 年 413 页

011564664
哈尔滨音乐志
哈尔滨市文学艺术界联合会编 哈尔滨 哈尔滨市文学艺术界联合会 1999 年 309 页

009311352
哈尔滨电影志
姜东豪编著 哈尔滨 哈尔滨出版社 2003 年 435 页

013528962
哈尔滨市地名志
哈尔滨市地名志编纂委员会编 哈尔滨 黑龙江人民出版社 2011 年 1102 页

008445258
黑龙江省哈尔滨市地名录
哈尔滨市人民政府编制 哈尔滨 哈尔滨市人民政府 1984 年 507 页〔黑龙江省标准化地名资料汇编〕

011954231
黑龙江省森林植物园园志 1958—2007
园志编审委员会编 黑龙江 黑龙江省森林植物园 2008 年 144 页

009992239
[哈尔滨站]站志 1899—1999
哈尔滨站志编纂委员会编 哈尔滨 哈尔滨铁路分局哈尔滨站 1999 年 400 页

013626490

哈尔滨市红十字儿童医院院志

哈尔滨市红十字儿童医院院志编写小组编 哈尔滨 院志编写小组 1985年 263页〔哈尔滨卫生志丛书〕

013683683

哈尔滨医科大学附属第一医院志 1949—1985

哈尔滨医科大学附属第一医院志编纂委员会编 哈尔滨 哈尔滨医科大学附属第一医院志编纂委员会 1987年 430页

008661394

黑龙江省卫生防疫站志 1954—1985

黑龙江省卫生防疫站编 哈尔滨 中国公共卫生管理杂志社 1989年 671页

011497749

黑龙江省中医研究院院志

黑龙江省中医研究院院志办公室编 王学军总编 哈尔滨 黑龙江人民出版社 2007年 565页

012139157

哈尔滨市爱国卫生运动史志 1952.3—1990.12

哈尔滨市爱国卫生运动史志编纂领导小组编 哈尔滨 哈尔滨市爱国卫生运动史志编纂领导小组 1992年 270页

013626486

哈尔滨市第一医院志 1913—2000

哈尔滨市第一医院志编辑委员会编 哈尔滨 哈尔滨市第一医院志编辑委员会 2003年 337页

009853054

哈尔滨市三大农作物优良品种志

关少林主编 牡丹江 黑龙江朝鲜民族出版社 2005年 340页

010254108

中国农业科学院哈尔滨兽医研究所所志 1948—1998

中国农业科学院哈尔滨兽医研究所所志编辑委员会编 哈尔滨 中国农业科学院哈尔滨兽医研究所所志编辑委员会 2001年 341页

012663871

中国农业科学院哈尔滨兽医研究所所志 1999—2008

中国农业科学院哈尔滨兽医研究所所志编辑委员会编 哈尔滨 中国农业科学院哈尔滨兽医研究所所志编辑委员会 2008年 389页

013926309

黑龙江省建筑设计院志 1954—1985

黑龙江省建筑设计院院志编审委员会编 黑龙江 黑龙江省建筑设计院 1989年 179页

012758950
黑龙江省森林与环境科学研究院志
研究所时期 1962—2004
黑龙江省森林与环境科学研究院编 齐齐哈尔 黑龙江省森林与环境科学研究院 2009 年 263 页

道里区

008034108
道里区志
哈尔滨市道里区地方志编纂委员会编 哈尔滨 黑龙江人民出版社 1993 年 704 页

011580083
[黑龙江省]火电三公司志
火电三公司志办公室编 黑龙江 黑龙江省火电第三工程公司 1987 年

南岗区

008190734
南岗区志
哈尔滨市南岗区地方志编纂委员会编 哈尔滨 哈尔滨出版社 1994 年 711 页

012952106
红旗满族乡志 1820—2005
南岗区红旗满族乡地方志编纂委员会编 红旗满族乡 南岗区红旗满族乡地方志编纂委员会 2007 年 428 页

010475960
南岗区法院志 1991—2000
南岗区 哈尔滨市南岗区人民法院 2001 年 79 页

010140730
南岗区市政志 1898—1989
哈尔滨市南岗区市政建设管理局编 哈尔滨 哈尔滨市南岗区市政建设管理局 1989 年 170 页

010473943
南岗区城乡规划建设志 1898—1990
哈尔滨市南岗区建设委员会编 哈尔滨 哈尔滨市南岗区建设委员会 1991 年 184 页

道外区

008196293
道外区志
哈尔滨市道外区地方志编纂委员会编 北京 中国大百科全书出版社 1995 年 780 页

012173821
道外区志 1991—2003
道外区地方志编纂委员会编 哈尔滨 黑龙江人民出版社 2009 年 716 页

005591343
哈尔滨市太平区志
哈尔滨市太平区地方志办公室编 哈尔滨 黑龙江人民出版社 1992年 401页

平房区

008378110
平房区志
平房区政府地方志编纂办公室编 哈尔滨 黑龙江人民出版社 1997年 763页

013819463
平房区志 1991—2005
平房区地方志办公室编著 哈尔滨 黑龙江人民出版社 2012年 453页

香坊区

008094670
动力区志
哈尔滨市动力区地方志编纂委员会编 北京 中国大百科全书出版社 1995年 534页

013792168
哈尔滨市动力区志 1989—2006
哈尔滨市香坊区地方志编纂委员会编 哈尔滨 黑龙江人民出版社 2012年 510页

008645378
香坊区志
哈尔滨市香坊区地方志编纂委员会 杨凤鸣主编 哈尔滨 哈尔滨出版社 1995年 639页

012545436
香坊区教育志 1991—2005
哈尔滨市香坊区教育局编 哈尔滨 哈尔滨市香坊区教育局 2006年 68页

呼兰区

007359839
呼兰县志
呼兰县志编纂委员会编 姜世忠主编 北京 中华书局 1994年 1070页

011804529
呼兰县志 1991—2003
哈尔滨市呼兰区地方志办公室编 哈尔滨 黑龙江人民出版社 2008年 876页

009311360
呼兰县公安志
呼兰县公安局编 呼兰 呼兰县公安局 1996年 266页

008661860
呼兰县土地志
呼兰县土地管理局编 呼兰 黑龙江省呼兰县土地管理局 2000年 412页

011564910
呼兰县交通志
呼兰县交通局编 黑龙江 呼兰县交通局 1994年 366页

009311384
呼兰县邮电志
李周侠主编 呼兰县邮电局局志办公室编 呼兰 呼兰县邮电局局志办公室 1990年 223页

009311365
呼兰县供销合作社简志
呼兰县供销合作社联合社编 呼兰 呼兰县供销合作社联合社 1999年 315页

009311383
呼兰县教育志
呼兰县教育局教育志编纂组编 呼兰 呼兰县教育局教育志编纂组 1989年 371页

008446123
黑龙江省呼兰县地名录
呼兰县人民政府编制 呼兰 呼兰县人民政府 1983年 114页

阿城区

011942184
阿城市志 1986—2005
阿城市志编纂委员会编著 哈尔滨 黑龙江人民出版社 2008年 1134页

007902329
阿城县志
阿城县志编纂委员会办公室编 哈尔滨 黑龙江人民出版社 1988年 769页

006074912
阿城县工会志
常凤岐主编 阿城 阿城市总工会 1989年 150页

008385412
阿城交警大队志
阿城交警大队志编纂委员会编 阿城 阿城市公安交通警察大队 1996年 598页

008445234
阿城市土地志
阿城市土地志编纂委员会办公室编 阿城 黑龙江省阿城市土地管理局 1998年 444页

008385539
阿城市公路交通志
阿城市交通局编 阿城 阿城市交通局 1991年 331页

008385322
阿城粮食志 1726—1994
阿城粮食志编纂委员会办公室编 阿城 黑龙江省阿城市粮食局 1995年 549页

013330198

阿城教育志 第3卷 第3辑

阿城教育志编纂委员会编 阿城 阿城教育志编纂委员会 2010年 2册

010061716

阿城民间歌谣集成

黑龙江省阿城市民间文学集成编委会编 阿城 民间文学集成编纂委员会 1987年 353页

010061721

阿城民间谚语集成

黑龙江省阿城市民间文学集成编委会编 阿城 民间文学集成编纂委员会 1987年 238页

双城市

007902354

双城县志

双城县志编纂委员会办公室编 北京 中国展望出版社 1990年 1017页

009411557

双城县粮食志 1814—1985

双城县粮食志编纂委员会编 双城 双城县粮食局 1994年 643页

009411561

双城市土地志

双城市土地管理局史志编纂办公室编 双城 双城市土地管理局史志编纂办公室 1998年 435页

010469283

双城县文艺志

双城县文化局 双城县文学艺术界联合会编 双城 双城县文化局 1988年 318页

012903493

兆麟中学百年校志 1905—2005

兆麟中学百年校志编纂委员会编 双城 兆麟中学百年校志编纂委员会 2005年 356页

011188566

双城民间文学集成

双城市民间文学三集成编委会编 双城 双城市民间文学三集成编委会 1990年 487页〔黑龙江民间文学集成丛书〕

008446118

黑龙江省双城县地名录

双城县人民政府编制 双城 双城县人民政府 1981年 144页

尚志市

007902355

尚志县志

尚志市地方志编纂委员会办公室编纂 北京 中国展望出版社 1990年 599页

012766518
尚志政协志 1959.8—2010.1
政协尚志市委员会编印 尚志 政协尚志市委员会 2010年 468页

010195567
苇河林业局志
黑龙江省苇河林业局编纂 黑龙江 苇河林业局 1992年 460页

013936350
尚志粮食志 1879—1995
黑龙江省尚志市粮食局编 尚志 尚志市粮食局 1996年 601页

008446156
黑龙江省尚志县地名录
尚志县地名领导小组编 尚志 尚志县地名领导小组 1981年 175页〔黑龙江省标准化地名资料汇编〕

013991409
尚志市卫生志 1878—1995
尚志市卫生局编 尚志 尚志市卫生局 1996年 575页

五常市

012877287
五常市志 1986—2005
五常市地方志编纂委员会编著 哈尔滨 黑龙江人民出版社 2010年 983页

007902338
五常县志
郎国兴主编 李茂森副主编 陈维谦编 哈尔滨 黑龙江人民出版社 1989年 985页

013732364
五常市牛家满族镇志
五常市牛家满族镇志编纂委员会编 哈尔滨 黑龙江人民出版社 2010年 948页

008867727
五常镇志
五常镇志编纂领导小组编 五常 五常县五常镇人民政府 1988年 473页

008645408
五常公安志
五常市公安局史志编纂委员会编 五常 五常市公安局史志编纂委员会 2001年 468页

009960254
山河屯林业局志
山河屯林业局志编辑室编 黑龙江 山河印刷厂 1986年 552页

010140742
山河屯林业局志稿
山河屯林业局志编辑室编 山河屯 山河屯林业局 1984年 533页

012877284

五常林业志

五常市林业局编 五常 五常市林业局林业志编纂委员会 2006年 346页

008661870

五常粮食志

五常市粮食局编 哈尔滨 东北林业大学出版社 1994年 319页

008383055

背荫河志

五常县背荫河史志编写小组编 五常 五常县背荫河史志编写小组 1985年 216页

008445323

黑龙江省五常县地名录

五常县人民政府编制 五常 五常县人民政府 1982年 259页〔黑龙江省标准化地名资料汇编〕

依兰县

003796273

依兰县志

黑龙江省依兰县志办公室编 哈尔滨 黑龙江人民出版社 1990年 1082页

011809585

依兰县土地志

依兰县土地管理局编 依兰 依兰县土地管理局 2000年 371页

009744067

依兰县烟草志

依兰县烟草志编纂委员会编 哈尔滨 黑龙江人民出版社 2002年 126页〔黑龙江省烟草通志丛书 第26分册〕

010140759

依兰县文物志

依兰县文物志编写组编纂 北方文物杂志社编辑 黑龙江 黑龙江省文物志编修办公室 1988年 158页

方正县

003409043

方正县志

方正县志编纂委员会编纂 赵青林 柴险峰主编 北京 中国展望出版社 1990年 734页

008446115

黑龙江省方正县地名录

方正县人民政府编制 方正 方正县人民政府 1982年 121页〔黑龙江省标准化地名资料汇编〕

011995605

方正县建设环境保护志 1947—2007

方正县建设环境保护局编 方正 方正县建设环境保护局 2007年 371页

宾县

007902353
宾县志
徐剑影 张德润主编 宾县地方志办公室编 哈尔滨 黑龙江人民出版社 1991年 1251页

009411549
宾县土地志
宾县土地管理局编 宾县 宾县土地管理局 1999年 399页

012713892
宾县农村信用合作社志
范洪喜主编 宾县农村信用合作联社编 宾县 宾县农村信用合作联社 2008年 574页

013751466
宾县第一中学百年校志
宾县第一中学百年校志编纂委员会 王树圃主编 宾县 宾县第一中学 2011年 337页

011188667
宾县民间故事集成
黑龙江省宾县民间文学集成编委会编 哈尔滨 黑龙江省宾县民间文学集成编委会 1988年 482页

008445286
黑龙江省宾县地名录
宾县人民政府编制 宾县 宾县人民政府 1982年 159页〔黑龙江省标准化地名资料汇编〕

巴彦县

003807922
巴彦县志
巴彦县县志办公室编 哈尔滨 黑龙江人民出版社 1990年 878页

012871814
黑龙江省哈尔滨市巴彦县志 1986—2005
巴彦县志办编 北京 华文出版社 2010年 1038页

010473843
巴彦县文艺志
巴彦县文化局编 巴彦 巴彦县文化局 1990年 204页

008445247
黑龙江省巴彦县地名录
巴彦县人民政府编制 巴彦 巴彦县人民政府 1984年 146页

木兰县

002987989
木兰县志
木兰县志编纂委员会编 哈尔滨 黑龙江

人民出版社 1989 年 674 页

012680513
木兰县志 1986—2005
木兰县志编纂委员会编著 哈尔滨 黑龙江人民出版社 2010 年 880 页

009310495
木兰县工会志 1946—2000
木兰县总工会编 木兰 木兰县总工会 2001 年 100 页

009310493
木兰县人民代表大会志
木兰县人大志编纂委员会编 木兰 木兰县人大常务委员会办公室 2002 年 484 页

012141561
政协木兰县委员会志
政协木兰县委员会志编纂委员会编 哈尔滨 政协木兰县委员会办公室 2006 年 686 页

008445237
木兰县土地志
木兰县土地管理局编 木兰 木兰县土地管理局 1999 年 438 页

009310484
木兰县邮电志 1986—2000
王满昌主编 李广申副主编 木兰县邮电志编审委员会编 木兰 木兰县邮电志

编审委员会 2001 年 185 页

009397505
木兰县教育志
王光迅主编 哈尔滨 黑龙江教育出版社 2003 年 809 页

008446121
黑龙江省木兰县地名录
木兰县人民政府编制 木兰 木兰县人民政府 1981 年 141 页〔黑龙江省标准化地名资料汇编〕

009310490
黑龙江省木兰县水利志
木兰县水利局编 木兰 木兰县水利局 1988 年 279 页

通河县

003807962
通河县志
通河县志编纂委员会编纂 北京 中国展望出版社 1990 年 569 页

013131383
通河县志 1986—2005
通河县地方志编纂委员会编 哈尔滨 黑龙江人民出版社 2011 年 1254 页

008385485
通河粮库志
黑龙江省通河县粮食局 聂洪哲主编 哈

尔滨 哈尔滨工业大学出版社 1995
年 344 页

008445328

黑龙江省通河县地名录

通河县人民政府编制 通河 通河县人民
政府 1982 年 212 页〔黑龙江省标准
化地名资料汇编〕

延寿县

004018733

延寿县志

黑龙江省延寿县志编纂委员会办公室
编纂 吴兴斌 崔树林主编 海口 三环
出版社 1991 年 778 页

012837555

延寿县工商行政管理志

延寿县工商行政管理志编纂领导小组
编 延寿 延寿县工商行政管理志编纂
领导小组 2000 年 263 页

008446151

黑龙江省延寿县地名录

延寿县人民政府编制 延寿 延寿县人民
政府 1981 年 142 页

齐齐哈尔市

008856889

齐齐哈尔市志

齐齐哈尔市志编审委员会编 合肥 黄山
书社 1998—1999 年 4 册〔中华人民
共和国地方志丛书〕

009436282

齐齐哈尔市志 第 1 卷 综合卷

齐齐哈尔市志编审委员会编 合肥 黄山
书社 1998 年 681 页〔中华人民共和
国地方志丛书〕

008661945

齐齐哈尔市志 第 2 卷 政治卷

齐齐哈尔市志编审委员会编 合肥 黄山
书社 1999 年 627 页〔中华人民共和
国地方志丛书〕

008636395

齐齐哈尔市志 第 3 卷 经济卷

齐齐哈尔市志编审委员会编 合肥 黄山
书社 2000 年 853 页〔中华人民共和
国地方志丛书〕

009436296

齐齐哈尔市志 第 4 卷 文化卷

齐齐哈尔市志编审委员会编 合肥 黄山
书社 1999 年 826 页〔中华人民共和

国地方志丛书]

010144758
齐齐哈尔市志稿
齐齐哈尔市志总编辑室编 齐齐哈尔 齐齐哈尔市志总编辑室 1988—1998年 28册

007557477
齐齐哈尔市大事编年 1674—1985
齐齐哈尔市地方志办公室编 齐齐哈尔 齐齐哈尔市地方志办公室 1988年 361页

011067725
齐齐哈尔市人民代表大会志 1945—1987
齐齐哈尔市人民代表大会常务委员会编 齐齐哈尔 齐齐哈尔市人大常委会 1991年 469页

013775129
齐齐哈尔市人民代表大会志 1945—2006
齐齐哈尔市人民代表大会常务委员会编 齐齐哈尔 齐齐哈尔市人民代表大会常务委员会 2010年 695页

012636591
政协齐齐哈尔市委员会志 1987—2007
高景洲总编 政协黑龙江省齐齐哈尔市委员会编 齐齐哈尔 政协黑龙江齐齐哈尔市委员会 2009年 400页

013606602
中国人民政治协商会议黑龙江省齐齐哈尔市委员会志 1950—1987
政协齐齐哈尔市委员会编 齐齐哈尔 政协齐齐哈尔市委员会 1992年 318页

014049926
[齐齐哈尔市]产权处处志
张春德主编 齐齐哈尔 齐齐哈尔市房地产权市场管理处 2009年 461页

013323097
阳光热力集团史志 1997—2005
齐齐哈尔阳光热力集团编辑委员会编 齐齐哈尔 齐齐哈尔阳光热力集团 2007年 240页

010195550
齐齐哈尔农垦志 1986—2000
齐齐哈尔农垦志编纂委员会办公室编 黑龙江 黑龙江省农垦总局齐齐哈分局 2003年 598页

010195541
黑龙江金笔厂厂志 1953—1982
黑龙江金笔厂编志组编 黑龙江 黑龙江金笔厂 1983年 119页

010290695
黑龙江省齐齐哈尔糖厂志
黑龙江省齐齐哈尔糖厂编 齐齐哈尔 黑龙江省齐齐哈尔糖厂 1985年

012661739

齐齐哈尔车辆厂劳动服务公司志 1986—1998

齐齐哈尔车辆厂劳动服务公司志编审委员会编 齐齐哈尔 齐齐哈尔车辆厂劳动服务公司志编审委员会 1999年 496页

013730383

齐齐哈尔车辆厂志

齐齐哈尔车辆厂志编审委员会编 齐齐哈尔 齐齐哈尔车辆厂志编审委员会 1998年

012766331

齐齐哈尔第二机床厂志 1950—1985

孙振英主编 哈尔滨 黑龙江人民出版社 1992年 625页

011584790

齐齐哈尔电业局志

齐齐哈尔电业局志办公室编 齐齐哈尔 齐齐哈尔电业局志办公室 1988年

010250778

齐齐哈尔市钢管总厂厂志

齐齐哈尔市钢管总厂厂志编纂办公室编 齐齐哈尔 齐齐哈尔市钢管总厂 1985年

009960118

齐齐哈尔市天然气公司志 1965—2005

齐齐哈尔市地方志办公室编 齐齐哈尔 齐齐哈尔市百江燃气有限公司 2005年 259页

009744048

齐齐哈尔烟草志

齐齐哈尔烟草志编纂委员会编 哈尔滨 黑龙江人民出版社 2002年 334页 〔黑龙江省烟草通志丛书 第8分册〕

010250780

齐齐哈尔液压件厂厂志

齐齐哈尔液压件厂编 齐齐哈尔 齐齐哈尔液压件厂 1985年

013659755

齐齐哈尔造纸厂志 1949—1985

齐齐哈尔造纸厂志编纂委员会 徐臻主编 合肥 黄山书社 1994年 394页

013002418

齐一机床厂志

齐齐哈尔第一机床厂编 齐齐哈尔 齐齐哈尔第一机床厂 2006年

013629344

铁道部齐齐哈尔车辆工厂厂志 1925—1984

齐齐哈尔车辆工厂厂志编委会编 哈尔滨 黑龙江美术出版社 1986年 594页

010251357

一机床厂志 1950—1985

齐齐哈尔第一机床厂志办编辑 齐齐哈尔 齐齐哈尔第一机床厂 1989 年 353 页

012769623
中国北车集团齐齐哈尔铁路车辆(集团)公司修车厂志 第 2 卷 1993—2003
中国北车集团齐齐哈尔铁路车辆(集团)公司修车厂志编审委员会编 齐齐哈尔 中国北车集团齐齐哈尔铁路车辆(集团)公司修车厂志编审委员会 2003 年 360 页

012663835
中国北车集团齐齐哈尔铁路车辆(集团)有限责任公司志 第 1 卷 1995—2004
中国北车集团齐齐哈尔铁路车辆(集团)有限责任公司志编审委员会编 齐齐哈尔 中国北车集团齐齐哈尔铁路车辆(集团)有限责任公司志编审委员会 2005 年 405 页

013343635
中国通用技术集团齐齐哈尔二机床(集团)有限责任公司志 1986—2009
沈彦斌主编 哈尔滨 黑龙江人民出版社 2010 年 734 页

013320003
齐齐哈尔铁路车辆集团劳动服务公司志 1999—2008
齐齐哈尔铁路车辆集团服务公司志编审委员会编 齐齐哈尔 齐齐哈尔铁路车辆集团劳动服务公司 2009 年 271 页

008973442
齐齐哈尔铁路分局基层单位志
齐齐哈尔铁路分局基层单位志编委会编 北京 中国铁道出版社 2002—2004 年 61 册

008034789
齐齐哈尔铁路分局志 1896—1985
齐齐哈尔铁路分局志编纂委员会编 北京 中国铁道出版社 1992 年 814 页

010195555
齐齐哈尔市第二商业局志 1686—1985
齐齐哈尔市第二商业局志编审委员会编 齐齐哈尔 齐齐哈尔市第二商业局 1990 年 523 页

010195556
齐齐哈尔市第一商业局志 907—1985
齐齐哈尔市第一商业局编 齐齐哈尔 齐齐哈尔市第一商业局 1989 年 623 页

010109582
齐齐哈尔地方税务局志 1994—2004
齐齐哈尔市地方税务局制 齐齐哈尔 齐齐哈尔市地方税务局 2005 年 556 页

008378794
齐齐哈尔市财政志

王殿生主编 哈尔滨 黑龙江人民出版社 1995年 771页

012766343
齐齐哈尔市国税志 1994.9—2005.12
齐齐哈尔市国税志编纂委员会编 齐齐哈尔 齐齐哈尔市国税志编纂委员会 2008年 571页

012766356
齐齐哈尔市税务志 1986.1—1994.9
齐齐哈尔市税务志编纂委员会编 齐齐哈尔 齐齐哈尔市税务志编纂委员会 2008年 407页

012722154
齐齐哈尔日报报业集团社志 1994.9—2004.9
齐齐哈尔日报报业集团社志编纂委员会编 齐齐哈尔 齐齐哈尔日报报业集团 2004年 406页

010195553
齐齐哈尔日报社社志 1954.9—1994.9
齐齐哈尔日报社社志编纂委员会编 齐齐哈尔 齐齐哈尔日报社 1994年 676页

011321086
齐齐哈尔市广播电视志 1986—2005
齐齐哈尔市广播电视志编辑委员会编 哈尔滨 黑龙江人民出版社 2007年 529页

007506774
齐齐哈尔市档案志 1946—1987
王秀艳主编 齐齐哈尔 齐齐哈尔市档案志编审委员会 1990年 329页

013659759
齐齐哈尔市第二十八中学校校志 1983—1993
校志编审委员会编 齐齐哈尔 齐齐哈尔市第二十八中学 1993年 106页

013002415
齐齐哈尔市实验中学校志 1950—2010
齐齐哈尔市实验中学校志编写组编 齐齐哈尔 齐齐哈尔市实验中学 2010年 125页

010195558
齐齐哈尔市职业教育中心学校校志 1967.10—1997.10
齐齐哈尔市职业教育中心学校编 齐齐哈尔 齐齐哈尔市职业教育中心学校 1997年 108页

012766390
峥嵘岁月 齐齐哈尔中学校校志 1949—2009
齐齐哈尔中学编 齐齐哈尔 齐齐哈尔中学 2009年 278页

013225564
齐齐哈尔师范高等专科学校校志 1906—2006

薛宝林 张鹏志主编 齐齐哈尔 齐齐哈尔师范高等专科学校 2006年 373页

013659747
齐齐哈尔市教育学院院志 1952—2002
齐齐哈尔 齐齐哈尔市教育学院 2002年 211页

013066926
齐齐哈尔师范学院志 1985—1988
齐齐哈尔师范学院编 齐齐哈尔 齐齐哈尔师范学院 1988年 373页

010473868
齐齐哈尔市师范学校志 1906—1985
李锦程 欧阳孚主编 齐齐哈尔 齐齐哈尔市师范学校 1990年 276页

013629346
[齐齐哈尔市第一中学校]校志 1908—2008
齐齐哈尔 齐齐哈尔市第一中学校 2008年 406页

011188873
齐齐哈尔市民间文学集成 少数民族卷
齐齐哈尔民间文学集成办编 齐齐哈尔 齐齐哈尔民间文学集成办 1989年 438页〔黑龙江民间文学集成丛书〕

010061348
中国民间歌曲集成 黑龙江卷 嫩江地区分卷
嫩江地区民歌集成编委会编辑 富裕 文化馆 文工团印刷 1983年 707页

009853065
齐齐哈尔曲艺志
齐齐哈尔市文化局主修 齐齐哈尔 齐齐哈尔市文化局 1996年 374页〔齐齐哈尔市文艺史志系列丛书〕

008445260
黑龙江省齐齐哈尔市地名录
齐齐哈尔市人民政府编 齐齐哈尔 齐齐哈尔市人民政府 1985年 368页〔黑龙江省标准化地名资料汇编〕

013775131
齐齐哈尔市中医医院志 1952—2012
齐齐哈尔市中医医院志编纂委员会编 齐齐哈尔 齐齐哈尔市中医医院志编纂委员会 2012年 394页

012758856
哈尔滨铁路局齐齐哈尔中心医院院志 1928—1998
哈尔滨铁路局齐齐哈尔中心医院编 哈尔滨 哈尔滨铁路局齐齐哈尔中心医院 1998年 377页

010251373
齐齐哈尔市卫生志
齐齐哈尔市卫生志编委会编 齐齐哈尔 齐齐哈尔市卫生志编委会 1990年 465页

建华区

009744129

齐齐哈尔市建华区志 1649—1995

郭玉祥主编 哈尔滨 黑龙江人民出版社 2005年 735页〔黑龙江省地方志丛书〕

013184561

齐齐哈尔市建华区志 1996—2005

齐齐哈尔市建华区志编纂委员会编 哈尔滨 黑龙江人民出版社 2011年 636页

龙沙区

009864661

龙沙区志

龙沙区志编纂委员会编 哈尔滨 黑龙江人民出版社 2000年 915页〔中华人民共和国地方志丛书〕

013629385

齐齐哈尔市龙沙区公园路小学校志 1912—2012

齐齐哈尔市龙沙区公园路小学编 齐齐哈尔 齐齐哈尔市龙沙区公园路小学校 2012年 183页

铁锋区

009560800

铁锋区志

凌正贵主编 北京 中华书局 2000年 452页

012766966

铁锋区人大志

铁锋区人民代表大会志编纂委员会编 铁锋区 铁锋区人民代表大会志编纂委员会 2006年 269页

009311419

齐齐哈尔市铁锋区新地号小学校志

1984年 74页

昂昂溪区

010730438

昂昂溪区志

姚丽华主编 王正非副主编 哈尔滨 黑龙江人民出版社 2006年 512页〔齐齐哈尔市地方志〕

富拉尔基区

008864903

齐齐哈尔市富拉尔基区志

齐齐哈尔市富拉尔基区地方志编审委员会编纂 齐齐哈尔 齐齐哈尔市富拉尔基区人民政府 1997年 547页

012814095

齐齐哈尔市富拉尔基区志 1986—2005

齐齐哈尔市地方志办公室编纂 哈尔滨 黑龙江人民出版社 2004年 676页

011325413

第一重机厂志 1953—1983

1986年 511页

008377866

富拉尔基发电总厂志 1951—1983

富拉尔基发电总厂志编委会办公室编 北京 水利电力出版社 1986年 484页

碾子山区

008377413

齐齐哈尔市碾子山区志

齐齐哈尔市碾子山区志编审委员会编 齐齐哈尔 齐齐哈尔市碾子山区志编审委员会 1995年 416页

梅里斯达斡尔族区

013705563

齐齐哈尔市梅里斯达斡尔族区志 1991—2005

齐齐哈尔市梅里斯达翰尔族区志编纂委员会编 哈尔滨 黑龙江人民出版社 2012年 698页

009105664

齐齐哈尔市梅里斯达斡尔族区志

梅里斯达斡尔族区志编纂委员会编 合肥 黄山书社 1999年 731页

讷河市

007994355

讷河县志

讷河县志编纂委员会编 哈尔滨 黑龙江人民出版社 1989年 746页

013375408

七星泡农场志 1986—2000

七星泡农场志编纂委员会编 讷河 七星泡农场志编纂委员会 2003年 661页

013659691

讷河电业志 1929—2006

讷河市电业局编 讷河 讷河市电业局 2008年 235页

011188674

讷河民间文学集成 故事 歌谣 谚语

讷河县民间文学三套集成编委会编 齐齐哈尔 讷河县民间文学三套集成编委会 1988年 2册〔黑龙江民间文学集成丛书〕

013144629

讷河市人物志

孟庆江 讷河市政协文史资料委员会编 讷河 讷河市政协文史资料委员会

1998年 332页

007947951
讷河县文物志
讷河县文物志编写组 孟庆江总纂 王永曦 王砚执笔绘图 哈尔滨 北方文物杂志出版社 1986年 104页

013184418
讷河县环境保护志
讷河县环境保护局编 讷河 讷河县环境保护局 1988年 105页

龙江县

004715714
龙江县志
龙江县地方志编纂委员会办公室编 北京 中国城市经济社会出版社 1991年 788页

006092435
龙江县工会志
贾真全主编 韩玉玺副主编 龙江 黑龙江省龙江县总工会 1990年 273页

008661882
龙江县农村金融志
孙殿文主编 龙江 龙江县农业银行 1996年 448页

008446152
黑龙江省龙江县地名录
龙江县人民政府编制 龙江 龙江县人民政府 1982年 175页〔黑龙江省标准化地名资料汇编〕

013000425
龙江紫云阁重修志
龙江紫云阁修建筹委会编 龙江 龙江紫云阁修建筹委会 2008年 92页

依安县

004893099
依安县志
黑龙江省依安县地方志编纂委员会编 依安 黑龙江省依安县地方志编纂委员会 1989年 495页

008445276
黑龙江省依安县地名录
依安县人民政府办公室编制 依安 依安县人民政府办公室 1983年 176页〔黑龙江省标准化地名资料汇编〕

泰来县

007902377
泰来县志
人钧主编 萧文和副主编 泰来县地方志办公室编 哈尔滨 黑龙江人民出版社 1992年 689页

013510589

泰来县志 1986—2005

泰来县地方志编纂委员会编 哈尔滨 黑龙江人民出版社 2010年 926页

008385563

泰来县医药志

泰来县医药志编纂委员会编 泰来 黑龙江省泰来县医药药材公司 1989年 215页〔黑龙江省医药诸志丛书〕

008846466

泰来县教育志

泰来县教育志编审委员会编 张志成主编 齐耀曾 张占富副主编 哈尔滨 黑龙江人民出版社 2000年 845页

013096518

泰来县第一中学校志 1940—2005

2005年 193页

010061666

泰来县民间文学集成

泰来县民间文学编辑委员会编 黑龙江 泰来县民间文学编辑委员会 1990年 337页〔黑龙江民间文学集成丛书〕

008445282

黑龙江省泰来县地名录

泰来县人民政府编制 泰来 泰来县人民政府 1982年 146页〔黑龙江省标准化地名资料汇编〕

甘南县

007902476

甘南县志

甘南县地方志编纂委员会编 何文光主编 合肥 黄山书社 1992年 782页

012952019

甘南县志 1986—2005

骆国强 何文光主编 哈尔滨 黑龙江人民出版社 2010年 695页

012810605

甘南县信访志

赵百昌主编 甘南县信访办公室 甘南县史志办公室编 甘南 甘南县信访办公室 2008年 125页

011995306

查哈阳农场志 1991—2000

查哈阳农场志编审委员会编 黑龙江 查哈阳农场 2004年 801页

010061684

甘南歌谣谚语集成

李发主编 黑龙江省甘南县民间文学三套集成编委会编 甘南 黑龙江省甘南县民间文学三套集成编委会 1988年 264页〔黑龙江民间文学集成丛书〕

011188596

甘南民间故事集成

黑龙江省甘南县民间文学三套集成编

委会编 甘南 黑龙江省甘南县民间文学三套集成编委会 1987年 410页

008445272
黑龙江省甘南县地名录
甘南县人民政府编制 甘南 甘南县人民政府 1982年 111页〔黑龙江省标准化地名资料汇编〕

富裕县

007902341
富裕县志
姜成厚 纪永长主编 北京 中共党史资料出版社 1990年 521页

008445296
黑龙江省富裕县地名录
富裕县人民政府编制 富裕 富裕县人民政府 1985年 129页〔黑龙江省标准化地名资料汇编〕

克山县

004344812
克山县志
克山县志编纂委员会 孙剑平主编 北京 中国经济出版社 1992年 864页

013632516
克山县志 1986—2005
克山县志编纂委员会编 哈尔滨 黑龙江人民出版社 2009年 764页

013897698
克山县卫生志
克山县卫生局编 1987年 270页

克东县

007902327
克东县志
克东县志编纂委员会办公室编 哈尔滨 黑龙江人民出版社 1987年 468页

013531133
克东县志 1986—2005
克东县志编纂委员会编 哈尔滨 黑龙江人民出版社 2011年 982页

013793085
克东人大志
魏贵臣主编 克东县人大常委会编 齐齐哈尔 齐齐哈尔市人大常委会机关铅印室 2002年 479页

008445322
黑龙江省克东县地名录
克东县人民政府编制 克东 克东县人民政府 1983年 119页〔黑龙江省标准化地名资料汇编〕

拜泉县

007902339
拜泉县志
拜泉县志编审委员会办公室编 哈尔滨 黑龙江人民出版社 1988年 661页

013702861
拜泉县志 1986—2005
拜泉县志编审委员会编 哈尔滨 黑龙江人民出版社 2008年 599页

008923486
黑龙江省拜泉县地名录
拜泉县人民政府编制 拜泉 拜泉县人民政府 1982年 138页〔黑龙江省标准化地名资料汇编〕

鸡西市

007591350
鸡西市志
鸡西市地方志编纂委员会编著 北京 方志出版社 1996年 2册 1504页

007288799
鸡西工会志 1946—1985
韩农 戴耀基编撰 鸡西 鸡西市总工会 1990年 519页

013316322
鸡西妇联志 1946—2006
鸡西市妇女联合会编 深圳 珠江文艺出版社 2008年 494页

008377884
鸡西市工商行政管理志
鸡西市工商行政管理志编委会 中外经济文化研究委员会编 北京 中国经济出版社 1993年 344页

009348035
鸡西电业局志 1927—1985
鸡西电业局志编审委员会办公室编 鸡西 鸡西电业局 1987年

009348037
鸡西发电厂志
鸡西发电厂志编纂委员会编 鸡西 鸡西发电厂志编纂委员会 1988年 326页

009313216
鸡西矿务局建井工程处志 1950—1985
鸡西矿务局建井工程处志编纂委员会办公室编 鸡西 矿务局建井工程处志编纂委员会办公室 1988年 317页

009743879

鸡西市烟草志

鸡西市烟草志编纂委员会编 哈尔滨 黑龙江人民出版社 2002年 336页〔黑龙江省烟草通志丛书 第12分册〕

013461617

龙煤集团鸡西分子公司志 1986—2010

龙煤集团鸡西分子公司志编纂委员会编 北京 煤炭工业出版社 2011年 2册

008377750

鸡西市交通志

董旭升主编 鸡西市交通志编纂委员会编纂 北京 档案出版社 1992年 589页

008379705

鸡西粮食志

黑龙江省鸡西市粮食局编纂 鸡西 黑龙江省鸡西市粮食局 1987年 246页

009348026

鸡西市物价志 1909—1990

宋国文主编 夏治昌副主编 鸡西市物价局编 鸡西 鸡西市物价局 1992年 812页

009472511

鸡西市商业志

鸡西市贸易局鸡西市商业志编纂委员会编 鸡西 鸡西市贸易局 2000年 641页

008379701

鸡西煤炭卫生学校校志 1958—1985

肖再兴编 鸡西 1986年 150页

013926305

黑龙江矿业学院志 1947—1987

黑龙江矿业学院编写组编 徐州 中国矿业大学出版社 1989年 305页〔黑龙江省高等学校史集〕

009797075

鸡西市建设志

鸡西市建设委员会编 鸡西 鸡西市建设委员会 1994年 274页

鸡冠区

008379154

立新煤矿志

立新煤矿矿志编纂委员会编 黑龙江 立新煤矿矿志编纂委员会 1986年 238页

恒山区

012661235

鸡西市恒山区志 1906—2006

鸡西市恒山区地方志编纂委员会编 哈尔滨 黑龙江人民出版社 2010年 1104页〔中华人民共和国地方志

丛书〕

虎林市

005559193
虎林县志
虎林县志编纂委员会编 北京 中国人事出版社 1992年 893页

012889182
八五六农场志 1983—2000
八五六农场志编纂委员会编 虎林 八五六农场 2003年 682页

013629467
庆丰农场志 1996—2000
庆丰农场志编纂委员会编 虎林 庆丰农场志编纂委员会 2006年 472页

008661384
黑龙江省迎春机械厂史志 1949—1984
黑龙江省迎春机械厂史志办公室编 哈尔滨 黑龙江省迎春机械厂史志办公室 1986年 523页

011762211
虎林电厂志 1958—1998
虎林电厂史志编审委员会编 虎林 虎林电厂 2000年 262页

009879581
虎林市烟草志 1983—2000
黑龙江省虎林市烟草专卖局 黑龙江省虎林市烟草公司编 虎林 黑龙江省虎林市烟草专卖局 黑龙江省虎林市烟草公司 2002年 203页

008385629
虎林县医药志
虎林县医药药材公司编 虎林 虎林县医药药材公司 1988年 305页〔黑龙江省医药诸志丛书〕

008445119
黑龙江省邮政储汇局志
黑龙江省邮政储汇局编制 哈尔滨 黑龙江省邮政储汇局 1997年 133页

密山市

006555975
密山县志
密山县志编纂委员会编 北京 中国标准出版社 1993年 1017页

008445269
黑龙江省密山县地名录
密山县人民政府编制 密山 密山县人民政府 1982年 167页〔黑龙江省标准化地名资料汇编〕

鸡东县

007013413
鸡东县志

鸡东县志编纂委员会办公室编 鸡东 鸡东县志编纂委员会办公室 1989年 491页

008446120
黑龙江省鸡东县地名录
鸡东县人民政府编制 鸡东 鸡东县人民政府 1982年 88页〔黑龙江省标准化地名资料汇编〕

008382996
鸡东县水利志
鸡东县水利局编 鸡东 鸡东县水利局 1991年 228页

鹤岗市

005331466
鹤岗市志
鹤岗市地方志编纂委员会办公室编 哈尔滨 黑龙江人民出版社 1990年 886页

008383877
鹤岗矿区工会志
鹤岗矿区工会志编纂组编纂 鹤岗 鹤岗矿区工会 1986年 347页

009685658
鹤岗市城市建设志 1906—1985
鹤岗市城市规划建设局史志编纂委员会编纂 鹤岗 宁鹤岗市城市规划建设局史志编纂委员会 1988年 652页

009992234
宝泉岭农垦志 1948—1985
黑龙江省宝泉岭国营农场管理局史志办公室编 黑龙江 黑龙江省宝泉岭国营农场管理局 1989年 454页

009992235
二九〇农场志 1955—1985
黑龙江省二九〇农场场史办公室编辑 黑龙江 二九〇农场 1990年 403页

009743779
鹤岗市烟草志
鹤岗市烟草志编纂委员会编 哈尔滨 黑龙江人民出版社 2002年 320页〔黑龙江省烟草通志丛书 第16分册〕

009814590
鹤岗税务志 1905—1982
鹤岗市税务局税务志编纂委员会编 鹤岗 黑龙江省鹤岗市税务局 1990年 404页

011188712
鹤岗市曲艺音乐集成
鹤岗市创作评论研究室史志编辑部编 鹤岗 鹤岗市新闻出版局 1997年 169页〔黑龙江省曲艺音乐史志丛

书1〕

010469358
鹤岗戏曲志
鹤岗市文化局 鹤岗市创作评论研究室主修 鹤岗 鹤岗文化局 1989年 212页〔黑龙江戏曲志丛书 2〕

008446178
黑龙江省鹤岗市地名录
鹤岗市地名领导小组编制 鹤岗 鹤岗市地名领导小组 1983年 108页〔黑龙江省标准化地名资料汇编〕

萝北县

006420707
萝北县志
萝北县地方志编纂委员会编 北京 中国人事出版社 1992年 917页

009685654
共青农场志 1955—1985
黑龙江省共青农场志编纂委员会办公室编 黑龙江 黑龙江省共青农场 1994年 685页

008385438
萝北县电业局志
萝北县电业局志编纂委员会编 萝北 萝北电业局 1998年 267页

011145027
佳木斯市民间文学集成
黑龙江省萝北县民间文学三套集成编委会编 萝北 萝北县民间文学编委会 1987年 106页

008446143
黑龙江省萝北县地名录
黑龙江省萝北县地名领导小组编 萝北 黑龙江省萝北县地名领导小组 1981年 66页〔黑龙江省标准化地名资料汇编〕

绥滨县

008384128
绥滨县志
绥滨县地方志编纂委员会编 北京 方志出版社 1996年 632页

009685671
绥滨农场工会志 1949—1989
黑龙江省绥滨农场工会志编纂委员会编 绥滨 黑龙江省绥滨农场 1991年 200页

011995603
二九〇农场志 1986—2000
二九〇农场志编审委员会编 黑龙江 二九〇农场志 2004年 767页

009992277
普阳农场志 1996—2000

普阳农场史编审委员会编 黑龙江 普阳农场 2001年 474页

009992385
绥滨农场志 1948—1985
绥滨农场场史编写办公室编 绥滨 黑龙江省绥滨农场 1989年 511页

011145136
绥滨民间文学集成
绥滨民间文学集成编委会编 绥滨 绥滨民间文学集成编委会 1987年 230页

双鸭山市

006362069
双鸭山市志
双鸭山市地方志编纂委员会办公室编 北京 中国展望出版社 1991年 1194页

009814601
双鸭山农场志 1947—1987
双鸭山农场史志办编 黑龙江 双鸭山农场委员会 1990年 487页

012174913
双鸭山农场志 1988—2000
双鸭山农场志编纂委员会编 黑龙江 双鸭山农场志编纂委员会 2007年 611页

008385309
双鸭山林业局志
双鸭山林业局史志办公室编 双鸭山 双鸭山林业局史志办公室 1990年 582页

008445188
双鸭山发电厂志 1984—1994
双鸭山发电厂志编纂委员会编 双鸭山 双鸭山发电厂 1996年 330页

008385298
双鸭山矿务局志 1914—1985
崔沛文主编 南京 南京大学出版社 1990—1991年 3册

009348754
双鸭山矿务局志 1986—1992
双鸭山矿务局志编纂委员会编纂 崔沛文主编 香港 天马图书有限公司 2001年 854页

009744051
双鸭山市烟草志
鸡西市烟草志编纂委员会编 哈尔滨 黑龙江人民出版社 2002年 426页〔黑龙江省烟草通志丛书 第13分册〕

008445304

黑龙江省双鸭山市地名录

黑龙江省双鸭山市人民政府编 双鸭山 黑龙江省双鸭山市人民政府 1983 年 103 页〔黑龙江省标准化地名资料汇编〕

集贤县

007010320

集贤县志

黑龙江省集贤县县志编纂委员会编 集贤 黑龙江省集贤县县志编纂委员会 1985 年 933 页

011563745

笔架山劳改支队志 1953—1990

黑龙江省笔架山劳改支队志编纂委员会编 黑龙江 黑龙江省笔架山劳改支队志编纂委员会 1995 年 620 页

012049245

二九一农场志 1986—2000

二九一农场志编纂委员会编 黑龙江 二九一农场志编纂委员会 2007 年 651 页

008382988

集贤县医药志

黑龙江省集贤县医药管理局编 集贤 黑龙江省集贤县医药管理局 1988 年 354 页〔黑龙江省医药诸志丛书〕

008446110

黑龙江省集贤县地名录

集贤县人民政府编印 集贤 集贤县人民政府 1983 年 157 页〔黑龙江省标准化地名资料汇编〕

友谊县

009839637

红兴隆农垦志 1947—1985

红兴隆国营农场管理局史志办公室编 哈尔滨 红兴隆国营农场管理局 1989 年 709 页

012967642

红兴隆农垦志 1986—2000

褚建平 王希武 王鸿鸣主编 哈尔滨 黑龙江人民出版社 2010 年 941 页

009240682

黑龙江省友谊糖厂志 1952—1992

黑龙江省友谊糖厂志编纂委员会编 夏海兰主编 肇东 黑龙江省友谊糖厂 1992 年 380 页

009879582

红兴隆科研所志 1959—1990

黑龙江省红兴隆科学研究所办公室编 黑龙江 黑龙江省红兴隆科学研究所 1992 年 454 页

宝清县

013220920

宝清县志 1986—2005

宝清地方志编纂委员会编 哈尔滨 黑龙江人民出版社 2011年 1053页

008379242

八五二农场志

八五二农场志编审委员会编 黑龙江 黑龙江省八五二农场 1998年 423页

010778498

八五二农场志 1985—2000

姜绍林主编 黑龙江 八五二农场志编审委员会 2006年 643页

009147373

八五三农场志 1956—1985

八五三农场志编审委员会编 宝清 八五三农场志编审委员会 1986年 572页

010778499

八五三农场志 1986—2000

八五三农场志编纂委员会编 黑龙江 黑龙江银手杖印务有限公司 2006年 695页

011441221

七星河国家级自然保护区动物志

田秀华 丁君主编 哈尔滨 东北林业大学出版社 2007年 248页

饶河县

007902361

饶河县志

饶河县地方志编纂办公室编 姚中嵋撰 哈尔滨 黑龙江人民出版社 1992年 990页

012252373

饶河县志 1986—2005

饶河县地方志编纂委员会编 哈尔滨 黑龙江人民出版社 2009年 921页

013859306

八五九农场志 1985—2005

八五九农场志编纂委员会编 2009年 650页

009744073

红卫农场志 1968—1983

黑龙江 红卫农场 1987年 406页

010109626

饶河农场志 1986—2000

徐星彪 王德强主编 哈尔滨 黑龙江人民出版社 2005年 423页〔红兴隆农垦史志丛书〕

008446145

黑龙江省饶河县地名录

饶河县人民政府编 饶河 饶河县人民政府 1988年 148页〔黑龙江省标准化地名资料汇编〕

012173894
红旗岭农场志 1958—2005
焦新秋主编 哈尔滨 黑龙江人民出版社 2009年 781页

大庆市

002210610
大庆市志
大庆市地方志编纂委员会办公室编纂 南京 南京出版社 1988年 1059页

012545811
大庆石油化工总厂纪检监察志 1961—1997
中共大庆石油化工总厂纪律检查委员会 中国石油大庆石油化工总厂监察处编 大庆 中国石油大庆石油化工总厂监察处 1998年 603页

006356633
大庆市工会志 1960—1985
大庆市工会志编纂委员会编 大庆 大庆市工会志编纂委员会 1990年 660页

008445223
大庆妇女志
大庆妇女志编纂委员会编 北京 方志出版社 1995年 653页

014026688
大庆市人民代表大会志 1980—2010
大庆市人民代表大会志编纂委员会编 大庆 大庆市新闻出版局 2011年 510页

013506636
大庆石油管理局供水公司志
供水公司志编纂委员会编 大庆 大庆石油管理局 2005年 373页

013771730
热力公司志 1997—2003
热力公司志编纂委员会编 大庆 热力公司志编纂委员会 2003年 464页

008445225
大庆市牧工商联合公司志
大庆市牧工商联合公司志编审委员会编 大庆 大庆市牧工商联合公司 1985年 305页

008661874
[大庆石油管理局]总机厂志 1986—1990
大庆石油管理局总机厂志编纂委员会编 哈尔滨 黑龙江人民出版社 1991年 494页

008661872
采油五厂志 1972—1989

采油五厂志编纂委员会编 大庆 第五采油厂 19uu 年 468 页

013647283

大庆石化总厂化工一厂厂志

大庆石化总厂化工一厂厂志编纂委员会编 大庆 大庆石化总厂化工一厂 1998 年 278 页

013334557

大庆石油管理局第九采油厂志

第九采油厂志编纂委员会编 大庆 第九采油厂志编纂委员会 1989 年 289 页

013402976

大庆石油管理局特车总厂志 汽车修理厂 1984.1—1992.4 第二机械厂 1992.4—2001.10 特车制造总厂 2001.10—2003.12

大庆石油管理局特种汽车制造总厂志编纂委员会编 大庆 大庆石油管理局特种汽车制造总厂志编纂委员会 2005 年 652 页

008379737

大庆石油管理局总机厂志 1991—1995

大庆石油管理局总机厂志编纂委员会编 大庆 大庆石油管理局总机厂志编纂委员会 1996 年 412 页

010732025

大庆石油管理局钻探集团钻技公司志 1982—2005

龙全友主编 徐秀梅副主编 哈尔滨 黑龙江人民出版社 2006 年 3 册

008384847

大庆石油化工总厂厂志

大庆石油化工总厂厂志编纂委员会编 哈尔滨 哈尔滨工业大学出版社 1993 年 1150 页

009790826

大庆市建一公司志 1971—1990

大庆市第一建筑安装工程公司编 大庆 大庆市第一建筑安装工程公司 1994 年 357 页

010730397

大庆物探公司志 1991—2002

张克明等主编 北京 石油工业出版社 2004 年 497 页

009743760

大庆烟草志

大庆烟草志编纂委员会编 哈尔滨 黑龙江人民出版社 2002 年 583 页〔黑龙江省烟草通志丛书 第 11 分册〕

013987613

大庆油田路桥公司志 1981—2011

大庆油田路桥公司编纂委员会编 2011 年 657 页

013090952

大庆油田物资集团志 1986—2005

中共大庆油田物资集团委员会 大庆油田物资集团编 大庆 中共大庆油田物资集团委员会 大庆油田物资集团 2009年 476页

012264095
大庆油田志 1959—2008
大庆油田志编纂委员会编 陈广玉主编 哈尔滨 黑龙江人民出版社 2009年 1201页

011327598
第八采油厂志 1983—1989
大庆石油管理局第八采油厂志编审委员会编 大庆 大庆石油管理局第八采油厂志编审委员会 1991年 294页

013771771
第六采油厂志 1983—1992
大庆第六采油厂厂志编审委员会编 大庆 鞍山太平洋印务有限公司 1999年 354页

013771774
第六采油厂志 1993—1999
第六采油厂厂志编审委员会编 大庆 大庆油田报社印刷厂 2000年 334页

011496987
第十采油厂志 1984—1995
第十采油厂志编纂委员会编 大庆 大庆石油管理局第十采油厂 1997年 516页

010238878
林源炼油厂志
林源炼油厂志编审委员会编 黑龙江 林源炼油厂志编审委员会 1986年 490页

013342579
试油试采分公司志 1982—2008
试油试采分公司编 大庆 试油试采分公司 2010年 2册

008379713
新华发电厂志
新华发电厂志办公室编 大庆 新华发电厂志办公室 1986年

013736495
中国石油大庆油田电力集团志 1998—2006
大庆油田电力集团志编纂办公室编 大庆 大庆油田电力集团志编纂办公室 2009年 439页

008385873
中国石油地质志 第2卷 大庆 吉林油田
吉林油田石油地质志编写组编 北京 石油工业出版社 1993年 2册

010195537
大庆铁路志 1897—1984
大庆铁路修志办公室编 大庆 大庆铁路修志办公室 1985年 232页

008661876
大庆运输公司志 1960—1994
大庆石油管理局运输公司志编纂委员会编 大庆 大庆石油管理局运输公司 1996年 436页

008445220
大庆邮电志 1918—1985
大庆邮电志编纂委员会编 哈尔滨 黑龙江人民出版社 1999年 370页

013791059
研究院志
大庆石油管理局勘探开发研究院院志编写办公室 大庆油田有限责任公司勘探开发研究院院志编写办公室编 北京 深圳市天艺城设计印务有限公司 2004年

008385452
大庆市粮食志
大庆市粮食志编纂委员会编 大庆 大庆市粮食志编纂委员会 1996年 343页

013045487
大庆市财贸志
梁月志主编 大庆 大庆市财贸志编纂组 1986年 332页

012758761
大庆日报社社志 1960.4—2000.1
大庆日报社社志编纂委员会编 大庆 大庆日报社社志编纂委员会 2000年 344页

013626252
大庆石油化工总厂教育处志
大庆石油化工总厂教育处志编纂委员会编 大庆 大庆市地方志办公室 1997年 529页

009147366
大庆实验中学校志 1985—1994
大庆实验中学校志编纂委员会编 大庆 大庆实验中学校志编纂委员会 1995年 142页

011188585
大庆民间故事集成
大庆市民间文学三套集成编委会编 大庆 大庆市民间文学三套集成编委会 1987年 430页

010061613
大庆石化总厂民间文学集成
关玉超主编 大庆石化总厂工会委员会编 大庆 大庆石化总厂工会委员会 1987年 353页

008446182
黑龙江省大庆市地名录
黑龙江省大庆市人民政府编制 大庆 黑龙江省大庆市人民政府 1982年 169页〔黑龙江省标准化地名资料汇编〕

011584880

[大庆油田建设]设计院志 1960—1985
大庆油田建设设计研究院院志编委会编 大庆 大庆油田建设设计研究院 1985年 434页

013011195

[大庆油田建设]设计院志 1996—2009
大庆油田建设设计研究院编 大庆 大庆油田建设设计研究院 2009年 810页

011431311

大庆石油学校志 1953—2003
大庆石油学校志编纂委员会编 大庆 大庆石油学校志编委会 2003年 436页

013190306

中国油气田开发志 第1卷 大庆油气区卷
中国油气田开发志总编纂委员会编 北京 石油工业出版社 2011年 624页

014061157

中国油气田开发志 第1卷 大庆油气区 油气田卷
中国油气田开发志总编纂委员会编 北京 石油工业出版社 2011年 2册

009147360

北部引嫩工程志 1970—2000
赵义主编 赵学 杨谦副主编 哈尔滨 黑龙江人民出版社 2003年 860页

009335569

北部引嫩工程志 续卷
赵义主编 赵学 杨谦副主编 哈尔滨 黑龙江人民出版社 2003年 718页

萨尔图区

012809956

大庆市萨尔图区志 1986—2005
大庆市萨尔图区地方志编纂委员会编 哈尔滨 黑龙江人民出版社 2010年 705页

008378819

萨尔图区志
大庆市萨尔图区修志办公室编 大庆 大庆市萨尔图区修志办公室 1986年 326页

013067053

萨尔图区教育志 1932—2008
萨尔图区教育志编纂委员会编 哈尔滨 黑龙江教育出版社 2011年 369页

龙凤区

012609541

大庆市龙凤区志 1960—2005
大庆市龙凤区地方志编纂委员会编 哈尔滨 黑龙江人民出版社 2009年 790页

008661889

龙凤热电厂志

大庆石油管理局龙凤热电厂志编纂委员会编 北京 中国文史出版社 1991年

让胡路区

012609549

大庆市让胡路区志 1980—2005

赵金波 徐海丹编 哈尔滨 黑龙江人民出版社 2009年 1006页

肇州县

003807824

肇州县志

肇州县志编纂委员会办公室编 哈尔滨 黑龙江人民出版社 1987年 561页

013134014

肇州县志 1986—2005

大庆市肇州县续志编纂委员会编 哈尔滨 黑龙江人民出版社 2011年 830页

012903495

肇州县教育志 1905—2005

肇州县教育志编纂委员会编 肇州 肇州县教育志编纂委员会 2007年 917页

008446158

黑龙江省肇州县地名录

肇州县人民政府编制 肇州 肇州县人民政府 1982年 126页

肇源县

012636653

肇源县志 1983—2005

郭风主编 哈尔滨 黑龙江人民出版社 2009年 683页

008379768

茂兴湖水产养殖场志

黑龙江省茂兴湖水产养殖场编 黑龙江 茂兴湖水产养殖场 1988年 204页

012174780

茂兴湖水产养殖场志 1986—2000

黑龙江省茂兴湖水产养殖场编 黑龙江 茂兴湖水产养殖场 2004年 319页

013758774

肇源县电力志

肇源县电力志编辑委员会编 肇源 肇源县电力志编辑委员会 2011年 509页

009240751

肇源县教育志 1176—2000

肇源县教育志编纂委员会编撰 肇源 肇源县教育志编纂委员会 2001年 563页

013776375

肇源县中医医院志 1979—2011

肇源县中医医院志编纂委员会编 肇源 肇源县中医医院志编纂委员会 2011年 399页

林甸县

007902351

林甸县志

林甸县志编纂委员会办公室编 齐齐哈尔 1988年 431页

013628063

林甸县志 1986—2005

林甸县志编纂委员会编 哈尔滨 黑龙江人民出版社 2011年 624页〔大庆地方志〕

013793081

巨浪牧场志 1960—2000

巨浪牧场志编纂委员会编 佳木斯 黑龙江银手杖印务有限公司 2005年 557页

013601787

林甸粮食志

赵鹏主编 黑龙江省林甸县粮食局编 林甸 黑龙江省林甸县粮食局 1993年 528页

008446127

黑龙江省林甸县地名录

林甸县人民政府编制 林甸 林甸县人民政府 1982年 111页〔黑龙江省标准化地名资料汇编〕

杜尔伯特蒙古族自治县

007362249

杜尔伯特蒙古族自治县志 第1卷

杜尔伯特蒙古族自治县地方志编纂委员会编 哈尔滨 黑龙江人民出版社 1996年 826页

010280300

杜尔伯特蒙古族自治县志 第2卷 1986—2003

杜尔伯特蒙古族自治县地方志编纂委员会编 沈阳 辽宁民族出版社 2006年 847页

012049237

杜尔伯特文化志

陈玉芝主编 呼伦贝尔 内蒙古文化出版社 2008年 403页

008445244

黑龙江省杜尔伯特蒙古族自治县地名录

杜尔伯特蒙古族自治县人民政府编制 杜尔伯特 杜尔伯特蒙古族自治县人民政府 1984年 217页

伊春市

007932067
伊春市志
伊春市地方志编纂委员会编 哈尔滨 黑龙江人民出版社 1995 年 3 册 1660 页

008488242
伊春市公安志
伊春市公安局编纂 伊春 伊春市公安局 1991 年 276 页

008488238
伊春市工商行政管理志
伊春市地方志编审委员会 伊春市工商局编审委员会编 伊春 伊春市工商局编审委员会 1987 年 301 页

008383871
伊春林业发电厂志 1973—1987
伊春林业发电厂志办公室编 伊春 伊春林业发电厂志办公室 1989 年 247 页

009797090
伊春烟草志
伊春烟草志编纂委员会编 哈尔滨 黑龙江人民出版社 2002 年 273 页〔黑龙江省烟草通志丛书 第 14 分册〕

009560802
伊春教育志
张中秋主编 哈尔滨 黑龙江人民出版社 1996 年 450 页

008446167
黑龙江省伊春市地名录
伊春市人民政府编 伊春 伊春市人民政府 1984 年 338 页

伊春区

013097871
伊春区志 1986—2005
伊春区地方志编纂委员会编 伊春 伊春区地方志编纂委员会 2011 年 803 页〔中华人民共和国地方志丛书〕

友好区

008383904
友好区(林业局)志
伊春市友好区地方志黑龙江省友好林业局志编纂委员会编 黑龙江 黑龙江省新闻出版局 1990 年 954 页

西林区

012878865
西林区志 1985—2005
西林区志地方志编纂委员会编 西林区

西林区志地方志编纂委员会 2009 年 649 页〔中华人民共和国地方志丛书〕

010140729

黑龙江省西林钢铁厂志 1966—1984

西林钢铁厂志办公室编 黑龙江 西林钢铁厂 1986 年 318 页

翠峦区

009511224

翠峦区(林业局)志

伊春市翠峦区地方志编纂委员会编 北京 改革出版社 1999 年 625 页

013961179

翠峦区(林业局)志 1986—2005

杨国利 郭涛 张晶主编 哈尔滨 黑龙江人民出版社 2013 年 752 页

新青区

008034157

新青区志 1956—1985

伊春市新青区地方志办公室编 伊春 伊春市新青区地方志编纂委员会 1989 年 856 页

金山屯区

007519831

金山屯区(林业局)志

伊春市金山屯区志编审委员会 黑龙江省金山屯林业局志编审委员会编 哈尔滨 黑龙江人民出版社 1992 年 919 页

五营区

008846561

五营区(林业局)志

黑龙江省伊春市五营区 黑龙江省五营林业局地方志编纂委员会编 王国栋主编 北京 方志出版社 1999 年 594 页

乌马河区

008487330

乌马河区(林业局)志

乌马河区(林业局)志编纂委员会编辑室编 群众印刷厂 1991 年 514 页

汤旺河区

008094636

汤旺河区志

伊春市汤旺河区 黑龙江省林业局史志编辑室编 伊春 伊春市汤旺河区 汤旺河林业局史志编辑室 1988 年

581 页

带岭区

008445216

带岭区志

伊春市带岭区人民政府 黑龙江省带岭林业实验局地方志编审委员会编 伊春 带岭区志编委会 1988 年 604 页

乌伊岭区

008487335

乌伊岭区(林业局)志 1963—1985

伊春市乌伊岭区 乌伊岭林业局地方志编审委员会编 哈尔滨 黑龙江人民出版社 1993 年 512 页

红星区

008094638

红星区志

伊春市红星区黑龙江省红星林业局编 伊春 伊春市红星区黑龙江省红星林业局 1989 年 705 页

013797179

伊春市红星区(林业局)志 1986—2005

红星区(林业局)地方志编纂委员会编 哈尔滨 黑龙江人民出版社 2012 年 602 页

上甘岭区

008191651

上甘岭区志 1953—1985

伊春市上甘岭区地方志办公室编 伊春 伊春市上甘岭区地方志办公室 1989 年 667 页

铁力市

014052297

铁力市志 1986—2005

铁力市地方志编纂委员会编 哈尔滨 黑龙江人民出版社 2013 年 809 页

005559219

铁力县志

铁力县志编纂委员会办公室编 哈尔滨 黑龙江人民出版社 1990 年 686 页

008487292

黑龙江省铁力林业局志 1914.1—1985.12

铁力林业局志编辑室编 铁力 铁力林业局印刷厂 1987 年 593 页

008385272

朗乡林业局志

朗乡林业局志编审委员会编纂 刘杰主编 北京 中国文史出版社 1991 年 593 页

008487170
双丰林业局志
双丰林业局志编审委员会编 黑龙江 双丰林业局志编审委员会 1987年 421页

008382993
桃山林业局志
黑龙江省桃山林业局编纂 1989年 551页

008445206
黑龙江省铁骊火柴厂志
黑龙江省铁骊火柴厂志编辑室编 铁力 黑龙江省铁骊火柴厂 1990年 338页

008446129
黑龙江省铁力县地名录
铁力县人民政府编制 铁力 铁力县人民政府 1987年 181页〔黑龙江省标准化地名资料汇编〕

嘉荫县

003105093
嘉荫县志
范德昌主编 哈尔滨 黑龙江人民出版社 1988年 682页

008661879
乌拉嘎金矿局志 1936—1985
冶金工业部乌拉嘎金矿局编纂委员会编 乌拉嘎镇 乌拉嘎金矿局 1991年 320页

佳木斯市

007668561
佳木斯市志
佳木斯市地方志编纂委员会编 北京 中华书局 1996年 2册

009879593
佳木斯铁路分局工会志 1947—1999
佳木斯铁路分局工会志编审委员会编 佳木斯 佳木斯铁路分局 2000年 548页

009348745
佳木斯公安史志资料 1986—2000
佳木斯市公安局办公室编 佳木斯 佳木斯市公安局 200u年 254页

009411577
佳木斯市人民防空志 1950—1990
佳木斯市人民防空办公室编 佳木斯 佳木斯市人民防空办公室 1992年 365页

009311402
佳木斯市审计志
佳木斯市审计局编 佳木斯 佳木斯市审计局 1995年 2册

009311388
佳木斯市劳动志
佳木斯市劳动志编纂委员会编 佳木斯 佳木斯市劳动局 1993年 392页

009311408
佳木斯物资志
李存国主编 佳木斯 佳木斯市物资局 1989年

009240703
佳木斯市城市建设志
佳木斯市城市规划建设管理局编 佳木斯 佳木斯市城市规划建设管理局 1988年 263页

009240712
佳木斯市房地产志
佳木斯市房地产管理局编 佳木斯 佳木斯市房地产管理局 1993年 444页

009105657
合江林业管理局志
赵贵主编 黑龙江省合江林业管理局编 南京 南京大学出版社 1992年 439页

013897607
佳木斯第二发电厂志 1986—2007
佳木斯第二发电厂志编审委员会编 2008年 594页

009411575
佳木斯第一建筑工程公司志 1951—1989
佳木斯第一建筑工程公司编 佳木斯 佳木斯第一建筑工程公司 1991年 353页

009240697
佳木斯电机厂志
佳木斯电机厂志编写领导小组 李连昌主编 佳木斯 佳木斯电机厂志编写小组 1984年

009240709
佳木斯电业局志
佳木斯电业局志编委会办公室编 佳木斯 佳木斯电业局志编委会 1988年

009348443
佳木斯东风造纸厂志
1985年

008378098
佳木斯发电厂志
佳木斯发电厂志编审委员会编 佳木斯 佳木斯发电厂志编审委员会 1988年

009411583

佳木斯联合收割机厂志 1946—1990

佳木斯联合收割机厂志编纂委员会 田永峰主编 曹永芳等副主编 北京 经济画报社 1991年 323页

009311407

佳木斯食品厂志 1939—1983

佳木斯食品厂志编写领导小组编 佳木斯 佳木斯食品厂志编写领导小组 1986年 165页

009240725

佳木斯市建筑业志 1888—1985

佳木斯市城乡建设委员会编 佳木斯 佳木斯市城乡建设委员会 1988年 234页

009240729

佳木斯市石油化学工业志

佳木斯市石油化学工业志编志办公室编 佳木斯 佳木斯市石油化学工业局 1987年 280页

009743882

佳木斯市烟草志

佳木斯市烟草志编纂委员会编 哈尔滨 黑龙江人民出版社 2002年 113页〔黑龙江省烟草通志丛书 第10分册〕

008379742

佳木斯市医药志

黑龙江省佳木斯市药材公司编 佳木斯 黑龙江省佳木斯市药材公司 1989年 440页〔黑龙江省医药诸志丛书〕

009411569

佳木斯橡胶厂志

佳木斯橡胶厂志编辑小组编 佳木斯 佳木斯橡胶厂志编辑小组 1985年 99页

009240690

佳木斯造纸厂志 1952—1988

孙石麟主编 佳木斯造纸厂志编纂委员会编 北京 轻工业出版社 1989年

009240743

亮子河发电厂志

姜书伟主编 张志友 王国仁 刘双喜责任编辑 亮子河发电厂志编审委员会编 伊春 亮子河发电厂志编审委员会 1988年

008869584

佳木斯铁路分局志 1926—1997

佳木斯铁路分局史志办公室编 北京 中国铁道出版社 2000年 1023页

009790464

佳木斯站志 1937—1997

佳木斯站编 佳木斯 佳木斯站 1998年 319页

009240716
佳木斯市供销合作社志
佳木斯 佳木斯印刷一厂 1989年 297页

009348710
黑龙江省佳木斯医药采购供应站志
黑龙江省佳木斯医药采购供应站志编纂委员会 谢雨森主编 张治炳副主编 佳木斯 黑龙江省佳木斯医药采购供应站 1988年〔黑龙江省医药诸志丛书〕

008379341
佳木斯市医药商业志
黑龙江省佳木斯市医药公司编 佳木斯 黑龙江省佳木斯市医药公司 1989年 453页〔黑龙江省医药诸志丛书〕

009240672
黑龙江省粮油食品进出口集团佳木斯公司志 1976—1993
1994年 251页

009414055
佳木斯市金融志 1985—2000
佳木斯 2004年 119页

009414066
佳木斯市农村信用社志
佳木斯市农村信用合作社联合社编 佳木斯 佳木斯市农村信用合作社联合社 2001年 1册

008445252
佳木斯市地名志
佳木斯市人民政府办公室编 佳木斯 佳木斯市人民政府办公室 1986年 154页

011762071
黑龙江省林业卫生学校志
石文章主编 孟庆金副主编 哈尔滨 哈尔滨出版社 2000年 402页

009411580
黑龙江省农业科学院水稻研究所志
1949—1999
黑龙江省农业科学院水稻研究所编 黑龙江 黑龙江省农业科学院水稻研究所 1999年 87页

同江市

007477996
同江县志
同江县志编纂委员会编 吴文孝主编 上海 上海社会科学院出版社 1993年 547页

009996562
洪河农场志 1980—1984
黑龙江省洪河农场志编审办公室编 黑龙江 黑龙江省洪河农场 1986年 413页

012251048
洪河农场志 1985—2002
洪河农场志编审委员会编 黑龙江 洪河农场志编审委员会 2005年 573页

009744125
勤得利农场志 1957—1983
勤得利农场志编审办公室编纂 勤得利农场志编审办公室 1987年 591页

008383949
黑龙江省同江粮食志
同江市粮食局编 同江 同江市粮食局 1990年 466页

001921549
赫哲语简志
安俊编著 北京 民族出版社 1986年 107页〔中国少数民族语言志丛书〕

007308724
赫哲族风俗志
黄任远编著 北京 中央民族学院出版社 1992年 167页〔民俗文库 15〕

富锦市

011882586
富锦市志 1986—2005
富锦市地方志编纂委员会编 哈尔滨 黑龙江人民出版社 2008年 837页

007902376
富锦县志
黑龙江省富锦市志办公室编 海口 三环出版社 1991年 791页

012758756
创业农场志 1985—2005
创业农场志编纂委员会编 黑龙江 创业农场志编纂委员会 2008年 601页

009743694
创业农场志 1968—1984
创业农场志编写办公室编 黑龙江 创业农场志编写办公室 1985年 559页

008445176
富锦粮食志
富锦粮食志编辑委员会编 富锦 富锦市粮食局 1997年 602页

011329730
富锦市财政志 1945—1990
富锦市财政局财政志编委会编 富锦 富锦市财政局 1994年 446页

011329741
富锦市财政志 1991—2001
富锦市财政局财政志编委会编 富锦 富锦市财政局 2004年 408页

桦南县

004436196
桦南县志
桦南县志办公室编 哈尔滨 黑龙江科学技术出版社 1991年 1026页

013957647
桦南县志 1986—2005
桦南县地方志编纂委员会编 北京 五洲传播出版社 2011年 745页

012051936
曙光农场志 1986—2000
曙光农场志编纂委员会编 黑龙江 曙光农场志编纂委员会 2007年 703页

008377586
桦南林业局志 1952—1985
朱乃彬主编 黑龙江 黑龙江省桦南林业局 1990年 555页

桦川县

004893172
桦川县志
桦川县志编纂委员会办公室编 哈尔滨 黑龙江人民出版社 1991年 844页

008446139
黑龙江省桦川县地名录
桦川县人民政府编制 桦川 桦川县人民政府 1987年 157页〔黑龙江省标准化地名资料汇编〕

汤原县

006542976
汤原县志
汤原县地方志编纂委员会编纂 哈尔滨 黑龙江人民出版社 1992年 1026页

009992268
鹤立林业局志
吕贻光主编 黑龙江省鹤立林业局编纂 哈尔滨 黑龙江省新闻出版局 1988年 504页

008385444
汤原县粮食志 1905—1985
黑龙江省汤原县粮食局编 汤原 黑龙江省汤原县粮食局 1992年 523页

抚远县

008445168
抚远县志 1909—1985
抚远县地方志编纂委员会编 北京 中华书局 1998年 694页

七台河市

008094681
七台河市志
七台河市地方志编纂委员会办公室编 北京 档案出版社 1992 年 900 页

013629330
七台河市工会志 1958—2008
七台河市工会志编纂委员会编 七台河 七台河市工会志编纂委员会 2009 年 491 页

011804101
北兴农场志 1955—2000
任波主编 哈尔滨 黑龙江人民出版社 2008 年 823 页

009744040
七台河市烟草志
七台河市烟草志编纂委员会编 哈尔滨 黑龙江人民出版社 2002 年 246 页 〔黑龙江省烟草通志丛书 第 15 分册〕

012684560
七台河市城市信用社志 1987—2004
城市信用社志编委会编纂 七台河 黑龙江省七台河市新闻出版局 2004 年 752 页

011188281
七台河民间故事集成
黑龙江省七台河市民间文学集成编委会编 1987 年 683 页 〔黑龙江民间文学集成丛书〕

010140734
七台河戏曲志
七台河戏曲志编辑部编 七台河 七台河市文化局 1989 年 145 页 〔黑龙江戏曲志丛书 4〕

茄子河区

012877081
岚棒山下宏伟镇 七台河市宏伟镇镇志
孙国庆编著 七台河 2010 年 186 页

勃利县

006562094
勃利县志
勃利县志编纂委员会编纂 北京 中国社会出版社 1992 年 760 页

牡丹江市

004436236
牡丹江市志
牡丹江市志编审委员会编 哈尔滨 黑龙江人民出版社 1993年 3册

009879596
牡丹江市工会志 1946—1986
牡丹江市总工会工运研究室编 牡丹江 牡丹江市总工会 1993年 596页

009879595
牡丹江公安志
牡丹江市公安局编 牡丹江 牡丹江市公安局 1997年 446页

012505171
黑龙江省牡丹江监狱志 1969—2005
黑龙江省牡丹江监狱志编纂委员会编 牡丹江 黑龙江省牡丹江监狱志编纂委员会 2007年 720页

013093153
牡丹江地方林业志
牡丹江地方林业志编纂委员会 牡丹江市林业局编 牡丹江 牡丹江市林业局 2007年 470页

012952092
恒丰纸业志 1952—2000
恒丰纸业志编纂委员会编 牡丹江 恒丰纸业志编纂委员会 2003年 457页

013861519
恒丰纸业志 2001—2006
恒丰纸业志编纂委员会编 牡丹江 恒丰纸业志编纂委员会 2007年 313页

013990672
恒丰志 1951—2011
牡丹江恒丰纸业集团恒丰志编纂委员会编 2012年 366页

008385388
镜泊湖发电厂志 1917—1985
镜泊湖发电厂厂志办公室编 牡丹江 镜泊湖发电厂 1988年 402页

010239202
牡丹江电业局志
牡丹江电业局史志办公室编 牡丹江 牡丹江电业局 1990年 364页

010474099
牡丹江机车工厂志
杨喜林主编 牡丹江 黑龙江朝鲜民族出版社 1992年 618页

010276024
牡丹江机车工厂志 1938—1985
铁道部牡丹江机车工厂志编辑委员会

编 牡丹江 黑龙江朝鲜民族出版社 1990年 439页

009743899
牡丹江卷烟材料厂志
牡丹江卷烟材料厂志编纂委员会编 哈尔滨 黑龙江人民出版社 2002年 433页〔黑龙江省烟草通志丛书 第24分册〕

013375341
牡丹江水力发电总厂志
牡丹江水力发电总厂志编审委员会编 黑龙江 牡丹江水力发电总厂 2002年 560页

009743901
牡丹江烟草志
牡丹江烟草志编纂委员会编 哈尔滨 黑龙江人民出版社 2002年 204页〔黑龙江省烟草通志丛书 第9分册〕

009743903
牡丹江烟叶公司志
牡丹江烟叶公司志编纂委员会编 哈尔滨 黑龙江人民出版社 2002年 194页〔黑龙江省烟草通志丛书 第25分册〕

013994313
中国北车集团牡丹江机车车辆厂志 1991—2009
中国北车集团牡丹江机车车辆厂史志编纂委员会编 大连 大连机车研究所印刷厂 2010年 334页

009790470
哈尔滨铁路局牡丹江站志 1901—2001
牡丹江站志编纂委员会编 牡丹江 牡丹江站志编纂委员会 2003年 578页

009685662
牡丹江铁路分局志 1896—1993
牡丹江铁路分局志编纂委员会编 北京 中国铁道出版社 1999年 872页

008377756
牡丹江市公路交通志
牡丹江市交通局编写 牡丹江 牡丹江市交通局 1989年 382页

008445211
牡丹江邮电志
赵桂英主编 牡丹江市邮电局编纂委员会编 哈尔滨 黑龙江人民出版社 1999年 431页

010109554
牡丹江粮食志
牡丹江市粮食局编 牡丹江 牡丹江市粮食局 1992年

012614143
牡丹江市财政志 1990—2005
牡丹江市财政局史志编委会编 牡丹江 黑龙江朝鲜民族出版社 2009年

591 页

009879600
牡丹江市财政志 1937—1989
牡丹江市财政局编 牡丹江 黑龙江朝鲜民族出版社 1993 年 555 页

009889493
牡丹江市税务志 1902—1991
牡丹江市税务局编 牡丹江 牡丹江市税务局 1993 年 700 页

009864694
牡丹江市金融志 1928—1985
李殿生主编 牡丹江 黑龙江朝鲜民族出版社 1990 年 424 页

013774995
牡丹江日报社志 1945—1985
牡丹江日报社志编纂小组编 牡丹江 牡丹江日报社 1987 年 512 页

010109577
牡丹江日报社志 续 1986—1987
李景山主编 范垂政 李毓清责任编辑 牡丹江 牡丹江日报社 1997 年 416 页

011995744
黑龙江朝鲜民族出版社社志 1976—2001
许光一主编 牡丹江 黑龙江朝鲜民族出版社 200u 年 124 页

011804504
黑龙江幼儿师范高等专科学校校志 1906—2007
姜亚林主编 黑龙江 黑龙江幼儿师范高等专科学校 2007 年 550 页

009744120
牡丹江电力技术学校志 1960—1985
牡电技校校志办公室编 牡丹江 牡电技校校志办公室 1990 年 268 页

010278021
牡丹江戏曲志
牡丹江市文化局编 牡丹江 牡丹江市文化局 1990 年 315 页

008446169
黑龙江省牡丹江市地名录
牡丹江市人民政府编 牡丹江 牡丹江市人民政府 1982 年 106 页〔黑龙江省标准化地名资料汇编〕

013932185
镜泊湖志
镜泊湖志编纂委员会编 北京 中央文献出版社 2013 年 719 页

010239152
牡丹江市环卫志
牡丹江市市容环境卫生管理局编 牡丹江 牡丹江市市容环境卫生管理局 1989 年

009382401

[牡丹江市第一人民医院]建院 50 周年纪念志 1946.9.1—1996.9.1

牡丹江 黑龙江省牡丹江市第一人民医院 1996 年 115 页

009743842

黑龙江省烟草科学研究所志

黑龙江省烟草科学研究所志编纂委员会编 哈尔滨 黑龙江人民出版社 2002 年 204 页〔黑龙江省烟草通志丛书 第 5 分册〕

东安区

008486851

牡丹江市郊区志

温士杰主编 哈尔滨 哈尔滨工业大学出版社 1992 年 506 页

012873316

牡丹江市郊区土壤志

牡丹江市郊区土壤普查办公室编 牡丹江 牡丹江市郊区土壤普查办公室 1984 年 211 页

阳明区

009790473

国营桦林橡胶厂厂志 1937—1983

国营桦林橡胶厂厂志编纂委员会编 牡丹江 国营桦林橡胶厂 1985 年 499 页

009790833

桦林集团有限责任公司公司志 1984—1995

桦林集团有限责任公司编印 桦林集团有限责任公司 1998 年 764 页

009853061

牡二电厂志 1972—1985

牡二电厂志编审委员会编 牡丹江 牡丹江第二发电厂编审委员会 1989 年 401 页

绥芬河市

011066688

绥芬河机务段志 1903—2003

绥芬河机务段志编委会编 齐齐哈尔 绥芬河机务段志编委会 2003 年 549 页

011442033

绥芬河海关志 1907—1996

绥芬河海关编 北京 新华出版社 1998 年 381 页

012722480

绥芬河市地方税务局志

绥芬河市地方税务局编 绥芬河 绥芬河市地方税务局 2004 年 328 页

海林市

003807932
海林县志
海林县地方志编纂委员会编纂 金东哲主编 北京 中国文史出版社 1990年 742页

008383935
大海林林业局志
大海林林业局志编审委员会编 哈尔滨 黑龙江人民出版社 1992年 888页

009743777
海林卷烟厂志
海林卷烟厂志编纂委员会编 哈尔滨 黑龙江人民出版社 2002年 354页〔黑龙江省烟草通志丛书 第21分册〕

011890773
海林县教育志
海林县教育志编辑委员会编 黑龙江 海林县教育志编辑委员会 1990年 189页

011188593
海林林业局民间故事集成
黑龙江省海林林业局民间文学三套集成编委会编 黑龙江 1987年

008445299
黑龙江省海林县地名录
海林县人民政府编制 海林 海林县人民政府 1982年 128页〔黑龙江省标准化地名资料汇编〕

宁安市

002177338
宁安县志
宁安县志编纂委员会办公室编 哈尔滨 黑龙江人民出版社 1989年 849页

008378818
红城村志
黑龙江省宁安市 郑才主编 宁安 宁安市志办公室 1997年 626页

008446162
黑龙江省宁安县地名录
宁安县人民政府编制 宁安 宁安县人民政府 1984年 186页〔黑龙江省标准化地名资料汇编〕

穆棱市

013066430
穆棱市土地志
穆棱市土地管理局编 穆棱 穆棱市土地管理局 2001年 300页

012995154
八面通林业局志
八面通林业局志编纂委员会编纂 黑龙江 黑龙江省八面通林业局 1993年

475 页

009744011
穆棱卷烟厂志
穆棱卷烟厂志编纂委员会编 哈尔滨 黑龙江人民出版社 2003 年 244 页 〔黑龙江省烟草通志丛书 第 22 分册〕

008446114
黑龙江省穆棱县地名录
穆棱县人民政府编制 穆棱 穆棱县人民政府 1981 年 128 页 〔黑龙江省标准化地名资料汇编〕

东宁县

007902331
东宁县志
东宁县志办公室编 哈尔滨 黑龙江人民出版社 1989 年 626 页

013687416
东宁县志 1986—2005
东宁县志编审委员会编著 哈尔滨 黑龙江人民出版社 2012 年 866 页

011188304
东宁县民间文学集成
黑龙江省东宁县民间文学集成编委会编 1988 年 2 册 〔黑龙江民间文学集成丛书〕

008445288
黑龙江省东宁县地名录
东宁县人民政府编 东宁 东宁县人民政府 1982 年 132 页 〔黑龙江省标准化地名资料汇编〕

林口县

008983492
林口县志
林口县志编纂委员会编 哈尔滨 黑龙江人民出版社 1999 年 2 册 1515 页

010293520
林口林业局志
黑龙江省林口林业局编 林口 黑龙江省林口林业局 2000 年 948 页

黑河市

009382408
黑河地区简志 1945—1949
黑河地区地方志编纂委员会办公室编 黑河 黑河地区地方志编纂委员会办公室 1988 年 439 页

007731479
黑河地区志

黑河市地方志编纂委员会编 王兆明主编 北京 生活·读书·新知三联书店 1996年 1093页

010286154
新生鄂伦春族乡志
王兆明主编 哈尔滨 黑龙江人民出版社 2003年 579页

011310898
七星泡农场工会志 1956—1986
黑龙江省七星泡农场工会委员会编 黑龙江 黑龙江省七星泡农场工会委员会 1990年 272页

013129126
黑河市政协志
政协黑河市委员会编 黑河 政协黑河市委员会 2009年 745页

009743780
黑河市烟草志
黑河市烟草志编纂委员会编 哈尔滨 黑龙江人民出版社 2002年 190页〔黑龙江省烟草通志丛书 第17分册〕

011564892
黑河烟草志 1983—1998
王怀仁 梁耘编纂 黑龙江省黑河市烟草专卖局 中国烟草总公司黑龙江省公司黑河烟草分公司编 黑河 1999年 378页

008983448
黑河海关志 1909—1998
中华人民共和国黑河海关编 北京 中国社会科学出版社 1999年 407页

008661855
黑河地区财政志
黑河地区财政志编委会编 哈尔滨 黑龙江人民出版社 1998年 291页

008445307
黑龙江省黑河市地名录
黑河市人民政府编制 黑河 黑河市人民政府 1985年 117页〔黑龙江省标准化地名资料汇编〕

009797084
军事气候志
黑龙江省黑河地区气象台编 黑龙江 黑龙江省黑河地区气象台 1975年 97页

爱辉区

007013412
爱辉县志
爱辉县修志办公室编 哈尔滨 北方文物杂志社 1986年 830页

北安市

012831065

北安市志 1983—2005

北安市地方志编纂委员会编 哈尔滨 黑龙江人民出版社 2010年 1139页〔黑河地方志〕

007479133

北安县志

北安市地方志办公室编 北安 北安市地方志办公室 1994年 851页

011432709

黑龙江省北安监狱志 1948—2005

黑龙江省北安监狱志编纂委员会编 黑龙江 黑龙江省北安监狱志编纂委员会 2007年 676页

012096332

北安市建设志 1903—2007

北安市建设志编纂委员会编 北安 北安市建设志编纂委员会 2008年 685页

008379329

长水河农场志 1960—1992

长水河农场志编委会编 黑龙江 黑龙江农垦总局 1997年 372页

011585028

通北林业局志

通北林业局志编纂委员会编 姜希军主编 哈尔滨 黑龙江教育出版社 2003年 853页

011496834

北安农垦志 1947—1985

北安农垦志编审委员会编 黑龙江 北安农垦志编审委员会 1989年 340页

012758720

北安农垦志 1986—2000

北安农垦志编纂委员会编 黑龙江 北安农垦志编纂委员会 2007年 991页

010469096

北安电业局志 1911—1985

北安电业局志办公室编 北安 北安电业局 1988年 458页

012173676

北安市财政局志 2001—2005

李侦主编 北安市财政局志编纂委员会编 北安 北安市财政局志编纂委员会 2009年 200页

011145038

北安民间文学集成

黑龙江省北安市民间文学三套集成编委会编 黑龙江 1987年 343页

008445265

黑龙江省北安市地名录

北安市人民政府编 北安 北安市人民政府 1984年 296页〔黑龙江省标准化地名资料汇编〕

五大连池市

007490532
德都县志
德都县地方志办公室编 合肥 黄山书社 1994 年 1117 页

009472377
五大连池市志 1986—2000
五大连池市地方志编纂委员会编 哈尔滨 黑龙江人民出版社 2004 年 942 页〔黑河地方志〕

007682657
德都县工会志 1948—1985
1987 年 99 页

012658323
德都县粮食志
朱健主编 五大连池市粮食局编 五大连池 五大连池市粮食局 1997 年 330 页

008446165
黑龙江省德都县地名录
德都县人民政府编制 德都 德都县人民政府 1983 年 248 页〔黑龙江省标准化地名资料汇编〕

嫩江县

005559177
嫩江县志
嫩江县地方志编纂委员会编 海口 三环出版社 1992 年 804 页

010109579
嫩江县志 1986—2000
嫩江县地方志编纂委员会编 哈尔滨 黑龙江人民出版社 2006 年 863 页〔黑河地方志〕

008377743
九三农垦志 1949—1985
黑龙江省九三国营农场管理局局志办公室编 黑龙江 黑龙江省九三国营农场管理局局志办公室 1986 年 867 页

008385576
嫩江农垦志 1948—1985
黑龙江省嫩江国营农场管理局史志编审委员会编 裴良玉主编 黑龙江 黑龙江省嫩江国营农场管理局史志编审委员会 1987 年 415 页

013461810
嫩江县第二中学校志
嫩江县第二中学校校志编纂委员会编 嫩江 嫩江县第二中学校志编纂委员会 2003 年 263 页

008869569

东北航空护林志

赵正利主编 北京 中国林业出版社 1999年 501页

逊克县

007902357

逊克县志

逊克县地方志编纂委员会编纂 刘德林主编 哈尔滨 黑龙江人民出版社 1991年 649页

012208490

逊克县粮食志

逊克县粮食志编纂委员会编 逊克 逊克县粮食志编纂委员会 1997年 449页

008446132

黑龙江省逊克县地名录

逊克县人民政府编 逊克 逊克县人民政府 1986年 96页〔黑龙江省标准化地名资料汇编〕

孙吴县

004970849

孙吴县志

孙吴县志编纂委员会办公室编 哈尔滨 黑龙江人民出版社 1991年 641页

011188665

孙吴民间文学集成

黑龙江省孙吴县民间文学三套集成编委会编 1988年 97页

008446161

黑龙江省孙吴县地名录

孙吴县人民政府编制 孙吴 孙吴县人民政府 1985年 132页〔黑龙江省标准化地名资料汇编〕

绥化市

007590150

绥化地区志

绥化地区地方志编纂委员会编 哈尔滨 黑龙江人民出版社 1995年 2册 1540页

007902328

绥化县志

黎成修主编 哈尔滨 黑龙江人民出版社 1985年 524页

010293051

中国共产党绥化地区委员会党校志 1959.3—1999.7

中共黑龙江省绥化地委党校编 绥化 中共黑龙江省绥化地委党校 1999年

92 页

006356620
绥化县工会志 1946—1982
绥化市总工会工会志编纂办工室编 绥化 绥化市总工会 1990 年 133 页

012969712
绥化地区人大志 1979.11—2000.6
绥化市人民代表大会常务委员会编 绥化 绥化市人民代表大会常务委员会 2008 年 428 页

012899448
绥化市人民代表大会志 2000.6—2007.1
绥化市人民代表大会常务委员会编 绥化 绥化市人民代表大会常务委员会 2008 年 325 页

008378106
绥化农垦志 1946—1985
绥化国营农场管理局编 哈尔滨 哈尔滨工业大学出版社 1993 年 711 页

013185802
绥化地区粮食志 1685—1992
黑龙江省绥化地区粮食局编 绥化 绥化地区粮食局 1998 年 750 页

009744059
绥化卷烟厂志
绥化卷烟厂志编纂委员会编 哈尔滨 黑龙江人民出版社 2002 年 269 页〔黑龙江省烟草通志丛书 第 23 分册〕

009892564
绥化市烟草志
绥化市烟草志编纂委员会编 哈尔滨 黑龙江人民出版社 2002 年 322 页〔黑龙江省烟草通志丛书 第 18 分册〕

010291667
绥化县粮食志
绥化县粮食志编审领导小组编 哈尔滨 黑龙江人民出版社 1990 年 352 页

010292784
黑龙江省绥化一中校志
黑龙江省绥化一中校志编写委员会编 绥化 黑龙江省绥化一中校志编写委员会 1996 年

008446133
黑龙江省绥化县地名录
绥化县人民政府编制 绥化 绥化县人民政府 1982 年 161 页

012252608
黑龙江省绥化市第一医院院志 1939—1999
黑龙江省绥化市第一医院院志编写委员会编 绥化 黑龙江省绥化市第一医院院志编写委员会 1999 年 388 页

安达市

006555942
安达县志
安达市地方志办公室编 哈尔滨 黑龙江人民出版社 1992年 995页

013687103
安达市审计志 1983.7—2011.12
安达市审计志编写组编 北京 中国文史出版社 2012年 444页

009797055
安达粮食志 1913—1981
安达 安达县人民政府粮食科 1984年 359页

010140691
安达市物价志 1984—2004
彭得伟 赵庆贺主编 安达 安达市物价局 2005年 212页

011146703
中国民间文学集成 黑龙江卷 安达民间故事集成
黑龙江省安达市民间文学集成编委会编 安达 黑龙江省安达市民间文学集成编委会 1988年

肇东市

011809816
肇东市志 1982—2000
邵玉华主编 哈尔滨 黑龙江教育出版社 2008年 717页

004436093
肇东县志
肇东县县志办公室编 肇东 肇东县县志办公室 1985年 625页

009411541
肇东市乡镇企业志 1950—1990
肇东市乡镇企业管理局编 肇东 肇东市乡镇企业管理局 1992年 380页

008445215
肇东市土地志
肇东市土地管理局编 肇东 肇东市土地管理局 1998年 360页

008379331
黑龙江省肇东粮库志
肇东市肇东粮库编 肇东 肇东粮库 1991年 160页

009411545
肇东市文化馆志
肇东市文化馆编 肇东 肇东市文化馆 1993年 162页

008446141
黑龙江省肇东县地名录
黑龙江省肇东县地名领导小组编 肇东 黑龙江省肇东县地名领导小组 1981年 215页〔黑龙江省标准化地名资料汇编〕

009411538
肇东县水利志
肇东县水利志编纂领导小组编 肇东 肇东市水利局 1992年 316页

海伦市

013897199
海伦市志 1986—2010
海伦市地方志编纂委员会编 哈尔滨 黑龙江人民出版社 2013年 903页〔中华人民共和国地方志丛书〕

003756808
海伦县志
卓鸿钧主编 哈尔滨 黑龙江人民出版社 1988年 851页

009992258
海伦市土地志
海伦市土地志编纂委员会编 海伦 海伦市人民政府办公室 1999年 238页

009992264
海伦市烟草志 1983—2003
海伦市烟草志编纂委员会编 海伦 海伦市烟草专卖局 2003年 346页

009992254
海伦市粮食志 1895—1995
黑龙江省海伦市粮食局编 海伦 黑龙江省海伦市粮食局 1997年 758页

008446135
黑龙江省海伦县地名录
海伦县人民政府编制 海伦 海伦县人民政府 1982年 197页〔黑龙江省标准化地名资料汇编〕

望奎县

003807881
望奎县志
望奎县地方志编纂委员会编纂 望奎 望奎县地方志编纂委员会 1989年 716页

013731952
望奎县志 1986—2005
望奎县地方志编纂委员会编 哈尔滨 黑龙江人民出版社 2012年 1070页

010279904
望奎县后三乡正蓝前二村志
陶玉山主编 正蓝前二村志编纂委员会编 正蓝前二村 正蓝前二村志编纂委员会 2005年 363页

008445183

望奎县粮食志 1915—1985

黑龙江省望奎县粮食局编 望奎 黑龙江省望奎县粮食局 1987年 297页

008385284

望奎糖厂志

望奎糖厂志编纂委员会编纂 香港 国际展望出版社 1991年 317页

008445314

黑龙江省望奎县地名录

望奎县人民政府编制 望奎 望奎县人民政府 1982年 125页〔黑龙江省标准化地名资料汇编〕

兰西县

004436276

兰西县志

黑龙江省兰西县志办公室编 海口 海南出版社 1992年 650页

013374575

兰西县志 1986—2005

兰西县地方志编纂委员会编 哈尔滨 黑龙江人民出版社 2011年 966页

青冈县

006542467

青冈县志

青冈县志编纂委员会办公室编 哈尔滨 黑龙江人民出版社 1987年 512页

008446159

黑龙江省青冈县地名录

青冈县人民政府编制 青冈 青冈县人民政府 1984年 205页〔黑龙江省标准化地名资料汇编〕

庆安县

008445165

庆安县志

庆安县地方志编纂委员会办公室编 哈尔滨 黑龙江人民出版社 1995年 524页

013794849

庆安县粮食志 1905—1995

黑龙江省庆安县粮食局编 庆安 黑龙江省庆安县粮食局 1997年 499页

008923480

黑龙江省庆安县地名录

庆安县人民政府编 庆安 庆安县人民政府 1984年 166页〔黑龙江省标准化地名资料汇编〕

明水县

002177339

明水县志

明水县志编纂委员会编 哈尔滨 黑龙江人民出版社 1989年 789页

008446126
黑龙江省明水县地名录
明水县人民政府编制 明水 明水县人民政府 1982年 132页〔黑龙江省标准化地名资料汇编〕

绥棱县

003075016
绥棱县志
绥棱县地方志编纂委员会编 哈尔滨 黑龙江人民出版社 1988年 555页

011805936
绥棱县志 1986—2000
绥棱县地方志编纂委员会编 哈尔滨 黑龙江人民出版社 2008年 791页

009853111
绥棱农场志 1955—1985
黑龙江省绥棱农场编 黑龙江 绥棱农场 1992年 359页

010687012
绥棱林业局志 1902—1985
绥棱林业局志编审委员会编 哈尔滨 黑龙江省绥棱林业局 1992年 640页

008446107
黑龙江省绥棱县地名录
绥棱县人民政府编制 绥棱 绥棱县人民政府 1986年 133页〔黑龙江省标准化地名资料汇编〕

大兴安岭地区

008486606
呼中区志
呼中区志编纂委员会编 合肥 黄山书社 1993年 636页

008338444
加格达奇区志
加格达奇区地方志编纂委员会编纂 合肥 黄山书社 1993年 669页

012758997
加格达奇区志 1990—2005
加格达奇区地方志办公室编 哈尔滨 黑龙江人民出版社 2010年 596页

009117284
松岭区志
松岭区志编纂委员会编纂 北京 方志出版社 1995年 698页

007793046

新林区志 1967—1988

新林区地方志办公室编纂 北京 中国文史出版社 1990年 614页

011909888

新林区志 1989—2005

徐敬国主编 新林区地方志编纂委员会办公室编辑 哈尔滨 黑龙江人民出版社 2008年 712页

008983523

大兴安岭纪律检查志 1949—1999

金书彬主编 合肥 黄山书社 2001年 380页

009335574

大兴安岭公安志

大兴安岭公安志编辑委员会编 合肥 黄山书社 2002年 280页

008794007

大兴安岭民政志

大兴安岭民政志编纂委员会编 香港 香港天马出版社 1999年 197页

008794010

大兴安岭检察志

吴杰编著 黑龙江省人民检察院大兴安岭分院编 信息工程制版所 2000年 306页

008377408

大兴安岭支队志

中国人民武装警察部队 黑龙江省森林警察总队编 大兴安岭 大兴安岭支队 1998年 519页

010576562

大兴安岭林管局农工商联合公司志

农工商联合公司志编纂委员会编 哈尔滨 黑龙江人民出版社 2006年 404页

012758762

大兴安岭农场管理局续志

大兴安岭农场管理局续志编委会编 沈阳 大兴安岭农场管理局续志编委会 2006年 665页

008385504

大兴安岭林业志

大兴安岭林业志编纂委员会编 吴春甫主编 合肥 黄山书社 1994年 613页

008830094

大兴安岭土地志

大兴安岭土地志编纂委员会编 大兴安岭 大兴安岭土地志编纂委员会 2001年 212页

009743762

大兴安岭地区烟草志

大兴安岭地区烟草志编纂委员会编 哈尔滨 黑龙江人民出版社 2002年

146 页〔黑龙江省烟草通志丛书 第19 分册〕

008830104
大兴安岭电业局志 1965—1992
大兴安岭电业局志编纂委员会 王世森主编 合肥 黄山书社 1993 年 281 页

008067753
加格达奇铁路分局志 1958—1994
加格达奇铁路分局志编委会编 北京 中国铁道出版社 1995 年 723 页

010576560
大兴安岭地区邮电通信志
大兴安岭地区邮电通信志编纂委员会编 哈尔滨 黑龙江人民出版社 2005 年 490 页

008830099
大兴安岭粮食志 1889—1999
大兴安岭粮食志编纂委员会 大兴安岭地区行署粮食局编 加格达奇 大兴安岭地区行署粮食局 2000 年 462 页

009411537
大兴安岭地区财政志
常萍主编 合肥 黄山书社 2003 年 465 页

009814586
大兴安岭地区金融志
大兴安岭地区地方志办公室编 哈尔滨 黑龙江人民出版社 2005 年 528 页

008830106
大兴安岭广播电视志 1954—1998
大兴安岭地区行署广播电视局编 加格达奇 大兴安岭地区行署广播电视局 1998 年 268 页

011145050
大兴安岭民间文学集成
大兴安岭地区民间文学集成编委会编 黑龙江 1987 年〔黑龙江民间文学集成丛书〕

011145141
新林民间文学集成
黑龙江省新林民间文学三套集成编委会编 1987 年 349 页

008445305
黑龙江省大兴安岭地区地名录
大兴安岭地区行政公署编制 大兴安岭大兴安岭地区行政公署 1986 年 402 页〔黑龙江省标准化地名资料汇编〕

011809463
新林区地名志
郭立宪主编 周云启副主编 黑龙江省新林区人民政府民政局编 新林区 黑龙江省新林区人民政府民政局 2002 年 161 页

010576558
大兴安岭地区森林防火志
大兴安岭地区森林防火志编纂委员会编 哈尔滨 黑龙江人民出版社 2005年 464页

呼玛县

007020360
呼玛县志
中共呼玛县委员会 呼玛县人民政府呼玛县志编辑委员会编 1980年 782页

006356291
呼玛县志 1978—1987
呼玛县地方志办公室编纂 北京 中国文史出版社 1989年 494页

010279172
白银纳鄂伦春族乡志 1953—2001
关金红 张檄文主编 白银纳乡 白银纳鄂伦春族乡人民政府 2002年 324页

013335373
呼玛县人民代表大会志
呼玛县人民代表大会志编纂委员会编 呼玛 呼玛县人民代表大会志编纂委员会 2006年 504页

012638845
韩家园林业局志
崔秀波主编 哈尔滨 黑龙江人民出版社 2006年 566页

010061576
呼玛民间歌谣谚语集成
呼玛县民间文学三套集成编委会编 哈尔滨 呼玛县民间文学三套集成编委会 1987年 171页〔黑龙江民间文学集成丛书〕

011145055
呼玛民间故事集成
黑龙江省呼玛县民间文学集成编委会编 哈尔滨 1987年 462页〔黑龙江民间文学集成丛书〕

009227298
黑龙江省大兴安岭地区呼中区地名志
王立德主编 北京 中国文史出版社 1996年 162页

塔河县

010243574
塔河县志
塔河县志编纂委员会编 朱波主编 北京 中华书局 2000年 978页

010278423
十八站林业局志
十八站林业局志编审委员会编纂 合肥 黄山书社 1992年 528页

010473870
塔河教育志
塔河教育志编纂组编 塔河 塔河县教育

委员会 1990年 303页

漠河县

007902453
漠河县志
漠河县志编纂委员会编 王树才主编 北京 中国大百科全书出版社 1993年 931页

012614133
漠河县志 1991—2005
漠河县地方志编纂委员会办公室编 哈尔滨 黑龙江人民出版社 2009年 724页

012657672
阿木尔林业局志 1988—2009
阿木尔林业局志编纂委员会编 哈尔滨 黑龙江人民出版社 2010年 443页

011909012
图强林业局志
图强林业局史志编纂委员会编 满时新主编 合肥 黄山书社 1994年 560页

008794018
漠河县财政志
黑龙江省漠河县财政局编 香港 天马图书有限公司 2000年 313页

008794015
漠河县地名志
黑龙江省漠河县民政局编 王树财 王琦主编 香港 天马图书有限公司 2000年 253页

上海市

009744932
上海通志
上海通志编纂委员会编 黄美真总纂 刘其奎 王孝俭副总纂 上海 上海社会科学院出版社 2005年 10册

009348245
上海名街志
上海市地方志办公室编著 朱敏彦主编 上海 上海社会科学院出版社 2004年 1123页〔上海特色志丛书〕

009266247
上海名镇志
上海市地方志办公室编著 上海 上海社会科学院出版社 2003年 828页〔上海市特色志丛书〕

008789327
上海宗教志
孙金富主编 吴孟庆 刘建副主编 上海宗教志编纂委员会编 上海 上海社会科学院出版社 2001年 771页〔上海市专志系列丛刊〕

008982675
上海社会科学志
张仲礼主编 陈梁副主编 上海社会科学志编纂委员会编 上海 上海社会科学院出版社 2002年 1180页〔上海市专志系列丛刊〕

007791099
上海统计志
颜德纶主编 李佳策副主编 上海统计志编纂委员会编 上海 上海市社会科学院出版社 1997年 421页〔上海市专志系列丛刊〕

008842828
中共上海党志
江怡 邵有民主编 马福龙等副主编 中共上海党志编纂委员会编 上海 上海社会科学院出版社 2001年 798页

〔上海市专志系列丛刊〕

010137192
中国共产党在上海 85 年图志
中共上海市委党史研究室编 上海 上海人民出版社 2006 年 303 页

012636573
中共上海市委党校 上海行政学院志大事记 1949—2009
中共上海市委党校 上海行政学院志编辑部编 上海 上海人民出版社 2010 年 333 页

009387400
中共上海市委党校志
中共上海市委党校志编写组编 上海 上海教育出版社 1999 年 229 页

007838015
上海工运志
上海工运志编纂委员会编 李家齐主编 金若望等副主编 上海 上海社会科学院出版社 1997 年 983 页 〔上海市专志系列丛刊〕

012766501
上海铁路分局工会志 1949—1990
上海铁路分局工会编 上海 上海铁路分局工会 1997 年 159 页

008982921
上海青年志
金大陆主编 张志熔等副主编 上海青年志编纂委员会编 上海 上海社会科学院出版社 2002 年 1482 页 〔上海市专志系列丛刊〕

008523842
上海妇女志
荒砂 孟燕坤主编 上海妇女志编纂委员会编 上海 上海社会科学院出版社 2000 年 830 页 〔上海市专志系列丛刊〕

011998188
上海改革开放 30 年图志
上海市地方志办公室 当代上海研究所编 上海 上海人民出版社 2008 年 3 册

008534814
上海人民代表大会志
蔡秉文主编 杨国襃 管万源副主编 上海人民代表大会志编纂委员会编 上海 上海社会科学院出版社 1998 年 716 页 〔上海市专志系列丛刊〕

013145345
上海人事志
上海人事志编纂委员会编 上海 上海社会科学院出版社 2010 年 647 页

007824192
上海公安志
易庆瑶主编 顾永和 陈关福 陆冠群副

主编 上海市公安局公安史志编纂委员会编 上海 上海社会科学院出版社 1997年 690页〔上海市专志系列丛刊〕

008569835

上海民政志

范静思主编 史群副主编 上海民政志编纂委员会编 上海 上海社会科学院出版社 2000年 496页〔上海市专志系列丛刊〕

008982501

中国福利会志

杜淑贞主编 洪绳之 艾柏英 钱行健副主编 中国福利会志编纂委员会编 上海 上海社会科学院出版社 2002年 676页〔上海市专志系列丛刊〕

012814188

上海港澳台侨胞联络志

金闽珠主编 徐理祥常务副主编 陶俊特邀副主编 上海港澳台侨胞联络志编纂委员会编 上海 上海社会科学院出版社 2010年 690页〔上海市专志系列丛刊〕

008842762

上海侨务志

袁采主编 顾福源等副主编 上海侨务志编纂委员会编 上海 上海社会科学院出版社 2001年 464页〔上海市专志系列丛刊〕

012051906

上海人民政协志

上海人民政协志编纂委员会编 上海 上海古籍出版社 200u年 906页

008534838

上海人民政协志

叶元主编 王建平 罗来昌副主编 上海人民政协志编纂委员会编 上海 上海社会科学院出版社 1998年 570页〔上海市专志系列丛刊〕

011500589

上海人民政协志 1993.2—2003.2

上海人民政协志编纂委员会编 上海 上海古籍出版社 2009年 969页〔上海市专志系列丛刊〕

008359599

中国民主党派上海市地方组织志

中国民主党派上海市地方组织志编纂委员会编 上海 上海社会科学院出版社 1998年 596页

008842790

上海旧政权建置志

王国忠主编 杨震方副主编 上海旧政权建置志编纂委员会编 上海 上海社会科学院出版社 2001年 299页〔上海市专志系列丛刊〕

008254870

上海外事志

周明伟 唐振常主编 高森等副主编 何志坚 熊月之总纂 上海外事志编辑室编 上海 上海社会科学院出版社 1999年 910页〔上海市专志系列丛刊〕

008534778
上海检察志
吴光裕总编 叶国平 于茂展副总编 张光明主编 上海检察志编纂委员会编 上海 上海社会科学院出版社 1999年 477页〔上海市专志系列丛刊〕

010293698
上海铁路检察志
上海铁路检察志编纂委员会编 上海 上海铁路局印刷厂 2003年 413页

009343439
上海监狱志
麦林华主编 刘建华等副主编 上海监狱志编纂委员会编 上海 上海社会科学院出版社 2003年 1049页〔上海市专志系列丛刊〕

009149422
上海审判志
滕一龙主编 乔宪志等副主编 上海审判志编纂委员会编 上海 上海社会科学院出版社 2003年 777页〔上海市专志系列丛刊〕

009398884
上海司法行政志
史秋波主编 邵建平 唐秀风副主编 上海司法行政志编纂委员会编 上海 上海社会科学院出版社 2003年 462页〔上海市专志系列丛刊〕

008842797
上海民防志
宋元鹏主编 韦明德常务副主编 姜嘉镇等副主编 上海民防志编纂委员会编 上海 上海社会科学院出版社 2001年 495页〔上海市专志系列丛刊〕

008839737
上海武警志
周祥根主编 卢津平 王洪全副主编 李耀海 张永熙执行副主编 上海武警志编纂委员会编 上海 上海社会科学院出版社 2001年 549页〔上海市专志系列丛刊〕

008712477
上海军事志
上海军事志编纂委员会编 相守荣主编 钱福根副主编 上海 上海社会科学院出版社 1994年 611页〔上海市专志系列丛刊〕

009160242
上海计划志
祝兆松主编 朱象贤常务副主编 秦子龙 胡润松副主编 上海计划志编纂委员

会编　上海　上海社会科学院出版社
2001年　553页〔上海市专志系列丛
刊〕

002395966
近代上海地区方志经济史料选辑
1840—1949
黄苇　夏林根编　上海　上海人民出版社
　　1984年　398页〔上海史资料丛刊〕

007679415
上海工商行政管理志
上海工商行政管理志编纂委员会编　上
海　上海社会科学院出版社　1997年
373页〔上海市专志系列丛刊〕

008712598
上海审计志
蔡元来主编　王明泽副主编　上海审计志
　　编纂委员会编　上海　上海社会科学院
　　出版社　1994年　202页〔上海市专志
　　系列丛刊〕

008063812
上海劳动志
沈智　李涛主编　曹贵生　蔡光兴副主编
　　上海劳动志编纂委员会编　上海　上海
　　社会科学院出版社　1998年　588页
　　〔上海市专志系列丛刊〕

010010062
上海金属材料流通志
上海　上海金属材料总公司　1999年
360页

011320466
上海木材流通志
上海市木材总公司编　上海　上海市木材
　　总公司　1996年　396页

009348250
上海物资流通志
杨剑方主编　邓金海等副主编　上海物资
　　流通志编纂委员会编　上海　上海社会
　　科学院出版社　2003年　471页〔上海
　　市专志系列丛刊〕

009312681
上海质量技术监督志
俞国生名誉主编　钱仲裘主编　汤其良
　　沈伟民　朱泉根副主编　王天国编审
　　上海质量技术监督志编纂委员会编
　　上海　上海社会科学院出版社　2003
　　年　294页〔上海市专志系列丛刊〕

009190512
爱建志　1979—1999
上海爱建股份有限公司编　上海　汉语大
　　辞典出版社　2003年　467页

008917148
上海工商社团志
张亚培主编　万国森等副主编　上海工商
　　社团志编纂委员会编　上海　上海社会
　　科学院出版社　2001年　759页〔上海
　　市专志系列丛刊〕

009198566
上海外服公司志
上海外服公司志编纂委员会编 上海 汉语大辞典出版社 2003 年 623 页

013183535
华龙志 1992—2003
何志奎主编 上海 上海华龙企业集团 2006 年 312 页

008712375
上海房地产志
陆文达主编 徐葆润副主编 上海房地产志编纂委员会编 上海 上海社会科学院出版社 1999 年 695 页〔上海市专志系列丛刊〕

008534797
上海公用事业志
蔡君时主编 张观复副主编 上海公用事业志编纂委员会编 上海 上海社会科学院出版社 2000 年 770 页〔上海市专志系列丛刊〕

008358638
上海住宅建设志
崔广录主编 陈协堂 刘椿副主编 上海住宅建设志编纂委员会编 上海 上海社会科学院出版社 1998 年 567 页〔上海市专志系列丛刊〕

009554023
上海农垦志
顾勇主编 上海 上海社会科学院出版社 2004 年 765 页〔上海志专志系列丛刊〕

013145354
上海畜牧志
钱根兴主编 赵子琴 张友明副主编 上海畜牧志编纂委员会编 上海 上海市畜牧办公室 2001 年 276 页〔上海市专志系列丛刊〕

008534817
上海渔业志
顾惠庭主编 丁震寰常务副主编 薛尧舜 郑良副主编 上海渔业志编纂委员会编 上海 上海社会科学院出版社 1998 年 593 页〔上海市专志系列丛刊〕

007975029
上海农业志
上海农业志编纂委员会编 王祖德 陈正玄主编 王柏生副主编 上海 上海社会科学院 1996 年 508 页〔上海市专志系列丛刊〕

007678892
上海农业科研志
章道忠 孙国强主编 上海农业科研志编纂委员会编 上海 上海社会科学院出版社 1996 年 461 页〔上海市专志系列丛刊〕

008528096
华东电力工业志 第 4 卷
华东电力工业志编纂委员会编 北京 中国电力出版社 1996 年 310 页〔中国电力工业志丛书〕

012541741
华东电力工业志 第 15 卷 1991—2002
华东电力工业志编纂委员会编 北京 中国电力出版社 2009 年 702 页〔中国电力工业志丛书〕

008455264
江南造船厂志 1865—1995
江南造船厂志编纂委员会编 上海 上海人民出版社 1999 年 684 页

012203063
梅山集团公司志 1989—1998
上海梅山（集团）有限公司编 上海 上海梅山（集团）有限公司 1999 年 623 页

007978323
梅山冶金公司志 1969—1988
上海梅山冶金公司厂史编辑委员会编 上海 上海人民出版社 1989 年 1125 页

012836239
上海船舶研究设计院院志 1964—2003
上海船舶研究设计院志编纂委员会编 上海 上海船舶研究设计院 2004 年 365 页

008534800
上海地质矿产志
张宏良主编 吴林奎常务副主编 上海地质矿产志编纂委员会编 上海 上海社会科学院出版社 1999 年 249 页〔上海市专志系列丛刊〕

007479130
上海电力工业志
上海市电力工业局史志编纂委员会编 胡永钫副主编 刘克端 扬志勤 毛节裕副主编 上海 上海社会科学院出版社 1994 年 548 页〔上海市专志系列丛刊〕

008442966
上海电力建设局电力建设志
上海电力建设局电力建设志编委会编 北京 水利电力出版社 1994 年 312 页〔中国电力工业志丛书〕

007824180
上海二轻工业志
上海二轻工业志编纂委员会编 上海 上海社会科学院出版社 1997 年 1010 页〔上海市专志系列丛刊〕

008358648
上海纺织工业志
上海纺织工业志编纂委员会编 施颐馨主编 孙中兰 陈定远副主编 上海 上

海社会科学院出版社 1998 年 984 页

008362852

上海缝纫机一厂厂志

上海缝纫机一厂厂志编委会编 上海 上海人民出版社 1994 年 571 页

008170142

上海副食品商业志

袁恒权主编 黄文节 范仲建 康长发副主编 上海副食品商业志编纂委员会编 上海 上海社会科学院出版社 1998 年 461 页〔上海市专志系列丛刊〕

013756042

上海钢球厂志

上海钢球厂志编纂委员会编 上海 上海钢球厂志编纂委员会 1992 年 214 页〔上海轴承行业志丛书〕

008982911

上海钢铁工业志

李其世 顾德骥 尹灏主编 上海钢铁工业志编纂委员会编 上海 上海社会科学院出版社 2001 年 664 页〔上海市专志系列丛刊〕

007679378

上海高侨石化志

上海高侨石化志编纂委员会编 上海 上海社会科学院出版社 1997 年 482 页〔上海市专志系列丛刊〕

013684614

上海滚动轴承厂志

上海滚动轴承厂志编纂委员会编 上海 上海滚动轴承厂志编纂委员会 1992 年 368 页〔上海轴承行业志丛书〕

007976435

上海海洋地质调查志

杨启伦主编 丁培民副主编 上海海洋地质调查志编纂委员会编 上海 上海社会科学院出版社 1998 年 241 页〔上海市专志系列丛刊〕

007679393

上海航空工业志

卞济和主编 郭良玉 施济能副主编 上海航空工业志编纂委员会编 上海 上海社会科学院出版社 1996 年 365 页〔上海市专志系列丛刊〕

007678881

上海化学工业志

秦柄权主编 杨鸿莲等副主编 上海化学工业志编纂委员会编 上海 上海社会科学院出版社 1997 年 863 页〔上海市专志系列丛刊〕

013731320

上海机电工业研究院所志

上海机电工业研究院所志编委会编 上海 上海机电工业研究院所志编委会 1993 年 531 页

007838035

上海机电工业志

上海机电工业志编纂委员会编 孟燕坤主编 卫我乡 韩国璋副主编 上海 上海社会科学院出版社 1996年 713页〔上海市专志系列丛刊〕

007679405

上海建筑材料工业志

上海建筑材料工业志编纂委员会编 上海 上海社会科学院出版社 1997年 1002页〔上海市专志系列丛刊〕

007707118

上海建筑施工志

吴文达主编 张锡荣 李晓华副主编 严建国总纂 上海建筑施工志编纂委员会编 上海 上海社会科学院出版社 1997年 578页〔上海市专志系列丛刊〕

008534824

上海勘察设计志

沈恭主编 上海勘察设计志编纂委员会编 上海 上海社会科学院出版社 1998年 801页〔上海市专志系列丛刊〕

008842816

上海炼油厂志

上海炼油厂志编纂委员会编 上海 上海社会科学院出版社 1998年 1055页

007679409

上海毛麻纺织工业志

上海毛麻纺织工业志编纂委员会编 上海 上海社会科学院出版社 1996年 905页〔上海市专志系列丛刊〕

012208190

上海梅山矿业有限公司志 1991—2001

上海梅山矿业有限公司志编纂委员会编 上海 上海梅山矿业有限公司志编纂委员会 2001年 452页

008534786

上海汽车工业志

仇克主编 宋咨景 张佩娟副主编 上海汽车工业志编纂委员会编 上海 上海社会科学院出版社 1999年 626页〔上海市专志系列丛刊〕

011763390

上海轻工国际集团有限公司志

上海轻工国际集团有限公司志编纂委员会编 上海 上海社会科学院出版社 2002年 375页

007677683

上海轻工业志

上海轻工业志编纂委员会编 上海 上海社会科学院出版社 1996年 1002页〔上海市专志系列丛刊〕

013795383

上海人民电器厂厂志 1914—1992

1991年 171页

007679366
上海石油化工总厂志
徐金华主编 上海石油化工总厂厂史编委会编 上海 上海社会科学院出版社 1995年 806页〔上海市专志系列丛刊〕

013660262
上海世博会中国石油参与志
上海世博会中国石油参与志编纂委员会编 北京 石油工业出版社 2012年 286页

013002471
上海市电力工业志 1991—2002
上海市电力工业志编纂委员会编 北京 中国电力出版社 2011年 767页〔中国电力工业志丛书〕

013131216
上海市装饰装修行业志 2002—2006
上海市装饰装修行业协会编 上海 上海市装饰装修行业协会 2006年 1册

008712986
上海水利志
徐其华主编 宋德蕃 胡昌新副主编 上海水利志编纂委员会编 上海 上海社会科学院出版社 1997年 635页〔上海市专志系列丛刊〕

007984037
上海丝绸志
上海丝绸志编纂委员会编 上海 上海社会科学院出版社 1998年 484页

013660266
上海送变电工程公司志
上海送变电工程公司史志编纂委员会编 北京 水利电力出版社 1994年 198页

009688458
上海天原化工厂志
上海天原化工厂志编写委员会编 上海 上海天原化工厂 1994年 537页

008842792
上海橡胶工业志
陈树滋主编 姜涵常务副主编 顾仕才等副主编 王源祥主笔 上海橡胶工业志编纂委员会编 上海 上海社会科学院出版社 2000年 701页〔上海市专志系列丛刊〕

013991407
上海协昌缝纫机厂分厂厂志 1945—1988
上海协昌缝纫机厂分厂厂志编写组编 上海 上海协昌缝纫机厂分厂厂志编写组 1989年 416页

010293013
上海烟草志 送审稿

上海烟草志编纂委员会编 1997年 4册

012684682

上海烟草志 1993—2003

上海烟草志编纂委员会编 上海 上海社会科学院出版社 2010年 528页

008534851

上海烟草志

董浩林主编 上海烟草志编纂委员会编 上海 上海社会科学院出版社 1999年 589页〔上海市专志系列丛刊〕

010778935

上海杨树浦发电厂志 1911—1990

上海杨树浦发电厂志编纂委员会编 北京 中国电力出版社 1999年 345页

012661862

上海杨树浦发电厂志 1991—2005

上海杨树浦发电厂志编纂委员会编 北京 中国电力出版社 2007年 334页

007677639

上海医药志

俞斯庆主编 朱纪生 沈庄礼副主编 上海医药志编纂委员会编 上海 上海社会科学院出版社 1997年 927页〔上海市专志系列丛刊〕

009995129

上海印钞厂志

上海印钞厂志编辑委员会编 北京 中国金融出版社 1993年 465页〔中国印钞造币志丛书〕

009995134

上海印钞厂志 1991—2000

上海印钞厂志编辑委员会编 北京 中国金融出版社 2003年 413页〔中国印钞造币志丛书〕

008534709

上海有色金属工业志

朱光华 陈禹志主编 上海有色金属工业志编纂委员会编 上海 上海社会科学院出版社 1999年 650页〔上海市专志系列丛刊〕

008863916

上海造币厂志

上海造币厂志编辑委员会编 北京 中国金融出版社 1993年 442页〔中国印钞造币志丛书〕

012252473

上海造币厂志 1991—2000

上海造币厂志编纂委员会编 北京 中国金融出版社 2003年 469页〔中国印钞造币志丛书〕

007840146

上海造纸志

杨慕曾主编 上海市造纸公司史志编纂委员会编 上海 上海社会科学院出版社 1996年 462页

008380672

上海制皂厂厂志 1923—1990

上海制皂厂厂志编审委员会编 上海 上海社会科学院出版社 1993年 424页

010577224

中国建筑第八工程局志 1966—1995

中国建筑第八工程局志编辑部编 济南 山东友谊出版社 1998年 628页〔中国建筑工程总公司企业志系列丛书9〕

009700957

中华造船厂志 1926—1990

中华造船厂志编纂委员会编 上海 上海三联书店 1996年 453页

008534819

上海电子仪表工业志

秦福祥主编 张纪仁常务副主编 上海电子仪表工业志编纂委员会编 上海 上海社会科学院出版社 1999年 535页〔上海市专志系列丛刊〕

008839729

上海郊县工业志

朗丰盈 盛亚飞主编 谢淦怀 赵宝林副主编 上海郊县工业志编纂委员会编 上海 上海郊县工业志编纂委员会 2001年 562页〔上海市专志系列丛刊〕

012814192

上海市工业综合开发区志

上海市工业综合开发区志编纂委员会编 钟洪葵主编 蒋新甜执行主编 上海 学林出版社 2010年 458页

009106104

上海铁路分局志 1950—1995

上海铁路分局志编委会编 北京 中国铁道出版社 2003年 841页〔中铁史志〕

012766512

上海铁路局集体经济志

上海铁路局集体经济志编纂委员会编 上海 铁路局集体经济志编纂委员会 1999年 198页

009319911

上海铁路局志

上海铁路局志编委会编 北京 中国铁道出版社 2004年 1415页

008534699

上海铁路志

王兆成主编 陆东福 陶增荣副主编 上海铁路志编纂委员会编 上海 上海社会科学院出版社 1999年 708页〔上海市专志系列丛刊〕

007824191

上海公路运输志

上海市交通运输局交通史志编纂委员

会编 上海 上海社会科学院出版社 1996年 645页〔上海市专志系列丛刊〕

007976487
上海长江航运志
夏国分主编 周华等副主编 上海长江航运史志编纂委员会编 上海 上海社会科学院出版社 1997年 386页〔上海市专志系列丛刊〕

008842804
上海港志
张燕主编 伍荣官常务副主编 冯济民等副主编 茅伯科 张雪芳总纂 上海港志编纂委员会编 上海 上海社会科学院出版社 2001年 737页〔上海市专志系列丛刊〕

008254882
上海内河航运志
任慈杰主编 周元平等副主编 上海内河航运志编纂委员会编 上海 上海社会科学院出版社 1999年 426页〔上海市专志系列丛刊〕

008534861
上海沿海运输志
燕明义主编 刘国雄 龚浩明 王树军常务副主编 上海沿海运输志编纂委员会编 上海 上海社会科学院出版社 1999年 520页〔上海市专志系列丛刊〕

008534865
上海远洋运输志
金忠明主编 曹永群常务副主编 齐频捷等副主编 上海远洋运输志编纂委员会编 上海 上海社会科学院出版社 1999年 419页〔上海市专志系列丛刊〕

008569848
上海民用航空志
王世敏主编 民航华东地区史志编纂办公室编 上海 上海社会科学院出版社 2000年 1006页〔上海市专志系列丛刊〕

010778577
中国民航华东空管志
王世敏主编 中国民航华东空管志编纂委员会编 上海 上海辞书出版社 2007年 840页

011066852
中国外运上海公司志
中国外运上海公司志编纂委员会编 北京 中国对外经济贸易出版社 2001年 335页

012836299
上海佘山国家旅游度假区志
许银章主编 上海 上海辞书出版社 2010年 357页

013377114
上海电信技术研究院志 1994—2004
上海电信技术研究院编 上海 上海电信技术研究院 2004年 119页

012252443
上海郊县邮电志
上海郊县邮电志编纂委员会编 上海 上海市郊县邮电局 1995年 489页

011441961
上海市电话号簿公司志 1984—2002
上海市电话号簿公司编印 上海 上海市电话号簿公司 2002年 339页

008520599
上海邮电志
徐志超 程锡元 刘长前主编 上海邮电志编纂委员会编 上海 上海社会科学院出版社 1999年 902页〔上海市专志系列丛刊〕

013775234
上海邮电志稿 1991—1995
上海邮电志稿编审委员会编 上海 上海邮电志稿编审委员会 1996年 425页

014050245
上海邮电志稿 1996—1998
上海邮电志稿编审委员会编 上海 上海邮电志稿编审委员会 1999年 477页

010243596
中华医药第一店 上海市第一医药商店店志
上海市第一医药商店有限公司编 上海 百家出版社 2000年 243页

012208182
上海化轻物资流通志
上海市化工轻工总公司编 上海 上海市化工轻工总公司 2000年 737页

007677663
上海粮食志
上海粮食志编纂委员会编 上海 上海社会科学院出版社 1995年 738页〔上海市专志系列丛刊〕

010010066
上海市农业机械流通志
上海强农(集团)股份有限公司编 上海 上海强农(集团)股份有限公司 2001年 221页

008382909
上海价格志
汪杰 潘建新 葛美君主编 张月新等副主编 上海价格志编纂委员会编 上海 上海社会科学院出版社 1998年 674页〔上海市专志系列丛刊〕

008543067
上海日用工业品商业志
由月东主编 陈春舫常务副主编 上海日

用工业品商业志编纂委员会编 上海 上海社会科学院出版社 1999 年 693 页〔上海市专志系列丛刊〕

008982682
上海对外经济贸易志
上海对外经济贸易志编纂委员会编 上海 上海社会科学院出版社 2001 年 3 册〔上海市专志系列丛刊〕

007843455
上海海关志
上海海关志编纂委员会编 陈正恭主编 张耀华 王生山副主编 上海 上海社会科学院出版社 1997 年 679 页〔上海市专志系列丛刊〕

012051905
上海市工艺品进出口有限公司志 1956—2000
上海市工艺品进出口有限公司志编纂委员会编 上海 上海市工艺品进出口有限公司 2000 年 637 页

009106089
上海市畜产进出口公司志
上海市畜产进出口公司志编纂委员会编 上海 汉语大词典出版社 2003 年 684 页

008170128
上海商检志
赵国君主编 钱毅等副主编 上海商检志编纂委员会编 上海 上海社会科学院出版社 1999 年 626 页〔上海市专志系列丛刊〕

007840121
上海蔬菜商业志
陈蕙英主编 谢伟忠 马仲骥副主编 上海蔬菜商业志编纂委员会主编 上海 上海科学院出版社 1996 年 448 页

007677686
上海财政税务志
上海财政税务志编纂委员会编 上海 上海社会科学院出版社 1995 年 1002 页〔上海市专志系列丛刊〕

012661844
上海财政税务志 1991—2005
上海财政税务志编纂委员会编 上海 上海辞书出版社 2009 年 1146 页

008534876
上海财政税务志资料长编
上海财政税务志编纂委员会编 上海 上海财政局 1999 年 2 册 2030 页

009253204
上海金融志
洪葭管主编 王欣欣 李安定副主编 上海金融志编纂委员会编 上海 上海社会科学院出版社 2003 年 829 页〔上海市专志系列丛刊〕

008842781

上海文化艺术志

李太成主编 姚瑜 王言夫副主编 上海文化艺术志编纂委员会编 上海 上海社会科学院出版社 2001年 1212页〔上海市专志系列丛刊〕

011763400

上海文化娱乐场所志

上海文化艺术志编纂委员会 上海文化娱乐场所志编辑部主编 童本一主编 上海 上海文化艺术志编纂委员会 2000年 454页

008569843

上海新闻志

贾树枚主编 陈迟等副主编 上海新闻志编纂委员会编 上海 上海社会科学院出版社 2000年 805页〔上海市专志系列丛刊〕

012099888

上海电视栏目志 1958—2008

上海文广新闻传媒集团编 上海 上海文广新闻传媒集团 2008年 154页

008436136

上海广播电视七十年 1923.1—1993.1

上海市广播电视局地方志办公室编 上海 1994年 205页

008328308

上海广播电视志

赵凯主编 叶志康常务副主编 金闰珠 孟平安执行副主编 陈足智 李学成 秦臻副主编 上海广播电视志编辑委员会编 上海 上海社会科学院出版社 1999年 967页〔上海市专志系列丛刊〕

008781428

上海出版志

宋原放 孙颙主编 上海出版志编纂委员会编 上海 上海社会科学院出版社 2000年 1256页

011294595

上海群众文化志

上海群众文化志编纂委员会 习文 季金安主编 上海 上海文化出版社 1999年 447页

007679396

上海图书馆事业志

朱庆祚主编 上海图书馆事业志编纂委员会编 上海 上海社会科学院出版社 1996年 570页〔上海市专志系列丛刊〕

007678829

上海文物博物馆志

马承源主编 黄宣佩 李俊杰副主编 上海文物博物馆志编纂委员会编 上海 上海社会科学院出版社 1997年 525页〔上海市专志系列丛刊〕

008534808

上海档案志

董永昌主编 吴体乾常务副主编 郭红解副主编 上海档案志编纂委员会编 上海 上海社会科学出版社 1999年 516页〔上海市专志系列丛刊〕

009190251

上海科学技术志 1991—1999

张鳌主编 上海市科学技术志编纂委员会编 上海 上海社会科学院出版社 2003年 940页〔上海市专志续志系列丛刊〕

007679360

上海科学技术志

张鳌主编 上海市科学技术志编纂委员会编 上海 上海社会科学院出版社 1996年 1132页〔上海市专志系列丛刊〕

009411677

中国科学院上海技术物理研究所志 1958—1998

上海技术物理研究所志编纂委员会编 上海 上海技术物理研究所 2001年 668页

011431432

复旦中学志

谢志钧编著 上海 东方出版中心 2005年 358页〔百年复旦纪念文集〕

009730310

复旦大学百年志 1905—2005

复旦大学百年志编纂委员会编 上海 复旦大学出版社 2005年 2册

009840237

复旦大学经济学院志

复旦大学经济学院志编纂委员会编 上海 上海人民出版社 2005年 415页

011327707

华东化工学院志

蒋凌主编 林铸远副主编 华东化工学院院志编纂委员会编 上海 华东化工学院出版社 1992年 760页〔中国高等学校志〕

009398880

华东理工大学志 1992.7—2002.6

华东理工大学志编纂委员会编 上海 华东理工大学出版社 2002年 854页

009387384

立信会计高等专科学校志

李海波主编 金家富 徐立元副主编 立信会计高等专科学校志编纂委员会编 上海 立信会计出版社 1998年 293页

009414966

上海大学志 1994—2004

上海大学志编纂委员会编 上海 上海大学出版社 2004年 1141页

012661847
上海高等教育志
上海高等教育志编纂委员会编 上海 上海社会科学院出版社 2010年 699页〔上海专志系列丛刊〕

013633491
上海海洋大学百年志 1912—2011
上海海洋大学百年志编纂委员会编 上海 上海人民出版社 2012年 820页

011998195
上海交通大学电气工程系志 1908—2008
上海交通大学电气工程系志编纂委员会编 上海 上海交通大学出版社 2008年 282页

007676352
上海交通大学志 1896—1996
上海交通大学志编纂委员会编 上海 上海交通大学出版社 1996年 1248页

012266303
上海理工大学志 1906—2006
上海理工大学志编纂委员会编 北京 高等教育出版社 2006年 854页

011998200
上海立信会计学院80周年校志
上海立信会计学院校志编纂委员会编 上海 立信会计出版社 2008年 707页

012266307
上海旅游高等专科学校志 1999—2008
上海旅游高等专科学校志编纂委员会编 上海 华东师范大学出版社 2009年 290页

010243027
上海外国语大学志
上海外国语大学志编纂委员会编 戴炜栋主编 耿龙明 麦毅强副主编 上海 上海外语教育出版社 1996年 853页

011191966
同济大学百年志 1907—2007
陆敏恂主编 同济大学百年志编纂委员会编 上海 同济大学出版社 2007年 2册

011295911
同济大学土木工程学院建筑工程系简志 1914—2006
同济大学土木工程学院建筑工程系简志编写组编 上海 同济大学出版社 2007年 264页

009023911
同济大学志 1907—2000

同济大学志编辑部编 上海 同济大学出版社 2002年 1285页

001874282
复旦大学志
复旦大学校史编写组编 上海 复旦大学出版社 1985年

011500587
上海技术师范学院院志 1978—1994
上海技术师范学院院志编辑委员会编 上海 上海技术师范学院 1995年 439页

009769142
上海职业技术教育志
上海职业技术教育志编纂委员会编 上海 上海社会科学院出版社 2005年 717页〔上海市专志系列丛刊〕

011295665
上海中华职业教育社志
吴仲信主编 生杰灵等副主编 上海中华职业教育社志编纂委员会编 上海 上海古籍出版社 2007年 557页〔上海市专志系列丛刊〕

012174869
上海成人高等教育志 1863—1990
上海成人高等教育志编纂委员会编 上海 上海交通大学出版社 1997年 241页

011321116
上海成人教育志
张伟江编委主任 瞿钧编委副主任 上海成人教育志编纂委员会编 上海 上海社会科学院出版社 2007年 620页〔上海市专志系列丛刊〕

007677677
上海体育志
蔡扬武主笔 刘雅丽副主笔 上海体育志编纂委员会编 上海 上海社会科学院出版社 1996年 747页〔上海市专志系列丛刊〕

003032390
上海市区方言志
许宝华 汤珍珠主编 游汝杰等编 上海 上海教育出版社 1988年 584页

014020219
上海文学志稿
朱文华 许道明主编 上海文学志稿编纂委员会编 上海 上海社会科学院出版社 2014年 1202页〔上海市专志系列丛刊〕

009648812
中国歌谣集成 第9卷 上海卷
中国民间文学集成全国编辑委员会 中国民间文学集成上海卷编辑委员会编 北京 中国ISBN中心 2000年 1165页

008703279

中国谚语集成 第8卷 上海卷

中国民间文学集成全国编辑委员会 中国民间文学集成上海卷编辑委员会编 北京 中国 ISBN 中心 1999年 814页〔十部文艺集成志书〕

009649054

上海美术志

徐昌酩主编 黄可 吴景泽 茅子良执行主编 上海文化艺术志编纂委员会 上海美术志编纂委员会编 上海 上海书画出版社 2004年 974页

008250908

上海艺术史图志

上海艺术研究所编 上海 上海文化出版社 1999年 225页

010010068

上海音乐志

上海文化艺术志编纂委员会 上海音乐志编辑部主编 上海 2001年 694页

008707621

中国民间歌曲集成 第10卷 上海卷

中国民间歌曲集成全国编辑委员会 中国民间歌曲集成上海卷编辑委员会编 北京 中国 ISBN 中心 1998年 946页〔十部文艺集成志书〕

009619611

中国戏曲音乐集成 第25卷 上海卷

中国戏曲音乐集成编辑委员会 中国戏曲音乐集成上海卷编辑委员会编 北京 中国 ISBN 中心 2001年 2册 2057页

007476007

中国民族民间器乐曲集成 第2卷 上海卷

中国民族民间器乐曲集成全国编辑委员会主编 中国民族民间器乐曲集成上海卷编辑委员会编纂 北京 中国 ISBN 中心 1993年 2册 2113页〔十部文艺集成志书〕

009962224

上海舞蹈舞剧志

上海文化艺术志编委会 上海舞蹈舞剧志编辑部主编／上海文化艺术志编委会 上海歌剧志编辑部主编 上海 上海文化艺术志编委会 2000年 571页

009059040

中华舞蹈志 第3卷 上海卷

中华舞蹈志编辑委员会编 马建梁特约编辑 上海 学林出版社 2000年 232页

013996095

中华舞蹈志 第3卷 上海卷

中华舞蹈志编辑委员会编 上海 学林出版社 2014年 232页

008011232

中国民族民间舞蹈集成　第 10 卷　上海卷

中国民族民间舞蹈集成编辑部编　北京　中国 ISBN 中心　1994 年　719 页〔十部文艺集成志书〕

011147856

中国民族民间舞蹈集成　第 31 卷　上海卷

中国民族民间舞蹈集成编辑部编　北京　中国 ISBN 中心　1994 年　719 页

009331244

上海话剧志

李晓主编　上海　百家出版社　2002 年　496 页

012899401

上海沪剧志

汪培　陈剑云　蓝流主编　上海文化艺术志编纂委员会　上海沪剧志编辑委员会编　上海　上海文化出版社　1999 年　257 页〔上海文化艺术志〕

012505553

上海淮剧志

上海市文化局史志办公室　上海淮剧志编辑部主编　上海　上海市新闻出版局　1998 年　307 页

008081014

上海昆剧志

上海文化艺术志编纂委员会　上海昆剧志编辑部　方家骥　朱建明主编　上海　上海文化出版社　1998 年　384 页

012662264

上海扬剧志　上海甬剧志　上海锡剧志

周良材主编　上海　上海市新闻出版局　1996 年　320 页

008539974

上海越剧志

上海文化艺术志编纂委员会　上海越剧志编纂委员会　卢时俊　高义龙主编　北京　中国戏剧出版社　1997 年　429 页

007909807

中国曲艺音乐集成　第 2 卷　上海卷

中国曲艺音乐集成全国编辑委员会　中国曲艺音乐集成上海卷编辑委员会编　北京　中国 ISBN 中心　1997 年　2 册　1421 页〔十部文艺集成志书〕

012584259

中国曲艺志　第 17 卷　上海卷

中国曲艺志全国编辑委员会　中国曲艺志上海卷编辑委员会编　北京　中国 ISBN 中心　2007 年　731 页

012661848

上海滑稽戏志

上海滑稽戏志编辑部编　上海　上海市文化局史志办公室　1997 年　227 页

003035389

中国戏曲志 上海卷 传记 未定稿

中国戏曲志上海卷编辑部编 上海 中国戏曲志上海卷编辑部 1992年 197页

003035390

中国戏曲志 上海卷 增补本 未定稿

中国戏曲志上海卷编辑部编 上海 中国戏曲志上海卷编辑部 1992年 124页

003035388

中国戏曲志 上海卷 志略 未定稿

中国戏曲志上海卷编辑部编 上海 中国戏曲志上海卷编辑部 1992年

008704096

中国戏曲志 第29卷 上海卷

中国戏曲志编辑委员会 中国戏曲志上海卷编辑委员会编 北京 中国ISBN中心 1996年 1071页〔十部文艺集成志书〕

008252884

上海电影志

吴贻弓主编 张元民等副主编 上海电影志编纂委员会编 上海 上海社会科学院出版社 1999年 1166页〔上海市专志系列丛刊〕

007976486

上海民族志

哈宝信主编 方宗伟 彭高成 石锡仁副主编 上海民族志编纂委员会编 上海 上海社会科学院出版社 1997年 294页〔上海市专志系列丛刊〕

012128141

当代上海历史图志

马学新 徐建刚主编 严爱云 鲍炳新副主编 当代上海研究所编 上海 上海人民出版社 2009年 2册 759页

007538780

上海地方志物产资料汇辑

上海市文物保管委员会辑 北京 中华书局 1961年 365页

008842823

上海租界志

史梅定主编 马长林常务副主编 冯绍霆副主编 上海租界志编纂委员会编 上海 上海社会科学院出版社 2001年 758页〔上海市专志系列丛刊〕

013731316

上海长征医院人物志(第二军医大学第二附属医院) 1955—2008

上海长征医院人物志编纂委员会编 上海 上海长征医院人物志编纂委员会 2009年 318页

013863631

上海货币发行十年志 1996—2005

中国人民银行上海总部金融服务一部货币金银处钞票处理中心编撰 上海 中国人民银行上海总部 2010年

374 页

007719969
中国地方志民俗资料汇编 华东卷
丁世良 赵放主编 北京 书目文献出版社 1995 年 3 册 1925 页

001691274
上海风物志
吴贵芳主编 上海 上海文化出版社 1985 年 395 页〔中国风物志丛书〕

005654110
上海地名小志
郑祖安编 上海 上海社会科学院出版社 1988 年 147 页

008170091
上海地名志
陈征琳 邹逸麟 刘君德主编 郭维武常务副主编 陈亦明 赵永复副主编 上海 上海社会科学院出版社 1998 年 845 页〔上海市专志系列丛刊〕

008917153
上海市地名录
上海市地名管理办公室编 上海 学林出版社 2001 年 597 页

013629552
上海方塔园志
上海方塔园志编纂委员会编 褚菊华 龚忠辉主编 北京 方志出版社 2012 年 185 页

011441954
上海名园志
上海市地方志办公室 上海市绿化管理局编著 上海 上海画报出版社 2007 年 558 页〔上海特色志丛书〕

008534805
上海测绘志
陈征琳主编 周秉公常务副主编 许缜等副主编 上海测绘志编纂委员会编 上海 上海社会科学院出版社 1999 年 462 页〔上海市专志系列丛刊〕

009688456
上海市地震监测志
上海市地震局编 上海 同济大学出版社 2005 年 322 页〔中国地震监测志系列〕

007838092
上海气象志
上海气象志编纂委员会编 束家鑫主编 蒋德隆副主编 上海 上海社会科学院出版社 1997 年 747 页〔上海市专志系列丛刊〕

012724108
中国科学院上海生物化学研究所志
1950.5—2000.5
中国科学院上海生物化学研究所志编纂委员会编 上海 中国科学院上海生

物化学研究所志编纂委员会 2008 年 627 页

009480392
长江三角洲及邻近地区孢子植物志
上海自然博物馆编著 上海 上海科学技术出版社 1989 年 601 页

013185727
上海第二医科大学志
王一飞主编 龚静德 陆树范 杨舜刚副主编 上海 华东理工大学出版社 1997 年 481 页

009387396
上海铁道医学院志
上海铁道医学院志编纂委员会编 朱广杰主编 吴钟副主编 北京 中国铁道出版社 1995 年 341 页

012099894
上海医科大学图志 1927—2000
彭裕文主编 上海 复旦大学出版社 2005 年 126 页

009881499
上海医科大学志 1927—2000
上海医科大学志编纂委员会编 上海 复旦大学出版社 2005 年 1161 页

011475240
跨世纪的辉煌 中山医院志 1937—2007
中山医院志编纂委员会编 上海 复旦大学出版社 2007 年 827 页

013731318
上海电业职工医院志 1951—1989
上海电业职工医院编 上海 上海电业职工医院志 1991 年 391 页

011908739
上海市胸科医院 上海交通大学附属胸科医院 50 年院志 1957—2007
上海市胸科医院 上海交通大学附属胸科医院编 上海 上海交通大学出版社 2007 年 163 页

010252071
曙光医院志 1922—1994
上海中医药大学附属曙光医院编辑 上海 上海中医药大学附属曙光医院 1996 年 214 页

008534790
上海卫生志
张明岛 邵浩奇主编 孙让春 张钢副主编 上海卫生志编纂委员会编 上海 上海社会科学院出版社 1998 年 808 页〔上海市专志系列丛刊〕

009228141
上海中医药大学志 献给上海中医药大学建校四十周年 1956—1996
施杞主编 上海 上海中医药大学出版社 1997 年 866 页

006395195
上海蔬菜品种志
上海市农业科学研究所编 上海 上海科学技术出版社 1959年 383页

008403280
中国食用菌志
上海农业科学院食用菌研所主编 北京 中国林业出版社 1991年 340页

008432940
上海园林志
程绪珂 王焘主编 梁铁生常务副主编 陆定国副主编 上海园林志编纂委员会编 上海 上海社会科学院出版社 2000年 786页〔上海市专志系列丛刊〕

013185733
上海竹种图志
康喜信等编著 上海 上海交通大学出版社 2011年 252页

009890631
煤炭科学研究总院上海分院志
煤炭科学研究总院上海分院志编纂委员会编 北京 煤炭工业出版社 1999年 318页〔中国煤炭专志系列丛刊〕

013145361
上海医疗器械高等专科学校志 1960—2006
上海医疗器械高等专科学校志编纂委员会编 上海 上海理工大学 2006年 239页

013936347
上海医疗器械高等专科学校志 1960—2010
上海医疗器械高等专科学校志修撰委员会编 2010年 361页

010201720
华东电力设计院志 1953—2003
华东电力设计院编 上海 华东电力设计院 2003年 544页

011805880
上海出版印刷高等专科学校志 1953—2006
上海出版印刷高等专科学校志编纂委员会编 上海 上海理工大学 2006年 441页

009817959
上海名建筑志
上海市地方志办公室编著 上海 上海社会科学院出版社 2005年 1056页〔上海特色志丛书 3〕

008275010
上海城市规划志
孙平主编 傅邦桂等副主编 陆怡春常务副主编 上海城市规划志编纂委员会编 上海 上海社会科学院出版社 1999年 731页〔上海市专志系列

丛刊〕

008712982
上海市政工程志
张人龙主编 陈国梁等副主编 上海市政工程志编纂委员会编 上海 上海社会科学院出版社 1998年 590页

011804188
船舶工艺研究所志 1964—2003
船舶工艺研究所志编纂委员会编 上海 上海社会科学院出版社 2004年 441页

008534783
上海救捞志
叶似虬主编 方松权副主编 罗杰锋常务副主编 上海救捞志编纂委员会编 上海 上海社会科学院出版社 1999年 333页〔上海市专志系列丛刊〕

008712409
上海航天志
陆正廷 王德鸿主编 上海航天志编纂委员会编 上海 上海社会科学院出版社 1997年 705页〔上海市专志系列丛刊〕

008382912
上海环境保护志
吕淑萍主编 尹良慈等副主编 上海环境保护志编纂委员会编 上海 上海社会科学院出版社 1998年 607页〔上海市专志系列丛刊〕

007679372
上海环境卫生志
施振国主编 蔡德宣等副主编 上海环境卫生志编纂委员会编 上海 上海社会科学院出版社 1996年 605页〔上海市专志系列丛刊〕

黄浦区

007791188
黄浦区志
周太彤 胡炜主编 范洪涛等副主编 上海市黄浦区志编纂委员会编 上海 上海社会科学院出版社 1996年 1545页〔上海市区志系列丛刊〕

009106070
黄浦区续志 1993—2000.6
张来庆主编 上海市黄浦区黄浦区续志编纂委员会编 上海 上海社会科学院出版社 2003年 1309页〔上海市区志续志系列丛刊〕

008713357
卢湾区志
胡瑞荣主编 郑丽庆等副主编 上海市卢湾区志编纂委员会编 上海 上海社会科学院出版社 1998年 1312页〔上海市区志系列丛书〕

011534029

卢湾区志 1994—2003

忻伟明主编 蒋立文等副主编 卢湾区志编纂委员会编 上海 上海人民出版社 2008年 1255页〔上海市区县志系列丛书〕

007791184

南市区志

孙卫国主编 钱德敏 朱仰东 陈剑华副主编 窦志坚执行副主编 上海市南市区志编纂委员会编 上海 上海社会科学院出版社 1997年 1108页〔上海市区志系列丛刊〕

009106074

南市区续志 1993—2000.6

沈善初主编 上海市黄浦区南市区续志编纂委员会编 上海 上海社会科学院出版社 2003年 1166页〔上海市区志续志系列丛刊〕

011805891

上海市黄浦区金陵东路街道简志

黄浦区金陵东路街道办事处编 上海 黄埔区金陵东路街道办事处 1994年 1册 4页

008842837

卢湾公安志

卢湾公安志编纂委员会编 上海 上海社会科学院出版社 1999年 369页

007824176

上海南市区商业志

南市区商业志办公室编 上海 上海社会科学院出版社 1995年 251页

009480440

上海市黄浦区商业志

上海市黄浦区人民政府财政贸易办公室 上海市黄浦区商业志编纂委员会编 上海 上海科学技术出版社 1995年 1039页

009387373

黄浦区文化志

上海市黄浦区文化志编纂委员会编 上海 上海市黄浦区文化志编纂委员会 1995年 236页

008534892

南市区地名志

南市区人民政府编印 上海 南市区人民政府 1983年 241页

005308887

上海市黄浦区地名志

上海市黄浦区人民政府编 胡炜主编 张妙祥 范洪涛副主编 上海 上海社会科学院出版社 1989年 915页

008382894

上海市卢湾区地名志

上海市卢湾区人民政府编 上海 上海社会科学院出版社 1990年 400页

徐汇区

013145350
上海市徐汇区志 1991—2005
上海市徐汇区志编纂委员会编 林官良 陈高宏 周秀芬主编 上海 上海辞书出版社 2011 年 1146 页

007832607
徐汇区志
上海市徐汇区志编纂委员会编 上海 上海社会科学院出版社 1997 年 1179 页〔上海市区志系列丛刊〕

009387346
漕河泾镇志
漕河泾镇志编写组编 漕河泾镇 漕河泾镇志编写组 1988 年 124 页

012680151
华泾镇志 1984—2006
华泾镇志编纂委员会编 华泾镇 华泾镇志编纂委员会 2009 年 524 页

010243037
徐汇文化志
徐汇区文化局文化志编写组编 上海 徐汇区文化局文化志编写组 1997 年 198 页

013823035
徐汇区教育志
王懋功主编 徐汇区教育志编纂委员会编 上海 上海辞书出版社 2011 年 489 页

010061024
中国民间文学集成 上海卷 徐汇区歌谣谚语分卷
上海市徐汇区民间文学集成办公室编 上海 上海市徐汇区民间文学集成办公室 1988 年 236 页

010061309
中国民间文学集成 上海卷 徐汇区故事分卷
上海市徐汇区民间文学集成办公室编 上海 上海市徐汇区民间文学集成办公室 1988 年 429 页

012100615
徐汇区文物志
徐汇区文物志编辑委员会编 上海 上海辞书出版社 2008 年 168 页

013462000
上海市徐汇区地名志 2010
上海市徐汇区地名志编纂委员会编 上海 上海辞书出版社 2010 年 659 页

008842897
徐汇区地名志
上海市徐汇区人民政府编 上海 上海社会科学院出版社 1989 年 644 页

长宁区

008170101
长宁区志
姜梁主编 上海市长宁区志编纂委员会编 上海 上海社会科学院出版社 1999年 1240页〔上海市区志系列丛刊〕

012679070
上海市长宁区志 1993—2005
上海市长宁区地方志编纂委员会编 北京 方志出版社 2010年〔上海市区县志系列丛书〕

013797074
新泾乡志
新泾乡人民政府乡志编写组编 新泾乡人民政府乡志编写组 1987年 235页

013759473
庄家宅村志
胡敏豪著 香港 银河出版社 2012年 278页

012814190
上海市长宁区计划生育志
上海市长宁区计划生育委员会编 上海 上海市长宁区计划生育委员会 1998年 157页

012766493
上海市长宁区文化志
上海市长宁区文化志编纂委员会编 上海 上海市长宁区文化志编纂委员会 1996年 270页

002616351
长宁区地名志
上海市长宁区人民政府编 上海 学林出版社 1988年 378页〔上海地名志丛书〕

013775201
上海市长宁区中心医院院志 1952—1990
院志编写委员会编 1998年 300页

静安区

007773548
静安区志
瞿钧主编 王国滨 常林焕副主编 上海市静安区志编纂委员会编 上海 上海社会科学院出版社 1996年 1235页〔上海市区志系列丛刊〕

013659397
静安区文化志
上海市静安区文化局编 上海 上海市静安区文化局 1994年 198页

011147212
中国民间文学集成 上海卷 静安区歌谣谚语分卷
静安区民间文学集成编委会编 上海

1988年 365页

012252457
静安区地名志
上海市静安区人民政府编 上海 上海社会科学院出版社 1988年 541页

010730235
上海市静安区卫生志
殷祖泽主编 上海 上海市静安区卫生局 2000年 264页

普陀区

007477984
普陀区志
上海市普陀区志编纂委员会编 张一雷主编 赵安俊等副主编 上海 上海社会科学院出版社 1994年 1015页〔上海市区志系列丛刊〕

011321149
普陀区志 1991—2003
上海市普陀区地方志编纂委员会编 侯龙其主编 北京 方志出版社 2007年 1398页〔上海市区志续志系列丛刊〕

007984457
长征乡志
长征镇人民政府编 上海 上海社会科学院出版社 1995年 393页

007984442
真如镇志
真如镇人民政府编 上海 上海社会科学院出版社 1994年 256页

012256604
真如镇志 1991—2003
真如镇志编纂委员会编 上海 上海辞书出版社 2009年 206页

010576832
真如寺志
上海真如寺释妙灵主编 上海 上海社会科学院出版社 2006年 177页

013184548
普陀区检察志
上海市普陀区人民检察院编 普陀区 上海市普陀区人民检察院 1994年 312页

012899404
上海市普陀区住宅建设志
上海市普陀区人民政府住宅建设办公室编纂 普陀区 上海市普陀区人民政府住宅建设办公室 1994年 167页

008994856
普陀区教育志
管梅英主编 周燮鹏 邹荣副主编 上海市普陀区教育志编纂委员会编 上海 汉语大词典出版社 2002年 493页

012542932
苏州河文化遗产图志 普陀段
上海市普陀区文化局编 上海 上海辞书出版社 2009年 136页

002616352
普陀区地名志
上海市普陀区人民政府编 上海 学林出版社 1988年 482页〔上海地名志丛书〕

012661851
上海普陀市容环卫志
上海普陀市容环卫志编纂委员会编 上海 上海普陀市容环卫志编纂委员会 2010年 339页

013705556
普陀卫生志
舟山市普陀区卫生志编纂委员会编 北京 方志出版社 2012年 616页

闸北区

008042326
闸北区志
上海市闸北区志编纂委员会编 上海 上海社会科学院出版社 1998年 1373页〔上海市区志系列丛刊〕

011763410
上海市闸北区政协志
政协上海市闸北区委员会编 上海 政协上海市闸北区委员会 1997年 215页

013731325
上海闸北发电厂志
上海闸北发电厂志编纂委员会编 上海 上海闸北发电厂志编纂委员会 1994年 179页

013134003
闸北区财政税务志
上海市闸北区财政局 上海市税务局闸北分局编 闸北区 上海市闸北区财政局 1999年 178页

008842948
闸北区教育志
周金彩 黄孟源主编 黄建邦(常务) 宋成泽 吴夕田副主编 闸北区教育志编纂委员会编 上海 上海社会科学院出版社 2001年 420页

011917969
中国民间文学集成 上海卷 闸北区分卷
上海市闸北区民间文学集成编委会编 上海 闸北区民间文学集成编委会 1988年 347页

010061025
中国民间文学集成 上海卷 闸北区歌谣谚语分卷
闸北区民间文学集成编委会编 上海 闸北区民间文学集成编委会 1988年 174页

011327114

上海市闸北区地名志

上海 百家出版社 1989 年 326 页

虹口区

008170112

虹口区志

王明辉 姚宗强主编 李荧常务副主编 吴伯棠等副主编 上海市虹口区志编纂委员会编 上海 上海社会科学院出版社 1999 年 1262 页〔上海市区志系列丛刊〕

013185729

上海市虹口区志 1994—2007

上海市虹口区地方志编纂委员会编 夏志毅主编 芮昌宏副主编 北京 方志出版社 2011 年 1621 页〔上海市区县志系列丛书〕

009561655

江湾镇志

上海市虹口区江湾镇人民政府镇志编写组编 上海 上海市虹口区江湾镇人民政府镇志编写组 1988 年 141 页

013012693

中共虹口区委统战部 区民主党派 工商联 侨联 社院史志

吴慧娟主编 王四妹 经廉义副主编 中共虹口区委统战部编 上海 中共虹口区委统战部 1998 年 155 页

010777277

虹口区教育志

上海市虹口区教育志编纂委员会编 邢继祖主编 李飞伦副主编 上海 学林出版社 1999 年 332 页

012174875

上海市虹口区地名志

上海市虹口区人民政府编 上海 百家出版社 1989 年 618 页

012952120

虹口卫生志

上海市虹口区卫生局编 上海 虹口区卫生局 1997 年 262 页

杨浦区

007814390

杨浦区志

上海市杨浦区志编纂委员会编 施叔华主编 上海 上海社会科学院出版社 1995 年 1161 页〔上海市区志系列丛刊〕

013189987

杨浦区志 1991—2003

上海市杨浦区地方志编纂委员会编 上海 上海高教电子音像出版社 2009 年 1246 页〔上海市区县志系列丛书〕

009069058
五角场镇志
上海市杨浦区五角场镇人民政府编 北京 科学技术文献出版社 1988年 312页〔中华人民共和国地方志〕

009313291
杨浦公安志
杨浦公安志编纂委员会编 上海 上海社会科学院出版社 2000年 725页

007969153
杨浦区地名志
上海市杨浦区人民政府 杨浦区地名办公室编 上海 学林出版社 1989年 469页〔上海地名志丛书〕

013731322
上海市杨浦区四平街道医院院志
杨浦区四平街道医院编 杨浦区 上海市杨浦区四平街道医院 1992年 142页

014050243
[杨浦区]卫生防疫志 1950—1990
上海市杨浦区卫生防疫站编 上海 上海市杨浦区卫生防疫站 1993年 219页

012256466
杨浦卫生志
上海市杨浦区卫生志编写委员会编 上海 上海市杨浦区卫生志编写委员会 1995年 186页

闵行区

007791166
闵行区志
徐尚武 汪祖超主编 王孝俭 沈永清副主编 上海市闵行区志编纂委员会编 上海 上海社会科学院出版社 1996年 589页〔上海市区志系列丛刊〕

007995495
上海市上海县志
王孝俭主编 上海市上海县县志编纂委员会编 上海 上海人民出版社 1993年 1409页〔中国地方志〕

009340869
华一村志
上海市闵行区梅陇镇华一村村民委员会 上海市闵行区区志办公室编 上海 学林出版社 2003年 252页

011566068
纪王镇志
闵行区区志办公室 纪王镇志编纂委员会编 上海 学林出版社 2007年 193页

012719127
井亭村志
上海市闵行区虹桥镇井亭村村民委员会编 上海 上海人民出版社 2010年 291页

013958698

九星村志

上海市闵行区七宝镇九星村民委员会编 吴恩福主编 吴哲华 李德顺副主编 王孝俭总纂 上海 上海人民出版社 2013年 667页

011294942

陇西志

上海市闵行区梅陇镇陇西村民委员会编 上海 文汇出版社 2006年 531页

012814087

七宝镇志

夏根福主编 王孝俭总纂 上海市闵行区七宝镇人民政府编 上海 上海人民出版社 2010年 852页

012506324

闲话紫堤村志

朱墨钧编著 上海 上海社会科学院出版社 2009年 287页

012208482

新桥村志

新桥村志编委会编 上海 学林出版社 2009年 261页

012679157

褚家塘志

褚半农撰 上海 上海人民出版社 2010年 250页

008380804

杜行志

上海县杜行乡杜行志编写组编 上海 上海社会科学院出版社 1991年 259页

007684057

闵行公安志

郑明德主编 闵行公安志编纂委员会编 上海 上海社会科学院出版社 1994年 201页

007840181

闵行区城市建设志

闵行区城市建设志编纂委员会编 上海 上海社会科学院出版社 1996年 304页

012836304

上海县工业志

上海县工业局上海县工业志编写组编 上海 上海三联书店 1988年 333页

008379689

上海县交通志

上海县交通局上海县交通志修编办公室编 上海 上海社会科学院出版社 1993年 125页

013684629

上海县供销合作商业志

上海县供销合作联合社编纂 上海 上海市供销合作社史料编纂委员会 1988年 327页〔上海市供销合作社史料

丛书〕

007825627
闵行区文化志
胡正宏主编 上海市闵行区文化局编 上海 上海社会科学院出版社 1997年 169页

007772942
上海县文化志
上海县文化志编纂委员会编 张渊主编 上海 上海社会科学院出版社 1997年 597页

012690305
走进紫堤 华漕镇历史文化图志
闵行区 闵行区非物质文化遗产保护中心 闵行区华漕镇文化体育事业发展中心 2009年 96页〔闵行区非物质文化遗产丛书〕

008623323
闵行区教育志
闵行区教育志编纂委员会编 上海 上海人民出版社 1992年 504页

012832543
梅开陇上 梅陇镇历史文化图志
张乃清执行主编 上海 上海市闵行区非物质文化遗产保护中心办公室 2010年 92页

011321142
华一村民俗志
王水主编 郭永明 瞿龙兴副主编 香港 新浸书局 2007年 166页

013508682
闵行区地名志
汪祖超主编 闵行区地名志编纂委员会编 上海 上海社会科学院出版社 2000年 571页

011570258
上海市闵行区地名志
上海市闵行区人民政府编 上海 中国大百科全书出版社上海分社 1991年 205页

007707090
上海县水利志
上海县水利局编 上海 上海社会科学院出版社 1994年 194页

宝山区

012263944
上海市宝山区志 1988—2005
上海市宝山区史志编纂委员会编 北京 方志出版社 2009年 1356页〔上海市区县志系列丛书〕

003034862
上海市宝山县志
朱保和主编 顾伯民 姚家驹副主编 上

海市宝山区地方志编纂委员会编　上海　上海人民出版社　1992 年　1168 页〔中国地方志〕

007773557
吴淞区志
顾伯民主编　姚家驹　潘文江副主编　上海市宝山区史志编纂委员编　上海　上海社会科学院出版社　1996 年　1235 页〔上海市区志系列丛刊〕

012173744
大场镇志
中共上海市宝山区大场镇委员会　上海市宝山区大场镇人民政府编　上海　上海市宝山区大场镇人民政府　2001 年　372 页

012713975
大场镇志
中共上海市宝山区大场镇委员会　上海市宝山区大场镇人民政府编　上海　上海社会科学院出版社　2009 年　567 页〔上海市宝山区乡镇志系列〕

009769141
罗店镇志
中共上海市宝山区罗店镇委员会　上海市宝山区罗店镇人民政府编　上海　上海大学出版社　2005 年　819 页〔上海市宝山区乡镇志系列〕

012542680
庙行镇志
中共上海市宝山区庙行镇委员会　上海市宝山区庙行镇人民政府编　上海　上海社会科学院出版社　2010 年　553 页

011763459
盛桥镇志
中共上海市宝山区月浦镇委员会　上海市宝山区月浦镇人民政府编　上海　中共上海市宝山区月浦镇委员会　2003 年　230 页

011477218
淞南镇志
中共上海市宝山区淞南镇委员会　上海市宝山区松南镇人民政府编　上海　上海社会科学院出版社　2007 年　427 页〔上海市宝山区乡镇志系列〕

012956593
杨行镇志
中共上海市宝山区杨行镇委员会　上海市宝山区杨行镇人民政府编　上海　上海人民出版社　2010 年　4 册〔杨行镇志系列丛书　宝山区乡镇志系列丛书〕

011957282
月浦镇志
中共上海市宝山区月浦镇委员会　上海市宝山区月浦镇人民政府编　上海　上海社会科学院出版社　2008 年　507 页

〔上海市宝山区乡镇志系列〕

012753171
宝山检察志
宝山区人民检察院编 上海 宝山区人民检察院 2010年 452页

009313309
宝钢集团一钢公司志 1991—2001
宝钢集团一钢公司志编纂委员会编 上海 学林出版社 2003年 601页

013922889
宝钢集团一钢公司志 2002—2011
许俊章 史国敏 朱超主编 宝钢集团一钢公司志编纂委员会编 上海 学林出版社 2013年 500页

007523545
宝钢志
宝钢志编纂委员会编 上海 上海古籍出版社 1995年 659页

008839895
宝钢志 1993—1998
宝钢志编纂委员会编 上海 上海古籍出版社 2000年 512页

009700939
中国二十冶志
中国二十冶志编纂委员会编纂 上海 汉语大辞典出版社 1996年 484页

013702866
宝山县供销合作商业志
宝山县供销合作社联合社编 上海 宝山县供销合作社联合社 1991年 348页 〔上海市供销合作社史料丛书〕

008096738
上海市宝山区地名志
上海市宝山区人民政府编 上海 上海科学技术文献出版社 1995年 953页

007707085
宝山县水利志
宝山县水利局编 上海 上海社会科学院出版社 1994年 243页

嘉定区

009198622
嘉定县志
倪所安主编 北京 方志出版社 2001年 503页 〔新编中国优秀地方志简本丛书 第2辑〕

007379030
上海市嘉定县志
杨于白主编 倪所安 周贻满副主编 上海市嘉定县县志编纂委员会编 上海人民出版社 1992年 1228页 〔中国地方志〕

012719109
嘉定六十年图志

上海市嘉定区地方志办公室编 上海 学林出版社 2010年 396页

011594607
嘉定县简志
上海市嘉定区地方志办公室编 倪所安主编 北京 方志出版社 2008年 344页

008486648
上海市嘉定县续志
上海市嘉定区嘉定县续志编纂委员会编 倪所安主编 张振德等副主编 上海 上海交通大学出版社 1999年 889页

008170876
方泰乡志
上海市嘉定县方泰乡乡志领导小组编 上海 上海社会科学院出版社 1992年 255页

012967549
封浜志
上海市嘉定区封浜镇修志领导小组编 倪金龙主编 上海 上海社会科学院出版社 1994年 383页

013957643
华亭乡志
华亭乡志编纂委员会编 上海 学林出版社 2013年 414页

012265367
马陆戬浜合志 1990—2007
上海市嘉定区马陆镇马陆戬浜合志编纂委员会编 上海 学林出版社 2009年 700页

007764600
马陆志
上海市嘉定区马陆志修志领导小组编 上海 上海社会科学院出版社 1994年 332页

009199620
南翔镇志
张承先著 程攸熙订 朱瑞熙校 上海 上海古籍出版 2003年 228页〔江南名镇志〕

007986702
上海市嘉定区嘉定镇志
徐燕夫主编 上海 上海人民出版社 1994年 491页〔中国名镇志〕

012542959
太平村志
上海市嘉定区江桥镇太平村党总支 太平村村民委员会编 上海 上海文化出版社 2009年 309页

008355084
唐行志
唐行志编写组编 上海 上海社会科学院出版社 1996年 289页

008713342
徐行乡志
上海市嘉定县徐行乡人民政府 徐行乡志编写组编 上海 上海科学普及出版社 1994年 306页

012545705
云翔寺志
慧禅主编 上海 上海人民出版社 2009年 376页〔南翔古镇文化书系〕

012661857
上海市嘉定县工会志 1912—1993
嘉定区总工会编 上海 嘉定区总工会 1995年 259页

010476509
嘉定县人民代表大会志 1949.10—1993.4
嘉定县人民代表大会志编纂委员会编 上海 汉语大词典出版社 2006年 569页

013990730
嘉定县人民代表大会志 嘉定县 第2册 1954—1979
嘉定县人民代表大会志编纂委员会编 2002年 141页

013045715
嘉定检察志
嘉定检察志编纂委员会编 嘉定 嘉定检察志编纂委员会 2008年 233页

012174039
嘉定县法院志 1911—1992
嘉定县法院志编纂委员会编 北京 方志出版社 2009年 352页

011996734
嘉定工商行政管理志 1993—2006
嘉定工商行政管理志编纂委员会编 上海 上海文艺出版社 2008年 229页

007984456
嘉定县工商行政管理志
嘉定县工商行政管理志编纂领导小组编 上海 新华书店上海发行所发行 1997年 194页

013752545
嘉定质量技术监督志
上海市嘉定区质量技术监督局编 上海 学林出版社 2012年 292页

008842892
嘉定住宅志
上海市嘉定住宅志编纂领导小组编 上海 上海社会科学院出版社 1999年 443页

013752543
嘉定土地管理志
嘉定土地管理局编 香港 天马出版有限公司 2005年 201页

009688454

嘉定县农业局志

上海市嘉定县农业局志编纂室编 上海 上海市嘉定区农业委员会 2002 年 423 页

008143794

嘉定县畜牧水产局志

上海市嘉定区畜牧水产局志编写组编 上海 上海社会科学院出版社 1994 年 240 页

013684387

嘉定县社队工业志

嘉定县社队工业编志组编 上海 上海社会科学院出版社 1987 年 156 页

013684384

嘉定县供销合作商业志

嘉定县供销合作联合社编纂 上海市供销合作社史料编纂委员会编 上海 上海市供销合作社史料编纂委员会 1988 年 501 页〔上海市供销合作社史料丛书〕

011954369

嘉定财政志 1990—2005

嘉定财政志编纂委员会编 上海 学林出版社 2008 年 319 页

007824174

嘉定县财政志

嘉定县财政志编写组编 上海 上海社会科学院出版社 1993 年 206 页

009046542

嘉定文化志

嘉定文化志编修组编 上海 汉语大辞典出版社 1998 年 424 页

007824163

嘉定县教育志

嘉定县教育志编纂组编 上海 上海社会科学院出版社 1995 年 220 页

009160225

嘉定地名志

嘉定地名志编纂委员会编 上海 上海社会科学院出版社 2002 年 1162 页

013144458

嘉定卫生志

嘉定卫生志编纂委员会编 上海 学林出版社 2011 年 455 页

009046544

嘉定建设志

嘉定建设志编纂领导小组编 上海 上海社会科学院出版社 2002 年 809 页

浦东新区

010009286

南汇县续志 1986—2001

薛振东 张校平主编 上海市南汇区南汇县续志编纂委员会编 上海 上海社会

科学院出版社 2005年 756页

008713218
上海市南汇县志
薛振东主编 王作九 陆舜雄 李建敏副主编 上海市南汇县县志编纂委员会编 上海 上海人民出版社 1992年 824页〔中国地方志〕

003796164
上海市川沙县志
朱鸿伯主编 李毓杭 顾炳权 沈志文副主编 上海市川沙县县志编修委员会编 上海 上海人民出版社 1990年 1078页〔中国地方志〕

011471191
北蔡镇志 1991—2000
浦东新区北蔡镇人民政府编 上海 学林出版社 2002年 378页

011571288
曹路镇志
曹路镇志编纂委员会编 上海 上海辞书出版社 2007年 458页〔浦东新区镇志系列丛书〕

010735946
城厢镇志
上海市川沙县城厢镇志编写组编 城厢镇 上海市川沙县城厢镇志编写组 1987年 229页

009867090
川沙县续志 1986—1992
上海市浦东新区史志编纂委员会编 上海 上海社会科学院出版社 2004年 838页〔上海市县志续志系列丛刊〕

012096513
川沙镇志
川沙镇志编纂委员会编 上海 上海社会科学院出版社 2008年 678页〔浦东新区镇志系列丛刊〕

009676911
大团镇志
大团镇志编纂委员会编 北京 方志出版社 2004年 426页

009480398
东海镇志
宋波祥主编 北京 方志出版社 2006年 338页

011875774
高东镇志 1986—2002
高东镇志编纂委员会编 顾建达主编 上海 上海辞书出版社 2008年 416页〔浦东新区镇志系列丛书〕

012096717
高东志
高东志编修领导小组编 高东 高东志编修领导小组 2008年 190页

008486397
高南乡志
高南乡人民政府编 上海 上海社会科学院出版社 1990年 292页

011995641
高桥镇志
高桥镇志编纂委员会编 上海 上海辞书出版社 2008年 587页

011296147
高行镇志
高行镇志编纂委员会编 黄明德主编 上海 上海社会科学院出版社 2007年 519页〔浦东新区镇志系列丛刊〕

009160201
航头镇志
航头镇志编纂委员会编 北京 方志出版社 2003年 411页〔南汇县镇志系列丛书〕

010293993
合庆镇志
合庆镇志编纂委员会编 上海 汉语大词典出版社 2006年 554页

010293907
横沔镇志
横沔镇志编纂委员会编 李祖裔主编 北京 方志出版社 2006年 512页

011497764
花木镇志
浦东新区花木镇镇志编纂委员会编 上海 浦东电子出版社 2003年 343页

009480408
黄路镇志
黄路镇人民政府编 北京 方志出版社 2004年 448页

009783002
惠南镇志
邬盛林主编 北京 方志出版社 2005年 452页

012251156
机场镇志
机场镇志编纂委员会编 傅新伯主编 上海 上海社会科学院出版社 2009年 532页〔浦东新区镇志系列丛刊〕

011954467
金桥镇志
金桥镇志编纂委员会编 上海 上海辞书出版社 2008年 724页〔浦东新区镇志系列丛刊〕

010230652
康桥镇志
康桥镇志编纂委员会编 李祖裔主编 北京 中华书局 2006年 371页

009393563
老港镇志
老港镇志编纂委员会编 北京 方志出版社 2004年 469页

012265324
六里镇志
六里镇志编纂委员会编 陈熙农主编 上海 上海社会科学院出版社 2009年 374页〔浦东新区镇志系列丛刊〕

009160203
六灶镇志
六灶镇志编纂委员会编 北京 方志出版社 2003年 403页〔南汇县镇志系列丛书〕

009160208
芦潮港志
芦潮港志编纂委员会编 北京 方志出版社 2003年 331页〔南汇县镇志系列丛书〕

009799339
泥城镇志
郭也平主编 北京 方志出版社 2005年 326页

009480429
彭镇镇志
庄云清主编 北京 方志出版社 2006年 426页

013753755
浦东新区金桥镇三桥村志
上海市浦东新区地方志办公室 中共上海市浦东新区金桥镇三桥村支部委员会 上海市浦东新区金桥镇三桥村村民委员会编 上海 上海锦绣文章出版社 2011年 427页

009480431
三墩镇志
三墩镇志编纂委员会编 北京 方志出版社 2004年 364页

012099788
三林镇志 1985—2003
三林镇志编纂委员会编 张祥生主编 上海 上海辞书出版社 2009年 492页

009480434
三灶镇志
三灶镇志编纂委员会编 北京 方志出版社 2004年 371页

009799344
书院镇志
陆友官主编 北京 方志出版社 2005年 357页

009160212
坦直镇志
坦直镇志编纂委员会编 北京 方志出版社 2003年 420页〔南汇县镇志系列丛书〕

010144663

唐镇志 1986—2000

唐镇志编纂委员会编 北京 方志出版社 2006年 428页〔浦东新区镇志系列丛书〕

009480454

瓦屑镇志

瓦屑镇志编纂委员会编 胡林祥 宣道同主编 北京 方志出版社 2004年 402页

009392916

万祥镇志

万祥镇志编纂委员会编 北京 方志出版社 2004年 362页

009393599

下沙镇志

张新根主编 北京 方志出版社 2004年 547页

009677062

新场镇志

新场镇志编纂委员会编 北京 方志出版社 2004年 435页

010230656

新港镇志

新港镇志编纂委员会编 陈龙弟主编 北京 中华书局 2006年 460页

011329527

新盛村志

上海市浦东新区张江镇新盛村村民委员会 上海市浦东新区史志办公室编 上海 上海三联书店 2007年 340页

009480476

宣桥镇志

宣桥镇志编纂委员会编 北京 方志出版社 2004年 378页

011479449

严桥镇志

严桥镇志编纂委员会编 范洪涛主编 上海 上海辞书出版社 2008年 700页〔浦东新区镇志系列丛刊〕

010293904

盐仓镇志

盐仓镇志编纂委员会编 沈林根主编 北京 中华书局 2006年 317页

012100680

杨园乡志

杨园乡志编修领导小组编 杨园乡 杨园乡志编修领导小组 2008年 176页

011066484

张江镇志

张江镇志编纂委员会编 上海 汉语大词典出版社 2006年 656页〔浦东新区镇志系列丛刊〕

009782993
周浦镇志
周浦镇志编纂委员会编 瞿春荣主编 北京 方志出版社 2005年 524页

009799347
祝桥镇志
叶竹青主编 北京 方志出版社 2005年 392页

012880334
南汇统计志
南汇统计编纂委员会编 北京 方志出版社 2010年 294页

013319817
南汇人口志
南汇人口志编纂委员会编 张新根主编 北京 方志出版社 2012年 724页

013898450
南汇妇女志
南汇妇女志编纂委员会编 朱慧玲主编 北京 方志出版社 2012年 367页

013319822
南汇人事志
南汇人事志编纂委员会编 北京 方志出版社 2012年 353页

013898464
南汇公安志
南汇公安志编纂委员会编 虞显辉主编 北京 方志出版社 2012年 544页

013319812
南汇红十字志
南汇红十字志编纂委员会编 丁超英主编 北京 方志出版社 2012年 269页

012721883
南汇民政志
南汇民政志编纂委员会编 北京 方志出版社 2010年 522页

009676913
南汇工商联(商会)志
南汇工商联(商会)志编纂委员会编 北京 方志出版社 2004年 333页

013319814
南汇劳动和社会保障志
南汇劳动和社会保障志编纂委员会编 北京 方志出版社 2012年 626页

013898466
南汇检察志
南汇检察志编纂委员会编 刘卫鸣主编 北京 方志出版社 2012年 368页

013898482
南汇司法行政志
南汇司法行政志编纂委员会编 王建中主编 北京 方志出版社 2012年 333页

013898453
南汇工商行政管理志
南汇工商行政管理志编纂委员会编 乔林芳主编 北京 方志出版社 2013年 357页

012680518
南汇审计志
南汇审计志编纂委员会编 周敬国主编 北京 方志出版社 2010年 285页

003032430
川沙县建设志
吴思德主编 川沙县建设志编修领导小组编 上海 上海社会科学院出版社 1988年 278页

013144615
南汇城乡建设志
南汇城乡建设志编纂委员会编 钱银楼主编 北京 方志出版社 2011年 700页

010098755
浦东展览馆建设志
浦东展览馆筹委会 上海中益建筑工程有限公司编著 上海 同济大学出版社 2006年 320页

012880324
南汇农业志
南汇农业志编纂委员会编 北京 方志出版社 2010年 601页

009149294
川沙县水利志
川沙县水利局编 川沙 川沙县水利局 1991年 208页

009149311
南汇县水利志
陆正杰主编 施怀君 陆景云 瞿东伯编 宋玉龙制图 南汇区 南汇县水利志编志组 1989年 252页

008534871
上海浦东供电志
上海浦东供电志编纂委员会编 北京 水利电力出版社快速出版部 1994年 258页〔上海市电力工业志丛书〕

012969572
上海外高桥发电有限责任公司志 1990—2007
上海外高桥发电有限责任公司编著 北京 中国电力出版社 2011年 230页

013898460
南汇工业志
南汇工业志编纂委员会编 顾天敏主编 北京 方志出版社 2013年 493页

013144620
南汇交通志
南汇交通志编纂委员会编 钱银楼主编 北京 方志出版社 2011年 507页

012880330
上海南汇滨海旅游度假区志
滨海旅游度假区志编纂委员会编 李永良主编 北京 方志出版社 2011年 303页

009414974
川沙县供销合作商业志
川沙县供销合作联合社编纂 上海市供销合作社史料编纂委员会编 上海 上海市供销合作社史料编纂委员会 1988年 482页〔上海市供销合作社史料丛书〕

013144618
南汇价格志
南汇价格志编纂委员会编 周根青主编 北京 方志出版社 2011年 394页

008379696
川沙县财政志
川沙县财政志编写组编 杨杏桃主编 上海 上海人民出版社 1990年 199页

012051732
南汇财政志
南汇财政志编纂委员会编 梁广伦主编 北京 方志出版社 2009年 423页

013898477
南汇税务志
南汇税务志编纂委员会编 高华强主编 北京 方志出版社 2012年 388页

009511331
南汇金融志
南汇金融志编纂委员会编 朱晓峰主编 北京 方志出版社 2004年 308页

008094776
川沙县文化志
川沙县文化志编修组编 王乐德编 上海 上海人民出版社 1989年 231页

011476985
南汇文化广播电视志
南汇文化广播电视志编纂委员会编 顾洁迈主编 北京 方志出版社 2007年 665页

013898470
南汇科学技术志
南汇科学技术志编纂委员会编 陆铭主编 北京 方志出版社 2013年 299页

009769145
上海市南汇县教育志续 1991—2001
上海市南汇县教育局编纂 上海 上海古籍出版社 2005年 700页

008487010
上海市浦东新区地名志
顾炳权常务主编 陈少能等主编 王呈祥 张龙法 潘建龙副主编 上海 华东理工大学出版社 1994年 969页

013771859

东海区海洋站海洋水文气候志

国家海洋局东海分局编 北京 海洋出版社 1993年 266页

013628761

南汇水利志

南汇水利志编纂委员会编 北京 方志出版社 2012年 436页

013628758

南汇环境保护志

南汇环境保护志编纂委员会编 龚桂峰主编 北京 方志出版社 2011年 392页

金山区

007378998

上海市金山县志

上海市金山县志编纂委员会编 朱炎初总纂 上海 上海人民出版社 1990年 1210页〔中国地方志〕

012049619

金山县续志 1986—1997

王应华主编 上海市金山区地方志编纂委员会编 北京 方志出版社 2009年 1143页〔上海市县志续志系列丛刊〕

008408827

漕泾志

漕泾志编纂委员会编 上海 上海古籍出版社 1995年 334页

008486332

枫泾镇志

枫泾镇志编纂室编著 袁炳荣主编 上海 汉语大词典出版社 1993年 459页

006362186

枫围乡志

上海市金山县枫围乡人民政府编 上海 上海科学普及出版社 1993年 391页

006362188

干巷乡志

上海市金山县干巷乡人民政府编 上海 上海科学普及出版社 1993年 266页

008486668

金卫志

上海市金山县金卫乡人民政府编 上海 上海科学普及出版社 1992年 460页

008486731

廊下志

上海市金山县廊下乡人民政府编 上海 上海科学普及出版社 1991年 346页

013774465

廊下志 1989—2004

上海市金山区廊下镇人民政府编 北京 方志出版社 2013年 373页〔上海金山乡镇志系列〕

008486788
吕巷镇志
上海市金山县吕巷镇人民政府编 上海 上海科学普及出版社 1992年 306页

006362226
钱圩志
上海市金山县钱圩乡人民政府编 上海 百家出版社 1993年 310页

007678804
山阳志
金山县山阳乡山阳志领导小组编 上海 上海社会科学院出版社 1994年 335页

007908339
松隐志
金山县松隐志编写组编 上海 上海人民出版社 1991年 269页

013731656
松隐志 1986—2005
上海市金山区亭林镇松隐志编纂委员会编 北京 方志出版社 2012年 435页〔上海金山乡镇志系列〕

006362225
亭林镇志
上海市金山县亭林镇人民政府编 上海 上海科学普及出版社 1993年 333页

006362187
亭新乡志
金山县亭新乡人民政府编 王润乾主编 俞绍林副主编 上海 上海社会科学院出版社 1994年 270页

007506755
兴塔志
上海市金山县兴塔乡人民政府编 上海 上海科学普及出版社 1993年 351页

013661507
兴塔志 1990—2004
吴加林主编 上海市金山区兴塔镇人民政府编 北京 方志出版社 2012年 317页〔上海金山乡镇志系列〕

006362194
张堰乡志
上海市金山县张堰乡人民政府编 陆治中主编 上海 上海社会科学院出版社 1994年 430页

011571274
张堰镇志
金山县张堰镇镇志办公室编 上海 上海交通大学出版社 1995年 300页

007480649
朱泾乡志
朱泾乡志编纂委员会编 上海 上海浦江出版服务社 1993年 392页

006362189
朱泾镇志
朱泾镇志编纂委员会编 上海 上海浦江出版服务社 1993年 307页

007523385
朱行乡志
上海市金山县朱行乡人民政府编 上海 上海科学普及出版社 1993年 287页

012819724
朱行镇志 1988—2005
上海金山工业管理委员会 朱行镇志编纂委员会编 北京 方志出版社 2011年 370页

007824169
金山县民政志
金山县民政志编委会编 上海 上海社会科学院出版社 1996年 435页

008094775
金山县建设志
金山县建设局编 上海 上海人民出版社 1994年 376页

012811588
金山县农业志
金山县农业志编纂委员会 金山区农业委员会编 金山 金山县农业志编纂委员会 2004年 230页

007707069
金山县水利志
金山县水利局编 陈积鸿主编 上海 上海社会科学院出版社 1991年 250页

012174071
金山县交通志
金山县交通志编纂委员会编 莫嘉 丁洪泉主编 上海 上海社会科学院出版社 1991年 329页

013627989
金山县粮食志
金山县粮食志编写组编 上海 上海浦江出版服务社 1994年 236页

012174065
金山县供销合作商业志
金山县供销合作联合社编纂 上海 金山县供销合作联合社 1989年 253页〔上海市供销合作社史料丛书〕

009149307
金山县财税志
金山县财税志编志组编 上海 上海社会科学院出版社 1997年 383页

009921009
金山文化志
上海市金山区文化广播电视管理局编 陈积鸿主编 上海 上海社会科学院出版社 2003年 419页

008842934

金山档案志

金山档案志编委会编 上海 上海社会科学院出版社 2000年 297页

010229529

金山县教育续志 1986.1—1997.5

薛毓良主编 北京 方志出版社 2006年 255页

008380795

上海市金山县教育志

金山县教育局教育志办公室编 宋顺康主编 上海 上海人民出版社 1990年 272页

012107765

上海石化地区基础教育志

上海市金山区教育局编 王秉衡主编 陈汝华副主编 北京 方志出版社 2008年 200页

011580208

金山县地名志

金山县地名志编纂委员会编 上海 汉语大词典出版社 1992年 628页

012832192

金山县卫生志

金山县卫生志编纂室编 上海 上海少儿出版服务社 1994年 344页

012174074

金山县畜牧水产志

金山县畜牧水产局编 金山 金山县畜牧水产局 1997年 180页

松江区

007379013

上海市松江县志

上海市松江县地方史志编纂委员会编著 何惠明等主编 上海 上海人民出版社 1991年 1267页〔中国地方志〕

011329405

松江县续志

上海市松江区地方史志编纂委员会编 何惠明主编 欧粤 王永顺 张思维副主编 北京 方志出版社 2007年 1528页〔上海市县志续志系列丛刊〕

013597661

松江县志

上海市松江县地方史志编纂委员会编著 何惠明 王健民主编 欧粤 陈大年 王永顺副主编 上海 上海古籍出版社 2012年 1233页〔中国地方志 上海市〕

013140985

车墩镇志

车墩镇志编纂委员会编 徐卫兴主编 钟建华副主编 上海 上海辞书出版社

2011年 533页〔上海市松江区街镇志系列丛书〕

012831371
洞泾镇志 征求意见稿
洞泾镇镇志编纂办公室编 洞泾镇 洞泾镇镇志编纂办公室 2009年 779页

013141195
洞泾镇志
洞泾镇志编纂委员会编 苏炳根主编 上海 上海辞书出版社 2011年 632页〔上海市松江区街镇志系列丛书〕

013373455
方松街道志
何西安等编纂 上海 上海辞书出版社 2012年 782页〔上海市松江区街镇志系列丛书〕

013373524
九亭镇志
张金弟主编 邱瑞云 俞永新副主编 九亭镇志编纂委员会编 上海 上海辞书出版社 2012年 523页〔上海市松江区街镇志系列丛书〕

008486709
九亭志
松江县九亭乡人民政府编 上海 上海科学院出版社 1993年 295页

013375272
泖港镇志
顾良忠主编 泖港镇志编纂委员会编 上海 上海辞书出版社 2011年 535页

013660314
石湖荡镇志
石湖荡镇志编纂委员会编 上海 上海辞书出版社 2012年 524页〔上海市松江区街镇志系列丛书〕

013462594
泗泾镇志
泗泾镇志编纂委员会编 上海 上海辞书出版社 2012年 827页〔上海市松江区街镇志系列丛书〕

008487243
松江镇志 上海市松江县
车驰 龚福章主编 上海 上海人民出版社 1990年 709页

008781408
天马山志
上海市松江区天马山镇人民政府编 上海 上海社会科学院出版社 2001年 510页

013379115
小昆山镇志
宋国林主编 董菁副主编 小昆山镇志编纂委员会编 上海 上海辞书出版社 2011年 409页〔上海市松江区街镇

志系列丛书〕

012956574
新浜镇志
周艳主编 张林琪 钟吉林副主编 新浜镇志编纂委员会编 上海 上海辞书出版社 2011年 784页〔上海市松江区街镇志系列丛书〕

013226622
新桥镇志
新桥镇志编纂委员会编 黄水平主编 上海 上海辞书出版社 2011年 778页〔上海市松江区街镇志系列丛书〕

013379378
叶榭镇志
顾顺林主编 杨国仕副主编 叶榭镇志编纂委员会编 上海 上海辞书出版社 2012年 816页〔上海市松江区街镇志系列丛书〕

009269069
叶榭志
顾顺林主编 上海市松江区叶榭志编纂委员会编 上海 上海辞书出版社 2003年 809页

013379389
永丰街道志
俞德福主编 上海 上海辞书出版社 2012年 946页〔上海市松江区街镇志系列丛书〕

012924664
岳阳街道志
高文龙主编 岳阳街道志编纂委员会编 上海 上海辞书出版社 2011年 522页〔上海市松江区街镇志系列丛书〕

013379678
中山街道志
严锡泉主编 上海 上海辞书出版社 2012年 673页〔上海市松江区街镇志系列丛书〕

013994270
张泽志
张泽志编纂委员会编 上海 学林出版社 1999年 642页

013067281
松江共青团志
松江共青团志编纂委员会编 北京 古籍出版社 2011年 375页〔上海市松江区专业志系列丛书〕

013936398
松江妇女工作志
松江妇女工作志编纂委员会编 上海 上海古籍出版社 2013年 382页〔上海市松江区专业志系列丛书〕

009881520
松江人民代表大会志
吴尧鑫主编 松江人民代表大会志编纂委员会编 上海 上海辞书出版社

2005 年 445 页

010476175
松江民政志
上海市松江区民政局编 上海 上海辞书出版社 2006 年 530 页

013866325
中国民主党派上海市松江区地方组织志
中国民主党派上海市松江区地方组织志编纂委员会编 上海 中国民主党派上海市松江区地方组织志编纂委员会 2007 年 359 页

010242637
松江县检察志
松江县人民检察院编 松江区 松江县人民检察院 1995 年 170 页

010243644
松江审判志
上海市松江区人民法院松江审判志编委会编 上海 上海市松江区人民法院松江审判志编委会 2000 年 395 页〔上海松江专业志〕

009319914
松江工商行政管理志
松江工商行政管理志编纂委员会编 上海 汉语大词典出版社 2003 年 222 页

011570373
松江质量技术监督志
上海市松江区质量技术监督局编著 上海 上海辞书出版社 2007 年 336 页

008487234
松江县房产志
上海市松江县房产管理局 上海市房产经济学会松江分会编 上海 上海人民出版社 1997 年 339 页

011908906
松江水务志 1991—2004
松江水务志编辑委员会编 上海 学林出版社 2008 年 324 页

008096640
松江县工业志
松江县工业志编写组 邓钟璜主编 刘治新 王振新副主编 邓钟璜等撰稿 上海 上海科学技术出版社 1988 年 252 页

013706375
松江县供销合作商业志
松江县供销合作联合社编 上海市供销合作社史料编纂委员会编 上海 上海市供销合作社史料编纂委员会 1990 年 280 页〔上海市供销合作社史料丛书〕

012174925
松江县粮食续志 1986—1998

松江区粮食局编 松江 松江区粮食局 2002年 222页

008037819
松江县财政税务志
上海市松江县财政局 税务局编 上海 上海社会科学院出版社 1990年 178页

009340888
松江文化志
松江文化志编写组编 上海 百家出版社 2001年 327页

008842909
松江科技志
松江区科学技术委员会 松江区科学技术协会编 上海 上海社会科学院出版社 2001年 202页

009313295
松江教育志
松江教育志编纂委员会编 上海 上海辞书出版社 2003年 534页

008487239
松江县教育志
松江县教育志编纂委员会编 上海 上海社会科学院出版社 1989年 220页

009995147
松江方言志
张源潜编著 上海市松江区地方史志编纂委员会主编 上海 上海辞书出版社 2003年 366页

009995151
松江图志
何惠明主编 中共上海市松江区委党史研究室 上海市松江区地方史志办公室编 上海 汉语大辞典出版社 2005年 308页

008974288
松江文物志
林晓明主编 上海 上海人民美术出版社 2001年 289页

010778569
松江风俗志
欧粤著 上海 上海文艺出版社 2007年 469页

009901581
九峰志
何惠明编著 上海市松江区地方史志编纂委员会编 上海 上海辞书出版社 2004年 323页

012956011
松江文物胜迹志
何惠明编著 上海 华东师范大学出版社 1991年 321页

008487240
松江县水利志

松江县水利志编志组编 上海 上海科学技术出版社 1993年 214页

012208247
松江规划志
松江规划志编纂委员会编 上海 上海辞书出版社 2009年 306页

青浦区

012542803
青浦县志 1985—2000
上海市青浦区地方志编纂委员会编 北京 方志出版社 2009年 1347页〔上海市区县志系列丛书〕

007381000
上海市青浦县志
冯学文主编 萧柏钧 朱习理 徐佳麟副主编 上海市青浦县县志编纂委员会编 上海 上海人民出版社 1990年 976页〔中国地方志〕

009414484
白鹤志
白鹤志编纂委员会编 上海 上海科学普及出版社 2004年 571页〔青浦乡镇志系列丛书〕

009688446
大盈志
大盈志编纂委员会编 北京 方志出版社 2004年 640页〔青浦乡镇志系列丛书〕

013860482
凤溪镇志
凤溪镇志编纂委员会编 上海 上海江杨印刷厂 2008年 550页〔青浦乡镇志系列丛书〕

013861611
华新镇志
华新镇志编纂委员会编 上海 上海江杨印刷厂 2007年 709页〔青浦乡镇志系列丛书〕

009688450
环城志
青浦镇地方志编纂委员会编 北京 方志出版社 2004年 271页〔青浦乡镇志系列丛书〕

012873051
莲盛志
莲盛志编纂委员会编 青浦 莲盛志编纂委员会 2004年 295页〔青浦乡镇志系列丛书〕

012684576
青浦镇志
青浦镇志编纂委员会编 青浦镇 青浦镇志编纂委员会 2009年 519页〔青浦乡镇志系列丛书〕

012266321
沈巷续志
夏仁荣主编 蒋益峰执行主编 朱家角镇地方志编纂委员会编 香港 新大陆出版社有限公司 2007年 257页〔青浦乡镇志系列丛书〕

013936404
崧泽村志
崧泽村志编辑委员会编 上海 文汇出版社 2013年 375页

009881522
香花桥志
香花桥志编纂委员会编 北京 方志出版社 2005年 526页〔青浦乡镇志系列丛书〕

012767151
徐泾志
徐泾志编纂委员会编 徐泾 徐泾志编纂委员会 2004年 2册〔青浦乡镇志系列丛书〕

009340893
赵屯志
赵屯志编纂委员会编 北京 方志出版社 2003年 465页〔青浦乡镇志系列丛书〕

010778986
赵巷镇志
赵巷镇志编纂委员会编 上海 学林出版社 2007年 445页〔青浦乡镇志系列丛书〕

013996202
重固镇志
重固镇志编纂委员会编 上海 上海社会科学院出版社 2007年 474页〔青浦乡镇志系列丛书〕

012317833
朱家角乡志
夏仁荣主编 蒋益峰执行主编 朱家角镇地方志编纂委员会编 香港 新大陆出版社有限公司 2007年 349页〔青浦乡镇志系列丛书〕

009480524
朱家角镇志
夏仁荣主编 蒋益峰执行主编 朱家角镇地方志编纂委员会编 上海 上海辞书出版社 2006年 636页〔青浦乡镇志系列丛书〕

012899339
青浦统计志
青浦统计志编纂委员会编 青浦 青浦统计志编纂委员会 2009年 238页〔青浦乡专业志系列丛书〕

009472775
青浦人民代表大会志 1949—2003
青浦人民代表大会志编纂委员会编 青浦区 人大 2003年 615页〔青浦专

志系列丛书〕

012766420

青浦县人民政协志

中国人民政治协商会议上海市青浦区委员会 青浦县人民政协志编纂委员会编 上海 青浦县人民政协志编纂委员会 2002 年 402 页

012266207

青浦人事志

青浦人事志编纂委员会编 上海 青浦人事志编纂委员会 2003 年 190 页〔青浦区专业志系列丛刊〕

012051794

青浦民政志

青浦民政志编纂委员会编 青浦 青浦民政志编纂委员会 2008 年 198 页〔青浦区专业志系列丛刊〕

011320850

青浦检察志

青浦检察志编纂委员会编 上海 青浦检察志编纂委员会 2005 年 430 页〔青浦区专业志系列丛书〕

011763270

青浦审判志

青浦审判志编纂委员会编 上海 青浦审判志编纂委员会 2004 年 342 页〔青浦区专业志系列丛书〕

012266203

青浦工商行政管理志 2003—2007

青浦工商行政管理志编纂委员会编 上海 青浦工商行政管理志编纂委员会 2008 年 212 页〔青浦区专业志系列丛书〕

012174839

青浦县工业志

上海市青浦县工业志编纂委员会编 青浦 上海市青浦县工业志编纂委员会 2007 年 415 页

013991354

青浦旅游志

玛世明主编 青浦旅游志编纂委员会编 香港 今日出版社 2013 年 770 页〔青浦区专业志系列丛书〕

013705578

青浦县供销合作商业志

青浦县供销合作社联合社编 上海 青浦县供销合作社联合社 1989 年 300 页〔上海市供销合作社史料丛书〕

012140220

青浦文化志

青浦县文化志编纂委员会编 青浦 青浦县文化志编纂委员会 1994 年 313 页

009799342

青浦广播电视志

青浦广播电视志编纂委员会编 北京 方

志出版社 2005 年 312 页〔青浦区专业志系列丛书〕

008038901
青浦县档案志
上海市青浦县档案局编 上海 上海社会科学院出版社 1994 年 216 页

009472776
青浦教育志
上海市青浦教育志办公室编著 上海 文汇出版社 2006 年 4 册

012722309
上海雪米村民俗志
陆新民著 上海 上海文艺出版社 2008 年 346 页

013131090
青浦地名小志
青浦县志编纂办公室 青浦县博物馆编 青浦 青浦县志编纂办公室 1985 年 133 页

013184622
青浦区地名志
青浦区地名志编纂委员会编 上海 上海辞书出版社 2011 年 677 页

012266214
青浦市容环卫志
青浦市容环卫志编纂委员会编 上海 青浦市容环卫志编纂委员会 2004 年 179 页〔青浦区专业志系列丛书〕

013753787
青浦卫生志
青浦卫生志（续）编纂委员会编 香港 今日出版社有限公司 2004 年 388 页〔青浦专业志系列丛书〕

009387390
青浦县水利志
青浦县水利局编 青浦 青浦县水利局 1986 年 273 页

010293913
青浦水利志
青浦水利志编纂委员会编 北京 方志出版社 2006 年 493 页〔青浦区专业志系列丛书〕

奉贤区

011955397
上海奉贤海湾旅游区志 1979.9—2006.12
上海市奉贤区海湾旅游区志编纂委员会编 房同盟主编 上海 上海辞书出版社 2008 年 357 页

003795805
奉贤县志
上海市奉贤县志修编委员会编 姚金祥等主编 上海 上海人民出版社 1987 年 1150 页〔中华人民共和国地

方志〕

013221119

奉贤县志资料

上海市奉贤县修编县志办公室编 奉贤 奉贤县修编县志办公室 1982 年

011564541

奉贤县续志

上海市奉贤区史志编纂委员会编著 北京 方志出版社 2007 年 1362 页〔上海市县志续志系列丛书〕

009106469

奉贤百年纪事 1901—2000

中共奉贤区委史志办公室编 上海 上海社会科学院出版社 2001 年 274 页

011995612

冯桥村志

顾斌泉主编 上海市奉贤区冯桥村志编写组编 上海 奉贤区冯桥村志编写组 2008 年 200 页

011911553

奉城续志 1985—2001

上海市奉贤区奉城续志编纂委员会编 萧水新主编 上海 学林出版社 2008 年 571 页〔奉城镇志系列丛书〕

013752317

高桥村志

上海市奉贤区奉城镇高桥村村志编纂委员会编 唐石英主编 上海 上海市奉贤区奉城镇高桥村村志编纂委员会 2009 年 452 页

011564608

光明续志 第 1 卷 1985—2003

上海市奉贤区光明续志编纂委员会编 吴伟主编 上海 学林出版社 2007 年 425 页〔青村镇志系列丛书〕

011890849

洪庙镇志

上海市奉贤区洪庙镇志编纂委员会编 卫永康主编 上海 学林出版社 2008 年 592 页〔奉城镇志系列丛书〕

012541708

胡桥续志 1985—2003

上海市奉贤区胡桥续志编纂委员会编 上海 学林出版社 2009 年 489 页

011890998

江海续志 1985—2002.5

上海市奉贤区江海续志编纂委员会编 谢欣晨 周洪江主编 上海 上海辞书出版社 2008 年 519 页

011954459

金汇续志 1985—2002.5

上海市奉贤区金汇续志编纂委员会编 金二新主编 上海 上海辞书出版社 2008 年 490 页

011295667
南桥镇志 1985—2002.5
南桥镇志编纂委员会编 黄云清主编 上海 上海辞书出版社 2007年 465页

011477097
平安续志 1985—2003
上海市奉贤区平安续志编纂委员会编 李正明主编 上海 上海辞书出版社 2007年 546页

011892391
齐贤续志 1985—2002.5
上海市奉贤区齐贤续志编纂委员会编 严忠阳主编 上海 上海辞书出版社 2008年 440页

013066941
齐贤志
奉贤县齐贤乡齐贤志编写组编 齐贤乡 奉贤县齐贤乡齐贤志编写组 1986年 223页〔奉贤县地方志丛书12〕

012174822
钱桥续志
钱桥续志编纂委员会编 陈炳章主编 上海 学林出版社 2007年 509页〔青村镇志系列丛书〕

012174831
青村续志
上海市奉贤区青村续志编纂委员会编 顾煜平主编 上海 学林出版社 2007年 532页〔青村镇志系列丛书〕

009676089
青村志
上海市奉贤县青村乡青村志编写组编 上海 奉贤县青村乡青村志编写组 1984年 281页〔奉贤县地方志丛书2〕

003097867
新寺志
奉贤新寺乡新寺志编写组编 翁妙均主编 上海 上海三联书店 1989年 449页

009160219
邵厂志
上海市奉贤区邵厂志编写组编 上海 上海社会科学院出版社 2003年 359页

012836324
树园村志
树园村志编纂委员会编 树园村志编纂委员会 2006年 196页

012051963
泰日续志 1985—2003
上海市奉贤区泰日续志编纂委员会编 赵一琴主编 上海 上海辞书出版社 2009年 549页

011570366
四团续志 1985—2003

上海市奉贤区四团续志编纂委员会编　陶银龙主编　上海　上海辞书出版社　2007年　410页

011908944
塘外续志
上海市奉贤区塘外续志编纂委员会编　许洪其主编　上海　学林出版社　2008年　484页〔奉城镇志系列丛书〕

011909003
头桥续志
上海市奉贤区头桥续志编纂委员会编　宋伯葵主编　金玉振副主编　上海　学林出版社　2008年　452页〔奉城镇志系列丛书〕

011500728
邬桥续志　1985—2003
上海市奉贤区邬桥续志编纂委员会编　宋智清主编　上海　学林出版社　2007年　561页

013010694
邬桥志
奉贤县邬桥乡邬桥志编写组编　上海　奉贤县邬桥乡邬桥志编写组　1986年　398页〔奉贤县地方志丛书10〕

011998558
西渡志　1986—2003
上海市奉贤区西渡志编纂委员会编　朱土才主编　上海　上海辞书出版社　2008年　442页

012052458
新寺续志　1988—2003
邹顺兴主编　上海市奉贤区新寺续志编纂委员会编　上海　学林出版社　2008年　655页

013961171
盐行村志
奉城镇盐行村志编纂委员会编　许洪其主编　奉城镇　奉城镇盐行村志编纂委员会　2013年　424页

013148810
柘林志　古代—2003
上海市奉贤区柘林志编纂委员会编　翁妙均主编　北京　方志出版社　2011年　754页

011957508
庄行续志　1985—2003
上海市奉贤区庄行续志编纂委员会编　上海　学林出版社　2008年　491页

010253959
奉贤工会志
奉贤工会志编纂委员会编　上海　上海辞书出版社　2006年　264页

012609739
奉贤人民代表大会志
朱立夫　徐建平主编　上海　学林出版社

2010年 801页

013369788
奉贤政协志
奉贤政协志编纂委员会编 杨林才 金国强主编 毕道鹏 金春元副主编 上海 学林出版社 2011年 802页

009160230
奉贤警察志
陈佐时主编 纪仁弟 姜福庆副主编 特邀终纂周正仁 奉贤警察志编纂委员会编 上海 上海社会科学院出版社 1998年 607页

013404246
奉贤县法院志
奉贤县人民法院法院志编写组编 奉贤 奉贤县人民法院法院志编写组 1986年 238页〔奉贤县地方志丛书 15〕

012969570
上海市奉贤区军事志 751—2006
上海市奉贤区军事志编纂委员会编 上海 上海市奉贤区军事志编纂委员会 2009年 473页

012609805
奉贤县农业续志 1985—2001
上海市奉贤区奉贤县农业续志编纂领导小组编 吴四军主编 顾新帆执行主编 上海 上海辞书出版社 2009年 337页

013629554
上海奉贤工业总公司志 1984—2011
上海奉贤工业总公司志编纂委员会编 薛祖国主编 上海 学林出版社 2012年 562页

008096651
上海市奉贤县乡镇工业志
金伯明 周正仁 倪定华主编 上海 上海三联书店 1990年 420页

010113627
奉贤县工业志
奉贤县农机工业局编志组编 奉贤 奉贤县农机工业局编志组 1984年 224页〔奉贤县地方志丛书 1〕

010144655
奉贤县交通志
奉贤县交通运输局编志组编 上海 奉贤县交通运输局 1985年 137页〔奉贤县地方志丛书 8〕

012831405
奉贤县供销合作商业志
奉贤县供销合作联合社编纂 上海 上海市供销合作社史料编纂委员会 1987年 436页〔上海市供销合作社史料丛书〕

012658431
奉贤县物价志 1995—2001
上海市奉贤区奉贤县物价志编纂委员

会编 上海 学林出版社 2010 年 627 页

006413674
奉贤盐政志
柳国瑜主编 上海 上海社会科学院出版社 1987 年 218 页

012714185
奉贤教育续志 1984—2001
上海市奉贤区奉贤教育续志编纂委员会编 上海 上海辞书出版社 2010 年 369 页

011068456
奉贤县卫生志
奉贤县卫生局卫生志编写组编 上海 奉贤县卫生局 1985 年 240 页

012096680
奉贤县卫生志 1985—2001
上海市奉贤区奉贤县卫生志编纂委员会编 上海 上海辞书出版社 2008 年 251 页

007840164
奉贤县建设志
魏裕庆 周正仁主编 奉贤县建设志编纂领导小组编 上海 上海社会科学院出版社 1995 年 316 页〔奉贤县地方志丛书〕

011564539
奉贤水利志
金星主编 白东明执行主编 张福春 胡天英副主编 奉贤水利志编纂委员会编 上海 上海交通大学出版社 2007 年 399 页

崇明县

013965112
崇明县志 1985—2004
上海市崇明县县志编纂委员会编 张利钧 朱鑫德主编 徐耀明执行主编 北京 方志出版社 2013 年 1691 页〔上海市区县志系列丛书〕

008713090
上海市崇明县志
周之珂主编 季金安副主编 上海市崇明县县志编纂委员会编 上海 上海人民出版社 1989 年 1066 页〔中国地方志〕

012048778
长兴乡志 1986—2004
长兴乡志编纂组编 长兴乡 长兴乡志编纂组 2007 年 205 页

012713957
陈家镇志 1985—2004
崇明县陈家镇镇志编纂委员会编 崇明 崇明县陈家镇镇志编纂委员会 2008 年 429 页

013128936
港西镇志 1985—2004
港西镇志编纂领导小组编 上海 港西镇志编纂领导小组 2008 年 369 页

011329507
向化镇志
崇明县向化镇镇志编纂委员会编 上海 上海三联书店 2007 年 563 页

012252450
中兴镇志
蔡健主编 中兴镇志编纂委员会编 上海 上海社会科学院出版社 2009 年 605 页

013819181
崇明电力工业志 1921—1990
上海市崇明电力公司史志编纂委员会编 上海 上海市崇明电力公司史志编纂委员会 1994 年 220 页

013819183
崇明电力工业志 1991—2005
上海市崇明电力公司史志编纂委员会编 上海 上海市崇明电力公司史志编纂委员会 2009 年 300 页

009387363
崇明县财政税务志
崇明县财政税务局编 崇明 崇明县财政税务局 1989 年 2 册

013819186
崇明县金融志
中国农业银行上海市崇明县支行编 蒋学辉 顾阿根主编 上海 上海科学普及出版社 1991 年 141 页

013626210
崇明县水利志
崇明县水利局编 崇明 崇明县水利局 1988 年 252 页

011430441
崇明县水利续志 1986—2001
崇明县水务局编委会编 上海 崇明县水务局编委会 2002 年 298 页

江苏省

012680270
江苏省志 邮电 1990—1998
江苏省邮电史志编纂领导小组编 南京 江苏省志丛书邮电编辑部 2009年 512页

010294090
江苏省志 对外经济贸易志 送审稿
江苏省地方志编纂委员会编 江苏 江苏省地方志编纂委员会 1995年 464页

010294088
江苏省志 物资志 送审稿
江苏省地方志编纂委员会编 江苏 江苏省地方志编纂委员会 1998年 2册

010292743
江苏省志 邮电志 初审稿
江苏省邮电管理局史志办公室编纂 江苏 江苏省邮电管理局史志办公室 1995年 486页

008221681
江苏省志 第2卷 地理志
江苏省地方志编纂委员会编 南京 江苏古籍出版社 1999年 606页

008221461
江苏省志 第3卷 人口志
江苏省地方志编纂委员会编 北京 方志出版社 1999年 477页

008691945
江苏省志 第4卷 计划生育志
江苏省地方志编纂委员会编 南京 江苏古籍出版社 1999年 316页

008221696
江苏省志 第5卷 天文事业志
江苏省地方志编纂委员会编 南京 江苏

古籍出版社 2001年 486页

008221201
江苏省志 第6卷 气象事业志
江苏省地方志编纂委员会编 南京 江苏科学技术出版社 1996年 609页

008221656
江苏省志 第7卷 地质矿产志
江苏省地方志编纂委员会编 南京 江苏科学技术出版社 1999年 625页

007693078
江苏省志 第8卷 地震事业志
江苏省地方志编纂委员会编 南京 江苏古籍出版社 1994年 292页

008221726
江苏省志 第9卷 土壤志
江苏省地方志编纂委员会编 南京 江苏古籍出版社 2001年 679页

009880363
江苏省志 第10卷 生物志 植物篇
江苏省地方志编纂委员会编 南京 凤凰出版社 2005年 729页

009880362
江苏省志 第10卷 生物志 动物篇
江苏省地方志编纂委员会编 南京 凤凰出版社 2005年 868页

008221727
江苏省志 第11卷 土地管理志
江苏省地方志编纂委员会编 南京 江苏人民出版社 2000年 653页

008592653
江苏省志 第12卷 综合经济志
江苏省地方志编纂委员会编 南京 江苏古籍出版社 1999年 2册

008984038
江苏省志 第13卷 水利志
江苏省地方志编纂委员会编 南京 江苏古籍出版社 2001年 952页

008221580
江苏省志 第14卷 农业志
江苏省地方志编纂委员会编 南京 江苏古籍出版社 1997年 599页

008221571
江苏省志 第15卷 林业志
江苏省地方志编纂委员会编 北京 方志出版社 2000年 433页

009319794
江苏省志 第15卷 园艺志
江苏省地方志编纂委员会编 南京 江苏古籍出版社 2003年 568页

008221438
江苏省志 第16卷 畜牧志
江苏省地方志编纂委员会编 南京 江苏古籍出版社 2000年 486页

008221579
江苏省志 第18卷 农机具志
江苏省地方志编纂委员会编 南京 江苏古籍出版社 1999年 476页

007693134
江苏省志 第19卷 海涂开发志
江苏省地方志编纂委员会编 南京 江苏人民出版社 1995年 330页

008221702
江苏省志 第20卷 蚕桑丝绸志
江苏省地方志编纂委员会编 南京 江苏古籍出版社 2000年 595页

007693136
江苏省志 第21卷 轻工业志
江苏省地方志编纂委员会编 南京 江苏科学技术出版社 1996年 606页

008221240
江苏省志 第22卷 纺织工业志
江苏省地方志编纂委员会编 南京 江苏古籍出版社 1997年 520页

007693131
江苏省志 第23卷 陶瓷工业志
江苏省地方志编纂委员会编 南京 江苏人民出版社 1994年 402页

008221734
江苏省志 第24卷 盐业志
江苏省地方志编纂委员会编 南京 江苏科学技术出版社 1997年 380页

008221455
江苏省志 第25卷 医药志
江苏省地方志编纂委员会编 南京 江苏科学技术出版社 1998年 522页

008221693
江苏省志 第26卷 电子工业志
江苏省地方志编纂委员会编 南京 江苏古籍出版社 1999年 631页

007493549
江苏省志 第27卷 冶金工业志
江苏省地方志编纂委员会编 南京 江苏古籍出版社 1994年 470页

008221196
江苏省志 第28卷 机械工业志
江苏省地方志编纂委员会编 南京 江苏人民出版社 1998年 962页

008221618
江苏省志 第29卷 石油工业志
江苏省地方志编纂委员会编 北京 方志出版社 2000年 565页

008221447
江苏省志 第 30 卷 化学工业志
江苏省地方志编纂委员会编 北京 方志出版社 1999 年 630 页

008221572
江苏省志 第 31 卷 煤炭工业志
江苏省地方志编纂委员会编 南京 江苏科学技术出版社 1999 年 568 页

007493609
江苏省志 第 32 卷 电力工业志
江苏省地方志编纂委员会编 南京 江苏科学技术出版社 1994 年 454 页

009790016
江苏省志 第 33 卷 建材工业志
江苏省地方志编纂委员会编 北京 方志出版社 2002 年 669 页

008984082
江苏省志 第 34 卷 建筑志
江苏省地方志编纂委员会编 南京 江苏古籍出版社 2001 年 940 页

008221233
江苏省志 第 35 卷 军事工业志
江苏省地方志编纂委员会编 南京 江苏人民出版社 2000 年 424 页

013730119
江苏省志 第 35 卷 审判志 1978—2008
江苏省地方志编纂委员会编 南京 江苏人民出版社 2012 年 307 页

008221428
江苏省志 第 36 卷 乡镇工业志
江苏省地方志编纂委员会编 北京 方志出版社 2000 年 697 页

008691465
江苏省志 第 37 卷 城乡建设志
江苏省地方志编纂委员会编 南京 江苏人民出版社 2008 年 3 册

009854019
江苏省志 第 38 卷 房地产管理志
江苏省地方志编纂委员会编 南京 江苏人民出版社 2005 年 682 页

008221738
江苏省志 第 39 卷 风景园林志
江苏省地方志编纂委员会编 南京 江苏古籍出版社 2000 年 674 页

008221707
江苏省志 第 40 卷 测绘志
江苏省地方志编纂委员会编 北京 方志出版社 1999 年 480 页

008221450
江苏省志 第 41 卷 环境保护志
江苏省地方志编纂委员会编 南京 江苏古籍出版社 2001 年 576 页

007693144
江苏省志 第42卷 交通志 民航篇
江苏省地方志编纂委员会编 南京 江苏人民出版社 1996年 144页

008221208
江苏省志 第42卷 交通志 航运篇
江苏省地方志编纂委员会编 南京 江苏古籍出版社 2001年 529页

008221212
江苏省志 第42卷 交通志 公路篇
江苏省地方志编纂委员会编 南京 江苏古籍出版社 2001年 501页

008221213
江苏省志 第42卷 交通志 铁路篇
江苏省地方志编纂委员会编 北京 方志出版社 2007年 301页

008221735
江苏省志 第43卷 邮电志
江苏省地方志编纂委员会编 南京 江苏人民出版社 1997年 585页

008221589
江苏省志 第44卷 商业志
江苏省地方志编纂委员会编 南京 江苏人民出版社 1999年 587页

007294746
江苏省志 第45卷 供销合作社志
江苏省地方志编纂委员会编 南京 江苏人民出版社 1994年 623页

007294745
江苏省志 第46卷 粮食志
江苏省地方志编纂委员会编 南京 江苏人民出版社 1994年 513页

008221755
江苏省志 第47卷 物资志
江苏省地方志编纂委员会编 南京 江苏古籍出版社 1999年 599页

008221731
江苏省志 第48卷 对外经济贸易志
江苏省地方志编纂委员会编 南京 江苏古籍出版社 1997年 467页

007693142
江苏省志 第49卷 旅游业志
江苏省地方志编纂委员会编 南京 江苏古籍出版社 1996年 538页

007693132
江苏省志 第50卷 商品检验志
江苏省地方志编纂委员会编 南京 江苏古籍出版社 1996年 325页

008221423
江苏省志 第51卷 海关志
江苏省地方志编纂委员会编 南京 江苏古籍出版社 1998年 441页

007693079
江苏省志 第 52 卷 工商行政管理志
江苏省地方志编纂委员会编 南京 江苏古籍出版社 1995 年 387 页

007693133
江苏省志 第 53 卷 价格志
江苏省地方志编纂委员会编 南京 江苏人民出版社 1995 年 436 页

008221585
江苏省志 第 54 卷 标准化志
江苏省地方志编纂委员会编 北京 方志出版社 2001 年 519 页

007693139
江苏省志 第 55 卷 计量志
江苏省地方志编纂委员会编 南京 江苏人民出版社 1997 年 369 页

007693137
江苏省志 第 56 卷 财政志
江苏省地方志编纂委员会编 南京 江苏古籍出版社 1996 年 2 册 1281 页

008221631
江苏省志 第 57 卷 税务志
江苏省地方志编纂委员会编 南京 江苏古籍出版社 1997 年 743 页

008221225
江苏省志 第 58 卷 金融志
江苏省地方志编纂委员会编 南京 江苏人民出版社 2001 年 1142 页

008221581
江苏省志 第 59 卷 保险志
江苏省地方志编纂委员会编 南京 江苏古籍出版社 1998 年 552 页

008221609
江苏省志 第 60 卷 审计志
江苏省地方志编纂委员会编 南京 江苏古籍出版社 1999 年 509 页

008446198
江苏省志 第 61 卷 议会 人民代表大会志
江苏省地方志编纂委员会编 南京 江苏人民出版社 1999 年 673 页

008984769
江苏省志 第 61 卷 政协志
江苏省地方志编纂委员会编 南京 江苏人民出版社 2003 年 782 页

009270285
江苏省志 第 62 卷 中共志
江苏省地方志编纂委员会编 南京 江苏人民出版社 2003 年 866 页

008221644
江苏省志 第 62 卷 民主党派 工商联志
江苏省地方志编纂委员会编 南京 江苏人民出版社 2000 年 738 页

010143110
江苏省志 第62卷 国民党志
江苏省地方志编纂委员会编 南京 江苏人民出版社 2000年 685页

008599871
江苏省志 第63卷 社团志 妇女团体篇
江苏省地方志编纂委员会编 北京 方志出版社 2000年 295页

008599874
江苏省志 第63卷 社团志 农民团体篇
江苏省地方志编纂委员会编 北京 方志出版社 2000年 411页

008221603
江苏省志 第63卷 社团志 青年团体篇
江苏省地方志编纂委员会编 北京 方志出版社 2002年 568页

008221597
江苏省志 第63卷 社团志 工人团体篇
江苏省地方志编纂委员会编 南京 江苏人民出版社 2006年 244页

008221237
江苏省志 第64卷 军事志
江苏省地方志编纂委员会编 北京 军事科学出版社 2000年 2册 1342页

008221565
江苏省志 第66卷 公安志
江苏省地方志编纂委员会编 北京 群众出版社 2000年 1004页

007693143
江苏省志 第67卷 检察志
江苏省地方志编纂委员会编 南京 江苏古籍出版社 1997年 586页

007693138
江苏省志 第68卷 审判志
江苏省地方志编纂委员会编 南京 江苏人民出版社 1997年 393页

007693140
江苏省志 第69卷 司法志
江苏省地方志编纂委员会编 南京 江苏人民出版社 1997年 298页

008984848
江苏省志 第70卷 民政志
江苏省地方志编纂委员会编 北京 方志出版社 2002年 1008页

009270248
江苏省志 第71卷 地名志
江苏省地方志编纂委员会编 南京 江苏人民出版社 2003年 718页

008221568
江苏省志 第72卷 劳动管理志
江苏省地方志编纂委员会编 南京 江苏古籍出版社 2000年 558页

011475195
江苏省志 第73卷 人事管理志
江苏省地方志编纂委员会编 南京 凤凰出版社 2007年 441页

008221740
江苏省志 第74卷 外事志
江苏省地方志编纂委员会编 南京 江苏人民出版社 2001年 849页

011312792
江苏省志 第75卷 侨务志
江苏省地方志编纂委员会编 南京 江苏人民出版社 2007年 532页

007693135
江苏省志 第76卷 档案志
江苏省地方志编纂委员会编 南京 江苏古籍出版社 1996年 411页

008221216
江苏省志 第77卷 教育志
江苏省地方志编纂委员会编 南京 江苏古籍出版社 2000年 2册

008221560
江苏省志 第78卷 科学技术志
江苏省地方志编纂委员会编 南京 江苏人民出版社 2007年 2册

008221593
江苏省志 第79卷 社会科学志
江苏省地方志编纂委员会编 南京 江苏古籍出版社 1998年 653页

008221583
江苏省志 第80卷 报业志
江苏省地方志编纂委员会编 南京 江苏古籍出版社 1999年 513页

008221229
江苏省志 第81卷 出版志
江苏省地方志编纂委员会编 南京 江苏人民出版社 1996年 671页

008221563
江苏省志 第82卷 广播电视志
江苏省地方志编纂委员会编 南京 江苏古籍出版社 2000年 661页

009189799
江苏省志 第83卷 文化艺术志
江苏省地方志编纂委员会编 南京 江苏古籍出版社 2003年 824页

009159958
江苏省志 第83卷 文学志
江苏省地方志编纂委员会编 南京 江苏古籍出版社 2003年 1122页

008221751
江苏省志 第84卷 文物志
江苏省地方志编纂委员会编 南京 江苏古籍出版社 1998年 802页

008221743
江苏省志 第85卷 卫生志
江苏省地方志编纂委员会编 南京 江苏古籍出版社 1999年 2册

008221690
江苏省志 第86卷 体育志
江苏省地方志编纂委员会编 南京 江苏古籍出版社 1998年 806页

009342261
江苏省志 第87卷 宗教志
江苏省地方志编纂委员会编 南京 江苏古籍出版社 2001年 505页

008221575
江苏省志 第88卷 民俗志
江苏省地方志编纂委员会编 南京 江苏人民出版社 2002年 537页

008221418
江苏省志 第89卷 方言志
江苏省地方志编纂委员会编 南京 南京大学出版社 1998年 786页

012097582
江苏省志 第90卷 人物志
江苏省地方志编纂委员会编 南京 凤凰出版社 2008年 3册 1418页

008691993
江苏省志 第91卷 江苏人民革命斗争纪略
江苏省地方编纂委员会编 南京 江苏人民出版社 2008年 534页

011884177
江苏省志 第92卷 附录
江苏省地方志编纂委员会编 南京 江苏人民出版社 2008年 269页

007013587
江苏名村志
汪文超等总纂 江苏省地方志编纂委员会编 南京 江苏古籍出版社 1993年 739页

007013588
江苏名镇志
江苏省地方志编纂委员会 汪文超等总纂 南京 江苏古籍出版社 1993年 835页

009744793
江苏省统计志
江苏省统计志编纂委员会编 北京 中国统计出版社 1997年 576页

009413495
江苏省工会志
江苏省工运史志编纂委员会 陈斌良 徐锡澄主修 王殿和等协修 周行主编 辜雄章 徐学春副主编 南京 江苏古籍出版社 1994年 600页

009553770
江苏省教育工会志
江苏省教育工会志编纂委员会编 南京 江苏古籍出版社 1994年 345页

009576239
江苏帮会志
郁有满著 北京 方志出版社 2004年 417页

009744791
江苏省司法志 1988—2000
江苏省司法厅编 北京 方志出版社 2005年 480页

009553893
江苏省棉麻茶行业志
江苏棉麻(集团)公司编 江苏 江苏省棉麻(集团)公司 1994年 329页

013688786
江苏省电力工业志 1991—2002
江苏省电力工业志编纂委员会编 北京 中国电力出版社 2012年 684页〔中国电力工业志丛书〕

013926383
江苏石油志 2001—2012
江苏石油志编纂委员会编 北京 中国石化出版社 2013年 650页

008190702
中国石油地质志 第8卷 苏浙皖闽油气区
苏浙皖闽油气区石油地质志编写组编 北京 石油工业出版社 1992年 615页

009865189
江苏省肉禽蛋商业志
江苏省食品总公司编著 江苏 江苏省食品总公司 1998年 287页

009046124
江苏石油商业志
江苏石油商业志编纂委员会编 南京 江苏古籍出版社 2002年 2册 908页

010147431
江浙沪名土特产志
周永才等编著 章俊元绘图 南京 南京大学出版社 1987年 278页

013774232
江苏省地方税务志 1994—2008
江苏省地方税务局编 北京 中国税务出版社 2012年 448页

009541499
江苏民国行局库
江苏省金融志编辑室编 南京 南京大学出版社 1992年 319页〔江苏金融史志资料专辑〕

010293038
江苏省农村金融志

江苏省农村金融志编纂委员会编 南京 江苏人民出版社 1999年 501页

010278480
江苏中国银行志
江苏中国银行金融志编审委员会编 江苏 江苏中国银行 1993年 360页

009687110
中国人民建设银行江苏省分行志
中国人民建设银行江苏省分行志编委会编著 南京 江苏人民出版社 1996年 265页

009107145
江苏图书发行志
穆纬铭主编 南京 江苏人民出版社 1999年 542页

013316357
江苏公共图书馆志
江苏省文化厅 南京图书馆编著 南京 江苏人民出版社 2012年 643页

010476485
江苏省科学技术协会志
江苏省科学技术协会志编纂委员会编 吴国彬主编 北京 方志出版社 1999年 573页

013926377
江苏省高等教育学会高校保卫学研究会会志 1988—2008

朱永生编著 苏州 苏州大学印刷厂 2008年 215页

008410340
中国歌谣集成 第4卷 江苏卷
中国民间文学集成全国编辑委员会 中国民间文学集成江苏卷编辑委员会编 北京 中国ISBN中心 1998年 751页〔十部文艺集成志书〕

008703262
中国谚语集成 第6卷 江苏卷
中国民间文学集成全国编辑委员会 中国民间文学集成江苏卷编辑委员会编 北京 中国ISBN中心 1998年 888页〔十部文艺集成志书〕

008409971
中国民间歌曲集成 第12卷 江苏卷
中国民间歌曲集成全国编辑委员会 中国民间歌曲集成江苏卷编辑委员会编 北京 中国ISBN中心 1998年 2册 1351页〔十部文艺集成志书〕

004341360
中国戏曲音乐集成 第8卷 江苏卷
中国戏曲音乐集成编辑委员会 中国戏曲音乐集成江苏卷编辑委员会编 北京 中国ISBN中心 1992年 2册 2281页〔十部文艺集成志书〕

008707188
中国民族民间器乐曲集成 第9卷 江

苏卷

中国民族民间器乐曲集成全国编辑委员会主编 中国民族民间器乐曲集成江苏卷编辑委员会编纂 北京 中国ISBN中心 1998年 2册 1903页〔十部文艺集成志书〕

011751777

中华舞蹈志 第14卷 江苏卷

中华舞蹈志编辑委员会编 马建梁特约编辑 上海 学林出版社 2007年 583页

013996071

中华舞蹈志 第14卷 江苏卷

中华舞蹈志编辑委员会编 上海 学林出版社 2014年 585页

002496869

中国民族民间舞蹈集成 第21卷 江苏卷

中国民族民间舞蹈集成编辑部编 北京 中国舞蹈出版社 1988年 2册 1769页

012049565

江苏戏剧志 淮海戏志

江苏戏曲志编辑委员会 江苏戏曲志淮海戏志编辑委员会编 南京 江苏文艺出版社 1999年 394页

009338352

江苏戏剧志 南通卷

江苏戏剧志南通卷编辑委员会编 南京 江苏文艺出版社 2001年 534页

012505241

江苏戏剧志 锡剧志

江苏戏剧志编辑委员会 江苏戏剧志锡剧志编辑委员会编 南京 江苏文艺出版社 2005年 415页

005584690

中国曲艺音乐集成 第5卷 江苏卷

中国曲艺音乐集成全国编辑委员会 中国曲艺音乐集成江苏卷编辑委员会编 北京 中国ISBN中心 1994年 2册 2005页〔十部文艺集成志书〕

008704377

中国曲艺志 第4卷 江苏卷

中国曲艺志全国编辑委员会 中国曲艺志江苏卷编辑委员会编 北京 中国ISBN中心 1996年 922页〔十部文艺集成志书〕

007836315

中国戏曲志 第15卷 江苏卷

中国戏曲志编辑委员会 中国戏曲志江苏卷编辑委员会编 北京 中国ISBN中心 1992年 1159页〔十部文艺集成志书〕

013926384

江苏吴文化志

江苏省地方志编纂委员会编 南京 江苏

科学技术出版社 2013 年 453 页

008195161
江苏科技群英志 第 1 卷
江苏省科学技术编纂委员会编 南京 江苏科学技术出版社 1995 年 751 页

008530712
江苏科技群英志 第 2 卷 续集
江苏省科学技术编纂委员会编 北京 方志出版社 1998 年 641 页

001679280
江苏历代医人志
陈道瑾 薛渭涛编写 南京 江苏省科学技术出版社 1985 年 485 页

001718674
江苏风物志
周村主编 李以恭等摄影 刘二刚 朱称俊插图 南京 江苏古籍出版社 1985 年 415 页〔中国风物志丛书〕

013957738
江苏建置志
江苏省地方志编纂委员会编 南京 江苏人民出版社 2013 年 700 页

008528437
江苏省地名录
江苏省地名委员会编 南京 江苏省地名委员会 1986 年 400 页

010280398
京杭运河志 苏北段
京杭运河江苏省交通厅 苏北航务管理处史志编纂委员会编 上海 上海社会科学院出版社 1998 年 789 页

012251326
京杭运河志 苏南段
江苏省交通厅航道局 江苏省航道协会编 北京 人民交通出版社 2009 年 815 页

013662468
中国海岛志 江苏 上海卷
中国海岛志编纂委员会编 北京 海洋出版社 2013 年 513 页

008192072
江苏科学技术志
江苏省科学技术志编纂委员会编 北京 科学技术文献出版社 1997 年 950 页

012049555
江苏省地震监测志
江苏省地震局编 南京 河海大学出版社 2008 年 411 页〔中国地震监测志系列〕

001947493
江苏地震志
江苏省地震局编 北京 地震出版社 1987 年 412 页

010275915
宁镇山脉地质志
江苏省地质矿产局编著 南京 江苏科学技术出版社 1989年 517页

011891862
江苏沿海地区原色种子植物志 裸子植物和双子叶植物离瓣花类
于延球编著 北京 科学出版社 2008年 322页

010293547
江苏泌尿外科史志
孙则禹主编 上海 第二军医大学出版社 2002年 341页

012251246
江苏省稻麦品种志
王才林主编 北京 中国农业科学技术出版社 2009年 296页〔当代农业学术专著系列丛书〕

011497881
江苏省畜禽疫病志
江苏省畜禽疫病志编委会 江苏省农林厅畜牧局编 江苏 南京市农科所印刷厂 1990年 455页

010576706
江苏鱼类志
倪勇 伍汉霖主编 北京 中国农业出版社 2006年 966页

012839349
中国油气田开发志 江苏油气区油气田卷
中国油气田开发志总编纂委员会编 北京 石油工业出版社 2010年 1143页

013667185
中国油气田开发志 第19卷 江苏油气区卷
中国油气田开发志总编纂委员会编 北京 石油工业出版社 2011年 345页

013316367
江苏省水利测绘志
吴兴如主编 南京 河海大学出版社 1994年 211页

南京市

002135376
南京简志
南京市地方志编纂委员会办公室编纂 南京 江苏古籍出版社 1986年 986页

012614355
南京市志

南京市地方志编纂委员会编 北京 方志出版社 2009 年

011909156
小市街道志
小市街道地方志编纂办公室编 南京 小市街道地方志编纂办公室 1999 年 208 页

012051734
南京民族宗教志
南京市地方志编纂委员会编 南京 南京出版社 2009 年 560 页〔南京市志丛书〕

008985300
南京人口志
南京地方志编纂委员会编 上海 学林出版社 2001 年 764 页〔南京市志丛书〕

012208592
中共江苏省委党校史志 1926—2008
中共江苏省委党校史志编纂委员会编 南京 江苏人民出版社 2010 年 2 册

009020725
南京社团志
南京市地方志编纂委员会编 北京 方志出版社 2001 年 655 页〔南京市志丛书〕

010243642
金陵石化工会志
金陵石化工会志编纂委员会编 南京 金陵石油化工公司 2000 年 882 页

008517570
南京工会志
南京地方志编纂委员会编 深圳 海天出版社 1994 年 463 页

009338392
南京人民代表大会志
南京市地方志编纂委员会 顾善祥主编 北京 方志出版社 2003 年 506 页〔南京市志丛书〕

008383076
南京人事志
南京市地方志编纂委员会编 北京 方志出版社 1997 年 358 页〔南京市志丛书〕

013820369
建邺公安志 大事记 1949—2005
南京市公安局建邺分局编 南京 南京市公安局建邺分局 2006 年 755 页

007895599
南京公安志
南京市地方志编纂委员会编 深圳 海天出版社 1994 年 572 页〔南京市志丛书〕

007843349

南京民政志

南京市地方志编纂委员会编 深圳 海天出版社 1994 年 762 页〔南京市志丛书〕

013756914

汶川特大地震南京援建志

南京市对口援建四川省绵竹市剑南镇地震灾区建设指挥部 南京市地方志编纂委员会办公室编 南京 南京出版社 2012 年 209 页

007932147

南京市政协志

南京市地方志编纂委员会 南京政协志编纂委员会编 北京 方志出版社 1997 年 312 页〔南京市志丛书〕

008383080

南京政党志

南京市地方志编纂委员会编 南京 河海大学出版社 1997 年 678 页〔南京市志丛书〕

008188523

南京检察志

南京市地方志编纂委员会编 深圳 海天出版社 1994 年 497 页〔南京市志丛书〕

008383072

南京审判志

南京市地方志编纂委员会编 北京 方志出版社 1997 年 355 页〔南京市志丛书〕

012505388

南京监狱志 1905—2007

南京监狱志编纂委员会编 南京 南京监狱志编纂委员会 2009 年 770 页

008569807

南京司法行政志

南京市地方志编纂委员会编 北京 方志出版社 2000 年 356 页〔南京市志丛书〕

007848941

南京人民防空志

南京市地方志编纂委员会编 深圳 海天出版社 1994 年 642 页〔南京市志丛书〕

012814038

南京市军事志

南京市军事志编纂委员会编 北京 军事科学出版社 2010 年 2 册

009115952

南京计划管理志

南京市地方志编纂委员会编 北京 方志出版社 1997 年 380 页〔南京市志丛书〕

008985323
南京经济协作志
南京市经济协作志编纂委员会编 北京 方志出版社 2001年 269页〔南京市志丛书〕

008066181
南京工商行政管理志
南京市地方志编纂委员会编 深圳 海天出版社 1994年 343页〔南京市志丛书〕

009840134
南京审计志
南京市地方志编纂委员会编 深圳 海天出版社 1994年 517页〔南京市志丛书〕

008817347
南京劳动志
南京劳动志编纂委员会编 北京 方志出版社 1999年 918页〔南京市志丛书〕

010244221
南京市物资局简志
南京市物资局编志办公室编 南京 南京市物资局编志办公室 1987年 417页

007884854
南京物资志
南京市地方志编纂委员会 南京物资志编纂委员会编 北京 中国城市出版社 1993年 477页〔南京市志丛书〕

011328632
南京宝庆银楼志
南京宝庆银楼志编纂委员会编 南京 南京宝庆银楼志编纂委员会 2006年 276页

008383090
南京房地产志
南京市地方志编纂委员会编 南京 南京出版社 1996年 686页〔南京市志丛书〕

007982865
南京公用事业志
南京市地方志编纂委员会编 深圳 海天出版社 1994年 386页〔南京市志丛书〕

007976495
南京市政建设志
南京市地方志编纂委员会编 深圳 海天出版社 1994年 534页〔南京市志丛书〕

009018380
南京土地管理志
南京市地方志编纂委员会编 南京 江苏人民出版社 1999年 817页〔南京市志丛书〕

007848966

南京粮食志

南京市地方志编纂委员会 南京粮食志编纂委员会编 北京 中国城市出版社 1993年 372页〔南京市志丛书〕

012873323

南京青龙山林场志

安士才主编 南京青龙山林场志编纂委员会编 南京 南京青龙山林场志编纂委员会 1992年 258页

007895592

南京蔬菜志

南京市地方志编纂委员会编 南京 南京出版社 1996年 362页〔南京市志丛书〕

009675550

南京畜牧业志

南京市地方志编纂委员会编 合肥 黄山书社 1998年 355页〔南京市志丛书〕

013098053

中国林业科学研究院林产化学工业研究所所志 1960—1989

中国林业科学研究院林产化学工业研究所所志编纂委员会编 南京 中国林业科学研究院林产化学工业研究所所志编纂委员会 1993年 309页

008189789

[南京市]农林志

南京市地方志编纂委员会 农林志编纂委员会编 北京 农业出版社 1994年 491页〔南京市志丛书〕

013798874

[南京汽车制造厂]总装厂志 1952—1985

南京汽车制造厂总装厂编 南京 南京汽车制造厂总装厂 1986年 336页

012714072

大唐南京发电厂志 2003—2010

大唐南京发电厂编著 南京 南京出版社 2010年 246页

012505211

华能国际电力股份有限公司南京分公司(电厂)志 1987—2005

华能国际电力股份有限公司南京分公司(电厂)志编纂委员会编著 北京 中国电力出版社 2009年 220页〔江苏省电力工业志丛书〕

007843340

建筑材料工业志

南京市地方志编纂委员会编 南京 南京出版社 1991年 366页〔南京市志丛书〕

010110106

江南水泥厂志 1935—1995

江南水泥厂编 南京 江南水泥厂 1995
年 464 页

012639014
江苏南热发电有限责任公司志
1995—2005
尹卫国主编 北京 中国电力出版社
2010 年 196 页〔江苏省电力工业志
丛书〕

013926374
江苏省电力建设第一工程公司志
1953—2007
许咸晶主编 南京 江苏人民出版社
2013 年 359 页〔江苏省电力工业志
丛书〕

012049560
江苏省电力燃料集团有限公司志
朱八寅主编 北京 中国电力出版社
2009 年 191 页〔江苏省电力工业志
丛书〕

010199835
江苏省送变电公司志 1953—2002
江苏省送变电公司志编委会编 江苏 江
苏省送变电公司 2003 年 403 页

013508407
江苏冶金机械厂志 1956—1985
南京 江苏冶金机械厂志第一卷编纂办
公室 1987 年 369 页

011439856
金城公司志
金城公司志编委会编 北京 方志出版社
2007 年 364 页

012639690
南京第二机床厂志 1986—1996
南京第二机床厂志编纂委员会编 南京
南京第二机床厂 1996 年 329 页

009043276
南京电力工业志
南京电力工业志编纂委员会编 南京 江
苏古籍出版社 1998 年 333 页

011441076
南京电视机厂志 1970—1989
南京电视机厂志编纂组编 南京 南京电
视机厂 1991 年 258 页

010474103
南京东方无线电厂厂志 1958—1990
南京东方无线电厂厂志编委会编 南京
南京东方无线电厂 1992 年 172 页

007848942
南京二轻工业志
南京市地方志编纂委员会编 深圳 海天
出版社 1994 年 529 页〔南京市志丛
书〕

010275862
南京钢铁厂志 1957—1985

南京钢铁厂厂志编写办公室编 南京 南京钢铁厂厂志编写办公室 1987 年 440 页

012721889
南京钢铁厂志 1986—1995
南京钢铁集团有限公司厂志编写办公室编 南京 南京钢铁集团有限公司厂志编纂委员会 2000 年 489 页

008446202
南京机械工业志
南京市地方志编纂委员会 南京机械工业志编纂委员会编纂 北京 方志出版社 1998 年 976 页〔南京市志丛书〕

008446207
南京金陵制药集团公司志 1981—1997
孙斌主编 北京 方志出版社 1998 年 625 页

011955221
南京浦镇车辆厂志 1908—2007
南京浦镇车辆厂志编纂委员会编 北京 中国铁道出版社 2008 年 584 页

013319834
南京汽车集团有限公司企业志 2001—2005
南京汽车集团有限公司编 南京 南京汽车集团有限公司 2006 年 656 页

012903645
南京汽车制造厂铸造厂志 1947—1985
南汽铸造厂厂志编纂领导小组编 南京 南汽铸造厂厂志编纂领导小组 1986 年 352 页

011328227
南京热电厂志
南京热电厂志编纂委员会编 刘国胜主编 顾瑞海副主编 南京 南京热电厂志编纂委员会 1996 年 186 页

013898502
南京市电力工业志 1988—2002
江苏省电力公司南京供电公司编 北京 中国电力出版社 2012 年 432 页〔江苏省电力工业志丛书〕

009043265
南京市辖五县电力工业志
南京市辖五县电力工业志编纂委员会编 南京 江苏人民出版社 1998 年 439 页

008665721
南京水利志
南京市地方志编纂委员会编 深圳 海天出版社 1994 年 476 页〔南京市志丛书〕

011477004
南京同仁堂制药厂志
南京同仁堂制药厂厂志编纂委员会编

南京 南京同仁堂制药厂 1991 年 259 页〔南京医药志丛书〕

008446206
南京微分电机厂志 1956—1992
南京微分电机厂志编纂委员会编 南京 南京微分电机厂志编纂委员会 1996 年 207 页〔南京机械工业志丛书〕

012721940
南京下关发电厂志 1991—2002
汤长胜主编 北京 中国电力出版社 2011 年 196 页〔江苏省电力工业志丛书〕

013659678
南京线路器材厂志
南京线路器材厂志编纂委员会编 南京 江苏科学技术出版社 2012 年 441 页〔江苏省电力工业志丛书〕

010474126
南京小营制药厂志
南京小营制药厂编纂小组编 南京 南京小营制药厂 1992 年 46 页

010200070
南京盐业志
南京盐务局编 南京 南京盐务局 1997 年 277 页

007977427
南京冶金工业志
南京市地方志编纂委员会编 北京 方志出版社 1996 年 362 页〔南京市志丛书〕

008188530
南京医药志
南京市地方志编纂委员会编 深圳 海天出版社 1994 年 714 页〔南京市志丛书〕

008863917
南京造币厂志
南京造币厂志编辑委员会编 北京 中国金融出版社 1993 年 266 页〔中国印钞造币志丛书〕

012208083
南京造币厂志 1991—2000
南京造币厂志编纂委员会编 北京 中国金融出版社 2002 年 333 页〔中国印钞造币志丛书〕

013659682
南京中医学院制药厂志
南京中医学院制药厂编 南京 南京中医学院制药厂 1990 年 68 页

011499456
南炼志 1958—1998
金陵石化公司炼油厂南炼志编纂委员会编 南京 金陵石化公司炼油厂 1998 年 524 页

009786564

南汽厂志 1947—1985

南京汽车制造厂编 南京 南京汽车制造厂 1987年 493页

011294709

跃进汽车集团公司企业志 1996—2000

刘宁生总编 南京 跃进汽车集团公司 2003年 632页

012769674

中国石化金陵石化公司化工二厂企业发展简志

中国石化金陵石化公司编 南京 中国石化金陵石化公司 1994年 86页

010469002

中国水泥厂志 1921—1985

中国水泥厂志编纂委员会 江苏 中国水泥厂 1986年 252页

011571525

中国水泥厂志 1921—2001

中国水泥厂志编纂委员会 南京 中国水泥厂 2001年 630页

009115910

中华人民共和国化学工业部南京化工厂志

南京化工厂志编辑办公室编纂 北京 方志出版社 1997年 463页

013940884

中建安装工程有限公司志 1983—2012

中建安装工程有限公司志编纂委员会编 南京 南京宝翔印务有限公司 2013年 700页

007848967

南京交通志

南京市地方志编纂委员会编 深圳 海天出版社 1994年 774页〔南京市志丛书〕

009391953

南京公路运输管理志

南京市公路运输管理处编 南京 南京花园印刷厂 1993年 243页

009744800

南京电信局志

南京电信局志编纂委员会编 南京 江苏人民出版社 2000年 395页〔江苏省邮电志系列 02〕

007843345

南京电信志

南京市地方志编纂委员会编 深圳 海天出版社 1994年 268页〔南京市志丛书〕

010200093

南京邮政局志

南京邮政局志编纂委员会编 南京 江苏人民出版社 2000年 480页〔江苏省

邮电志系列 02〕

008817508
南京邮政志
南京市地方志编纂委员会 南京邮政志编纂委员会编 北京 中国城市出版社 1993 年 359 页〔南京市志丛书〕

011320340
南京医药商业志
南京医药商业志编纂委员会编 南京 南京医药商业志编纂委员会 1994 年 225 页

010686940
南京中药商业志
南京中药商业志编纂委员会编 南京 南京中药商业志编纂委员会 1990 年 249 页

008189794
南京价格志
南京市地方志编纂委员会编 深圳 海天出版社 1996 年 541 页〔南京市志丛书〕

008189793
南京日用工业品商业志
南京市地方志编纂委员会编 南京 南京出版社 1996 年 411 页〔南京市志丛书〕

007843385
[南京市]海关志
南京市地方志编纂委员会编 南京海关志编纂委员会编 北京 南京华夏方志文化服务部 1993 年 246 页〔南京市志丛书〕

008188512
南京海关志
南京地方志编纂委员会编 北京 中国城市出版社 1993 年 255 页〔南京市志丛书〕

008188525
南京财政志
南京市地方志编纂委员会编 金钟主编 南京 河海大学出版社 1996 年 1073 页〔南京市志丛书〕

007848960
南京税务志
南京市地方志编纂委员会编 深圳 海天出版社 1994 年 474 页〔南京市志丛书〕

008446247
交通银行南京分行志
江苏地区交通银行志编纂委员会编 南京 江苏人民出版社 1997 年 309 页〔江苏地区交通银行志丛书〕

007848959
南京金融志

南京市地方志编纂委员会编 南京 南京出版社 1995 年 793 页〔南京市志丛书〕

009889561
南京群众文化志
南京市群众文化学会 南京市群众艺术馆编纂 杨霖主编 檀济川等副主编 合肥 黄山书社 1994 年 434 页

009043280
南京文化志
徐耀新主编 魏正瑾 金承平 施正东副主编 李晓宁 吴赓义执行副主编 北京 中国书籍出版社 2003 年 2 册 1361 页〔南京市志丛书〕

008985320
南京报业志
南京市地方志编纂委员会编 上海 学林出版社 2001 年 552 页〔南京市志丛书〕

008532017
南京广播电视志
南京市地方志编纂委员会编 南京 南京出版社 1998 年 302 页〔南京市志丛书〕

009391946
南京市新华书店史志 1949—1990
南京市新华书店店史编辑委员会编 南京 南京市新华书店 1997 年 430 页

011441085
南京图书馆志续编 1996—2005
南京图书馆编纂 南京 南京出版社 2006 年 286 页

008517567
南京档案志
南京市地方志编纂委员会 南京市档案志编纂委员会编 北京 方志出版社 1996 年 253 页〔南京市志丛书〕

008216021
南京社会科学志
南京市地方志编纂委员会 华彬清主编 北京 方志出版社 1998 年 2 册 1166 页〔南京市志丛书〕

011320462
南京电力高等专科学校志 1946—1996
增辑本
丁德劭主编 南京 南京电力高等专科学校 1996 年 284 页

008528737
南京教育志
南京市地方志编纂委员会编 北京 方志出版社 1998 年 2 册 2070 页〔南京市志丛书〕

009405932
江苏教育学院志 初稿
江苏教育学院院志编写组编 南京 江苏教育学院志编写组 2002 年 338 页

009413530
南京师范大学志
南京市师范大学志编写组编 南京 南京大学出版社 1994年 681页

009413537
南京师范大学志 1902—1992
冯世昌主编 南京 南京师范大学出版社 2002年 2册

008994714
南京体育志
南京市地方志编纂委员会编 北京 方志出版社 2002年 442页〔南京市志丛书〕

007228042
南京方言志
南京市地方志编纂委员会编 南京 南京出版社 1993年 316页〔南京市志丛书〕

013628763
南京新文学简志 1949—1989
南京市地方志办公室 南京市作家协会编印 南京 南京市作家协会 1990年 185页

012049576
江苏戏曲志 南京卷
江苏戏曲志编辑委员会 江苏戏曲志南京卷编辑委员会编 南京 江苏文艺出版社 1996年 415页

010243022
南京曲艺志
南京曲艺志编辑室编 南京 江苏文艺出版社 1996年 451页

008985321
南京人物简介
南京市地方志编纂委员会编 南京 南京市地方志编纂委员会 2001年 171页〔南京市志丛书〕

008985270
南京人物志
南京地方志编纂委员会编 上海 学林出版社 2001年 805页〔南京市志丛书〕

011312381
馆藏陶行知文物志
王文岭 辛国俊主编 长春 东北师范大学出版社 2006年 137页

009441952
南京农林人物志
南京农林人物志编纂委员会编 南京 南京出版社 1999年 387页

011294355
南京卫生人物志
南京卫生人物志编纂委员会编 北京 方志出版社 1999年 1155页

008383070

南京文物志

南京市地方志编纂委员会编 北京 方志出版社 1997年 778页〔南京市志丛书〕

009159964

南京民俗志

南京市地方志编纂委员会编 北京 方志出版社 2003年 337页〔南京市志丛书〕

001795432

南京风物志

南京市博物馆编 南京 江苏人民出版社 1983年 167页

008817501

[南京市]自然地理志

南京市地方志编纂委员会编 南京 南京出版社 1992年 517页〔南京市志丛书〕

008528434

江苏省南京市地名录

南京市地名委员会编 南京 南京市地名委员会 1984年 456页

011492024

南京城墙志

杨国庆 王志高著 南京 凤凰出版社 2008年 778页

008817474

南京建置志

南京市地方志编纂委员会编纂 深圳 海天出版社 1994年 375页〔南京市志丛书〕

013940886

中山陵志

王鹏善主编 南京 南京出版社 2013年 624页

010201706

长江中下游地层志 寒武—第四系

南京地质矿产研究所 陈华成 吴其切等编著 合肥 安徽科学技术出版社 1989年 789页

006045961

江苏湖泊志

中国科学院南京地理研究所湖泊室编著 南京 江苏科学技术出版社 1982年 225页

007936603

中国古生物志 南京附近五通系泥盆纪鱼化石

刘东生 潘江 中国科学院古生物研究所 中国科学院古脊椎动物研究所编辑 北京 科学出版社 1958年 61页〔中国古生物志 总号第141册 新丙种第15号〕

009385248

江苏野生植物志

江苏省商业厅 中国科学院植物研究所 南京中山植物园编 南京 江苏人民出版社 1959年 714页

010730267

南京白蚁防治志

南京市白蚁防治管理处编 南京 南京房地产史志丛书编纂委员会 2001年 179页〔南京房地产史志丛书〕

011320452

[南京军区南京总医院]院志 1929—1994

南京军区南京总医院编 南京 南京军区南京总医院 199u年 402页

013531043

江苏省中医院南京中医药大学附属医院院志 1986—2004

刘沈林主编 马明深副主编 南京 南京中医药大学附属医院 2004年 393页

014047767

南京脑科医院院志 1986—1996

南京脑科医院院志编纂委员会编 南京 南京脑科医院院志编纂委员会 1997年 209页

009784713

南京神经精神病防治院院志 1947—1985

南京神经精神病防治院院志编写工作组编 南京 1986年 125页

010244217

南京市儿童医院院志 1936—1985

南京市儿童医院院志办公室编 南京 南京市儿童医院院志办公室 198u年 196页

011476987

南京市口腔医院志 1947—2007

叶发明主编 南京市口腔医院志编纂委员会编 南京 南京市口腔医院 2007年 333页

009784710

南京市中医院院志 1986—2000

南京市中医院院志编纂委员会办公室编纂 南京 南京市中医院 2001年 216页

011794303

中国人民解放军第八一医院志 1947.1—1989.12

中国人民解放军第八一医院编 南京 中国人民解放军第八一医院 1989年 326页

010473932

南京爱国卫生运动志 1949.4—1989.12

南京市爱国卫生运动委员会办公室编 北京 中国医药科技出版社 1991年 263页

008188522
南京卫生志
南京市地方志编纂委员会编 北京 方志出版社 1996年 2册 1354页 〔南京市志丛书〕

006006435
江苏省植物药材志
中国科学院植物研究所南京中山植物园药用植物组编著 北京 科学出版社 1959年 660页

010200068
南京农业大学史志 1914—1988
费旭 周邦任编撰 南京 南京农业大学史志编辑小组 1994年 342页

011320034
南京土壤志
南京市土壤普查办公室编著 南京 南京市土壤普查办公室 1987年 630页

012999235
江苏省中国科学院植物研究所(南京中山植物园)所(园)志 1929—2009
南京 江苏省中国科学院植物研究所 2009年 143页

009675551
南京渔业志
南京市地方志编纂委员会编 合肥 黄山书社 2000年 363页 〔南京市志丛书〕

009159985
南京标准计量管理志
南京市地方志编纂委员会编 北京 方志出版社 2002年 463页 〔南京市志丛书〕

012139319
江苏省电力设计院志 1991—2002
北京 中国电力出版社 2009年 414页 〔江苏省电力工业志丛书〕

011892269
南京城市规划志
南京市地方志编纂委员会编 南京 江苏人民出版社 2008年 2册 990页 〔南京市志丛书〕

007988848
南京城镇建设综合开发志
南京市地方志编纂委员会编 深圳 海天出版社 1994年 493页 〔南京市志丛书〕

007895729
南京建筑志
南京市地方志编纂委员会编 北京 方志出版社 1996年 609页 〔南京市志志丛书〕

008661960
南京园林志
南京市地方志编纂委员会编 北京 方志出版社 1997年 922页 〔南京市志

丛书]

013704329

江苏省交通规划设计院院志 1960—2010

江苏省交通规划设计院有限公司院史编写委员会编 南京 江苏省交通规划设计院有限公司院史编写委员会 2010年 261页

玄武区

009472591

玄武区志

南京市玄武区地方志编纂委员会编 北京 方志出版社 2005年 1093页〔中华人民共和国地方志丛书〕

010280087

玄武新志

李朝润主编 南京 南京出版社 2006年 351页

秦淮区

006362068

白下区志

南京市白下区地方志编纂委员会编纂 常康平主编 朱伯涵等副主编 南京 江苏科技学术出版社 1988年 688页

013224715

南京市白下区志 1986—2005

南京市白下区地方志编纂委员会编 北京 方志出版社 2012年 2册

009441957

南京市白下区文物志

南京市白下区文物事业管理委员会编 南京 江苏古籍出版社 1995年 298页

009338402

南京市白下区地名志

白下区地名志编纂委员会编 南京 白下区地名志编纂委员会 2000年 195页

013093178

南京市秦淮区地名志

秦淮区地名委员会编 南京 秦淮区地名委员会 2006年 218页

009335633

十里秦淮志

南京市秦淮区地方志编纂委员会编纂 北京 方志出版社 2002年 178页

013991347

秦淮著作志

杨献文主编 于曰良 王莉莉编著 南京市秦淮区地方史志编纂委员会 南京市秦淮区图书馆编 南京 南京市秦淮区地方史志编纂委员会 2001年 165页

建邺区

009310568
建邺区志
南京市建邺区地方志编纂委员会编 北京 方志出版社 2003年 1278页

012759006
江心洲街道志
南京市建邺区地方志编纂委员会编 北京 中国文史出版社 2010年 492页〔南京市建邺区部门街道志丛书〕

012759000
建邺文化志
南京市建邺区地方志编纂委员会编 北京 中国文史出版社 2010年 497页〔南京市建邺区部门街道志丛书〕

013861801
建邺档案志
南京市建邺区地方志编纂委员会编 北京 中国文史出版社 2010年 354页〔南京市建邺区部门街道志丛书〕

鼓楼区

009992974
鼓楼区志
南京市鼓楼区地方志编纂委员会编 北京 中华书局 2006年 2册

009472587
下关区志
南京市下关区地方志编纂委员会编 北京 方志出版社 2005年 949页

009105525
下关发电厂志
下关发电厂志编纂委员会编 南京 江苏人民出版社 1994年 213页

012970544
下关教育志
南京市下关区教育局编 下关区 南京市下关区教育局 2005年 186页

009310565
鼓楼区文物志
鼓楼区文物志编纂委员会编 南京 江苏文史资料编辑部 1999年 481页

011321395
南京市鼓楼医院院志 1892—1990
南京市鼓楼医院院志编辑室编 南京 南京市鼓楼医院院志编辑室 1991年 308页

013133823
下关县血防史志 1953—1979
赵雷汉主编 下关 下关市卫生局血吸虫病防治站 1983年 52页

浦口区

007806566
江浦县志
江浦县地方志编纂委员会编 刘海东主编 南京 河海大学出版社 1995年 775页

013092985
江浦县志 1988—2001
南京市浦口区地方志编委会编 北京 方志出版社 2010年 993页

009797397
浦口区志
南京市浦口区地方志编纂委员会编 北京 方志出版社 2005年 872页

011961205
顶山街道志
浦口区顶山街道顶山街道志编纂委员会编 北京 中国文史出版社 2008年 637页〔南京市浦口区街镇志丛书〕

011961211
盘城镇志
浦口区盘城镇盘城镇志编纂委员会编 北京 中国文史出版社 2008年 408页〔南京市浦口区街镇志丛书〕

011961210
石桥镇志
浦口石桥镇石桥镇志编纂委员会编 北京 中国文史出版社 2008年 535页〔南京市浦口区街镇志丛书〕

011961208
泰山街道志
浦口区泰山街道泰山街道志编纂委员会编 北京 中国文史出版社 2008年 499页〔南京市浦口区街镇志丛书〕

012099959
汤泉镇志
周世泉主编 汤泉镇 汤泉镇人民政府 2003年 743页〔浦口区志丛书〕

013630242
乌江镇志
浦口区乌江镇乌江镇志编纂委员会编 北京 中国文史出版社 2008年 430页〔南京市浦口区街镇志丛书〕

011961196
星甸镇志
浦口区星甸镇星甸镇志编纂委员会编 北京 中国文史出版社 2008年 686页〔南京市浦口区街镇志丛书〕

013630482
沿江街道志
浦口区沿江街道沿江街道志编纂委员会编 北京 中国文史出版社 2008年 400页〔南京市浦口区街镇志丛书〕

011432917
江浦县土地管理志
江浦县国土管理局编 南京 江苏人民出版社 1999 年 282 页

009115924
南京市浦口区土地管理志
南京市浦口区土地管理局编 北京 方志出版社 1999 年 274 页

012251231
江浦县电力工业志 1988—2002
江浦县电力工业志编纂委员会编 南京 江苏人民出版社 2008 年 199 页〔南京市电力工业志丛书〕

013861811
江浦县公路志
江浦县公路管理站编印 珠江镇 江浦县印刷厂 1993 年 182 页

011292809
江浦县教育志
江浦县教育局编纂 江浦 江浦县教育局 1991 年 334 页

008532444
江苏省江浦县地名录
江浦县地名委员会编 江浦 江浦县地名委员会 1987 年 257 页

013659366
江浦县卫生志
江浦县卫生志编纂办公室编 江浦 江浦县卫生志编纂办公室 1990 年 289 页

栖霞区

009115985
栖霞区志
南京市栖霞区地方志编纂委员会编 北京 方志出版社 2002 年 1324 页

005503986
栖霞山志
朱洁轩编著 香港 香港鹿野苑 1962 年 236 页

009115932
南京市栖霞区土地管理志
南京市栖霞区国土管理局编 北京 方志出版社 1999 年 374 页

雨花台区

009046129
雨花台区志
南京市雨花台区地方志编纂委员会编 北京 方志出版社 2002 年 831 页

011943022
板桥街道志
雨花台区板桥街道志编纂委员会编 北京 中国文史出版社 2008 年 580 页〔南京市雨花台区街道志丛书〕

009115916

南京市雨花台区土地管理志

南京市雨花台区国土管理局编 北京 方志出版社 1999 年 254 页

009385251

南京市雨花台区地名志

南京市雨花台区地名委员会 南京市雨花台区城乡建设局编 南京 南京市雨花台区城乡建设局 1992 年 415 页

江宁区

002987987

江宁县志

江宁县地方志编纂委员会编纂 李荣潮 陈祖贻主编 北京 档案出版社 1989 年 1099 页〔江苏省地方志〕

013000510

秣陵志

中共南京市江宁区委秣陵街道工作委员会 南京市江宁区人民政府秣陵街道办事处 王登华 谢从军 庞树根主编 南京 江苏人民出版社 2009 年 602 页〔南京市江宁区地方志书〕

013179376

淳化街道志

淳化街道志编纂委员会编 北京 方志出版社 2011 年 1008 页

013328705

东山街道志

东山街道志编纂委员会编 北京 方志出版社 2011 年 1038 页〔南京市江宁区地方志丛书〕

010778014

东山镇志

中共江宁县东山镇委员会 江宁县东山镇人民政府编 东山镇 江宁县东山镇人民政府 1989 年 248 页〔江宁县地方志丛书〕

013925273

谷里村志

中共谷里镇北古里村总支委员会 谷里镇北古里村村民委员会 中共谷里镇南古里村支部委员会 谷里镇南古里村村民委员会编 济南 山东友谊出版社 2013 年 549 页

012998958

谷里街道志

江宁区谷里街道志编纂委员会编 南京 江苏人民出版社 2010 年 937 页〔南京市江宁区地方志书〕

011579859

谷里乡志 第 7 卷

赵恒林主编 谷里乡 1992 年 285 页〔江宁县地方志丛书〕

013324576
横溪街道志
南京市江宁区横溪街道志编委会编 北京 方志出版社 2011年 1221页〔南京市江宁区地方志丛书〕

013013564
江宁街道志
江宁街道志编纂委员会编纂 北京 方志出版社 2011年 942页〔南京市江宁区地方志书〕

010473851
江宁镇志
中共江宁镇委员会 江宁镇人民政府编 南京 南京出版社 1990年 352页〔江宁县地方志丛书〕

012661576
禄口街道志
江宁区禄口街道志编纂委员会编 南京 江苏人民出版社 2010年 1336页〔南京市江宁区地方志书〕

010146965
禄口镇志
江宁县禄口镇地方志编纂领导小组编 江宁 江宁县禄口镇地方志编纂领导小组 1992年 277页〔江宁县地方志丛书〕

010292169
秣陵镇志
中共秣陵镇委员会 秣陵镇人民政府编 南京 南京出版社 1992年 308页〔江宁县地方志丛书〕

010777037
上坊乡志
王仲模主编 上坊乡 江宁县上坊乡人民政府 1990年 317页

013185847
汤山街道志
汤山街道志编纂委员会编 北京 方志出版社 2011年 824页〔南京市江宁区地方志书〕

010687013
陶吴镇志
陶吴镇志编纂领导小组编 南京 南京出版社 1992年 298页〔江宁县地方志丛书〕

010280378
周岗镇志
俞林松主编 江宁 周岗镇地方志编纂领导小组 1995年 516页

011762323
江宁人民代表大会志
郭宇飞 庞树根主编 南京 江苏人民出版社 2007年 602页

009889554
江宁政协志

赵鹤康 吴德厚 庞树根主编 庞树根总纂 南京 江苏人民出版社 2005年 414页

012999228
江宁区公安志
南京市公安局江宁分局编印 南京 江苏人民出版社 2009年 595页〔南京市江宁区地方志书〕

009686863
江宁民政志
周久耕主编 庞志贵 庞树根副主编 庞树根特邀总纂 南京 江苏人民出版社 2004年 489页

012639011
江宁区劳动和社会保障志
南京市江宁区劳动和社会保障志编纂委员会编 北京 方志出版社 2009年 673页〔南京市江宁区地方志书〕

012661266
江宁法院志
江宁法院志编纂委员会编 南京 江苏人民出版社 2011年 568页

013753721
南京市江宁区军事志
南京市江宁区军事志编纂委员会编著 南京 南京市江宁区军事志编纂委员会 2011年 671页

009241482
江宁经济志
周久耕主编 总撰庞树根副主编 南京 江苏人民出版社 2001年 440页

012766306
南京江宁经济技术开发区志
杨友林 庞树根主编 南京 江苏人民出版社 2010年 388页

012680264
江宁区质量技术监督志
江宁区质量技术监督志编纂委员会编 北京 方志出版社 2011年 295页

012999220
江宁区房产志
南京市江宁区房产管理局编 南京 江苏人民出版社 2009年 473页〔南京市江宁区地方志书〕

013684397
江宁县城乡建设志
江宁县城乡建设志编纂小组编 南京 南京出版社 1991年 314页〔江宁县地方志丛书〕

009018366
江宁县土地管理志
江宁县土地管理局编 南京 江苏人民出版社 1999年 357页

009348827

江宁区农机化志

南京市江宁区水利局编 北京 方志出版社 2004年 341页

012661274

江宁区林牧渔业志

南京市江宁区林牧渔业志编纂委员会编 南京 江苏人民出版社 2010年 499页〔南京市江宁区地方志书〕

011996785

江宁区电力工业志 1988—2002

江宁区电力工业志编纂委员会编 南京 江苏人民出版社 2008年 239页〔南京市电力工业志丛书〕

010291661

江宁县县属工业志

江宁县县属工业志编纂小组编 南京 南京出版社 1990年 306页

011497862

江宁县交通志

张镛祥主编 江宁县交通志编纂领导小组编 南京 南京出版社 1993年 512页〔江宁县地方志丛书〕

011311459

江宁县邮电志

江宁县邮电志编纂委员会编 南京 东南大学出版社 1999年 349页

011497861

江宁县供销合作社志

张秋萍主编 江宁县供销合作总社编 江宁 江宁县供销合作总社 1998年 329页〔江宁县地方志丛书〕

011432907

江宁县商业志

江宁县商业志编纂领导小组编印 江宁 江宁县商业志编纂领导小组 1998年 196页〔江宁县地方志丛书〕

013752626

江宁区商务志

南京市江宁区商务志编纂委员会编 南京 南京出版社 2012年 448页〔南京市江宁区地方志书〕

012819738

江宁地方税务志

江宁地方税务志编纂委员会编 北京 方志出版社 2010年 357页〔南京市江宁区地方志书〕

013752627

江宁区文化志

南京市江宁区文化志编纂委员会编 南京 南京出版社 2011年 550页〔南京市江宁区地方志书〕

012999215

江宁区档案志

南京市江宁区档案局 南京市江宁区档

案馆编 南京 江苏人民出版社 2009
年 338 页〔南京市江宁区地方志书〕

011311470
江宁县教育志
林双泉 张映祥 朱克成主修 董德华 彭
年德主编 江宁 江宁县教育委员会
2000 年 715 页〔江宁县地方志丛
书〕

012898985
江宁区地名志
南京市江宁区地名委员会编印 南京 江
苏人民出版社 2009 年 530 页〔南京
市江宁区地方志书〕

008446367
江宁县施政概况 1986—1990
江宁县地方志编纂委员会编 李荣潮 陈
祖贻主编 南京 南京出版社 1992 年
315 页〔江宁县地方志丛书〕

008532438
江苏省江宁县地名录
江宁县地名委员会编 江宁 江宁县地名
委员会 1984 年 293 页

009338348
江宁县水利志
江宁县水利农机局编 南京 河海大学出
版社 2001 年 399 页

011497869
江宁县抗洪志 1991
江宁县地方志编纂委员会编 李荣潮 陈
祖贻主编 南京 南京出版社 1992 年
255 页〔江宁县地方志丛书〕

012898987
江宁区环境保护志
江宁区环境保护志编纂委员会编 北京
方志出版社 2011 年 442 页

六合区

010253914
大厂区志
南京市大厂区地方志编纂委员会编 北
京 方志出版社 2006 年 988 页

010280290
长芦镇志
长芦镇志编纂委员会编 北京 中国工商
出版社 2006 年 348 页

013191012
竹镇镇志
竹镇镇地方志编纂委员会编 北京 方志
出版社 2011 年 502 页

013793242
六合人口和计划生育志
六合人口和计划生育志编纂委员会编
北京 方志出版社 2012 年 298 页

012265314
六合县工会志
南京市六合区总工会编 北京 方志出版社 2009年 384页

012873327
南京市六合区军事志
南京市六合区军事志编纂委员会编 北京 大众文艺出版社 2007年 580页

011440997
六合县土地管理志
六合县国土管理局编 南京 江苏人民出版社 2000年 279页

008672220
南京市大厂区土地管理志
南京市大厂区国土管理局编 北京 方志出版社 1999年 225页

011997365
六合县电力工业志 1988—2002
六合县电力工业志编纂委员会编 南京 江苏人民出版社 2008年 252页〔南京市电力工业志丛书〕

009338376
六合县水利志
六合县水利志编纂委员会编 北京 方志出版社 2003年 428页

008446237
六和交通志
六和交通志编纂领导小组编 合肥 黄山书社 1995年 323页

011499309
六合县饮食服务业志
六合县饮食服务业志编纂小组编 南京 六合县饮食服务业志编纂小组 1994年 232页

013898375
六合县供销合作社志 1949—1985
六合县供销合作联社编纂办公室编 六合 六合县供销合作联社 1986年 216页

008532415
江苏省六合县地名录
六合县地名委员会编 六合 六合县地名委员会 1983年 393页

012139479
六合区人民医院志 1949—2009
六合区人民医院志编纂委员会编 南京 六合区人民医院 2009年 308页

012003041
雨花石志
南京市六合区地方志工作办公室 南京市六合区档案局编 北京 中华书局 2008年 405页

溧水区

007378989
溧水县志
溧水县地方志编纂委员会编 南京 江苏人民出版社 1990年 780页〔江苏省地方志〕

013730175
溧水县志 1986—2005
溧水县地方志编纂委员会编 北京 方志出版社 2012年 953页

010239217
在城镇志
秘光祥主编 溧水 溧水县在城镇人民政府 1990年 227页

009687013
溧水县民政志
江苏省溧水县民政局编 溧水 江苏省溧水县民政局 1993年 149页

011439935
溧水县土地管理志
溧水县土地管理志编纂委员会编 南京 江苏人民出版社 1999年 427页

013659576
溧水县多种经营志
华辉主编 溧水县林副业局专志编写办公室编纂 溧水 溧水县林副业局专志编写办公室 1990年 322页

011439931
溧水县电力工业志 1919—1991
溧水县供电局编 溧水 溧水县供电局 1992年 242页

011997304
溧水县电力工业志 1988—2002
溧水县电力工业志编纂委员会编 南京 江苏人民出版社 2008年 222页〔南京市电力工业志丛书〕

013862807
溧水县水利志
溧水县水利农机局编 溧水 溧水县水利农机局 1989年 216页

011499167
溧水交通志 1921—1985
溧水交通局编 江苏 溧水交通局 1989年 270页

011294256
溧水县供销合作社志 1950—1995
溧水县供销合作社编 溧水 溧水县供销合作社 1996年 240页

008528375
江苏省溧水县地名录
溧水县地名委员会编 溧水 溧水县地名委员会 1982年 195页

013752750
溧水县人民医院志

溧水县人民医院志编纂委员会编 溧水 溧水县人民医院志编纂委员会 2011年 431页

高淳区

007358217
高淳县志
高淳县地方志编纂委员会编纂 薛兴祥主编 南京 江苏古籍出版社 1988年 945页

012831504
高淳县志 1986—2005
高淳县地方志编纂委员会编 北京 方志出版社 2010年 2册 1338页

009413490
淳溪镇志
淳溪镇编史修志领导小组编 淳溪镇 淳溪镇人民政府 1988年 204页

011497899
江张村志
高淳 江张村志编纂小组 2001年 231页

008992452
武家嘴村志
中共高淳县委党史工作办公室 高淳县地方志办公室编 南京 江苏古籍出版社 2001年 263页

011497726
高淳县城乡建设志 1491—1992
高淳县城乡建设局编纂 南京 南京新闻出版局 1995年 199页

009252832
高淳县土地管理志
高淳县国土管理局编 南京 江苏人民出版社 1997年 479页

009408033
高淳陶瓷公司志
中共高淳县委党史工作办公室编 北京 方志出版社 2004年 353页

011995633
高淳县电力工业志 1988—2002
高淳县电力工业志编纂委员会编 南京 江苏人民出版社 2008年 186页〔南京市电力工业志丛书〕

010293544
高淳县水利志
高淳县水利志编纂委员会编 南京 江苏古籍出版社 1986年 365页

014028983
高淳文物志
高淳文物志编纂委员会编 南京 南京出版社 2012年 226页

008446434
江苏省高淳县地名录

高淳县地名委员会编 高淳 高淳县地名委员会 1985 年 258 页

无锡市

008817590
无锡市志
无锡市地方志编纂委员会编 庄申主编 朱文熙 杨锡根 浦耀煌副主编 南京 江苏人民出版社 1995 年 4 册 3414 页

009865200
无锡村志
王立人主编 北京 中国社会出版社 2004 年 226 页

013939671
扬名街道志 2004—2011
无锡市南长区扬名街道志编纂委员会编著 许祥新主编 南京 凤凰出版社 2013 年 512 页

009413578
扬名镇志
陈国柱主编 北京 方志出版社 2004 年 531 页

012317104
玉祁镇志
无锡市玉祁镇志编纂委员会编著 刘云骥主编 陶春良副主编 南京 江苏人民出版社 2009 年 939 页

013732351
无锡人口和计划生育志
无锡人口和计划生育志编纂委员会编 北京 中国人口出版社 2012 年 751 页

013510637
无锡宣传志 1949—2009
无锡宣传志编纂委员会编 南京 凤凰出版社 2011 年 515 页

009993432
无锡市工会志 1990—2003
无锡市工会志编纂委员会编 北京 方志出版社 2005 年 482 页

013462788
无锡市公安志 1949—1987
无锡市公安志编纂委员会编 北京 群众出版社 1993 年 258 页

011792982
无锡市民政志
无锡市民政局编 无锡 无锡市民政局 1988 年 195 页

012662408
无锡市民政志 1986—2005

无锡市民政局编 无锡 无锡市民政局 2008年 493页

009408172
无锡帮会志
郁有满著 大世界出版公司 1999年 193页

012545396
无锡检察志
无锡检察志编纂领导小组编 无锡 无锡检察志编纂领导小组 2008年 444页

013863904
无锡律师志 1911—2009
无锡律师志编纂委员会编 2012年 335页

012613305
无锡市审计志
无锡市审计志编委会编 北京 中国时代经济出版社 2007年 501页

013994018
无锡房地产志
无锡市房地产管理局编志组编 1987年 146页

009266095
无锡市土地志
无锡市土地志编纂委员会 王云鹤主编 丁全荣 余金生 虞君和副主编 虞君和主笔 南京 江苏人民出版社 1998年 409页

010280356
无锡电力工业志
无锡供电局编 上海 生活·读书·新知三联书店上海分店 1990年 240页 〔太湖流域地区专业志丛书〕

010474129
无锡动力机厂志 1929—1978
无锡动力机厂志编纂委员会编 无锡 无锡动力机厂 1992年 291页

010280343
无锡纺织工业志 1895—1985
无锡市纺织工业局编 无锡 无锡市纺织工业局 1987年 272页

009687093
无锡服装志 1778—2000
无锡市服装行业志编纂委员会编 无锡 无锡市服装行业志编纂委员会 2003年 164页

009414216
无锡市丝绸工业志
钱耀兴主编 上海 上海人民出版社 1990年 565页 〔太湖流域地区专业志丛书〕

011500730
无锡市交通志
无锡市交通志编纂委员会编 周祥发主

编 上海 上海人民出版社 1990年 401页

011998519
无锡市交通志 1986—2005
无锡市交通志编纂委员会编 北京 方志出版社 2008年 679页

010280355
无锡市旅游志
无锡市旅行游览事业管理局 无锡市地方志办公室编 许辉主编 沈虹太撰稿 上海 上海三联书店 1990年 325页〔太湖流域地区专业志丛书〕

013863906
无锡市供销合作社社志
邱风贤主编 无锡市供销合作总社编史办公室编 无锡 无锡市供销合作总社 1990年 142页

009385263
无锡粮食志
无锡市粮食局编 长春 吉林科学技术出版社 1990年 389页

010280383
无锡市物价志
无锡市物价局编写 南京 江苏人民出版社 1996年 359页

012766988
无锡市商业局志 1980—2008

无锡市商业经济学会编 无锡 2009年 265页

011792980
无锡市财政志 1840—1985
无锡市财政局编 无锡 无锡市财政局 1988年 255页

012545397
无锡市地方税务志 1994—2007
马伟主编 无锡市地方税务局编 苏州 古吴轩出版社 2009年 328页

012208314
无锡市税务志
无锡市税务局编 无锡 无锡市税务局 1988年 168页

012759010
交通银行无锡分行志 1911—2007
交通银行无锡分行志编纂委员会编 上海 上海人民出版社 2009年 655页

007819134
无锡市金融志
张荣坤主编 雍嘉禄 张闯副主编 上海 复旦大学出版社 1996年 328页

010110338
无锡市教育志
无锡市教育志编纂委员会编 刘谦冲主编 方玉书主笔 上海 上海三联书店 1994年 458页〔太湖流域地区专业

志丛书]

009797401
无锡轻工大学志 续篇 1986—2000
无锡轻工大学志编纂委员会编 无锡 无锡轻工大学志编纂委员会 2004年 834页

001795230
无锡风物志
徐武 沈虹太等 诸辛耕 杨远威插图 南京 江苏人民出版社 1981年 149页

008528637
江苏省无锡市地名录
无锡市地名委员会编 无锡 无锡市地名委员会 1983年 289页

010730170
无锡市第二人民医院志续 1987—1997
无锡 无锡市第二人民医院 1998年 126页

013822933
无锡市第五人民医院 南京医科大学附属无锡第五医院 无锡市胸科医院院志
院志编委会编 无锡 无锡市松鹤印刷厂 2007年 436页

011328470
无锡市第一人民医院院志
方佩英主编 梦非 王继东副主编 无锡 无锡市第一人民医院院志编辑委员会 2002年 961页

012898991
江苏省原子医学研究所所志 1959—2009
江苏省原子医学研究所编 无锡 江苏省原子医学研究所 2009年 256页

012968059
江苏省无锡市土壤志
无锡市农业局 江苏省土壤普查办公室编 无锡 无锡市农业局江苏省土壤普查办公室 1989年 142页

009391924
无锡轻工业学院院志 1958—1985
无锡轻工业学院院编纂委员会编 无锡 无锡轻工大学 1988年 185页

013795661
无锡园林志
常荣初主编 无锡市公园景区管理中心 无锡市园林文化研究会编 南京 凤凰出版社 2013年 2册

010476204
无锡市水利志
无锡市水利局编 北京 中国水利水电出版社 2006年 495页

011955693
无锡市水利志 2001—2005
无锡市水利局编 北京 中国水利水电出

版社 2008年 250页

011998529
无锡运河志
郁有满编著 西安 西安地图出版社 2008年 426页

崇安区

013167506
崇安寺街道志
无锡市崇安区崇安寺街道志编纂委员会编 南京 凤凰出版社 2010年 766页〔无锡市崇安区街道志丛书〕

013167525
广瑞路街道志
无锡市崇安区广瑞路街道志编纂委员会编 南京 凤凰出版社 2010年 318页〔无锡市崇安区街道志丛书〕

013167526
广益街道志
无锡市崇安区广益街道志编纂委员会编 南京 凤凰出版社 2010年 714页〔无锡市崇安区街道志丛书〕

013167522
江海街道志
无锡市崇安区江海街道志编纂委员会编 南京 凤凰出版社 2010年 304页〔无锡市崇安区街道志丛书〕

012956120
上马墩街道志
无锡市崇安区上马墩街道志编纂委员会编 南京 凤凰出版社 2010年 350页〔无锡市崇安区街道志丛书〕

013167527
通江街道志
无锡市崇安区通江街道志编纂委员会编 南京 凤凰出版社 2010年 703页〔无锡市崇安区街道志丛书〕

南长区

007505448
南长区志
南长区志编纂委员会编 上海 上海人民出版社 1991年 506页

北塘区

009472581
北塘区志
无锡市北塘区地方志办公室编 北塘区 无锡市北塘区地方志办公室 1991年 717页

锡山区

007486961
无锡县志
无锡县志编纂委员会编 谈汗人主编 袁

家麟 李广平副主编 上海 上海社会科学院出版社 1994年 1185页

011955706
锡山市志 1986—2000
锡山市志编纂委员会编 顾伟伦主编 北京 方志出版社 2008年 2册 1386页

009319786
东亭镇志
东亭镇志编纂委员会编 南京 江苏人民出版社 2003年 669页〔江苏省地方志〕

010777051
陆区乡志
无锡县陆区乡人民政府编 陆区乡 无锡县陆区乡人民政府 1991年 413页

006283398
无锡县物资志
江苏省无锡县物资局编 北京 中国物资出版社 1991年 314页

009675574
无锡县土地志
无锡县土地志编纂委员会 彭焕明主编 王全度副主编 南京 江苏人民出版社 1998年 475页

009174342
无锡县农业志

江苏省无锡县农业志编纂委员会编 蒋国良主编 北京 中国农业出版社 1996年 536页

009348845
无锡县工业志
无锡县经济委员会 无锡县乡镇企业管理局编 上海 上海人民出版社 1990年 496页〔太湖流域地区专业志丛书〕

011792986
无锡县交通志
无锡县交通志编纂委员会编 无锡 无锡县交通志编纂委员会出版 1988年 155页

008528416
江苏省无锡县地名录
无锡县地名委员会编 无锡 无锡县地名委员会 1985年 540页

010686856
无锡县血防志
无锡 无锡县卫生局 1988年 208页

013862875
洛社卫生志
锡山市第二人民医院编 1995年 187页

009252836
无锡县卫生志
无锡县卫生志编纂委员会编 唐尧根主

编 王静副主编 戴金敖 邱品成编 南京 江苏人民出版社 2001年 579页

009385242

江苏省无锡县土壤志

无锡县土壤普查办公室 无锡市农业局 江苏省土壤普查办公室编 无锡 江苏省土壤普查办公室 1983年 304页

惠山区

009252820

洛社镇志

洛社镇志办公室编 南京 江苏科学技术出版社 1990年 501页

009009715

前洲镇志

前洲镇志编纂委员会编 张岳根主编 陈伟民副主编 南京 江苏人民出版社 2002年 638页

滨湖区

010474131

无锡市郊区志

无锡市郊区地方志编纂委员会编 无锡 无锡市郊区地方志办公室 1992年 689页

012191969

胡埭乡志

胡埭乡志办公室编 南京 江苏科学技术出版社 1990年 449页

012882681

胡埭镇志

无锡市胡埭镇志编纂员会编 许振华主编 北京 方志出版社 2010年 680页

013144469

江苏省无锡蠡园经济开发区 无锡市滨湖区蠡园街道志

江苏省无锡蠡园经济开发区 无锡市滨湖区蠡园街道志编纂委员会编 南京 凤凰出版社 2011年 523页

010777053

梅村志

梅村镇志办公室编 南京 江苏科学技术出版社 1991年 515页

012836160

群丰村志

无锡市滨湖区马山镇群丰村编 无锡 无锡市滨湖区马山镇群丰村 2004年 295页

013731157

荣巷街道志

无锡市滨湖区荣巷街道志编纂委员会编著 胡汉茂主编 张清 刘定才 黄旭副主编 南京 凤凰出版社 2011年 778页

012612934
嶂青村志
无锡市滨湖区马山镇嶂青村编 北京 中国文联出版社 2005年 305页

013959422
孙蒋社区地方志 1997—2006
中共无锡市滨湖区河埒街道孙蒋社区总支部委员会 无锡市滨湖区河埒街道孙蒋社区居民委员会编 2007年 1册

江阴市

013531046
江阴市交通志 重修本
江阴市交通志编纂委员会编 苏州 苏州大学出版社 2011年 758页〔江阴市地方志丛书〕

004032269
江阴市志
江苏省江阴市地方志编纂委员会编 上海 上海人民出版社 1992年 1452页

013861846
江阴市志 1988—2007
江阴市地方志编纂委员会主持 江阴市史志办公室承编 北京 方志出版社 2012年 2册 1904页

013939477
峭岐志
江阴市徐霞客镇人民政府主持 峭岐志编纂委员会编 南京 凤凰出版社 2013年 544页〔江阴市方志丛书〕

009865168
长泾镇志
江阴市长泾镇人民政府编 上海 上海三联书店 1991年 331页〔长江三角洲乡镇志丛书〕

012611114
华士镇志
华士镇志编纂委员会编 北京 方志出版社 2009年 1373页〔江阴市方志丛书〕

010008755
璜土镇志
中共江阴市璜土镇委员会 江阴市璜土镇人民政府编 苏州 苏州大学出版社 1996年 426页

013774476
李沟头村志
李沟头村志编纂委员会编 上海 文汇出版社 2013年 311页

008661973
利港镇志
中共江阴市利港镇委员会 江阴市利港镇人民代表大会 江阴市利港镇人民政府编 苏州 苏州大学出版社 1997年 448页

013933200

马镇志

江阴市徐霞客镇人民政府主持 马镇志编纂委员会编 南京 凤凰出版社 2013年 701页〔江阴市方志丛书〕

008817785

青阳镇志

中共江阴市青阳镇委员会 江阴市青阳镇人民政府编 苏州 苏州大学出版社 1999年 519页

010008910

西石桥镇志

西石桥镇志编纂办公室编 苏州 苏州大学出版社 1994年 378页

012900051

新桥镇志

江苏省江阴市新桥镇镇志编纂委员会编 北京 方志出版社 2011年 572页〔江阴市方志丛书〕

008817281

云亭镇志

云亭镇志编纂委员会编 苏州 苏州大学出版社 1998年 331页

008668429

周庄镇志

中共江阴市周庄镇委员会 江阴市周庄镇人民政府编 南京 南京大学出版社 1999年 457页

013792484

江阴市工会志 1994—2012

江阴市工会志编纂委员会编 北京 方志出版社 2013年 392页〔江阴市方志丛书〕

011312395

江阴市妇女联合会志 1988—2006

江阴市妇女联合会志编写委员会编 北京 中国妇女出版社 2007年 433页〔江阴市方志丛书〕

011762362

江阴市人民代表大会志 1949—2007

江阴市人民代表大会常务委员会 江阴市人民代表大会志编纂委员会编 北京 方志出版社 2007年 557页〔江阴市方志丛书〕

007682746

江阴市民政志

鲁汝华主编 江阴市民政局编 上海 上海社会科学院出版社 1995年 455页

013861841

江阴市残疾人联合会志 1991—2011

江阴市残疾人联合会编 北京 华夏出版社 2012年 550页

010199848

江阴市物资志

江苏省江阴市物资局江阴市物资志编纂委员会编 北京 中国物资出版社

1991年 223页

009405933
江阴市土地志
王忠义主编 南京 江苏人民出版社 1997年 389页

011954385
江阴市土地志 1996—2007
江阴市土地志编纂委员会编 北京 方志出版社 2008年 408页〔江阴市方志丛书〕

007469670
江苏省江阴市粮食志
江阴市粮食志编纂办公室编 上海 上海古籍出版社 1992年 361页

009328426
江阴市农业机械化志 1988—2000
江阴市水利农机局编 北京 方志出版社 2003年 326页

013335415
江阴市口岸志
江阴市口岸志编写委员会编 北京 中国文史出版社 2005年 286页

008063815
江阴市供销合作总社志
江阴市供销合作总社志编纂委员会编 上海 上海人民出版社 1990年 231页

013752635
江阴市财政志 1988—2007
江阴市财政志编纂委员会编 北京 方志出版社 2013年 257页〔江阴方志丛书〕

013508422
江阴市地方税务志 1994—2009
无锡市江阴地方税务局编 北京 方志出版社 2012年 316页

013861845
江阴市教育志
江阴市教育委员会编 上海 中国大百科全书出版社上海分社 1991年 435页〔太湖流域地区专业志丛书〕

012955300
南菁书院志 1882—2002 初稿
赵统编著 南菁校史编委会审定 江阴 江苏省南菁高级中学 2002年 209页

011295965
澄江志
江苏省江阴市澄江志编纂委员会编 严伯英主编 李昌达 曹金志副主编 北京 方志出版社 2007年 1013页〔江阴市方志丛书〕

008528599
江苏省江阴市地名录
江阴市地名委员会编 江阴 江阴市地名委员会 1988年 344页

013606624
中华医学会江苏江阴市分会会志
中华医学会江苏江阴市分会编 1989年 51页

012174060
江阴市人民医院志 1897—2007
江阴市人民医院志领导小组编 杨惠光主编 沈慕伟 李国芳副主编 江阴 江阴市人民医院 2007年 758页

012968008
江阴县土壤志
江阴县土壤普查办公室编 江阴 江阴县土壤普查办公室 1984年 278页

013820463
江阴市水利农机志 2001—2010
卢建法 何兴才主编 南京 河海大学出版社 2012年 506页

009106720
江阴市水利志
江苏省江阴市水利农机局编 北京 水利电力出版社 1992年 268页

宜兴市

007378005
江苏省宜兴县志
江苏省宜兴市地方志编纂委员会编 韩霞辉主编 谢敖萍副主编 上海 上海人民出版社 1990年 1025页

013723703
宜兴市志 1988—2005
宜兴市地方志编纂委员会编 北京 方志出版社 2012年 2册 1721页

009889530
丁蜀镇志
丁蜀镇志编纂委员会编 北京 中国书籍出版社 1992年 818页〔中国名镇志〕

009768814
高塍镇志
杜乃立主编 北京 方志出版社 2005年 560页

008446230
官林镇志
官林镇志编纂委员会编 北京 新华出版社 1998年 311页〔中华人民共和国地方志丛书〕

013955847
湖㳇镇志
湖㳇镇志编纂委员会编 北京 中央文献出版社 1999年 430页

011805440
江苏省宜兴市鲸塘镇志
鲸塘镇志编纂委员会编 扬州 广陵书社 2008年 507页

012174820
屺亭镇志
屺亭镇志编纂委员会编 屺亭镇 屺亭镇志编纂委员会 1998年 403页〔中华人民共和国地方志丛书〕

009252828
善卷镇志
善卷镇志编纂委员会编 南京 江苏人民出版社 1999年 2册

009105517
太华镇志
太华镇志编纂委员会编 南京 江苏古籍出版社 2001年 416页

009335276
杨巷镇志
杨巷镇志编纂委员会编 北京 方志出版社 2003年 434页

008091859
宜城镇志
杨晓方主编 宜城镇志编纂委员会编 上海 上海人民出版社 1991年 702页〔中国名镇志〕

009319910
张渚镇志
张渚镇志编纂委员会编 宜兴 和桥印刷厂 1991年 398页〔中国名镇志〕

011810575
周铁镇志
周铁镇志编纂委员会编 南京 凤凰出版社 2008年 611页

009009953
宜兴工会志
宜兴工会志编纂委员会编 北京 方志出版社 2002年 384页

013510888
宜兴县民政志
宜兴县民政局编 宜兴 宜兴县民政局 1987年 159页

009993476
宜兴市土地志
宜兴市土地志编纂委员会 钱宁 史科祥主编 南京 江苏人民出版社 1998年 320页

008446258
江苏省宜兴县交通志
宜兴县交通志编纂委员会编 上海 上海人民出版社 1991年 209页

009335742
宜兴县商业志 1912—1987
宜兴县商业局编 宜兴 宜兴县商业局 1989年 300页

010292600
江苏省宜兴县教育志

江苏省宜兴县教育志编纂组编 吴省忠主编 邵正芳主笔 宜兴 江苏省宜兴县教育志编纂组 1993年 497页

009962532
宜兴体育志
宜兴体育志编纂委员会编 北京 人民体育出版社 2002年 323页

013776026
宜兴人物志
宜兴市政协文史资料委员会编 宜兴 宜兴市政协文史资料委员会 1995年 228页〔宜兴文史资料 第22辑〕

013757253
宜兴人物志
江苏省政协文史资料委员会 宜兴市政协文史资料委员会编 南京 江苏文史资料编辑部 1997年 354页〔江苏文史资料 第101辑 宜兴文史资料 第24辑〕

008528564
江苏省宜兴县地名录
宜兴县地名委员会编 宜兴 宜兴县地名委员会 1983年 339页

013604574
宜兴市人民医院院志 1946—2004
宜兴 宜兴市人民医院院志编纂委员会 2006年 255页

013797182
宜兴县卫生志 1912—1987
宜兴县卫生志编纂领导小组编 宜兴 宜兴县卫生志编纂领导小组 1987年 293页

徐州市

008053797
徐州市志
王希龙主修 李仰珍监修 董献吉总纂 徐州市地方志编纂委员会编 北京 中华书局 1994年 2册 2441页〔中华人民共和国地方志丛书〕

013379137
徐州民族宗教志 1910—1985
徐州市民族宗教事务局编 黄殿墀主编 徐州 徐州市民族宗教事务局 1991年 240页

011445782
中国共产党徐州党务志 1914—1949
董助才主编 董瑞云副主编 北京 中国人事出版社 1993年 295页〔中国地方志丛书〕

008192053

徐州市委党校志 1949—1994

中共徐州市委党校编 哈尔滨 黑龙江人民出版社 1994年 234页

008193895

徐州工会志

徐州工会志编纂委员会编 徐州 徐州矿业大学出版社 1993年 279页

012140854

徐州市人民代表大会志 1949—2008

徐州市人民代表大会志编纂委员会编 北京 方志出版社 2009年 812页

013630439

徐州政协志 1949—1985

政协徐州市委员会办公室编 徐州 政协徐州市委员会办公室 1990年 166页

011444125

徐州公安志 1906—1985

徐州市公安局史志办公室编 徐州 徐州市公安局史志办公室 1991年 302页

013994207

徐州红十字志

刘玲 张飓主编 合肥 黄山书社 2013年 427页

009082346

徐州民政志

徐州民政志编纂办公室编 北京 中国文史出版社 1992年 825页

012814445

徐州市民政志 1989—2009

徐州市民政局编 北京 方志出版社 2010年 258页

013939603

徐州司法志 1912—1985

舒景明主修 陈颖主编 徐州 江苏省徐州市司法局徐州司法志办公室 1989年 141页

013604542

徐州人民防空志

叶小龙主编 南京 江苏人民出版社 2012年 502页

012872507

淮海经济区志

王其林主编 南京 凤凰出版社 2010年 278页〔徐州地方志丛刊〕

013686416

徐州市工商行政管理志

徐州市工商局编 徐州 徐州市工商局 1989年 215页

011444111

徐工集团志

徐工集团志编纂委员会编 徐州 徐州工程机械集团有限公司 1999年 215页

011327157

徐州市房地产志 1912—1985

高宗主编 徐州市房产管理局编 徐州

徐州市房产管理局 1989年 148页

012052472
徐州市房地产志 1912—2005
徐州市房产管理局编 徐州 徐州市房产管理局 2006年 501页

013464209
徐州市路灯志
徐州市路灯志编纂委员会编 徐州 徐州市路灯志编纂委员会 2010年 315页

009993461
徐州市土地管理志
徐州市土地管理志编纂委员会编 南京 江苏人民出版社 2000年 295页

013926379
沿湖农场志 历史年限 1960—1998
单晓霞 闫洪勋主编 徐州 徐州师范大学印刷厂 2000年 573页

013097857
徐州市水产志
徐州市水产局编 徐州 徐州市水产局 1990年 67页

011327190
徐州市畜牧志 1910—1988
徐州市多种经营管理局 徐州市畜牧志编委会编 徐州 徐州市多种经营管理局 徐州市畜牧志编委会 1990年 202页

011479428
徐州农村经济体制变革志 1926—1985
徐州农村经济体制改革志编纂委员会编 徐州 中共徐州市委农村工作部 1994年 211页

012173749
大黄山煤矿志
孔庆瑞主编 秦世杰 黄茂增副主编 大黄山煤矿志编纂委员会编 江苏 大黄山煤矿志编纂委员会 1992年 317页

007772029
大屯煤电志 1970—1987
中国统配煤矿总公司大屯煤电公司史志编纂委员会编 上海 上海人民出版社 1990年 127页

011564600
管道二公司史志 1970—1996
中国石油天然气管道第二工程公司编 徐州 中国石油天然气管道第二工程公司 1997年 115页

008379287
韩桥煤矿志 1882—1986
徐州矿务局韩桥煤矿志编纂委员会编 李瑞民 姚澄梧主编 徐州 中国矿业大学出版社 1992年 604页

013752460
淮海水泥厂志
淮海水泥厂志编纂办公室编 徐州 淮海

水泥厂志编纂办公室 1990年 426页

013045729
江苏宏安集团志
江苏宏安集团志编审委员会编 徐州 中国矿业大学出版社 2011年 412页

013145554
铁道部徐州机械厂志 1916—1991
乔月德主编 徐州 中国矿业大学出版社 1993年 234页

013661508
徐矿集团煤炭生产志 1978—2007
徐州矿务集团有限公司史志编辑部编 徐州 徐州矿务集团有限公司史志编辑部 2007年 287页

009147439
徐重厂志 1943—1985
金增序主编 徐州重型机械厂编 徐州 徐州重型机械厂 1988年 271页

009252985
徐州坨城电力有限责任公司志 1985—2002
徐州坨城电力有限责任公司志编纂委员会编 徐州 中国矿业大学出版社 2003年 259页〔江苏省电力工业志丛书〕

008446374
徐州电力工业志 1914—1987
徐州电力工业志编委会编 北京 水利电力出版社 1995年 351页〔江苏省电力工业志丛书〕

013226701
徐州二轻工业志
徐州二轻工业志办公室编 徐州 徐州二轻工业志办公室 1989年 233页

013011210
徐州发电厂志 1970—1995
徐州发电厂志编纂委员会编 徐州 中国矿业大学出版社 1997年 220页

013630430
徐州钢铁厂志 1958—1985
徐州钢铁厂志编纂办公室编 徐州 徐州钢铁厂志编纂办公室 1987年 364页

012100624
徐州钢铁总厂志 1986—2005
徐州钢铁总厂志编纂办公室编 徐州 徐州钢铁总厂志编纂办公室 2006年 421页

011571023
徐州工程机械制造厂志 1948—1985
徐州工程机械制造厂厂志编辑室编 徐州 徐州工程机械制造厂 1988年 359页

013148637
徐州合洗总厂志 1967—1985

徐州合成洗涤剂总厂编 徐州 徐州合成洗涤剂总厂 1989年 233页

011998127
徐州矿务集团有限公司权台煤矿志
权台煤矿志编纂委员会编 北京 煤炭工业出版社 2009年 405页〔徐矿集团志丛书〕

007662456
徐州矿务局志
徐州矿务局史志编纂委员会 黄茂宣主编 北京 煤炭工业出版社 1992年

013706961
徐州矿物集团志 1987—2012
徐州矿物集团志编纂委员会编 北京 煤炭工业出版社 2012年 673页

013097850
徐州铝厂志
徐州铝厂编志办公室编 徐州 徐州铝厂编志办公室 1988年 246页

013097853
徐州煤炭志 1882—1985
徐州市人民政府地方志办公室编 张国良 肖波主编 王怀璠 王家元 柳震金副主编 徐州 中国矿业大学出版社 1991年 259页

013630434
徐州市地方煤矿志 1954—1985
徐州市地方煤矿志编纂委员会 柳振金主编 徐州 徐州市地方煤矿志编纂委员会 1988年 347页

013823047
徐州市电力工业志 1988—2002
江苏省电力公司徐州供电公司编 北京 中国电力出版社 2013年 465页〔江苏省电力工业志丛书〕

011327213
徐州市机械工业志
王松振主修 胡百揆监修 孙继亮 章明远主编 徐州 中国矿业大学出版社 1991年 304页

013604543
徐州市建筑安装工程总公司志
张宝吉主编 徐州市建筑安装工程总公司志编委会编 徐州 徐州市建筑安装工程总公司志编委会 1992年 341页

009414208
徐州市水利志
徐州市水利局编 徐州 中国矿业大学出版社 2004年 700页

013661510
徐州液压件厂志 1974—1987
徐州液压件厂志编纂委员会编 徐州 徐州液压件厂志编纂委员会 1989年 200页

011909901
徐州装载机厂志
徐州装载机厂志编纂委员会编 徐州 徐工集团徐州装载机厂 2004年 439页

013011215
徐州市交通志
徐州市交通志编纂委员会编 徐州 徐州市交通志编纂委员会 1988年 129页

012689862
徐州运管志
徐州交通运输管理处编 徐州 徐州交通运输管理处 2009年 310页

013510837
徐州电务一段志 1911—1985
徐州铁路分局徐州电务一段编 徐州 徐州铁路分局徐州电务一段 1986年 220页

011327164
徐州铁路分局志 1908—1985
徐州铁路分局史志编审委员会编 徐州 徐州铁路分局史志编审委员会 1989年 384页

013901016
徐州港务局志 1958—1985
杨征杞主编 梁玉顺主修 徐州港务局编史办公室编 徐州 徐州港务局编史办公室 1988年 190页

012545550
徐州电信局志 1882—2008
徐州电信局志编纂委员会编著 南京 江苏人民出版社 2009年 370页

009797404
徐州邮电志 1882—1985
徐州邮电局史志编纂委员会编 徐州 徐州邮电局史志编纂委员会 1989年 342页

011571040
徐州市粮食志
徐州市粮食局编 徐州 徐州市粮食局 1991年 340页

008378552
徐州物价志
陈正刚主修 岳公军 于磊主编 北京 中国物价出版社 1992年 442页

011585169
徐州市财政志 1912—1985
徐州市财政局编 徐州 徐州市财政局 1989年 223页

008378839
徐州市税务志
徐州市税务志编纂委员会编 徐州 中国矿业大学出版社 1990年 257页

009413499
交通银行徐州分行志

江苏地区交通银行志编纂委员会编 南京 江苏人民出版社 1999年 187页〔江苏地区交通银行志丛书〕

011327091
徐州市保险志 1918—1987
徐州市保险志编纂委员会编 徐州 徐州市保险志编纂委员会 1988年 188页

008382973
徐州市金融志
徐州市金融志编纂委员会编 徐州 中国矿业大学出版社 1994年 361页

013604545
徐州市金融志 1988—2000
徐州市金融志编纂委员会编 徐州 中国矿业大学出版社 2004年 556页

009993454
徐州市农村金融志
王回主编 徐州 中国矿业大学出版社 1999年 590页

009993459
徐州市农村金融志 农业银行卷 1997—2000
中国农业银行徐州市分行编 徐州 中国矿业大学出版社 2002年 311页

012877324
徐州市住房公积金管理中心志 1988—2005
徐州市住房公积金管理中心编 徐州 徐州市住房公积金管理中心 2007年 281页

013379666
中国建设银行徐州市分行志 1954—2000
中国建设银行徐州市分行志编纂委员会编 徐州 中国建设银行徐州市分行志编纂委员会 2004年 466页

013148649
徐州文化志 1911—1986
徐州市文化局编 徐州 徐州市文化局 1989年 293页

012636827
徐州日报社志 1948—2008
徐州日报社志编纂委员会编 南京 凤凰出版社 2009年 434页

013379141
徐州日报志略 1984.12—1998.8
李瑞林主编 孙信忠 张开松副主编 徐州 中国矿业大学出版社 1998年 607页

013901019
徐州市科学技术志 1949—2005
徐州市科学技术局编 南京 凤凰出版社 2013年 310页

012545554

徐州教育志 1986—2005

徐州市教育局编 北京 方志出版社 2009年 396页

009797402

徐州市教育志

徐州市教育局教育志编写办公室编 徐州 中国矿业大学出版社 1991年 370页

011327159

徐州市职工教育志 1921—1987

徐州市职工教育志编纂办公室编 1989年 171页

013926381

江苏省徐州市第一中学校志 1917—2002

梁德龄主编 徐州 徐州市第一中学 2002年 385页

010293846

徐州市第十三中学校志 1964—2004

徐州市第十三中学四十年校庆丛书编委会编 徐州 徐州市第十三中学四十年校庆丛书编委会 2004年 299页

013510841

徐州市王杰中学校志 1956—2006

徐州 徐州市王杰中学 2006年 183页

012970528

徐州市务本高级中学校志 1988—2008

徐州市务本高级中学 潘晴川主编 徐州 徐州市务本高级中学 2008年 132页

010143137

徐州五中志

杨宪东主编 徐州 中国矿业大学出版社 2005年 308页〔徐州五中校园文化丛书〕

011571574

壮丽春秋 徐州三中校志 1949—1999

辛治平 黄金海主编 徐州 1999年 132页〔江苏省徐州市第三中学五十周年校庆丛书〕

010110360

徐州教育学院院志 1959—1999

徐州教育学院院志编辑委员会编 徐州 中国矿业大学出版社 1999年 371页

012003068

运河高等师范学校 江苏教育学院运河分校校志续编 1928—2008

运河高等师范学校校志编委会编 江苏 运河高等师范学校校志编委会 2008年 459页

013226720

徐州卫生学校 徐州市卫生职工中等专业学校五十年志 1947—1997

徐州卫生学校 徐州市卫生职工中等专

业学校五十年志编纂委员会编 徐州 徐州卫生学校 徐州市卫生职工中等专业学校 1997年 189页

013630436
徐州市聋哑学校校志 1950—1986
1987年 76页

008383423
徐州市体育志
刘尊明 许敬诚主编 徐州 中国矿业大学出版社 1989年 425页

010008925
徐州体育志 1949.10—2004.9
徐州市体育局编 徐州 中国矿业大学出版社 2006年 507页

005258699
徐州方言志
李申 徐州市地方志办公室编 北京 语文出版社 1985年 360页

009844802
中国曲艺音乐集成 江苏卷 徐州分卷（中册）
徐州市文化局 徐州市戏剧曲艺工作者协会编印 徐州 徐州市文化局 1987年 227页

001678917
徐州风物志
董治祥 沈华甫 李瑞林 吴以徐 朱天杰

插图 汪文华 李以恭等摄影 南京 江苏人民出版社 1984年 148页

008528566
江苏省徐州市地名录
徐州市地名委员会编 徐州 徐州市地名委员会 1982年 155页

010778936
徐州市地名录
徐州市民政局编 徐州 中国矿业大学出版社 2007年 1160页

011571032
徐州市地震志
徐州市人民政府地震办公室编 徐州 徐州市人民政府地震办公室 1988年 127页

013148644
徐州市第三人民医院志 1964—2004
徐州市第三人民医院志编纂领导小组编 徐州 徐州市第三人民医院 2004年 277页

013961162
徐州市第一人民医院院志 1935—1985
徐州市第一人民医院编 徐州 徐州市第一人民医院 1987年 312页

011444132
徐州市妇幼保健院志 1957—2007
徐州市妇幼保健院志编纂办公室编 徐

州 徐州市妇幼保健院志编纂办公室 2007年 219页

011320413
徐州市卫生防疫站志
徐州市卫生防疫站志编纂委员会编 徐州 徐州市卫生防疫站志编纂委员会 1994年 291页

013994209
徐州市中心医院志
徐州市中心医院志编委会编 南京 江苏人民出版社 2013年 406页

013901021
徐州市中医院院志
徐州市中医院院志编纂委员会编 徐州 徐州市中医院院志编纂委员会 1997年 198页

011571153
徐州医学院附属医院院志 1897—1997
徐州医学院附属医院编 徐州 徐州医学院附属医院 1997年 246页

013226721
徐州医学院附属医院院志 1897—2007
徐州医学院附属医院院志编纂委员会编 徐州 徐州医学院附属医院院志编纂委员会 2007年 338页

012003015
徐州市口腔医院志 1958—2008
徐州市口腔医院编 徐州 徐州市口腔医院 2008年 256页

013226711
徐州市卫生志
徐州市卫生志编纂委员会编 刘福元 牛蔼华 汪明甫主编 徐州 徐州市卫生志编纂委员会 1991年 330页

013961163
徐州医药志 商业篇 1384—1985
徐州市化工公司医药志办公室编 1985年

012719114
江苏徐淮地区徐州农业科学研究所志 1910—2010
江苏徐淮地区徐州农业科学研究所志编纂委员会编 北京 中国农业科学技术出版社 2010年 717页

012316975
徐州市农机志
徐州市农机志编纂委员会编 徐州 中国矿业大学出版社 2011年 373页

011585432
中国甘薯品种志
江苏徐州甘薯研究中心主编 北京 农业出版社 1993年 158页

011479430
徐州蚕桑志

花晋洪主编 徐州 2001年 264页

008384133
中国矿业大学志 1909—1990
中国矿业大学志编写组 吴培儒主编 北京 中国矿业大学出版社 1992年 392页

012545794
中国矿业大学志 1909—2009
邹放鸣主编 周晓林等副主编 徐州 中国矿业大学出版社 2009年 2册 1804页

013630428
徐州灯泡厂志 1960—1985
徐州灯泡厂志编纂委员会编 徐州 徐州灯泡厂志编纂委员会 1988年 122页

013321308
徐州耐火材料厂志 1950—1985
徐州耐火材料厂厂志编写办公室编 徐州 徐州耐火材料厂 1987年 214页

013148640
徐州市城乡规划志 1945—1985
王静霞主修 方慎策监修 秦培升主编 徐州市城乡规划志编纂领导小组编 徐州 徐州市城乡建设规划管理处 1988年 331页

010239135
徐州园林志
徐州市园林风景管理局编 徐州 徐州市园林风景管理局 1988年 219页

011432937
江苏艺文志 徐州卷 连云港卷
南京师范大学古文献整理研究所编著 南京 江苏人民出版社 1995年 331页〔出版史志丛书〕

云龙区

009413593
云龙区志
云龙区地方志编纂委员会编 云龙区 云龙区地方志编纂委员会 1989年 278页

013686420
徐州市云龙区教育志 1910—1985
江苏省徐州市云龙区文教局编 徐州 江苏省徐州市云龙区文教局 1987年 295页

鼓楼区

013730140
九里区志
九里区地方志编纂委员会办公室编写 九里区 九里区地方志编纂委员会办公室 2011年 520页

011571562

朱庄乡教育志 1910—1986

朱庄乡教育志编写组编 鼓楼区 朱庄乡教育志编写组 1987年 114页

贾汪区

009025804

贾汪区志

徐州市贾汪区地方志编纂委员会编 李晓雷主修 冯正刚监修 王吉林主编 朱林副主编 北京 方志出版社 2002年 615页〔中华人民共和国地方志丛书〕

013316355

江苏省徐州市贾汪区志

徐州市贾汪区地方志办公室编 徐州 徐州市贾汪区地方志办公室 1990年 456页

012097452

荒里村志 1588—1998

荒里村民委员会编 王兆惠主编 刘培辰副主编 荒里村 荒里村民委员会 1998年 221页

008446220

青山泉乡志 1882—1992

青山泉乡人民政府 徐州市人民政府地方志办公室编 李文启主编 满振民 权兴信 赵爱华副主编 徐州 中国矿业大学出版社 1994年 237页

009338341

徐州市贾旺区土地管理志

贾旺区土地管理志编纂委员会编 徐州 徐州市贾旺区土地房产管理局 1997年 197页

012872982

贾汪发电厂志 1880—1986

汪衍庆主编 徐州 贾汪发电厂 1990年 185页

013684394

贾汪区电力工业志 1917—2007 送审稿

贾汪区电力工业志编纂委员会编 贾汪区 贾汪区电力工业志编纂委员会 2009年 315页〔徐州市电力工业志丛书〕

012505234

贾汪区水利志

徐州市贾汪区水利志编纂委员会编 王明席主修 石荣坤主编 徐州 徐州市贾汪区水利志编纂委员会 2007年 233页

泉山区

013186103

徐州市郊区志

徐州市郊区编志办公室编 徐州 徐州市郊区编志办公室 1990年 422页

012968077

江苏省徐州市郊区土壤志

徐州市郊区土壤普查办公室编 徐州 徐州市郊区土壤普查办公室 1985年 237页

铜山区

005591366

江苏省铜山县志

江苏省铜山县县志编纂委员会编 北京 中国社会科学出版社 1993年 1115页〔江苏省地方志〕

011478684

大泉乡志

大泉乡志编纂委员会编 大泉乡 大泉乡志编纂委员会 1989年 355页

012265283

利国村志

利国村志编纂委员会编 吴奇主编 香港 香港天马出版社 2000年 576页

008986989

利国乡志

利国志编委会编 吴奇主编 铜山 河南省郑州信息工程所印 1998年 555页

011534037

马楼村志

马楼村志编纂委员会编 海兴恩主编 香港 香港华夏文化出版社 2001年 516页

008446339

铜山县工会志 1882—1993

铜山县工会志编纂委员会编 徐州 中国矿业大学出版社 1995年 617页

008446343

铜山县政协志

铜山县政协志编委会编 北京 中国友谊出版公司 1992年 251页

008997470

铜山县土地管理志

铜山县土地管理志编纂委员会编 南京 江苏人民出版社 2002年 321页

013627972

铜山钢铁厂志 1970—1985

姚焕生编 徐州 江苏省铜山钢铁厂 1987年 253页

010201777

铜山岭有色金属矿志 1912—1980

铜山岭有色金属矿矿志编写领导小组编辑 湖南 中国人民解放军干部文化学校印刷厂印刷 1984年 152页

010292734

铜山县水利志

铜山县水利局编 徐州 中国矿业大学出版社 1995年 223页

013379051
铜山税务志
铜山县税务局编 陆绍仁主编 南京 江苏人民出版社 1992年 430页

011585033
铜山县金融志
萧麟主编 北京 中国财政经济出版社 1993年 350页

011320454
铜山县教育志
铜山县教育志编写办公室编 铜山 铜山县教育志编写办公室 1995年 339页

013510622
铜山区永清实验学校校志 1936—2010
铜山区永清实验学校校志编写小组编 徐州 铜山区永清实验学校校志编写小组 2010年 118页

013145606
铜山县体育志
仝光泰主编 孙永路副主编 马达等编委 铜山县体育运动委员会编 铜山 铜山县体育运动委员会 1989年 200页

008532379
江苏省铜山县地名录
铜山县地名委员会编 铜山 铜山县地名委员会 1982年 289页

010199839
江苏省铜山县土壤志
铜山县土壤普查办公室编 铜山 铜山县土壤普查办公室 1986年 274页

新沂市

012723251
新沂市志 1978—2008
新沂市地方志编纂委员会编 南京 凤凰出版社 2010年 1183页

008817584
新沂县志
新沂市地方志编纂委员会编 南京 江苏科学技术出版社 1995年 827页〔江苏省地方志〕

012048691
阿湖镇志
阿湖镇志编纂委员会编 新沂 阿湖镇志编纂委员会 2008年 424页

013883876
北沟乡志
北沟乡志编纂委员会编 新沂 中共新沂市北沟乡委员会 1998年 364页

012967557
港头镇志
港头镇志编纂委员会编写 中共新沂市港头镇委员会 新沂市港头镇人民政府编 港头镇 港头镇志编纂委员会

2006年 466页

012264270
高流镇志
新沂市高流镇人民政府编 新沂 新沂市高流镇人民政府 2000年 486页

013507833
合沟镇志
中共合沟镇委员会 合沟镇人民政府编 2011年 355页

012955016
李庄村志
新沂市李庄村志编纂组编纂 新沂 李庄村志编纂组 1992年 167页

012814106
棋盘镇志
棋盘镇志编纂委员会编 新沂 棋盘镇人民政府 新沂市人民政府地方志办公室 2006年 393页

012266044
桥塘村志
桥塘村党支部桥塘村委会编 新沂 桥塘村党支部桥塘村委会 1999年 454页

009335731
邵店镇志
邵店镇志编纂委员会编写 北京 中国戏剧出版社 2000年 568页〔世纪曙光文丛〕

012506195
时集乡志
中共新沂市时集镇委员会 新沂市时集镇人民政府编 新沂 新沂市时集镇人民政府 2000年 432页

011585128
新沂市工会志
周琦主编 新沂市工会志编纂委员会编 徐州 中国矿业大学出版社 1995年 533页

012877318
新沂市政协志 1981—2005
政协新沂市委员会编 新沂 政协新沂市委员会 2005年 530页

012100599
新沂民政志
沈怀民主修 新沂市民政局编 新沂 新沂市民政局 1999年 348页

009687102
新沂市粮食志
新沂市粮食局编 1994年 308页

008528524
江苏省新沂县地名录
新沂县地名委员会编 新沂 新沂县地名委员会 1982年 229页

012721851
马陵山志

新沂市史志办公室 新沂市旅游局 新沂市马陵山风景区管理处编 北京 光明日报出版社 2009年 274页

012814435
新沂市人民医院志 1949—2009
新沂市人民医院志编纂委员会编 北京 方志出版社 2009年 553页

010199841
江苏省新沂县土壤志
徐州市新沂县土壤普查办公室编 新沂 徐州市新沂县土壤普查办公室 1986年 277页

012506421
新沂市农机志
新沂市农机志编委会编 北京 中国文联出版社 2005年 319页

邳州市

007903565
邳县志
邳州市地方志编纂委员会编 张冠星 王朝堂主编 戴启汉 杜吉华副主编 北京 中华书局 1995年 940页〔中华人民共和国地方志丛书〕

012950337
八路镇志
邳州 八路镇地方志编纂委员会 2004年 545页

009338293
陈楼镇志
汤继文主编 杨伯启 王鹰起副主编 北京 中国戏剧出版社 2001年 845页

011473035
港上镇志 1914—2000.9
陈厚杰主编 邳州市港上镇志编纂领导小组编印 港上镇 邳州市港上镇志编纂领导小组 2000年 326页

013793481
邳州市车辐山镇志
邳州市车辐山镇志编纂委员会编 南京 江苏人民出版社 2013年 457页

011499502
邳州市工会志
邳州市工会志编纂委员会编 徐州 中国矿业大学出版社 1995年 651页

013319937
邳州市政协志
邳州市政协志编纂委员会编 南京 江苏人民出版社 2012年 542页

013225507
邳州市纪检监察志
邳州市纪检监察志编委会编 南京 江苏人民出版社 2011年 409页

008446299
邳县工商行政管理志

邳县工商行政管理局编 南京 江苏科学技术出版社 1991年 150页

010238366
邳州市土地管理志
邳州市土地管理志编纂委员会 胡正脉主编 南京 江苏人民出版社 2006年 290页

012208651
中央储备粮邳州直属库志
中央储备粮邳州直属库编制 邳州 中央储备粮邳州直属库 2004年 352页

010576948
邳州大蒜志
张传喜 陆东坡主编 邳州市史志办公室 江苏省大蒜协会编撰 北京 人民日报出版社 2006年 171页

012049593
江苏徐塘发电有限责任公司志 1972—2003
吴广俊主编 北京 中国电力出版社 2009年 248页〔江苏省电力工业志丛书〕

012661991
邳州邮电志
邳州市邮电局编 北京 人民邮电出版社 1999年 296页

008446288
邳县粮食志
刘廷忠主编 南京 江苏科学技术出版社 1993年 200页

008385902
邳州财政志
邳州市财政局编 北京 北京科学技术出版社 1997年 192页

011805813
邳州市财贸金融志
颜廷峰主编 邳州市史志办 邳州市财贸办编 北京 中国国际广播音像出版社 2007年 616页

013144635
邳县教育志 1911—1990
邳县教育志办公室编 邳县 邳县教育志办公室 1991年 326页

012266007
邳州曲艺志
陈登琴编著 长春 时代文艺出版社 2003年 192页

008528573
江苏省邳县地名录
邳县地名委员会编 邳县 邳县地名委员会 1982年 277页

008377558
邳县银杏志

张清吉主笔 江苏邳县县志办公室 邳县
　　上乡人民政府编 北京 海潮出版社
　　1989年 173页

008036603
邳州卫生志
邳州市卫生志编纂委员会编 北京 北京
　　科学技术出版社 1995年 326页

010199833
江苏省邳县土壤志
邳县土壤普查办公室 徐州市土壤普查
　　办公室 江苏省土壤普查办公室编 邳
　　县 邳县土壤普查办公室 1986年
　　313页

丰县

009174348
丰县简志
王文升编写 江苏省丰县县志编纂委员
　　会办公室 档案局合修 长沙 江苏省
　　丰县县志编纂委员会办公室 1986年
　　420页

007478001
丰县志
江苏省丰县县志编纂委员会办公室编
　　于瑞茂等主修 靳允良等副主修 孟庆
　　华等监修 王广建等助修 王文升编写
　　北京 中国社会科学出版社 1994年
　　1079页

011328195
丰县工会志
丰县工会志编纂委员会编 徐州 中国矿
　　业大学出版社 1995年 550页

013791182
丰县政协志 1950—1990
中国人民政治协商会议江苏省丰县委
　　员会政协志编纂委员会编 丰县 中国
　　人民政治协商会议江苏省丰县委员
　　会政协志编纂委员会 1990年 234页

013506660
丰县政协志 1990—2003
中国人民政治协商会议江苏省丰县委
　　员会政协志编纂委员会编 丰县 丰县
　　政协志编纂委员会 2004年 195页

011472956
丰县国土资源志
杨洪军主编 丰县国土资源志编纂委员
　　会编 北京 中国农业出版社 2007年
　　322页

010778583
丰县农业志
丰县农业志编纂委员会编 北京 中国农
　　业出版社 2009年 596页

010778585
丰县水利志
丰县水利局编 南京 江苏人民出版社
　　2009年 586页

010143068

丰县交通志

丰县交通志编纂委员会编 长春 吉林人民出版社 2000年 393页

009560861

丰县公路志

丰县公路志编纂委员会编 北京 气象出版社 2002年 312页

011757717

丰县风物志

政协丰县委员会文史委编 丰县 政协丰县委员会文史委 2005年 319页

008453188

江苏省丰县地名录

丰县地名委员会编 丰县 丰县地名委员会 1982年 250页

012967998

江苏省丰县土壤志

丰县土壤普查办公室 徐州市土壤普查办公室 江苏省土壤普查办公室编 丰县 丰县土壤普查办公室 1986年 297页

沛县

009441962

沛县简志

沛县地方志办公室编 沛县 沛县地方志办公室 1989年 364页

008973426

沛县志

江苏省沛县地方志编纂委员会编 庄华平主修 监修萧俊 郑善谆主编 何健吾等副主编 北京 中华书局 1995年 1020页〔中华人民共和国地方志丛书〕

008813361

鹿湾乡志

鹿湾乡志编纂委员会编 南京 江苏人民出版社 1997年 342页

011328223

沛县工会志

沛县工会志编纂委员会 李会堂 唐世安主修 刘华主编 杜跃南等副主编 徐州 中国矿业大学出版社 1995年 561页

011892361

沛县政协志 1950—2005

政协沛县第七届委员会主编 徐州 政协沛县第七届委员会 2006年 419页

009560871

沛县民政志 1912—1985

沛县民政局编 徐州 徐州新华印刷厂 1989年 339页

006356640

大屯煤电公司志

孟以猛主修 监修王振国 吴耀宗主编

王怀璠 吴晓峰副主编 大屯煤电公司史志编纂委员会编 上海 上海社会科学院出版社 1994年 596页

011875681
沛县水利志 1911—1985
姚念礼主编 项立雪 李锡忠副主编 徐州 中国矿业大学出版社 1990年 264页

012051757
沛县税务志 1912—1994
沛县税务志编纂委员会编 沛县 沛县税务志编纂委员会 2006年 229页

013002323
沛县文化志 初稿
沛县文化局编印 沛县 沛县文化局 1985年 136页

012139579
沛县第二中学校志 1978—2008
季传民主编 沛县 魏庙中学 2008年 150页

012139588
沛县魏庙中学校志 1958—2008
孙尊斌主编 沛县 魏庙中学 2008年 180页

012814054
沛县中学志
沛县中学志编委会编 沛县 沛县中学志编委会 1987年

009338408
沛县武术志
沛县文化与体育局编 沛县 沛县文化与体育局 2000年 461页

008532428
江苏省沛县地名录
沛县地名委员会编 沛县 沛县地名委员会 1982年 203页

013955619
大屯煤电公司职工中心医院志 1972—1987
中国统配煤矿总公司大屯煤电公司职工中心医院史志编纂办公室编 上海 上海人民出版社 1992年 118页

010199831
江苏省沛县土壤志
沛县土壤普查办公室编 沛县 沛县土壤普查办公室 1986年 302页

睢宁县

007477997
睢宁县志
睢宁县地方志编纂委员会编 北京 中国社会科学出版社 1993年 829页〔江苏省地方志丛书〕

008446396
高作镇志
睢宁县高作镇志编纂委员会编 北京 新华出版社 1997年 336页

011564596
古邳志
睢宁县古邳镇编史修志组编 古邳镇 睢宁县古邳镇编史修志组 1989年 260页

009441978
凌城镇志
睢宁县凌城镇志编纂委员会编 北京 新华出版社 2001年 390页

008873147
浦棠乡志
睢宁县浦棠乡志编纂委员会编 北京 新华出版社 1997年 440页

008446414
双沟镇志
睢宁县双沟镇志编纂委员会编 北京 新华出版社 1997年 477页

008830117
桃园镇志
睢宁县桃园镇志编纂委员会编 香港 香港天马出版社 2000年 456页

008446411
姚集乡志
睢宁县姚集乡志编纂委员会编 北京 新华出版社 1997年 402页

008446400
张圩乡志
睢宁县张圩乡志编纂委员会编 北京 新华出版社 1997年 244页

010278778
睢宁县工会志
睢宁县工会志编纂委员会 褚绍金主修 王保江主编 李振平 全鹏 胡子杰编写 徐州 中国矿业大学出版社 1995年 558页

012766881
睢宁县政协志
睢宁县政协志编纂委员会编 睢宁 睢宁县政协志编纂委员会 2009年 480页

009675558
睢宁县土地管理志
仲崇威主编 徐州 中国矿业大学出版社 2005年 228页

013936406
睢宁煤矿志 1958—1985
徐海峰 朱方太主编 1988年 146页

008569864
睢宁县水利志
睢宁县水利局编 刘清明主修 王保乾主编 黄辉 张洪说编 徐州 中国矿业大

学出版社 2000年 366页

010143132
睢宁县粮食志
睢宁县粮食局编 睢宁 睢宁县粮食志编纂办公室 1991年 304页

011477236
睢宁县金融志
睢宁县金融志编纂委员会编 睢宁 睢宁县金融志编纂委员会 1999年 368页

013510580
睢宁县教育志 1986—1995
睢宁县教育志办公室编 睢城镇 睢宁县教育办公室 1998年 508页

013706402
睢宁县李集中学校志 1952—2002
江苏省睢宁县李集中学校志编辑委员会编 睢宁 江苏省睢宁县李集中学校志编辑委员会 2002年 295页

008453242
江苏省睢宁县地名录
睢宁县地名委员会编 睢宁 睢宁县地名委员会 1982年 269页

012968056
江苏省睢宁县土壤志
睢宁县土壤普查办公室 徐州市土壤普查办公室 江苏省土壤普查办公室编 南京 江苏省土壤普查办公室 1985年 325页

常州市

011757439
常州民盟志
中国民主同盟常州市委员会编 常州 常州民盟 1995年 174页

008486276
常州市志
常州市地方志编纂委员会编 黄元裕总纂 北京 中国社会科学出版社 1995年 3册

013316258
横山桥镇志
常州市横山桥镇志编纂委员会编著 宋建清主编 南京 南京大学出版社 2010年 784页

012506632
榨树沟志
徐忠林编著 珠海 珠海出版社 2008年 268页

010777042
常州市宗教志
常州市民族宗教事务局编 常州 常州市民族宗教事务局 1991年 123页

010730226
常州共青团志 1926—1999
蔡骏主编 共青团常州市委员会编 共青团常州市委员会编 北京 中央文献出版社 1999年 403页

010474200
常州市工会志
常州市工会志编纂委员会编 南京 江苏古籍出版社 1993年 334页

011995379
常州市改革开放志
中共常州市委党史工作委员会 常州市地方志办公室编 北京 中共党史出版社 2008年 561页〔常州改革开放丛书〕

010110144
常州市人民代表大会志
常州市人大常委编 常州 人大 1993年 333页

010777041
常州民政志
江苏省常州市民政局编 常州 江苏省常州市民政局 1991年 323页

010474445
常州农工党志 1931—1991
中国农工民主党常州市委员会编 常州 中国农工民主党常州市委员会 1994年 150页

011311290
常州市工商业联合会 常州市商会志 1905—1995
常州市工商业联合会(商会)编 常州 常州市工商业联合会(商会) 1996年 301页

013955635
常州市工商业联合会 常州市总商会志 1996—2005
常州市工商业联合会编 常州 常州市工商业联合会 2005年 244页

012956979
常州市军事志
常州市军事志编纂委员会编 南京 凤凰出版社 2011年 2册

013140972
常州市国土资源志 1995—2007
常州市国土资源志编纂委员会编 南京 凤凰出版社 2011年 638页

010730142
常州市工商行政管理志
常州市工商行政管理志编写组 常州市工商行政管理局编 南京 江苏古籍出

版社 1996年 211页

010474432
常州劳动志
常州劳动志编纂委员会编 南京 江苏科学技术出版社 1994年 284页

013334388
常州市自来水公司志 1927—1985
常州市自来水公司志编写组编 常州 常州市自来水公司编写组 1987年 137页

011311330
常州市土地志 送审稿
常州市土地志编纂委员会编 1997年 383页

010778502
常州变压器厂志续编 1984—2005
常州 常州变压器厂 2006年 394页

008846541
常州柴油机厂志
常州柴油机厂志编纂组编 常州 常州柴油机厂志编纂组 1988年 513页

010686837
常州第二织布厂志 1931—1985
常州第二织布厂编 常州 常州第二织布厂 1987年 261页

013528649
常州第一织布厂志 1925—1982
常州第一织布厂志编纂领导小组编 常州 常州第一织布厂志编纂领导小组 1983年 444页

011496845
常州电池厂志 1956—1985
常州电池厂编志办公室编 常州 常州电池厂 1986年 217页

012191531
常州电机电器总厂志 1959—1983
常州电机电器总厂厂史办公室编 常州 常州电机电器总厂厂史办公室 1984年 147页

013626178
常州电力机械厂志 1957—1987
常州电力机械厂志编纂委员会编 常州 常州电力机械厂志编纂委员会 1996年 171页

010469052
常州锻造总厂志 1952—1986
常州锻造总厂厂志办公室编 常州 常州锻造总厂 1987年 455页

013528657
常州纺织机械厂志 1958—1986
常州纺织机械厂编 常州 常州纺织机械厂 1988年 266页

013528660

常州纺织仪器厂志 1949—1982

中国纺织机械总公司国营常州纺织仪器厂编 常州 中国纺织机械总公司国营常州纺织仪器厂 1985年 354页

010468934

常州钢铁厂志 1958—1983

常州钢铁厂志编纂委员会编 常州 常州钢铁厂 1986年 381页

010143070

常州钢铁铸造厂志 1967—1983

常州钢铁铸造厂志编纂组编 常州 常州钢铁铸造厂 1986年 353页

011757429

常州合成纤维厂志 1965—1983

常州合成纤维厂编 常州 常州合成纤维厂 1985年 435页

013626180

常州化工厂志 1951—1985

常州市化学工业公司化工志编写组编 1987年 651页〔常州市地方志丛书〕

010735932

常州金属工艺品厂志

常州 1986年 144页

013680637

常州绝缘材料厂志 1958—1985

常州绝缘材料厂志编纂委员会编 常州 常州绝缘材料厂志编纂委员会 1989年 429页

012191536

常州客车制造厂志 1956—1981

常州 常州客车制造厂 1986年 231页

013402900

常州林业机械厂志 1958—1985

常州林业机械厂志编纂办公室编 常州 常州林业机械厂志编纂办公室 1991年 350页

010110114

常州内燃机车厂志 1963—1985

常州内燃机车厂志编纂委员会编 常州 常州内燃机车厂志编纂委员会 1986年 316页

013334381

常州皮革机械厂志 1956—1985

常州皮革机械厂厂志编纂委员会编 常州 常州皮革机械厂厂志编纂委员会 1989年 169页

013528661

常州勤业塑料厂厂志 1964—1988

常州勤业塑料厂厂志编纂办公室编 常州 常州勤业塑料厂厂志编纂办公室 1989年 244页

010686829

常州热工仪表厂厂志 1962—1984

常州热工仪表厂厂志编纂组编 常州 常州热工仪表厂 1986 年 183 页

010468483

常州人民印刷厂厂志

常州人民印刷厂编 常州 常州人民印刷厂 1984 年 60 页

011471305

常州日报社印刷厂志 1958—2008

常州日报社编 常州 常州日报社 2008 年 172 页

013037938

常州市车辆修造服务公司简志 1973—1985

常州市车辆修造服务公司编志组编 常州 常州市车辆修造服务公司 1987 年 106 页

012679105

常州市电力工业志 1988—2002

常州市电力工业志编委会编 北京 中国电力出版社 2011 年 508 页〔江苏省电力工业志丛书〕

011496858

常州市纺工修建工程队志 1975—1982

常州市纺工修建工程队简志编纂办公室编 常州 常州市纺工修建工程队 1983 年 58 页

010110139

常州市建筑工程总公司志 1952—1985

常州市建筑工程总公司编写办公室编 常州 常州市建筑工程总公司 1988 年 360 页〔常州市地方志丛书〕

013528789

常州市纱厂志 1951—1983

常州纱厂厂志编纂小组编 常州 常州纱厂厂志编纂小组 1986 年 319 页

010686815

常州市针布厂志 1958—1982

常州市针布厂编史修志办公室编 常州 常州市针布厂 1984 年 130 页

013528793

常州市轴承厂志 1970—1983

常州市轴承厂志编纂委员会编 常州 常州市轴承厂志编纂委员会 1985 年 129 页

012889275

常州水利志

常州市水利局编 常州 常州市水利局 2001 年 420 页

013923913

常州冶金机械厂志

厂志办公室编 常州 常州冶金机械厂志办公室 1985 年 368 页

013626184

常州荧光灯厂厂志 1958—1985

常州荧光灯厂厂志编纂组编 常州 常州荧光灯厂厂志编纂组 1986年 170页

009009941

常州制药厂厂志 1949—1985

常州制药厂修志领导小组编 常州 常州制药厂修志领导小组 1986年 257页

013704312

建材二五三厂志 1984—1993

建材二五三厂志编辑组编 常州 建材二五三厂志编辑委员会 1995年 266页

011496859

江苏省常州市有色金属压延厂志

常州市有色金属压延厂志编纂组编 常州 常州市有色金属压延厂 1987年

013630739

中国常州绣品手帕总厂志 1953—1985

厂志编纂组编 常州 中国常州绣品手帕总厂厂志编纂组 1985年 186页

009797411

中国房屋建设开发公司常州公司志 1981—1986

中国房屋建设开发公司常州公司志编纂委员会编 常州 中国房屋建设开发公司 1987年 195页〔常州市地方志丛书〕

011564476

常州交通志

常州交通志编纂委员会编 沈桂南主编 上海 上海人民出版社 1992年 318页

009338284

常州市商业志

常州市商业志编纂委员会编 南京 江苏科技出版社 1994年 379页

010687014

常州市税务志 1840—1985

常州市税务局编志办公室编 常州 常州市税务局编志办公室 1993年 194页

014026446

常州市金融志

常州市金融志编纂委员会编 南京 河海大学出版社 1999年 321页

010686832

常州市金融志 1840—1983 试行本

常州市金融志编写组编 常州 常州市金融志编写组 1986年 449页

012635693

常州保险志 1939—2009

常州市保险学会编 北京 方志出版社 2010年 265页

011321376

常州文化志

常州文化志编纂委员会编 北京 中央文献出版社 1999年 296页

012587071
常州广播电视志 1932—2006
常州广播电视志编纂委员会编 北京 中国文联出版社 2009年 657页

011471297
常州广播志 1932—2006
常州人民广播电台编 常州 常州人民广播电台 2007年 358页

007987716
常州市教育志
常州市教育志编纂委员会编 高天德主编 上海 上海人民出版社 1990年 472页〔太湖流域地区专业志丛书〕

013726862
常州市第五中学校志 建校七十周年纪念专辑
常州市第五中学校志编写组编 常州 常州市第五中学校志编写组 2012年 341页

011890473
常州工学院志 1998—2008
常州工学院志编纂委员会编 南京 江苏人民出版社 2008年 456页

011310597
常州市戏剧学校志 1958—1985
常州市戏剧学校志编写组编 常州 常州市戏剧学校志编写组 1986年 286页

009993115
江苏技术师范学院志 1985—2005
江苏技术师范学院志编写组编 北京 方志出版社 2005年 486页

010730230
常州轻工业学校校志 1960—2000
常州轻工业学校编 常州 常州轻工业学校 2000年 126页

011757448
常州市第三职业高级中学志 1943—2003
常州市第三职业高级中学志编委会编 常州 常州市第三职业高级中学 2003年 183页

010730382
常州市刘国钧职业教育中心志 1989—2004
常州市刘国钧职业教育中心志编纂委员会编 常州 常州市刘国钧职业教育中心 2004年 212页

013402902
常州卫生学校志
常州卫生学校编志领导小组编 常州 常州卫生学校编志领导小组 1987年

010475797
江苏省常州工业学校志 1958—1998
江苏省常州工业学校志编纂委员会编 常州 江苏省常州工业学校 1999年 321页

011320517
常州老年大学志 1986—1998
黄元裕主编 常州 常州老年大学 1999年 218页

013140960
常州省运会志
常州省运会志编纂委员会编著 南京 凤凰出版社 2011年 455页

009441937
常州体育志
常州体育志编纂委员会编 北京 方志出版社 2004年 513页

013923912
常州文联志 1952—2012
常州文联志编纂委员会编 南京 凤凰出版社 2013年 515页

011148907
中国民间文学三套集成 江苏省常州市卷 武进县 寨桥乡资料集
寨桥乡三套集成办公室编 1988年 202页

008216036
[常州市史志丛书]常州掌故 第2卷
常州市委党史工委 常州市地方志办公室编 北京 方志出版社 1998年 263页

008817538
常州方志评论集
徐瑞清主编 高岳言副主编 北京 方志出版社 1998年 300页

009009945
[常州市史志丛书]天南地北常州人
常州市委党史工委 常州市地方志办公室编 北京 方志出版社 1998年

009405929
常州市烈士陵园志 1978—1998
常州市烈士陵园志编纂委员会编 常州 常州市烈士陵园 1999年 259页

008528371
常州市地名录
常州市地名委员会编 常州 常州市地名委员会 1983年 404页

011319921
常州市第一人民医院志 1918—1983
常州市第一人民医院志编写办公室编 常州 常州市第一人民医院 1983年 350页

010468492
常州市精神病医院志 1959—1983
常州市精神病医院编志办公室编 常州 常州市精神病医院 1984 年 148 页

013334385
常州市卫生防病志 1984—2005
常州市疾病预防控制中心编 常州 常州市疾病预防控制中心 2006 年 397 页

013342644
卫生防病史志 1953.8—2010.10
江苏省疾病预防控制中心编 南京 江苏省疾病预防控制中心 2010 年 470 页

010469352
常州市卫生志
常州市卫生志编纂委员会编 常州 常州市卫生局 1989 年 451 页〔常州地方志丛书〕

002679179
常州市木材志 1800—1985
常州市木材公司编 南京 常州市木材公司 1986 年 455 页

011430412
常州工业技术学院志 1978—1998
马树杉主编 南京 江苏文艺出版社 1998 年 448 页

013179342
常州市规划设计院院志 1999—2009
常州市规划设计院院志编纂委员会编 常州 常州市规划设计院 2009 年 201 页

008446253
常州城市建设志
常州城市建设志编纂委员会编 北京 中国建筑工业出版社 1993 年 739 页

013819174
常州市规划设计院志 1989—1999
常州市规划设计院志编委会编 常州 常州市规划设计院 1999 年 241 页

新北区

009020715
常州市郊区志 1984—2000
江苏省常州市郊区志编纂委员会编 北京 方志出版社 2003 年 1017 页

009338410
勤丰村志 1949—2000
常州市郊区茶山乡勤丰村志编纂委员会编 常州 常州市郊区茶山乡勤丰村志编纂委员会 2001 年 308 页

013925256
高新区(新北区)检察志
江苏省常州市高新区(新北区)人民检察院编 常州 常州市高新区(新北区)人民检察院 2011 年 462 页

天宁区

011293355
广化区志
常州市广化区地方志编纂委员会编 常州 常州市广化区地方志编纂委员会 1992年 453页〔常州市地方志丛书〕

009043283
天宁区志
江苏省常州市天宁区志编纂委员会编 北京 方志出版社 2003年 1008页

010250813
青龙乡志
青龙乡志编写组编 青龙乡 青龙乡志编写组 1986年 249页

013096525
常州市天宁区军事志
常州市天宁区军事志编纂委员会编 南京 凤凰出版社 2011年 569页

010468497
常州市天宁家具厂厂志 1980—1984
常州市天宁家具厂编 常州 常州市天宁家具厂 1984年 28页

钟楼区

011321154
钟楼区志 1986—2002
江苏省常州市钟楼区志编纂委员会编 北京 方志出版社 2007年 726页

006933839
钟楼区志 1840—1985
常州市钟楼区编史修志委员会编 陈涛 钱泰来主编 南京 江苏人民出版社 1992年 397页

012951900
常州市钟楼区军事志
常州市钟楼区军事志编纂委员会编 南京 凤凰出版社 2011年 398页

010475789
常州市钟楼区教育志
常州市钟楼区教育志编纂委员会编纂 北京 中央文献出版社 1999年 569页

戚墅堰区

010200097
戚墅堰区志
江苏省常州市戚墅堰区志编纂委员会编 北京 方志出版社 2006年 784页

013629334

戚墅堰志 征求意见稿

常州市戚墅堰区地方志编纂领导小组办公室编 戚墅堰区 常州市戚墅堰区地方志编纂领导小组办公室 1988年 442页

014049859

常州市戚墅堰区军事志

常州市戚墅堰区军事志编纂委员会编 南京 凤凰出版社 2011年 436页

012251243

江苏华电戚墅堰发电有限公司志 1988—2006

江苏华电戚墅堰发电有限公司志编纂委员会编著 北京 中国电力出版社 2009年 334页〔江苏省电力工业志丛书〕

008378812

戚墅堰发电厂志

戚墅堰发电厂编 沈法良主编 杨兴元 李榴根 吴俊卿副主编 吴俊卿主撰 上海 上海三联书店 1992年 186页〔太湖流域地区专业志丛书〕

010777249

铁道部戚墅堰机车车辆工艺研究所志 1959—1990

铁道部戚墅堰机车车辆工艺研究所志编纂委员会编 铁道部 国营武进印刷厂 1997年 167页

武进区

007905726

武进县志

江苏省武进县县志编纂委员会编 张尚金等总纂 上海 上海人民出版社 1988年 1056页〔江苏省地方志〕

013375939

武进志 1986—2007

常州市武进区地方志编纂委员会编 北京 方志出版社 2011年 2册

013037884

奔牛镇志

常州市武进区奔牛镇地方志编纂委员会编著 高平主编 南京 南京大学出版社 2010年 823页

010686821

卜弋乡志

武进县卜弋乡编史修志领导小组编 卜弋乡 1985年 242页

013751617

戴溪乡志

武进县戴溪乡编史修志领导小组编 戴溪乡 武进县戴溪乡编史修志领导小组 1986年 318页

012982252

东华村志

常州市武进区湖塘镇东华村东华村志

编纂委员会编 北京 方志出版社 2011年 371页

013688759
横林镇志 1984—2007
常州市武进区横林镇志编纂委员会编 诸汉章主编 南京 南京大学出版社 2011年 870页

012191950
横山桥公社志
横山桥公社编史修志领导小组编 横山桥 横山桥公社编史修志领导小组 1983年 310页

013688779
湟里镇志
湟里镇志编纂委员会编著 南京 南京大学出版社 2011年 1144页

013793116
礼嘉镇志
常州市礼嘉镇地方志编纂委员会编 南京 凤凰出版社 2013年 796页

013508668
龙潭庵村志
中共湖塘镇龙潭庵村总支部 湖塘镇龙潭庵村村民委员会编印 龙潭庵村 中共湖塘镇龙潭庵村总支部 2010年 312页

013774631
洛阳乡志
武进县洛阳乡编史修志领导小组编 1985年 464页

011292167
马杭乡志
中共武进县马杭乡委员会编史修志领导小组编 马杭乡 中共武进县马杭乡委员会编史修志领导小组 1985年 360页

013689048
南夏墅街道志 1984—2007
常州市武进区南夏墅街道志编纂委员会编著 南京 南京大学出版社 2011年 498页

013328720
牛塘镇志
常州市武进区牛塘镇地方志编纂委员会编著 白清渊主编 北京 方志出版社 2011年 661页

011319942
前黄乡志
武进县前黄乡编史修志领导小组编 前黄乡 武进县前黄乡编史修志领导小组 1985年 292页

013373578
三勤村志
江苏省常州市武进区湖塘镇三勤村三

勤村志编纂委员会编 北京 方志出版社 2012年 371页

012872489
武进湖塘镇志
武进县湖塘镇编史修志领导小组编 湖塘镇 1986年 502页

012638622
武进镇街道开发区简志 1986—2007
中共常州市武进区委党史工作委员会 常州市武进区地方志办公室编 南京 南京大学出版社 2010年 398页

013510747
夏雷村志 二稿
夏雷村志编写领导小组编 夏雷村 夏雷村志编写领导小组 2011年 202页

013732395
夏雷村志
武进区湖塘镇夏雷村志编纂委员会编 南京 南京大学出版社 2012年 284页

010686836
小新桥乡志
小新桥乡编史修志领导小组编 小新桥乡 小新桥乡编史修志领导小组 1986年 216页

011319944
薛家乡志
武进县薛家乡编史修志领导小组编 薛家乡 武进县薛家乡编史修志领导小组 1985年 259页

013686434
遥观乡志
遥观乡编史修志领导小组编 遥观乡 遥观乡编史修志领导小组 1986年 393页

013379373
遥观镇志
常州市武进区遥观镇地方志编纂委员会编著 南京 南京大学出版社 2011年 642页

013324578
郑陆镇志
常州市武进区郑陆镇地方志编委会编 北京 方志出版社 2011年 1032页

012769675
周家巷村志
中共湖塘镇周家巷村总支部 湖塘镇周家巷村民委员会编印 湖塘镇 中共湖塘镇周家巷村总支部 湖塘镇周家巷村民委员会 2009年 158页

013736571
邹区镇志
常州市武进区邹区镇地方志编纂委员会编 袁仁明主编 南京 南京大学出版社 2010年 844页

010686819
西夏墅公社志
武进县西夏墅编史修志领导小组编 武进 武进县西夏墅编史修志领导小组 1984年 319页

013726885
大林禅寺志
大林禅寺志编纂委员会编 武进 大林禅寺志编纂委员会 2005年 104页

009338430
武进统计志
武进统计志编纂委员会编 北京 中国统计出版社 2001年 502页〔武进市地方志丛书〕

013462850
武进县计划生育志
武进县计划生育委员会编 1985年 89页

013462860
武进县统战志 1825—1985
中共武进县委统一战线工作部编 武进 中共武进县委统一战线工作部 1989年 192页

011319915
武进县公安史志 初稿
武进县公安局史志编写组编 武进 武进县公安局史志编写组 1983年 2册

012970522
武进民政志 1994—2007
常州市武进区民政局编 北京 方志出版社 2011年 584页

010280377
武进县民政志
武进县民政局编 南京 江苏人民出版社 1994年 408页

012899892
武进检察志 1951—1997
武进市人民检察院院志编写组编 武进 武进市人民检察院 1998年 347页

013379061
武进检察志 续一 2006
常州市武进区检察院编撰 常州 常州市武进区人民检察院 2007年 255页

013221021
常州市武进区军事志
常州市武进区军事志编纂委员会编 南京 凤凰出版社 2011年 625页

013659370
江苏省武进高新技术产业开发区志 1996—2009
江苏省武进高新技术产业开发区志编纂委员会编 南京 南京大学出版社 2012年 506页

010735945

武进县物资志

武进县物资局编史修志领导小组编 武进 武进县物资局编史修志领导小组 1986年 219页

013072588

武进县城乡建设志

武进县城乡建设局编 武进 武进县城乡建设局 1989年 139页

009993437

武进市土地志

王细大主编 南京 江苏人民出版社 2000年 269页

013462856

武进县农业志

武进县农业局编史修志领导小组编 武进 武进县农业局编史修志领导小组 1985年 440页

012722979

武进电力工业志 1986—2002

武进电力工业志编委会编 北京 中国电力出版社 2011年 278页〔常州市电力工业志丛书〕

013630253

武进县电力工业志

武进县供电局编 武进 武进县供电局 1989年 187页

013603341

武进县工业志

武进县经济委员会编 武进 武进县经济委员会 1991年 387页

010686943

武进交通志

武进县交通局编 武进 武进县交通局 1990年 331页

013603336

武进交通志 1986—2007

武进交通志编纂领导小组编 武进 武进交通志编纂领导小组 2011年 350页

011500744

武进县粮食志 1986—2005

武进县粮食局编 武进 武进县粮食局 1988年 256页

013603382

武进县物价志

武进县物价委员会编 武进 武进县物价委员会 1987年 320页

013462838

武进多种经营志

武进县多种经营管理局编史修志领导小组编 武进 武进县多种经营管理局编史修志领导小组 1987年 187页

011321416

武进县财税志

武进县财政局税务局编史修志领导小组编 武进 武进县财政局税务局编史修志领导小组 1988年 128页

013462840
武进农村金融志
中国农业银行武进县支行编史修志领导小组编 武进 中国农业银行武进县支行编史修志领导小组 1986年 165页

013959583
武进县城市金融志
中国人民工商银行武进县支行编史修志领导小组 张文仪主编 谢仰 钱志炯专项编写 武进 武进第二印刷厂 1987年 232页

013462844
武进县文化志
武进县文化局编 武进 武进县文化局 1988年 252页

013462846
武进县广播志
武进县广播电视局编史修志领导小组编 1988年 71页

012899894
武进教育志 1986—2007
常州市武进区教育局编 常州 常州市武进区教育局 2010年 377页

013462855
武进县教育志
武进县教育志编纂领导小组编 武进 武进县教育志编纂领导小组 1988年 307页

008528428
江苏省武进县地名录
武进县地名委员会编 武进 武进县地名委员会 1984年 646页

012173694
常州市武进中医医院志
常州市武进中医医院志编纂委员会编 北京 中央文献出版社 2009年 344页

012545398
武进人民医院志
武进人民医院志编委会编 北京 中央文献出版社 2009年 478页

013462861
武进县卫生志 1879—1983
武进县卫生局编史修志领导小组编 武进 武进县卫生局编史修志领导小组 1985年 301页

012968071
江苏省武进县土壤志
武进县土壤普查办公室 常州市农业局 江苏省土壤普查办公室编 武进 武进县土壤普查办公室 1985年 213页

013185989
武进县农业机械志
武进县农业机械管理局编史修志小组编 武进 武进县农业机械管理局编史修志小组 1984年 149页

010686823
武进水利志
武进县水利局编史修志领导小组编 武进 武进县水利局 1985年 338页

013959581
武进水利志 1984—2007
于华兴主编 武进水利志编纂小组编 常州 武进水利志(1984—2007)编纂小组 2011年 485页

010280367
滆湖良种繁育场志
武进县滆湖良种繁育场编志领导小组编 武进 武进县滆湖良种繁育场编志领导小组 1992年 262页

溧阳市

013940903
竹箦镇志
邹启东主编 北京 方志出版社 2012年 569页

012505288
溧阳工商联(商会)志 1906—2006
溧阳市工商联 溧阳市总商会编 溧阳 溧阳工商联(商会)志编纂委员会 2007年 288页

010143119
溧阳市土地志
溧阳市土地志编纂委员会 钱和金主编 史季平 刘振汉副主编 朱云生主笔 南京 江苏人民出版社 1999年 411页

012968224
溧阳市电力工业志 1988—2002
溧阳市电力工业志编纂委员会编 北京 中国电力出版社 2011年 330页〔常州市电力工业志丛书〕

008531470
江苏省溧阳县地名录
溧阳县地名委员会编 溧阳 溧阳县地名委员会 1983年 237页

013601783
溧阳县水利志
溧阳市水利农机局编印 溧阳 溧阳市水利农机局 1995年 343页

金坛市

013531081
金坛市志 1988—2007
金坛市地方志编纂委员会编 北京 中央文献出版社 2011年 1127页

005591350
金坛县志
金坛县地方志编纂委员会 孟济元主编 陈书明副主编 南京 江苏人民出版社 1993年 930页〔江苏省地方志〕

008195193
金坛县工会志
金坛县工会志编纂委员会编 北京 红旗出版社 1994年 191页

012968110
金坛市军事志
金坛市军事志编纂委员会编 南京 凤凰出版社 2011年 635页

009018387
金坛市土地志
金坛市土地志编纂委员会编 南京 江苏人民出版社 1999年 418页

012968107
金坛市电力工业志 1988—2002
金坛市电力工业志编纂委员会编 北京 中国电力出版社 2011年 290页〔常州市电力工业志丛书〕

008379578
金坛县电力工业志
金坛县供电局编 金坛 金坛县供电局 1994年 152页

008379717
金坛县水利志
金坛市水利农机局编印 金坛 金坛市水利农机局 1995年 204页

008385320
金坛县供销合作社志
金坛县供销合作总社编纂 金坛 金坛县供销合作总社 1992年 299页

008379722
金坛县粮食志
金坛县粮食志编写组编 金坛 金坛县粮食局 1989年 237页

013958690
金坛市地税志 1994—2013
常州市金坛地方税务局编 2013年 244页

011146895
中国民间文学集成 金坛县资料本
金坛县文化广播电视局 金坛县民间文学集成办公室编 金坛 1989年 384页

008528390
江苏省金坛县地名录
金坛县地名委员会编 金坛 金坛县地名委员会 1983年 224页

013317822
金坛市中医院志

施锁平主编 金坛 金坛市中医院 2006 年 106 页

苏州市

013630081
苏州工业园区志 1994—2005
苏州工业园区地方志编纂委员会编 李巨川主编 南京 江苏人民出版社 2012 年 3 册 1385 页

010573722
苏州市志 送审稿
苏州市地方志编纂委员会办公室编 苏州 苏州市地方志编纂委员会办公室 1990 年

007914627
苏州市志
苏州市地方志编纂委员会编 陈晖主编 谢效正等副主编 南京 江苏人民出版社 1995 年 3 册

011321249
北桥镇志 第 10 卷
北桥镇志编纂委员会编 苏州 苏州大学出版社 2007 年 449 页〔苏州市地方志〕

013723483
东桥镇志
东桥镇志编纂委员会编 上海 上海社会科学院出版社 2012 年 793 页〔苏州地方志〕

009854002
枫桥镇志
徐双林主编 上海 上海社会科学院出版社 2005 年 628 页〔苏州地方志〕

009154170
跨塘镇志
跨塘镇志编纂委员会编 魏雪耿主编 北京 方志出版社 2001 年 438 页〔苏州工业园区乡镇志丛书〕

010110181
蠡口镇志
蠡口镇志编纂委员会编 苏州 苏州大学出版社 2006 年 379 页〔苏州地方志〕

009840125
陆慕镇志 第 6 卷
陆慕镇志编纂委员会编 苏州 苏州大学出版社 2005 年 431 页〔苏州市地方志〕

009881776
浦庄镇志
赵云发 金波主编 苏州 苏州大学出版

社 2005年 293页〔苏州市地方志〕

011329472
通安镇志
通安镇志编纂委员会编 上海 上海辞书出版社 2008年 479页〔苏州地方志〕

010778570
湘城镇志
湘城镇志编纂委员会编 上海 上海辞书出版社 2006年 521页〔苏州地方志〕

009154166
斜塘镇志
俞文浩主编 斜塘镇志编纂委员会编 北京 方志出版社 2001年 459页〔苏州工业园区乡镇志丛书〕

012052521
友新六村志
路军主编 苏州 古吴轩出版社 2008年 277页

011491186
镇湖镇志
镇湖镇志编纂委员会编 上海 上海辞书出版社 2007年 485页〔苏州市地方志〕

009744808
苏州人口与计划生育志
苏州人口与计划生育志编纂委员会编 南京 江苏人民出版社 2000年 562页

013067289
苏州市工会志
苏州市工会编纂委员会编 南京 江苏古籍出版社 1993年 535页

012252601
苏州市公安志
苏州市公安志编纂委员会编 苏州 苏州市公安志编纂委员会 2005年 626页

012051948
苏州红十字会志
郝如一 池子华主编 合肥 安徽人民出版社 2008年 441页〔红十字书系〕

013510575
苏州市审计志
苏州市审计局编 苏州 古吴轩出版社 2008年 274页

012051949
苏州劳动保障志 1949—2005
苏州劳动保障志编纂委员会编 苏州 苏州大学出版社 2009年 337页

013756097
苏州农业志
苏州市农业委员会编 苏州 苏州大学出版社 2012年 888页

013630076

苏钢志 1957—1985

苏钢志编写组编 苏州 苏钢志编写组 1986 年 365 页

008446370

苏州电力工业志 1897—1996

苏州电力工业志编纂委员会编 北京 中国电力出版社 1997 年 305 页〔江苏省电力工业丛书〕

013603193

苏州红叶造纸厂厂志 1920—1990

苏州红叶造纸厂编 苏州 苏州红叶造纸厂 1990 年 130 页

008842931

苏州水利志

苏州市水利史志编纂委员会编 上海 上海社会科学院出版社 1997 年 431 页

009385257

苏州织造局志

孙佩编 南京 江苏人民出版社 1959 年 111 页

009786621

望亭发电厂志

望亭发电厂志编纂委员会编 北京 中国卓越出版公司 1990 年 311 页

012543058

望亭发电厂志 1989—2005

望亭发电厂编纂委员会编 北京 中国电力出版社 2009 年 256 页〔江苏省电力工业志丛书〕

013731716

苏州交通运输志 1986—2005

苏州交通运输志编纂委员会编 扬州 广陵书社 2011 年 6 册

008383057

苏州市交通志

苏州市交通史(志)编纂委员会编 上海 上海科学技术文献出版社 1994 年 293 页

012542938

苏州市旅游志

苏州市旅游志编委会编 扬州 广陵书社 2009 年 600 页〔江苏省苏州市地方志丛书〕

009335772

苏州邮电志

苏州电信局苏州邮电志编纂委员会编著 苏州 古吴轩出版社 2001 年 453 页

011764770

苏州对外经济志 1896—1990

苏州市对外经济贸易委员会编纂 南京 南京大学出版社 1991 年 229 页

012140294
苏州海关志
苏州海关志编纂委员会编 苏州 苏州大学出版社 2009年 419页

010475305
苏州市财税志
苏州市财政局 苏州市税务局编 苏州 苏州大学出版社 1995年 314页

010278591
苏州市金融志
苏州市金融志编纂委员会编 南京 南京大学出版社 1994年 359页

012252590
苏州保险志 1905—2005
苏州保险志编纂委员会编 扬州 广陵书社 2009年 489页

012252595
苏州日报社志 1949—2008
苏州日报社志编纂委员会编 苏州 古吴轩出版社 2009年 457页

008206869
苏州教育志
苏州市教育局苏州教育志编纂组编 徐世仁主编 肖正宇主笔 上海 上海三联书店 1991年 420页〔太湖流域地区专业志丛书〕

012877206
苏州教育志 续志 1986—2000
苏州市教育局苏州教育志续志编纂组编 鲍寅初主编 香港 香港文汇出版社 2007年 581页

013756102
苏州市高级技术学校志 1960—1998
苏州市高级技术学校校志编纂委员会编 2000年 197页

009335764
苏州体育志
苏州市体育运动委员会编 苏州 苏州市体育运动委员会 1988年 122页

009560874
苏州方言志
叶祥苓编 上海 江苏教育出版社 1988年 454页

009854042
苏州民间舞蹈志
苏州市文化广播电视管理局编 上海 上海文艺出版社 2004年 400页

011813441
南社戏剧志
梁淑安著 北京 社会科学文献出版社 2008年 312页〔南社丛书 第3套〕

009844796
中国曲艺音乐集成 江苏卷 苏州分卷

(上）弹词卷
中国曲艺音乐集成苏州市编委员会编印　苏州　中国曲艺音乐集成苏州市编委员会　1987年　145页

013239937
苏州老街志
柯继承等编纂　苏州市地方志办公室编　扬州　广陵书社　2011年　405页〔苏州专志系列〕

009817638
苏州历代名人小志
苏简亚主编　上海　百家出版社　2005年　260页

001811457
苏州风物志
张墀山　叶万忠　廖志豪编　南京　江苏人民出版社　1982年　235页

008446423
江苏省苏州市地名录
苏州市地名委员会编　苏州　苏州市地名委员会　1982年　145页

011996792
江苏省苏州市地名录
苏州市地名委员会编　胡伟华主编　福州　福建省地图出版社　2005年　744页

013958915
耦园志
苏州市园林和绿化管理局编　上海　文汇出版社　2013年　158页〔苏州园林风景绿化志丛书〕

012814231
苏州山水志
张振雄著　苏州市地方志办公室编　扬州　广陵书社　2010年　447页〔苏州专志系列〕

013320994
苏州市中医医院院志 1956—1982
苏州　苏州市中医医院　1984年　162页

012956017
苏州医学院附属儿童医院　苏州市儿童医院院志 1959—1985
苏州医学院附属儿童医院　苏州市儿童医院院志编委会编纂　南京　江苏人民出版社　2011年　235页

012662299
苏州大学附属第二医院志 1988—2008
苏州大学附属第二医院志编纂委员会编　苏州　苏州大学出版社　2010年　217页

013145452
苏州刺绣研究所志 1983—1985
苏州　苏州刺绣研究所　1989年　40页

013096432
苏州河道志　前514—2000

苏州河道志编写组编 长春 吉林人民出版社 2007年 349页

012266350
苏州当代艺文志
张耕田主编 扬州 广陵书社 2009年 5册 2899页

009854036
苏州民国艺文志
张耕田 陈巍主编 扬州 广陵书社 2005年 2册 902页

姑苏区

010135034
沧浪区志 第12卷
沧浪区志编纂委员会编 上海 上海社会科学院出版社 2006年 2册〔苏州地方志〕

009686881
金阊区志
金阊区志编纂委员会编 南京 东南大学出版社 2005年 918页〔苏州地方志〕

010135032
平江区志
苏州市平江区地方志编纂委员会编 上海 上海社会科学院出版社 2006年 2册〔苏州地方志〕

010143128
苏州市沧浪区志 街巷桥梁卷 1911—1985 初稿
苏州市沧浪区编史修志领导小组编 苏州 苏州市沧浪区编史修志领导小组 1986年 205页〔中华人民共和国地方志丛书〕

009154162
娄葑镇志
吴万铭主编 娄葑镇志编纂委员会编 北京 方志出版社 2001年 528页〔苏州工业园区乡镇志丛书〕

009154152
胜浦镇志
吴兵主编 胜浦镇志编纂委员会编 北京 方志出版社 2001年 398页〔苏州工业园区乡镇志丛书〕

009154155
唯亭镇志
沈及主编 唯亭镇志编纂委员会编 北京 方志出版社 2001年 532页〔苏州工业园区乡镇志丛书〕

虎丘区

009189837
苏州郊区志
苏州郊区志编纂委员会编 上海 上海社会科学院出版社 2003年 859页〔苏州地方志〕

013373603

苏州市高新区虎丘区志

苏州高新区虎丘区志编纂委员会编　上海　上海社会科学院出版社　2012 年　847 页

010778573

东渚镇志

东渚镇志编纂委员会编　上海　上海辞书出版社　2007 年　471 页〔苏州地方志〕

009414487

横塘镇志

横塘镇志编纂委员会编　徐胜主编　上海　上海社会科学院出版社　2004 年　424 页〔苏州地方志〕

009405931

虎丘镇志

虎丘镇志编纂委员会编　上海　上海社会科学院出版社　2003 年　719 页〔苏州地方志〕

009880359

浒墅关志

苏州高新区浒墅关镇人民政府　江苏省苏州浒墅关经济开发区管理委员会编　上海　上海社会科学院出版社　2005 年　974 页〔苏州地方志〕

吴中区

012506487

尧南社区志

尧南社区志编纂委员会编　苏州　古吴轩出版社　2009 年　716 页

013666223

苏州市吴中区志　1988—2005

苏州市吴中区地方志编纂委员会编　周凤鸣主编　上海　上海社会科学院出版社　2012 年　2 册　1430 页

006924061

吴县志

吴县地方志编纂委员会编　詹一先主编　上海　上海古籍出版社　1994 年　1319 页〔江苏省地方志〕

008446331

吴县大事记　石器时代—1993

吴县地方志办公室　吴县档案馆编　苏州　古吴轩出版社　1994 年　496 页

009560855

藏书镇志

藏书镇志编纂委员会编　苏州　古吴轩出版社　2004 年　348 页

009348103

长桥镇志

王志强主编　苏州　苏州大学出版社　2003 年　515 页〔苏州市地方志〕

010776980
东山镇志
东山镇志编纂委员会编 沈炳荣主编 南京 东南大学出版社 2002年 902页〔苏州市地方志〕

008067466
洞庭东山志
洞庭东山志编纂委员会编 薛利华主编 上海 上海人民出版社 1991年 673页〔长江三角洲乡镇志丛书〕

009338328
渡村镇志
金波主编 苏州 古吴轩出版社 2003年 242页〔苏州市地方志〕

009768793
光福镇志 第4卷
朱锡华主编 苏州 苏州大学出版社 2005年 456页〔苏州市地方志〕

009993006
郭巷镇志
郭巷镇志编纂委员会编 陆复渊主编 西安 西安地图出版社 2005年 336页〔苏州市地方志〕

008842905
木渎镇志
木渎镇志编纂委员会编 上海 上海社会科学院出版社 1999年 396页

014050246
上林村志
上林村志编纂委员会编 苏州 古吴轩出版社 2013年 782页

012542960
太平镇志
太平镇志编纂委员会编 扬州 广陵书社 2009年 478页

013732355
吴县东桥乡志
中共吴县东桥乡委员会 吴县东桥乡人民政府编 吴县 中共吴县东桥乡委员会 吴县东桥乡人民政府 1984年 398页

008926001
西山镇志
苏州市吴中区西山镇志编纂委员会编 苏州 苏州大学出版社 2001年 358页

009348112
越溪镇志
越溪镇志编纂委员会编 苏州 苏州大学出版社 2003年 375页〔苏州市地方志〕

008446332
吴县公安志
江苏省吴县公安局编著 上海 上海社会科学院出版社 1994年 217页

013939407
吴县城乡建设志
吴县城乡建设局编 吴县 吴县城乡建设局 1987年 233页

009147421
吴县市土地志
吴县市土地志编纂委员会编 上海 上海社会科学院出版社 1998年 265页

013939411
吴县粮食志
吴县粮食志编纂组编 上海 上海社会科学院出版社 1994年 414页

009385268
吴县水产志
吴县水产志编纂委员会编 陈俊才 唐继权主纂 上海 上海人民出版社 1989年 458页〔太湖流域地区专业志〕

011806045
吴县钢铁厂志
吴县钢铁厂编志办公室编 吴县 吴县钢铁厂 1985年

008446335
吴县乡镇厂矿
中共吴县县委宣传部 吴县地方志办公室编 吴县 1988年 382页

008357563
吴县工业志
吴县经济委员会编 胡金楠主编 上海 上海社会科学院出版社 1993年 532页

012877283
吴县供销社志 1949—1985
江苏省吴县供销合作联社编 吴县 吴县供销合作联社 1987年 261页

013939414
吴县商业志
吴县商业志编纂委员会编 吴县 吴县商业志编纂委员会 1991年 384页

009338429
吴县财政志
吴县财政志编纂委员会编 上海 上海社会科学院出版社 2001年 569页

010475306
吴县税务志
王运昌主编 张忠平 沈积锟副主编 上海 上海社会科学院出版社 1995年 450页

008446419
江苏省吴县地名录
吴县地名委员会编 吴县 吴县地名委员会 1982年 325页

010735728
吴县土壤志
江苏省吴县土壤普查办公室编 吴县 江

苏省吴县土壤普查办公室 1981 年 157 页

相城区

012758970
黄桥镇志
黄桥镇志编纂委员会编 苏州 古吴轩出版社 2010 年 505 页〔苏州地方志〕

011321168
望亭镇志
望亭镇志编纂委员会编 苏州 苏州大学出版社 2007 年 609 页〔苏州地方志〕

010110347
渭塘镇志
渭塘镇志编纂委员会编 上海 上海社会科学院出版社 2006 年 478 页〔苏州地方志〕

009553783
阳澄湖镇志
阳澄湖镇志编纂委员会编 上海 上海社会科学院出版社 2004 年 583 页〔苏州地方志〕

吴江区

013959482
吴江市志 1986—2005
吴江市地方志编纂委员会编 上海 上海社会科学院出版社 2013 年 2 册 1242 页

007585894
吴江县志
吴江市地方志编纂委员会编 南京 江苏科学技术出版社 1994 年 926 页〔江苏省地方志〕

009312245
北厍镇志
吴江市北厍镇地方志编纂委员会编 上海 文汇出版社 2003 年 495 页

009411587
横扇镇志
朱国亮主编 北京 中央文献出版社 2004 年 490 页

010143114
黎里镇志
吴江县黎里镇镇志编纂委员会编 南京 江苏教育出版社 1991 年 272 页

009865194
芦墟镇志
芦墟镇志编纂委员会编 上海 上海社会科学院出版社 2004 年 643 页〔苏州地方志〕

012051696
梅堰镇志

吴江市梅堰镇地方志编纂委员会编 南京 江苏古籍出版社 2002年 528页

009313452
庙港镇志
庙港镇志编纂委员会编 杭州 浙江大学出版社 2002年 377页

008846550
南麻镇志
吴江市南麻镇镇志编纂委员会编 北京 方志出版社 1999年 320页

013955951
平望镇志
平望镇志编纂办公室编著 南京 江苏科学技术出版社 1992年 504页

009105506
七都镇志
吴江市七都镇地方志编纂委员会编 南京 江苏古籍出版社 2001年 490页

009338415
盛泽镇志
盛泽镇地方志办公室编纂 李炳华主编 李炳华等执笔 南京 江苏古籍出版社 1991年 655页

011478670
同里镇志
同里镇志编纂委员会编 扬州 广陵书社 2007年 864页

009441974
菀坪镇志
吴江市菀坪镇地方志编纂委员会编 哈尔滨 黑龙江人民出版社 2004年 238页

008446327
吴江工会志
吴江工会志编纂委员会编 南京 江苏人民出版社 1995年 197页

009413551
吴江市土地管理志
吴江市土地管理志编委会编 上海 上海科学技术文献出版社 2000年 253页

013732352
吴江市电力志 1914—2008
吴江市电力志编纂委员会编 苏州 古吴轩出版社 2011年 348页

008446323
吴江县水利志
吴江县水利史志编纂委员会编 戚冠华 李克主编 南京 河海大学出版社 1996年 226页

011443975
吴江丝绸志
周德华编 南京 江苏古籍出版社 1992年 473页

010143135
吴江县财税志
吴江县财政局 吴江县税务局编 南京 江苏科学技术出版社 1992年 317页

012568457
吴江市方言志
汪平著 上海 上海社会科学院出版社 2010年 322页

012899846
吴江人物志 1874—1945
中共吴江县委宣传部编 南京 江苏人民出版社 1986年 136页

008531521
江苏省吴江县地名录
吴江县地名委员会编 吴江 吴江县地名委员会 1983年 351页

010280297
吴江市第一人民医院志
吴江市第一人民医院志编纂委员会编 苏州 苏州大学出版社 2006年 282页

012613300
吴江卫生志
吴江卫生志编纂委员会编 苏州 苏州大学出版社 2009年 600页

009338426
吴江市血防志
吴江市血防志编纂委员会编 香港 今日出版社有限公司 2001年 267页

013175972
吴江艺文志
董振声 潘丽敏主编 北京 国家图书馆出版社 2011年 2册 948页

常熟市

010199825
江苏省常熟市志
江苏省常熟市地方志编纂委员会办公室编 上海 上海辞书出版社 2006年 1184页〔江苏省地方志〕

007379012
江苏省常熟市志 江苏省
江苏省常熟市地方志编纂委员会编 瞿鸿烈主编 戈正明等副主编 上海 上海人民出版社 1990年 1222页

012540853
碧溪镇志 吴市卷
吴市卷编纂委员会编 北京 中国文史出版社 2009年 580页〔江苏省常熟市地方志丛书〕

008446351
碧溪镇志
殷业成主编 上海 百家出版社 1995年

438 页〔江苏省常熟市地方志丛书〕

009561891

大义镇志

大义镇志编纂委员会编 上海 上海社会科学院出版社 2002 年 603 页〔江苏省常熟市地方志丛书〕

007501654

东张乡志

东张乡志编纂领导小组编 上海 上海古籍出版社 1993 年 489 页〔江苏省常熟市乡镇志丛书〕

008906145

董浜镇志

董浜镇志编纂委员会编 北京 方志出版社 2001 年 1017 页〔常熟市地方志丛书〕

008446354

福山镇志 第 10 卷

福山镇人民政府编 南京 东南大学出版社 1992 年 635 页〔常熟市地方志丛书〕

012504011

古里镇志

古里镇志编纂委员会编 上海 上海社会科学院出版社 2003 年 641 页

009889539

海虞镇志 福山志

海虞镇志编纂委员会编 上海 上海社会科学院出版社 2005 年 700 页〔江苏省常熟市地方志丛书〕

009889535

海虞镇志 海虞志

海虞镇志编纂委员会编 上海 上海社会科学院出版社 2005 年 497 页〔江苏省常熟市地方志丛书〕

009889542

海虞镇志 棉花原种场志

海虞镇志编纂委员会编 上海 上海社会科学院出版社 2005 年 169 页〔江苏省常熟市地方志丛书〕

009889548

海虞镇志 王市志

海虞镇志编纂委员会编 上海 上海社会科学院出版社 2005 年 517 页〔江苏省常熟市地方志丛书〕

009889549

海虞镇志 周行志

海虞镇志编纂委员会编 上海 上海社会科学院出版社 2005 年 472 页〔江苏省常熟市地方志丛书〕

008446348

何市镇志

何市镇志编纂委员会编 合肥 黄山书社

1998年 475页〔江苏省常熟市地方志丛书〕

012097448
环湖村志
环湖村志编委会编 上海 上海科学普及出版社 2009年 366页〔江苏省常熟市地方志丛书〕

008985259
练塘镇志
练塘镇志编纂委员会编 北京 中共党史出版社 2001年 821页〔江苏省常熟市地方志丛书〕

010476179
梅李镇志 第1卷 珍门卷
珍门卷编纂委员会编 上海 上海辞书出版社 2006年 777页〔江苏省常熟市地方志丛书〕

011986429
梅李镇志 第1卷 赵市卷
赵市卷编纂委员会编 上海 上海辞书出版社 2006年 812页〔江苏省常熟市地方志丛书〕

008379970
梅李镇志 第15卷
常熟市梅李镇人民政府编 苏州 古吴轩出版社 1995年 546页〔江苏省常熟市地方志丛书〕

010475817
淼泉镇志
淼泉镇志编纂委员会编 上海 立信会计出版社 2000年 687页〔江苏省常熟市地方志丛书〕

012174785
莫城镇志
莫城镇志编纂委员会编 上海 上海科学技术文献出版社 2002年 700页

008614822
藕渠镇志
藕渠镇志编纂委员会编 上海 上海科学技术文献出版社 2000年 635页〔江苏省常熟市地方志丛书〕

013731063
琴湖村志
琴湖村志编纂委员会编 上海 上海科学普及出版社 2011年 557页〔江苏省常熟市地方志丛书〕

012899356
任阳镇志
浦天伦主编 任阳镇志编纂委员会编 北京 中共党史出版社 1996年 559页〔常熟市地方志丛书〕

013822669
沙家浜镇志
沙家浜镇志编纂委员会编 北京 方志出版社 2013年 738页〔江苏省常熟市

地方志丛书〕

012177305
尚湖镇志 尚湖卷
尚湖镇尚湖卷编纂委员会编 上海 上海辞书出版社 2007 年 576 页〔江苏省常熟市地方志丛书〕

011763423
尚湖镇志 王庄卷
尚湖镇王庄卷编纂委员会编 上海 上海辞书出版社 2007 年 678 页〔江苏省常熟市地方志丛书〕

012177309
尚湖镇志 冶塘卷
尚湖镇冶塘卷编纂委员会编 上海 上海辞书出版社 2007 年 678 页〔江苏省常熟市地方志丛书〕

012177313
尚湖镇志 练塘卷
尚湖镇练塘卷编纂委员会编 上海 上海辞书出版社 2007 年 784 页〔江苏省常熟市地方志丛书〕

009154213
王庄镇志
王庄镇志编纂委员会编 北京 中共党史出版社 2001 年 539 页〔江苏省常熟市地方志丛书〕

008446349
吴市镇志
吴市镇志编纂委员会编 上海 百家出版社 1998 年 605 页〔江苏省常熟市地方志丛书〕

009310591
谢桥镇志
谢桥镇志编纂委员会编 上海 上海科学技术文献出版社 2003 年 634 页〔江苏省常熟市地方志丛书〕

009147426
辛庄镇志
辛庄镇志编纂委员会编 上海 上海社会科学院出版社 2003 年 553 页〔江苏省常熟市地方志丛书〕

008817307
兴隆镇志
兴隆镇志编纂委员会编 北京 方志出版社 1999 年 597 页〔江苏省常熟市地方志丛书〕

009009934
徐市镇志
徐市镇志编纂委员会编 上海 上海三联书店 2001 年 801 页〔江苏省常熟市地方志丛书〕

010009160
杨园镇志
杨园镇志编纂委员会编 上海 上海社会

科学院出版社 2006 年 533 页〔江苏省常熟市地方志丛书〕

009009697
冶塘镇志
冶塘镇志编纂委员会编 上海 上海科学技术文献出版社 2002 年 461 页〔江苏省常熟市地方志丛书〕

008846553
虞山镇志
虞山镇志编纂委员会编 北京 中央文献出版社 2000 年 931 页〔江苏省常熟市地方志丛书〕

009189841
张桥镇志
张桥镇志编纂委员会编 上海 上海社会科学院出版社 2003 年 598 页〔江苏省常熟市地方志丛书〕

010474442
支塘镇志
支塘镇志编纂委员会编 苏州 古吴轩出版社 1994 年 471 页〔江苏省常熟市地方志丛书〕

008446283
常熟市统计志 第 7 卷
江苏省常熟市统计局编 北京 中国统计出版社 1994 年 287 页〔江苏省常熟市地方志丛书〕

009252965
常熟市人口与计划生育志 第 6 卷
常熟市人口与计划生育志编纂委员会编 上海 上海社会科学院出版社 2004 年 675 页〔江苏省常熟市地方志丛书〕

010474429
常熟市工会志
常熟市工会志编纂委员会编 苏州 古吴轩出版社 1994 年 342 页

010474222
常熟市机关事务管理志 第 3 卷
常熟市机关行政事务管理局编 常熟 常熟市机关行政事务管理局 1993 年 295 页〔江苏省常熟市地方志丛书〕

008842895
常熟市公安志
常熟市公安志编纂委员会编 上海 上海社会科学院出版社 2000 年 508 页

009865171
常熟市民政志 第 5 卷
常熟市民政志编纂委员会编 苏州 古吴轩出版社 1994 年 363 页〔江苏省常熟市地方志丛书〕

013174663
常熟法院志
常熟法院志编纂委员会编 北京 人民法院出版社 2007 年 704 页〔江苏省常

熟市地方志丛书〕

011571553

常熟市建设志

常熟市建设志编纂委员会编 上海 百家出版社 1998 年 333 页〔中华人民共和国地方志 江苏省〕

012871870

常熟市土地管理志

常熟市土地管理志编纂委员会编 上海 百家出版社 1999 年 349 页〔江苏省常熟市地方志丛书〕

009472606

虞山林场志

虞山林场志编纂委员会编 北京 中国林业出版社 2004 年 664 页〔江苏省常熟市地方志丛书〕

010008769

江苏常熟发电有限公司志

江苏常熟发电有限公司志编纂委员会编 北京 中央文献出版社 2003 年 314 页〔江苏省电力工业志丛书〕

013661745

中国江苏常熟服装城志

常熟服装城志编纂委员会编 上海 上海人民出版社 2012 年 616 页〔江苏省常熟市地方志丛书〕

008446287

常熟市教育志 第 4 卷

常熟市教育局教育志编纂委员会编 上海 中国大百科全书出版社上海分社 1994 年 240 页〔江苏省常熟市地方志丛书〕

013131241

石梅小学志

石梅小学志编纂委员会编 上海 上海辞书出版社 2011 年 285 页〔江苏省常熟市地方志丛书〕

010199816

常熟市地名志

常熟市地名志编纂委员会办公室编 上海 上海交通大学出版社 2006 年 515 页〔江苏省常熟市地方志丛书〕

008531504

江苏省常熟市地名录

常熟市地名委员会编 常熟 常熟市地名委员会 1983 年 452 页

010474199

常熟破山兴福寺志

妙生主编 常熟破山兴福寺志编辑组编 苏州 古吴轩出版社 1993 年 301 页

009385194

常熟市红十字第六人民医院志 1959

—1998

常熟市红十字 第六人民医院编 常熟 常熟市第六人民(红十字)医院 2000年 296页

010473844
常熟市卫生志
常熟市卫生志编纂委员会编 常熟 常熟市卫生志编纂委员会 1990年 239页

010777159
常熟市血防志
常熟市血防志编纂委员会编 上海 百家出版社 1996年 255页

008446280
国营常熟畜禽良种场志 第11卷
国营常熟畜禽良种场志编纂领导小组编 苏州 古吴轩出版社 1994年 211页〔江苏省常熟市地方志丛书〕

张家港市

004715713
沙洲县志
张家港市地方志编纂委员会编 南京 江苏人民出版社 1992年 996页〔江苏省地方志〕

013793246
鹿苑镇志
鹿苑镇志编纂委员会编 扬州 广陵书社 2012年 357页〔张家港市乡镇志系列丛书〕

008985349
南丰镇志
南丰镇志编纂委员会编 北京 方志出版社 2001年 523页〔张家港市镇志丛书〕

008985250
港区镇志
港区镇志编纂委员会编 北京 方志出版社 2001年 452页〔张家港市镇志丛书〕

008985353
锦丰镇志
江苏省张家港市锦丰镇志编纂委员会编 北京 方志出版社 2001年 466页

013704426
乐余镇志
乐余镇志编纂委员会编 南京 凤凰出版社 2012年 480页〔张家港市乡镇志系列丛书〕

008906125
塘市镇志
江苏省张家港市塘市镇志编纂委员会

编 北京 方志出版社 2001 年 314 页

008828242
小河坝村志
小河坝村志编纂委员会编 天津 天津社会科学院出版社 1998 年 323 页

013072534
塘桥志
塘桥志编纂委员会编 上海 上海交通大学出版社 1996 年 590 页

008924656
中国共产党张家港市历史大事记 1949.4—1998.12
中共张家港市委党史地方志办公室编 北京 中共党史出版社 1999 年 345 页

013735525
张家港市纪检监察志 1962—2011
中共张家港市纪律检查委员会 张家港市监察局编 北京 方志出版社 2012 年 593 页

013758758
张家港政协志
张家港政协志编纂委员会编 北京 方志出版社 2012 年 722 页

013994263
张家港联合铜业有限公司志 1996—2005
王成美编 2006 年 159 页

007347864
张家港市乡镇工业志
张家港市地方志办公室 张家港市乡镇工业局编 上海 上海人民出版社 1990 年 324 页〔太湖流域地区专业志丛书〕

011763329
沙洲县供销合作社志 1962—1986
张家港市供销合作联社编印 张家港 张家港市供销合作联社 1989 年 357 页

010732106
国泰志
江苏国泰国际集团有限公司编著 上海 百家出版社 2007 年 389 页

008651422
江苏省沙洲县地名录
沙洲县地名领导小组编 沙洲 沙洲县地名领导小组 1982 年 261 页

011480507
张家港市地名志
中共张家港市委党史地方志办公室编 张家港市地名委员会办公室审 北京 方志出版社 2007 年 699 页

010252952
西张地名志
凤凰镇人民政府编 凤凰镇 凤凰镇人民政府 2004年 194页〔张家港市乡镇地名志丛书〕

010253057
镇山地名志
镇山 2004年 117页

012968043
江苏省沙洲县土壤志
沙洲县土壤普查办公室 苏州市农业局 江苏省土壤普查办公室编 南京 江苏省土壤普查办公室 1984年 314页

013686606
张家港市水利志 1986—2008
张家港市水利志编纂委员会编 南京 河海大学出版社 2011年 410页

昆山市

013861886
昆山市志 1981—2010
昆山市地方志编纂委员会编 南京 江苏人民出版社 2013年 2册 1232页

007378049
昆山县志
江苏省昆山县县志编纂委员会编 王道伟主编 顾厚德等副主编 上海 上海人民出版社 1990年 1011页〔江苏省地方志〕

008051782
巴城镇志
昆山市巴城镇镇志编纂委员会编 上海 上海人民出版社 1991年 266页〔长江三角洲乡镇志丛书〕

009338272
兵希镇志
哈尔滨 哈尔滨出版社 2001年 378页

009348841
淀山湖镇志
淀山湖镇人民政府主编 西安 西安地图出版社 2005年 336页〔昆山市地方志丛书〕

013820261
花桥镇志 1995—2006
花桥镇志编纂委员会编 杨兴明主编 蔡根泉总纂 扬州 广陵书社 2011年 583页〔昆山市第二轮地方志丛书〕

009686972
锦溪镇志
锦溪镇志编纂委员会编 北京 中国大百

科全书出版社 1993 年 323 页〔长江三角洲乡镇志丛书〕

008380109
昆山市城北镇志
王国桢主编 昆山市城北镇志编纂委员会编 上海 上海科学技术文献出版社 1995 年 257 页〔昆山市地方志丛书〕

009397517
昆山市城北镇志 续集
王国桢主编 城北镇志编纂委员会编 上海 上海科学技术文献出版社 2002 年 263 页〔昆山市地方志丛书〕

010251797
陆家镇志
陆家镇志编纂委员会编 北京 中国大百科全书出版社 1992 年 325 页〔长江三角洲乡镇志丛书〕

009338385
陆杨镇志
陆杨镇人民政府编 郑州 文心出版社 2001 年 437 页

010143126
蓬朗镇志
昆山市蓬朗镇志编纂委员会编 顾瑞华主编 上海 上海三联书店 1992 年 322 页〔长江三角洲乡镇志丛书〕

010008898
蓬朗镇志 1989—2003
昆山市蓬朗镇志编纂委员会编 昆山 昆山市蓬朗镇志编纂委员会 2005 年 429 页〔昆山市地方志丛书〕

008874849
石牌镇志
王志远主编 王惠全副主编 昆山市石牌镇志编纂委员会编 上海 上海科学技术文献出版社 1995 年 249 页〔昆山市地方志丛书〕

008817630
玉山镇志
昆山市玉山镇志编纂委员会编 上海 上海科学技术文献出版社 1996 年 359 页〔昆山市地方志丛书〕

010010272
张浦镇志 大市卷
陈阿根主编 张浦镇人民政府编 西安 西安地图出版社 2003 年 326 页〔昆山市地方志丛书〕

010010275
张浦镇志 南港卷
张梅官主编 张浦镇人民政府主编 西安 西安地图出版社 2003 年 236 页〔昆山市地方志丛书〕

011564467
正仪镇志

正仪镇志编纂委员会编 上海 中国大百科全书出版社上海分社 1991年 134页〔长江三角洲乡镇志丛书〕

010522131
昆山市工会志
昆山市总工会工会志编纂委员会编 北京 中国社会出版社 2001年 331页〔昆山市地方志丛书〕

012762237
昆山人民代表大会志 1954—2004
昆山人民代表大会常务委员会 昆山人民代表大会志编纂委员会编 昆山 昆山人民代表大会常务委员会 昆山人民代表大会志编纂委员会 2004年 569页

012811647
昆山市政协志
昆山市政协志编纂委员会编 昆山 昆山市政协志编纂委员会 2006年 780页

009189810
昆山市土地志
昆山市国土局土地志编纂委员会编 上海 上海科学技术文献出版社 1998年 308页〔昆山市地方志丛书〕

009413512
昆山市粮食志
昆山市粮食志编纂委员会编 上海 上海科学技术文献出版社 1996年 262页〔昆山市地方志丛书〕

008364140
昆山市农业志
昆山市农业志编纂委员会 吴洁人主编 王振声 黄知常副主编 上海 上海科学技术文献出版社 1994年 390页〔昆山市地方志丛书〕

012251345
昆山钞票纸厂志 1994—2000
昆山钞票纸厂志编纂委员会编 北京 中国金融出版社 2003年 316页〔中国印钞造币志丛书〕

009397507
昆山县水利志
昆山县水利局水利志编纂委员会编 上海 上海科学技术文献出版社 1995年 326页〔昆山市地方志丛书〕

009413506
昆山市工业志
昆山市工业志编纂委员会编 吴宣德主编 李维熙副主编 上海 上海科学技术文献出版社 1996年 397页〔昆山市地方志丛书〕

013224527
昆山市交通志 1986—2006
昆山市交通志编纂委员会编 唐建中主编 扬州 广陵书社 2011年 264页〔昆山市第二轮地方志丛书〕

009392044

昆山县供销合作社志

昆山县供销合作社志编纂委员会编 上海 中国大百科全书出版社上海分社 1992年 298页〔太湖流域地区专业志丛书〕

008364092

昆山市商业志

昆山市商业志编纂委员会编 顾进华主编 唐旭明副主编 上海 上海科学技术文献出版社 1995年 184页〔昆山市地方志丛书〕

013752730

昆山县教育志 1901—1987

昆山县教育志编纂委员会编 扬州 广陵书社 2011年 178页〔昆山市第二轮地方志丛书〕

008531514

江苏省昆山县地名录

昆山县地名委员会编 昆山 昆山县地名委员会 1983年 237页

012541987

昆山市第三人民医院院志 1960—2005

昆山市第三人民医院院史办编 昆山 昆山市第三人民医院院史办 2006年 390页

012762231

昆山市第一人民医院志 1925—2007

昆山市第一人民医院志编纂委员会编 上海 上海科学技术文献出版社 2009年 297页

008446218

昆山市血防志

吴圣薇主编 王德威副主编 上海 上海科学技术文献出版社 1995年 306页〔昆山市地方志丛书〕

011497873

江苏省昆山县土壤志

昆山县土壤普查办公室 苏州市土壤普查办公室 江苏省土壤普查办公室编 昆山 昆山县土壤普查办公室 1985年 450页

012174091

昆山村镇建设志

昆山市规划局编 昆山 昆山市规划局 2002年 301页

010008907

亭林园志

亭林园志编纂委员会编 沈立新主编 西安 西安地图出版社 2006年 228页〔昆山市地方志丛书〕

太仓市

003796233
太仓县志
太仓县县志编纂委员会编 南京 江苏人民出版社 1991年 995页〔江苏省地方志〕

008530708
城厢镇志
太仓市城厢镇志编纂委员会编 陶辛农主编 邢士鹤 陈有觉副主编 上海 华东理工大学出版社 1997年 551页〔江苏省太仓市地方志丛书〕

010475838
璜泾镇志
太仓市璜泾镇志编委会编 璜泾镇 太仓市璜泾镇志编委会 2000年 286页〔江苏省太仓市地方志丛书〕

013822713
双凤镇志
太仓市双凤镇志编纂委员会编 北京 方志出版社 2013年 611页

008446381
岳王镇志
江苏省太仓市岳王镇志编纂委员会编 上海 上海交通大学出版社 1996年 471页

012051956
太仓市人民代表大会志
太仓市人民代表大会志编纂委员会编 上海 上海交通大学出版社 2009年 677页

009241641
太仓市政协志
太仓市政协志编纂委员会编 北京 方志出版社 2009年 669页

012099952
太仓市土地管理志
北京 中国社会出版社 2002年 334页

010245069
太仓县粮食志
太仓县粮食志编纂组编 太仓 太仓县粮食志编纂组 1993年 277页〔太仓县地方志〕

009338416
太仓市电力工业志 1906—1997
太仓市电力工业志编纂委员会编 北京 中国文史出版社 2001年 344页〔江苏省太仓市地方志丛书〕

009115879
太仓市财政志
太仓市财政志编纂委员会编 北京 方志出版社 1999年 277页〔江苏省太仓

市地方志丛书〕

013959424
太仓市教育志 1988—2005
太仓市教育局太仓市教育志编纂组编 上海 上海人民出版社 2013年 467页

008532501
江苏省太仓县地名录
太仓县地名委员会编 太仓 太仓县地名委员会 1983年 234页

008532028
太仓市卫生志
王志强 陈惠芳 王喜明主修 太仓市卫生局编纂 太仓 江苏省太仓市卫生局 1998年 307页〔江苏省太仓市地方志丛书〕

013822731
太仓水利志 1034—1988
吴炳主编 苏州 古吴轩出版社 2009年 324页〔江苏省太仓市地方志丛书〕

南通市

009115959
南通市志
南通市地方志编纂委员会编 程亚民 李炎主修 监修周福元 曹能新 施景铃编纂 孙应杰 徐仁祥副总纂 上海 上海社会科学院出版社 2000年 3册 2710页

010008896
南通市民族宗教志
南通市民族宗教志编纂委员会编 合肥 黄山书社 1996年 247页

012680526
南通人口和计划生育志
顾绮主编 北京 中国人口出版社 2010年 643页

008446238
南通市工会志
南通市工会志编纂委员会编 南京 江苏科技出版社 1994年 347页

013775007
南通市人大志
南通市人大志编纂委员会编 王昀主编 顾洪玲 卢前 汤广伦副主编 北京 方志出版社 2012年 1000页

009335869
南通市政府志 958—1990
管长江主编 王昀 孙敬文副主编 北京

中国社会科学出版社 1993 年 487 页

011534040
南通市政协志
南通市政协志编纂委员会编 南京 江苏文艺出版社 2007 年 801 页

013775005
南通审计志
南通审计志编委会编 北京 中国时代经济出版社 2012 年 545 页

009687030
南通市建设志
南通市建设志编纂委员会编 上海 上海社会科学院出版社 2004 年 790 页

009310570
南通市土地志
南通市土地志编纂委员会 王恒生主任 朱正年 韩国荣主编 南京 江苏人民出版社 2001 年 411 页

006319853
南通电力工业志
南通供电局修志办公室编著 南京 江苏人民出版社 1992 年 192 页

012721944
南通市电力工业志 1988—2002
南通市电力工业志编委会编著 北京 中国电力出版社 2010 年 397 页〔江苏省电力工业志丛书〕

013375376
南通盐业志
南通盐业志编纂委员会主修 张荣生编撰 南京 凤凰出版社 2012 年 851 页

013185857
天生港发电厂志
天生港发电厂志编纂委员会编 南京 江苏科学技术出版社 1994 年 248 页

009840137
南通邮电志
封平主编 南京 江苏人民出版社 1998 年 446 页〔江苏省邮电志系列 12〕

009115960
南通市粮食志
李庶 顾培元主编 徐凯 陈慎生 张荣副主编 陈慎生主笔 南通市粮食局编 北京 方志出版社 2000 年 370 页

013822097
南通工商税志
张茂修主编 朱庆丰副主编 南京 南京大学出版社 1993 年 295 页

008532031
南通市金融志
南通市金融志编纂委员会编 北京 中国金融出版社 1995 年 375 页

009338406
南通市教育志

南通市教育局编 北京 新华出版社
　　2001年 562页

009009702
南通医学院志
南通医学院志编纂委员会编 南京 江苏
　　人民出版社 2002年 409页

013319839
南通体臣卫生学校志 1951—2010
南通体臣卫生学校志编纂委员会编 南
　　通 南通体臣卫生学校 2011年
　　265页

011188552
南通民间谚语选 气象农业类
贾佩峰编选 南通市民间文学集成办公
　　室编 北京 中国民间文艺出版社
　　1989年 143页〔南通民间文学集
　　成〕

008531478
江苏省南通市地名录
南通市地名委员会编 南通 南通市地名
　　委员会 1982年 146页

013898518
南通气象志
南通气象志编纂委员会编 北京 气象出
　　版社 2012年 458页

009413543
南通市肿瘤医院志
南通市肿瘤医院志编纂委员会编 北京
　　方志出版社 2004年 321页

013093183
南通大学附属医院志
南通大学附属医院志编纂委员会编 北
　　京 方志出版社 2011年 435页

011892276
南通市第一人民医院志
南通市第一人民医院志编委会编 北京
　　方志出版社 2007年 333页

010239034
江苏省南通市土壤志
南通市农业局 江苏省土壤普查办公室
　　编 南京 江苏省土壤普查办公室
　　1986年 343页

011476891
江苏艺文志 南通卷
南京师范大学古文献整理研究所编著
　　南京 江苏人民出版社 1995年
　　491页

港闸区

012968031
江苏省南通市郊区土壤志
南通市郊区土壤普查办公室 南通市农
　　业局 江苏省土壤普查办公室编 南通
　　南通市郊区土壤普查办公室 1986年
　　118页

通州区

008817514
南通县志
通州市地方志编纂委员会编 南京 江苏人民出版社 1996年 1315页〔江苏省地方志〕

008532035
南通县工会志
通州市工会志编纂委员会编 上海 百家出版社 1996年 275页

012899192
南通县民政志
庄奂顾问 宋广美主编 陈剑文主审 江苏省通州市民政局编 通州 江苏省通州市民政局 2000年 329页

009018342
通州市土地志
季伦广主编 通州市土地志编纂委员会编 南京 江苏人民出版社 1998年 409页

012661688
南通县电力工业志 1899—1985
南通县电力工业志编委会编 北京 中国电力出版社 2010年 113页

012662341
通州市电力工业志 1986—2005
通州市电力工业志编纂委员会编 北京 中国电力出版社 2010年 206页〔南通市电力工业志丛书〕

008528394
江苏省南通县地名录
南通县地名委员会编 南通 南通县地名委员会 1983年 277页

启东市

014049928
启东县工会志
启东县工会志编纂委员会编 北京 中国工人出版社 1995年 331页

012051780
启东市人大志
启东市人民代表大会常务委员会 启东市人大志编纂委员会编 启东 启东市人民代表大会常务委员会 2004年 547页

012766391
启东市政协志
启东市政协志编纂委员会编 启东 启东市政协志编纂委员会 2006年 639页

009744805
启东市土地管理志
启东市土地管理志编纂领导组编 南京 江苏人民出版社 1999年 330页

012684563
启东市电力工业志 1986—2005
陈仲兴 徐森主编 北京 中国电力出版社 2010年 228页〔南通市电力工业志丛书〕

008446257
启东市建筑业志
启东市建筑业志编纂委员会编 北京 中国城市出版社 1997年 369页〔中华人民共和国地方志丛书〕

如皋市

008446313
如皋县志
如皋市地方志编纂委员会编 香港 香港新亚洲出版社 1995年 853页〔江苏省地方志〕

013822222
如皋市军事志
如皋市人民武装部 如皋市地方志编纂委员会办公室编 如皋 如皋市地方志编纂委员会办公室 2004年 412页

008446318
如皋劳动志
如皋劳动志编辑委员会编 南京 江苏人民出版社 1991年 264页

009338412
如皋土地志
如皋市国土规划管理局编 北京 中央文献出版社 2001年 344页

013755962
如皋市电力工业志 1986—2005
江苏省电力公司如皋市供电公司编 北京 中国电力出版社 2012年 195页〔南通市电力工业志丛书〕

010200523
如皋金融志
如皋金融志编辑室编 南京 南京大学出版社 1994年 405页

010200528
如皋农村金融志
中国农业银行如皋市支行农村金融志编纂委员会编 如皋 中国农业银行如皋市支行 1995年 242页

009840141
如皋县教育志
如皋县教育局编 如皋 如皋县教育局 1987年 196页

008528382
江苏省如皋县地名录
如皋县地名委员会编 如皋 如皋县地名委员会 1983年 349页

012968034
江苏省如皋县土壤志
如皋县土壤普查办公室 江苏省土壤普

查办公室编 南京 江苏省土壤普查办公室 1987年 253页

海门市

007731473
海门县志
海门市地方志编纂委员会编 南京 江苏科学技术出版社 1996年 1107页〔江苏省地方志〕

009441941
海门市土地志
吴殿明 周洪斌主编 孙学成 陆惠邦 顾良生副主编 海门市土地志编纂委员会编 南京 江苏人民出版社 2000年 421页

009082362
海门建筑业志
海门市建筑工程管理局编 北京 方志出版社 2005年 512页

012679464
海门市电力工业志 1986—2005
海门市电力工业志编委会编 北京 中国电力出版社 2010年 209页〔南通市电力工业志丛书〕

012679473
海门县电力工业志 1920—1985
海门县电力工业志编委会编 北京 中国电力出版社 2010年 134页

013404396
海门市邮电志
海门市邮电局 海门市地方志办公室编 北京 中国文史出版社 1999年 332页

008662044
海门教育志
海门教育局编志组编 合肥 黄山书社 1999年 364页

008528388
江苏省海门县地名录
海门县地名委员会编 海门 海门县地名委员会 1983年 193页

012968005
江苏省海门县土壤志
海门县土壤普查办公室编 海门 海门县土壤普查办公室 1984年 269页

011917957
海门市环境保护志
海门市环境保护局 海门市地方志办公室编 北京 方志出版社 2008年 423页

海安县

007793020
海安县志
吉光等总纂 海安县志编纂委员会编 上海 上海社会科学院出版社 1997年

1069 页

013415138
胡集镇志
卢辉平总编 周昌明总纂 合肥 安徽电子音像出版社 2007 年 384 页

009799926
曲塘镇志
海安县曲塘镇志编写委员会编 海安 海安县曲塘镇志编写委员会 1990 年 376 页

008446250
海安县工会志
海安县工会志编纂委员会编 苏州 苏州大学出版社 1995 年 335 页

012541612
海安县工会志
海安县工会志编纂委员会编 北京 方志出版社 2009 年 382 页

008971742
海安县人大志
海安县人大常委会编纂 北京 方志出版社 2001 年 579 页

010476396
海安县政协志
海安县政协志编纂委员会编 长春 吉林人民出版社 2006 年 632 页

008488476
海安县城乡建设志
海安县城乡建设志编纂委员会编 北京 中国建筑工业出版社 1997 年 556 页〔中华人民共和国地方志 江苏省〕

009115978
海安县土地志
海安县土地志编纂委员会编 北京 中央文献出版社 2000 年 408 页

013897197
海安县农业志
海安县农业志编纂委员会编 北京 方志出版社 2013 年 411 页

010292739
海安县供销合作社志
海安县供销合作总社编志办公室编 海安 海安县供销合作总社编志办公室 1995 年 449 页

012759004
江苏海安风物志
王其银编著 北京 新华出版社 2006 年 516 页〔中国东部风物志丛书〕

008528369
江苏省海安县地名录
海安县地名委员会编 海安 海安县地名委员会 1983 年 271 页

009865188
江苏省海安县土壤志
海安县土壤普查办公室编 海安 海安县土壤普查办公室 1985年 304页

011890769
海安县建设志 1995—2004
海安县建设志编志委员会编 南京 江苏人民出版社 2008年 614页〔中华人民共和国地方志 江苏省〕

如东县

008093046
如东县志
如东县编史修志办公室编 南京 江苏人民出版社 1983年 553页

008357268
如东县志评论文选
中共如东县委史志工作委员会编 上海 上海社会科学院出版社 1987年 296页

007380958
丰利镇志
丰利镇志编写组编 丰利镇 丰利镇志编写组 1981年 419页

009389880
掘港镇志
掘港镇志编写组编 如东 掘港镇志编写组 1981年 363页

007655190
马塘镇志
马塘镇修志办公室编著 上海 学林出版社 1986年 252页

011430418
潮桥志 四稿
江苏省如东县潮桥公社潮桥志编写组编 如东 潮桥公社潮桥志编写组 1982年 253页

007728238
如东人口计划生育志
陈祥志 镇余保编纂 南京 南京大学出版社 1987年 305页

010243542
如东县工会志
如东县工会志编纂委员会编 上海 百家出版社 1999年 304页

008532497
如东县人大志
谢振东 虞建宣等编著 南京 江苏人民出版社 1995年 353页

011892434
如东县人大志
如东县人民代表大会常务委员会编 北京 方志出版社 2008年 429页

007505450
江苏省如东县政协志

如东县政协文史资料委员会编 上海 上
　海古籍出版社 1993 年 315 页

012252382
如东县人民法院志
如东县人民法院志编纂委员会编 如东
　如东县人民法院志编纂委员会 2008
　年 264 页

007721931
如东县劳动志
如东县劳动局编 1988 年 144 页

008378950
如东县土地志
朱银生等编著 南京 江苏人民出版社
　1995 年 305 页

012639037
如东县电力工业志 1988—2005
如东县电力工业志编委会编 北京 中国
　电力出版社 2010 年 187 页〔南通市
　电力工业志丛书〕

012661793
如东县图书馆志
如东县图书馆编纂 如东 如东县图书馆
　2009 年 253 页

008531462
江苏省如东县地名录
如东县地名委员会编 如东 如东县地名
　委员会 1982 年 283 页

011497879
江苏省如东县土壤志
如东县土壤普查办公室 南通市农业局
　江苏省土壤普查办公室编 如东 如东
　县土壤普查办公室 1983 年 209 页

连云港市

013932458
连云港市工会志 1990—2011
连云港市工会志编纂委员会编 南京 江
　苏人民出版社 2013 年 468 页

008662040
东辛农场志
东辛农场志编纂委员会编 北京 方志出
　版社 2007 年 399 页

012956024
台北盐场志
徐锋主编 台北盐场志编纂委员会编 徐
　州 中国矿业大学出版社 2008 年
　504 页

012251252
江苏新海发电有限公司志 1994—2005
江苏新海发电有限公司志编纂委员会

编著 北京 中国电力出版社 2009年 180页〔江苏省电力工业志丛书〕

010110351
新海发电厂志
新海发电厂志编纂委员会编 赵凤刚主编 李永兴 沈若铭副主编 北京 华龄出版社 1996年 168页

008378775
连云港口岸志
连云港口岸志编纂委员会编 北京 人民交通出版社 1992年 320页

010022795
中国戏曲音乐集成 江苏卷 连云港分卷
连云港市文化局集成志书办公室编 连云港 连云港市文化局集成志书办公室 1990年 304页

012049570
江苏戏曲志 连云港卷
江苏戏曲志编辑委员会编 刘增国主编 朱秋华副主编 北京 中国戏剧出版社 1994年 292页

013628052
连云港艺文志
连云港市图书馆编 许厚文 崔明月主编 沈阳 沈阳出版社 2001年 446页〔海韵文丛〕

013684479
连云港市第一人民医院院志 1951—2011
连云港市第一人民医院院志编审委员会编 南京 江苏人民出版社 2011年 504页

新浦区

009116005
新浦区志
连云港市新浦区地方志编纂委员会编 北京 方志出版社 2000年 667页〔江苏省城市区志丛书〕

013732479
新浦政协志
新浦政协志编纂委员会编 新浦区 新浦政协志编纂委员会 2009年 380页

013681564
岗埠农场志 1958—2000
岗埠农场志编委会编 2006年 332页

连云区

008636343
连云港市志
连云港市地方志编纂委员会编 北京 方志出版社 2000年 3册 2762页

008377821
连云区志
连云区地方志编纂委员会编 北京 方志出版社 1995年 475页〔江苏省地方志〕

008822339
云台区志
云台区地方志编纂委员会编 连云港 云台区地方志编纂委员会 1995年 499页〔江苏省地方志〕

009856951
朝阳镇志
朝阳镇志编纂委员会编 北京 方志出版社 2005年 678页

008848032
花果山乡志
连云港市云台区花果山乡地方志编纂委员会编 北京 中华书局 2000年 646页

010278532
连云港市工会志
连云港市工会志编纂委员会编 北京 北京燕山出版社 1993年 317页

010143120
连云港市政协志
中国人民政治协商会议江苏省连云港市委员会编 连云港 中国人民政治协商会议江苏省连云港市委员会 1997年 299页

008446222
连云港市公安志
连云港市公安局编纂 北京 中国城市出版社 1995年 478页

010110334
连云港市劳动志
董汉清主编 刘永华 徐百钧副主编 南京 江苏古籍出版社 1993年 232页

008661970
连云港电力工业志
连云港电力工业志编纂委员会编 殷开龙主编 孙仁国副主编 北京 方志出版社 1996年 184页

009241645
连云港市水利志
连云港市水利志编纂委员会编 北京 方志出版社 2001年 687页〔连云港市水利史志丛书〕

009553809
连云港港志
连云港港务局史志编审委员会编 张树玉 杨贤益主编 北京 人民交通出版社 1993年 613页

013184318
连云港市邮电志
王长钦主编 南京 江苏古籍出版社

1999年 476页〔江苏省邮电志系列08〕

012202982
连云港国税志 1994—2004
连云港国税志编纂委员会编 北京 中国税务出版社 2008年 236页

012505322
连云港市财政志
连云港市财政志编纂委员会编著 张文武主编 北京 中国财政经济出版社 2002年 423页

010199862
连云港市金融志
连云港市金融志编纂委员会编 徐州 中国矿业大学出版社 2001年 253页

010278750
连云港市蔷薇中学志 1975—1995
马长江主修 章孟贤主编 连云港 连云港市蔷薇中学 1995年 105页

010200054
连云港戏曲志
连云港市文化局编 刘增国主编 朱秋华副主编 北京 中国戏剧出版社 1994年 294页

010199860
连云港曲艺志
连云港市文化局编 刘增国主编 朱秋华副主编 北京 中国戏剧出版社 1994年 208页

001795346
连云港风物志
薛鸿迎 刘洪石 金大学插图 李以恭 鲁晓明摄影 南京 江苏人民出版社 1983年 172页

008531527
连云港市地名录 市区部分
连云港市地名委员会编 连云港 连云港市地名委员会 1983年 220页

009686859
花果山志
连云港市花果山风景区管理处编 北京 中华书局 2005年 467页〔江苏省地方志文库〕

009338363
连云港市第二人民医院院志 1908—2000
连云港市第二人民医院院志编纂委员会编 徐州 中国矿业大学出版社 2004年 218页

012251397
连云港市中医院院志 1984—2008
连云港市中医院院志编纂委员会编 连云港 连云港市中医院院志编纂委员会 2009年 329页

013375218

连云港市第一人民医院志 1951—2000

连云港市第一人民医院院志编纂委员会编 长春 吉林人民出版社 2001年 316页

009116206

连云港市卫生志

连云港市卫生志编纂委员会编 北京 方志出版社 1998年 361页

013601785

连云港蔬菜品种志

连云港市农业科学研究所编 连云港 连云港市农业科学研究所 1982年 221页

海州区

008793266

海州区志

连云港市海州区地方志编纂委员会编 北京 方志出版社 1999年 500页〔江苏省城市区志丛书〕

009241653

海州区水利志

海州区水利史志编纂委员会编 北京 方志出版社 2001年 175页〔连云港市水利史志丛书〕

012998998

海州民俗志

刘兆元著 南京 江苏文艺出版社 1991年 543页

赣榆县

008817768

赣榆县志

赣榆县县志编纂委员会编 北京 中华书局 1997年 1278页

013183446

赣榆县政协志

中国人民政治协商会议江苏省赣榆县委员会编 赣榆 中国人民政治协商会议江苏省赣榆县委员会 1998年 173页

013897135

赣榆县军事志 前523—2007

赣榆县军事志编纂委员会编 赣榆 赣榆县军事志编纂委员会 2011年 470页

009348823

赣榆县土地志

赣榆县土地志编纂委员会编 北京 方志出版社 2004年 270页

008569855

赣榆县煤矿志

汪家友 苏守瑞主编 徐州 中国矿业大学出版社 2000年 335页

009241654
赣榆县水利志
赣榆县水利史志编纂委员会编 北京 方志出版社 2000年 292页〔连云港市水利史志丛书〕

008971423
赣榆县邮电志
赣榆县邮电局编 北京 方志出版社 2001年 389页〔江苏省邮电志系列41〕

011954026
赣榆县粮食志
王其怀主修 张钦明主审 于建业主编 北京 中华工商联合出版社 1994年 362页

008426035
赣榆县教育志 1106—1990
赣榆县教育局教育志编纂办公室编 北京 方志出版社 1997年 377页

012609839
赣榆县职业教育中心校志 2003—2008
赣榆县职业教育中心校志编委会编 北京 方志出版社 2009年 343页

009009731
赣榆方言志
刘传贤著 北京 中华书局 2001年 329页

010735827
抗日山志
中共赣榆县委抗日山志编辑委员会编 赣榆 中共赣榆县委抗日山志编辑委员会 1983年 236页

008531467
江苏省赣榆县地名录
赣榆县地名委员会编 赣榆 赣榆县地名委员会 1982年 185页

011995632
赣榆县人民医院院志
赣榆县人民医院院志编委会编 赣榆 赣榆县人民医院 2003年 302页

东海县

007010553
东海县志
东海县地方志编纂委员会编 北京 中华书局 1994年 898页〔江苏省地方志〕

008446378
东海县工会志
东海县总工会编 北京 方志出版社 1995年 133页

013647332
东海县法院志 1912—2005
江苏省东海县人民法院东海县法院志编纂委员会编 东海 江苏省东海县人

民法院东海县法院志编纂委员会
2006 年 282 页

009241598
东海县水利志
东海县水利志编纂委员会编 北京 方志出版社 2000 年 285 页〔连云港市水利史志丛书〕

013179443
东海县邮电志
刘延尚主编 南京 江苏古籍出版社 1998 年 243 页〔江苏省邮电志系列 43〕

010278727
东海县粮食志
东海县粮食局编 北京 中国商业出版社 1995 年 279 页

013647328
东海民俗志
政协东海县学习文史委员会编 东海 政协东海县学习文史委员会 2009 年 312 页

008531519
江苏省东海县地名录
东海县地名委员会编 东海 东海县地名委员会 1983 年 207 页

013334619
东海县建设志

李琳主编 1992 年 336 页

灌云县

008595002
灌云县志
灌云县地方志编纂委员会编 北京 方志出版社 1999 年 1121 页〔江苏省地方志〕

013369900
灌云县民政志
灌云县民政志编纂委员会编 合肥 黄山书社 1996 年 229 页

011321145
灌云县土地志
灌云县国土资源局 灌云县土地志编纂委员会编 北京 方志出版社 2007 年 417 页〔江苏省地方志文库〕

009241648
灌云县水利志
灌云县水利史志编纂委员会编 北京 方志出版社 2000 年 326 页〔连云港市水利史志丛书〕

012049396
灌云交通志
灌云县交通志编纂委员会编 北京 方志出版社 2009 年 584 页

012898423
灌云县邮电志 第 42 卷
朱兆忠 任芝祥主编 南京 江苏古籍出版社 1997 年 251 页〔江苏省邮电志系列 42〕

008531483
江苏省灌云县地名录
灌云县地名委员会编 灌云 灌云县地名委员会 1983 年 245 页

013726890
大伊山志
灌云县大伊山旅游经济区委员会编 北京 方志出版社 2012 年 356 页

013792147
灌云县卫生志
灌云县卫生志编纂委员会编 南京 江苏科学技术出版社 1990 年 416 页

灌南县

007443542
灌南县志
灌南县地方志编纂委员会编 南京 江苏古籍出版社 1995 年 898 页〔江苏省地方志〕

012096745
灌南县政协志 1981—2007
政协江苏省灌南县委员会编 灌南 灌南县政协 2007 年 435 页

008446260
灌南县电力工业志
灌南县供电局编 周其忠主编 灌南 灌南县供电局 1990 年 159 页

009335646
灌南县水利志
灌南县水利史志编纂委员会编 北京 方志出版社 2000 年 418 页〔连云港市水利史志丛书〕

008446263
灌南县交通志
灌南县交通局编 北京 中国展望出版社 1990 年 302 页

008446268
灌南县邮电志
灌南县邮电局编 灌南 灌南县邮电局 1992 年 118 页

010265838
灌南县戏曲志
灌南县戏曲志编写组编 灌南 灌南县戏曲志编写组 1986 年 150 页

008528009
江苏省灌南县地名录
灌南县地名委员会编 灌南 灌南县地名委员会 1983 年 239 页

010143103
灌南县卫生志 1775—1986 初稿

灌南县卫生志编纂委员会编 灌南 灌南县卫生志编纂委员会 1988年 2册

淮安市

008196388
淮安市志
淮安市志编纂委员会 钟士和主编 孙芝瑶 仇恒禄副主编 南京 江苏人民出版社 1998年 1044页〔江苏省地方志〕

007705579
淮阴市志
荀德麟主编 王立仕等副主编 淮阴市地方志编纂委员会编 上海 上海社会科学院出版社 1995年 3册

008531906
淮阴市城乡建设志
袁春海主编 王鹏举 徐庆农 蒋维林副主编 北京 中国建筑工业出版社 1999年 658页〔中华人民共和国地方志 江苏省〕

013792391
淮安市电力工业志 1988—2004
淮安市电力工业志编纂委员会编 北京 中国电力出版社 2012年 424页〔江苏省电力工业志丛书〕

013957652
淮安盐业志
淮安盐业志编纂委员会编 北京 方志出版社 2013年 678页

013335403
淮阴电力工业志
淮阴供电局编 淮阴 淮阴文化彩印公司 1993年 296页

013143980
淮阴发电厂（有限公司）志 1988—2010
南京 凤凰出版社 2011年 297页

010475746
淮阴市建筑志
鲁国本主编 南京 江苏人民出版社 1997年 335页

013772854
淮安市供销合作社志
淮安市供销合作社志编委会编 北京 中国文史出版社 2011年 491页

011432775
淮安税务志
赵琪主编 马仁魁 钟士和副主编 南京 江苏科学技术出版社 1989年 368页

012718980
淮阴地方税务志
淮安市淮阴地方税务局编 北京 方志出版社 2010年 412页

010779085
淮阴市财政志
淮阴市财政志编纂委员会编 北京 方志出版社 2006年 345页

010110160
淮阴市金融志
淮阴市金融志编纂委员会编 北京 中国金融出版社 2006年 537页

012872523
淮阴文化艺术志
淮阴市文化局 淮阴市文联编印 南京 江苏古籍出版社 1997年 526页

012872530
淮阴文物志
淮阴市文化局编 淮阴 淮阴市文化局 1994年 289页

008531490
江苏省淮安县地名录
淮安县地名委员会编 淮安 淮安县地名委员会 1983年 365页

008531452
江苏省淮阴市地名录
淮阴市地名委员会编 淮阴 淮阴市地名委员会 1982年 85页

013374033
淮阴市卫生志
淮阴市卫生志编纂委员会编 徐州 中国矿业大学出版社 1997年 346页

013792481
江苏省淮阴市土壤志
黄启武 王克孟主编 北京 科学技术文献出版社 1990年 744页

010253135
淮阴市水利志
淮阴市水利志编纂委员会编 北京 方志出版社 2004年 548页

清河区

009154199
清河区志
清河区志编纂委员会编 南京 江苏古籍出版社 2003年 857页

012877134
清河区戏曲志
淮阴市清河区戏曲志编写委员会编 淮阴 淮阴市清河区戏曲志编写委员会 1987年 159页

淮阴区

007896680
淮阴县志
淮阴县志编纂委员会编 周立诚主编 杨维义 程玉华 孙建英编审 上海 上海社会科学院出版社 1996 年 849 页〔江苏省地方志〕

009385238
淮阴公安志
崔健主编 南京 江苏古籍出版社 1993 年 263 页

010293579
淮阴县土地志
淮阴县土地志编委会编 哈尔滨 黑龙江人民出版社 2003 年 381 页

013820267
淮阴区电力工业志 1988—2004
江苏省电力公司淮安供电公司编 北京 中国电力出版社 2013 年 199 页〔淮安市电力工业志丛书〕

010110162
淮阴县水利志
石学金主编 苗长松副主编 周立诚总纂 南京 江苏人民出版社 1997 年 333 页

008994588
淮阴邮电志
章湘杰主编 北京 方志出版社 2002 年 463 页〔江苏省邮电志系列 9〕

008531533
江苏省淮阴县地名录
淮阴县地名委员会编 淮阴 淮阴县地名委员会 1982 年 316 页

涟水县

007932059
涟水县志
涟水县地方志编纂委员会编 南京 江苏古籍出版社 1997 年 1087 页〔江苏省地方志〕

013820620
涟水民政志
江苏省涟水县民政局编 涟水 江苏省涟水县民政局 1987 年 263 页

009252797
涟水县水利志
涟水县水利志编纂委员会编 长春 吉林文史出版社 2003 年 468 页

008528644
江苏省涟水县地名录
涟水县地名委员会编 涟水 涟水县地名委员会 1983 年 363 页

洪泽县

008486591
洪泽县志
洪泽县地方志编纂委员会编 王德成主编 汤道言 陈宗贤 唐以厚副主编 北京 中国大百科全书出版社 1999年 988页

011310785
共和乡志
洪泽县共和乡人民政府编 洪泽 洪泽县共和乡人民政府 1989年 406页

013507939
洪泽县文化志
洪泽县文化志编纂委员会编 北京 方志出版社 2012年 203页

008531488
江苏省洪泽县地名录
洪泽县地名委员会编 洪泽 洪泽县地名委员会 1983年 344页

013752442
洪泽湖通志
武继羽编著 武汉 长江文艺出版社 2012年 510页

009024681
洪泽湖志
洪泽湖志编纂委员会编 北京 方志出版社 2003年 872页

013045621
洪泽气象志
洪泽县气象局编 洪泽 洪泽县气象局 1990年 99页

盱眙县

005536235
盱眙县志
盱眙县县志编纂委员会编 南京 江苏科学技术出版社 1993年 922页〔江苏省地方志〕

013630426
盱眙县民政志 清末民初—1985
江苏省盱眙县民政局编 盱眙 江苏省盱眙县民政局 1987年 151页

009348109
盱眙县土地志
盱眙县国土管理局土地志编纂委员会编 南京 河海大学出版社 2001年 215页

009147436
盱眙县邮电志
盱眙县电信局 盱眙县邮电局编 北京 方志出版社 2003年 340页〔江苏省邮电志系列 20〕

008528703
江苏省盱眙县地名录
盱眙县地名委员会编 盱眙 盱眙县地名

委员会 1982 年 292 页

金湖县

006350831
金湖县志
金湖县县志编纂委员会 吴振宝主编 马国顺 邵福增副主编 南京 江苏人民出版社 1994 年 825 页〔江苏省地方志〕

013688948
金湖县政协志
政协金湖县委员会编 北京 中国文史出版社 2012 年 575 页〔金湖文史资料 11〕

009338355
金湖县土地志
金湖县土地志编纂委员会编 长春 吉林人民出版社 2001 年 424 页

008528013
江苏省金湖县地名录
金湖县地名委员会编 金湖 金湖县地名委员会 1983 年 236 页

008446322
金湖县水利志
金湖县水利局编 南京 河海大学出版社 1994 年 380 页

盐城市

008223803
盐城市志
盐城市地方志编纂委员会编 南京 江苏科学技术出版社 1998 年 3 册

006135332
盐城县志
盐城市郊区地方志编纂委员会编 南京 江苏人民出版社 1993 年 1007 页〔江苏省地方志〕

011792994
伍佑志
盐城市郊区伍佑志编志办公室编 伍佑 盐城市郊区伍佑志编志办公室 1985 年 408 页

013464211
盐城市民族宗教志
盐城市民族宗教志编纂委员会编 盐城 江苏凤凰盐城印刷有限公司 2010 年 287 页

009348835
中共盐城地方史大事记 1949—1999
中共江苏省委党史工作办公室 中共盐城市委党史工作办公室编 北京 中共党史出版社 2003 年 434 页

013901037
盐城市工会志
盐城市工运史志编纂委员会编 北京 华夏出版社 1993年 486页

013732519
盐城审判志
李亚生主编 茆新林 王凤珠 雷荫堂编 盐城 盐城市中级人民法院 1992年 409页

009413569
盐城市土地志
盐城市土地志编纂委员会 高鹤来主任 吴雨晴主编 南京 江苏人民出版社 2001年 412页

013404077
方强农场志 1986—2011
方强农场志编纂委员会编 盐城 方强农场志编纂委员会 2011年 434页

012139329
江苏省灌东盐场志
江苏省灌东盐场志编纂委员会编 江苏 江苏省灌东盐场志编纂委员会 1998年 465页

010242578
盐城发电厂志
盐城发电厂志编委会编 盐城 盐城发电厂 1993年 122页

012316994
盐城发电有限公司志 1989—2005
盐城发电有限公司志编纂委员会编著 北京 中国电力出版社 2009年 255页〔江苏省电力工业志丛书〕

013797091
盐城市电力工业志 1988—2002
盐城市电力工业志编纂委员会编 北京 北京电力出版社 2013年 529页〔江苏省电力工业志丛书〕

008661994
盐城邮电志
赖铭双主编 北京 人民邮电出版社 1996年 436页〔江苏省邮电志系列10〕

009189830
盐城财政志
颜悦来主编 北京 档案出版社 1992年 368页

011909948
盐城卫生学校校志 1958—1998
盐城卫生学校校志编纂委员会编 盐城 盐城卫生学校 1998年 191页

010061287
中国民间文学集成 盐城市歌谣谚语卷
盐城市民间文学三套集成编委会编 北京 中国民间文艺出版社 1989年 762页

012049581
江苏戏曲志 盐城卷
江苏戏曲志编辑委员会 江苏戏曲志盐城卷编辑委员会编 南京 江苏文艺出版社 1998年 637页

007264372
盐城人物志
盐城市地方志办公室 韩建勋主编 南京 江苏教育出版社 1991年 290页

011909956
盐城中医人物志
盐城市中医研究所编 南京 江苏人民出版社 1990年 184页

008531445
江苏省盐城县地名录
盐城县地名委员会编 盐城 盐城县地名委员会 1983年 312页

014052909
盐城市第三人民医院志 1946—1996
盐城市第三人民医院志编辑委员会编 盐城 盐城市第三人民医院志编辑委员会 1996年 165页

012837559
盐城市第一人民医院院志 1997—2008
盐城市第一人民医院院志编纂委员会编 盐城 盐城市第一人民医院院志编纂委员会 2009年 536页

013379151
盐城市中医院院志 1955—1995
盐城市中医院编 盐城 盐城市中医院 1995年 165页

013752629
江苏省盐城市农田杂草志
陈铎 胡建平主编 北京 中国农业科技出版社 2000年 328页

014052908
盐城市畜禽疫病志 1949—1988
盐城市多种经营管理局 盐城市畜牧兽医学会编 盐城 盐城市多种经营管理局 盐城市畜牧兽医学会 1990年 438页

007506842
盐城市建设志
盐城市建设志编纂委员会编纂 北京 中国城市出版社 1994年 307页〔中华人民共和国地方志丛书〕

009125592
盐城水利志
江苏省盐城市水利史志编纂委员会编 北京 方志出版社 1999年 373页

013630486
盐城市环境保护志
盐城市环境保护志编纂委员会编 北京 方志出版社 2012年 535页

011476894
江苏艺文志 盐城卷 淮阳卷
南京师范大学古文献整理研究所编著 南京 江苏人民出版社 1995年 535页〔出版史志丛书〕

亭湖区

011328428
盐城市城区人民医院院志 1958—1998
盐城市城区人民医院院志编纂委员会编 盐城 盐城市城区人民医院院志编纂委员会 1998年 195页

盐都区

012719228
龙冈镇志
中共盐城市盐都区龙冈镇委员会 盐城市盐都区龙冈镇人民政府编 北京 方志出版社 2010年 593页〔江苏省盐城市盐都区地方志丛书〕

013776012
盐城市郊区工会志
盐城市郊区工运史志编纂委员会编 盐城 盐城市郊区工运史志编纂委员会 1995年 313页

012208514
盐城市郊区城乡建设志
曹茂文主编 盐城市郊区建设局编 南京 江苏人民出版社 1995年 519页

009107155
盐都县土地志
刘跃 成汉珠主编 胡跃 花勇生副主编 盐都县(原盐城市郊区)土地志编纂委员会编 南京 江苏人民出版社 1997年 309页

东台市

007482413
东台市志
东台市地方志编纂委员会编 南京 江苏科学技术出版社 1994年 1114页〔江苏省地方志〕

013090962
东台镇志
东台市东台镇人民政府编 东台镇 东台市东台镇人民政府 1994年 320页

013958739
梁垛镇志
东台市梁垛镇地方志编审委员会编 1997年 155页

009865174
东台市城乡建设志
东台市建设局编 东台 东台市建设局 1994年 495页

009992969

东台市土地志

沈霆主编 东台市土地志编纂委员会编 南京 江苏人民出版社 1998年 355页

008532489

江苏省东台县地名录

东台县地名委员会编 东台 东台县地名委员会 1985年 406页

大丰市

010476488

大丰市志

大丰市地方志编纂委员会 陈如祥主编 邹如祥 朱金波副主编 北京 方志出版社 2006年 1298页

007908346

大丰县志

大丰县地方志编纂委员会编 南京 江苏人民出版社 1989年 845页〔江苏省地方志〕

009115868

大丰市大事记

陈如祥主编 中共大丰市委党史工作办公室 大丰市地方志编纂委员会办公室编 大丰 中共大丰市委党史工作办公室 2000年 704页

013528643

草堰乡志

草堰乡志编写组编 草堰乡 草堰乡志编写组 1985年 328页

008532023

大中镇街道志

大丰市大中镇街道志编纂委员会编 大丰 大丰市大中镇街道志编纂委员会 1998年 165页

009115863

大中镇志

大丰市大中镇志编纂委员会编 北京 方志出版社 1998年 500页〔江苏省乡镇基层志丛书〕

010735835

小海乡志

大丰县小海乡志编写委员会编 小海乡 大丰县小海乡志编写委员会 1983年 186页

013924953

人口与计划生育志 1955—2010

大丰市大中镇计划生育办公室 大中镇计划生育服务中心编 2011年 204页〔大中镇史志丛书〕

012249776

大丰市法院志 1941—1999

大丰市法院志编纂委员会编 大丰 大丰市法院 2001年 216页

013751602
大丰市土地志
大丰市土地志编纂委员会编 大丰 大丰市土地志编纂委员会 1999年 338页

009338299
大丰市农业志
大丰市农业志编纂委员会编 陈如祥主编 大丰 大丰市农业志编纂委员会 2001年 656页

008661979
大丰县水利志
大丰县水利志编纂委员会编 南京 河海大学出版社 1998年 363页

008672223
大丰盐政志
大丰市地方志编纂委员会 大丰市盐务管理局编 北京 方志出版社 1999年 544页

013179383
大丰县邮电志
马明良主编 南京 江苏古籍出版社 1996年 301页〔江苏省邮电志系列52〕

008531449
江苏省大丰县地名录
大丰县地名委员会编 大丰 大丰县地名委员会 1983年 286页

012713981
大丰市人民医院志
大丰市人民医院志编纂委员会编 北京 方志出版社 2010年 324页

013790298
大丰市卫生志
大丰市卫生志编纂委员会编 北京 方志出版社 2013年 648页

012609520
大丰市水利志
大丰市水利志编纂委员会编 北京 方志出版社 2009年 528页

响水县

007932031
响水县志
响水县地方志编纂委员会编 南京 江苏古籍出版社 1996年 798页〔江苏省地方志〕

013775979
响水县土地志
响水县土地管理局编 南京 江苏人民出版社 1997年 299页

014052847
响水县税务志 1940—1987
江苏省响水县税务局编 响水 响水县税务局 1992年 295页

008531498
江苏省响水县地名录
响水县地名委员会编 响水 响水县地名委员会 1983 年 192 页

013145651
响水县水利志
响水县水利志编纂委员会编 南京 江苏古籍出版社 1998 年 192 页

滨海县

008446209
滨海县志
滨海县地方志编纂委员会编 北京 方志出版社 1998 年 1303 页〔江苏省地方志〕

008446216
滨海县韩场煤矿志
滨海县韩场煤矿志编纂委员会编 滨海 滨海县韩场煤矿志编纂委员会 1991 年 282 页

013321261
新滩盐场志 1941—2011
江苏省银宝盐业有限公司新滩盐场志编纂委员会编 江苏 江苏省银宝盐业有限公司新滩盐场志编纂委员会 2011 年 477 页

008446213
滨海县邮电志
朱士龙主编 陈云副主编 北京 中国城市出版社 1996 年 214 页

008528003
江苏省滨海县地名录
滨海县地名委员会编 滨海 滨海县地名委员会 1983 年 344 页

013702901
滨海县人民医院志 1946—1996
滨海县人民医院志编纂委员会编 滨海 滨海县人民医院志编纂委员会 1996 年 168 页

013179327
滨海县水利志
滨海县水利志编纂委员会编 南京 江苏古籍出版社 1997 年 485 页

阜宁县

007905711
阜宁县志
阜宁县地方志编纂委员会编 南京 江苏科学技术出版社 1992 年 547 页〔江苏省地方志〕

012256508
益林镇志
益林镇志编纂委员会编 益林镇 益林镇志编纂委员会 2002 年 356 页〔阜宁县地方志〕

013183433

阜宁县水利志

阜宁县水利志编纂委员会编 南京 江苏古籍出版社 1996年 400页

009686853

阜宁县邮电志

潘定田主编 北京 人民邮政出版社 1998年 370页

013860505

阜宁县金融志

阜宁县金融志编纂委员会编 阜宁 阜宁县金融志编纂委员会 1998年 223页

012191820

阜宁县教育志

阜宁县教育志编纂委员会编 南京 江苏人民出版社 1997年 384页

008531493

江苏省阜宁县地名录

阜宁县地名委员会编 阜宁 阜宁县地名委员会 1982年 250页

射阳县

011328401

临海农场志 1960—1995

江苏省国营临海农场场志编纂委员会编 江苏 江苏省国营临海农场场志编纂委员会 1998年 483页

008471178

射阳县志

射阳县地方志编纂委员会编 南京 江苏科学技术出版社 1997年 1123页〔江苏省地方志〕

008531955

射阳县海洋渔业公司志

吴福贵主修 郑州 中州古籍出版社 1991年 160页

012811577

江苏射阳港发电有限责任公司志

1988—2005

江苏射阳港发电有限责任公司志编纂委员会编 北京 中国电力出版社 2010年 255页〔江苏省电力工业志丛书〕

009413547

射阳县水利志

射阳县水利志编纂委员会编 南京 河海大学出版社 1999年 405页

013822688

射阳县水利志 1993—2010

射阳县水利志编纂委员会编 南京 河海大学出版社 2012年 327页

008532012

射阳县邮电志

胡永林主编 射阳县邮电局史志办编 北京 人民邮政出版社 1995年 228页

008531457

江苏省射阳县地名录

射阳县地名委员会编 射阳 射阳县地名委员会 1983年 323页

建湖县

007478005

建湖县志

建湖县地方志编纂委员会编 南京 江苏人民出版社 1994年 937页〔江苏省地方志〕

012265108

建湖县志 1986—2008

建湖县地方志编纂委员会编 北京 方志出版社 2009年 756页

011294347

建湖县交通志

李如云 葛锦华审订 孙善夫 沈长满编纂 建湖县交通志编纂委员会编 建湖 建湖县交通志编纂委员会 1999年 562页

008661986

建湖县邮电志

陈文林主编 北京 人民邮电出版社 1998年 196页

008532506

江苏省建湖县地名录

建湖县地名委员会编 建湖 建湖县地名委员会 1983年 341页

扬州市

008094700

扬州市志

江苏省扬州市地方志编纂委员会编 薛庆仁等总纂 上海 中国大百科全书出版社上海分社 1997年 3册 3451页

011585203

扬州市志 城乡建设 总纂送审稿

扬州市地方志编纂委员会办公室编 扬州 扬州市地方志编纂委员会办公室 uuuu年 256页

010778022

扬州沙口村志

扬州市郊区人民政府 政协扬州市郊区委员会 扬州市城东乡人民政府编 香港 天马图书有限公司 2002年 155页〔扬州市郊区政协文史 第5辑〕

008378618

扬州市工会志

扬州市工运史志编纂委员会编 南京 江苏古籍出版社 1994年 465页

011444173
扬州市人民代表大会志 1983—2004
扬州市人民代表大会志编纂委员会编 扬州 扬州市人大 2004年 531页

009189834
扬州市政协志
扬州市政协志编纂委员会编 北京 中国文史出版社 2003年 694页

011500788
扬州市民政志
扬州市民政志编纂委员会编 合肥 黄山书社 1993年 384页

012814453
扬州建设志 1988—2005
扬州建设志续修编审委员会编 扬州 广陵书社 2009年 527页

010200103
扬州市农业志
扬州市农业局编 扬州 扬州市农业局 1991年 276页

012811576
江苏华电扬州发电有限公司志 1994—2005
江苏华电扬州发电有限公司志编纂委员会编 北京 中国电力出版社 2010年 260页〔江苏省电力工业志丛书〕

013343449
扬州电力设备修造厂志 1969—1987
扬州电力设备修造厂厂志编纂委员会办公室编 扬州 扬州电力设备修造厂厂志编纂委员会办公室 1992年 264页

010008914
扬州发电厂志
扬州发电厂志编纂委员会编 秦万民主编 钱承俊 陶坚副主编 陶坚主笔 南京 江苏文艺出版社 1994年 201页

010244782
扬州纺织工业志
扬州纺织工业志编纂委员会编 南京 江苏人民出版社 1992年 650页

010110367
扬州工艺美术志
扬州市工艺美术工业局编 南京 江苏科学技术出版社 1993年 246页

010469338
扬州农药厂志 1958—1987
扬州农药厂志编纂组编 扬州 扬州农药厂 1988年 127页

013797099
扬州市电力工业志 1991—2002
扬州市电力工业志编纂委员会编 北京 中国电力出版社 2012年 447页〔江苏省电力工业志丛书〕

008446363

扬州电力工业志 1913—1990

扬州电力工业志编纂委员会编 北京 中国电力出版社 1998年 252页〔江苏省电力工业丛书〕

008379259

扬州工业交通志

扬州市经济委员会 扬州工业交通志编纂委员会编 上海 中国大百科全书出版社上海分社 1995年 909页

008446359

扬州交通志

扬州市交通局编 北京 人民交通出版社 1992年 356页

011500787

扬州市供销合作社志

扬州市供销合作社编纂 扬州 扬州市供销合作社 1993年 409页

012814462

扬州市物价志

扬州市物价局编 扬州 扬州市物价局 2009年 538页

009865203

扬州市商业志

扬州市商业志编纂委员会编 扬州 扬州市商业志编纂委员会 1992年 590页

008377795

扬州税务志

扬州市税务局编 南京 南京大学出版社 1993年 335页

008377801

扬州金融志

扬州金融志编纂委员会编 北京 中国金融出版社 1996年 546页

008380674

扬州文化志

扬州文化志编纂委员会编 南京 江苏文艺出版社 1996年 799页

009993469

扬州报刊志

王庆云主编 费昌华副主编 北京 人民日报出版社 1993年 337页

010250453

扬州市教育志

扬州市教育委员会编 北京 新华出版社 2000年 260页

008488233

扬州高等教育志

任文遐主编 天津 天津人民出版社 1992年 346页

013148711

扬州卫生学校志

周玉书编 上海 同济大学出版社 2000

年 214 页

011188828
扬州民间故事集
扬州市民间文学三套集成编委会编 北京 中国民间文艺出版社 1989 年 480 页

012049585
江苏戏曲志 扬州卷
江苏戏曲志编辑委员会 江苏戏曲志扬州卷编辑委员会编 南京 江苏文艺出版社 1997 年 458 页

011793306
扬州曲艺志
扬州曲艺志编委会编 南京 江苏文艺出版社 1993 年 385 页

013994222
扬州电影志
扬州电影志编写组编 扬州 扬州华星印刷厂 1999 年 420 页

005598488
扬州风物志
朱福烓 许凤仪 谈宝森编 南京 江苏人民出版社 1980 年 124 页

008532363
江苏省扬州市地名录
扬州市地名委员会编 扬州 扬州市地名委员会 1982 年 135 页

009686847
大明寺志
扬州市政协文史和学习委员会 扬州大明寺编 北京 中国文史出版社 2004 年 683 页〔扬州文史资料 24〕

009865191
江苏省苏北人民医院志
江苏省苏北人民医院志编纂委员会编 北京 方志出版社 2004 年 336 页

013186150
扬州市第三人民医院志 1975—2000
扬州市第三人民医院编 扬州 扬州市第三人民医院 2002 年 176 页

013379153
扬州市第一人民医院志 1960—1990
扬州市第一人民医院志编纂委员会编 扬州 扬州市第一人民医院 1995 年 207 页

011955812
扬州市红十字中心血站志
扬州市红十字中心血站志编纂委员会编著 南京 江苏古籍出版社 2001 年 162 页〔扬州卫生志系列丛书 6〕

012506473
扬州市卫生防疫续志 1991—2002
扬州市卫生防疫续志编纂委员会编 扬州 广陵书社 2008 年 304 页

012506470

扬州市卫生防疫志 1840—1990

扬州市卫生防疫志编辑委员会编 南京 南京大学出版社 1993 年 141 页

009993109

扬州卫生志

扬州卫生志编纂委员会编 北京 中国工商出版社 2006 年 2 册 1081 页〔扬州卫生志丛书 1〕

010292159

江苏农学院志

江苏农学院志编审委员会编 南京 江苏古籍出版社 1992 年 512 页

011068459

江苏省扬州市土壤志

扬州市土壤普查办公室 江苏省土壤普查办公室编 扬州 江苏省土壤普查办公室 1985 年 197 页

008492839

扬州水利志

扬州市水利史志编纂委员会编 北京 中华书局 1999 年 496 页

009880367

泰州船闸志

江苏省扬州市航道管理处编 江苏 江苏省扬州市航道管理处 1989 年 140 页

邗江区

007425700

邗江县志

邗江县地方志编纂委员会编 南京 江苏人民出版社 1995 年 900 页〔江苏省地方志〕

012541621

邗江县志 1988—2000

扬州市邗江区地方志编纂委员会编 北京 方志出版社 2009 年 1109 页

008196328

扬州市郊区志

扬州市郊区人民政府编 北京 方志出版社 1996 年 662 页

010110153

公道镇志

公道镇志编纂委员会编 北京 方志出版社 2006 年 228 页

009472601

杨庙乡志

杨庙乡志编纂委员会编 香港 天马图书有限公司 2003 年 521 页

008848080

扬州堡城村志

扬州市郊区人民政府 政协扬州市郊区委员会 扬州市平山乡人民政府编 北京 海潮出版社 2000 年 152 页〔扬

州郊区文史 4〕

009338336
邗江县土地志
邗江县土地志编纂委员会编 南京 河海大学出版社 2000 年 235 页

008817774
邗江县水利志
邗江县水利志编纂委员会编 南京 江苏人民出版社 1999 年 386 页

010252455
邗江县教育志 1547—1987
邗江县教育志编纂委员会编 邗江 邗江县教育志编纂委员会 1996 年 210 页

008532481
江苏省邗江县地名录
邗江县地名委员会编 邗江 邗江县地名委员会 1982 年 258 页

广陵区

006362111
广陵区志
扬州市广陵区地方志编纂委员会编 北京 中华书局 1993 年 955 页〔中华人民共和国地方志丛书〕

江都区

007724496
江都县志
江都市地方志编纂委员会编 南京 江苏人民出版社 1996 年 1074 页〔江苏省地方志〕

010730030
昌松乡志
昌松乡志编纂领导小组编 江都 江都市昌松乡志编纂领导小组 1995 年 297 页〔江都市地方志丛书〕

008378586
大桥镇志
江都县大桥镇志编纂领导小组编 北京 中国商业出版社 1995 年 254 页

013144465
江都镇志
江都镇志编纂委员会编 江都镇 江都镇志编纂委员会 2003 年 349 页

008195135
七里乡志
江都县七里乡志编纂工作领导小组编 南京 江苏人民出版社 1993 年 232 页

013342514
邵伯镇志
邵伯镇志编纂委员会编 南京 江苏人民

出版社 1996 年 645 页

013706338
双沟镇志
双沟镇编史修志领导小组编 双沟镇 双沟镇编史修志领导小组 2000 年 255 页

010278962
宜陵镇志
宜陵镇志编纂领导小组编 南京 江苏古籍出版社 1998 年 475 页

009840143
真武镇志
中共江都市真武镇委员会 江都市真武镇人民政府编 北京 方志出版社 2005 年 554 页

008661999
江都妇女志
江都市妇女联合会编 江都 江都市妇女联合会 1999 年 136 页

011321146
江都建筑业志
江都建筑业志编纂委员会编 北京 方志出版社 2007 年 430 页

009105492
江都市交通志
江都市交通志编纂委员会编 南京 江苏古籍出版社 1998 年 173 页

009338347
江都市国税志
江都市国税志编写小组编 长春 吉林人民出版社 2001 年 129 页

009441950
江都县财政志
江都县财政局编 南京 江苏科学技术出版社 1995 年 271 页〔江都县地方志丛书〕

008378791
江都县税务志
江都县税务局编 南京 江苏古籍出版社 1994 年 169 页

008378783
江都县教育志 1912—1987
江都县教育志编纂委员会编 南京 江苏教育出版社 1994 年 224 页〔江都县地方志丛书〕

008532387
江苏省江都县地名录
江都县地名委员会编 江都 江都县地名委员会 1983 年 265 页

009993009
江都市卫生志 1988—2000
江都市卫生志编纂委员会编 北京 中国工商出版社 2005 年 257 页〔扬州卫生志丛书 2〕

008378776
江都县卫生志
江都县卫生志编纂组编 南京 江苏科学技术出版社 1992年 326页〔江都县地方志丛书〕

013374438
江都医药志
江都医药志编纂委员会编 北京 方志出版社 2011年 390页

013752622
江都血防志
江都血防志编纂委员会 王朝岳主编 南京 江苏科学技术出版社 2011年 245页

012613261
江都水利志
江都水利志编纂委员会编 北京 方志出版社 2009年 694页

009349856
江都水利枢纽志
江都水利枢纽志编纂委员会编 南京 海河大学出版社 2004年 320页

009880372
邵伯船闸志 初稿
邵伯船闸志编写组编 邵伯 邵伯船闸 1989年 165页

仪征市

007426151
仪征市志
仪征市市志编纂委员会编 南京 江苏科学技术出版社 1994年 798页〔江苏省地方志〕

014052921
仪征市志 1988—2006
仪征市地方志编纂委员会编 北京 方志出版社 2013年 2册 1439页

011311889
新集镇志
戴家鼎主编 北京 中国文史出版社 2005年 443页

011500794
仪征市税务志
仪征市税务局编 南京 江苏人民出版社 1994年 228页

008532150
仪征金融志
方迎欣主编 南京 江苏科学技术出版社 1996年 188页

008532366
江苏省仪征县地名录
仪征县地名委员会编 仪征 仪征县地名委员会 1983年 232页

012545577

仪征市中医院志

仪征市中医院志编纂委员会编著 北京 方志出版社 2009年 323页

012317008

仪征市人民医院志

仪征市人民医院志编纂委员会编 北京 方志出版社 2009年 270页

008661969

仪征水利志

仪征水利局编 南京 江苏科学技术出版社 1995年 213页

013097872

仪征市水利志 1988—2006

仪征市水利志编纂委员会编 宋建友主编 北京 方志出版社 2011年 342页

高邮市

005591278

高邮县志

高邮县编史修志领导小组 王鹤 杨杰总纂 南京 江苏人民出版社 1990年 888页〔江苏省地方志〕

010778953

横泾镇志

横泾镇志编纂委员会 沈学群主编 北京 古吴轩出版社 2007年 334页〔苏州市地方志〕

013222234

湖滨乡志

中共高邮市湖滨乡湖滨乡志编纂委员会编 高邮 中共高邮市湖滨乡湖滨乡志编纂委员会 1999年 294页

011580202

界首镇志

高邮县界首编史修志领导小组编 1988年 328页

012819732

高邮市民政志 1986—2005

高邮市民政局编 北京 方志出版社 2010年 516页

012758826

高邮县民政志

高邮县民政局编 高邮 高邮县民政局 1989年 238页

009389633

高邮市建设志

高邮市建设志编纂委员会 陆金龙主审 陈培 王广权主编 张骥中 杨善发主笔 孙铎 刘春龙编审 天津 天津古籍出版社 2002年 560页〔中华人民共和国地方志 江苏省〕

009335673

高邮市邮电志 第63卷

李同茂主编 北京 中华书局 2001年 347页〔江苏省邮电志系列 63〕

008532433
江苏省高邮县地名录
高邮县地名委员会编 高邮 高邮县地名委员会 1983年 388页

009992970
高邮市卫生志
高邮市卫生志编纂委员会编著 北京 中国工商出版社 2006年 544页〔扬州卫生志丛书 3〕

013143694
高邮县血防史志 1950—1982
中共江苏省高邮县委血防领导小组办公室编印 高邮 中共江苏省高邮县委血防领导小组办公室 1984年 164页

宝应县

008817527
宝应县志
宝应县地方志编纂委员会编 南京 江苏人民出版社 1994年 1059页〔江苏省地方志〕

009799868
宝应城镇志
宝应城镇志编纂委员会编 宝应 宝应城镇志编纂委员会 1999年 357页

012969659
氾水镇志
氾水镇志编纂委员会编 宝应 氾水镇志编纂委员会 1997年 469页

013185851
天平镇志
高建础主编 2006年 275页

012191347
宝应县公安志
宝应县公安志编写组编 南京 江苏人民出版社 1994年 170页

008532431
江苏省宝应县地名录
宝应县地名委员会编 宝应 宝应县地名委员会 1983年 245页

镇江市

008488305
镇江市志
镇江市地方志编纂委员会编 张世阁等总纂 上海 上海社会科学院出版社 1993年 2册

011585399
镇江市志 人事志 讨论稿
镇江市人事局编 镇江 镇江市人事局 1987年 133页

007773559

大港镇志

汤佩修主编 上海 上海社会科学院出版社 1994年 588页

009797406

镇江百年图志

镇江市地方志办公室 陆潮洪主编 北京 方志出版社 2000年 160页〔镇江市地情丛书 11〕

010277979

中国共产党镇江史

镇江市史志办公室编著 北京 国家行政学院出版社 2006年

011500846

镇江市党校志

中共镇江市委党校编 镇江 中共镇江市委党校 2003年 312页

008446304

镇江市工会志

镇江市工会志编纂委员会编 南京 江苏科学技术出版社 1994年 354页

012175546

镇江市工会志 1990—2009

镇江市工会志编纂委员会编 南京 江苏科学技术出版社 1994年 154页

012208574

镇江市公安志

镇江市公安局编 镇江 镇江市公安局 1994年 422页

012506644

镇江市军事志

镇江市军事志编纂委员会编 南京 江苏人民出版社 2009年 744页

012951888

镇江工商行政管理志 丹徒卷

江苏省镇江工商行政管理局编 苏州 苏州大学出版社 2010年 324页

012951898

镇江工商行政管理志 丹阳卷

江苏省镇江工商行政管理局编 苏州 苏州大学出版社 2010年 519页

012951902

镇江工商行政管理志 句容卷

江苏省镇江工商行政管理局编 苏州 苏州大学出版社 2010年 335页

012816182

镇江工商行政管理志 市直卷

江苏省镇江工商行政管理局编 苏州 苏州大学出版社 2010年 358页

012951895

镇江工商行政管理志 扬中卷

江苏省镇江工商行政管理局编 苏州 苏州大学出版社 2010年 237页

013323146
镇江市物资志
镇江市物资局地方志办公室编 镇江 镇江市物资局地方史志办公室 1990年 153页

013735936
镇江建设志
镇江建设志编纂委员会编 北京 方志出版社 2011年 546页

013994281
镇江市土地志
镇江市土地志编纂委员会编 许忙耕 冯鸣仪主编 上海 上海社会科学院出版社 1999年 392页

011571300
镇江市自来水志 1912—1990
镇江市自来水公司编撰 镇江 镇江市自来水公司 1990年 121页

013994278
镇江黄山园艺良种场志
黄山园艺良种场场史编写组编 黄山 黄山园艺良种场场史编写组 1991年 59页

010239219
镇江市农业志
镇江市农业志编纂办公室编 镇江 镇江市农业志编纂办公室 1990年 332页

010239132
船山矿志 1965—1985
江苏省镇江船山石灰石矿矿志编纂委员会编 镇江 江苏省镇江船山石灰石矿矿志编纂委员会 1988年 273页

008446224
谏壁发电厂志 1958—1990
谏壁发电厂志编纂委员会编 北京 中国电力出版社 1996年 323页〔江苏省电力工业志丛书〕

012049549
谏壁发电厂志 1991—2002
许琦主编 北京 中国电力出版社 2009年 328页〔江苏省电力工业志丛书〕

011445724
镇江华东电力设备制造厂志
镇江华东电力设备制造厂志编纂委员会编 镇江 镇江华东电力设备制造厂 1998年 240页

013735775
镇江黄山水泥厂志 1972—1992
镇江市黄山水泥厂编 镇江 镇江市黄山水泥厂 1992年 151页

013630731
镇江矿山机械厂志 1951—1985
镇江矿山机械厂志编纂委员会编 镇江 镇江矿山机械厂志编纂委员会 1988年 203页

008446302

镇江市第二建筑工程公司志

镇江市第二建筑工程公司编 上海 上海社会科学院出版社 1995年 194页

012816189

镇江市电力工业志 1988—2002

镇江市电力工业志编纂委员会编 北京 中国电力出版社 2010年〔江苏省电力工业志丛书〕

011571296

镇江市建筑工程公司志 1951—1985

镇建公司编志组编 镇江 镇江市建筑工程公司 1990年 110页

008842942

镇江市水利志

镇江市水利志编纂委员会编 上海 上海社会科学院出版社 1997年 255页

010239343

镇江四建志 1979—1990

镇江市第四建筑工程公司编 镇江 镇江市第四建筑工程公司 1991年 156页

013994283

镇江钛白粉总厂志 1948—1986

厂志编写办公室编 江苏 厂志编写办公室 1987年 176页

011571307

镇江液压件总厂志

镇江液压件总厂编志办公室编 镇江 镇江液压件总厂 1987年

011585405

镇江纸浆厂厂志 1958—1985

镇江纸浆厂厂志办公室编 镇江 镇江纸浆厂 1987年 204页

009385271

镇江邮电志

镇江邮电局编 季心田主编 张铸泉副主编 上海 上海社会科学院出版社 1997年 369页〔江苏省邮电志系列3〕

012636618

镇江市财政志 1912—1985

镇江市财政局编 镇江 镇江市财政局 1991年 399页

012506641

镇江市财政志 1986—2005

镇江市财政志编纂委员会编 镇江 江苏大学出版社 2009年 343页

009472609

镇江保险志 1871—2003

镇江保险志编纂委员会编 北京 方志出版社 2005年 2册

008446311

镇江市金融志

镇江市金融志编纂委员会编 康正平主

编 北京 中国金融出版社 1998 年 385 页

009116214
镇江市广播电视志
镇江市广播电视志编纂委员会编 北京 方志出版社 1999 年 313 页

008446308
镇江市教育志
镇江市教育局编志办公室编纂 南京 江苏科学技术出版社 1994 年 437 页

013092988
江苏大学志
江苏大学志编纂委员会编 镇江 江苏大学出版社 2011 年 3 册

011910288
镇江曲艺志
镇江市文化局编 镇江 镇江市文化局 2007 年 245 页

009553904
镇江戏曲志
镇江戏曲志编辑委员会编 南京 江苏文艺出版社 1997 年 441 页

004465785
镇江地方志资料选辑
镇江市地方志办公室编 镇江 镇江市地方志办公室 1987 年

011500851
镇江市烈士陵园志 1966—2006
镇江市烈士陵园志编纂委员会编 镇江 镇江市烈士陵园 2006 年 347 页

008446432
江苏省镇江市地名录
镇江市地名委员会编 镇江 镇江市地名委员会 1983 年 255 页

008848200
焦山志
焦山志编纂委员会编 北京 方志出版社 1999 年 408 页

011793466
镇江医学院院志 1951—2000
镇江医学院院志编撰委员会编 镇江 镇江医学院院长办公室 2001 年 246 页

013994280
镇江市第三人民医院简志 1954—2008
镇江市第三人民医院院志编纂办公室编 镇江 镇江市第三人民医院院志编纂办公室 2013 年 138 页

013759074
镇江市卫生志
镇江市卫生志编审委员会编 镇江 江苏大学出版社 2012 年 668 页

013990773
江苏省丹阳县土壤志

丹阳县土壤普查办公室 镇江市农业局 江苏省土壤普查办公室编 丹阳 丹阳县土壤普查办公室 1986年 633页

013990778

江苏省镇江市土壤志

镇江市农业局 江苏省土壤普查办公室编 镇江 镇江市农业局 1987年 400页

010290956

镇江市果树志

江苏省镇江市多种经营管理局编 镇江 江苏省镇江市多种经营管理局 1987年 166页

京口区

007362245

京口区志

镇江市京口区志编纂委员会编 许进主编 上海 上海社会科学院出版社 1992年 718页

009997000

象山乡志

象山乡志编纂组编 合肥 黄山书社 1998年 324页

010143113

京口区统战志

钟程发主编 中共镇江市京口区委统战部编 镇江 中共镇江市京口区委统战部 1998年 232页

012612912

镇江市京口区军事志 前538—2005

镇江市京口区人武部军事志编纂办公室编 许进主编 镇江 江苏大学出版社 2009年 514页

润州区

010239246

润州区志 送审稿

镇江市润州区志编纂委员会办公室编 镇江 镇江市润州区志编纂委员会办公室 1991年 4册

007678812

润州区志

镇江市润州区地方志编纂委员会编 上海 上海社会科学院出版社 1995年 416页

012816193

镇江市润州区军事志

镇江市润州区军事志编纂委员会编 北京 军事科学出版社 2010年 351页

013731162

润州教育志 1983—2007

镇江市润州区教育局编 润州区 镇江市润州区教育局 2008年 263页

丹徒区

007905719
丹徒县志
丹徒县地方志编纂委员会编 南京 江苏科学技术出版社 1993年 1030页〔江苏省地方志〕

008811700
宝堰镇志
丹徒县宝堰镇志编纂办公室编 陈美瑾主编 曹志平 姚洪平编 合肥 黄山书社 1997年 361页

009234366
大路镇志
丹徒县大路镇志编纂领导小组编 陈起长主编 北京 中华书局 2000年 486页

013320957
上党镇志
镇江市丹徒区上党镇地方志办公室编 镇江 上党镇地方志办公室 2009年 374页

009335862
辛丰镇志
杭展主编 辛丰镇志编纂委员会编纂 南京 河海大学出版社 2000年 309页

013528824
丹徒县人民公安志
江苏省丹徒县公安局编 丹徒 江苏省丹徒县公安局 1991年 344页

008446244
丹徒县土地志
丹徒县土地志编纂委员会编 钱波哎 何培元主编 上海 上海社会科学院出版社 1998年 278页

012636868
丹徒县电力工业志
杜秉臣主编 北京 中国电力出版社 2010年 231页〔镇江市电力工业志丛书〕

009560857
丹徒县水利志
丹徒县水利志编纂委员会编 祝步远主编 殷跃祖执行主编 北京 方志出版社 2004年 562页

012995344
丹徒县金融志 1911—1985
丹徒县金融志编写组编 丹徒 丹徒县金融志编写组 1991年 214页

008532495
江苏省丹徒县地名录
丹徒县地名委员会编 丹徒 丹徒县地名委员会 1983年 208页

009105478
丹徒县卫生志

丹徒县卫生志编纂委员会编 南京 江苏古籍出版社 2001 年 307 页

丹阳市

013723787
丹阳市志 1986—2005
丹阳市地方志编纂委员会编 北京 方志出版社 2012 年 2 册 1856 页

005405552
丹阳县志
丹阳市地方志编纂委员会编 南京 江苏人民出版社 1992 年 1055 页〔江苏省地方志〕

013957432
丹阳志 1983—2012
丹阳办事处地方史志编纂委员会编 北京 中国文史出版社 2013 年 746 页

012636874
丹阳市吕城镇志
丹阳市吕城镇志编纂委员会编著 北京 方志出版社 2010 年 716 页

012503914
访仙镇志
中共丹阳市访仙镇委员会 丹阳市访仙镇人民政府编 丹阳 丹阳市访仙镇人民政府 2004 年 282 页

009686861
皇塘镇志
皇塘镇志编纂委员会编 南京 江苏人民出版社 1993 年 340 页

013940770
云阳镇志 前 538—2006
丹阳市云阳镇地方志编纂委员会编 北京 方志出版社 2012 年 1120 页

010143097
丹阳市工会志
丹阳市工会志编纂领导小组编 丹阳 丹阳市总工会 1995 年 291 页

012264123
丹阳人民公安志 1949—2002
丹阳公安局史志编纂委员会编 丹阳 丹阳公安局史志编纂委员会 2002 年 626 页

012503869
丹阳市军事志 前 538—2005
丹阳市军事志编纂委员会编 南京 江苏人民出版社 2009 年 490 页

008569829
丹阳市自来水志
丹阳市自来水志编纂委员会编 林晓明主编 上海 上海社会科学院出版社 2000 年 333 页

009252841
丹阳市土地志
管正定 张昌龄主编 丹阳市土地志编纂委员会编 南京 江苏人民出版社 1997年 375页

012505324
练湖志 1985—2005
江苏省练湖农场编 丹阳 江苏省练湖农场 2006年 358页

010730448
丹阳市农林志
丹阳市农林志编纂委员会编 北京 方志出版社 2006年 839页

012679208
丹阳市电力工业志 1988—2002
丹阳市电力工业志编纂委员会编 北京 中国电力出版社 2010年 245页〔镇江市电力工业志丛书〕

009174337
丹阳水利志
曹强国主编 丹阳市水利局史志办公室编 北京 中国农业科技出版社 1994年 346页

010687040
丹阳市乡镇工业志
丹阳市乡镇工业志编纂委员会 徐金良主编 北京 中国农业科技出版社 1994年 443页

012679210
丹阳邮电志
丹阳邮电志编纂委员会编 上海 上海社会科学院出版社 2000年 276页〔江苏省邮电志系列 24〕

010251863
丹阳市供销社志
丹阳市地方志编纂委员会编 丹阳 丹阳市地方志编纂委员会 1993年 336页

010687036
丹阳市税务志
胡锁忠主编 北京 中国农业科技出版社 1994年 348页

013404090
访仙历史文化志
赵仁朝主编 访仙镇 丹阳市访仙镇人民政府 2009年 423页

009003135
丹阳市教育志
丹阳市教育局编志办公室编纂 南京 江苏古籍出版社 2002年 509页

008446426
江苏省丹阳县地名录
丹阳县地名委员会编 丹阳 丹阳县地名委员会 1983年 264页

009768745
丹阳市人民医院志

丹阳市人民医院志编纂委员会编 北京 方志出版社 2006年 750页

009338303
丹阳市卫生志
丹阳市卫生局编 南京 南京出版社 2004年 664页

008845119
丹阳市建设志
丹阳市建设志编纂委员会编 上海 上海社会科学院出版社 2001年 806页

扬中市

004733123
扬中县志
扬中县地方志编纂委员会编 北京 文物出版社 1991年 692页〔江苏省地方志〕

012506457
扬中公安志
扬中公安志编纂委员会编 吴金宝主编 扬中 扬中公安志编纂委员会 2005年 368页

012613144
扬中市军事志 1127—2005
扬中市军事志编纂委员会编 南京 江苏人民出版社 2010年 407页

009116120
扬中市土地志
扬中市土地志编纂委员会 王孝椿 严荣国主编 上海 上海社会科学院出版社 1999年 25页

012662703
扬中市电力工业志
扬中市电力工业志编纂委员会编 北京 中国电力出版社 2010年 234页〔镇江市电力工业志丛书〕

008358205
扬中邮电志
扬中邮电局编 唐法道主编 上海 上海社会科学院出版社 1997年 235页〔江苏省邮电志系列 23〕

011311960
扬中广播电视志
扬中市广播电视志编纂委员会编 扬中 扬中市广播电视志编纂委员会 2000年 310页

013630522
扬中市教育志
扬中市教育志编纂委员会编 北京 方志出版社 2012年 575页

008528403
江苏省扬中县地名录
扬中县地名委员会编 扬中 扬中县地名委员会 1984年 222页

010730543
扬中水利志
扬中水利志编纂委员会编 北京 方志出版社 2006年 288页

句容市

005591364
句容县志
句容县地方志编纂委员会编 南京 江苏人民出版社 1994年 989页〔江苏省地方志〕

011312423
茅山道教志 第1卷
杨世华 潘一德编著 武汉 华中师范大学出版社 2007年 437页〔道家道教文化研究书系〕

012613293
句容市军事志 前128—2005
句容市军事志编纂委员会编 南京 江苏人民出版社 2009年 544页

009744798
句容市土地志
句容市土地志编纂委员会 朱福喜 唐明云主编 南京 江苏人民出版社 1999年 328页

008446234
句容电力工业志
杭金锁主编 郭长平副主编 北京 中国农业科技出版社 1994年 233页

009687007
句容市交通志
句容市交通志编纂委员会编 北京 方志出版社 2004年 246页

012899015
句容邮电志
句容市邮电局编 上海 上海社会科学院出版社 1998年 21页〔江苏省邮电志系列 26〕

012719138
句容市教育志
句容市教育志编纂工作办公室编 北京 方志出版社 2010年 461页

008848027
句容民间故事
句容市地方志办公室 句容市文化体育局编 南京 江苏古籍出版社 2001年 352页〔句容地情系列丛书〕

008528649
江苏省句容县地名录
句容县地名委员会编 句容 句容县地名委员会 1983年 233页

010008776
句容茅山志
句容市地方志办公室编 合肥 黄山书社 1998年 438页

012541978
句容市卫生志
句容市卫生志编纂委员会编 南京 江苏人民出版社 2009年 374页

泰州市

011478582
泰州市政协志
政协泰州市委员会编 泰州 政协泰州市委员会 2006年 378页

013795581
泰州市交通志
泰州市交通志编纂委员会办公室编 泰县 江苏泰县印刷三厂 1989年 228页

010292551
泰州商业志
江苏省泰州市商业局编 泰州 江苏省泰州市商业局 1993年 300页

012662314
泰州国税志
江苏省泰州市国家税务局编 泰州 江苏省泰州市国家税务局 2008年 174页

013145456
泰州税务志
泰州市税务局编 泰州 泰州市税务局 1993年 325页

009889672
泰州市金融志 1840—1987
泰州市金融志编写组编 泰州 泰州市金融志编写组 1990年 320页〔泰州市地方志丛书〕

008532457
泰州市地名录
泰州市地名委员会编 泰州 泰州市地名委员会 1984年 114页

010776993
泰州市人民医院志 1932—1988
泰州市人民医院志编纂办公室编 泰州 泰州市人民医院志编纂办公室 1989年 277页

高港区

012658513
高港区政协志 1997—2007
政协泰州市高港区委员会编 泰州 政协泰州市高港区委员会 2007年 449页

姜堰区

005591353
泰县志
泰县县志编纂委员会编 南京 江苏古籍出版社 1993年 923页〔江苏省地方志〕

010199851
姜堰市土地志
江苏省姜堰市土地志编纂委员会编 北京 人民日报出版社 2001年 297页

013531050
姜堰水利志
姜堰水利局编 姜堰 姜堰市水利局 1997年 277页

011500662
泰县财税志
泰县财税志编写组编 泰县 泰县财税志编写组 1998年 2册 768页

009252187
泰县金融志
泰县金融志编纂委员会编 南京 江苏人民出版社 1991年 233页

012900112
星火志 1936—1949
中共泰县张甸镇委员会编 张甸镇 中共泰县张甸镇委 1992年 225页

008532417
江苏省泰县地名录
泰县地名委员会编 泰县 泰县地名委员会 1983年 268页

兴化市

008488213
兴化市志
兴化市地方志编纂委员会编 上海 上海社会科学院出版社 1995年 910页

011472923
戴南镇志
戴南镇人民政府编 南京 凤凰出版社 2007年 810页

009392049
东汉村志
兴化市陶庄镇东汉村志编纂委员会编 兴化 兴化市陶庄镇东汉村志编纂委员会 2001年 213页

009105566
兴化水利志
兴化水利志编纂委员会编 南京 江苏古籍出版社 2001年 332页

008265118
兴化税务志
兴化税务志编纂委员会编 北京 中国税务出版社 1996年 328页

008532389

江苏省兴化县地名录

兴化县地名委员会编 兴化 兴化县地名委员会 1983年 300页

011479422

兴化卫生志

兴化卫生志编审委员会编 北京 方志出版社 2006年 378页

靖江市

004436221

靖江县志

靖江县志编纂办公室编 南京 江苏人民出版社 1992年 944页〔江苏省地方志〕

012097660

靖江市工会志

靖江市工会志编纂委员会编 南京 江苏人民出版社 1996年 233页

012999267

靖江市工会志 1990—2009

靖江市工会志编纂委员会编 北京 中国工人出版社 2011年 419页

011328714

靖江市政协志

苏增耀主编 北京 中国文史出版社 2007年 427页

012661369

靖江公安志

靖江市公安局编 南京 江苏人民出版社 1995年 456页

009154294

靖江检察志

靖江市人民检察院编 南京 江苏人民出版社 2003年 456页

012680295

靖江县法院志

靖江县法院志编纂委员会编 靖江 靖江县人民法院 1993年 247页

011566164

靖江司法志

靖江市司法局编 南京 江苏人民出版社 2008年 403页

011497930

靖江审计志

靖江市审计局编 南京 江苏人民出版社 2007年 434页

013792610

靖江市土地志 送审稿

靖江市国土资源局编 靖江 靖江市国土资源局 2002年 1册

013684425

靖江县交通志

靖江县交通志编审领导小组编 靖江 靖

江县交通志编审领导小组 1988 年 219 页

009790032
靖江市邮电志
李大樟主编 南京 江苏人民出版社 1998 年 308 页〔江苏省邮电志系列 30〕

013792611
靖江县税务志初稿 1940—1985
江苏省靖江县税务志编纂领导小组编 靖江 江苏省靖江县税务志 1987 年 342 页

010061306
中国民间文学集成 靖江县资料本（江苏 扬州）
靖江县民间文学集成办公室编 靖江 靖江县民间文学集成办公室 1989 年 465 页

008532453
江苏省靖江县地名录
靖江县地名委员会编 靖江 靖江县地名委员会 1982 年 209 页

010730148
靖江水利志
张浩生主编 靖江市水利局编纂 南京 江苏人民出版社 1997 年 247 页

泰兴市

005591333
泰兴县志
泰兴县志编纂委员会编 南京 江苏人民出版社 1993 年 1098 页〔江苏省地方志〕

009046132
泰兴市工会志
泰兴市工运史志编纂委员会编 南京 河海大学出版社 1996 年 220 页

008446228
泰兴建筑志
泰兴建筑志编纂委员会编 北京 中国城市出版社 1997 年 324 页〔中华人民共和国地方志丛书 江苏省〕

009338420
泰兴水利志
泰兴水利史志编纂委员会编 南京 江苏古籍出版社 2001 年 363 页

008446226
泰兴工业志
泰兴工业志编纂委员会编 南京 江苏人民出版社 1995 年 317 页

008532411
泰兴县地名录
泰兴县地名委员会编 泰兴 泰兴县地名委员会 1983 年 369 页

010110344
泰兴卫生志
泰兴卫生志编纂委员会编 北京 方志出版社 2005年 426页

009817649
泰兴土肥工作志
王永龙等主编 北京 中国农业出版社 2001年 282页

宿迁市

007930903
宿迁市志
宿迁市地方志编纂委员会 刘云鹤总纂 姚亚青副总纂 南京 江苏人民出版社 1996年 1078页〔江苏省地方志〕

013775929
汶川特大地震宿迁援建志
宿迁市人民政府史志工作办公室编 杨学军 仓中华主编 南京 江苏人民出版社 2012年 180页

014052863
宿迁市城乡建设志
宿迁市城乡建设志编纂委员会编 沃恒光主编 南京 江苏人民出版社 2013年

013422679
江苏省宿迁中学校志 1927—2007
江苏省宿迁中学八十周年校庆校志组编 宿迁 宿迁市宿豫区金源印刷厂 2007年 396页

008532493
江苏省宿迁县地名录
宿迁县地名委员会编 宿迁 宿迁县地名委员会 1982年 242页

012208251
宿迁气象志
宿迁气象志编撰委员会编 北京 气象出版社 2009年 167页

012968048
江苏省宿迁县土壤志
宿迁县土壤普查办公室 淮阴市土壤普查办公室 江苏省土壤普查办公室编 宿迁 宿迁县土壤普查办公室 1986年 296页

宿豫区

012969676
宿迁风物志
宿迁市宿豫区地方志办公室 陈世海 蔡兆银主编 北京 方志出版社 2011年

220 页

沭阳县

008446276
沭阳县志
沭阳县地方志编纂委员会编 南京 江苏科学技术出版社 1997 年 1028 页〔江苏省地方志〕

013863666
沭阳县志 1987—2005
沭阳县地方志编纂委员会编 南京 江苏人民出版社 2013 年 869 页

010276129
沭阳县民政志
沭阳县民政志编辑办公室 刘子平主编 王军成副主编 济南 山东大学出版社 1990 年 305 页

013603031
沭阳县粮食志
沭阳县粮食志编辑办公室 陈儒生主编 李洪伟 孙洪甫副主编 北京 中国科学技术出版社 1992 年 179 页

008531459
江苏省沭阳县地名录
沭阳县地名委员会编 沭阳 沭阳县地名委员会 1982 年 363 页

013510550
沭阳水利志
沭阳县水务局编纂 北京 中国水利水电出版社 2012 年 461 页

泗阳县

008196319
泗阳县志
泗阳县志编纂委员会编 南京 江苏人民出版社 1995 年 936 页〔江苏省地方志〕

013899463
泗阳县志 1988—2005
泗阳县地方志编纂委员会编 总纂胡东凯主编 南京 江苏人民出版社 2012 年 1255 页

009961670
[江苏省泗阳棉花原种场]场志
江苏省泗阳棉花原种场场志编写办公室编 泗阳 江苏省泗阳棉花原种场场志编写办公室 1989 年 522 页

009553885
泗阳邮电志
泗阳县邮电局编 北京 人民邮电出版社 1999 年 232 页

009335711
泗阳县粮食志
泗阳县粮食志编写办公室编 南京 江苏

科学技术出版社 1992 年 325 页

013686243
泗阳县财政志 1644—1988
泗阳县财政局编 泗阳 泗阳县财政局 1997 年 383 页

008446416
江苏省泗阳县地名录
泗阳县地名委员会编 泗阳 泗阳县地名委员会 1982 年 316 页

013686246
泗阳县卫生志
朱浩波主审 刘国甫主编 徐州 中国矿业大学出版社 1994 年 173 页

013067276
泗阳县水利志
泗阳县水利志编纂委员会编 徐州 中国矿业大学出版社 2011 年 408 页

泗洪县

008817680
泗洪县志
泗洪县地方志编纂委员会编 南京 江苏人民出版社 1994 年 1084 页〔江苏省地方志〕

013731651
泗洪县志 1990—2006
泗洪县志编纂委员会编 北京 方志出版社 2012 年 2 册 1088 页

012836330
泗洪妇女志 1949—2009
施想家主编 哈尔滨 黑龙江人民出版社 2009 年 262 页

012051946
泗洪县交通志 1990—2007
泗洪县交通志编纂委员会编 北京 方志出版社 2008 年 417 页

008531447
江苏省泗洪县地名录
泗洪县地名委员会编 泗洪 泗洪县地名委员会 1983 年 294 页

013145443
泗洪县水利志
泗洪县水利志编写组编 南京 江苏人民出版社 1993 年 537 页

浙江省

012100887
浙江省志 交通篇
浙江省交通厅编写组编 浙江 浙江省交通厅编写组 2007年 345页

008446465
浙江省名村志
魏桥主编 杭州 浙江人民出版社 1994年 2册 1410页

004900324
浙江省名镇志
浙江省名镇志编纂委员会编 上海 上海书店出版社 1991年 876页

008662225
浙江省哲学社会科学志
浙江省哲学社会科学志编辑委员会编 杭州 浙江人民出版社 1999年 850页

011793443
浙江省统计志
浙江省统计志编纂委员会编 北京 中国统计出版社 2007年 698页

009408180
浙江省计划生育志
浙江省计划生育志编纂委员会编 北京 中华书局 2004年 1037页〔浙江省志丛书〕

011480523
浙江省人口志
浙江省人口志编纂委员会编 北京 中华书局 2007年 961页〔浙江省志丛书〕

010001024
浙江省中国共产党志 评审稿
浙江省中国共产党志编委会办公室编 杭州 浙江省中国共产党志编委会办公室 2004年 883页

011295515
浙江省中国共产党志
浙江省中国共产党志编纂委员会编 杭州 浙江人民出版社 2007年 1145页

008528769
浙江省工会志
浙江省工会志编纂委员会编 北京 中华书局 1997年 798页〔浙江省志丛书〕

012816179
浙江省青年运动志 试行本
浙江省青年运动志编纂委员会编 杭州 浙江人民出版社 2011年 1236页〔浙江省志丛书〕

012100877
浙江人民代表大会志 初稿
浙江人民代表大会志编纂委员会编 浙江 浙江人民代表大会志编纂委员会 2004年 1001页〔浙江省志丛书〕

009855978
浙江省人民代表大会志 送审稿
浙江省人民代表大会志编纂委员会编 浙江 浙江省人民代表大会 2005年 1033页〔浙江省志丛书〕

010253301
浙江省人民代表大会志
浙江省人民代表大会志编纂委员会编 北京 中华书局 2005年 1134页〔浙江省志丛书〕

011793452
浙江省政协志
浙江省政协志编纂委员会编 俞文华主编 杭州 浙江人民出版社 2007年 1150页〔浙江省志丛书〕

010253388
浙江省人事志 1949—2000 送审稿
浙江省人事志编辑部编 浙江 浙江省人事志编辑部 2005年 756页

011585388
浙江省人事志
浙江省人事志编纂委员会编 北京 中华书局 2007年 978页〔浙江省志丛书〕

008530660
浙江人民公安志
浙江省公安志编纂委员会编 北京 中华书局 2000年 769页〔浙江省志丛书〕

011480529
浙江省电站水库移民志
浙江省电站水库移民志编纂委员会编 北京 华艺出版社 1998年 443页

007493550
浙江省民政志
浙江省民政志编纂委员会编 北京 中国

社会出版社 1994年 437页

012689996
浙江省华侨志
浙江省华侨志编纂委员会编 杭州 浙江古籍出版社 2010年 424页〔浙江省志丛书〕

009157282
浙江省工商业联合会志
浙江省工商业联合会志编纂委员会编 北京 方志出版社 2003年 296页〔浙江省志丛书〕

009106495
浙江省民主党派志
浙江省民主党派志编纂委员会编 北京 中华书局 2002年 920页〔浙江省志丛书〕

009679029
浙江省劳动保障志
浙江省劳动保障志编纂委员会编 北京 中华书局 2004年 900页〔浙江省志丛书〕

008446442
浙江省外事志
浙江省外事志编纂委员会编 北京 中华书局 1996年 830页〔浙江省志丛书〕

010475878
浙江省武警志 1949—1999
中国人民武装警察部队浙江省总队史志编审委员会编 浙江 武警浙江省总队 2000年 754页

008530696
浙江省军事志
浙江省军事志编纂委员会编 北京 方志出版社 1999年 858页〔浙江省志丛书〕

009679020
浙江省工商行政管理志
浙江省工商行政管理局 浙江省工商行政管理学会编 杭州 浙江人民出版社 2004年 713页〔浙江省志丛书〕

013074813
浙江省总会计师协会大事志 1988—2008
浙江省总会计师协会大事志编撰组编 杭州 浙江省总会计师协会 2008年 93页

013236374
浙江省乡镇企业志
浙江省乡镇企业志编纂委员会编 北京 中华书局 2011年 1458页〔浙江省志丛书〕

009313457
浙江省土地志

浙江省土地志编纂委员会编 北京 方志出版社 2001年 797页〔浙江省志丛书〕

008709718
浙江省林业志
浙江省林业志编纂委员会编 北京 中华书局 2001年 1455页〔浙江省志丛书〕

010475319
浙江渔业科技志
吴家骅主编 郑宜伦副主编 浙江 浙江省水产局 1995年 215页

010146871
浙江省农业志 送审稿
浙江省农业志编纂委员会编 浙江 浙江省农业志编纂委员会 2000—2001年 18册

009679031
浙江省农业志
浙江省农业志编纂委员会编 北京 中华书局 2004年 2册 2253页〔浙江省志丛书〕

008708255
浙江省电力工业志
浙江省电力工业志编纂委员会编 北京 水利电力出版社 1995年 504页〔中国电力工业志丛书〕

012816175
浙江省电力工业志 1991—2002
张旭升主编 北京 中国电力出版社 2010年 406页〔中国电力工业志丛书〕

008446469
浙江省电力系统调度志 1897—1990
浙江省电力系统调度志编纂委员会编 北京 中国电力出版社 1996年 206页〔浙江省电力工业志丛书〕

009389842
浙江省电力修造厂志
浙江省电力修造厂志编纂委员会编 北京 中国旅游出版社 1997年 158页

008446445
浙江省二轻工业志
浙江省二轻工业志编纂委员会编 杭州 浙江人民出版社 1998年 914页〔浙江省志丛书〕

008530701
浙江省纺织工业志
浙江省轻纺工业志编辑委员会编 北京 方志出版社 1999年 748页〔浙江省志丛书〕

009679023
浙江省建筑业志
浙江省建筑业志编纂委员会编 北京 方志出版社 2004年 2册 1418页〔浙

江省志丛书〕

008530666
浙江省轻工业志
浙江省轻纺工业志编辑委员会编 北京 中华书局 2000年 930页〔浙江省志丛书〕

008532846
浙江省水利志
浙江省水利志编纂委员会编 北京 中华书局 1998年 1264页〔浙江省志丛书〕

008530669
浙江省丝绸志
浙江省丝绸志编纂委员会编 北京 方志出版社 1999年 679页〔浙江省志丛书〕

008530693
浙江省烟草志
浙江省烟草志编纂委员会编 杭州 浙江人民出版社 1995年 838页〔浙江省志丛书〕

008446456
浙江省盐业志
浙江省盐业志编纂委员会编 北京 中华书局 1996年 579页〔浙江省志丛书〕

009962552
浙江石油勘探处志 1970—1997
浙江石油勘探处志编纂委员会编 杭州 浙江石油勘探处志编纂委员会 1998年 342页

012554074
浙江航空史志
渠长根著 北京 光明日报出版社 2010年 307页〔当代学者人文论丛 第21辑〕

007590000
浙江省供销合作社志
浙江省志编纂委员会编 杭州 浙江人民出版社 1989年 698页

009116825
浙江省市场志
浙江省市场志编纂委员会编 北京 方志出版社 2000年 837页〔浙江省志丛书〕

008709716
浙江省粮食志
浙江省粮食志编纂委员会编 北京 当代中国出版社 1999年 689页〔浙江省志丛书〕

009996932
浙江石油商业志
浙江省石油公司编 杭州 浙江科学技术出版社 1990年 432页〔浙江商业

009996944
浙江五金交电化工商业志
浙江省五金交电化工公司编 杭州 浙江人民出版社 1991年 388页

009996870
浙江百货商业志
浙江省百货公司编 杭州 浙江人民出版社 1990年 522页

009996894
浙江商业管理志
浙江省商业厅编 杭州 浙江人民出版社 1990年 380页

009149819
浙江糖烟酒菜商业志
浙江省商业厅副食品管理处编 杭州 浙江科学技术出版社 1990年 491页

009996948
浙江饮食服务商业志
浙江饮食服务公司编 杭州 浙江人民出版社 1991年 407页

010294080
浙江检验检疫志 送审稿
浙江检验检疫志编纂委员会编 浙江 浙江检验检疫志编纂委员会 2005年 1005页〔浙江省志丛书〕

009890613
浙江检验检疫志
浙江检验检疫志编纂委员会编 杭州 浙江人民出版社 2005年 1276页〔浙江省志丛书〕

013735661
浙江省对外经济贸易志 初稿
浙江省外经贸志编辑室编 杭州 浙江省外经贸志编辑室 1999年 621页

008975459
浙江省外经贸志
浙江省外经贸志编纂委员会编 北京 中华书局 2001年 994页〔浙江省志丛书〕

009393509
浙江肉禽蛋商业志
浙江省食品公司编 杭州 浙江科学技术出版社 1989年 543页

010469081
浙江土特产简志
杭州 浙江人民出版社 1987年 402页〔浙江简志 7〕

009106493
浙江省财政税务志
浙江省财政税务志编纂委员会编 北京 中华书局 2002年 963页〔浙江省志丛书〕

008446455

建设银行浙江省分行志 1951—1995

建设银行浙江省分行志编委会编 北京 中华书局 1999年 403页

009881729

浙江省金融志

浙江省金融志编纂委员会编 杭州 浙江人民出版社 2000年 860页〔浙江省志丛书〕

008708248

浙江省保险志

浙江省保险志编纂委员会编 北京 中华书局 1999年 600页〔浙江省志丛书〕

009996150

浙江报业志

浙江省报业协会编著 杭州 浙江人民出版社 2005年 464页

011793448

浙江省新闻志

浙江省新闻志编纂委员会编 杭州 浙江人民出版社 2007年 1182页〔浙江省志丛书〕

011480518

浙江省出版志

浙江省出版志编纂委员会编 杭州 浙江人民出版社 2007年 1175页〔浙江省志丛书〕

012100885

浙江省图书馆志

浙江省图书馆志编纂委员会编 北京 中国书籍出版社 1994年 563页〔浙江省志丛书〕

008709724

浙江图书馆志

浙江图书馆志编纂委员会编 北京 中华书局 2000年 352页

008530689

浙江省科学技术协会志

浙江省科学技术协会志编纂委员会编 北京 方志出版社 1999年 627页〔浙江省志丛书〕

008446450

浙江省科学技术志

浙江省科学技术志编纂委员会编 北京 中华书局 1996年 1086页〔浙江省志丛书〕

006862696

浙江教育简志

杭州 浙江人民出版社 1988年 525页〔浙江简志 8〕

009415135

浙江省教育志

浙江省教育志编纂委员会编 杭州 浙江大学出版社 2004年 1163页〔浙江省志丛书〕

008985465

中华学府志 第1卷 浙江卷

中华学府志编辑委员会编 北京 中共中央党校出版社 2000年 1696页

010777402

浙江省体育志 送审稿

浙江省体育志编纂委员会编 浙江 浙江省体育志编纂委员会 2000年 3册〔浙江省志丛书〕

009254081

浙江省体育志

浙江省体育志编纂委员会编 北京 方志出版社 2003年 957页〔浙江省志丛书〕

008709727

浙江省文学志

浙江省文学志编纂委员会编 北京 中华书局 2001年 829页〔浙江省志丛书〕

007562231

中国歌谣集成 第7卷 浙江卷

中国民间文学集成全国编辑委员会 中国民间文学集成浙江卷编辑委员会编 北京 中国ISBN中心 1995年 786页〔十部文艺集成志书〕

007367919

中国谚语集成 第10卷 浙江卷

中国民间文学集成全国编辑委员会 中国民间文学集成浙江卷编辑委员会编 北京 中国ISBN中心 1995年 884页〔十部文艺集成志书〕

005794245

中国民间歌曲集成 第17卷 浙江卷

中国民间歌曲集成全国编辑委员会主编 中国民间歌曲集成浙江卷全国编辑委员会编纂 北京 中国ISBN中心 1993年 778页〔十部文艺集成志书〕

009619561

中国戏曲音乐集成 第21卷 浙江卷

中国戏曲音乐集成编辑委员会 中国戏曲音乐集成浙江卷编辑委员会编 北京 中国ISBN中心 2001年 2册 1587页

008707220

中国民族民间器乐曲集成 第14卷 浙江卷

中国民族民间器乐曲集成全国编辑委员会 中国民族民间器乐曲集成浙江卷编辑委员会编 北京 中国ISBN中心 1994年 2册 1998页〔十部文艺集成志书〕

008250916

中华舞蹈志 第1卷 浙江卷

马建梁特约编辑 中华舞蹈志编辑委员会编 上海 学林出版社 1999年 238页

013996181
中华舞蹈志 第1卷 浙江卷
中华舞蹈志编辑委员会编 上海 学林出版社 2014年 246页

002497456
中国民族民间舞蹈集成 第22卷 浙江卷
中国民族民间舞蹈集成编辑部编 北京 中国舞蹈出版社 1990年 1119页〔十部文艺集成志书〕

008410295
中国戏曲志 第10卷 浙江卷
中国戏曲志编辑委员会 中国戏曲志浙江卷编辑委员会编 北京 中国ISBN中心 1997年 969页〔十部文艺集成志书〕

008446440
浙江电影志
浙江省电影志编纂委员会编 北京 中国书籍出版社 1996年 825页〔浙江省志丛书〕

008709719
浙江省少数民族志
浙江省少数民族志编纂委员会编 北京 方志出版社 1999年 700页〔浙江省志丛书〕

007469574
浙江地方志考录
洪焕椿编著 北京 科学出版社 1958年 483页

013090792
浙江姓氏志 苍南张氏史志
张祖辉主编 北京 中国文史出版社 2007年 692页

009511367
浙江姓氏志 浙南徐氏
浙江姓氏志浙南徐氏编纂委员会编 北京 中华书局 2004年 582页

009105948
浙江省人物志
浙江省人物志编纂委员会编 杭州 浙江人民出版社 2005年 1188页〔浙江省志丛书〕

012903497
浙江革命女烈志
浙江省妇女联合会编 杭州 浙江人民出版社 1981年 134页

012903496
浙江当代中医名人志
于诗俊主编 杭州 浙江省中医管理局 1989年 271页

001780885
浙江人物简志
浙江省社会科学院编著 杭州 浙江人民出版社 1984—1986年 3册〔浙江简

志 2〕

007692999
中国民俗志 浙江篇
娄子匡编纂 台北 东方文化供应社 1970年 22册

001643151
浙江风物志
本社编 杭州 浙江人民出版社 1985年 431页〔中国风物志丛书〕

007731187
浙江地名简志
浙江省地名委员会编 杭州 浙江人民出版社 1988年 633页〔浙江简志 9〕

009996880
浙江海岛志
周航主编 国守华 冯志高副主编 北京 高等教育出版社 1998年 700页

003408632
浙江地理简志
陈桥驿等编著 杭州 浙江人民出版社 1985年 555页〔浙江简志 3〕

006195929
浙江文物简志
浙江省文物考古所编 杭州 浙江人民出版社 1986年 213页〔浙江简志 4〕

008846431
浙江乡村旅游志
魏桥主编 浙江乡村旅游志课题组编 合肥 黄山书社 1998年 564页

008530707
浙江省测绘志
浙江省测绘志编纂委员会编 北京 中国书籍出版社 1996年 739页〔浙江省志丛书〕

009679008
浙江省地震监测志
浙江省地震局编 北京 地震出版社 2004年 120页〔中国地震监测志系列〕

009769292
浙江省水文地质志
浙江省水文地质工程大队 浙江省工程勘察院编 浙江 浙江省工程勘察院 1995年 461页

008446437
浙江省气象志
浙江省气象志编纂委员会编 北京 中华书局 1999年 666页〔浙江省志丛书〕

009190892
浙江省地质矿产志
浙江省地质矿产志编纂委员会编 北京 方志出版社 2003年 917页〔浙江省

志丛书〕

002643959
浙江省区域地质志
浙江省地质矿产局编 北京 地质出版社 1989年 688页〔地质专报 1 区域地质 第11号〕

007670687
浙江植物志
浙江植物志编辑委员会编 杭州 浙江科学技术出版社 1993年 8册

010251780
浙江动物志
浙江动物志编辑委员会编 杭州 浙江科学技术出版社 1989年 8册

006047183
浙江蛇类志
胡步青等著 北京 科学出版社 1959年 50页

013134018
浙江省家畜禽寄生蠕虫志
浙江省农业厅畜牧管理局印 浙江 浙江省农业厅畜牧管理局 1986年 216页

009415059
浙江蜂类志
何俊华等编著 北京 科学出版社 2004年 1416页〔华夏英才基金学术文库〕

013343607
浙江省医学科学院志
浙江省医学科学院编 杭州 浙江省医学科学院 2010年 194页

010776967
浙江省中医机构志
浙江省中医管理局编 杭州 浙江省中医管理局 1988年 284页

012100904
浙江省肿瘤医院志 1963—2008
浙江省肿瘤医院编 杭州 浙江省肿瘤医院 2008年 174页

008709728
浙江省医药志
浙江省医药志编纂委员会编 北京 方志出版社 2003年 774页〔浙江省志丛书〕

002923171
浙江药用植物志
浙江药用植物志编写组编 杭州 浙江科学技术出版社 1980年 2册

008488295
浙江植物病虫志
陈其瑚主编 上海 上海科学技术出版社 1990年

009855960
浙江稻种资源图志

张丽华 应存山主编 杭州 浙江科学技术出版社 1993 年 351 页

009769285
浙江省茶叶志
浙江省茶叶志编纂委员会编 杭州 浙江人民出版社 2005 年 1227 页〔浙江省志丛书〕

009881706
浙江省蚕桑志
浙江省蚕桑志编纂委员会编 杭州 浙江大学出版社 2004 年 474 页

008446473
浙江省水产志
浙江省水产志编纂委员会编 北京 中华书局 1999 年 1184 页〔浙江省志丛书〕

008845861
飞云江志
浙江省飞云江志编纂委员会编 北京 中华书局 2000 年 424 页〔浙江省江河志丛书〕

009124598
瓯江志
瓯江志编纂委员会编 北京 水利电力出版社 1995 年 248 页〔浙江省江河志丛书〕

012722330
苕溪运河志
林有祯主编 苕溪运河志编纂委员会编 北京 中国水利水电出版社 2010 年 2 册 1462 页〔浙江省志丛书〕

009348384
姚江志
干风苗主编 北京 中国水利水电出版社 2003 年 336 页

009996208
浙江省环境保护志
浙江省环境保护志编纂委员会编 北京 中国环境科学出版社 2003 年 592 页

009389837
浙江灾异简志
陈桥驿编 杭州 浙江人民出版社 1991 年 436 页〔浙江简志 6〕

杭 州 市

008051176
杭州市志
杭州市地方志编纂委员会编 北京 中华书局 1995 年

009995742
杭州近江村志
应志良主编 杭州 浙江近江集团公司 2001年 646页

009480458
杭州市西兴镇志
杭州市西兴镇人民政府编 杭州 杭州市西兴镇人民政府 2000年 328页

013730117
江二村志
杭州市长河街道江二社区编 来小钦主编 杭州 杭州出版社 2012年 685页

008848190
浦沿镇志
浦沿镇志编纂领导小组编 北京 中国商业出版社 1994年 231页

012100787
袁浦镇志
袁浦镇 2007年 268页

009840493
上塘志
陈希萍主编 北京 国际文化出版公司 2002年 268页〔国风文丛〕

012680050
杭州民族宗教志
杭州民族宗教志编纂委员会编著 杭州 杭州出版社 2010年 479页

011328171
杭州统计志 1908—1994
杭州市统计局编 杭州 杭州市统计局 1995年 259页

011497746
杭州政党志 初稿
孙跃主编 王坚 王光复副主编 杭州 杭州市志政党篇编纂小组 1995年 344页

012903550
中共杭州市委党校简志
方荣湘主编 杭州 浙江人民出版社 1992年 204页

010777306
共青团浙江省团校浙江青年专修学院志 1950—2000
共青团浙江省团校浙江青年专修学院志编纂委员会编 北京 中央文献出版社 2000年 261页

011066955
杭州工人运动志 1876—1992
杭州市总工会编 杭州 杭州市总工会 1996年 339页

011293520
杭州市职工技协志 1964—1991
杭州市职工技术协会办公室编 1993年 204页

012872387

杭州铁路分局工会志 1949—1995

杭州铁路分局工会志编纂委员会编 杭州 杭州铁路分局工会志编纂委员会 2003年 442页

010201667

杭州青年运动志

杭州青年运动志编纂委员会编 杭州 杭州大学出版社 1998年 642页

009480346

杭州市人大志

杭州市人大志编纂委员会编 杭州 浙江摄影出版社 2002年 755页

010146840

杭州市政协志 文字初稿

杭州市政协志编辑部综编组编 杭州 杭州市政协志编辑部综编组 2005年 2册

009855935

杭州市政协志 1950—2002

杭州市政协志编纂委员会编 北京 方志出版社 2005年 777页

009688791

杭州市人民公安志

杭州市人民公安志编纂委员会编 北京 中华书局 2001年 808页〔浙江省公安志丛书〕

012052599

浙江大学保卫工作志

冯时林编 杭州 浙江大学保卫工作志编委会 2003年 334页

010146846

杭州市民政志

杭州市民政局编 杭州 杭州市民政局 1993年 375页

012264968

杭州市民政志 1986—2005

杭州市民政局编 杭州 杭州市民政局 2008年 746页

009995770

杭州市工商业联合会(商会)志

杭州市工商业联合会(商会)志编纂委员会编 杭州 杭州市工商业联合会 2003年 303页

011329736

杭州法院志

杭州市中级人民法院编 杭州 杭州市中级人民法院 1996年

010245078

杭州司法志

杭州市司法局编 杭州市司法局修志办公室编辑 杭州 杭州市司法局 1993年 364页

009962545

浙江财经学院院志

浙江财经学院院志编纂委员会编 浙江 浙江财经学院院志编纂委员会 1994年 178页

012718892

杭州经济技术开发区图志 1990—2007

杭州经济技术开发区图志编纂委员会编著 北京 中国地图出版社 测绘出版社 2010年 304页

012718899

杭州经济技术开发区志 1990—2007

杭州经济技术开发区志编纂委员会编 北京 方志出版社 2010年 878页

009995756

杭州市工商行政管理志

杭州市工商行政管理局编 天津 天津人民出版社 1996年 323页

012718911

杭州审计志

杭州审计志编纂委员会编 北京 方志出版社 2009年 1032页

009995795

杭州物资志

杭州物资志编辑委员会编 北京 中国物资出版社 1995年 491页

012173861

杭州市乡镇企业志

杭州市经济委员会编 杭州 杭州市经济委员会 2007年 294页

013940803

杭州市质量技术监督志

杭州市质量技术监督志编纂委员会编 杭州 杭州市质量技术监督志编纂委员会 2005年 554页〔浙江省质量技术监督志 杭州卷〕

009996590

中国广厦集团志

中国广厦集团志编撰委员会编 中国广厦集团 2001年 2册〔企业志丛书〕

012872382

杭州市城市供水志 1928.4—2010.6

杭州市水业集团有限公司编 杭州 杭州市水业集团有限公司 2010年 213页

008994523

杭州市城乡建设志

杭州市城乡建设志编纂委员会编 北京 中华书局 2002年 2册

009105685

杭州市土地志

杭州市土地志编纂委员会编 北京 中华书局 2002年 582页

009126257

红山农场志

红山农场志编纂领导小组编 杭州 浙江人民出版社 1999年 363页

013705570

钱江农场志

钱江农场志编纂领导小组编 北京 方志出版社 2012年 512页

011564667

杭州茶叶试验场场志 1955—1987

杭州茶叶试验场场志办公室编 杭州 杭州茶叶试验场 1989年 337页

008446496

杭州水产志

杭州水产志编纂委员会编 北京 中华书局 1996年 325页

009341135

杭州农业志

中共杭州市委 杭州市人民政府农业和农村工作办公室编 北京 方志出版社 2003年 1276页

012713860

半山发电厂志 1958—2006

半山发电厂志编纂委员会编 杭州 浙江人民出版社 2010年 348页

011328100

仇山磁土矿志 1954—1994

张宗纲编 1994年 174页

013141168

东南厂志

杭州东南化工总厂东南厂志编纂委员会编 杭州 杭州东南化工总厂 1989年 325页

008450305

艮山门发电厂志

艮山门发电厂志编纂委员会编 北京 当代中国出版社 1995年 207页〔浙江省电力工业志丛书〕

010201664

杭钢图志 1957—2001

杭州钢铁集团公司编 杭州 杭州钢铁集团公司 200u年 97页

006135298

杭钢志

杭州钢铁厂杭钢志编辑部编 杭州 浙江人民出版社 1985年

013626566

杭钢转炉志 1957—1983

乐光潮 娄定芳主编 杭州 杭钢转炉志编纂领导小组 1984年 331页

011954110

杭汽轮集团志 1958—2008

杭州汽轮动力集团有限公司编 杭州 杭州汽轮动力集团有限公司 2008年 2

册 883 页

013647533
杭州地毯厂 1952—1986
1988 年 287 页

011292470
杭州电扇总厂志 1958—1987
杭州电扇总厂志编辑组编 杭州 杭州电扇总厂志编辑组 1988 年 271 页

013647537
杭州工艺编织带厂志 1954—1986
陈俊主编 杭州 1988 年 100 页

011327599
杭州炼油厂志 1951—1988
杭州炼油厂志编辑组编 杭州 杭州炼油厂志编辑组 1991 年 427 页

013404423
杭州毛源昌眼镜厂厂志
杭州毛源昌眼镜厂厂志编委会编 杭州 杭州毛源昌眼镜厂厂志编委会 1989 年 197 页

013404431
杭州人民印刷厂厂志
杭州人民印刷厂厂志编辑组编 杭州 杭州人民印刷厂 1989 年 304 页

013626582
杭州食品厂厂志 1931—1985
杭州食品厂志编纂委员会办公室编 杭州 杭州食品厂志编纂委员会 1988 年 268 页

008531949
杭州市电力工业志
杭州市电力工业志编纂委员会编 北京 水利电力出版社 1994 年 396 页〔浙江省电力工业志丛书〕

012264963
杭州市电力工业志 1991—2005
杭州市电力工业志编委会编著 北京 中国电力出版社 2010 年 468 页〔浙江省电力工业志丛书〕

007503326
杭州市二轻工业志
杭州市二轻工业志编纂委员会编 杭州 浙江人民出版社 1991 年 651 页

009388683
杭州市富春江冶炼厂志 1958—1998
富冶志编纂委员会编 杭州 富冶志编纂委员会 1998 年 325 页

010201670
杭州市化学工业志
杭州市化学工业公司编 杭州 杭州市化学工业公司 1996 年 291 页

009744966
杭州市轻工业志

杭州市轻工业志编纂委员会编 杭州 杭州市轻工业志编纂委员会 1996年 729页

011564682
杭州橡胶厂洋溪轮胎分厂志 1970—1989
杭州橡胶厂洋溪轮胎分厂志编志办公室编 北京 中国国际广播出版社 1990年 388页

010294070
杭州新华造纸厂厂志 1952—1986
杭州新华造纸厂编 杭州 杭州新华造纸厂 1988年 429页

010146955
华东药厂志
杭州华东药厂编纂委员会编 杭州 杭州华东药厂 1992年 258页

011584678
民生药业志
民生药业志编纂委员会编 杭州 民生药业集团有限公司 2006年 2册

009855940
钱江电气集团志
钱江电气集团志编纂委员会编 北京 方志出版社 2005年 588页

011479306
闲铁矿志 1957—1987
杭州闲林埠钼铁矿编 杭州 闲铁矿区 1991年 303页

009254063
新塘羽绒志
新塘羽绒志编纂委员会编 北京 方志出版社 2003年 409页

013797096
扬伦志 1949—1985
扬伦志编写组编 1988年 582页

010118541
宇航公司志
杭州宇航交通工程有限公司志编纂委员会编 北京 中华书局 2006年 301页

012100870
浙江建铜四十周年志
浙江建铜四十周年志编纂委员会编 浙江 浙江建铜四十周年志编纂委员会 2000年 326页

008446477
浙江钱江啤酒集团志
浙江钱江啤酒集团志编纂委员会编 北京 中华书局 1999年 546页

012100879
浙江省电力试验研究所志 1960—1988
浙江省电力试验研究所志编委会编 杭州 浙江科学技术出版社 2009年

193页〔浙江省电力工业志丛书〕

012837839

浙江省电力试验研究院志 1989—2005

浙江省电力试验研究院志编委会编 杭州 浙江科学技术出版社 2010年 341页〔浙江省电力工业志丛书〕

009996911

浙江省火电建设公司志 1958—1990

浙江省火电建设公司志编纂委员会编 北京 中国电力出版社 1996年 205页〔浙江省电力工业志丛书〕

011957312

浙江省火电建设公司志 1991—2005

浙江省火电建设公司志编纂委员会编 杭州 浙江人民出版社 2008年 286页〔浙江省电力工业志丛书〕

009996922

浙江省送变电工程公司志 1958—1990

浙江省送变电工程公司志编纂委员会编 北京 中华书局 2000年 268页

011957319

浙江省送变电工程公司志 1991—2005

浙江省送变电工程公司志编纂委员会编 杭州 浙江人民出版社 2008年 275页〔浙江省电力工业志丛书〕

013736497

中国水电十二局志

中国水电十二局志编纂委员会编 浙江 中国水电十二局志编纂委员会 2002年 620页

009881601

杭州市工业志

杭州市经委编志办公室编 杭州 杭州市经委编志办公室 1998年 804页

010146844

杭州市公共交通志

杭州市公共交通志编纂委员会编 杭州 杭州市公共交通志编纂委员会 2003年 291页

009348316

杭州市交通志

杭州市交通志编审委员会编 北京 中华书局 2003年 885页

013752418

杭州市交通志 1991—2008

杭州市交通志编纂委员会编 杭州 浙江人民出版社 2012年 657页

009840465

杭州铁路分局志 1906—1995

杭州铁路分局志编纂委员会编 北京 中国铁道出版社 2005年 924页

010010101

杭州市电信志

浙江省电信公司杭州市分公司编纂 北

京 人民邮电出版社 2002 年 553 页

008662781
杭州市邮政志
杭州市邮政局史志编辑委员会编 北京 人民邮电出版社 1996 年 327 页

013222112
杭州市供销合作社志
黄星明主编 杭州市供销合作社联合社编 杭州 杭州市供销合作社联合社 1991 年 434 页

009388688
杭州市粮食志
杭州市粮食志编纂领导小组编 杭州 杭州大学出版社 1994 年 287 页

006356575
杭州医药商业志
杭州医药商业志编纂委员会编 北京 中国青年出版社 1990 年 450 页

008985419
杭州物价志
杭州物价志编纂委员会编 北京 中国物价出版社 2002 年 858 页

009840460
杭州第二商业志
杭州市第二商业局编 杭州 杭州出版社 1996 年 583 页

009995752
杭州商业志
杭州商业志编纂委员会编 杭州 浙江大学出版社 1996 年 672 页

009995736
杭州对外经贸志
杭州市对外经济贸易委员会编 北京 北京师范大学出版社 1993 年 430 页

009312774
杭州海关志
杭州海关志编纂委员会编 徐蔚葳主编 杭州 浙江人民出版社 2003 年 575 页

009840458
杭州财税志
杭州市财税局编 杭州 杭州出版社 1997 年 567 页

012251014
杭州财税志 1991—2005
杭州财税志编纂委员会编 杭州 杭州出版社 2009 年 444 页

009995749
杭州农村金融志
杭州市农村金融志编委会编 杭州 杭州市农村金融志编委会 1995 年 379 页

009995772
杭州市金融志 1912—1985

杭州市金融志编纂委员会编 杭州 杭州市金融志编纂委员会 1990年 296页

009105954
中国建设银行杭州市分行志 1954—1998
中国建设银行杭州市分行志编纂委员会编 杭州 浙江人民出版社 1999年 236页

009962550
浙江传媒学院志
奚建华 彭少健主纂 陈为良主修 香港 中国文化艺术出版社 2004年 265页

012003098
浙江传媒学院志 1978—2008
奚建华 彭少健主修 柴志明 沈兵虎主编 北京 中国广播电视出版社 2008年 454页

009995763
杭州市科技志
杭州市科学技术委员会科技志编纂委员会编 杭州 杭州大学出版社 1996年 388页

011497744
杭州市科技志 1986—2005
杭州市科学技术局杭州市科技志编纂委员会编 北京 中华书局 2007年 551页

009995780
杭州市科协志 1958—1989
杭州市科协志编纂委员会编 杭州 杭州市科协志编纂委员会 1990年 173页

010008919
杭州教育志 1028—1949
杭州市教育委员会编纂 杭州 浙江教育出版社 1994年 768页

013897221
杭州教育志 1986—2005
杭州市教育局编纂 杭州 杭州市教育局 2010年 692页

009799664
杭州二中校志 1899—1989
杭州 1989年 164页

012811366
杭州市十三中教育集团校志 2000—2010
杭州市十三中教育集团校志编审委员会编 杭州 杭州市十三中教育集团 2010年 349页

012689985
浙江省杭州第二中学校志 建校一百一十一周年纪念专集
浙江省杭州第二中学编 杭州 浙江省杭州第二中学 2010年 570页

010576640

杭州电子科技大学志 1956—2005

杭州电子科技大学志编纂委员会编 北京 中华书局 2006年 880页

011585382

浙江大学土木工程系系志 1927—2007

浙江大学土木工程学院编 杭州 浙江大学出版社 2007年 294页

009867390

浙江工业大学志

姒承家主编 陈世瑛副主编 杭州 浙江教育出版社 1993年 426页

013901247

浙江工业大学志 1993—2002

本书编委会编著 杭州 浙江古籍出版社 2003年 731页

013901256

浙江工业大学志 2003—2012

浙江工业大学志编纂委员会编 浙江 浙江工业大学 2013年 848页

012689976

浙江科技学院志 1980—2009

浙江科技学院志编委会编 杭州 浙江工商大学出版社 2010年 541页

013820222

杭州师范大学教授志

改革与发展研究室编 2008年 252页

012718916

杭州万向职业技术学院院志 1991—2010

胡民强 赵永林主编 杭州 浙江大学出版社 2010年 425页

013098023

浙江商业职业技术学院志 1911—2011

浙江商业职业技术学院志编纂委员会编著 杭州 浙江教育出版社 2011年 488页

013148827

浙江省杭州农业学校校志 1950—1990

浙江省杭州农业学校校志编写委员会编 杭州 浙江省杭州农业学校 1993年 212页

012100910

浙江育英职业技术学院志

浙江育英职业技术学院志编纂委员会编 杭州 浙江人民出版社 2008年 502页

010243670

浙江长征财经进修学院杭州长征业余学校校志

唐锦春主编 陈尹潮副主编 郑良执编 杭州 长征院校志编写组 2000年 197页

010118611

浙江省体育训练一大队队志 1953

—1999

浙江省体育训练一大队队志编纂委员会编印 浙江 浙江省体育训练一大队 2002年 264页

011188840

浙江省民间文学集成 杭州市故事卷

董校昌主编 万正模 童萃斌副主编 北京 中国民间文艺出版社 1989年 2册

010061662

中国民间文学集成 浙江省杭州市 江干区卷

江干区民间文学集成办公室编 浙江 浙江省民间文学集成办公室 1990年 301页

009995764

杭州市电影志

杭州市电影发行放映公司 杭州市电影志编纂委员会编 杭州 杭州出版社 1997年 415页

012898534

杭州四季青志

杭州四季青志编纂委员会编 北京 方志出版社 2011年 614页

008380131

杭州大学教授志

郑小明 郑造桓主编 杭州 杭州大学出版社 1997年 324页

007714541

浙江大学教授志

林之平等编 杭州 浙江大学出版社 1990年 354页

008450902

杭州市地名志

杭州市地名委员会办公室编 杭州 浙江人民出版社 1990年 537页

013860660

杭州市地名志

杭州市民政局 杭州市地名委员会编 杭州 杭州出版社 2013年 2册 1629页

011905484

武林街巷志

项永丹主编 劳志鹏编著 杭州 杭州出版社 2008年 2册 430页

013792199

杭州市党史胜迹图志

中国共产党杭州市委员会党史研究室编 杭州 杭州汉书数字出版传播公司 2011年 133页

009995845

径山史志

俞清源编著 杭州 浙江大学出版社 1995年 304页

009799843

杭州市公安局安康医院志 1954—2004

杭州市公安局安康医院志编纂委员会编 杭州 杭州市公安局安康医院志编纂委员会 2004年 160页

013404436

杭州市整形医院院志 1988—1998

杭州市整形医院院志编纂领导小组编 杭州 杭州市整形医院院志编纂领导小组 1998年 44页

012878950

浙江大学医学院附属第一医院 浙江省第一医院院史志

郑树森 潘国强主编 杭州 2002年 211页

013074807

浙江大学医学院附属第一医院 浙江省第一医院院史志 1947—2002

杭州 浙江大学医学院附属第一医院 浙江省第一医院 2002年 211页

012100897

浙江大学医学院附属第一医院浙江省第一医院院史志 1947—2007

郑树森 吴水珍主编 杭州 浙江大学医学院附属第一医院 浙江省第一医院 2007年 223页

013708133

浙江省第一医院浙江大学附属第一医院院史志 1947—2012

浙江省第一医院浙江大学附属第一医院院史志编委会编 杭州 院史志编委会 2012年 570页

012769574

浙江省新华医院浙江中医药大学附属第二医院院志 1960—2010

浙江省新华医院浙江中医药大学附属第二医院院志编纂委员会编 杭州 浙江省新华医院浙江中医药大学附属第二医院院志编纂委员会 2010年 92页

012878940

浙江医科大学附属第一医院院史志

浙江医科大学附属第一医院院史志编纂委员会编 杭州 浙江医科大学附属第一医院院史志编纂委员会 1997年 103页

010146841

杭州市第七人民医院志 1954—2004

杭州市第七人民医院志编纂委员会编 杭州 杭州市第七人民医院志编纂委员会 2004年 226页

011310488

杭州药用植物志

上海第一医学院药学系生药学教研组编 上海 上海科学技术出版社 1961年 401页

010475909
浙江省农业科学院志
浙江省农业科学院编 杭州 浙江科学技术出版社 2001年 501页

009408174
浙江农业大学校志
浙江农业大学校志编纂委员会 何泳生主编 杭州 浙江教育出版社 1992年 238页

011294617
中国水稻研究所志 1981—1999
蔡洪法主编 姜仁华 陆永良副主编 杭州 中国水稻研究所 2000年 263页

009840457
杭州市城市绿化志
杭州市园林文物局编 北京 中国科学技术出版社 1997年 447页

009745143
中国计量学院志
中国计量学院志编纂委员会编 杭州 中国计量学院 1999年 297页

009995789
杭州市市政志
杭州市市政志编纂办公室编 杭州 杭州市市政志编纂办公室 1994年 373页

012541645
杭州市水利志
杭州市水利志编纂委员会编 北京 中华书局 2009年 765页

009348391
浙江水利水电专科学校志
黄世钧主修 叶洪明主纂 北京 中国水利水电出版社 2003年 215页

012191933
杭州市中东河综合治理志
杭州市中东河综合治理委员会编 杭州 杭州市中东河综合治理委员会 1991年 161页

009790139
浙江省环境保护科学设计研究院院志 1977—1997
浙江省环境保护科学设计研究院编 浙江 浙江省环境保护科学设计研究院 1997年 233页

012612915
浙江省环境保护科学设计研究院院志 1977—2007
浙江省环境保护科学设计研究院编 浙江 浙江省环境保护科学设计研究院 2007年 204页

拱墅区

013335342
杭州市拱墅区教育志
杭州市拱墅区教育委员会编 杭州 杭州

市拱墅区教育委员会 1993 年 267 页

011432647
杭州市拱墅区地名新志
杭州市拱墅区民政局编 杭州 杭州市拱墅区民政局 200u 年 212 页

013335297
杭州市拱墅区地名简志
杭州市拱墅区地名办公室主编 拱墅区 杭州市拱墅区地名办公室 1995 年 368 页

012610584
杭州市拱墅区卫生防疫五十五年志 1950—2004
杭州市拱墅区卫生防疫五十五年志编辑组编 杭州 杭州市拱墅区卫生防疫五十五年志编辑组 2005 年 477 页

上城区

012999110
杭州市上城区志
杭州市上城区志编纂委员会编 杭州 杭州市上城区编纂委员会 2005 年 583 页

010118520
杭州市上城区小营巷街道志
杭州市上城区小营巷街道办事处编 小营巷 小营巷街道办事处 1996 年 106 页

012140237
清泰街志
杭州市上城区清泰街道编 杭州 杭州市上城区清泰街道 1998 年 164 页

012999106
杭州市上城区民政志
杭州市上城区民政局编 杭州 杭州市上城区民政局 1988 年 211 页

009995786
杭州市上城区教育志
浙江省杭州市上城区教育局编 杭州 浙江人民出版社 1993 年 400 页

013647541
杭州市上城区教育志 1991—2010
杭州上城区教育局编 杭州 杭州上城区教育局 2012 年 406 页

012999104
杭州市上城区地名志
杭州市上城区地名委员会编 北京 新星出版社 2007 年 492 页

下城区

013335344
杭州市下城区教育志
浙江省杭州市下城区教育局编 杭州 杭州市下城区教育局 2003 年 303 页

008446501

杭州市下城区地名简志

杭州市下城区地名办公室编 杭州 杭州市下城区地名办公室 1994年 211页

011804449

杭州市下城区地名续志

刘炼石编著 香港 香港金陵书社出版公司 2003年 538页

江干区

009335171

江干区志

杭州市江干区志编纂委员会编 北京 中华书局 2003年 930页

011757339

采荷街道志

杭州市江干区采荷街道志编纂委员会编 北京 研究出版社 2007年 296页

013990659

杭州市江干区彭埠镇普福村志

杨月根主编 杭州 西泠印社出版社 2013年 385页

008830181

杭州市江干区民政志

杭州市江干区民政局编 杭州 杭州市江干区民政局 1986年 142页

009996861

闸口发电厂志 1929—1990

闸口发电厂志编纂委员会编 杭州 浙江古籍出版社 1995年 176页〔浙江省电力工业志丛书〕

008913666

江干区供销合作社志

杭州市江干区供销合作社志编纂委员会编 杭州 杭州市江干区供销合作社志编纂委员会 1991年 232页

008830183

杭州市江干区教育志

杭州市江干区教育局编纂 杭州 杭州出版社 1999年 400页

西湖区

010146863

西湖区志 征求意见稿

西湖区地方志编纂委员会编 西湖区 西湖区地方志编纂委员会 2000年 1册

011294274

西湖区民政志

杭州市西湖区民政局编 杭州 杭州市西湖区民政局 1997年 218页

012100535

西湖法院志

杭州市西湖区法院院志编纂委员会编 杭州 杭州市西湖区法院院志编纂委

员会 2005 年 353 页

013096582

西湖区市政志

杭州市西湖区市政园林管理所编纂小组编 西湖区 西湖区市政园林管理所编纂小组 1996 年 163 页

009840467

杭州西湖伞厂厂志 1958—1986

杭州西湖伞厂编 杭州 杭州西湖伞厂 1988 年 187 页

009388698

杭州市西湖区教育志

杭州市西湖区教育委员会编 杭州 杭州大学出版社 1995 年 384 页

012097405

杭州市西湖区教育志 1991—2005

杭州市西湖区教育局编 杭州 杭州出版社 2009 年 401 页

008446506

杭州市西湖区地名简志

杭州市西湖区地名办公室编 杭州 杭州市西湖区地名办公室 1993 年 340 页

013772725

杭州西湖岳王庙志

李慧敏 沈立新主编 杭州 杭州出版社 2012 年 233 页

滨江区

008662800

东冠村志

东冠村志编纂委员会 东冠村民委员会 王志邦 徐方祥编著 北京 中华书局 2000 年 985 页〔浙江省名村志集成〕

013010911

西兴村志

杭州市滨江区西兴镇西兴村村民委员会编 杭州 杭州市滨江区西兴镇西兴村村民委员会 2003 年 508 页

萧山区

009198625

萧山市志

王忍之总编 沈迪云主编 北京 方志出版社 2001 年 498 页〔新编中国优秀地方志简本丛书 第 2 辑〕

012636922

萧山市志 试印本

杭州市萧山区人民政府地方志办公室编 杭州 浙江人民出版社 2010 年 3 册

009962529

萧山市志 卫生编 修改稿二稿

杭州市萧山区卫生局编 杭州 杭州市萧

山区卫生局 2004年 217页

008488207
萧山县志
萧山县志编纂委员会编 杭州 浙江人民出版社 1987年 1129页

012714075
党山镇志
党山镇志编纂委员会编 党山镇 党山镇志编审(纂)委员会 2008年 1043页

011757874
工农村志
工农村志编写组编著 杭州 浙江人民出版社 2008年 482页

012139305
尖山下村志
洪雅英编撰 北京 团结出版社 1993年 145页〔浙江乡村社会研究丛书〕

009480414
坎山镇志
坎山镇志编纂委员会编 坎山镇 坎山镇志编纂委员会 2003年 615页

011997344
临浦镇志
临浦镇志编纂委员会编 北京 方志出版社 2008年 1075页

012877314
南阳镇志
褚云皎编纂 2001年 656页

009688840
宁新村志
浙江省萧山市宁新村志编纂组编 北京 方志出版社 2005年 433页〔浙江省名村志集成〕

012680553
潘山村志
义桥镇潘山村民委员会编印 义桥镇 义桥镇潘山村民委员会 2003年 380页

012877147
三盈村志
三盈村志编纂委员会编 三盈村 三盈村志编纂委员会 1999年 398页〔浙江省名村志集成〕

013899407
山后村志
山后村志编纂委员会编 王志邦 韩浩祖 鲍江华著 北京 中华书局 2013年 866页

009480452
所前镇志
所前镇志编纂委员会编 杭州 所前镇志编纂委员会 2007年 676页〔浙江省名镇志集成〕

006755001
萧山城厢镇志
萧山城厢镇志编纂委员会编 杭州 浙江大学出版社 1989年 564页

009480421
萧山临浦镇志
临浦镇志编纂小组编 杭州 浙江人民出版社 1988年 288页

013464205
兴围村志
赖为杰主编 北京 中国文史出版社 2007年 428页〔福永历史文化丛书〕

012052477
许贤乡志
义桥镇许贤乡志编纂委员会编 北京 中华书局 2009年 753页

009319943
衙前镇志
徐木兴总编 莫惠能副总编 北京 方志出版社 2003年 1063页〔浙江省名镇志集成〕

009799855
义桥镇志
义桥镇志编纂委员会编 北京 方志出版社 2005年 657页〔浙江省名镇志集成〕

009790250
萧山工会志
萧山工会志编纂委员会编 北京 方志出版社 2005年 272页

009480371
萧山人大志
萧山人大志编纂委员会编 北京 方志出版社 2008年 703页

009881657
萧山政协志
萧山政协志编纂委员会编 北京 方志出版社 2005年 473页

008845103
萧山人事志
萧山市人事局编 萧山 萧山市人事局 1999年 552页

012899976
萧山民政志
杭州市萧山区民政局编 萧山区 杭州市萧山区民政局 2008年 686页

013994115
萧山县民政志
萧山县民政局编 方重光主编 萧山 萧山县民政局 1986年 146页

011444032
萧山工商业联合会(总商会)志
萧山工商业联合会(总商会)志编纂委

员会编 北京 方志出版社 2007 年 535 页

013145653
萧山县法院志 1912—1984
浙江省萧山县人民法院编 萧山 浙江省萧山县人民法院 1987 年 116 页

011909153
萧山经济技术开发区志
萧山经济技术开发区编志领导小组办公室编 北京 方志出版社 2008 年 619 页

009335186
萧山工商行政管理志 1985—2000
杭州市工商行政管理局萧山分局编 杭州 萧山工商行政管理志编纂办公室 2002 年 392 页

014052848
萧山乡镇企业志 1958—1985
萧山乡镇企业志编纂组编 萧山 萧山乡镇企业志编纂组 1989 年 213 页

011809336
萧山建设志
杭州市萧山区建设局编 北京 中华书局 2008 年 2 册

008846428
萧山市自来水公司志
萧山市自来水公司志编纂委员会编 萧山区 萧山市自来水公司 1999 年 348 页

009996513
萧山土地志
萧山市土地管理局编 萧山 萧山市土地管理局 2000 年 413 页

012767077
萧山市农业机械志
萧山市农机水利局编 萧山 萧山市农机水利局 1994 年 193 页

013464189
萧山粮油食品厂志 1950—1989
萧山粮油食品厂志编纂办公室编 萧山 萧山粮油食品厂志编纂办公室 1990 年 249 页

013145658
萧山县粮食志 1912—1984
浙江省萧山县粮食局编 萧山 萧山县粮食局 1985 年 332 页

009881653
萧山县农业志
萧山市农业局编 杭州 浙江大学出版社 1989 年 316 页

009020633
萧山农垦志
萧山农垦志编写办公室编 北京 方志出版社 2002 年 603 页

013702939
党湾镇建筑业志
杭州市萧山区党湾镇建筑业志编辑部编 北京 中国文史出版社 2008年 331页

013686406
萧山县二轻工业志 1840—1984
萧山县二轻工业志编纂组编 萧山 萧山县二轻工业总公司 1985年 260页

012506374
萧山烟草志
杭州市萧山区烟草专卖局(公司)编 杭州 杭州市萧山区烟草专卖局(公司) 2008年 492页

008845853
萧山市水利志
萧山市农机水利局编 萧山 萧山市农机水利局 1999年 219页

008846425
萧山交通志
萧山市交通局编 杭州 杭州出版社 1998年 306页

009415011
萧山道路交通管理志
陈根华主编 上海 上海人民出版社 2004年 365页

013959608
萧山县邮电志 1911—1985
浙江省萧山县邮电局编 萧山 萧山县文化广播印刷铸字厂印刷 1987年 204页

013343369
萧山县供销社志
楼建华主编 陈永麒等编写 萧山县供销合作社联合社编 萧山 萧山县供销合作社联合社 1986年 255页

013186052
萧山县物价志
萧山县物价委员会编 钟信木主编 萧山 萧山县物价委员会 1987年 322页

013145668
萧山县商业志 四稿
俞志佳主编 萧山县商业局编 萧山 萧山县商业局 1987年 193页

013686404
萧山县财政志
浙江省萧山县财政税务局编 萧山 浙江省萧山县财政税务局 1984年 2册

012052425
萧山农村信用合作社志
萧山农村信用合作社志编纂委员会编 杭州 浙江人民出版社 2009年 632页

009881651
萧山县金融志 1912—1984
萧山县金融志编写组编 萧山 萧山县金融志编写组 1986年 210页

009157295
萧山文化志
萧山市文化局编 北京 中国卓越出版公司 1990年 284页

009511358
萧山日报志
孙焕林主编 萧山日报志编纂委员会编 北京 方志出版社 2004年 474页

013145678
萧山县新闻志 1912—1986
浙江省萧山市广播电视局编 萧山 萧山市广播电视局 1988年 140页

009009974
萧山市广播电视志
萧山市广播电视志编纂委员会编 北京 方志出版社 2002年 390页

011444035
萧山市科协志
萧山市科学技术协会编 杭州 萧山市科学技术协会 2000年 504页

012100553
萧山市科协志 1955—1990
萧山市科协志编纂委员会编 萧山 萧山市科协志编纂委员会 1991年 224页

012052419
萧山教育志
萧山教育志编纂委员会编 杭州 浙江人民出版社 2009年 1156页

011325494
萧山县教育志
浙江省萧山县教育志编委会编 萧山 萧山县教育志编委会 1987年 218页

013897228
临浦镇第一小学校志 1904—2004
临浦镇第一小学校志编纂委员会编 杭州 杭州萧山教具印刷厂 2004年 268页

013604191
萧山区新塘小学校志 1928—2008
萧山区新塘小学校志编纂委员会编 杭州 萧山区新塘小学校志编纂委员会 2009年 299页

011579914
杭州市萧山区义桥实验学校校志 1906—2006
义桥实验学校校志编纂委员会编 杭州 义桥实验学校 200u年 241页

008488205
萧山围垦志
费黑主编 陈志根副主编 上海 上海人

民出版社 1999 年 499 页

011479326
萧山姓氏志
洪雅英编撰 萧山市地方志编纂委员会办公室编 萧山 萧山市地方志编纂委员会办公室 1995 年 813 页

008450941
萧山县地名志
浙江省萧山县地名办公室编 萧山 浙江省萧山县地名办公室 1984 年 671 页

012837484
萧山第五人民医院志 1958—2002
萧山区第五人民医院编 萧山区 萧山区第五人民医院 2003 年 168 页

013464195
萧山市卫生防疫志
萧山市卫生防疫站编 萧山 萧山市卫生防疫站 1996 年 249 页

009996509
萧山市第一人民医院志 1935—2000
萧山市第一人民医院志编纂领导小组编 杭州 浙江大学出版社 2001 年 263 页

余杭区

007384532
余杭县志
余杭县志编纂委员会编 杭州 浙江人民出版社 1990 年 1005 页

011327223
杭州市余杭区镇乡街道简志
杭州市余杭区地方志编纂委员会编 北京 方志出版社 2003 年 732 页

013282598
绿景村志
绿景村志编纂委员会编 杭州 杭州出版社 2012 年 577 页

007509018
塘栖镇志
塘栖镇志编纂办公室编 上海 上海书店 1991 年 271 页

010010004
姚家埭村志
周如汉主纂 合肥 黄山书社 1996 年 290 页〔浙江乡村社会研究丛书〕

007347872
余杭临平镇志
余杭临平镇志编纂委员会编 杭州 浙江人民出版社 1991 年 339 页

008913674
余杭镇志
周霖根主编 余杭镇志编纂办公室编 杭州 浙江人民出版社 1992 年 376 页

012052525
余杭镇志 1990—2005
余杭镇志编纂委员会编 杭州 杭州出版社 2009年 528页

012769497
余杭人口和计划生育志
余杭人口和计划生育志编纂委员会编 北京 中国人口出版社 2005年 566页

012769493
余杭纪检监察志 1986.1—2002.12
中共杭州市余杭区纪律检查委员会 杭州市余杭区监察局编 杭州 中共杭州市余杭区纪律检查委员会 杭州市余杭区监察局 2003年 293页

010576638
余杭工会志
余杭工会志编纂委员会编 北京 方志出版社 2006年 596页

009157311
余杭青年运动志 1919—2001
中国共产主义青年团杭州市余杭区委员会编 北京 中华书局 2003年 422页

012613017
余杭妇女运动志 1927—2008
余杭妇女运动志编纂委员会编著 杭州 杭州出版社 2009年 416页

010293897
杭州市余杭区人大志
杭州市余杭区人大志编纂委员会编 北京 中华书局 2006年 765页

009678931
杭州市余杭区政协志
杭州市余杭区政协志编纂委员会编 北京 中华书局 2004年 469页

012317092
余杭公安志
余杭市公安局编 杭州 浙江大学出版社 1997年 566页〔浙江省公安史志丛书〕

013148759
余杭民政志 1990—2006
杭州市余杭区民政局编 余杭 余杭民政局 2009年 386页

013994240
余杭县民政志
余杭县民政局编 余杭 余杭县民政局 1994年 275页

012878881
余杭工商联合会(总商会)志
余杭工商联合会(总商会)志编纂委员会编 北京 中国社会科学出版社 2010年 428页

013510914

余杭老龄志

余杭区老龄志编纂委员会编 余杭 余杭区老龄志编纂委员会 2009 年 369 页

013148752

余杭法院志

余杭法院志编纂委员会编 余杭 余杭法院志编纂委员会 2008 年 516 页

009554409

余杭军事志

余杭军事志编纂委员会编 北京 中华书局 2005 年 515 页

008450460

余杭市土地志

余杭市土地志编纂委员会编 北京 中国大地出版社 1999 年 284 页〔浙江省土地志集成〕

013732669

余杭县农垦志

余杭县农场管理局编 余杭 余杭县农场管理局 1992 年 330 页

010293936

余杭电力工业志

余杭电力工业志编纂委员会编 北京 中国电力出版社 2006 年 424 页〔浙江省电力工业志丛书〕

010475968

余杭道路交通管理志

杭州市余杭区公安局交巡（特）警大队编 余杭 公安局 2001 年 291 页

013097933

余杭财税志

余杭区财税志编纂委员会编 北京 中华书局 2011 年 690 页

010147418

余杭市金融志

余杭市金融志编纂委员会编 北京 中华书局 2002 年 331 页

009881659

余杭县金融志 1912—1985

余杭县金融志编纂组编印 余杭 余杭县金融志编纂组 1988 年 204 页

010778597

余杭广播电视志

余杭广播电视志编纂委员会编 北京 中国广播电视出版社 2007 年 576 页

010118528

余杭区科学技术志

余杭市余杭区科学技术局编 北京 中华书局 2005 年 659 页

012662810

余杭教育志 1986—2005

余杭教育志编纂委员会编 杭州 杭州出

版社 2010年 655页

013090710

百年校志 杭州市余杭区瓶窑镇第一小学 1906—2006

杭州市余杭区瓶窑镇第一小学校志编纂委员会编 杭州 杭州市余杭区瓶窑镇第一小学校志编纂委员会 2006年 286页

012208542

余杭区星桥中心小学校志 1941—2005

星桥中心小学校志编辑委员会编 杭州 星桥中心小学校志编辑委员会 2008年 209页

011475272

良渚文化简志

杭州市余杭区地方志编纂委员会 杨法宝主编 北京 方志出版社 2008年 720页

008846494

余杭文物志

余杭文物志编纂委员会编 北京 中华书局 2000年 291页

012610588

杭州市余杭区地名志

杭州市余杭地区地名委员会办公室编 北京 海潮出版社 2008年 677页

008450905

余杭县地名志

余杭县地名委员会编 余杭 余杭县地名委员会 1987年 567页

013144482

径山寺志

冷晓著 杭州市佛教协会编 杭州 杭州市佛教协会 2001年 179页

建德市

012811573

建德市志 1978—2005

建德市志编纂委员会编 杭州 浙江人民出版社 2010年 3册 2038页

007378955

建德县志

建德县志编纂委员会编 杭州 浙江人民出版社 1986年 1023页

010290700

梅城镇志

浙江省建德县梅城镇人民政府编 建德 浙江省建德县梅城镇人民政府 1985年 344页

012899991

谢田村志

谢田村志编纂委员会编 杭州 浙江人民出版社 2010年 420页

012100936

中共建德市纪检志 1949.5—1997.12

中共建德市纪律检查委员会编 建德 中共建德市纪律检查委员会 2003 年 327 页

010280414

建德市人大志

建德市人大志编纂委员会编 建德 建德市人大志编纂委员会 2001 年 451 页

008985639

建德市政协志

建德市政协志编纂委员会编 北京 中华书局 2002 年 362 页

010118476

建德市公安志

建德市公安局编 北京 当代中国出版社 1995 年 458 页〔浙江省公安史志丛书〕

011312090

建德市军事志

建德市军事志编纂委员会编 北京 中华书局 2006 年 553 页

013659356

建德县工商行政管理志 1260—1987

建德县工商行政管理志编纂组编 建德 建德县工商行政管理志编纂组 1988 年 317 页

008450479

建德市土地志

建德市土地管理局编 北京 中国大地出版社 1999 年 282 页

013335407

建德林业志

建德林业志编纂委员会编 杭州 浙江人民出版社 2011 年 710 页

013092978

建德市农业区划志

建德市农业区划办公室编 建德 建德市农业区划办公室 1995 年 119 页

011068458

建德县农业志

浙江省建德县农业局编 建德 浙江省建德县农业局 1985 年 419 页

013129732

建德市农村能源志 1974—2005

建德市农村能源志编纂委员会编 建德 建德市农村能源志编纂委员会 2007 年 108 页

012049540

建德烟草志

建德烟草志编纂委员会编 北京 方志出版社 2008 年 140 页

008446594

新安江水电站志

新安江水电站志编辑委员会编 杭州 浙江人民出版社 1993年 398页

012814426
新安江水电站志 1989—2005
新安江水电站志编纂委员会编 杭州 浙江人民出版社 2010年 556页

012175544
浙江省建德市风景旅游志
建德市旅游商贸局编 上海 上海人民出版社 2008年 557页

010201675
建德县供销合作社志
建德县供销合作社编 建德 建德县供销合作社 1988年 319页

010201679
建德县粮食志
浙江省建德县粮食局编 建德 浙江省建德县粮食局 1985年 162页

010201672
建德县财税志
浙江省建德县财政税务局编 建德 建德县财政税务局 1985年 185页

008846388
建德市科学技术志
建德市科学技术志编纂委员会编 北京 中华书局 2001年 478页

010201678
建德县教育志
建德县教育局编写 建德 建德县教育局 1985年 225页

008450605
建德县地名志
建德县地名委员会编 建德 建德县地名委员会 1985年 471页

013183642
建德市水利志 1980—2005
建德市水利志编纂委员会编 建德 建德市水利志编纂委员会 2008年 239页

013957732
建德县水利志 860—1985
浙江省建德县水利志电力局编 建德 浙江省建德县水利志电力局 1986年 402页

富阳市

012998921
富阳市志 1991—2005
富阳市地方志编纂委员会编 蒋寿南主编 杭州 浙江人民出版社 2011年 1358页

006384345
富阳县志
富阳县志编纂委员会 王文治主编 许德

瑜副主编 杭州 浙江人民出版社 1993年 1058页

008822419
富阳新登镇志
杭州 浙江人民出版社 1994年 509页

008093065
富阳镇志
富阳镇志编纂委员会编 上海 汉语大词典出版社 1994年 511页

009088981
新建村志
新建村志编纂委员会编 北京 方志出版社 2002年 435页〔浙江省名村志集成〕

012545509
新建村志 2000—2007
新建村志编纂委员会编 北京 方志出版社 2009年 348页〔浙江省名村志集成〕

010118619
中国共产党浙江省富阳县纪检志
1950—1992
中共富阳市纪律检查委员会编 富阳 中共富阳市纪律检查委员会 1995年 205页

013771896
富阳工会志
富阳市总工会编 富阳 富阳市总工会 1993年 173页

012049311
富阳市政协志 1984—2006
富阳市政协志编纂委员会编 北京 方志出版社 2009年 565页

009840450
富阳公安志
富阳公安志编纂办公室编 北京 当代中国出版社 1995年 417页〔浙江省公安史志丛书〕

013751800
富阳市民政志
富阳市民政局编 富阳 富阳市民政局 2010年 786页

013925191
富阳审计志 1984—2003
吕玉生主编 富阳市审计局编 富阳 富阳市审计局 2005年 358页

009126227
富阳县城乡建设志
富阳县城乡建设志编纂委员会编 北京 中国建筑工业出版社 1992年 162页〔中华人民共和国地方志 浙江省〕

011310921
富阳县林业志
富阳县林业志编辑小组编 富阳 富阳县

林业志编辑小组 1992年 428页

007561109
富春江水电站志
张锋主编 富春江水力发电厂编 上海 上海三联书店 1993年 261页

009388672
富阳市电力工业志 1917—1995
富阳市电力工业志编纂委员会编 杭州 浙江大学出版社 1999年 265页

013236370
浙江省富阳县交通志
富阳县交通局编 富阳 富阳县交通局 1986年 425页

010278856
富阳市邮电志
富阳市邮电志编写办公室编 富阳 富阳市邮电局 1996年 204页

010201661
富阳县粮食志 1460—1990
富阳县粮食局编 富阳 富阳县粮食局 1992年 320页

008865067
富阳市金融志
富阳市金融志编纂领导小组编 北京 方志出版社 1997年 262页

011472984
富阳广播电视志 1950—2005
富阳广播电视志编纂委员会编 北京 方志出版社 2007年 434页

010244272
富阳县教育志
富阳县教育局编 富阳 富阳县教育局 1990年 350页

010245189
富阳市新登镇中心小学校志 1903—2003
新登镇中心小学校志编纂委员会编 新登镇 新登镇中心小学校志编纂委员会 2003年 231页

011585384
浙江省富阳市实验小学校志 1905—2005
浙江省富阳市实验小学校志编纂委员会编 富阳 浙江省富阳市实验小学 2005年 424页

013956867
福光中学校志 1868—2001
富阳市新登镇 福光中学 2001年 262页

013776377
浙江省富阳市新登中学校志 1941—2001
新登中学校志编纂委员会编 富阳 浙江

省富阳新登中学 2001年 265页

011445710
浙江省富阳市郁达夫中学校志
1957—2007
浙江省富阳市郁达夫中学校志编审委员会编 富阳 浙江省富阳市郁达夫中学校志编审委员会 2007年 429页

013148822
浙江省富阳新登中学校志 七十周年志
1941—2011
新登中学校志编纂委员会编 富阳 浙江省富阳新登中学 2011年 330页

013771910
富阳市职业高级中学校志
富阳市职业高级中学五十周年校庆办公室编 富阳 富阳市职业高级中学 2008年 368页

013626421
富阳史志要览 2005—2011
富阳市史志办公室编 杭州 浙江人民出版社 2011年 221页

008450527
浙江省富阳县地名志
浙江省富阳县地名委员会编 富阳 浙江省富阳县地名委员会 1982年 698页

013703347
富阳县卫生志
富阳县卫生局编 北京 中国医药科技出版社 1991年 358页

013771904
富阳市水利志
富阳市水利志编纂委员会编 南京 河海大学出版社 2007年 317页

临安市

012680413
临安市志 1989—2005
临安市地方志编纂委员会编 北京 方志出版社 2011年 2册

004415489
临安县志
临安县志编纂委员会编纂 上海 汉语大词典出版社 1992年 969页

012713901
昌化镇志
昌化镇志编纂委员会编 北京 方志出版社 2010年 507页

011311873
临安市三口镇志
临安市三口镇志编纂委员会编 三口镇 临安市三口镇志编纂委员会 2004年 210页

012140709
下源村志

陈明松编著　中国天马出版社　2008 年　272 页

008532130
临安工会志
临安市总工会编　北京　方志出版社　1998 年　286 页

013319697
临安市人民代表大会志
临安市人民代表大会志编纂委员会编　北京　方志出版社　2012 年　600 页

012639778
临安市民政志
临安市民政志编纂委员会编　北京　中国文史出版社　2009 年　550 页

008450473
临安市土地志
临安市土地志编纂委员会编　北京　中国大地出版社　1999 年　306 页〔浙江省土地志集成〕

011499231
临安市农业志
临安市农业志编纂委员会编　临安　临安市农业志编纂委员会　2000 年　424 页

013628065
临安市烟草志
临安市烟草志编纂委员会编　杭州　杭州出版社　2012 年　391 页〔中国烟草临安市志分卷〕

013862817
临安市道路交通管理志
临安市公安局交通警察大队编　临安　临安市保通印刷厂　2000 年　239 页

013774519
临安市商业志
临安市地方志编纂委员会办公室编　2003 年　346 页

012139446
临安市财政税务志
临安市财政税务志编纂领导小组编　北京　方志出版社　2009 年　345 页

012097740
临安市文化志
临安市文化志编纂委员会编纂　北京　方志出版社　2008 年　444 页

012202995
临安县教育志
临安县教育委员会编　杭州　浙江大学出版社　1992 年　340 页

012100874
浙江林学院志 1958—2007
浙江林学院志编委会编　杭州　浙江科学技术出版社　2008 年　781 页

013753450
临安市地名志
临安市地名志编纂委员会编 北京 方志出版社 2012年 1010页

008450911
临安县地名志
临安县地名委员会编纂 临安 临安县地名委员会 1983年 472页

009335254
西天目山志
西天目山志编纂委员会编 杭州 浙江人民出版社 1991年 592页

012559335
天目山植物志
丁炳扬等总主编 杭州 浙江大学出版社 2010年 4册

010577531
清凉峰自然保护区志
清凉峰自然保护区志编纂委员会编 长春 吉林人民出版社 2006年 405页

桐庐县

004102759
桐庐县志
桐庐县志编纂委员会编 杭州 浙江人民出版社 1991年 930页

013795602
桐庐县志
桐庐县地方志编纂委员会编 杭州 浙江人民出版社 2012年 2册 1573页

010474454
桐庐镇志
桐庐镇志编纂委员会编 桐庐 桐庐镇志编纂委员会 1994年 520页

010118504
桐庐统计志
桐庐统计志编纂委员会编 桐庐 桐庐统计志编纂委员会 1999年 474页

012100014
桐庐县人大志 1949—2005
桐庐县人大志编纂委员会编 桐庐 桐庐县人大志编纂委员会 2007年 476页

009996264
桐庐县政协志
桐庐县政协志编纂委员会编 桐庐 桐庐县政协志编纂委员会 2004年 534页

012266446
桐庐县公安志
桐庐县公安局编 杭州 浙江大学出版社 1995年 370页

013731999
桐庐县农业志
桐庐县农业局农业志编写小组编 桐庐

桐庐县农业局农业志编写小组 1990
年 391 页

013145604
桐庐县土地志
洪谢罗主编 桐庐县土地志编纂委员会
编 杭州 1999 年 351 页

011998458
桐庐县电力工业志 1918—2006
桐庐县电力工业志编纂委员会编 北京
中国电力出版社 2008 年 399 页〔浙
江省电力工业志丛书〕

009996262
桐庐县水利志
桐庐县水利水产局编 桐庐 桐庐县水利
水产局 1992 年 269 页

009996260
桐庐县交通志
桐庐县交通局编 桐庐 桐庐县交通局
1990 年 253 页

009962526
桐庐邮电志
桐庐邮电志编纂委员会编 桐庐 桐庐邮
电志编纂委员会 1997 年 404 页

013775730
桐庐县粮食志
桐庐县粮食局编 桐庐 桐庐县粮食局
1989 年 310 页

013775732
桐庐县商业志
桐庐县商业局编 桐庐 桐庐县商业局
1991 年 386 页

012722922
桐庐县财税志
桐庐县财政税务局编 桐庐 桐庐县财政
税务局 1990 年 434 页

009881634
桐庐县金融志
桐庐县金融志办公室编 桐庐 桐庐县金
融志办公室 1992 年 216 页

011445716
浙江省桐庐中学校志 1941—2001
浙江省桐庐中学校志编辑室编 桐庐 浙
江省桐庐中学校志编辑室 2001 年
327 页

008594525
桐庐方言志
浙江省桐庐县县志编纂委员会 北京师
范学院中文系方言调查组著 北京 语
文出版社 1992 年 152 页

008450506
浙江省桐庐县地名志
桐庐县地名委员会编 桐庐 桐庐县地名
委员会 1984 年 481 页

淳安县

007378986
淳安县志
浙江省淳安县志编纂委员会编 上海 汉语大词典出版社 1990年 938页

009840473
鸠坑乡志
淳安县鸠坑乡志编纂委员会编 杭州 浙江大学出版社 2003年 357页

009688767
淳安县人大志
淳安县人大志编纂委员会编 杭州 浙江摄影出版社 2004年 736页

012173725
淳安县政协志 1984—2004
浙江省淳安县政协志编纂委员会编 淳安 浙江省淳安县政协志编纂委员会 2004年 477页

008846411
淳安县公安志
淳安县公安志编纂领导小组编 北京 中华书局 2000年 571页〔浙江省公安史志丛书〕

013626216
淳安县民政志
淳安县民政局编 淳安 淳安县民政局 1988年 177页

012613241
新安江开发志
新安江开发志编纂委员会 淳安县新安江开发总公司编 杭州 浙江人民出版社 2009年 409页

008846405
淳安县土地志
淳安县土地志编纂委员会编 北京 中华书局 2000年 312页〔浙江省土地志集成〕

009881592
淳安县林业志
淳安县林业志编纂委员会编 上海 汉语大词典出版社 1991年 393页

012191702
淳安县茧丝绸志 评审稿
淳安县茧丝绸志编纂委员会编 淳安 淳安县茧丝绸志编纂委员会 2005年 566页

008532091
国营第五三一六厂厂志 1970—1989
国营第五三一六厂厂志编纂小组编 淳安 国营第五三一六厂 1990年 215页

009840428
淳安交通志
淳安交通志编委会编 杭州 杭州出版社 1998年 315页

013141074
淳安交通志 1994—2008
淳安交通志编纂委员会编 北京 方志出版社 2011年 365页

012191710
淳安邮电志
浙江省淳安县邮电局邮电志编纂领导小组编 淳安 淳安县邮电局 2000年 393页

010143096
淳安县粮食志
淳安县粮食志编纂委员会编 上海 汉语大词典出版社 1993年 313页

013726877
淳安县财税志
淳安县财政税务局编 淳安 淳安县财政税务局 1990年 229页

013045445
淳安县财政税务志 1986—2007
淳安县财政税务志领导小组编 北京 方志出版社 2011年 321页

010143090
淳安农村金融志
淳安农村金融志编纂委员会编 上海 汉语大词典出版社 1998年 273页

013045476
淳安县教育志
淳安县教育志编纂委员会编 上海 汉语大词典出版社 1991年 346页

013735656
浙江省淳安县实验小学校志 1906—2006
浙江省淳安县实验小学校志编纂委员会编 淳安 浙江省淳安县实验小学校志编纂委员会 2006年 351页

013771708
淳安中学志 1929—2009
浙江省淳安中学志编纂委员会编 淳安 浙江省淳安中学志编纂委员会 2009年 513页

010061318
中国民间文学集成 浙江省杭州市 淳安县卷
淳安县民间文学集成办公室编 杭州 浙江省民间文学集成办公室 1988年 1229页

008725790
浙江省淳安县地名志
淳安县地名委员会编 淳安 浙江省淳安县地名委员会 1984年 706页

013045474
淳安县第二人民医院志
淳安县第二人民医院志编辑室编 淳安 淳安县第二人民医院 2008年 268页

013141079
淳安卫生志
淳安县卫生局编 淳安 淳安县卫生局 1998年 463页

012191693
淳安县茶业志
中共淳安县委农村工作办公室编 淳安 中共淳安县委农村工作办公室 2001年 265页

宁波市

007590106
宁波市志
宁波市地方志编纂委员会编 俞福海主编 北京 中华书局 1995年 3册

008822411
宁波市志外编
宁波市地方志编纂委员会编 俞福海主编 北京 中华书局 1998年 1118页

009856052
新碶镇志
新碶镇志编纂委员会编 上海 上海辞书出版社 2005年 518页

012847058
钟公庙街道志
钟公庙街道志编纂委员会编 宁波 宁波出版社 2011年 572页

010598150
宁波佛教志
宁波市佛教协会编 北京 中央编译出版社 2007年 567页

011955271
七塔寺人物志
贾汝臻主编 黄夏年副主编 北京 宗教文化出版社 2008年 705页〔七塔报恩丛书〕

013131049
宁波市党史胜迹图志
中共宁波市委党史研究室编 杨明祥主编 韩小寅 胡国忠副主编 宁波 宁波出版社 2009年 167页

009312783
宁波市人民代表大会志 1949—2003
孙光锵主编 宁波市人民代表大会志编纂委员会编 北京 中华书局 2003年 1015页

009149567
宁波市政协志
宁波市政协志编纂委员会编 宁波 宁波市政协志编纂委员会 1998年 679页

008662699
宁波公安志
宁波公安志编纂委员会编 北京 中华书局 1999年 733页

012251481
宁波市支援四川抗震救灾重建家园图志
中共宁波市委党史研究室 宁波市地方志编纂委员会办公室编 北京 方志出版社 2009年 228页

011294777
宁波市工商业联合会(总商会)志
宁波市工商业联合会(总商会)志编纂委员会编 宁波 宁波市工商业联合会(总商会)志编纂委员会 2005年 433页

009962520
宁波法院志
宁波市中级人民法院宁波法院志编纂委员会编 宁波 宁波市中级人民法院 2005年

010238283
宁波工商行政管理志
宁波市工商行政管理局编 宁波 宁波市工商行政管理局 2006年 470页

008717316
宁波市土地志
宁波市土地志编纂委员会编 沈谋达主编 上海 上海辞书出版社 1999年 410页

009890605
宁波水产志
周科勤 杨和福主编 北京 海洋出版社 2006年 677页

011321346
宁波化学工业志 1957—1987
宁波市化学工业局编 宁波 宁波市化学工业局 1989年 142页

009107023
宁波市电力工业志 1897—1990
宁波市电力工业志编纂委员会编 北京 水利电力出版社 1995年 313页〔浙江省电力工业志丛书〕

009769275
宁波市水利志 征求意见稿
宁波市水利志编辑委员会编 宁波 宁波市水利志编辑委员会 200u年 2册

012614304
宁波盐志
宁波盐志编纂委员会编 宁波 宁波出版社 2009年 626页

008446547
宁波市乡镇工业志
宁波市乡镇工业志编纂委员会编 杭州 浙江人民出版社 1996年 426页

007837931
宁波市交通志
宁波市交通志编纂委员会编 钱起远主编 北京 海洋出版社 1996年 705页

009105693
宁波市邮电志
宁波市邮电局编 上海 上海社会科学院出版社 1999年 457页

009840480
宁波出入境检验检疫志
宁波出入境检验检疫志编纂委员会编 北京 中华书局 2005年 1155页

009442734
宁波市对外经济贸易志 638—1995
宁波市对外贸易经济合作委员会编 宁波 宁波出版社 1997年 282页

008446542
宁波金融志
宁波金融志编纂委员会编 北京 中华书局 1996年

013659692
宁波农村金融志
中国农业银行宁波市分行编 宁波 中国农业银行宁波市分行 1989年 189页

009389854
中国银行宁波分行志 1914—1987
中国银行宁波分行编 宁波 中国银行宁波分行 1991年 230页

007710797
宁波艺文什志
张行周编辑 台北 民主出版社 1978年 309页〔宁波丛书 第4集〕

009319948
宁波图书馆志 1991—2000
宁波图书馆志编纂委员会编 宁波 宁波出版社 2002年 353页

012542709
宁波帮志 教育卷
任茹文 陈春玲著 北京 中国社会科学出版社 2009年 276页

012542710
宁波帮志 科技卷
赵江滨著 北京 中国社会科学出版社 2009年 301页

012542711
宁波帮志 历史卷
张守广著 北京 中国社会科学出版社 2009年 335页

012542713
宁波帮志 文化卷
周兴华著 北京 中国社会科学出版社 2009年 351页

009995995

宁波市教育志

宁波市教育委员会编 杭州 浙江教育出版社 1996年 584页

013775011

宁波工程学院志 2004—2012

高浩其主修 陈家桢主纂 上海 华东理工大学出版社 2013年 435页

014047779

宁波工程学院志 宁波高等专科学校卷 1983—2004

高浩其主修 徐挺主纂 上海 华东理工大学出版社 2006年 260页

013074806

浙江大学宁波理工学院志 2001—2011

浙江大学宁波理工学院志编撰委员会编 杭州 浙江大学出版社 2011年 306页

012680542

宁波市体育志

宁波市体育志编纂委员会编 宁波 宁波出版社 2010年 600页〔宁波市志丛书〕

011576015

宁波曲艺志

李蔚波主编 宁波 宁波出版社 1999年 290页〔中国曲艺志 浙江卷 宁波分卷〕

013863127

宁波民族志

宁波市民政局编 1996年 415页

008450549

宁波市地名志 市区部分

宁波市地名委员会编 宁波 宁波市地名委员会 1993年 2册

009840482

宁波科技志

宁波市科学技术委员会编著 上海 上海科学技术出版社 1991年 221页

009341142

宁波气象志

宁波气象志编纂委员会编 北京 气象出版社 2001年 248页

013184532

宁波中医药文化志

龚烈沸编著 宁波市中医院组织编写 北京 中国中医药出版社 2012年 306页

008446544

宁波港监志

宁波港监志编委会编 张仕钱主编 张海平副主编 北京 人民交通出版社 1997年 371页

海曙区

009688829

宁波市海曙区人民代表大会志

宁波市海曙区人民代表大会志编纂委员会编 上海 上海社会科学院出版社 2004年 351页

013933248

宁波市海曙区教育志

宁波市海曙区教育志编纂委员会编 杭州 浙江科学技术出版社 2012年 404页

江东区

013184436

宁波市江东区人民代表大会志 1949—2003

宁波市江东区人民代表大会志编纂委员会编 宁波 宁波市江东区人民代表大会志编纂委员会 2004年 588页

北仑区

013898657

宁波市北仑区志

宁波市北仑区地方志编纂委员会编 杭州 浙江人民出版社 2013年 2册

013333839

北仑政协志

北仑政协志编纂委员会编 上海 上海辞书出版社 2011年 568页

009855931

北仑发电厂志 1980—2003

北仑发电厂志编纂委员会编 北京 中国电力出版社 2005年 374页〔浙江省电力工业志丛书〕

011491212

宁波市北仑区卫生志

宁波市北仑区卫生志编纂委员会编 上海 上海辞书出版社 2007年 252页

镇海区

008822766

镇海县志

镇海县志编纂委员会编 北京 中国大百科全书出版社 1994年 1112页

009335236

镇海县土地志

镇海县土地志编纂委员会编 陈兵主编 贺树行副主编 上海 上海辞书出版社 1999年 289页

008985633

镇海县农业志 暨镇海区 北仑区农业志

镇海县农业志编纂委员会编 北京 中华书局 2001年 737页

008450248
镇海发电厂志
镇海发电厂志编纂委员会编 北京 水利电力出版社 1994年 227页〔浙江省电力工业志丛书〕

011500842
镇海发电厂志 1991—2005
浙江镇海发电有限责任公司编 北京 中国电力出版社 2007年 450页〔浙江省电力工业志丛书〕

008450882
宁波市镇海区地名志
镇海区地名委员会编 宁波 镇海区地名委员会 1991年 318页

012721961
宁波市镇海区地名志
宁波市镇海区地名志编纂委员会编 西安 西安地图出版社 2010年 622页

010147423
镇海县水利志
镇海县水利志编纂委员会编 杭州 杭州大学出版社 1994年 393页

鄞州区

007809790
鄞县志
浙江省鄞县地方志编委会编 北京 中华书局 1996年 2册 2288页

009995699
鲍家村志
鲍贤昌著 1995年 100页

008985598
鄞县人民代表大会志
鄞县人民代表大会志编纂委员会编 北京 中华书局 2001年 636页

010201690
鄞州政协志
鄞州政协志编纂委员会编 北京 中华书局 2005年 827页

008830173
鄞县公安志
鄞县公安志编纂委员会编 北京 中华书局 2000年 640页〔浙江省公安史志丛书〕

010009721
鄞县水利志
缪复元等 鄞县水利志编纂办公室编 南京 河海大学出版社 1992年 657页〔鄞县志专业志丛书 1〕

012545606
鄞州交通志
鄞州交通志编纂委员会编 宁波 宁波出版社 2009年 551页

008985594
鄞县文化广播志

谢振岳主编 鄞县 鄞县文化广播电视局 1992年 392页

012769469
鄞州水利志
宁波市鄞州区水利志编纂委员会编 北京 中华书局 2009年 942页

余姚市

008450412
余姚市志
余姚市地方志编纂委员会编 杭州 浙江人民出版社 1993年 1130页

013067268
泗门镇志
泗门镇志编纂领导小组 泗门镇志编纂委员会编 杭州 浙江古籍出版社 2011年 900页

012769488
永丰村志
永丰村志编纂领导小组编 余姚 永丰村志编纂领导小组 2002年 416页

008450414
余姚市乡镇企业志
余姚市乡镇企业志编委会编 杭州 浙江人民出版社 1993年 450页

008450427
余姚市电力工业志 1917—1990
余姚市电力工业志编纂委员会编 北京 中国电力出版社 1997年 191页

012814529
余姚财税志
余姚财税志编纂委员会编 北京 中华书局 2010年 453页

013134691
余姚方言志
肖萍著 杭州 浙江大学出版社 2011年 331页〔宁波文化研究工程 特色文化研究〕

013510916
余姚市情图志
余姚市情图志编纂委员会编 北京 方志出版社 2008年 978页

008450517
余姚市地名志
余姚市地名委员会办公室编 余姚 余姚市地名委员会办公室 1987年 665页

008450413
余姚市水利志
余姚市水利志编纂委员会编 北京 水利电力出版社 1993年 235页

013148766
余姚市水利志 1988—2009
余姚市水利志编纂委员会编 北京 中国水利水电出版社 2011年 364页

慈溪市

007905718
慈溪县志
慈溪市地方志编纂委员会编 杭州 浙江人民出版社 1992 年 1199 页

009198617
慈溪县志
王清毅主编 北京 方志出版社 2001 年 451 页〔新编中国优秀地方志简本丛书 第 2 辑〕

009818368
慈溪县志 简本
慈溪市地方志办公室编 慈溪 慈溪市地方志办公室 2001 年 418 页

007953772
慈溪县志编修实录
慈溪市地方志编纂委员会办公室编 杭州 浙江人民出版社 1992 年 330 页

013865429
新编慈溪市图志 1988—2008
慈溪市地方志编纂委员会编 周乃复主编 西安 西安地图出版社 2013 年 232 页

011310777
长河镇志
萧山长河镇志编纂委员会编 北京 光明日报出版社 1989 年 411 页

011329420
横河镇志
横河镇志编委会编 北京 方志出版社 2007 年 2 册 1221 页

009996525
周巷镇志
周巷镇志编纂小组编 慈溪 周巷镇志编纂小组 1999 年 528 页

009312782
慈溪市人民代表大会志
慈溪市人民代表大会志编纂委员会编 北京 方志出版社 2003 年 780 页

009700617
慈溪政协志
慈溪政协志编纂委员会编 北京 方志出版社 2005 年 629 页

008532120
慈溪市公安志
慈溪市公安局编 北京 方志出版社 1998 年 561 页〔浙江省公安史志丛书〕

013771711
慈溪市民政志
慈溪市民政志编纂委员会编 上海 上海辞书出版社 2013 年 621 页〔慈溪市地方志丛书〕

011430455

慈溪农业志

浙江省慈溪市农林局编 上海 上海科学技术出版社 1991年 508页〔慈溪史志选刊 3〕

008446556

慈溪市电力工业志

慈溪市电力工业志编纂委员会编 北京 中国电力出版社 1998年 288页

009678906

慈溪盐政通志

慈溪盐政通志编纂委员会编 杭州 浙江人民出版社 2004年 384页〔慈溪史志选刊 1〕

009149559

慈溪交通志

慈溪交通志编纂委员会编 杭州 浙江人民出版社 1992年 340页〔慈溪史志选刊 4〕

013402904

慈溪市供销合作社联合社志

慈溪市供销合作社联合社志编纂委员会编 上海 上海新华印刷有限公司 2011年 434页

013987592

慈溪教育志

慈溪市教育委员会编 慈溪 慈溪市教育委员会 1993年 307页

008450536

慈溪县地名志

浙江省慈溪县地名委员会编 慈溪 慈溪县地名委员会 1986年 569页

012684975

溪东古井志

方东著 北京 新华出版社 2010年 195页

008446550

慈溪卫生志

慈溪市卫生志编纂小组编 宁波 宁波出版社 1994年 461页

009341129

慈溪水利志

慈溪水利志编纂委员会编 杭州 浙江人民出版社 1991年 448页〔慈溪史志选刊 2〕

奉化市

007385742

奉化市志

奉化市志编纂委员会编 胡元福主编 北京 中华书局 1994年 1102页

009319934

奉化人民代表大会志

奉化市人民代表大会志编纂委员会编 北京 中华书局 2003年 556页

013506663
奉化市交通志 1986—2010
奉化市交通志编纂委员会编 宁波 宁波出版社 2012年 433页

012264230
奉化市财政税务志 1990—2007
奉化市财政税务志编纂委员会编 宁波 宁波出版社 2009年

009105681
奉化教育志
奉化市教育局 奉化教育志编纂委员会编 杭州 浙江人民出版社 2003年 473页

008450893
奉化县地名志
浙江省奉化县地名委员会编 奉化 浙江省奉化县地名委员会 1985年 449页

010253913
亭下水库志
奉化市亭下水库志编纂委员会编 北京 中华书局 2006年 362页

象山县

007509418
象山县志
象山县志编纂委员会编 杭州 浙江人民出版社 1988年 714页

008822651
爵溪镇志
爵溪镇志编纂委员会编 北京 中国书籍出版社 1997年 945页

012506370
象山县人民代表大会志 1949—2003
象山县人民代表大会志编纂委员会编 象山 象山县人民代表大会志编纂委员会 2004年 901页

009335176
象山县政协志
象山县政协志编纂委员会编 北京 中华书局 2003年 665页

008450377
象山县公安志
象山县公安局编 象山 象山县公安局 1993年 312页

009480364
象山县建设志
象山县建设志编纂委员会编 北京 方志出版社 2004年 1120页

009348379
象山自来水公司志
象山自来水公司志编纂委员会编 北京 方志出版社 2004年 339页

008662181
象山县土地志

象山县土地志编纂委员会编 北京 中华书局 2000年 347页

011998608

象山县渔业志

佘维新主编 象山县海洋与渔业局渔业志编纂办公室编 北京 方志出版社 2008年 853页

008450548

象山县盐业志

象山县盐业局编 鲍杰主编 合肥 黄山书社 1995年 383页

008450369

象山县针织厂厂志 1952—1993

象山县针织厂厂志编纂领导小组编 象山 象山县针织厂 1995年 143页

012175083

象山县邮电志

象山县邮电志编纂委员会编 象山 象山县邮电志编纂委员会 1999年 346页

012100543

象山县财政税务志

象山县财政税务志编纂委员会编 北京 中华书局 2008年 595页

008450354

象山县教育志 清末—1988

象山县教育志编纂委员会编 象山 象山县教育志编纂委员会 1990年 419页

008450336

象山县海域地名简志

象山县地名办公室编 象山 象山县地名办公室 1987年 316页

008450504

象山县地名志

象山县地名志编纂委员会编 杭州 浙江人民出版社 1995年 753页

011444027

象山县农作物品种志 1949—1989

浙江省象山县种子公司编 象山 浙江省象山县种子公司 1990年 228页

008450338

象山水利志

象山水利志编纂领导小组编 象山 象山水利志编纂领导小组 1993年 344页

宁海县

005285325

宁海县志

宁海县地方志编纂委员会编 杭州 浙江人民出版社 1993年 1065页

012809906

长街镇志

长街镇志编纂委员会编 林欧福主编 北京 方志出版社 2010年 1209页

009126426
宁海城关镇志
宁海城关镇志编纂办公室编 杭州 浙江人民出版社 1989年 506页

013461813
宁海县工会志
宁海县工会志编纂委员会编 宁波 宁波出版社 2012年 234页

009349830
宁海县人民代表大会志
宁海县人民代表大会志编纂委员会编 北京 中华书局 2003年 792页

012836046
宁海县政协志
宁海县政协志编纂委员会编 宁海 宁海县政协志编纂委员会 2008年 586页

010252881
宁海县公安志
宁海县公安志编纂委员会编 北京 中华书局 2001年 690页〔浙江省公安史志丛书〕

012174795
宁海县民政志 1986—2008
宁海县民政志编纂委员会编 宁波 宁波出版社 2009年 278页

013601938
宁海县茶山林场志
宁海县茶山林场志编委会编 杭州 浙江人民出版社 2012年 586页

013097995
浙江大梁山集团志
浙江大梁山集团志编纂委员会编 宁波 浙江大梁山集团 1999年 308页

012680545
宁海县电力工业志 1936—2006
中国电力出版社编 北京 中国电力出版社 2010年 363页〔浙江省电力工业志丛书〕

008845920
宁海县邮电志
宁海县邮电局编 北京 人民邮电出版社 1998年 211页

009995998
宁海县教育志 增订本
宁海县教育志(增订本)编纂委员会 苏其德主编 杭州 浙江人民出版社 1997年 490页

012899202
宁海县教育志
宁海县教育志编纂委员会编 杭州 浙江人民出版社 2011年 720页

012658258
城中小学志 1909—2009
宁海县城中小学校史编写组编 宁海 宁

海县城中小学校史编写组 2009 年 265 页

011584735
浙江省宁海中学校志稿
浙江省宁海中学编 宁海 浙江省宁海中学 2006 年 284 页

008450520
宁海县地名志
宁海县地名委员会编 宁海 宁海县地名委员会 1988 年 505 页

012658105
白溪水库志
白溪水库志编纂委员会编 北京 中华书局 2010 年 461 页

温州市

008446523
温州市志
温州市志编纂委员会 章志诚主编 北京 中华书局 1998 年 3 册

008822384
城郊乡志
汤一钧主编 郑梦熊副主编 合肥 黄山书社 2000 年 217 页〔温州镇志系列丛书〕

009393271
温州市人民代表大会志
温州市人民代表大会志编纂委员会编 章志诚主编 北京 中华书局 2004 年 950 页

010280102
温州市政协志
温州市政协志编纂委员会编 上海 上海社会科学院出版社 2006 年 472 页

009996075
温州市公安志
温州市公安志编纂委员会编 天津 南开大学出版社 1997 年 421 页

013096538
温州市民政志
温州市民政局编 北京 中国社会出版社 2011 年 271 页

011478721
温州九三志 1957—2007
九三学社温州市委员会编 温州 九三学社温州市委员会 2007 年 303 页

011478723
温州民革志
中国国民党革命委员会温州市委员会

温州民革志编辑委员会编 温州 民革温州市委 2007年 250页

012638652
温州农工党志
中国农工民主党温州市委员会编 温州 中国农工民主党温州市委员会 2008年 392页

012662382
温州律师志 1916—2008
温州律师志编纂委员会编 温州 温州律师志编纂委员会 2009年 453页

009561908
温州市军事志
温州市军事志编纂委员会编 北京 解放军出版社 2003年 562页

009254093
温州市工商行政管理志
温州市工商行政管理志编纂委员会编 上海 复旦大学出版社 1993年 272页〔温州市地方志丛书〕

011310903
温州市物资志
温州市物资志编纂领导小组编 北京 海洋出版社 1990年 233页〔温州市地方志丛书 1〕

011328483
温州市质量技术监督志
温州市质量技术监督局编纂 温州 温州市质量技术监督局 2002年 154页〔浙江省质量技术监督志 温州卷〕

008985579
温州市土地志
温州市土地管理局编 北京 中华书局 2001年 315页

009415064
温州市林业志
温州市林业志编纂委员会编 北京 中华书局 2004年 636页

009554445
温瑞灌区志
温瑞灌区志编写小组编 北京 中华书局 1999年 307页〔温州市江河水利志丛书〕

011909066
温州发电厂志 1979—2005
滕寿柞主编 北京 中国电力出版社 2008年 393页〔浙江省电力工业志丛书〕

008446526
温州市电力工业志
温州市电力工业志编纂委员会编 北京 中国电力出版社快速出版服务部 1994年 207页〔浙江省电力工业志丛书〕

012638651
温州市电力工业志 1991—2006
温州市电力工业志编纂委员会编 杭州 浙江人民出版社 2010年 361页〔浙江省电力工业志丛书〕

013630182
温州市机械工业志
温州市机械工业志编纂委员会编 温州 温州市机械工业志编纂委员会 1993年 181页〔温州市地方志丛书〕

010779107
温州市盐业志
吴岐主编 温州市盐业志编纂领导小组编 北京 中华书局 2007年 1册

009996073
温州市工业志
温州市工业志编纂委员会编 天津 南开大学出版社 1997年 570页〔温州市地方志丛书〕

011328093
温州市交通志
吴炎主编 北京 海洋出版社 1994年 407页〔温州市交通邮电志丛书〕

008662438
温州市公共交通志
温州市公共交通志编纂领导小组编著 汤一钧主编 郑梦熊副主编 合肥 黄山书社 2000年 146页

008662437
温州市邮电志
温州市邮电局编 北京 人民邮电出版社 1996年 341页

010118507
温州医药商业志
汤一钧主编 郑梦熊 王景飞副主编 温州镇志编纂委员会 温州医药商业志编纂领导小组编 温州 温州镇志编纂委员会 2002年 271页〔温州镇志系列丛书〕

009349824
温州市商业志
温州市商业志编纂委员会编 天津 南开大学出版社 1995年 626页〔温州市地方志丛书〕

009157304
温州海关志
温州海关志编纂委员会编著 上海 上海社会科学院出版社 1996年 228页

012175039
温州市对外经济贸易志
温州市对外经济贸易志编纂委员会编 上海 上海科学技术文献出版社 1994年 223页〔温州市地方志丛书〕

012175037
温州市财税志
温州市财税志编纂领导小组编 上海 复

旦大学出版社 1993 年 276 页〔温州市地方志丛书〕

013072580
温州市农村金融志
中国农业银行温州市分行编 温州 中国农业银行温州市分行 1994 年 421 页

012256643
中国工商银行温州市分行行志 1984—2004
中国工商银行温州市分行行志编辑委员会编 温州 中国工商银行温州市分行 2006 年 284 页

011478730
温州市科协志 1959—1989
温州 温州市科学技术协会 1997 年 166 页

008532061
温州市教育志
温州市教育志编纂委员会编 李方华主编 北京 中华书局 1997 年 676 页

010730432
翁垟镇第三小学志
叶益昌 倪安生主编 北京 人民日报出版社 2005 年 377 页

011584343
温州方言志
郑张尚芳著 北京 中华书局 2008 年 351 页

010523135
温州市卫生志
温州市卫生志编纂委员会编 上海 华东师范大学出版社 1998 年 312 页

011067726
温州市医药志 初稿
温州市医药志编纂委员会编 温州 温州市医药志编纂委员会 1991 年 2 册〔温州市地方志丛书 1〕

010278549
温州市城市建设志
温州市城市建设志编纂委员会编 北京 中国建筑工业出版社 1993 年 252 页

011570194
瑞平灌区志
浙江省温州市瑞平水系水利管理处编 浙江 浙江省温州市瑞平水系水利管理处 1998 年 233 页〔温州市江河水利志丛书〕

008051486
温州市环境保护志
温州市环境保护局编 北京 中国环境科学出版社 1993 年 151 页

鹿城区

011909069
温州市鹿城区志
鹿城区地方志编纂委员会编 金文平主编 北京 中华书局 2010 年 2 册

013189989
仰义乡志
仰义乡志编纂委员会编 仰义乡 仰义乡志编纂委员会 2004 年 194 页

010201683
鹿城政协志
温州市鹿城区鹿城政协志编纂委员会编 温州 温州市鹿城区鹿城政协志编纂委员会 2005 年 531 页

008450509
鹿城地名志
温州市鹿城区人民政府编 温州 温州市鹿城区人民政府编 1987 年 298 页

012684883
温州市鹿城区水利志
温州市鹿城区水利志编纂委员会编 温州 温州市鹿城区水利志编纂委员会 1991 年 228 页

011328689
温州市鹿城区水利志
李定荣主编 麻剑玲副主编 温州市鹿城区水利志编纂委员会编 北京 中国水利水电出版社 2007 年 287 页

龙湾区

012719265
温州市龙湾区永中街道志 1949—2007
龙湾区永中街道志编纂委员会编 北京 方志出版社 2010 年 270 页

012877280
温州市龙湾区人民代表大会志
温州市龙湾区人民代表大会志编纂委员会编 温州 温州市龙湾区人民代表大会志编纂委员会 2011 年 750 页

012819803
龙湾农业志
温州市龙湾区农林局编 北京 方志出版社 2011 年 546 页

011475317
温州市龙湾区地名简志
温州市龙湾区人民政府办公室编 温州 龙湾区人民政府 1989 年 131 页

瓯海区

011479303
仙门村志
林伟昭编著 温州 温州市场报编辑部 1996 年 143 页

011499473
瓯海政协志
温州市瓯海区瓯海政协志编辑委员会编 温州 温州市瓯海区瓯海政协志编辑委员会 2002年 482页

013898666
瓯海法院志
瓯海法院志编纂委员会编著 黄明晓主编 温州 瓯海法院志编纂委员会 2003年 254页

008527476
瓯海区土地志
瓯海区土地志编纂委员会编 北京 中华书局 2000年 181页〔浙江省土地志集成〕

008446599
瓯海县交通志
瓯海县交通局编 北京 海洋出版社 1993年 129页〔温州市交通邮电志丛书〕

009042919
浙江省瓯海县地名志
瓯海县地名委员会编 瓯海 瓯海县地名委员会 1989年 531页

瑞安市

012982277
湖岭片区志
湖岭片区地方志编纂委员会 郑育友主编 北京 方志出版社 2011年 542页

008822663
瑞安市志
瑞安市地方志编纂委员会编 宋维远主编 北京 中华书局 2003年 2册 1982页

008848260
莘塍镇志
温州镇志编纂委员会编 汤一钧主编 合肥 黄山书社 1998年 320页〔温州镇志系列丛书〕

009804241
瑞安市人民代表大会志
瑞安市人民代表大会志编纂委员会编 北京 中华书局 2005年 660页

013184639
瑞安市政协志 1956—2011
瑞安市政协志编纂委员会编 北京 方志出版社 2011年 342页

010473947
瑞安市公安志
瑞安市公安局编 瑞安 瑞安市公安局 1991年 262页

013144720
瑞安市华侨志
瑞安市人民政府侨务办公室编 王国伟

主编 北京 中华书局 2011 年 440 页

010778522

瑞安市工商行政管理志 239—2005

瑞安市工商行政管理局编 瑞安 瑞安市工商行政管理局 2006 年 342 页

008662788

瑞安市土地志

瑞安市土地志编纂委员会编 宋维远主编 池仁义副主编 北京 中华书局 2000 年 265 页〔浙江省土地志集成〕

008662686

瑞安市二轻工业志

瑞安市二轻工业志编写小组编 南昌 江西人民出版社 1996 年 313 页

008846382

瑞安市水利志

浙江省瑞安市水利志编纂委员会编 北京 中华书局 2000 年 432 页

008662790

瑞安市邮电志

瑞安市邮电局编 北京 人民邮电出版社 1996 年 179 页

009442731

瑞安市财政税务志

瑞安市财政税务志编纂领导小组编 北京 方志出版社 2004 年 362 页

008830207

瑞安市金融志

瑞安市金融志编纂委员会编 张宇主编 北京 中华书局 2001 年 234 页〔瑞安市地方志丛书〕

010009349

瑞安市广播电视志

瑞安市广播电视台编 瑞安 瑞安市广播电视台 2005 年 355 页

008662694

瑞安市教育志

瑞安市教育委员会教育志编纂组编 南昌 江西人民出版社 1992 年 401 页〔瑞安市地方志丛书 5〕

011311827

瑞安市实验小学校志 1902—2002

瑞安市实验小学校志编纂组 林永棣主编 瑞安 瑞安市实验小学校志编纂组 2002 年 214 页

010292959

浙江省瑞安中学校志 1896—1995

浙江省瑞安中学校志编委会编 瑞安 浙江省瑞安中学校志编委会 1996 年 168 页

008450577

瑞安市地名志

瑞安市地名委员会编 瑞安 瑞安市地名委员会 1988 年 509 页〔瑞安市地方

志丛书 1〕

012639021
瑞安市人民医院院志 1937—2007
瑞安 瑞安市人民医院 2007 年 279 页

乐清市

008839630
乐清县志
乐清市地方志编纂委员会编 马升永主编 北京 中华书局 2000 年 1239 页

012173667
白石镇志
白石镇志人民政府编 香港 天马图书有限公司 1997 年 353 页〔浙江省乐清市地方志丛书〕

013333761
北白象镇志
北白象镇志编纂委员会编 北京 中华书局 2011 年 470 页

013090938
大荆镇志
乐清市大荆镇志编辑委员会编 北京 中华书局 2011 年 262 页

012809957
淡溪镇志
淡溪镇人民政府编 北京 方志出版社 2010 年 424 页

012872279
凤凰村志
邱星伟主编 北京 中国文史出版社 2011 年 356 页

013129152
虹桥镇志
虹桥镇编纂领导小组编 北京 中国国际广播出版社 1993 年 452 页〔浙江省乐清县地方志丛书〕

009881611
黄华镇志
陈安铎主编 郑鹏飞 朱志浦副主编 福州 海风出版社 2005 年 291 页

008450301
乐城镇志
乐城镇人民政府编 北京 当代中国出版社 1994 年 337 页〔浙江省乐清县地方志丛书〕

008822626
柳市镇志
汤一钧主编 郑梦熊副主编 合肥 黄山书社 1998 年 264 页〔温州镇志系列丛书〕

011477131
蒲岐镇志
乐清县蒲岐镇志编委会编 蒲岐镇 乐清县蒲岐镇志编委会 1993 年 572 页〔浙江省乐清县方志丛书〕

009126432
上园村志
胡省三主编 杭州 浙江人民出版社 1999年 434页

013686318
翁垟镇志
翁垟镇志编写组编 北京 当代中国出版社 2002年 380页

012613318
乐清工会志
乐清工会志编纂委员会编 北京 线装书局 2009年 263页

011312101
乐清市人民代表大会志
乐清市人民代表大会志编纂委员会编 北京 中华书局 2006年 688页

008450228
乐清县公安志
乐清县公安局编 北京 海洋出版社 1993年 247页

011475261
乐清华侨志
倪德西 叶品波主编 乐清华侨志编纂委员会编 北京 中国文史出版社 2007年 281页

013861898
乐清民革志
叶云主编 乐清民革志编辑委员会编 北京 团结出版社 2013年 403页

012139437
乐清市民营企业志
乐清市地方志办公室编 北京 线装书局 2009年 686页

008822303
乐清县水产志
乐清市水产局编 杭州 浙江人民出版社 1999年 231页〔浙江省乐清市地方志丛书〕

009688806
乐清市农业志
乐清市农业局编 林玉姐主编 北京 中华书局 2005年 374页

013684467
乐清市水利志
乐清市水利水电局编 南京 河海大学出版社 1998年 298页

008450232
乐清县二轻工业志
乐清县二轻工业局编 北京 当代中国出版社 1994年 222页

008450235
乐清县盐业志
乐清县盐务管理局编 北京 海洋出版社 1992年 180页

011584466
乐清县交通志
乐清县交通委员会编 北京 海洋出版社 1990年 194页〔温州市交通邮电志丛书〕

009415007
乐清县科技志
乐清市科学技术委员会编 王其南主编 北京 当代中国出版社 1996年 190页〔浙江省乐清县地方志丛书〕

009265543
乐清县教育志
乐清县教育委员会教育志编纂组编 北京 中国人事出版社 1993年 252页

008450615
乐清县地名志
乐清县地名办公室编 乐清 乐清县地名办公室 1987年 554页

011892010
乐清市中型水库志
乐清市水利局编 瞿光中主编 蔡志林副主编 南京 河海大学出版社 2007年 302页

洞头县

007480656
洞头县志
洞头县志编纂委员会 杨志林主编 杭州 浙江人民出版社 1993年 554页

012998914
洞头县志 1991—2005
洞头县地方志编纂委员会编 杨志林主编 杭州 浙江人民出版社 2010年 727页

013681540
洞头县海洋渔业志
洞头县海洋与渔业局编 洞头 洞头县海洋与渔业局 2003年 330页

008450225
洞头县电力工业志
浙江省洞头县电力公司编 北京 海洋出版社 1991年 181页

010118458
洞头县交通志
洞头县交通局编志办公室编 洞头 洞头县交通局编志办公室 1988年 214页〔温州市交通邮电志丛书〕

011314125
中国民间文学集成 浙江省温州市 洞头县故事卷
洞头县民间文学集成办公室编 邱国鹰责任编辑 浙江 浙江省民间文学集成办公室 1988年 461页

008450611
浙江省洞头县地名志

洞头县地名委员会编 洞头 洞头县地名委员会 1987 年

013464347
浙江洞头海产贝类图志
张永普 周化斌 尤仲杰编著 北京 海洋出版社 2012 年 242 页

永嘉县

009149802
永嘉县志
永嘉县地方志编纂委员会编 徐顺旗主编 北京 方志出版社 2003 年 2 册 1925 页

011320475
瓯北镇志
瓯北镇志编纂委员会编 合肥 黄山书社 1997 年 353 页〔温州镇志系列丛书〕

006710504
桥头镇志
永嘉县桥头镇志编纂领导小组编 北京 海洋出版社 1989 年 339 页

012956606
永嘉县教育工会志
永嘉县教育工会编 永嘉 永嘉县教育工会 2002 年 98 页

013190015
永嘉县人民代表大会志
永嘉县人民代表大会志编纂委员会编 汪大清主编 北京 中华书局 2011 年 812 页

012814518
永嘉县政协志
永嘉县政协志编纂委员会编 永嘉 永嘉县政协志编纂委员会 2004 年 208 页

013072781
永嘉县公安志
永嘉县公安志编纂委员会编 天津 南开大学出版社 1997 年 239 页

010293987
永嘉县民政志
永嘉县民政局编 北京 中国社会出版社 2006 年 290 页

008662200
永嘉县土地志
永嘉县土地志编纂委员会编 北京 中华书局 2000 年 194 页〔浙江省土地志集成〕

010730566
永嘉县水利志
永嘉县水利志编纂委员会编 戴桂生主编 北京 中华书局 2006 年 427 页

008446601
永嘉县交通志
永嘉县交通局 永嘉县邮电局编 北京 海洋出版社 1990年 271页〔温州市交通邮电志丛书〕

013686471
永嘉县金融志
蔡金炳主编 永嘉县金融志编纂委员会编 永嘉 永嘉县金融志编纂委员会 1994年 242页

011809668
永嘉县教育志
永嘉县教育局教育志编纂组编 北京 吉安市教育志编纂委员会编 1997年 281页

012872285
芙蓉村民俗田野志
邱国珍主编 北京 知识产权出版社 2011年 195页〔中国民俗文化 温州〕

013328663
永嘉传统风俗志
姚周辉 潘一钢等编著 北京 知识产权出版社 2012年 191页〔中国民俗文化 温州〕

009411865
永嘉山水图志
永嘉县地方志编纂委员会编 杭州 浙江摄影出版社 2004年 133页

008450513
永嘉县地名志
永嘉县地名委员会办公室编 永嘉 永嘉县地名委员会办公室 1988年 446页

平阳县

007482410
平阳县志
平阳县志编纂委员会编纂 上海 汉语大词典出版社 1993年 1174页

008450243
浦联村志
浦联村村民委员会 浦联村志编纂领导小组编 王志邦编著 北京 中国书籍出版社 1996年 767页〔浙江乡村社会研究丛书〕

013684568
平阳县政协志
平阳县政协志编纂委员会编 平阳 平阳县政协志编纂委员会 2006年 384页

009678942
平阳县民政志
平阳县民政局编 北京 海洋出版社 1994年 138页

012766327
平阳农工党志

中国农工民主党平阳县委员会编 平阳 中国农工民主党平阳县委员会 2009年 320页

013319943
平阳法院志
平阳法院志编纂委员会编 平阳 平阳法院志编纂委员会 2003年 263页

010118487
平阳县渔业志
平阳县水产局编 平阳 平阳县水产局 1996年 256页

008983205
平阳县水利志
平阳县水利志编纂委员会编 北京 中华书局 2001年 328页

008450398
平阳县邮电志
平阳县邮电局编 北京 海洋出版社 1993年 183页〔温州市交通邮电志丛书〕

012174811
平阳商业志
平阳县商业局编 平阳 平阳县商业局 1990年 378页

012684557
平阳县财政税务志
平阳县财政税务局编 上海 上海科学技术文献出版社 1994年 376页〔温州市地方志丛书〕

009232300
平阳县教育志
平阳县教育志编纂组编 林昌罗主编 宋文骥 孟铭编 上海 上海社会科学院出版社 1997年 315页

012836093
平阳二中校志 1956—2006
平阳二中校志编审委员会编 平阳 平阳二中校志编审委员会 2006年 92页

012722045
平阳县黄氏志
黄美足主编 香港 天马图书有限公司 2006年 601页

012722033
平阳蔡氏志
平阳县蔡氏志编纂委员会编 香港 天马图书有限公司 2007年 532页

010200453
平阳林氏志
林振法主编 北京 中国社会出版社 2006年 716页

012814077
平阳县陈氏通志
陈肖粟主编 香港 天马图书有限公司 2006年 780页

012099711
平阳县李氏志
平阳县李氏志编纂委员会 李成廉主编 2005年 361页

013375874
平阳叶氏志
平阳叶氏志编纂委员会编 北京 方志出版社 2011年 816页

011793140
谢氏史志 平阳篇
谢刚主编 香港 天马图书有限公司 2007年 875页

008450531
浙江省平阳县地名志
平阳县地名委员会编 平阳 平阳县地名委员会 1985年 525页

苍南县

007969455
苍南县志
苍南县地方志编纂委员会 萧耘春主编 杨奔 庄南坡副主编 杭州 浙江人民出版社 1997年 893页

009126185
苍南灵溪镇志
苍南灵溪镇志编纂办公室编 杭州 浙江人民出版社 1993年 319页

011440988
灵溪镇志 1990—2005
灵溪镇志编纂委员会编 北京 中华书局 2007年 528页

008380643
龙港镇志
龙港镇志编纂委员会编 上海 汉语大词典出版社 1994年 460页

009190870
龙港镇志
龙港镇志编纂委员会编 北京 中华书局 2003年 493页〔浙江省名镇志集成〕

010201648
苍南县人大志
苍南县人大志编纂委员会编 北京 方志出版社 2003年 664页

008662190
苍南县土地志
苍南县土地志编纂委员会编 北京 中华书局 2000年 239页〔浙江省土地志集成〕

011804122
苍南县海洋与渔业志
苍南县海洋与渔业局 苍南县渔民协会 苍南县水产学会编 北京 海洋出版社 2007年 319页

010730441
苍南农业志
杨茂生主编 北京 中华书局 2006年 838页

008450397
苍南县水利志
苍南县水利志编纂委员会编 林振法主编 北京 中华书局 1999年 352页

009388721
平阳苍南县粮食志
平阳县粮食局 苍南县粮食局合编 南昌 江西人民出版社 1993年 376页

012713899
苍南工业商贸志
苍南县工业商贸志编纂委员会编 北京 中国文史出版社 2007年 783页

013751468
苍南县金融志
苍南县金融志编辑委员会编 中国曙光印业集团 2008年 232页〔苍南县地方志丛书〕

009840423
苍南县教育志
苍南县教育志编纂委员会编 上海 百家出版社 2001年 324页

013753489
灵溪区地方志
灵溪区地方志编纂委员会编 灵溪区 灵溪区地方志编纂委员会 1992年 339页

012096409
苍南黄姓通志
黄嘉晓主编 黄可寿 郑维国副主编 苍南 国际炎黄文化出版社 2005年 645页

011890456
苍南杨氏通志
苍南杨氏通志编纂委员会编 杭州 西泠印社出版社 2008年 880页

010278919
苍南章氏史志
苍南章氏史志编委会编 1997年 177页

012635657
苍南周氏通志
周功清主编 香港 国际炎黄文化出版社 2006年 513页

009126188
苍南县水利工程志
苍南县水利工程志编纂委员会编 北京 中华书局 2000年 369页

012252302
桥墩水库志
桥墩镇 1999年 132页

文成县

007585935
文成县志
浙江省文成县地方志编纂委员会 朱礼 主编 北京 中华书局 1996 年 1117 页

009105941
文成人民代表大会志
陈思成主编 浙江省文成县人民代表大会志编纂委员会编 北京 方志出版社 2003 年 482 页

009046562
文成华侨志
浙江省文成县外事侨务办公室编 朱礼 主编 北京 中国华侨出版社 2002 年 609 页

008450262
百丈漈水力发电厂志
百丈漈水力发电厂志编纂委员会编 北京 当代中国出版社 1997 年 223 页 〔浙江省电力工业志丛书〕

009157319
文成县教育续志 1991—2002
潘亦建主编 上海 上海古籍出版社 2003 年 355 页

008379681
文成县教育志
文成县教育志编纂委员会编 上海 华东师范大学出版社 1998 年 252 页

008450498
文成县地名志
浙江省文成县地名委员会编 文成 浙江省文成县地名委员会 1985 年 499 页

泰顺县

008450383
泰顺县志
泰顺县志编纂委员会编 施明达主编 谢逢越副主编 杭州 浙江人民出版社 1998 年 889 页

008848299
浙江省泰顺县莒江乡志
莒江乡志编纂委员会编 北京 中华书局 2001 年 239 页

012613866
泰顺县人民代表大会志
泰顺县人民代表大会志编纂委员会编 北京 方志出版社 2009 年 645 页

013899622
泰顺县茶志
泰顺县茶志编委会组编 北京 中国农业科学技术出版社 2012 年 319 页

008450388
泰顺县水利电力志

泰顺县水利电力志编纂委员会编 项金龙主编 北京 中华书局 1999 年 242 页

013510593
泰顺县交通志
泰顺县交通局 泰顺县邮电局编 北京 海洋出版社 1991 年 226 页〔温州市交通邮电志丛书〕

012814255
泰顺县公路管理段志
泰顺县公路管理段志编纂委员会编 北京 方志出版社 2010 年 348 页

008450551
浙江省泰顺县地名志
泰顺县地名委员会编 泰顺 浙江省泰顺县地名委员会 1986 年 382 页

嘉兴市

011432890
嘉兴市志
浙江省嘉兴市供销合作社编 嘉兴 浙江省嘉兴市供销合作社 1989 年 279 页

008640176
嘉兴市志
嘉兴市志编纂委员会编 北京 中国书籍出版社 1997 年 3 册 2552 页

010135037
嘉兴市人民代表大会志 1949—2003
嘉兴市人民代表大会志编纂委员会编 上海 上海社会科学院出版社 2006 年 770 页

013328707
嘉兴市政协志
嘉兴市政协志编纂委员会编 北京 方志出版社 2012 年 2 册

012208573
嘉兴市质量技术监督志
嘉兴市质量技术监督局编纂 嘉兴 嘉兴市质量技术监督局 2004 年 384 页〔浙江省质量技术监督志 嘉兴卷〕

009995812
嘉兴市水产志
沈行惠主编 姜国瑜 朱朔明编著 嘉兴 嘉兴市水产局 1991 年 209 页

010118468
嘉绢志 1921—1988
嘉绢志编纂室编辑 嘉兴 嘉绢志编纂委员会 1990 年 392 页

012872620
嘉兴发电厂志 1986—2006
嘉兴发电厂志编纂委员会编 杭州 浙江人民出版社 2011年 347页〔浙江省电力工业志丛书〕

008446570
嘉兴市电力工业志 1910—1990
嘉兴市电力工业志编纂委员会编 北京 中国电力出版社 1996年 218页〔浙江省电力工业志丛书〕

012639002
嘉兴市电力工业志 1991—2005
嘉兴市电力工业志编纂委员会编 杭州 浙江人民出版社 2010年 374页

010009733
嘉兴市丝绸工业志 讨论稿
嘉兴 1992年 3册

011566084
嘉兴市烟草志
卢真祥主编 嘉兴市烟草志编辑室编 上海 上海三联书店 1993年 434页

009962496
嘉兴丝绸志
嘉兴丝绸志编纂委员会编 嘉兴 嘉兴市丝绸工业公司 1994年 652页

008446566
嘉兴市财税志
嘉兴市财税志编委会编 北京 中国书籍出版社 1996年 396页

008822376
嘉兴市文化志
嘉兴市文化志编纂委员会编 杭州 杭州出版社 2000年 393页

009688794
嘉兴市教育志
嘉兴市教育志编纂委员会编 杭州 浙江大学出版社 2001年 766页

010118473
嘉兴学院志 1914—2004
本书编纂组编著 嘉兴 嘉兴学院志编纂组 2004年 486页

009116512
浙江省嘉兴市地名志
嘉兴市地名普查领导小组办公室编 嘉兴 嘉兴市地名普查领导小组办公室 1982年 375页

013224427
嘉兴市第二医院百年志 1895—1995
嘉兴市第二医院志编辑委员会编 嘉兴 嘉兴市第二医院志编辑委员会 1995年 228页

010278942
嘉兴市蚕桑志
嘉兴市蚕桑志编纂委员会编 嘉兴 嘉兴

市蚕桑志编纂委员会 1998年 431页

011804725
嘉兴市水利志
嘉兴市水利志编纂委员会编 北京 中华书局 2008年 703页

南湖区

012208113
七星镇志
丁家林主编 七星镇志编纂领导小组编 北京 方志出版社 2009年 441页

011909173
新丰镇志
何志荣主编 新丰镇志编纂委员会编 合肥 安徽美术出版社 2008年 637页

秀洲区

013342634
王店镇志
王店镇志编纂委员会编 北京 中国书籍出版社 1996年 559页

008356476
新塍镇志
新塍镇志编纂委员会编 上海 上海社会科学出版社 1998年 286页

海宁市

008094660
海宁市志
海宁市志编纂委员会编纂 上海 汉语大词典出版社 1995年 1335页

008450268
长安镇志
长安镇志编纂领导小组编 北京 当代中国出版社 1994年 454页

009126244
海宁硖石镇志
海宁硖石镇志编纂委员会编 杭州 浙江人民出版社 1992年 563页

009413574
盐官镇志
盐镇志编写组编 南京 南京出版社 1993年 390页

011954096
海宁市人民代表大会志
海宁市人民代表大会志编纂委员会编 上海 上海社会科学院出版社 2008年 968页

012680048
海宁市工商行政管理志 1991—2005
海宁市工商行政管理局编 北京 人民日报出版社 2008年 574页

013772673
海宁市城乡建设志
海宁市城乡建设志编纂委员会编 北京 中国文史出版社 2012年 635页

013688690
海宁皮革志
海宁皮革志编纂委员会编 杭州 浙江人民出版社 2011年 666页

008450486
海宁市水利志
海宁市水利志编纂委员会编 北京 方志出版社 1998年 345页

010118612
浙江制丝一厂志 1921—1988
浙丝一厂志编纂委员会编 海宁 浙江制丝一厂厂志编纂办公室 1990年 287页

008380167
海宁市工业志
海宁市工业志编纂委员会编 上海 上海科学技术出版社 1994年 391页

007794181
海宁市交通志
海宁市交通志编审委员会编 杭州 浙江大学出版社 1991年 333页

008845870
海宁市邮电志
海宁市邮电局编 北京 人民邮电出版社 1995年 191页

009126247
海宁粮油志
海宁粮油志编纂委员会编 杭州 浙江人民出版社 1991年 390页

012191912
海宁市场志
海宁市场志编纂委员会编 北京 方志出版社 2008年 460页

013819480
海宁市广播电视志
海宁市广播电视志编纂委员会编 杭州 浙江人民出版社 2013年 527页

013728713
海宁市科学技术协会志
海宁市科学技术协会志编纂领导小组编 海宁 海宁市科学技术协会志编纂领导小组 2009年 504页

010146592
海宁教育志 续1
海宁教育志续一编纂委员会编 杭州 浙江教育出版社 2006年 537页

009995719
海宁市教育志
海宁市教育志编纂委员会编 杭州 浙江教育出版社 1995年 418页

012049432
海宁方言志
海宁市史志办公室 海宁市史志学会编 杭州 浙江人民出版社 2009年 384页

011147146
中国民间文学集成 浙江省嘉兴市 海宁市故事歌谣谚语卷
海宁市民间文学集成办公室 浙江省民间文学集成办公室 1989年 460页

008450598
浙江省海宁县地名志
海宁县地名办公室编 海宁 海宁县地名办公室 1985年 643页

平湖市

013793499
平湖市志 1990—2005
平湖市地方志编纂委员会编 北京 中华书局 2012年 1298页

007477953
浙江省平湖县志
浙江省平湖县县志编纂委员会编 庄文生主编 阮松林等副主编 上海 上海人民出版社 1993年 1062页

013792151
广陈镇志
平湖市广陈镇志编纂委员会编 北京 中华书局 2011年 853页

013797017
新埭镇志
新埭镇志编纂委员会编 北京 中华书局 2012年 833页

013464337
乍浦镇志
平湖市乍浦镇志编纂委员会编 北京 中国文史出版社 2011年 880页

009408184
中国共产党平湖历史大事记 1949—1999
浙江省平湖市史志办公室编 北京 中共党史出版社 2004年 418页

013753741
平湖市民政志
平湖市民政志编纂委员会编 北京 中国文史出版社 2011年 497页〔平湖市第二轮修志丛书〕

013461825
平湖市检察志
平湖市人民检察院平湖市检察志编纂委员会编 北京 中国文史出版社 2001年 515页〔平湖市第二轮修志丛书〕

008662804
平湖市土地志
平湖市土地志编纂委员会编 北京 方志出版社 2000年 301页

009996023
平湖市交通志
浙江省平湖市交通局编 孙意诚主编 北京 团结出版社 1992年 319页

013461828
平湖市交通志 1991—2005
平湖市交通志编纂委员会编 平湖 平湖市交通志编纂委员会 2008年 283页

013753738
平湖市粮食志 1990—2005
平湖市粮食志编纂委员会编 北京 中国文史出版社 2011年 146页〔平湖市第二轮修志丛书〕

013753742
平湖市外经贸志
平湖市外经贸志编纂委员会编 北京 中国文史出版社 2011年 290页〔平湖市第二轮修志丛书〕

012877070
平湖县财政税务志
平湖市财政税务局编 杭州 浙江大学出版社 1994年 341页

013461873
平湖市金融志 1999—2005
平湖市金融志编纂委员会编 北京 中国文史出版社 2011年 618页〔平湖市地方志丛书〕

009881619
平湖县金融志
平湖县金融志编纂办公室编 平湖 平湖县金融志编纂办公室 1992年 327页

011477113
平湖市广播电视志
平湖市广播电视志编纂委员会编 杭州 浙江人民出版社 2007年 326页

008450559
平湖县地名志
浙江省平湖县地名委员会编 平湖 浙江省平湖县地名委员会 1985年 327页

桐乡市

007735953
桐乡县志
桐乡市桐乡县志编纂委员会编 马新正主编 上海 上海书店出版社 1996年 1524页

008094519
崇福镇志
张冰华主编 上海 上海书店出版社 1994年 557页

013955629
崇福镇志
崇福镇志编纂委员会编 北京 中华书局 2013 年 2 册

009799922
濮院镇志
陈兴荣主编 上海 上海书店出版社 1996 年 502 页

008913661
乌镇志
汪家荣主编 上海 上海书店出版社 2001 年 732 页

012546761
洲泉镇志
余尚曦主编 杭州 浙江大学出版社 2009 年 723 页

013899641
桐乡市农业志
桐乡市农业志编纂委员会编 北京 中华书局 2013 年 1241 页

008450226
桐乡县电力工业志 1920—1990
桐乡县电力工业志编纂委员会编 北京 中国电力出版社 1996 年 266 页〔浙江省电力工业志丛书〕

009840522
桐乡市财政税务志
方联翮主编 北京 中国人事出版社 1998 年 476 页

009996069
桐乡县教育志
潘惠忠主编 杭州 浙江教育出版社 1997 年 323 页

011147148
中国民间文学集成 浙江省嘉兴市 桐乡县故事歌谣谚语卷
桐乡县民间集成办公室编 浙江 浙江省民间文学集成办公室 1989 年 655 页

008450571
浙江省桐乡县地名志
桐乡县地名办公室编 桐乡 桐乡县地名办公室 1989 年 652 页

012100017
桐乡市第二人民医院院志 1935—2005
桐乡市第二人民医院院志编纂编辑组编 桐乡 桐乡市第二人民医院 2005 年 206 页

嘉善县

007590141
嘉善县志
嘉善县志编纂委员会编 上海 生活·读书·新知三联书店上海分店 1995 年 223 页〔中华人民共和国地方志 浙江省〕

007678831
魏塘镇志
魏塘镇人民政府编 上海 上海社会科学院出版社 1996年 369页

011570951
西塘镇志
嘉善县地方志编委会编 北京 新华出版社 1994年 475页

009016057
嘉善县土地志
嘉善县土地志编纂委员会编 北京 中华书局 2001年 228页

海盐县

005536212
海盐县志
王德坚主编 王健飞 黄达副主编 海盐县志编纂委员会编 杭州 浙江人民出版社 1992年 1154页

008822268
海盐县志编纂综录
海盐县志编纂委员会办公室编 王德坚总纂 万云审稿 王自强编审 杭州 浙江人民出版社 1994年 166页

008913692
澉浦镇志
王健飞主编 北京 中华书局 2001年 643页〔浙江省名镇志集成〕

006362176
沈荡镇志
沈荡镇志编纂组编 上海 上海人民出版社 1991年 383页

007506756
通元镇志
海盐县通元镇志编纂组编 上海 上海人民出版社 1993年 540页

009561911
武原镇志
海盐县武原镇志编纂领导小组编 上海 上海人民出版社 1991年 503页〔中国名镇志〕

008845857
海盐县土地志
王云祥主编 陈江潮 陆付金副主编 海盐县土地管理局 海盐县土地志编纂委员会编 北京 方志出版社 1999年 307页

012927963
海盐县土地志 1996—2005
海盐县国土资源局 海盐县土地志编纂委员会编 北京 方志出版社 2011年 337页

013659768
秦山核电有限公司志 1982—2010
秦山核电有限公司编 北京 中国原子能出版社 2011年 1241页

013530810
海盐县邮电志
海盐县邮电局编 海盐 海盐县邮电局 1994年 306页

013404403
海盐县文化志
海盐县文化志编纂委员会编 杭州 浙江人民出版社 2011年 573页〔海盐县志丛书〕

013792177
海盐县教育志
海盐县教育志编纂委员会编 杭州 浙江人民出版社 2013年 1059页〔海盐县志丛书〕

008594535
海盐方言志
胡明扬著 杭州 浙江人民出版社 1992年 199页

009472578
南北湖志
南北湖志编纂委员会编 北京 中华书局 2005年 466页

012097400
海盐县水利志
海盐县水利志编纂委员会编 杭州 浙江人民出版社 2008年 528页〔海盐县志丛书〕

湖州市

008486612
湖州市志
湖州市地方志编纂委员会 王克文主编 余方德常务副主编 嵇发根副主编 北京 昆仑出版社 1999年 2册 2166页

013335385
湖州市志 1991—2005
湖州市地方志编纂委员会编 嵇发根主编 北京 方志出版社 2012年 3册 3235页

008450329
湖州市名村志
余方德主编 嵇发根常务副主编 北京 解放军文艺出版社 1995年 320页

013730195
菱湖镇志
李惠民 姚志卫主编 菱湖镇志编纂委员会编 北京 昆仑出版社 2009年 2册 2269页〔湖州市志丛书〕

012872492
湖州市工会志 1990—2010

湖州市工会志(续)编纂委员会编 杭州 浙江人民出版社 2010年 399页

008662449
湖州市工商企业志
嵇发根主编 合肥 黄山书社 1998年 525页

009018427
湖州市城乡建设志
黄春安主编 章承德(常务) 刘国华 徐一新副主编 邱鸿炘顾问 北京 地质出版社 2001年 〔湖州市志丛书〕

013861595
湖州市城乡建设志 1994—2010
湖州市住房和城乡建设局编 北京 方志出版社 2013年 979页

008662469
湖州市林业志
湖州市林业志编纂委员会编 合肥 黄山书社 1996年 251页 〔湖州市志丛书〕

008450331
湖州农业经济志
湖州农业经济志编纂委员会编 合肥 黄山书社 1997年 275页 〔湖州市志丛书〕

009105677
长广煤矿志

长广煤矿志编辑部编 杭州 浙江人民出版社 1989年 481页

008450325
湖州发电厂志 1912—1990
湖州发电厂志编纂委员会编 北京 中国电力出版社 1995年 204页 〔浙江省电力工业志丛书〕

009393262
湖州市电力工业志 二十世纪的湖州电力
湖州市电力工业志编纂委员会编 北京 中国电力出版社 2004年 312页 〔浙江省电力工业志丛书〕

009341137
湖州丝绸志
湖州丝绸志编纂委员会编 海口 海南出版社 1998年 548页 〔湖州市志丛书〕

009046547
湖州交通志
湖州市交通志编纂委员会编 合肥 黄山书社 1995年 457页

009415120
湖州粮食志
湖州粮食志编纂委员会编 北京 当代中国出版社 1993年 318页

009348317

湖州市财政税务志

湖州市财政税务志编纂委员会编 北京 方志出版社 2004年 744页

008662454

湖州市建设银行志

赵德沛主编 合肥 黄山书社 1994年 275页〔浙江省建设银行史志丛书〕

009415116

湖州市金融志 1991—2000

湖州市金融志编委会办公室编 北京 方志出版社 2004年 258页

009995803

湖州市文化艺术志

湖州市文化艺术志编委会编 杭州 浙江古籍出版社 1994年 631页

009995727

湖州市教育志

湖州市教育委员会编纂 杭州 浙江教育出版社 1995年 562页

012097440

湖州师范学院志 1958—2008 1916—2008

湖州师范学院志编纂委员会编 湖州 湖州师范学院 2008年 590页

009061003

湖州市体育志

韩锡曾主编 湖州市体育志编纂委员会编 北京 方志出版社 2002年 541页〔湖州市志丛书〕

008662452

湖州市电影志

湖州市电影志编纂委员会编 合肥 黄山书社 1997年 570页

008450332

湖州人物志

王克文 余方德主编 张西廷编写 上海 上海社会科学院出版社 1990年 390页

013129703

湖州市市政志

湖州市市政工程管理处编 杭州 杭州市余杭人民印刷厂印 1992年 251页

吴兴区

009678923

埭溪镇志

埭溪镇志编纂委员会编 北京 方志出版社 2004年 474页

南浔区

007347937

练市镇志

练市镇志编纂委员会编 九龙 金陵书社

出版公司 1992年 445页

013688962
练市镇志
徐建新 尹金荣主编 练市镇志编纂委员会编 北京 方志出版社 2012年 2册

013958960
菱湖镇志 补遗勘误
菱湖镇志编纂委员会编 菱湖镇 菱湖镇志编纂委员会 2009年 99页

007909703
南浔镇志
南浔镇志编纂委员会编 上海 上海科学技术文献出版社 1995年 438页

德清县

007266551
德清县志
德清县志编纂委员会编 杭州 浙江人民出版社 1992年 783页

009840527
钟管镇志
钟管镇志编纂委员会编 湖州 钟管镇志编纂委员会 2000年 392页

013647285
德清县城乡建设志
德清县城乡建设环境保护局编 德清 德清县城乡建设环境保护局 2005年 384页

009082426
德清县土地志
德清县土地志编纂委员会编 杭州 浙江人民出版社 2002年 345页

008994803
德清县电力工业志 1918—1997
德清县电力工业志编纂委员会编 北京 中国电力出版社 2002年 271页〔浙江省电力工业志丛书〕

011431338
德清县交通志
德清县交通志编审委员会编 杭州 浙江大学出版社 1991年 315页

012264189
德清县教育志
德清县教育志编纂委员会编 杭州 浙江古籍出版社 2009年 498页

008450499
德清县地名志
浙江省德清县地名委员会编 德清 浙江省德清县地名委员会 1984年 387页

009388716
莫干山志
来光和主编 上海 上海书店出版社 1994年 253页

010201656
德清县水利志
德清县水利志编纂委员会编 杭州 杭州大学出版社 1995年 422页

长兴县

008822779
长兴县志
长兴县志编纂委员会编 上海 上海人民出版社 1992年 948页

013369239
长兴县政协志
长兴县政协志编纂委员会编 北京 中国文史出版社 2011年 791页

008848187
长兴公安志
长兴公安志编纂委员会编 北京 中华书局 2000年 751页

008985650
长兴县土地志
长兴县土地志编纂委员会编 北京 中华书局 2002年 492页

008450218
长兴县水利志
长兴县水利志编纂委员会编 北京 中国大百科全书出版社 1996年 339页

010735957
长兴县金融志
长兴县金融志办公室编 长兴 长兴县金融志办公室 1988年 83页

008450581
长兴县地名志
浙江省长兴县地名委员会编 长兴 浙江省长兴县地名委员会 1983年 599页

011296043
顾渚山志
谢文柏编著 杭州 浙江古籍出版社 2007年 153页

安吉县

005591380
安吉县志
安吉县地方志编纂委员会编 杭州 浙江人民出版社 1994年 766页

012048829
大溪村志
大溪村志编纂委员会编 北京 群言出版社 2009年 329页

012051924
石龙村志
石龙村志编纂委员会编 北京 群言出版社 2010年 199页〔安吉地方志丛书〕

008450592
安吉林业志
安吉林业志编纂委员会编 杭州 浙江人民出版社 1993年 258页

008994793
安吉县电力工业志
安吉县电力工业志编纂委员会编 北京 中国电力出版社 2002年 350页〔浙江省电力工业志丛书〕

013126136
安吉县交通志
安吉县交通志编纂委员会编 杭州 浙江大学出版社 1994年 328页

010474358
浙江省安吉县教育志
安吉县教育局教育志编纂组编 杭州 浙江大学出版社 1993年 400页

008450582
安吉县地名志
安吉县地名委员会编 安吉 安吉县地名委员会 1984年 528页

013726773
北天目山灵峰寺志
阮观其 释慈满著 北京 中国文史出版社 2007年 308页

009790087
安吉县水利志
安吉县水利志编纂委员会编 北京 方志出版社 2005年 462页

011594602
赋石水库志
赋石水库志编纂委员会编 北京 方志出版社 2008年 330页

绍兴市

007923351
绍兴市志
绍兴市地方志编纂委员会编 任桂全总纂 何信恩 刘效柏副总纂 杭州 浙江人民出版社 1996年 6册

008865032
绍兴市志
王忍之总编 任桂全主编 北京 方志出版社 1999年 440页〔新编中国优秀地方志简本丛书〕

013822679
上窑村志
俞日霞著 杭州 浙江人民出版社 2013年 341页

011763105
绍兴市镜湖新区东浦镇南村志
南村志编委会编 北京 研究出版社

2007年 380页

010201686
绍兴市公安志
绍兴市公安局编 北京 当代中国出版社 1993年 487页〔浙江省公安史志丛书〕

011584860
绍兴市法院志
绍兴市法院志编纂委员会编 绍兴 绍兴市法院志编纂委员会 1997年 386页

007682697
绍兴市劳动志
绍兴市劳动局 绍兴市劳动学会编 广州 广州出版社 1993年 262页

009840496
绍兴市质量技术监督志
绍兴市质量技术监督局编纂 金庭钧主编 杭州 浙江大学出版社 2006年 452页〔浙江省质量技术监督志 绍兴卷〕

009190882
绍兴市土地志
绍兴市土地管理局编 绍兴 绍兴市土地管理局 1993年 245页

011892020
漓铁志
王如海总纂 汪开及 陆小白 任茂钊副总纂 漓铁志编纂委员会编 绍兴 漓铁志编纂委员会 1999年 564页

010251104
绍钢志
绍兴钢铁厂绍钢志编纂委员会编 绍兴 绍兴钢铁厂绍钢志编纂委员会 1987年 624页

009996094
绍兴市电力工业志
绍兴市电力工业志编纂委员会编 天津 天津人民出版社 1995年 184页〔浙江省电力工业志丛书〕

013462021
绍兴市电力工业志 1991—2005
绍兴市电力工业志编纂委员会编 杭州 浙江人民出版社 2011年 346页〔浙江省电力工业志丛书〕

013342520
绍兴陶瓷志
杨旭主编 杭州 中国美术学院出版社 1995年 230页

010278820
绍兴市交通志
绍兴市交通局编 罗关洲主编 北京 国际文化出版社 1996年 326页

012099897
绍兴市交通志

绍兴市交通局编 罗关洲主编 杭州 浙江人民出版社 2007年 457页

009001568
绍兴市邮电续志
绍兴市电信分公司 绍兴市邮政局合编 杭州 浙江人民出版社 2002年 441页

008662795
绍兴市邮电志
绍兴市邮电局编 北京 人民邮电出版社 1997年 432页

013067172
绍兴海关简志
绍兴海关简志编纂委员会编 绍兴 绍兴海关简志编纂委员会 2011年 352页

013735796
浙江省绍兴市对外经济贸易志
绍兴市对外经济贸易委员会编 上海 中国大百科全书出版社上海分社 1993年 482页

013342517
绍兴市财税志 初稿
绍兴市财税志编写组编 绍兴 绍兴市财税志编写组 1994年 570页

011066681
绍兴市财税志
绍兴市财税志编纂委员会编 绍兴 绍兴市财税志编纂委员会 1995年 595页

009388726
绍兴市农村金融志
中国农业银行绍兴市分行编 绍兴 中国农业银行绍兴市分行 1994年 543页

009852531
绍兴市科学技术协会志
绍兴市科学技术协会志编审委员会编 杭州 浙江科学技术出版社 2006年 352页

010201688
绍兴市教育志
绍兴市教育志编纂委员会编 上海 上海教育出版社 1994年 518页

013092950
稽中校志 1932—2002
绍兴市稽山中学校志编写组编 香港 中华文化出版有限公司 2002年 438页

012252501
绍兴市中等专业学校校志 1985—2005
绍兴市中等专业学校校志编辑委员会编 绍兴 绍兴市中等专业学校校志编辑委员会 2005年 184页

010061680
浙江省民间文学集成 绍兴市歌谣卷
绍兴市民间文学集成办公室编 杭州 浙江文艺出版社 1990年 411页

010060944
中国民族民间舞蹈集成 绍兴市卷
浙江省 绍兴市民族民间舞蹈集成编委会编 梁中主编 何惠芳副主编 杭州 浙江省新闻出版局 1993 年 681 页

008822363
修志文存 绍兴市志编纂实录
何信恩主编 杭州 浙江人民出版社 1997 年 374 页

002785533
绍兴贤人志
朱顺佐编 1984 年

010107090
绍兴文物志
绍兴文物管理局编 北京 中华书局 2006 年 421 页

012680190
会稽山志
胡文炜著 北京 中国戏剧出版社 2010 年 347 页〔越文化丛书第三辑〕

012766520
绍兴第二医院志 1910—2010
绍兴第二医院志编委会编 绍兴 绍兴第二医院志编委会 2010 年 341 页

011320468
绍兴市第七人民医院院志 1956.4—1996.4
石永扬主编 绍兴 绍兴市第七人民医院 1996 年 129 页

013096364
绍兴市人民医院院志 1942—1990
绍兴市人民医院院志编写组编 绍兴 绍兴市人民医院院志编写组 1990 年 402 页

013731332
绍兴市人民医院志
绍兴市人民医院志编纂委员会编 杭州 浙江科学技术出版社 2012 年 332 页

008382910
绍兴市卫生志
绍兴市卫生志编纂委员会编 上海 上海科学技术出版社 1994 年 294 页

010146867
浙江绍兴东亚全蝎开发中心志
绍兴 浙江绍兴东亚全蝎开发中心 1999 年 313 页

越城区

011328395
东浦镇志
东浦镇志编纂办公室编 绍兴 东浦镇志编纂办公室 1998 年 677 页

012952078
荷湖村志

俞日霞 俞婉君著 北京 人民出版社 2011年 413页

012505413
宁六村志
俞日霞主编 杭州 浙江人民出版社 2009年 356页〔浙江省文明村〕

013732545
杨川村志
俞日霞著 杭州 浙江人民出版社 2011年 302页

013343582
张市村志
张市村志编纂委员会编 绍兴 张市村志编纂委员会 2007年 148页

010252145
越城工会志 1923.5—1994.11
越城工会志编写组编 北京 中国工人出版社 1997年 383页

013602062
绍兴市越城区教育简志
绍兴市越城区文化教育局编 绍兴 绍兴市越城区文化教育局 1994年 136页

009745093
大禹陵志
沈建中编著 北京 研究出版社 2005年 276页

柯桥区

008487121
绍兴县志
绍兴县地方志编纂委员会编 北京 中华书局 1999年 4册

008845975
安昌镇志
安昌镇镇志编纂委员会编 北京 中华书局 2000年〔浙江省名镇志集成〕

013373460
福全镇志
福全镇志编纂委员会编 北京 中华书局 2012年 564页〔绍兴县志丛书〕

013687431
富强村志
俞日霞 俞婉君著 杭州 浙江人民出版社 2011年 296页

013820455
江桃村志
江桃村志编委会编 杭州 西泠印社出版社 2012年 260页

013762143
漓渚镇志
漓渚镇志编纂委员会编 北京 中华书局 2012年 986页〔绍兴县志丛书〕

011805740
南岸村志
俞日霞主编 杭州 浙江人民出版社 2008年 329页

009700651
齐贤镇志
齐贤镇志编纂委员会编 北京 中华书局 2005年 957页〔绍兴县地方志丛书〕

011908806
盛陵村志
盛陵村志编纂委员会编 北京 中华书局 2009年 244页〔绍兴省地方志丛书〕

012684765
陶堰镇志
陶堰镇志编纂委员会编 北京 中华书局 2011年 595页〔绍兴县地方志丛书〕

011909127
夏履镇志
夏履镇志编纂委员会编 北京 中华书局 2010年 723页〔绍兴县志丛书〕

012613060
杨汛桥镇志
杨汛桥镇志编纂委员会编 北京 中华书局 2012年 841页〔绍兴县志丛书〕

012903500
浙江省绍兴县工会志 1922—1990
绍兴县总工会编纂 绍兴 绍兴县总工会 1993年 383页

008446519
绍兴县人大志
绍兴县人大志编纂委员会编 北京 方志出版社 1998年 609页

011534048
绍兴县人大志 1996—2007
绍兴县人大志编纂委员会编 北京 中华书局 2008年 653页

011312392
绍兴县人事志
绍兴县人事志编纂委员会编 北京 中华书局 2007年 731页

011441973
绍兴县公安志
绍兴县公安局编 绍兴 绍兴县公安局编 1999年 297页

008297358
绍兴县民政志
绍兴县民政志编纂委员会编 北京 方志出版社 1998年 425页

008446515
绍兴县政协志
绍兴县政协志编纂委员会编 北京 中国

书籍出版社 1996年 224页

011908762
绍兴县政协志 1994.1—2007.2
绍兴县政协志续志编纂委员会编 绍兴 绍兴县政协志续志编纂委员会 2007年 311页

012266313
绍兴县军事志
绍兴县军事志编纂委员会编 北京 中华书局 2011年 606页

008385543
绍兴县农业志
绍兴县农业局编 上海 上海科学技术出版社 1995年 468页

011908751
绍兴县供销社志
绍兴县供销社志编纂委员会编 北京 中华书局 2008年 567页

012505567
绍兴县财政税务志
绍兴县财政税务志编纂委员会编 北京 中华书局 2010年 947页〔绍兴县志丛书〕

011584866
绍兴县金融志
陈柏寿主编 上海 百家出版社 1997年 171页

012814198
绍兴县档案志
绍兴县档案志编纂委员会编 北京 中华书局 2011年 298页〔绍兴县志丛书〕

013342523
绍兴县教育志 初稿
绍兴县教育志编纂委员会办公室编 1995年 3册

009126434
绍兴县教育志
绍兴县教育志编纂委员会编 北京 方志出版社 2002年 641页

012252507
绍兴县体育志
绍兴县体育志编纂委员会编 北京 中华书局 2010年 450页〔绍兴县志丛书〕

010061284
中国民间文学集成 浙江省绍兴市 绍兴县歌谣卷
绍兴县民间文学集成工作小组编 浙江 浙江省民间文学集成办公室 1988年 280页

010061285
中国民间文学集成 浙江省绍兴市 绍兴县谚语卷
绍兴县民间文学集成工作小组编 杭州

浙江省民间文学集成办公室 1988 年 236 页

009688844
蜀阜志
蜀阜志编纂委员会编 北京 方志出版社 2005 年 369 页

009335211
绍兴县文物志
梁志明等著 杭州 浙江古籍出版社 2002 年 278 页

010147413
绍兴县卫生志
绍兴县卫生志编纂委员会编 杭州 浙江古籍出版社 1997 年 287 页

013731335
绍兴县水产志
绍兴县水产志编纂委员会编 北京 中华书局 2009 年 284 页

012613999
绍兴县水利志
绍兴县水利志编纂委员会编 北京 中华书局 2012 年 485 页

上虞区

007378982
上虞县志
上虞县志编纂委员会编 杭州 浙江人民出版社 1990 年 916 页

013629556
上虞市政协志 1982.10—2012.2
上虞市政协志编纂委员会编 北京 中国文艺出版社 2012 年 695 页

009105939
上虞市土地志
上虞市土地管理局编 杭州 浙江人民出版社 1999 年 365 页

008446511
上虞市水利志
上虞市水利局编 北京 中国水利水电出版社 1997 年 258 页

013067169
上虞教育志
浙江省上虞市教育志编纂委员会编 上虞 浙江省上虞市教育志编纂委员会 1993 年 524 页

009389845
浙江省上虞师范学校校志 1941—1991
楼建华 钱滋大责任编辑 上虞 1991 年 73 页

008450603
上虞县地名志
浙江省上虞县地名委员会编 上虞 浙江省上虞县地名委员会 1984 年 450 页

011908743
上虞土壤志
上虞市农林渔牧局组编 北京 科学普及出版社 2008年 214页

诸暨市

006548246
诸暨县志
诸暨县地方志编纂委员会编 杭州 浙江人民出版社 1993年 1149页

008446356
枫桥史志
陈炳荣编著 北京 方志出版社 1998年 544页

013334361
草塔镇志
草塔镇志编纂委员会编 草塔镇 草塔镇志编纂委员会 2002年 440页

013902047
诸暨渔橹赵家村志
诸暨渔橹赵家村志编纂组编 诸暨 诸暨渔橹赵家村志编纂组 2010年 271页

012101003
诸暨祝家坞村志
祝家坞村 2001年 151页

009024945
诸暨民政志
汪木伦主编 北京 中华书局 2002年 1059页

008450442
诸暨市土地志
诸暨市土地志编纂委员会编 北京 中国大地出版社 1999年 355页

008839622
诸暨农业志
诸暨农业志编纂委员会编 应银桥主编 北京 中华书局 2001年 605页

010293905
诸暨市电力工业志 1917—2000
诸暨市电力工业志编纂委员会编 北京 中华书局 2006年 238页〔浙江省电力工业志丛书〕

011571567
诸暨市水利志 1988—2003
诸暨市水利志编纂委员会编 北京 方志出版社 2007年 445页

013866300
浙江省诸暨县对外经济贸易志
赵银川主编 嘉兴 嘉兴市印刷厂 1989年 167页

009996957
诸暨市财政税务志
诸暨市财政税务志编纂委员会编 北京 中华书局 2002年 532页

012507361
诸暨市教育志 1986—2005
诸暨教育志编委员会编 杭州 西泠印社出版社 2009 年 708 页

011805962
天马学校志
浙江省诸暨市天马实验学校编 杭州 浙江人民出版社 2008 年 540 页

009840468
浙江省诸暨市店口镇黄稼埠志
蒋逸人编 黄稼埠村 2004 年 399 页

008018729
苎梦西施志
政协浙江省诸暨市委员会编 陈侃章 何德康主编 杭州 杭州大学出版社 1991 年 310 页

008450584
诸暨县地名志
诸暨县地名委员会编印 诸暨 诸暨县地名委员会 1982 年 506 页

011909095
五泄山志
杨长岳主编 北京 中国文化出版社 2003 年 292 页

011571311
征天水库志
浙江省诸暨市征天水库管理处编 浙江省诸暨市征天水库管理处 1991 年 130 页

嵊州市

011442019
嵊县交通志 征求意见稿
嵊县交通局编 嵊县 嵊县交通局 1987 年 394 页

007378975
嵊县志
嵊县志编纂委员会编 杭州 浙江人民出版社 1989 年 778 页

011570297
嵊州市志 1986—2002
金午江主编 嵊州市志编纂委员会编 北京 方志出版社 2007 年 1210 页

008822771
长乐镇志
长乐镇志编纂委员会编 杭州 浙江人民出版社 1999 年 749 页

012636628
浙江省嵊州市劳动和社会保障志
嵊州市劳动和社会保障志编纂委员会编 嵊州 嵊州市劳动和社会保障局 2008 年

013145410
嵊州市公安志 1986—2005

嵊州市公安局编 杭州 浙江人民出版社 2010年 263页〔嵊州市公安史志丛书〕

013756069
嵊州市民政志
嵊州市民政局编 嵊州 嵊州市民政局 1997年 444页

011294781
嵊州市国土资源志
浙江省嵊州市国土资源局编 嵊州 浙江省嵊州市国土资源局 2005年 240页

013959375
嵊州市土地志
浙江省嵊州市土地管理局编 嵊州 嵊州市土地管理局 1999年 329页

012814202
嵊州市电力工业志 1919—2005
嵊州市电力公司编著 北京 中国电力出版社 2010年 359页〔浙江省电力工业志丛书〕

009840508
嵊州市水利志
嵊州市水利志编纂委员会编 杭州 浙江大学出版社 2004年 410页

012506245
天乐志 1974—2009
浙江天乐集团天乐志编辑委员会编 嵊州 浙江天乐集团有限公司 2009年 357页

009996183
嵊州市交通志
嵊州市交通局编 杭州 浙江大学出版社 2003年 306页

013756067
嵊州市财政税务志 1986—2002
嵊州市财政税务志编志办公室编 嵊州 嵊州市财政税务志编志办公室 2004年 242页

013736500
中国银行嵊州支行行志 1984—2004
中国银行嵊州支行行志编纂委员会编 嵊州 中国银行嵊州支行行志编纂委员会 2005年 232页

012208207
嵊县教育志
浙江省嵊县教育局编纂 嵊县 浙江省嵊县教育局 1991年 376页

012638849
嵊州市逸夫小学校志 1998—2008
逸夫小学校志编纂委员会编 嵊州 逸夫小学 2008年 215页

013185757
嵊州市育英小学校志 1998—2008
育英小学校史编委会编 嵊州 育英小学

校史编委会 2008年 136页

013148829
浙江省嵊州市鹿山小学百年校志
1904—2004
鹿山小学百年校庆筹备小组编 嵊州 鹿山小学百年校庆筹备小组 2004年 206页

013002495
嵊县中学校志 1915—1995
浙江省嵊县中学编 嵊县 浙江省嵊县中学 1995年 267页

012638843
嵊州市中等职业技术学校校志 1979—2009
丁伯江主编 嵊州 嵊州市中等职业技术学校校志编写组 2009年 216页

008450493
嵊县地名志
浙江省嵊县基本建设委员会编 嵊县 浙江省嵊县基本建设委员会 1983年 540页

012051915
嵊州桥梁图志 古桥
嵊州市交通局编 嵊州 嵊州市交通局 2004年 113页

新昌县

007010527
新昌县志
新昌县志编纂委员会编 上海 上海书店出版社 1994年 793页

009341148
大佛寺志
新昌大佛寺编纂 新昌 新昌大佛寺 2001年 385页

013226604
新昌县统战志
新昌县统战志编纂委员会编 上海 文汇出版社 2011年 368页

012613237
新昌县人民代表大会志
新昌县人民代表大会志编纂委员会编 北京 方志出版社 2010年 535页

009388742
新昌县工商联志
新昌县工商业联合会编 新昌 新昌县工商业联合会 1993年 73页

013994123
浙江省新昌县物资志
浙江省新昌县物资局编 新昌 浙江新昌印刷厂 1991年 205页

013010945
新昌县土地志
浙江省新昌县土地管理局编 新昌 浙江省新昌县土地管理局 1999年 285页

013010933
新昌县水利志
浙江省新昌县水利电力局编 新昌 浙江省新昌县水利电力局 1989年 326页

008380271
新昌县工业志
新昌县工业志编委会编著 北京 改革出版社 1997年 390页〔中国企业史丛书〕

011585116
新昌县交通志
新昌县交通志编审委员会编 杭州 浙江大学出版社 1991年 320页

013226591
新昌县粮食志
新昌县粮食局编 新昌 新昌县粮食局 1992年 374页

013959618
新昌县商业志
浙江省新昌县商业局编 1991年 303页

012899994
新昌县财税志
新昌县财税志编写组编 鲁国栋主编 杭州 杭州大学出版社 1994年 337页

013186070
新昌县财政税务志
新昌县财政税务志编写组编 北京 方志出版社 2011年 962页

013010929
新昌县教育志
浙江省新昌县教育局编 新昌 浙江省新昌县教育局 1991年 357页

013343372
南明小学校志
浙江省新昌南明小学编 新昌 新昌县南明小学 2002年 165页

013604193
新昌县鼓山中学校志 1974.10—2010.12
新昌县鼓山中学校志编写组编 新昌 新昌县鼓山中学校志编写组 2010年 554页

013604196
新昌县知新中学校志
新昌县知新中学编 新昌 新昌县知新中学 2008年 343页

009341152
新昌文物志
新昌文物志编纂委员会编 北京 当代中国出版社 2001年 195页

008450588
新昌县地名志
新昌县地名委员会编 新昌 新昌县地名委员会 1985年 297页

011444048
新昌县地名志
新昌县地名志编撰委员会编 哈尔滨 哈尔滨地图出版社 2007年 707页

013010951
新昌县卫生志
浙江省新昌县卫生局新昌县卫生志编纂办公室编 上海 同济大学出版社 1992年 203页

013037935
长诏水库志 初稿
新昌县长诏水库管理局编 新昌 新昌县长诏水库管理局 2005年 209页

金华市

004344819
金华市志
金华市地方志编纂委员会编 杭州 浙江人民出版社 1992年 1226页

012832186
金华市工会志
金华市工会志编纂委员会编 金华 金华市工会志编纂委员会 2007年 538页

009744972
金华市人民代表大会志
金华市人民代表大会志编纂委员会编 杭州 浙江摄影出版社 2005年 733页

011294818
金华市政协志 征求意见稿
金华市政协志编志室编 金华 金华市政协志编志室 2006年 596页

012898999
金华市政协志
金华市政协志编纂委员会编 杭州 浙江人民出版社 2011年 778页

008662797
金华市公安志
金华市公安志编纂委员会办公室编 北京 方志出版社 1997年 351页〔浙江省公安史志丛书〕

008865050
金华法院志
金华法院志编纂委员会编 北京 方志出版社 1999年 545页

009995818
金华市城乡建设志
金华市城乡建设志编纂委员会编 北京 方志出版社 2005年 739页

013704382
金华市市区供水志 1994.1—2009.6
金华市市区供水志编纂委员会编 金华 金华市市区供水志编纂委员会 2009年 177页

010278959
金华市土地志
金华市国土管理规划局编 北京 中国大地出版社 1998年 407页

012049609
金华市农业志
金华市农业志编纂委员会编 北京 方志出版社 2008年 991页

008446573
金华电力工业志 1918—1990
金华电力工业志编纂委员会编 北京 中国电力出版社 1996年 324页〔浙江省电力工业志丛书〕

013704380
金华电力工业志 1918—2005
金华电力工业志编纂委员会编 杭州 浙江人民出版社 2011年 892页〔浙江省电力工业志丛书〕

008446576
金华市工业志
金华市工业志编纂委员会编 杭州 浙江人民出版社 1997年 431页

011312501
金华市公路水运交通志 1991—2005
金华市公路水运交通志编纂委员会编 北京 方志出版社 2007年 542页

009561896
金华市交通志
金华市交通志编审委员会编 江涛主编 北京 海洋出版社 1997年 547页

012097592
金华公共交通志 1977.6—2007.6
金华公共交通志编纂委员会编 金华 金华公共交通志编纂委员会 2007年 279页

008972348
金华市邮电志
金华市邮电局编 北京 方志出版社 2001年 423页

008846386
金华市供销合作社志
金华市供销合作社志编纂委员会编 北京 方志出版社 1999年 754页

011566150
金华市财政税务志

金华市财政税务志编纂委员会 金华市财政税务局编 杭州 浙江人民出版社 1993年 430页

013531056
金华市农村金融志
中国农业银行金华市支行编 金华 中国农业银行金华市支行 1993年 246页

009561904
金华市文化志
金华市文化志编纂委员会编 杭州 浙江人民出版社 1991年 509页

012639092
金华广播电视志 2005
金华广播电视志编委会编 金华 金华广播电视志编委会 2005年 171页

008450500
金华市科技志
金华市科技志编纂委员会编 杭州 浙江人民出版社 1993年 354页

009995826
金华市教育志
金华市教育志编纂委员会编 杭州 浙江人民出版社 1993年 534页

012139418
金华市教育志
金华市教育志编纂委员会编 杭州 浙江人民出版社 2009年 940页

009126443
浙江金华第一中学校志 1902—2002
浙江金华第一中学校志编纂委员会编 金华 浙江金华第一中学校志编纂委员会 2002年 565页

013820472
金华教育学院院志 1962—2002
金华教育学院办公室编 金华 金华市东信彩印包装厂 2002年 168页

013820478
金华教育学院院志 1962—2012
金华教育学院院志编写组编 金华 金华教育学院院志编纂委员会 2012年 276页

012541913
金华职业技术学院师范教育志 1907—2007
金华职业技术学院师范学院编 金华 金华职业技术学院师范学院 2007年 351页

013820487
[金华市青春中学]校志 金华市青春中学十周年 1946—2011
金华市青春中学十周年金华市第七中学六十五周年校志编委会编 浙江 2011年 153页

012052604
浙江建材技工学校校志 1978—2008

浙江建材技工学校校志编委会编 浙江 浙江建材技工学校 2008年 313页

011188849
浙江省民间文学集成 金华市故事卷
北京 中国民间文艺出版社 1989年 951页

011591667
浙江省民间文学集成 金华市歌谣 谚语卷
金华市民间文学集成办公室编 杭州 浙江文艺出版社 1991年 640页

012872994
金华地区风俗志
章寿松主编 金华 浙江省金华地区群众艺术馆 1984—1986年 2册〔金华风俗丛书〕

011591632
金华市风俗简志
祝根山主编 黄子奇 李英 章竹林 章伟文编纂 浙江省金华市文化馆编 浙江 浙江师范学院印刷厂 1984年 118页

008450519
金华市地名志
金华市地名办公室编 金华 金华市地名办公室 1985年 503页

009254107
双龙风景名胜区志
金华市双龙风景旅游区管委会 浙江省金华市旅游局编 上海 上海人民出版社 2003年 377页

012265115
金华水旱灾害志
朱建宏主编 北京 中国水利水电出版社 2009年 169页

009678936
金华园林志
金华园林志编著委员会 金华市园林管理处著 北京 中国青年出版社 2004年 283页

011804741
金华市水利续志 1991—2004
浙江省金华市水利局编 北京 方志出版社 2008年 269页

008446579
金华市水利志
浙江省金华市水电局编 北京 中国水利水电出版社 1996年 437页

婺城区

013093004
金华市婺城区志
金华市婺城区志编纂委员会编 北京 方志出版社 2011年 1574页

013728900
后溪河村志
后溪河村志编撰委员会编 后溪河村 后溪河村志编撰委员会 2006年 262页

013627983
金华市婺城区人民代表大会志
金华市婺城区人民代表大会志编纂委员会编 杭州 西泠印社出版社 2012年 871页

金东区

006135331
金华县志 第1卷
金华县志编纂委员会编 杭州 浙江人民出版社 1992年 892页

009688805
金华县续志 第2卷
金华市金东区金华县续志编纂委员会编 北京 方志出版社 2005年 1173页

013531078
金华县人民代表大会志
金华县人民代表大会志编纂委员会编 金华 金华县人民代表大会志编纂委员会 1998年 364页

013531059
金华县法院志
金华县法院志编纂委员会编 金华 金华县法院志编纂委员会 2005年 401页

008822756
金华县土地志
金华县土地管理局编 杭州 浙江人民出版社 1998年 280页

009962500
金华县水利志
金华县水利志编纂委员会编 杭州 浙江人民出版社 1994年 335页

010147009
金华县教育志
金华县教育志编纂委员会编 杭州 浙江人民出版社 1992年 516页

011146883
中国民间文学集成 浙江省金华市 金华县故事歌谣谚语卷
金华县民间文学集成办公室编 浙江 浙江省民间文学集成办公室 1988年 677页

010118480
金华县卫生志
金华县卫生志编纂领导小组编 杭州 浙江人民出版社 1995年 334页

兰溪市

004892876
兰溪市志

兰溪市志编纂委员会编 杭州 浙江人民出版社 1988年 904页

013897912
兰溪市志
兰溪市地方志编纂委员会编 杭州 浙江人民出版社 2013年 2册

008446560
洞源村志
洞源村志编纂委员会编 北京 中国书籍出版社 1997年 251页

009126258
兰溪城关镇志
兰溪城关镇志编纂领导小组编 杭州 浙江人民出版社 1987年 490页

009126274
兰溪游埠镇志
游埠镇志编委会编 杭州 浙江人民出版社 1989年 365页

008450312
女埠镇志
女埠镇志编纂委员会编纂 北京 方志出版社 1998年 513页

012317002
姚村村志
兰溪市姚村村志编纂领导小组编 兰溪 兰溪市姚村村志编纂领导小组 1997年 262页

013798865
诸葛村志
诸葛村志编纂委员会编 杭州 西泠印社出版社 2013年 616页

013000300
兰溪市人民代表大会志
兰溪市人民代表大会志编纂委员会编 杭州 浙江人民出版社 2011年 475页

012661421
兰溪市人事劳动社会保障志
兰溪市人事劳动社会保障志编纂委员会编 杭州 浙江科学技术出版社 2010年 528页

013317853
兰溪老龄十年志
兰溪市老龄委员会编 2000年 303页

012719171
兰溪农村工作简志
兰溪市农业和农村工作办公室编 兰溪 兰溪市农业和农村工作办公室 2009年 305页

012762255
兰溪市粮食志
浙江省兰溪市粮食志编纂委员会编 兰溪 兰溪市粮食志编纂委员会 2006年 371页

012719180
兰溪市电力工业志 1915—2005
兰溪市电力工业志编纂委员会编 杭州 浙江人民出版社 2010年 437页〔浙江省电力工业志丛书〕

009126269
兰溪医药志
兰溪医药志编纂委员会编 杭州 浙江人民出版社 1993年 307页

009126262
兰溪工业志
兰溪工业志编写组编 杭州 浙江人民出版社 1989年 281页

011475244
兰溪市旅游志
兰溪市旅游志编纂委员会编 北京 中国旅游出版社 2008年 333页

010118483
兰溪财政税务志
兰溪县财政税务志编纂小组编 杭州 浙江人民出版社 1997年 385页

009126263
兰溪市文化志
兰溪市文化局编 杭州 浙江人民出版社 2002年 588页

012265278
兰溪教育体育志
兰溪教育体育志编纂委员会编 杭州 浙江教育出版社 2008年 689页

011439902
兰溪教育志
兰溪市教育委员会编 杭州 浙江人民出版社 1993年 392页

013735523
云山小学志
云山小学志编纂委员会编 兰溪 云山小学志编纂委员会 2001年 152页

013863650
十年岁月 兰溪五中校志续 1998—2008
十年岁月兰溪五中校志(续)编纂委员会编 2008年 450页

008450889
浙江省兰溪县地名志
兰溪县地名委员会编 兰溪 兰溪县地名委员会 1983年 439页

义乌市

012613036
义乌市志
义乌市志编纂委员会编 上海 上海人民出版社 2011年 5册 3059页

008822295
义乌县志
义乌县志编纂委员会编 杭州 浙江人民

出版社 1987年 761页

010146948
何麻车村志
何麻车村志编纂委员会编 1998年 340页

010146967
前洪村志
前洪村志编纂委员会编 义乌 前洪村志编纂委员会 1996年 811页

009678994
义乌人大志
义乌人大志编纂委员会编 北京 中国文联出版社 2003年 715页

009679001
义乌市政协志
义乌市政协志编审委员会编 杭州 浙江人民出版社 2005年 304页

010280313
义乌市政协志
义乌市政协志编纂委员会编 北京 中国文史出版社 2006年 608页

009996523
义乌市人民检察志 1951—2000
义乌市人民检察志编审委员会编 义乌 义乌市人民检察志编审委员会 2001年 235页

009678986
义乌工商行政管理志 1992—2002
义乌市工商行政管理局编 义乌 义乌工商行政管理局 2004年 266页

013757257
义乌市工商行政管理志
义乌市工商行政管理局编 义乌 义乌市工商行政管理局 1992年 250页

012613041
义乌市城乡建设志
义乌市建设局编 上海 上海人民出版社 2010年 2册

013939697
义乌市林业志
义乌市林业局编 北京 中国林业出版社 2011年 309页

013757961
义乌市农业志
义乌市农业局编 义乌 义乌市农业局 2011年 321页

012256507
义乌市土地志
浙江省义乌市土地志编委会编 义乌 浙江省义乌市土地志编委会 1997年 461页

011479492
义乌市交通志

义乌市交通志编纂委员会编 北京 方志出版社 2008年 731页

011294798
义乌市市场开发服务中心志
义乌市市场开发服务中心编 义乌 义乌市市场开发服务中心 2005年 270页

011295468
义乌教育志
义乌教育志编纂委员会编 杭州 浙江教育出版社 2007年 574页

013464349
浙江省义乌中学校志 1927—1997
义乌中学编 义乌 义乌印刷包装总厂 1997年 252页

012208568
浙江省义乌中学校志 1927—2007
义乌中学校志编委会编 义乌 义乌中学校志编委会 2007年 450页

013759066
浙江省义乌师范学校校志 1956—1998
浙江省义乌师范学校校志编纂委员会编 义乌 浙江省义乌师范学校校志编纂委员会 2007年 319页

011377647
乌伤遗珍 义乌市文化遗产图志
义乌市博物馆编 吴高彬主编 黄美燕 金国祯副主编 北京 文物出版社 2008年 139页

013097874
义乌明珠 华溪山水人物志略
虞国强著 北京 中国计量出版社 2004年 304页

008450899
浙江省义乌县地名志
义乌县地名委员会编 义乌 义乌县地名委员会 1984年 374页

013961193
[义煤集团总医院]院志 1958—2008
义煤集团总医院院志编纂委员会编 2008年 284页

013190009
义乌市中心医院院志 1941—2011
义乌市中心医院院志编纂领导小组编 义乌 义乌市中心医院 2011年 374页

东阳市

007272133
东阳市志
东阳市地方志编委会编纂 上海 汉语大词典出版社 1993年 918页

009164546
㮟卢村志
卢梦凯主编 卢江中副主编 㮟卢村志编

纂委员会编 东阳 寀卢村志编纂委员
会 1999年 1005页〔浙江省名村志
集成〕

009678900
蔡宅村志
东阳市蔡宅村志编纂委员会编 北京 方
志出版社 2004年 1062页〔浙江省
名村志集成〕

011320820
东阳名村志
东阳市作家协会编 东阳 东阳市作家协
会 2004年

010146850
湖溪村志
浙江东阳湖溪村志编纂办公室编 湖溪
村 浙江东阳湖溪村志编纂办公室
1996年 388页

011327121
东阳市农业志
东阳市农业志编纂委员会编 上海 上海
科学技术出版社 1995年 343页

012541007
东阳市电力工业志 1935—2005
东阳市电力工业志编纂委员会编 杭州
浙江人民出版社 2009年 367页〔浙
江省电力工业志丛书〕

011591384
东阳市二轻工业志
东阳市二轻局编 东阳 东阳市二轻局
1990年 295页

013860468
东阳市交通志 1987
蒋君威主编 东阳市交通志编纂办公室
编 东阳 浙江省东阳市六石国花电排
印刷厂 1989年 494页

009881598
东阳市金融志
吴维忠主编 东阳 1994年 336页

013334626
东阳市文化志
王九成主编 东阳市文化局编 东阳 东
阳市文化局 1998年 449页

011591386
东阳市教育志
东阳市教育志编纂委员会编 杭州 浙江
大学出版社 1994年 542页

011591376
**中国民间文学集成 浙江省 金华市 东
阳县故事卷**
东阳县民间文学集成办公室编 杭州 浙
江省民间文学集成办公室 1987年
576页

013956851

东阳吴氏文化志

吴寿兰主编 上海 上海交通大学出版社 2012年 682页

011591382

东阳风俗志

周耀明 王庸华编者 东阳县文化馆编 东阳 东阳印刷厂 1985年 144页

008450929

浙江省东阳地名志

东阳县地名办编 东阳 东阳县地名办 1986年 598页

009840430

东阳市卫生志

东阳市卫生局编 东阳 东阳市卫生局 1992年 283页

011431370

东阳市水利志

金仁和主编 南京 河海大学出版社 1993年 230页

永康市

004102694

永康县志

永康县志编纂委员会编 杭州 浙江人民出版社 1991年 911页

008662446

河头村志

永康市河头村志编委会编 合肥 黄山书社 1994年 258页〔浙江乡村社会研究丛书〕

009164462

唐先志

永康市唐先志编纂委员会编 永康 浙江省永康市通达激光照排经营部 1997年 2册

013630695

永康县人大志

浙江省永康县人大志编纂小组编 永康 浙江省永康县人大志编纂小组 1990年 428页

013148746

永康市政协志

永康市政协志编纂委员会编 北京 团结出版社 1993年 237页

008450484

永康市土地志

永康市土地志编纂委员会编 北京 方志出版社 1997年 299页

012256524

永康市电力工业志 1921—2005

永康市电力工业志编纂委员会编 杭州 浙江人民出版社 2009年 344页〔浙江省电力工业志丛书〕

008450316
永康姓氏志
应宝容编著 北京 方志出版社 1997年 313页

008450545
永康县地名志
浙江省永康县地名委员会编 永康 浙江省永康县地名委员会 1986年 408页

武义县

003801232
武义县志
武义县志编纂委员会编 杭州 浙江人民出版社 1990年 873页

013328718
武义县志 1986—2005
武义县地方志编纂委员会编 北京 方志出版社 2010年 1354页

012956550
武义柳城镇志
柳城镇志编纂办公室编 杭州 浙江人民出版社 1989年 397页

012052402
武义县关工志 1989—2004
浙江省武义县关心下一代工作委员会编 兰溪 武义县关心下一代工作委员会 2004年 540页

009744979
武义县人大志
武义县人大志编纂委员会编 北京 方志出版社 2005年 561页

013757052
武义县人事劳动社会保障志
武义县人事劳动社会保障志编纂委员会编 杭州 浙江大学出版社 2012年 732页

008848238
武义县公安志
武义县公安局编 北京 方志出版社 1998年 354页〔浙江省公安史志丛书〕

010146858
武义县民政志
武义县民政志编委会编 武义 武义县民政志编委会 2003年 808页

013865234
武义法院志
浙江省武义县人民法院编 杭州 浙江人民出版社 2000年 617页

008450487
武义县土地志
武义县土地志编纂委员会编 北京 方志出版社 1997年 314页

011579741
东莹志
东风萤石公司矿志编纂委员会编 浙江 东风萤石公司 1990 年 436 页

008446533
武义电力志
武义县供电局编 杭州 浙江人民出版社 1993 年 221 页

008446534
武义萤石志
武义萤石志编纂委员会编 杭州 浙江人民出版社 1994 年 474 页

011443985
武义县交通志
浙江省武义县交通局 武义县交通志编纂领导小组编 武义 武义县交通志编纂领导小组 1988 年 287 页

008662434
金温铁路武义段志
金温铁路武义段志编纂委员会编 北京 海洋出版社 1999 年 254 页

013706876
武义县财税志
武义县财政税务局编 武义 武义县财政税务局 1993 年 518 页

009164830
武义县文化志
武义县文化志编纂委员会编 武义 1993 年 658 页

013462874
武义县科学技术志
武义县科学技术志编纂委员会编 杭州 浙江大学出版社 2011 年 596 页

012208343
武义县教育志
武义县教育志编纂委员会编 武义 武义县教育志编纂委员会 1993 年 334 页

012316909
武义县教育志
武义县教育志编纂委员会编 杭州 浙江教育出版社 2009 年 724 页

011311817
壶山小学志 1902.1—2001.12
壶山小学志编纂委员会编 武义 壶山小学志编纂委员会 2001 年 613 页

011591607
中国民间文学集成 浙江省金华市武义县故事卷
武义县民间文学集成办公室编 浙江 浙江省民间文学集成办公室 1989 年 566 页

012316905
武义风俗志
唐桓臻著 北京 中国文史出版社 2009

年 250 页〔文化武义丛书〕

008528112
武义县地名志
武义县地名办公室编 武义 武义县地名办公室 1986 年 368 页

浦江县

007378976
浦江县志
浦江县志编纂委员会编 杭州 浙江人民出版社 1990 年 793 页

009996033
前吴村志
浦江县前吴村志编纂委员会编 杭州 浙江古籍出版社 1996 年 292 页

009511338
前于村志
于继耕主编 前于村志编辑委员会编 北京 方志出版社 2004 年 460 页

013131074
浦江县人民代表大会志
浦江县人民代表大会志编纂委员会编 浦江 浦江县人民代表大会志编纂委员会 2011 年 549 页

012099717
浦江县政协志
浦江县政协志编纂委员会编 香港 香港文汇出版社有限公司 2006 年 763 页

014047869
浦江县政协志 1950—2001
政协浦江县委员会编纂 浦江 政协浦江县委员会 2002 年 223 页

009840486
浦江县公安志
浦江县公安志编纂委员会编 杭州 浙江古籍出版社 1996 年 290 页

008450457
浦江县土地志
浦江县土地志编纂委员会编 黄林生主编 黄恢信 杨训臣副主编 北京 中国大地出版社 1999 年 490 页〔浙江省土地志集成〕

013225556
浦江县交通志
浦江县交通局编志办公室编 浦江 浦江县交通局 1991 年 258 页

009149572
浦江县财政税务志
浦江县财政税务志编纂委员会编 徐红阳主编 北京 方志出版社 2003 年 384 页〔浦江方志丛书〕

013066910
浦江县教育志
浦江县教育志编纂组编 浦江 浦江县教

育志编纂组　1988 年　166 页

013794812
浦江县教育志 1986—2005
浦江县教育志编纂委员会编　杭州　浙江教育出版社　2012 年　539 页

013753757
浦江文化志稿
张文德主编　杭州　浙江人民出版社　2012 年　592 页

009996027
浦江风俗志
浦江县县志编纂委员会办公室　浦江县文化馆合编　浦江　浦江县文化馆　1984 年　215 页

013730379
浦江县水利志
浦江县水务局编　北京　方志出版社　2013 年　402 页

磐安县

007477981
磐安县志
磐安县志编纂委员会编　杭州　浙江人民出版社　1993 年　651 页

012684555
磐安县志 1991—2005
磐安县地方志编纂委员会编　北京　方志出版社　2010 年　2 册　1214 页

012658413
斐湖村志
斐湖村志编委会编　磐安　斐湖村志编委会　2000 年　522 页

009996012
磐安县人民代表大会志
磐安县人民代表大会志编纂委员会编　杭州　浙江摄影出版社　2005 年　708 页

013705221
磐安县政协志
磐安县政协志编审委员会编　磐安　磐安县政协志编审委员会　2006 年　472 页

008450477
磐安县土地志
磐安县土地志编纂委员会编　曹才主编　北京　中国大地出版社　1999 年　234 页〔浙江省土地志集成〕

008530664
磐安电力工业志
浙江省磐安电力工业志编委会编　北京　中国电力出版社　2000 年　289 页〔浙江省电力工业志丛书〕

009996007
磐安县交通志
磐安县交通志编纂组编　杭州　浙江大学

出版社 1995 年 405 页

008450553
磐安县地名志
浙江省磐安县地名委员会编 磐安 浙江省磐安县地名委员会 1986 年 215 页

013735653
浙江大盘山药材志
陈远志 陈锡林 张方钢主编 杭州 浙江科学技术出版社 2011 年 2 册

衢州市

008034096
衢州市志
衢州市志编纂委员会编 杭州 浙江人民出版社 1994 年 1434 页

012836152
衢州市计划生育协会志
衢州市计划生育协会编 北京 中国人口出版社 2006 年 422 页

009744975
衢州市政协志
衢州市政协志编纂委员会编 北京 方志出版社 2005 年 601 页

009335273
衢州公安志
衢州公安志编纂委员会编 北京 中华书局 2002 年 595 页〔浙江省公安史志丛书〕

013958948
衢州法院志
浙江省衢州市中级人民法院编 衢州 浙江省衢州市中级人民法院 1999 年 518 页

011892415
衢州检察志
衢州检察志编委会编 北京 方志出版社 2008 年 591 页

010475972
中国武警志 浙江省总队 衢州市支队志
1986—1999
中国人民武装警察部队浙江省总队衢州市支队史志编审委员会编 衢州 武警 2001 年 249 页

008450320
衢州市建设志
衢州市建设志编纂委员会编 杭州 浙江人民出版社 1996 年 235 页

008450482
衢州市土地志

衢州市土地志编纂委员会编 北京 中华书局 1999年 507页

008662709
衢州市电力工业志
衢州市电力工业志编纂委员会编 北京 中华书局 2000年 232页〔浙江省电力工业志丛书〕

013342441
衢州市建筑业志
衢州市建筑业志编纂委员会编 北京 方志出版社 2011年 988页

009061171
乌溪江水利发电厂志
乌溪江水利发电厂志编纂委员会编 北京 中华书局 2002年 222页〔浙江省电力工业志丛书〕

012636646
浙江华电乌溪江水力发电厂志 1995—2007
浙江华电乌溪江水力发电厂志编纂委员会编 杭州 浙江人民出版社 2010年 237页〔浙江省电力工业志丛书〕

012722174
衢州市交通志 1985—2007
浙江省衢州市交通局编 北京 方志出版社 2010年 313页

008662713
衢州市金融志
衢州市金融志编纂委员会编 北京 中华书局 1999年 384页

008450324
衢州市农村金融志
衢州市农村金融志编写组编 冯照华主编 北京 方志出版社 1998年 303页

009126428
衢州市群众文化志
衢州市群众文化志编纂委员会编 杭州 浙江人民出版社 1994年 234页

009675554
衢州市科学技术志
胡立川主编 杭州 浙江科学技术出版社 2005年 380页

009840489
衢州市教育志
衢州市教育志编纂委员会编 杭州 杭州出版社 2005年 463页

010279792
浙江省衢州第二中学校志 1953—2003
浙江省衢州第二中学校志编纂委员会编 衢州 浙江省衢州第二中学校志编纂委员会 2003年 577页

009149795
衢州市曲艺志

衢州市曲艺志编纂委员会编 杭州 浙江人民出版社 1999年 255页

008450565
衢州市地名志
浙江省衢州市地名委员会办公室编 衢州 浙江省衢州市地名委员会办公室 1988年 1058页〔浙江地名丛书〕

012139435
烂柯山志
烂柯山志编纂领导小组编 杭州 浙江人民出版社 1998年 340页

008973564
衢州孔氏南宗家庙志
衢州孔氏南宗家庙志编委会编 杭州 浙江人民出版社 2001年 277页

012614146
衢州明果禅寺志
释定照 刘国庆编纂 衢州 衢州明果禅寺 2008年 183页

013461914
衢州市人民医院衢州中心医院院志
1948—2007
衢州市人民医院衢州中心医院院志编纂办公室编 衢州 衢州市人民医院衢州中心医院院志编纂办公室 2008年 219页

009996059
衢州柑桔志
衢州柑桔志编纂组编 杭州 浙江人民出版社 1997年 368页

柯城区

009840477
柯城区志
衢州市柯城区志编纂委员会编 北京 方志出版社 2005年 1026页

008845846
衢州市柯城区土地志
柯城区土地志编纂委员会编 北京 方志出版社 1999年 189页

衢江区

007908338
衢县志
衢县志编纂委员会编 杭州 浙江人民出版社 1992年 739页

009009802
衢县志 1985—2001
衢县志编纂委员会编 北京 方志出版社 2002年 677页

009335267
衢县民政志
衢县民政志编纂委员会编 杭州 浙江人

民出版社 1991 年 337 页

009117018
衢县土地志
衢县土地志编纂委员会编 北京 方志出版社 1999 年 384 页

009744987
衢县林业志
衢县林业志编写组编 北京 中国林业出版社 1994 年 301 页

013066988
衢县姓氏志
衢县地名办公室编 王家寿执笔 衢县 衢县地名办公室 2001 年 138 页

江山市

007384531
江山市志
江山市志编纂委员会编 杭州 浙江人民出版社 1990 年 759 页

013926371
江山市志 1988—2007
江山市地方志编纂委员会编 北京 方志出版社 2013 年 1239 页

007932833
白沙村志
浙江江山定村乡白沙村志编纂组编 上海 学林出版社 1991 年 193 页

013528622
白沙村志
浙江省江山市凤林镇白沙村志编纂领导小组编 毛东武主编 北京 方志出版社 2012 年 846 页

007905740
江山城关镇志
江山城关镇志办公室编 杭州 浙江人民出版社 1991 年 341 页

009745111
清湖镇志
毛东武主编 王红梅等供稿 香港 天马图书有限公司 2003 年 491 页〔浙江省名镇志集成〕

012265404
廿八都镇志
北京 中国文史出版社 2005 年 3 册

011066405
江山市人大志
江山市人大志编纂委员会编 北京 方志出版社 2006 年 795 页

009790124
江山政协志
江山政协志编纂委员会编 北京 中央文献出版社 2003 年 352 页

012265111
江山公安志

江山公安志编纂委员会编 北京 中国文史出版社 2009年 443页

013704265
虎山集团志 1988—2007
虎山集团志编纂委员会编 杭州 杭州出版社 2012年 308页

012174057
江山市电力工业志
江山市电力工业志编纂委员会编 北京 中华书局 2009年 363页〔浙江省电力工业志丛书〕

009688801
江山市水利志
江山市水利志编纂委员会编 毛东武总纂 合肥 黄山书社 1998年 368页

005285264
江山水泥厂志
何云法主编 杭州 浙江人民出版社 1988年 237页

009962543
浙安公司志 1958—1987
浙安公司志编辑部编 北京 中国新闻出版社 1988年 373页

008446581
江山交通志
江山交通志编纂委员会编 杭州 浙江人民出版社 1993年 273页

005285320
浙江省江山市教育志
江山市教育委员会编纂 北京 团结出版社 1992年 362页

009745098
六家志
毛东武著 南宁 广西民族出版社 1996年 152页

008450920
浙江省江山县地名志
江山县地名委员会编 江山 江山县地名委员会 1984年 603页

常山县

004516028
常山县志
常山县志编纂委员会编 杭州 浙江人民出版社 1990年 725页

012096442
常山县志 1988—2005
常山县地方志编纂委员会编 杭州 西泠印社出版社 2008年 1128页

013731736
天马镇志
天马镇志编纂委员会编 杭州 浙江人民出版社 2012年 470页

009840425
常山县林业志
丁启才主编　北京　中国林业出版社　1998年　330页

009962453
常山县水利志
常山县水电局编　杭州　杭州大学出版社　1991年　281页

009995711
常山县交通志 2000
常山县交通志编纂办公室编　常山　常山县交通志编纂办公室　2002年　428页

011320857
浙江省常山县教育志
常山县教育志修订编纂委员会编　杭州　浙江文艺出版社　2005年　385页

007660504
古常山郡新志
于华峰编著　台北　1983年　401页

008450515
浙江省常山县地名志
常山县地名办公室编　常山　常山县地名办公室　1987年　445页

开化县

008053718
开化县志
开化县志编纂委员会编　杭州　浙江人民出版社　1988年　633页

012680335
开化县志 1986—2005
开化县地方志编纂委员会编　北京　方志出版社　2010年　1142页

009105686
华埠镇志
华埠镇志编纂小组编　杭州　浙江人民出版社　2003年　465页

011327141
开化县城乡志
开化县城乡建设环境保护局编　开化　开化县城乡建设环境保护局　1989年　169页

013735945
中共开化县委党校校志 1952—2012
中共开化县委党校编　北京　方志出版社　2012年　311页

013730150
开化县公安志
开化县公安志编纂委员会编　北京　方志出版社　2012年　417页

009388703
开化林业志
开化林业志编写组编　杭州　浙江人民出版社　1988年　469页

013730147
开化水利志
衢州市开化县水利局编 北京 中国文史出版社 2006年 542页

009995853
开化交通志
开化交通志编纂室编 杭州 浙江人民出版社 1990年 292页

013184275
开化县交通志 1986—2006
开化县交通志编纂委员会编 北京 方志出版社 2011年 477页

013144489
开化县文化志 1986—2009
开化县文化志编纂委员会编 北京 方志出版社 2011年 492页

011320812
开化县广播电视志
开化县广播电视志编纂委员会编 杭州 浙江人民出版社 2003年 455页

011329778
开化县教育志
开化县教育委员会编 开化 开化县教育委员会 1989年 394页

013861869
开化县教育志 1987—2012
开化县教育志编纂委员会编 北京 方志出版社 2013年 538页

008450607
浙江省开化县地名志
开化县地名委员会编 开化 开化县地名委员会 1986年 284页

龙游县

003034982
龙游县志
浙江省龙游县志编纂委员会编 北京 中华书局 1991年 767页〔中华人民共和国地方志〕

010779006
龙游政协志
龙游政协志编纂委员会编 北京 当代中国出版社 2007年 581页

013601795
龙游县粮食志
龙游县志编纂委员会办公室编 北京 团结出版社 1990年 236页〔龙游专志〕

012139488
龙游县农业志
劳乃强主编 贾尚田副主编 龙游 龙游县农业局 1996年 416页

008450241
龙游县金融志

浙江省龙游县金融志编纂委员会编 北京 中华书局 1995年 283页〔龙游专志〕

编 杭州 西泠印社出版社 2008年 586页

011997374
龙游县教育志 1983—2005
龙游县教育志编纂委员会编 江永亮主编 杭州 西泠印社出版社 2008年 586页

008450895
浙江省龙游县地名志
浙江省龙游县地名办公室编 龙游 龙游县地名办公室 1990年 487页

舟山市

005559209
舟山市志
舟山市地方志编纂委员会编 杭州 浙江人民出版社 1992年 915页

013630815
舟山市政协志
舟山市政协志编纂委员会编 北京 中国文史出版社 2012年 548页

009995832
金塘志
金塘志编纂委员会编 包江雁主编 方长生执行主编 北京 中华书局 1999年 676页

008671078
舟山市公安边防志
舟山市公安边防支队编 北京 方志出版社 1999年 450页

012663913
舟山市工会志 1927—1991
舟山市总工会编 北京 中国广播电视出版社 1993年 242页

007843281
舟山市城乡建设志
舟山市城乡建设志编纂委员会编 北京 中国大百科全书出版社 1995年 404页

013798855
舟山市人民代表大会志
舟山市人民代表大会志编纂委员会编 舟山 定海同润图文印刷中心 2011年 615页

012003220
舟山市电力工业志 1920—2005
舟山市电力工业志编纂委员会编 北京 中国文史出版社 2008年 355页〔浙江省电力工业志丛书〕

010730575
舟山市水利志
舟山市水利志编纂委员会编 北京 中华书局 2006年 780页

007445479
舟山工业志
刘胜勇主编 上海 上海人民出版社 1989年 172页

008450220
舟山市交通志
舟山市交通志编审委员会编 彭宪初主编 北京 海洋出版社 1998年 396页

010243020
舟山市邮电志
舟山市邮电局编 上海 上海科学技术出版社 1995年 285页

008380240
舟山粮食志
舟山粮食志编纂委员会编 上海 上海科学技术出版社 1993年 429页

007824173
舟山外经贸志
舟山外经贸志编纂委员会编 上海 上海社会科学院出版社 1993年 429页

009881731
舟山市金融志
董秉权主编 舟山市金融志编纂委员会编 上海 上海社会科学院出版社 1996年 246页

008450433
舟山海域岛礁志
舟山市地名委员会编 舟山 舟山市地名委员会 1991年 392页

013074898
舟山市检验检疫志
舟山出入境检验检疫局编 舟山 舟山出入境检验检疫局 2003年 551页

013798858
舟山市人民医院院志 1954—2004
陈砚昕主编 北京 新华出版社 2004年 382页

011911527
舟山市卫生防疫志
浙江省舟山市卫生防疫站编 舟山 舟山市卫生防疫站 2000年 384页

009046554
舟山市卫生志
舟山市卫生志编纂委员会编 北京 中华书局 2002年 1056页

007366513
舟山渔志
舟山渔志编写组编著 北京 海洋出版社 1989年 434页

定海区

006350829
定海县志
定海县志编纂委员会编 杭州 浙江人民出版社 1994年 909页

008822666
白泉镇志
白泉镇志编纂委员会 方长生主编 俞隐鹤副主编 北京 中国书籍出版社 1996年 517页

013093123
马岙镇志
马岙镇志编纂委员会编 唐云跃 高国文编 北京 中国文史出版社 2010年 317页

014028669
定海工会志
定海工会志编纂委员会编 北京 中国文史出版社 2013年 493页

013771852
定海政协志
定海政协志编纂委员会编 北京 中国文史出版社 2009年 559页〔定海地方志丛书〕

013798794
舟山市定海区军事志
舟山市定海区军事志编纂委员会编 舟山 定海同润图文印刷中心 2011年 692页〔浙江省军事志丛书〕

009962456
定海交通志
定海交通志编纂领导小组 倪吾芳主编 杭州 浙江大学出版社 1996年 368页

013791128
定海教育志
定海教育志编纂办公室编 舟山 舟山市时代教育文印社 1998年 262页

普陀区

008822619
普陀区志 1987—1995
普陀区志编纂委员会 蒋文波主编 杭州 浙江人民出版社 1999年 1074页

008143581
普陀县志
普陀县志编纂委员会 蒋文波主编 谢永根等副主编 杭州 浙江人民出版社 1991年 1154页

007791115
六横志
蒋文波主编 上海 上海书店出版社 1996年 564页

009126436
沈家门镇志
沈家门镇志编纂领导小组 谢永根主编 王明时副主编 杭州 浙江人民出版社 1996年 629页

008446588
展茅镇志
蒋文波 秦永禄主编 北京 中国书籍出版社 1997年 486页

009688841
普陀企业志
蒋文波主编 普陀企业志编委会编 杭州 浙江古籍出版社 1994年 362页

010147410
普陀交通志
普陀交通志编审委员会编 丁康贤主编 杭州 浙江大学出版社 2005年 480页

008450925
普陀县地名志
普陀县地名办公室编 普陀 普陀县地名办公室 1986年 422页

008338055
普陀洛迦山志
普陀山佛教协会编 妙善鉴定 王连胜主编 上海 上海古籍出版社 1999年 1165页

010730015
舟山海域海洋生物志
普陀县志编辑部编 杭州 浙江人民出版社 1994年 352页

岱山县

007366660
岱山县志
岱山县志编纂委员会编 杭州 浙江人民出版社 1994年 730页

010962496
岱山县志 1989—2000
岱山县志编纂委员会编 杭州 浙江人民出版社 2006年 1438页

013093269
青黑村志
1999年 155页

008446528
岱山县盐业志
岱山县盐业志编纂领导小组编 杭州 浙江人民出版社 1994年 328页

009881595
岱山县金融志 1912—1988
岱山县金融志编写组编 岱山 岱山县金融志编写组 1994年 170页

011328101
岱山县教育志

岱山县教育委员会编 岱山 岱山县教育委员会 1996年 278页

008450489
岱山县地名志
岱山县地名办公室编 岱山 岱山县地名办公室 1990年 348页

嵊泗县

004892877
嵊泗县志
嵊泗县志编纂委员会编 杭州 浙江人民出版社 1989年 736页

011805910
嵊泗县志 1986—2000
嵊泗县地方志编纂委员会编 北京 方志出版社 2007年 791页

013795522
嵊泗县政协志
嵊泗县政协志编纂委员会编 浙江 2006年 480页

013145406
嵊泗海洋与渔业志
嵊泗海洋与渔业志编纂委员会编 北京 方志出版社 2011年 728页

011442002
嵊泗县交通志
许示主编 嵊泗县交通志编纂领导小组编 杭州 浙江大学出版社 1995年 300页

008450894
浙江省嵊泗县地名志
嵊泗县地名办公室编 嵊泗 嵊泗县地名办公室 1990年 353页

台州市

008822371
台州地区志
台州地区地方志编纂委员会编 杭州 浙江人民出版社 1995年 1382页

008532058
台州地区志志余辑要
台州市地方志编纂委员会办公室编 杭州 浙江人民出版社 1996年 355页

012814241
台州市志
台州市地方志编纂委员会编 北京 中华书局 2010年 2册 2112页

008848283

台州边防志

台州边防志编纂委员会编 北京 方志出版社 1999 年 442 页

009561907

台州公安志

台州公安志编纂委员会编 上海 汉语大词典出版社 2001 年 420 页

008662204

台州市土地志

台州市土地志编纂委员会编 台州 台州市土地管理局 2000 年 277 页〔浙江省土地志集成〕

008450270

台州地区电力工业志

台州地区电力工业志编纂委员会编 北京 当代中国出版社 1994 年 385 页

012814239

台州发电厂志 1991—2005

台州发电厂志编纂委员会编 杭州 浙江人民出版社 2010 年 308 页〔浙江省电力工业志丛书〕

012252621

台州市电力工业志 1991—2005

台州市电力工业志编辑委员会编 杭州 浙江人民出版社 2009 年 481 页〔浙江省电力工业志丛书〕

009840520

台州交通志

台州交通志编纂领导小组编 北京 团结出版社 1993 年 422 页

012899460

台州市邮电志

台州市邮电志编纂委员会编 台州 台州市邮电志编纂委员会 2006 年 408 页

012722487

台州市财政志

台州市财政志编纂委员会编 北京 中华书局 2010 年 1058 页

013731718

台州广播电视大学简志 1979—1998

台州电大校庆办公室编 台州 台州电大校庆办公室 1999 年 281 页

012101033

台州中学百年志 1902—2002

台州中学百年志编委会编 台州 台州中学 2002 年 404 页

013756122

台州广播电视大学校志 1979—2009

台州广播电视大学校志编纂委员会编 台州 台州广播电视大学校志编纂委员会 2009 年 293 页

012542954

台州学院志

胡正武主编 杭州 浙江工商大学出版社 2009年 678页

013756125
台州师范专科学校校志 1978—1990
台州师专校志编写委员会编 台州 台州师专校志编写委员会 1993年 173页

010252862
台州卫生学校校志
朱顺法主编 台州 台州卫生学校 2001年 293页

009962523
台州图志
台州市地方志编纂委员会编 北京 中华书局 2006年 197页〔台州市志系列〕

011809479
新台州气象志
台州气象志编纂委员会编 北京 中华书局 2008年 292页

014052263
台州市立医院院志 1952—2002
丁勇主编 院志编纂办公室编 台州 台州市立医院院志编纂办公室 2002年 198页

014052264
台州市立医院院志 2002—2012
浙江省台州市立医院 台州学院医学院附属医院 复旦大学附属上海华山医院台州分院编 2012年 449页

011805945
台州市中医院院志 1958—2005
台州市中医院编 台州 台州市中医院 2006年 256页

013797266
浙江省台州市农业科学研究所所志 1962—2002
台州市农业科学研究所编 2002年 171页

椒江区

008486661
椒江市志
椒江市志编纂委员会编 陈志超主编 杭州 浙江人民出版社 1998年 972页

008972327
椒江续志
台州市椒江区志编纂委员会编 陈志超主编 北京 中华书局 2001年 305页

012898996
椒江工会志
台州市椒江区总工会编 台州 台州市椒江区总工会 2002年 309页

012139355
椒江市政协志

椒江市政协志编审委员会编 椒江 椒江市政协志编审委员会 1996年 224页

010577529
椒江公安志
椒江公安志编纂委员会编 北京 群众出版社 2000年 366页〔浙江省公安史志丛书〕

008662187
椒江区土地志
椒江区土地志编纂委员会编 北京 中华书局 2000年 212页〔浙江省土地志集成〕

012639017
椒江电力工业志 1917—2005
椒江电力工业志编纂委员会编 杭州 浙江人民出版社 2010年 343页〔浙江省电力工业志丛书〕

008450278
椒江市电力工业志
椒江市供电局编 北京 当代中国出版社 1994年 244页

011580199
椒江市交通志
椒江市交通志编写领导小组编 合肥 黄山书社 1995年 311页

011321118
椒江财政志
台州市椒江区椒江财政志编纂委员会编 北京 中华书局 2007年 718页〔椒江地方志丛书〕

013795577
台州市椒江地方税务志
台州市椒江地方税务志编纂委员会编 北京 中华书局 2013年 350页

009480357
椒江教育志
台州市椒江教育志编纂委员会编 马信大主编 上海 上海三联书店 2004年 517页

012202937
椒江志 附金清港志
椒江志编纂委员会编 北京 中华书局 2007年 703页

008450609
椒江市地名志
浙江省椒江市地名委员会办公室编 椒江 椒江市地名委员会办公室 1987年 347页

黄岩区

007908335
黄岩县志
黄岩县志办公室编 严振非总纂 上海 上海三联书店 1992年 758页

009016137

黄岩志

黄岩志编纂委员会编 北京 中华书局 2002年 894页

011474504

黄岩公安志

台州市公安局黄岩分局编 北京 群众出版社 2000年 391页〔浙江省公安史志丛书〕

008845175

黄岩区土地志

黄岩区土地志编纂委员会编 黄岩区 台州市黄岩区土地管理局 1999年 215页〔浙江省土地志集成〕

011890908

黄岩区电力工业志 1989—2005

黄岩区电力工业志编辑委员会编 北京 中国电力出版社 2008年 391页

013374060

黄岩工商联(总商会)志

黄岩工商联(总商会)志编纂委员会编 北京 中国文史出版社 2011年 360页

010476125

黄岩广播电视志

黄岩广播电视志编纂委员会编 杭州 浙江人民出版社 2005年 456页

009332408

九峰广志

九峰广志编纂委员会编著 香港 天马图书有限公司 2001年 504页

012719050

黄岩风物志

台州市黄岩区地方志编纂委员会办公室编 北京 中华书局 2010年 185页

010138059

黄岩第一人民医院院志 1940—2000

林达元主编 院志编纂办公室编 黄岩 黄岩第一人民医院 2000年 275页

008379693

浙江省黄岩县卫生志

黄岩县卫生志编纂办公室编 林希欧主编 张新桂副主编 上海 上海人民出版社 1990年 217页

路桥区

008450469

路桥区土地志

路桥区土地志编纂委员会编 张纲要主编 北京 中国大地出版社 1999年 192页〔浙江省土地志集成〕

温岭市

007905716
温岭县志
温岭县志编纂委员会编 杭州 浙江人民出版社 1992年 1069页

007757594
大溪镇志
大溪镇志编纂委员会编 北京 1982年 120页

011472918
大溪镇志
大溪镇志编纂委员会编 北京 中国文史出版社 2007年 876页

008845108
浙江台州温岭人民代表大会志
温岭人民代表大会志编委会编 北京 中华书局 2000年 562页

008865027
温岭市公安志
温岭市公安局编 北京 方志出版社 1998年 292页〔浙江省公安史志丛书〕

009996270
温岭市政协志
温岭市政协志编审委员会编 北京 中国书籍出版社 1996年 301页

012052034
温岭市政协志 1995.10.1—2007.1.22
温岭市政协志编纂委员会编 北京 中国文史出版社 2008年 433页

013994007
温岭工商业联合会(商会)志
温岭工商业联合会(商会)志编纂委员会编 叶海林主编 北京 中国文史出版社 2012年 366页

008662202
温岭市土地志
温岭市土地志编纂委员会编 温岭 温岭市土地管理局 1998年 217页〔浙江省土地志集成〕

011312385
温岭市渔业志
温岭市渔业志编纂委员会编 北京 中华书局 2007年 671页

011891863
江厦潮汐试验电站志 1969—2005
柯友根主编 北京 中国电力出版社 2008年 254页〔浙江省电力工业志丛书〕

008848195
温岭市电力工业志
温岭市电力工业志编纂委员会编 北京 中华书局 2000年 360页

009020628
温岭市水利志
浙江省温岭市水利志编纂委员会编 北京 方志出版社 2002年 520页

009881637
温岭县金融志 1821—1987
温岭县金融志编写组编 温岭 温岭县金融志编写组 1990年 176页

011909063
温岭市广播电视志
温岭市广播电视志编纂委员会编 李步西主编 杭州 浙江人民出版社 2006年 388页

012003102
浙江省温岭中学160周年校志 1848—2008
浙江省温岭中学编 浙江 温岭中学 2008年 640页〔温岭中学系列丛书〕

012766986
温岭师范学校校志 1935—2009
温岭师范学校校志编纂委员会编 温岭 温岭师范学校校志编纂委员会 2009年 214页

008450938
温岭县地名志
浙江省温岭县地名委员会办公室编 温岭 温岭县地名委员会办公室 1988年 796页

013145621
温岭市第一人民医院院志 1941—2011
温岭市第一人民医院院志编纂委员会编 温岭 温岭市第一人民医院 2011年 308页

012208297
温岭市卫生志
温岭市卫生志编纂委员会编 北京 中医古籍出版社 2009年 598页

临海市

007384533
临海县志
临海市志编纂委员会编 杭州 浙江人民出版社 1989年 790页

012609669
杜桥志
杜桥志编纂委员会编 郑达根主编 杭州 浙江人民出版社 2009年 824页

008955631
临海宗教志
徐三见 马曙明主编 徐三见等编著 北京 宗教文化出版社 2001年 334页

012139477
临海政协志 1998—2006
临海政协志(续)编辑委员会编 临海

临海政协志（续）编辑委员会 2007 年 424 页

010577085
临海市公安志
临海市公安志编纂委员会编 北京 群众出版社 2000 年 352 页

008662212
临海市土地志
朱汝滔 张庆生主编 临海市土地管理局编 临海 临海市土地管理局 1998 年 217 页〔浙江省土地志集成〕

009126422
临海林业特产志
临海林业特产志编写组编 杭州 浙江人民出版社 1991 年 627 页

012899060
临海市电力工业志 1992—2005
临海市电力工业志编辑委员会编 杭州 浙江人民出版社 2011 年 312 页〔浙江省电力工业志丛书〕

007824165
浙江省临海市电力工业志
临海市电力工业志编纂委员会编 上海 上海社会科学院出版社 1993 年 287 页

012265293
临海市交通志 1986—2003
临海市交通局编 临海 临海市交通局 2007 年 315 页

013730192
临海县交通志
临海县交通史志编写领导小组交通史志办公室编 临海 临海县交通史志编写领导小组交通史志办公室 1989 年 336 页

009995984
临海市教育志
临海市教育志编纂委员会编 杭州 浙江人民出版社 1997 年 502 页

013990908
临海市退休教师协会简志 1983—2003
方世龙主编 临海 临海市退休教师协会简志编委会 2003 年 269 页

013990900
立本小学校志 1906—2006
立本小学校志编辑委员会编 台州 立本小学校志编辑委员会 2008 年 442 页

014053096
哲商小学校志 1913—2013
浙江省临海市哲商小学校志编纂委员会编 杭州 浙江大学出版社 2013 年 421 页

014028679
东塍中学校志 1969—1999

吴章君 尤明享主编 临海市东塍中学校
庆筹备委员会编 临海 临海市东塍中
学校庆筹备委员会 1999年 178页

009962495
回浦中学校志
浙江回浦中学校志编纂委员会编 北京
研究出版社 2002年 560页

013752472
回浦中学校志 1912—2012
浙江回浦中学校志编纂委员会编 杭州
浙江科学技术出版社 2012年
1089页

014047641
临海市第六中学十年校志 1998.8—
2008.8
临海市第六中学校志编委会编 临海 临
海市第六中学 2008年 187页

014047647
临海中学校志 1978—1998
浙江临海中学校志编写组编 临海 浙江
临海中学校志编写组 1998年 142页

013961356
浙江省杜桥中学校志 建校五十周年纪
念册 1956—2006
浙江杜桥中学校志编纂委员会编 临海
浙江杜桥中学 2006年 478页

014053098
浙江广播电视大学临海学院 1979
—2009
浙江广播电视大学临海学院校庆筹备
办公室编 临海 浙江广播电视大学临
海学院校庆筹备办公室 2009年
141页

009799846
临海文物志
任林豪 马曙明编著 北京 文物出版社
2005年 652页

008450595
浙江省临海市地名志
临海市地名办公室编 临海 临海市地名
办公室 1986年 808页

013959438
天宁寺志
卢金龙主编 天宁寺志编委会编印 临海
天宁寺志编委会 2011年 96页

玉环县

007479128
玉环县志
浙江省玉环县编史修志委员会编纂 上
海 汉语大词典出版社 1994年
805页

008021675
玉环楚门镇志

玉环楚门镇志编纂委员会编 杭州 浙江人民出版社 1990年 390页

010118546
玉环坎门镇志
玉环坎门镇志编纂办公室编 杭州 浙江人民出版社 1991年 431页

012175212
玉环县政协志
玉环县政协志编纂委员会编 玉环 玉环县政协志编纂委员会 2008年 429页

008446592
玉环县民政志
浙江省玉环县民政局编 杭州 浙江人民出版社 1995年 325页

008662195
玉环县土地志
玉环县土地志编纂委员会编 北京 中华书局 2000年 180页〔浙江省土地志集成〕

009688855
玉环县电力工业志
玉环县电力工业志编纂委员会编 北京 当代中国出版社 1994年 264页

012689896
玉环县邮电志
玉环县邮电志编纂委员会编 玉环 玉环县邮电志编纂委员会 2000年 345页

008450508
玉环县地名志
浙江省玉环县地名办公室编 玉环 玉环县地名办公室 1986年 297页

三门县

007254533
三门县志
三门县志编纂委员会编 杭州 浙江人民出版社 1992年 1103页

008450275
三门县电力工业志
三门县电力工业志编纂委员会编 北京 当代中国出版社 1997年 275页

011320172
三门县交通志
三门县交通局编 三门 三门县交通局 1990年 264页

009678970
三门湾志
邵凡户主编 金贤德副主编 合肥 黄山书社 1994年 298页

008450501
浙江省三门县地名志
三门县地名委员会编 三门 三门县地名委员会 1986年 659页

天台县

011805982
天台县简志
天台县地方志编纂委员会编 庞国凭总纂 北京 方志出版社 2008 年 351 页

008822399
天台县志
浙江省天台县志编纂委员会编 上海 汉语大词典出版社 1995 年 855 页〔中华人民共和国地方志丛书〕

011534060
天台县志 1989—2000
天台县地方志编纂委员会编 庞国凭总纂 北京 方志出版社 2007 年 937 页

009162034
水南村志
许亦江编著 北京 方志出版社 2003 年 382 页〔浙江省名村志集成〕

011793060
西张村志
西张村志编纂委员会编 哈尔滨 哈尔滨地图出版社 2007 年 322 页

010118462
高明寺志
顾问觉慧法师 朱封鳌 韦彦铎编著 北京 当代中国出版社 1995 年 257 页

010577004
天台宗观宗讲寺志 1912—1949
方祖猷著 北京 宗教文化出版社 2006 年 449 页

008532143
天台县公安志
天台县公安局编 北京 方志出版社 1998 年 240 页〔浙江省公安史志丛书〕

008450465
天台县土地志
陈舒蕾责任编辑 天台县土地志编纂委员会编 北京 中国大地出版社 1999 年 255 页〔浙江省土地志集成〕

009688853
天台县电力工业志
天台县电力工业志编纂委员会编 北京 当代中国出版社 1994 年 259 页

012722562
天台县电力工业志 1993—2005
天台县电力工业志编纂委员会编 杭州 浙江人民出版社 2009 年 283 页〔浙江省电力工业志丛书〕

008450251
天台县水利电力志
天台县水利电力志编纂委员会编 北京 当代中国出版社 1997 年 315 页

010118503
天台县交通志
天台县交通局编 北京 华艺出版社 1993年 289页

009388737
天台县教育志
天台县教育委员会编 上海 华东师范大学出版社 1998年 468页

013756292
天台县实验小学100年志 1912—2012
浙江省天台县实验小学编 天台 浙江省天台县实验小学 2012年 512页

014052287
天台小学100周年校庆校志 1912—2012
天台小学校志编纂委员会编 2012年 424页

012889192
浙江省天台中学100年志 1906—2006
浙江省天台中学编 长春 吉林文史出版社 2006年 751页

010009036
天台志苑
庞国凭主编 杭州 浙江人民美术出版社 2006年 110页

008450543
浙江省天台县地名志
天台县地名委员会办公室编 天台 天台县地名委员会办公室 1987年 552页

011997297
里石门水库志
里石门水库志编纂委员会编 杭州 浙江人民出版社 2008年 350页

仙居县

007378981
仙居县志
仙居县志编纂委员会编 杭州 浙江人民出版社 1987年 599页

013797007
仙居县志 1986—2010
仙居县地方志编纂委员会编 北京 中华书局 2013年 1437页

008822347
仙居县大事记 1986—1997
项军美主编 北京 方志出版社 1999年 172页〔仙居县地方志系列丛书6〕

009959529
仙居县民政志
浙江省仙居县民政局编 仙居 浙江省仙居县民政局 1987年 320页

009996145
仙居县林业志
仙居县林业志编纂委员会编 北京 中国

林业出版社 2005年 453页

009996102
仙居县电力工业志
仙居县电力工业志编纂委员会编 北京 当代中国出版社 1995年 371页

013732412
仙居县电力工业志 1994—2005
仙居县电力工业志编纂委员会编 杭州 浙江人民出版社 2012年 351页〔浙江省电力工业志丛书〕

009996125
仙居县交通志
浙江省仙居县交通局编 仙居 浙江省仙居县交通局 1984年 92页

010474146
仙居广播电视志 1950—1990
仙居县广播电视局编 仙居 仙居县广播电视局 1992年 163页

009996136
仙居县教育志
仙居县教育委员会编 杭州 浙江教育出版社 1998年 302页

008450563
仙居县地名志
浙江省仙居县地名委员会编 仙居 浙江省仙居县地名委员会 1983年 464页

丽水市

006319880
丽水地区志
丽水地区地方志编纂委员会编 杭州 浙江人民出版社 1993年 707页

007060940
丽水市志
丽水市志编纂委员会 叶兆雄主编 杭州 浙江人民出版社 1994年 742页

013093112
丽水地区工会志 1927—1995
丽水市总工会编 丽水 丽水市总工会 2002年 237页

012899043
丽水市工会志
浙江省丽水市总工会编 丽水 浙江省丽水市总工会 1995年 332页

013328713
丽水市人民代表大会志
丽水市人民代表大会志编纂委员会编 北京 方志出版社 2012年 584页

009415123
丽水公安志
丽水公安志编纂委员会编 北京 方志出版社 2004年 514页〔浙江省公安史志丛书〕

010476114
丽水市质量技术监督志
丽水市质量技术监督局编纂 丽水 丽水市质量技术监督局 2004年 308页〔浙江省质量技术监督志 丽水卷〕

013730173
丽水建设志
丽水市住房和城乡建设局编 丽水 丽水市住房和城乡建设局 2012年 518页

008662206
丽水市土地志
丽水市土地志编纂委员会编 北京 中华书局 2000年 299页〔浙江省土地志集成〕

012542602
丽水市农业科学研究所志 1964.6—2009.10
丽水市农业科学研究院编 丽水 丽水市农业科学研究院 2009年 198页

012097598
紧水滩水力发电厂志 1956—2005
紧水滩水力发电厂志编纂委员会编著 北京 中国电力出版社 2008年 381页〔浙江省电力工业志丛书〕

008450266
丽水地区电力工业志
丽水地区电力工业志编纂委员会编 北京 水利电力出版社 1995年 233页〔浙江省电力工业志丛书〕

013752748
丽水市电力工业志 1991—2005
丽水市电力工业志编纂委员会编 杭州 浙江人民出版社 2011年 290页〔浙江省电力工业志丛书〕

013317862
丽水市医药志
丽水市医药志编纂办公室编 丽水 丽水市医药志编纂办公室 1991年 154页

009962505
丽水市交通志
丽水市交通局编 北京 海洋出版社 1993年 320页

011954565
丽水邮电志
丽水邮电志编纂委员会编 杭州 浙江人民出版社 2008年 515页

009388710
丽水地区烟草志
丽水地区烟草志编委会编 杭州 浙江人民出版社 1995年 459页

011325505
丽水戏曲志
浙江省丽水地区文化局 戏曲志编辑部编印 丽水 戏曲志编辑部 1988年 2册

009995859
丽水地区曲艺志
王星贵主编 丽水地区文化局 丽水地区曲艺志编辑委员会编 丽水 丽水地区文化局 1998年 238页

008160925
丽水地区人物志
虞文喜主编 孙世森 蔡德邻副主编 杭州 浙江人民出版社 1995年 470页

012836462
通济堰志
通济堰志编修委员会编 北京 中国水利水电出版社 2011年 239页

莲都区

012613406
莲都区水利志
莲都区水利志编纂委员会编 北京 方志出版社 2009年 364页

龙泉市

007585895
龙泉县志
龙泉县志编纂委员会编纂 上海 汉语大词典出版社 1994年 810页

010147011
龙泉法院志 1911—1993
浙江省龙泉市人民法院编 上海 汉语大词典出版社 1996年 132页

012174156
龙泉市林业志
龙泉市林业局编 北京 中国林业出版社 2009年 658页

012873278
龙泉市农业志
龙泉市农业志编纂委员会编 杭州 浙江人民出版社 2011年 554页

010779011
龙泉瓷厂厂志
金登兴编著 杭州 浙江人民出版社 2007年 166页

013753531
龙泉市交通志 1989—2010
龙泉市交通志编纂委员会编 杭州 浙江人民出版社 2012年 368页

008450238
龙泉县交通志
龙泉市交通局编 北京 海洋出版社 1993年 302页

012174170
龙泉邮电志
龙泉市邮电局编 香港 天马图书有限公司 1998年 248页

008450490
浙江省龙泉县地名志
龙泉县地名委员会办公室编 龙泉 龙泉县地名委员会办公室 1984年 449页

012719238
龙泉市水利志
龙泉市水利志编纂委员会编纂 北京 方志出版社 2010年 413页

青田县

007384615
青田县志
陈慕榕主编 张钱松等副主编 青田县志编纂委员会编 杭州 浙江人民出版社 1990年 801页

013822219
青田县志 1988—2007
青田县志编纂委员会编 陈慕榕主编 杭州 浙江人民出版社 2013年 1124页

009480336
方山乡志
陈正波主编 叶才科等副主编 北京 方志出版社 2004年 242页

013666876
阜山乡志
阜山乡志编纂委员会编 杭州 西泠印社出版社 2013年 573页

012611050
鹤城镇志
鹤城镇志编纂委员会编 杭州 浙江人民出版社 2009年 901页

013072525
塘坑村志
蔡有光编著 北京 中国文化艺术出版社 2010年 291页

013940781
章旦乡志
章旦乡志编纂委员会编 杭州 浙江人民出版社 2013年

013066969
青田图志
青田县志编纂委员会编 杭州 浙江人民出版社 2011年 185页

012505484
青田人大志
青田人大志编纂委员会编 杭州 浙江人

民出版社 2009年 626页

010238429
青田县公安志
青田县公安志编纂委员会编 杭州 浙江人民出版社 2006年 647页

008450216
青田县交通志
青田县交通局编 北京 海洋出版社 1992年 255页

009105695
青田县广播电视志
青田县广播电视志编纂委员会编 张钱松 郑纯超主编 杭州 浙江人民出版社 1998年 387页

009996046
青田县教育志
陈慕榕主编 姜济昌副主编 青田县教育志编纂委员会编 杭州 浙江人民出版社 1994年 309页

013096202
青田老年体育志
青田老年体育协会 叶培雄主编 青田 青田老年体育协会 2011年 298页

011324967
青田石雕志
夏法起编 香港 香港书谱出版社 2001年 164页

010475776
青田县文物志
王友忠主编 青田县文物管理委员会编 青田 青田县文物管理委员会 1998年 150页

008450922
青田县地名志
青田县地名委员会编 青田 青田县地名委员会 1983年 359页

013096205
青田县人民医院志 1929—1999
贺侠主编 青田 青田县人民医院 2000年 272页

缙云县

008822677
缙云县志
缙云县志编纂委员会 金兆法总纂 尹继善副总纂 杭州 浙江人民出版社 1996年 746页

013926412
缙云县教育工会志
缙云县教育工会编 缙云 缙云县教育工会 1996年 204页

009995839
缙云县人大志
缙云县人大志编纂委员会编 杭州 浙江人民出版社 1996年 414页

012832211
缙云县工业志
缙云县工业局编 李泽豪执笔 赵锋等审核 北京 中国大百科全书出版社 1991年 323页

013508480
缙云邮电志
缙云邮电志编纂领导小组编 缙云 缙云邮电志编纂领导小组 1998年 213页

012541928
缙云县供销社志 1949—2009
王国代主编 缙云县供销社志编纂委员会编 北京 方志出版社 2009年 425页

011319985
缙云县教育志 713—1985
浙江省缙云县教育志编纂组编 缙云 浙江省缙云县教育志编纂组 1988年 321页

013774273
缙云县方言志
吴越 楼兴娟著 上海 中西书局 2012年 823页

008323341
缙云姓氏志
缙云县地方志办公室编 金兆法主编 北京 方志出版社 1999年 678页

012541720
壶溪吕族志
缙云壶溪吕族志编委会 吕瑞振总编 吕祖望 吕元鹏副总编 缙云 缙云壶溪吕族志编委会 1998年 1920页

遂昌县

007818009
遂昌县志
遂昌县志编纂委员会编 刘宗鹤总纂 周品华副总纂 杭州 浙江人民出版社 1996年 927页

009620060
石仓村志
遂昌县石仓村志编纂委员会编 遂昌 遂昌县史志办公室 1997年 143页

012613871
遂昌县人大志
遂昌县人大志编纂委员会编 北京 方志出版社 2009年 588页

013185824
遂昌政协志
遂昌县政协志编纂委员会编 遂昌 遂昌政协志编纂委员会 2005年 276页

010252885
遂昌县城乡建设志
遂昌县建设局 遂昌县环境保护局编 吴国俊主审 叶松青主编 周品华 吴志

轩编 杭州 浙江古籍出版社 2001年 260页

009388733
遂昌县土地志
袁新治主编 合肥 黄山书社 1998年 217页

011477241
遂昌县林业志 1995—2005
遂昌县林业局编 北京 方志出版社 2007年 476页

009840512
浙江省遂昌金矿志
浙江省遂昌金矿志编纂委员会编 杭州 浙江古籍出版社 1995年 300页

008450406
遂昌县交通志
遂昌县交通局编 北京 海洋出版社 1992年 281页

013185820
遂昌县金融志 1929—1990
遂昌县金融编志组编 遂昌 遂昌县金融编志组 1991年 203页

008450879
遂昌县地名志
遂昌县地名办公室编 遂昌 遂昌县地名办公室 1988年 343页

009840513
遂昌县卫生志
遂昌县卫生志编纂委员会编 杭州 浙江古籍出版社 1997年 349页

013897680
九龙山国家级自然保护区志
九龙山国家级自然保护区志编纂委员会编 北京 方志出版社 2013年 398页

松阳县

008487247
松阳县志
松阳县志编纂委员会编 杭州 浙江人民出版社 1996年 649页

013012650
界首村志
浙江省松阳县界首村村两委编印 界首村 浙江省松阳县界首村村两委 2006年 249页〔浙江历史文化古村〕

012900207
玉岩村志
玉岩村志编辑部编 香港 中国文化艺术出版社 2010年 298页

010779076
松阳县人民代表大会志
松阳县人民代表大会志编纂委员会编 北京 方志出版社 2007年 395页

013320992
松阳县城乡建设志
松阳县建设局编 杭州 浙江摄影出版社 2011年 330页

010476436
松阳县水利志
松阳县水利志编纂委员会编 杭州 浙江人民出版社 2006年 486页

011570378
松阳烟草志
松阳烟草志编纂委员会编 杭州 浙江人民出版社 1993年 238页

008446536
松阳县交通志
松阳县交通局编 北京 海洋出版社 1993年 288页

013185796
松阳县老年体育志 1990—2010
松阳县老年体育协会编 松阳 松阳县老年体育协会 2010年 312页

008450600
浙江省松阳县地名志
松阳县地名办公室编 松阳 松阳县地名办公室 1988年 252页

云和县

007591304
云和县志

云和县志编纂委员会 方金雨主编 孙葆初副主编 杭州 浙江人民出版社 1996年 728页

009335189
云和县人大志 1949—2000
云和县人大志编纂委员会编 北京 海洋出版社 2002年 428页

012689946
云和县政协志
云和县政协志编辑委员会编 云和 云和县政协志编辑委员会 2005年 432页

009996630
云和县交通志
云和县交通局编 北京 海洋出版社 1994年 291页

009881660
云和县金融志 1912—1987
云和县金融志编写办公室编 云和 云和县金融志编写办公室 1989年 82页

008450914
浙江省云和县地名志
云和县地名委员会编 云和 云和县地名委员会 1986年 301页

009996635
云和县水利志
云和县水利志编纂委员会编 杭州 浙江人民出版社 1996年 274页

庆元县

007924538
庆元县志
庆元县志编纂委员会 余绪主编 杭州 浙江人民出版社 1996年 662页

008450276
庆元县交通志
庆元县交通局编 北京 海洋出版社 1993年 269页

010118500
庆元县财税志
庆元县财政税务局编 杭州 杭州大学出版社 1993年 353页

009881629
庆元县金融志 1758—1989
庆元县金融志编写组编 庆元 庆元县金融志编写组 1992年 230页

008450897
庆元县地名志
庆元县地名委员会编 杭州 杭州大学出版社 1990年 410页

景宁畲族自治县

008486704
景宁畲族自治县志
景宁畲族自治县志编纂委员会 柳意城主编 杭州 浙江人民出版社 1995年 598页

008446587
景宁畲族自治县交通志
景宁畲族自治县交通局编 北京 海洋出版社 1993年 248页

001920329
畲语简志
毛宗武 蒙朝吉编著 北京 民族出版社 1986年 135页〔中国少数民族语言简志丛书〕

008450934
景宁畲族自治县地名志
浙江省景宁畲族自治县地名志编纂委员会编 景宁 浙江省景宁畲族自治县地名志编纂委员会 1990年 467页

013508491
浙江省景宁畲族自治县卫生志
浙江省景宁畲族自治县卫生局编 景宁 浙江省景宁畲族自治县卫生局 1994年 229页

013990885
景宁畲族自治县水利志 讨论稿
景宁畲族自治县水利志编纂领导小组编 景宁 景宁畲族自治县水利志编纂领导小组 1995年 248页

安徽省

011575349
安徽民盟志 1946—2000
中国民主同盟安徽省委员会编 安徽 中国民主同盟安徽省委员会 2000年 197页

007910038
安徽省志
安徽省地方志编纂委员会编 合肥 安徽人民出版社 1989—1999年 68册

010294061
安徽省志 纺织工业志 送审稿
安徽省地方志编纂委员会编 安徽 安徽省地方志编纂委员会 1992年 352页

010294045
安徽省志 供销合作社志 送审稿
安徽省供销合作社联合社史志编纂委员会编 安徽 安徽省供销合作社联合社史志编纂委员会 1992年 2册

010250392
安徽省志 机械工业志 1861—1985 初稿
安徽省机械工业厅编 安徽 安徽省机械工业厅 1987年 497页

010294064
安徽省志 交通志 送审稿
安徽省地方志编纂委员会编 安徽 安徽省地方志编纂委员会 1997年 2册

010294052
安徽省志 民政志 送审稿
安徽省地方志编纂委员会编 安徽 安徽省地方志编纂委员会 1990年 348页

010229248
安徽省志 人物志 评审稿
安徽省地方志编纂委员会编 合肥 安徽省地方志编纂委员会 1994年 2册 1104页

010137485
安徽省志 水利志 评议稿
安徽省水利厅编 安徽 安徽省水利厅 19uu年 663页

010294054
安徽省志 外事侨务志 送审稿
安徽省地方志编纂委员会编 安徽 安徽省地方志编纂委员会 1998年 2册

010294055
安徽省志 冶金工业志 送审稿
安徽省地方志编纂委员会编 安徽 安徽省地方志编纂委员会 1997年 2册

008450954
安徽省志 总目录
安徽省地方志编纂委员会编 北京 方志出版社 1999年 318页

009041786
安徽省志 第1卷 总述
安徽省地方志编纂委员会编 北京 方志出版社 1999年 452页

008298562
安徽省志 第2卷 大事记
安徽省地方志编纂委员会编 北京 方志出版社 1998年 581页

008298567
安徽省志 第3卷 建置沿革志
安徽省地方志编纂委员会编 北京 方志出版社 1999年 1216页

008298570
安徽省志 第4卷 自然环境志
安徽省地方志编纂委员会编 北京 方志出版社 1999年 518页

007291102
安徽省志 第5卷 地质矿产志
安徽省地方志编纂委员会编 合肥 安徽人民出版社 1993年 392页

009041691
安徽省志 第6卷 气象志
安徽省地方志编纂委员会编 合肥 安徽人民出版社 1990年 245页

009041768
安徽省志 第7卷 地震志
安徽省地方志编纂委员会 安徽省地震局地震志编辑室编 合肥 安徽人民出版社 1989年 184页

007291165
安徽省志 第8卷 人口志
安徽省地方志编纂委员会编 合肥 安徽人民出版社 1995年 345页

008527533
安徽省志 第9卷 政党志
安徽省地方志编纂委员会编 北京 方志出版社 1998年 984页

008663575
安徽省志 第 9 卷 政党群团志 共产党篇 初稿
安徽省纪委办公室纪检志编纂小组编 合肥 安徽省纪委办公室纪检志编纂小组 1991 年 97 页

008298572
安徽省志 第 10 卷 群众团体志
安徽省地方志编纂委员会编 北京 方志出版社 1999 年 601 页

008663587
安徽省志 第 11 卷 人大政府政协志
安徽省地方志编纂委员会编 北京 方志出版社 1999 年 539 页

007291169
安徽省志 第 12 卷 公安志
安徽省地方志编纂委员会编 合肥 安徽人民出版社 1993 年 805 页

007850910
安徽省志 第 13 卷 司法志
安徽省地方志编纂委员会编 北京 方志出版社 1997 年 705 页

007291170
安徽省志 第 14 卷 民政志
安徽省地方志编纂委员会编 合肥 安徽人民出版社 1993 年 371 页

008298575
安徽省志 第 16 卷 人事志
安徽省地方志编纂委员会编 北京 方志出版社 1999 年 512 页

008527524
安徽省志 第 17 卷 外事侨务志
安徽省地方志编纂委员会编 北京 方志出版社 1998 年 558 页

007291167
安徽省志 第 18 卷 军事志
安徽省地方志编纂委员会编 合肥 安徽人民出版社 1995 年 866 页

008492859
安徽省志 第 19 卷 农业志
安徽省地方志编纂委员会编 北京 方志出版社 1998 年 866 页

009884369
安徽省志 第 20 卷 水产志
安徽省地方志编纂委员会编 合肥 安徽人民出版社 1990 年 242 页

007511826
安徽省志 第 21 卷 林业志
安徽省地方志编纂委员会编 合肥 安徽人民出版社 1995 年 495 页

008298872
安徽省志 第 22 卷 水利志
安徽省地方志编纂委员会编 北京 方志

出版社 1999 年 668 页

008298876
安徽省志 第 23 卷 农垦志
安徽省地方志编纂委员会编 北京 方志出版社 1997 年 472 页

008663598
安徽省志 第 24 卷 乡镇企业志
安徽省地方志编纂委员会编 北京 方志出版社 1999 年 357 页

007291105
安徽省志 第 25 卷 煤炭工业志
安徽省地方志编纂委员会编 合肥 安徽人民出版社 1993 年 322 页

007291168
安徽省志 第 26 卷 电力工业志
安徽省地方志编纂委员会编 合肥 安徽人民出版社 1993 年 310 页

007291104
安徽省志 第 27 卷 石油化学工业志
安徽省地方志编纂委员会编 合肥 安徽人民出版社 1992 年 449 页

008590651
安徽省志 第 28 卷 冶金工业志
安徽省地方志编纂委员会编 北京 方志出版社 1998 年 550 页

007807223
安徽省志 第 29 卷 机械工业志
安徽省地方志编纂委员会编 合肥 安徽人民出版社 1996 年 481 页

008298930
安徽省志 第 30 卷 电子工业志
安徽省地方志编纂委员会编 北京 方志出版社 1999 年 362 页

008298933
安徽省志 第 31 卷 轻工业志
安徽省地方志编纂委员会编 北京 方志出版社 1998 年 665 页

008641617
安徽省志 第 31 卷 烟草志
安徽省地方志编纂委员会编 北京 方志出版社 1998 年 502 页

007291106
安徽省志 第 32 卷 纺织工业志
安徽省地方志编纂委员会编 合肥 安徽人民出版社 1993 年 380 页

007674868
安徽省志 第 33 卷 建材工业志
安徽省地方志编纂委员会编 合肥 安徽人民出版社 1996 年 441 页

008036614
安徽省志 第 34 卷 军事工业志
安徽省地方志编纂委员会编 合肥 安徽

人民出版社 1996 年 302 页

008486153

安徽省志 第 35 卷 交通志
安徽省地方志编纂委员会编 北京 方志
出版社 1998 年 905 页

007291103

安徽省志 第 36 卷 邮电志
安徽省地方志编纂委员会编 合肥 安徽
人民出版社 1993 年 456 页

008380811

安徽省志 第 37 卷 测绘志
安徽省地方志编纂委员会编 北京 方志
出版社 1998 年 368 页

008492854

安徽省志 第 38 卷 城乡建设志
安徽省地方志编纂委员会编 北京 方志
出版社 1998 年 713 页

007291166

安徽省志 第 39 卷 商业志
安徽省地方志编纂委员会编 合肥 安徽
人民出版社 1995 年 501 页

009041715

安徽省志 第 40 卷 粮食志
安徽省地方志编纂委员会编 合肥 安徽
人民出版社 1991 年 192 页

008528676

安徽省志 第 41 卷 供销合作社志
安徽省地方志编纂委员会编 北京 方志
出版社 1997 年 600 页

008527511

安徽省志 第 42 卷 对外经济贸易志
安徽省地方志编纂委员会编 北京 方志
出版社 1998 年 564 页

008298935

安徽省志 第 43 卷 旅游志
安徽省地方志编纂委员会编 北京 方志
出版社 1999 年 534 页

008298938

安徽省志 第 44 卷 金融志
安徽省地方志编纂委员会编 北京 方志
出版社 1999 年 779 页

008527505

安徽省志 第 45 卷 财政志
安徽省地方志编纂委员会编 北京 方志
出版社 1998 年 654 页

008298942

安徽省志 第 46 卷 计划统计志
安徽省地方志编纂委员会编 北京 方志
出版社 1996 年 2 册

008298946

安徽省志 第 47 卷 工商行政管理志
安徽省地方志编纂委员会编 北京 方志

出版社 1998 年 246 页

008298947
安徽省志 第 48 卷 物资志
安徽省地方志编纂委员会编 北京 方志出版社 1998 年 446 页

008298949
安徽省志 第 49 卷 价格志
安徽省地方志编纂委员会编 北京 方志出版社 1998 年 1214 页

008298951
安徽省志 第 50 卷 技术监督志
安徽省地方志编纂委员会编 北京 方志出版社 1998 年 530 页

008528681
安徽省志 第 51 卷 科学技术志
安徽省地方志编纂委员会编 北京 方志出版社 1997 年 771 页

008298954
安徽省志 第 52 卷 社会科学志
安徽省地方志编纂委员会编 北京 方志出版社 1999 年 479 页

007348207
安徽省志 第 53 卷 体育志
安徽省地方志编纂委员会编 合肥 安徽人民出版社 1990 年 289 页

007674872
安徽省志 第 54 卷 教育志
安徽省地方志编纂委员会编 北京 方志出版社 1996 年 921 页

008298963
安徽省志 第 55 卷 文化艺术志
安徽省地方志编纂委员会编 北京 方志出版社 1999 年 1041 页

008663591
安徽省志 第 56 卷 档案志
安徽省地方志编纂委员会编 北京 方志出版社 1998 年 301 页

008298960
安徽省志 第 57 卷 文物志
安徽省地方志编纂委员会编 北京 方志出版社 1998 年 874 页

008298961
安徽省志 第 58 卷 新闻志
安徽省地方志编纂委员会编 北京 方志出版社 1999 年 473 页

008486165
安徽省志 第 59 卷 广播电视志
安徽省地方志编纂委员会编 北京 方志出版社 1997 年 348 页

008527519
安徽省志 第 60 卷 出版志
安徽省地方志编纂委员会编 北京 方志

出版社 1998年 377页

007674873
安徽省志 第61卷 卫生志
安徽省地方志编纂委员会编 合肥 安徽人民出版社 1996年 732页

007850912
安徽省志 第62卷 医药志
安徽省地方志编纂委员会编 北京 方志出版社 1997年 349页

007807224
安徽省志 第63卷 民族宗教志
安徽省地方志编纂委员会编 北京 方志出版社 1997年 426页

008450946
安徽省志 第64卷 民俗志
安徽省地方志编纂委员会编 北京 方志出版社 1998年 215页

007850911
安徽省志 第65卷 方言志
安徽省地方志编纂委员会编 北京 方志出版社 1997年 588页

008450950
安徽省志 第66卷 人物志
安徽省地方志编纂委员会编 北京 方志出版社 1999年 1106页

008450957
安徽省志 第67卷 附录
安徽省地方志编纂委员会编 北京 方志出版社 1998年 598页

010137522
安徽省志简本
安徽省地方志编纂委员会编 合肥 黄山书社 2005年 1004页

010137479
安徽省人口志
安徽省人口志编辑室编著 安徽 安徽省人口志编辑室 1990年 459页

011066937
安徽共青团志 1919—1996
共青团安徽省委员会编 安徽 共青团安徽省委员会 1998年 285页

013506431
安徽侨务志稿 1949—1990
安徽省人民政府侨务办公室编 安徽 安徽省人民政府侨务办公室 1995年 423页

014026306
安徽法院志 1667—1985
安徽省高级人民法院编 合肥 安徽省高级人民法院 2011年 542页

014026308
安徽法院志 1986—2011

安徽省高级人民法院编 合肥 安徽省高级人民法院 2012年 2册

013140853
安徽检察志 1986—2005 征求意见二稿
安徽检察志编辑室编 安徽 安徽检察志编辑室 2009年 361页

012586986
安徽劳动教养志 1955—2005
安徽省劳动教养管理局编 合肥 安徽省劳动教养管理局 2007年 445页

010291672
安徽省司法行政志
安徽省司法厅司法志编辑室编 合肥 安徽省司法厅司法志编辑室 1990年 336页

012831053
安徽司法行政志 1986—2006
安徽省司法厅编 合肥 安徽省司法厅 2010年 760页

008298325
安徽省电力工业志
安徽省电力工业志编纂委员会编 北京 当代中国出版社 1995年 425页〔中国电力工业志丛书〕

012095866
安徽省电力工业志 1991—2002
安徽省电力公司编委会编著 北京 中国电力出版社 2008年 1022页〔中国电力工业志丛书〕

011320066
安徽省服装鞋帽工业志
安徽省服装鞋帽工业志编纂委员会编 安徽 安徽省服装鞋帽工业志编纂委员会 1989年 217页

008663550
安徽省水利志 水文志
安徽省水利志编纂委员会编 合肥 黄山书社 1994年 257页

010193965
安徽省医药志
安徽省医药管理局编 合肥 黄山书社 1994年 337页

010107744
安徽丝绸厂志
安徽丝绸厂志编纂领导小组编 安徽 安徽丝绸厂志编纂领导小组 1987年

009804307
安徽省公路志
邱丽梅主编 合肥 黄山书社 2004年 911页〔安徽省公路志系列书 1〕

010469036
安徽省航运志
安徽省内河航运史编写办公室编 合肥 安徽省内河航运史编写办公室 1987

年 615 页

011292812

安徽省淮河航道志

宁树华主笔 合肥 安徽人民出版社 1991 年 192 页〔安徽省内河航运史丛书 6〕

007825649

安徽省供销合作社志

安徽省供销合作社史志编纂委员会编 合肥 黄山书社 1994 年 847 页

008830365

安徽工商税收志

安徽省人民政府税务局编 合肥 黄山书社 1991 年 499 页

013687105

安徽省财政志 1979—2010

安徽省财政志编纂委员会编 合肥 安徽人民出版社 2012 年 629 页

014026313

安徽省地方税务志 1994—2012

安徽省地方税务志编纂委员会编 北京 中国税务出版社 2013 年 936 页

011740969

安徽农村金融志

程凤谷主编 合肥 安徽人民出版社 1997 年 520 页

013987287

安徽省工商银行志资料汇编

中国工商银行安徽省银行编 1990 年 456 页

010577299

中国人民建设银行安徽省分行志 1952—1990

中国人民建设银行安徽省分行志编纂委员会编 合肥 中国人民建设银行安徽省分行志编纂委员会 1994 年 418 页

010138102

中国人民银行安徽省分行志 1949—1990

中国人民银行安徽省分行志编纂委员会编 合肥 中国人民银行安徽省分行志编纂委员会 1992 年 567 页

008671659

安徽省保险志

安徽省保险志编纂委员会编 北京 方志出版社 1998 年 314 页

012584226

中国歌谣集成 第 23 卷 安徽卷

中国民间文学集成全国编辑委员会 中国歌谣集成安徽卷编辑委员会编 北京 中国 ISBN 中心 2008 年 11200 页

012197233

中国谚语集成 第 19 卷 安徽卷

中国民间文学集成全国编辑委员会 中国民间文学集成安徽卷编辑委员会编 北京 中国 ISBN 中心 2007 年 839 页

011469882

安徽音乐志野获编

施文楠 施咏著 合肥 安徽文艺出版社 2002 年 249 页

011762213

中国民间歌曲集成 第 26 卷 安徽卷

中国民间歌曲集成全国编辑委员会 中国民间歌曲集成安徽卷编辑委员会编 北京 中国 ISBN 中心 2004 年 827 页

008707888

中国戏曲音乐集成 第 10 卷 安徽卷

中国戏曲音乐集成编辑委员会 中国戏曲音乐集成安徽卷编辑委员会编 北京 中国 ISBN 中心 1994 年 2 册 2070 页〔十部文艺集成志书〕

012584330

中国民族民间器乐曲集成 第 22 卷 安徽卷

中国民族民间器乐曲集成全国编辑委员会 中国民族民间器乐曲集成安徽卷编辑委员会编 北京 中国 ISBN 中心出版 2007 年 2 册 1534 页

009059051

中华舞蹈志 第 2 卷 安徽卷

中华舞蹈志编辑委员会编 马建梁特约编辑 上海 学林出版社 2000 年 324 页

013996045

中华舞蹈志 第 2 卷 安徽卷

中华舞蹈志编辑委员会编 上海 学林出版社 2014 年 322 页

007366685

中国民族民间舞蹈集成 第 3 卷 安徽卷

中国民族民间舞蹈集成编辑部编 北京 中国 ISBN 中心 1995 年 2 册 1337 页〔十部文艺集成志书〕

012507291

中国曲艺志 第 19 卷 安徽卷

中国曲艺志全国编辑委员会 中国曲艺志安徽卷编辑委员会编 北京 中国 ISBN 中心 2001 年 652 页

011066640

安徽省杂技志

安徽省文化厅编印 安徽 安徽省杂技家协会 2004 年 214 页

004864464

中国戏曲志 第 12 卷 安徽卷

中国戏曲志编辑委员会 中国戏曲志安徽卷编辑委员会编 北京 中国 ISBN

中心 1993年 2册 819页〔十部文艺集成志书〕

010193963
安徽省电影志
安徽省文化厅编印 安徽 安徽省文化厅 2000年 491页

010730033
安徽省文物志稿
安徽省文物志编辑室编印 合肥 安徽省文物志编辑室 1987—1996年 4册

001936791
安徽风物志
本社编 陈志黄等插图 合肥 黄山书社 1985年 442页〔中国风物志丛书〕

010293845
安徽省地震监测志
安徽省地震局编 合肥 安徽大学出版社 2004年 399页〔中国地震监测志系列〕

013881648
安徽省气象志 1986—2005
安徽省气象局 安徽省气象学会编 北京 气象出版社 2012年 401页

008830413
安徽地层志
安徽省地质矿产局区域地质调查队编著 合肥 安徽科学技术出版社 1988年 209页

008830436
安徽地层志 泥盆系石炭系分册
安徽省地质矿产局区域地质调查队编著 合肥 安徽科学技术出版社 1989年 206页

009411364
安徽植物志
安徽植物志协作组编 北京 中国展望出版社 1986年

009962573
大别山植物志
訾兴中 张定成主编 北京 中国林业出版社 2006年 1250页

008830402
皖北资源植物志
何家庆著 北京 中国农业出版社 2001年 538页

008830310
安徽经济植物志
安徽省经济文化研究中心编 合肥 安徽科学技术出版社 1990年

008830283
安徽两栖爬行动物志
陈壁辉主编 合肥 安徽科学技术出版社 1991年 408页

008486171

安徽兽类志

王岐山主编 合肥 安徽科学技术出版社 1990年 324页

010229255

安徽卫生志

安徽省卫生志编纂委员会编纂 合肥 黄山书社 1993年 951页

010193968

安徽中药志

安徽省科学技术委员会编著 合肥 安徽科学技术出版社 1992年 568页

011321352

安徽血吸虫病防治志

安徽省卫生志编纂委员会血吸虫病防治志编写组 张秀主编 合肥 黄山书社 1990年 372页

011293557

安徽省环境保护志

安徽省环境保护局编 合肥 安徽省环境保护局 1994年 205页〔安徽省地方志丛书〕

合肥市

008440050

合肥市志

合肥市地方志编纂委员会编 合肥 安徽人民出版社 1999年 4册〔安徽省地方志丛书〕

013772728

合肥市志 1986—2005

合肥市地方志编纂委员会编 北京 方志出版社 2012年 3册〔安徽省地方志丛书〕

009683319

中共合肥市委志 1926.9—1995.5

肖健主编 储祥林 刘羽飞副主编 合肥 安徽人民出版社 1995年 218页

010138098

中共安徽省委党校校志 1951—2001

中共安徽省委党校编 中共安徽省委党校 2001年 301页

011432652

合肥市政府志 1949.1—1985.12

合肥市政府志编纂委员会编 合肥 合肥市政府志编纂委员会 1999年 212页

013143825

合肥市政协志 1949—1987

中国人民政治协商会议合肥市委员会编 合肥 中国人民政治协商会议合肥市委员会 1992年 178页

011320165
合肥市人事局志
开先有主编 合肥 安徽人民出版社 1990年 159页

010291673
合肥公安志
安徽省合肥市公安局史志办公室编 合肥 安徽省合肥市公安局史志办公室 1990年 350页

012249618
安徽警官职业学院志 1981—2006
修志办公室编 安徽 安徽警官职业学院修志办公室 2008年 210页

010475995
中国民主建国会合肥市地方组织志 1952.11—2002.11
欧阳发主编 中国民主建国会合肥市地方组织志编委会编 合肥 中国民主建国会合肥市地方组织志编委会 2002年 337页

013708146
中国民主建国会合肥市地方组织志 2002.1—2011.12
中国民主建国会合肥市地方组织志编委会编 合肥 中国民主建国会合肥市地方组织志编委会 2012年 179页

012999114
合肥高新技术产业开发区志 1991—2005
合肥高新技术产业开发区志编纂委员会编 合肥 黄山书社 2011年 320页

013335349
合肥市工商行政管理志
合肥市工商行政管理志编纂委员会编 北京 方志出版社 1996年 309页〔安徽省工商行政管理志系列丛书 8〕

011320460
合肥房地产志 1986—1995
合肥市房地产管理局编 合肥 合肥市房地产管理局 1996年 207页

009377323
合肥市城市建设志
厉德才 李碧传主编 合肥市城市建设志编委会编 合肥 合肥市城市建设志编委会 1995年 453页

008830444
安徽省农资公司志
安徽省农资公司志编委会编 合肥 黄山书社 1992年 224页

012831049
安徽八一齿轮厂厂志 1956—1985
安徽八一齿轮厂编 安徽 安徽八一齿轮厂厂志编纂办公室 1987年 271页

010290704

安徽第二棉纺织厂厂志 1956—1985

安徽第二棉纺织厂厂志编纂委员会编 合肥 安徽第二棉纺织厂厂志编纂委员会 1986年 333页〔合肥地方志丛书〕

009783873

安徽第一棉纺织厂厂志 1954—1985

安徽第一棉纺织厂厂志编纂委员会编 合肥 安徽第一棉纺织厂厂志编纂委员会 1987年 333页〔合肥地方志丛书1〕

009863210

安徽电建二公司志

安徽电建二公司修志办公室编纂 合肥 黄山书社 1996年 344页

010107582

安徽电建公司志

包鹏主编 合肥 安徽人民出版社 1988年 271页

009796819

安徽省第二建筑工程公司公司志 1952—1987

安徽省第二建筑工程公司编 合肥 安徽省第二建筑工程公司 1989年 224页

011319918

安徽省合肥纺织品站志 1957—1985

合肥纺织品站志编写组编 1983年 141页

011430260

安徽省建筑工程总公司志 1952—1986

安徽省建筑工程总公司志编纂委员会编 合肥 安徽省建筑工程总公司志编纂委员会 1989年 366页

010290685

安徽印染厂厂志 1956—1985

安徽印染厂编 安徽 安徽印染厂 1986年 178页

013680530

安徽针织厂志 1954—1985

安徽针织厂志编纂委员会编 合肥 安徽针织厂志编纂委员会 1986年 255页

011068448

合肥电机厂志

合肥电机厂志编纂委员会编 合肥 合肥电机厂 1986年 197页

013990662

合肥发电厂志 1958—2005

合肥发电厂志编纂办公室编 合肥 安徽金日印务有限公司 2006年 340页

009795619

合肥钢铁公司志 1956—1985

合肥钢铁公司志编纂办公室编 合肥 合钢志编纂办公室 1988年 584页

008450963
合肥钢铁公司志 第 2 卷 1986—1990
合肥钢铁公司志编辑委员会编 北京 冶金工业出版社 1994 年 352 页

009795627
合肥钢铁公司志 第 3 卷 1991—1995
合肥钢铁公司志编辑委员会编 合肥 黄山书社 1998 年 497 页

009082528
合肥钢铁集团有限公司志 1996—2000
合肥钢铁集团有限公司志编辑委员会编 北京 冶金工业出版社 200u 年 332 页

010291639
合肥供电志
李鸿余 李能余主编 合肥 合肥供电志编纂领导小组 1989 年 245 页〔安徽省电力志丛书〕

012758869
合肥供电志 1986—2005
合肥供电志编纂委员会编著 北京 中国电力出版社 2010 年 564 页〔安徽省电力工业志丛书〕

012658585
合肥建筑材料一厂志
合肥建筑材料一厂志编委会编 合肥 合肥建筑材料一厂志编委会 2003 年 306 页

010138034
合肥矿山机器厂志 1951—1985
合肥矿山机器厂厂志办公室编 合肥 合肥矿山机器厂 1986 年 371 页

009377317
合肥铝厂志 1958—1986
汪永绥主编 合肥 光明印刷厂 1987 年 279 页

011319986
合肥棉织厂厂志
合肥 合肥棉织厂 1987 年 54 页

011319969
合肥染织厂志
合肥染织厂厂志编纂小组编 合肥 合肥染织厂 1986 年 134 页

008830462
合肥石油志
合肥石油供应站编 合肥 黄山书社 1991 年 119 页

010291907
合肥市二轻工业志
安徽省合肥市第二轻工业局编 北京 中国文史出版社 1991 年 466 页

008663553
合肥市水利志
合肥市水利志编纂委员会编 合肥 黄山书社 1999 年 316 页

011319955
合肥手帕厂厂志 1958—1985
合肥手帕厂编写 合肥 合肥手帕厂 1986年 101页

010007609
美菱志
美菱志编纂委员会编 合肥 黄山书社 1997年 517页

011067648
合肥市交通志
合肥市交通志编纂委员会编 合肥 安徽人民出版社 1992年 435页

013145546
铁道部第四工程局第四工程处志 1953—2000
中铁四局集团第四工程有限公司史志编纂委员会编 北京 中国建筑工业出版社 2004年 533页

012722578
铁道部第四工程局第一工程处志 1953—2000
中铁四局集团第一工程有限公司史志编纂委员会编 北京 中国建筑工业出版社 2005年 533页

013145535
铁道部第四工程局电气化工程处志 1971—2000
中铁四局集团电气化工程有限公司史志编纂委员会编 北京 中国建筑工业出版社 2004年 464页

011066694
铁道部第四工程局给排水工程处志 1953—2000
中铁四局集团有限公司给排水工程分公司史志编纂委员会编 北京 中国建筑工业出版社 2003年 428页

010201738
铁道部第四工程局机械工程处志 1984—2000
中铁四局集团第七工程有限公司史志编纂委员会编 北京 中国建筑工业出版社 2003年 358页

010201742
铁道部第四工程局物资管理处志 1961—2001
中铁四局集团物资工贸有限公司处志编纂委员会编 北京 中国建筑工业出版社 2004年 319页

013145521
铁道部第四工程局运输工程处志 1963—2000
中铁四局集团第八工程有限公司史志编纂委员会编 北京 中国建筑工业出版社 2003年 358页

008874989
铁道部第四工程局志 1950—1995

中铁四局集团有限公司史志编纂委员
　会编　北京　中国铁道出版社　2000年
　2册

010293545
合肥市公路志
王秭主编　合肥　安徽人民出版社　2002
　年　270页〔安徽省公路志系列书
　17〕

010730228
安徽省长途电信传输局局志
安徽省长途电信传输局局志编委会　徐
　义增主编　陈翠英等编　合肥　安徽省
　长途电信传输局局志编委会　2000年
　268页

009115634
合肥邮政志
合肥邮政志编纂委员会编纂　北京　方志
　出版社　2001年　446页

010251774
合肥税务志
合肥市税务局编　合肥　黄山书社　1991
　年　320页

009377283
合肥金融志 1949—1990
合肥金融志编纂委员会编　合肥　合肥金
　融志编纂委员会　1996年　345页

009683333
中国工商银行合肥市支行志
中国工商银行合肥市支行志编纂委员
　会编　卢玲主编　彭元忠等副主编　合
　肥　中国工商银行合肥市支行志编纂
　委员会　1996年　273页

010242629
中国建设银行合肥市分行行志 1954
—1990
李华超主编　杨崇义　王利圣　王修业副
　主编　行志办公室编　合肥　中国建设
　银行合肥市分行　1999年　268页

013404442
合肥文化志资料汇编
合肥市文化局史志办公室编　合肥　合肥
　市文化局史志办公室　1988年　384页

013507830
合肥市图书发行志　附组织史
合肥市文化局史志办公室　合肥市新华
　书店编　合肥　合肥市文化局史志办公
　室　1989年　98页

010732087
合肥科学技术志
合肥市科学技术委员会编　合肥　合肥市
　科学技术委员会　200u年　318页

013374064
**辉煌五十年　安徽省合肥市第六中学五
十周年校志**

合肥六中五十年校志编委会编 安徽 2004年 243页

013369079
安徽省旅游培训中心（安徽旅游学校）校志 1986—2011
安徽省旅游培训中心（安徽旅游学校）校志编纂组编 2011年 52页

013506430
安徽电力职工大学志
安徽电力职工大学志编纂委员会编 合肥 安徽人民出版社 2011年 358页〔安徽省电力工业志丛书〕

010252357
合肥体育志
合肥市体育运动委员会编 合肥 黄山书社 1997年 251页

011321386
安徽省黄梅戏剧院史志 1953—2003
丁式平 杨庆生编著 合肥 安徽省黄梅戏剧院 2003年 152页

009377336
合肥市电影志 试写稿
合肥市文化局文化志编纂委员会主编 合肥 合肥市文化局文化志编纂委员会 1987年 246页

013704152
合肥经济技术开发区志 1993—2007
合肥经济技术开发区地方志编纂委员会编 合肥 黄山书社 2012年 369页〔安徽省地方志丛书〕

012872400
合肥新站综合开发试验区志 1992—2005
合肥新站综合开发试验区地方志编纂委员会编 合肥 黄山书社 2010年 349页〔安徽省地方志丛书〕

008663306
安徽省合肥市地名录
合肥市地名委员会编 合肥 合肥市地名委员会 1989年 517页

010730232
合肥卫生防疫志 1949—1999
合肥卫生防疫志编纂委员会编 合肥 合肥卫生防疫志编纂委员会 2000年 627页

014030804
合肥市第二人民医院院志 1958—2008
合肥市第二人民医院院志编纂委员会编 2008年 328页

012505127
合肥市第一人民医院院志 1954—2004
合肥市第一人民医院院志编纂委员会编 合肥 合肥市第一人民医院院志编纂委员会 2004年 393页

010107755

合肥市妇幼保健院志 1951—2001

合肥市妇幼保健院志编纂小组编 合肥 合肥市妇幼保健院志编纂小组 2001年 271页

012657702

安徽中医学院校志 1999—2009

安徽中医学院校志编纂委员会编 合肥 安徽中医学院校志编纂委员会 2009年 222页

011294354

安徽中医学院院志 献给安徽中医学院建院四十周年 1959—1999

龚维义主编 安徽中医学院编写 安徽 安徽中医学院 1999年 282页

013926283

合肥蔬菜品种志

合肥市科学技术委员会 合肥市农林科学研究所编 合肥 安徽科学技术出版社 1982年 352页

011890779

合肥电力学校志 1964—2003

合肥电力学校志编纂委员会编 北京 中国电力出版社 2008年 296页〔安徽省电力工业志丛书〕

013792203

合肥城市规划志 至2009

合肥市规划局编 合肥 黄山书社 2013年 2册〔合肥市地方志丛书〕

008663562

董铺水库志

安徽省水利志编纂委员会编 合肥 黄山书社 1996年 106页〔安徽省大型水利工程志丛书〕

蜀山区

013507829

合肥市蜀山区志 1949—2005

合肥市蜀山区地方志编纂委员会编 合肥 安徽人民出版社 2012年 863页〔安徽省地方志丛书〕

013404440

合肥市蜀山区人民代表大会志

汤生根主编 合肥 合肥市蜀山区人民代表大会常委会 2007年 194页

瑶海区

013860707

合肥市瑶海区志 1949—2005

合肥市瑶海区地方志编纂委员会编 合肥 黄山书社 2012年 214页〔安徽省地方志丛书〕

巢湖市

007493541
巢湖地区简志
巢湖地区地方志编纂委员会编 合肥 黄山书社 1995年 589页〔安徽省地方志丛书〕

011890479
巢湖市居巢区志 1986—2005
巢湖市居巢区地方志编纂委员会编 合肥 黄山书社 2008年 862页〔安徽省地方志丛书〕

007486937
巢湖市志
巢湖市地方志编纂委员会编 合肥 黄山书社 1992年 1033页〔安徽省地方志丛书〕

013628015
居巢简志 2000—2011
巢湖市地方志办公室编 合肥 黄山书社 2012年 372页

013687135
巢家志
巢家志编纂委员会编 巢湖 巢家志编纂委员会 2012年 253页

012202971
居巢区宗教志 239—2007
巢湖市居巢区民族宗教局编 合肥 黄山书社 2008年 275页

013506474
白湖农场志
安徽省白湖农场修志办公室编 安徽 安徽省少管所印刷厂印 1987年 449页

012967422
巢湖监狱志 1986—2006
巢湖监狱志编委会编 巢湖 巢湖监狱志编委会 2008年 436页

008914405
巢湖地区工商行政管理志
巢湖地区工商行政管理志编纂委员会编 北京 方志出版社 1995年 120页〔安徽省工商行政管理志系列丛书 5〕

011066921
巢湖市二中校志 1947—1997
巢湖市第二中学编 巢湖 巢湖市第二中学 1999年 219页

008067440
巢湖志
巢湖志编纂委员会编 合肥 黄山书社 1989年 177页〔安徽山水志丛书〕

009689136
无为大堤志
巢湖市水务局 无为大堤长江水道管理局编 李卫华主编 北京 九州出版社

2005年 641页

长丰县

007905739
长丰县志
长丰县地方志编纂委员会编 北京 中国文史出版社 1991年 848页〔安徽省地方志丛书〕

012587045
长丰县志 1986—2005
长丰县地方志编纂委员会编 北京 方志出版社 2009年 1059页〔安徽省地方志丛书〕

肥东县

003807956
肥东县志
肥东县地方志编纂委员会办公室编 合肥 安徽人民出版社 1990年 738页

008450976
肥东县工商行政管理志
肥东县工商行政管理志编纂委员会编 北京 方志出版社 1995年 235页〔安徽省工商行政管理志系列丛书24〕

肥西县

007482041
肥西县志
肥西县地方志编纂委员会编 合肥 黄山书社 1994年 807页〔安徽省地方志丛书〕

012967545
肥西县志 1986—2005
肥西县志编纂委员会编 合肥 黄山书社 2010年 2册〔安徽省地方志丛书〕

008450973
肥西县工商行政管理志
肥西县工商行政管理志编纂委员会编 北京 方志出版社 1995年 235页〔安徽省工商行政管理志系列丛书25〕

010474215
肥西县水利志
高韵柏主编 合肥 安徽人民出版社 1993年 200页

013314425
肥西教育志稿
肥西县教育局编 肥西 肥西县教育局 2007年 190页

008662866
安徽省肥西县地名录
肥西县地名委员会编 肥西 肥西县地名

委员会 1986 年 522 页

庐江县

004970864
庐江县志
庐江县地方志编缮委员会编 北京 社会科学文献出版社 1993 年 984 页〔安徽省地方志丛书〕

012661537
庐江县志 1986—2005
庐江县地方志编纂委员会编 合肥 黄山书社 2010 年 833 页〔安徽省地方志丛书〕

012658102
白湖监狱管理分局志 1985—2002
安徽省白湖监狱管理分局监狱志编写领导组办公室编 安徽 安徽省白湖监狱管理分局志编写办公室 2003 年 424 页

012265336
庐江县劳动和社会保障志
庐江县劳动和社会保障局编纂 合肥 黄山书社 2009 年 315 页

012832503
庐江县交通志
庐江县交通志编纂委员会编 北京 方志出版社 2010 年 294 页〔安徽省地方志丛书〕

008662863
安徽省庐江县地名录
庐江县地名办公室编 庐江 庐江县地名办公室 1984 年 550 页

芜湖市

007493556
芜湖市志
芜湖市地方志编纂委员会编 北京 社会科学文献出版社 1993—1995 年 2 册〔安徽省地方志丛书〕

012882708
芜湖市志 1986—2002
芜湖市地方志编纂委员会编 北京 方志出版社 2009 年 2 册〔安徽省地方志丛书〕

009019431
芜湖市人民代表大会志
芜湖市人民代表大会志编纂委员会编 北京 中国民主法制出版社 2002 年 694 页

010730154

芜湖政协志 1993—1997

芜湖政协志编纂委员会编 芜湖 芜湖政协志编纂委员会 1997年 290页

012316895

芜湖政协志 1998—2002

芜湖政协志编纂委员会编 芜湖 芜湖政协志编纂委员会 2002年 387页

013510713

芜湖市民政志 1906—2010

芜湖市民政志编纂委员会编 合肥 黄山书社 2011年 671页

012684912

芜湖市城市建设志 1986—2002

芜湖市建设委员会编 芜湖 芜湖市建设委员会 2004年 242页

009398945

企业管理与经济发展 芜湖东方纸版厂史志 1956—1988

中华企业发展史丛书编辑部编辑 北京 文化教育出版社 1989年 458页〔中华企业发展史丛书 安徽卷〕

013795662

芜湖长江轮船公司志

许仲卿主编 芜湖 安徽省内河航运史编写委员会 1992年 115页〔安徽省内河航运史丛书 6〕

009378143

芜湖发电厂志

芜湖发电厂编 芜湖发电厂 1989年 250页〔安徽省电厂志丛书〕

012316881

芜湖发电厂志 1986—2005

芜湖发电厂志编纂委员会编 芜湖 芜湖发电厂志编纂委员会 2006年 221页

012638631

芜湖纺织工业志 1896—2004

芜湖市纺织工程学会编 芜湖 芜湖市纺织工程学会 2006年 189页

010280345

芜湖供电志

赵更生主编 张延保主笔 卢竞然等编 芜湖 芜湖供电志编修领导小组 1989年 373页〔安徽省电力志丛书〕

012316888

芜湖供电志 1987—2004

吴平主编 北京 中国电力出版社 2009年 355页〔安徽省电力工业志丛书〕

013145511

铁道部第四工程局第六工程处志 1950—2000

中铁四局集团第六工程有限公司史志编纂委员会编 北京 中国建筑工业出版社 2003年 598页

013706842
铁道部第四工程局建筑工程处志 1950—2000
中铁四局集团建筑工程有限公司史志编纂委员会编 北京 中国建筑工业出版社 2004年 455页

009683289
芜湖市公路志
李赞民主编 合肥 安徽人民出版社 1993年 191页〔安徽省公路志系列书 3〕

010730403
交通银行芜湖分行志 1914—2004
交通银行芜湖分行志编纂委员会编 芜湖 交通银行芜湖分行志编纂委员会 2005年 281页

013756923
芜湖市金融志
芜湖市金融志编纂委员会编 合肥 黄山书社 1999年 635页

009683287
芜湖教育志
芜湖市教育史志编纂委员会编 合肥 安徽教育出版社 1997年 889页

012139546
名校越百年 安徽师范大学附属中学百年校志
安徽师范大学附属中学编 安徽 安徽师范大学附属中学 2003年 207页

013630244
芜湖教育学院校志 1978—1987
校志编写组编 1987年 29页

011500736
芜湖农校志 1903—1988
芜湖农校志编辑室编 芜湖 安徽省芜湖农业学校 1990年 249页

013402707
安徽师范大学夜大学校志 1956—1996
安徽师范大学夜大学校志编纂小组编 合肥 安徽师范大学夜大学校志编辑小组 1996年 48页

009415150
安徽商贸职业技术学院校志
校志编写组编 合肥 安徽人民出版社 2004年 287页

012657693
安徽商贸职业技术学院校志
校志编写组编 合肥 安徽人民出版社 2008年 391页

011147200
中国民间文学集成 芜湖分卷
中国民间文学集成芜湖分卷编辑委员会编 合肥 黄山书社 1997年 3册

013010695

芜湖人物志略

方平主编 赵双华副主编 芜湖 芜湖市地方志办公室 1988年 230页

008846421

安徽省芜湖市地名录

芜湖市地名委员会编 芜湖 芜湖市地名委员会 1985年 282页

012266451

皖南医学院弋矶山医院院志 1988—2008

皖南医学院弋矶山医院院志编委会编 芜湖 弋矶山医院 2008年 286页

012638629

芜湖市第二人民医院院志 1953—2003

芜湖市第二人民医院院志编纂委员会编 芜湖 芜湖市第二人民医院 2003年 365页

013096565

芜湖市第一人民医院院志 1939—2009

芜湖市第一人民医院院志编纂委员会编 芜湖 芜湖市第一人民医院院志编纂委员会 2009年 267页

013994021

芜湖市园林工具厂厂志

李宗国审稿 赵保修改光 邓志虎执笔 1987年 76页〔安徽轻工业史志丛书〕

009767682

芜湖市环境保护志

芜湖市环境保护局编 北京 中国环境科学出版社 2001年 443页〔芜湖市地方志丛书〕

鸠江区

011998533

芜湖市鸠江区志 至2003

芜湖市鸠江区地方志编纂委员会编 合肥 黄山书社 2008年 436页〔安徽省地方志丛书〕

镜湖区

013183717

镜湖区志 至2002

芜湖市镜湖区地方志编纂委员会编 合肥 安徽人民出版社 2011年 581页〔安徽省地方志丛书〕

012970626

新芜区志

芜湖市新芜区志编纂委员会编 芜湖 芜湖市新芜区志编纂委员会 2006年 36页

弋江区

012545399

芜湖市马塘区志 至2005

芜湖市马塘区地方志编纂委员会编 合肥 黄山书社 2009 年 392 页〔安徽省地方志丛书〕

芜湖县

007488663

芜湖县志

芜湖县地方志编纂委员会编 北京 社会科学文献出版社 1993 年 824 页〔安徽省地方志丛书〕

012316892

芜湖县志 1990—2003

芜湖县地方志编纂委员会编 北京 方志出版社 2009 年 865 页〔安徽省地方志丛书〕

013510719

芜湖县政协志 1980.6—2011.6

芜湖县政协志编纂委员会编 合肥 黄山书社 2011 年 453 页

010193987

芜湖县水利志

芜湖县水利局编 芜湖 芜湖县水利局 1986 年 236 页

012208329

芜湖县交通志

芜湖县交通志编纂委员会编 芜湖 芜湖县交通志编纂委员会 1997 年 303 页

013462793

芜湖县财政志

芜湖县财政局编 南京 国际展望出版社 1991 年 430 页

008663032

安徽省芜湖县地名录

芜湖县地名委员会办公室编 芜湖 芜湖县地名委员会办公室 1985 年 327 页

繁昌县

007482426

繁昌县志

繁昌县地方志编纂委员会 张世杰 徐沛主编 南京 南京大学出版社 1993 年 521 页〔安徽省地方志丛书〕

012679300

繁昌县志 1987—2006

繁昌县地方志编纂委员会编 合肥 黄山书社 2010 年 876 页〔安徽省地方志丛书〕

011431343

荻港镇志

安徽省繁昌县荻港镇志编写组编 荻港镇 安徽省繁昌县荻港镇志编写组 200u 年 239 页

012662307

孙村镇志 420—2008

孙村镇人民政府编 山东 孙村镇人民政

府 2009年 574页

008450972
繁昌县工商行政管理志
繁昌县工商行政管理志编纂委员会编 北京 方志出版社 1995年 200页〔安徽省工商行政管理志系列丛书28〕

013987640
繁昌县城乡建设志 1986年前
繁昌县建设委员会编 2004年 177页

008663509
安徽省繁昌县地名录
安徽省繁昌县地名办公室编 繁昌 繁昌县地名办公室 1984年 212页

南陵县

006928414
南陵县志
南陵县地方志编纂委员会编 合肥 黄山书社 1994年 817页〔安徽省地方志丛书〕

011570139
南陵县志 1991—2000
南陵县地方志编纂委员会编 合肥 黄山书社 2007年 669页〔安徽省地方志丛书〕

010007623
南陵县邮电志
南陵县邮电局局志编撰工作领导小组编纂 合肥 黄山书社 2001年 233页

011943154
博文校志 1998—2008
博文校志编委会编 合肥 安徽人民出版社 2008年 364页

无为县

005701635
无为县志
无为县地方志编纂委员会编 北京 社会科学文献出版社 1993年 670页〔安徽省地方志丛书〕

008914443
无为县工商行政管理志
无为县工商行政管理志编纂委员会编 北京 方志出版社 1995年 219页〔安徽省工商行政管理志系列丛书81〕

008662860
安徽省无为县地名录
无为县地名委员会办公室编 无为 无为县地名委员会办公室 1990年 493页

蚌埠市

007291174
蚌埠市志
蚌埠市地方志编纂委员会编 北京 方志出版社 1995年 1365页〔安徽省地方志丛书〕

011995247
蚌埠市志 1986—2005
蚌埠市地方志编纂委员会编 合肥 黄山书社 2008年 1190页〔安徽省地方志丛书〕

010137524
蚌埠市志 二轻分志 评审稿
蚌埠市第二轻工业局编志办公室编 蚌埠 蚌埠市第二轻工业局 1986年 133页

010007540
蚌埠市工会志
蚌埠市工会志编纂委员会编 合肥 黄山书社 1999年 336页

011320757
蚌埠市人民代表大会志
蚌埠市人民代表大会志编纂委员会编 合肥 黄山书社 2002年 660页

013090713
蚌埠法院志 1935—1985
徐政修主编 安徽省蚌埠市中级人民法院编纂 蚌埠 蚌埠市中级人民法院 1989年 235页

013987330
蚌埠市检察志 1986—2006
蚌埠市人民检察院史志编纂委员会编 蚌埠 蚌埠市人民检察院史志编纂委员会 2007年 493页

011067665
蚌埠市城市建设志
吴炳华主编 蚌埠市城乡建设环境保护委员会编 蚌埠 蚌埠市城乡建设环境保护委员会 1992年 932页

013506542
蚌埠电力工业志
孙本立主编 蚌埠 安徽省凤阳县印刷厂 1987年 327页〔安徽省电力志丛书〕

013726760
蚌埠供电志 1986—2003
蚌埠供电公司编 北京 中国电力出版社 2012年 392页〔安徽省电力工业志丛书〕

012889200
蚌埠铁路分局志 1898—1995

蚌埠铁路分局志编纂委员会编 北京 中国铁道出版社 2003年 647页

009683208
蚌埠市公路志
蚌埠市公路志编纂委员会 刘济民主编 合肥 安徽人民出版社 1992年 158页〔安徽省公路志系列书 2〕

010229259
蚌埠税务志
蚌埠税务局编 北京 北京出版社 1993年 299页

010290966
蚌埠市金融志 1912—1987
张仪宾主编 隗启明主笔 中国人民银行蚌埠分行编 蚌埠 中国人民银行蚌埠分行 1988年 94页

012678981
蚌埠方言志
王晓淮著 北京 方志出版社 2011年 233页

010107748
蚌埠人物志
蚌埠市地方志编纂委员会编 合肥 黄山书社 1998年 925页

008662922
安徽省蚌埠市地名录
蚌埠市地名委员会编 蚌埠 蚌埠市地名委员会 1985年 310页

009060066
淮河综述志
水利部淮河水利委员会 淮河志编纂委员会编 北京 科学出版社 2000年 465页〔中国江河志〕

013859317
蚌埠医学院第一附属医院院志 2002—2012
蚌埠医学院第一附属医院院志编纂委员会编 2012年 392页

011496830
蚌埠医学院附属医院院志 1952—2002
蚌埠医学院附属医院院志编纂委员会编 蚌埠 蚌埠医学院附属医院 2002年 363页

012540832
蚌埠医学院院志 1958—1998
蚌埠医学院院志编委会编 蚌埠 蚌埠医学院院志编委会 1998年 257页

012658111
蚌埠医学院院志 1998—2008
蚌埠医学院院志编委会编 蚌埠 蚌埠医学院院志编委会 2008年 229页

013128791
蚌埠市水利志
蚌埠市水利志编委会编 蚌埠 蚌埠市水

利志编委会 2008 年 343 页

012898629
怀洪新河志
安徽省怀洪新河河道管理局编 蚌埠 安徽省怀洪新河河道管理局 2009 年 338 页

010194725
淮河规划志
水利部淮河水利委员会 淮河志编纂委员会编 北京 科学出版社 2005 年 448 页〔淮河志 4〕

011312206
淮河人文志
水利部淮河水利委员会 淮河志编纂委员会编 北京 科学出版社 2007 年 505 页〔淮河志 7〕

012999148
淮河水道志 1952 初稿
胡焕庸编著 北京 水利电力部治淮委员会淮河志编纂办公室社 1986 年 101 页〔淮河志资料选编〕

008838753
淮河志
水利部淮河水利委员会 淮河志编纂委员会编 北京 科学出版社 1997 年

009442767
淮河治理与开发志
水利部淮河水利委员会 淮河志编纂委员会编 北京 科学出版社 2004 年 582 页〔淮河志 5〕

蚌山区

013726761
蚌埠市蚌山区志 1946—2007
蚌埠市蚌山区地方志编纂委员会编 合肥 黄山书社 2012 年 799 页〔安徽省地方志丛书〕

013687119
蚌埠市中市区人民代表大会志 1952—2002
蚌埠市中市区人民代表大会志编委会编 蚌埠 蚌埠市中市区人民代表大会志编委会 2003 年 317 页

龙子湖区

013680554
蚌埠市东市区人民代表大会志 1949—2002
蚌埠市东市区人民代表大会志编委会编 蚌埠 蚌埠市东市区人民代表大会志编委会 2003 年 341 页

禹会区

012950321
安徽省蚌埠市禹会区文化馆馆志

禹会区文化馆编 蚌埠 禹会区文化馆 2009年 168页

淮上区

013687110
蚌埠市淮上区志 至2007
淮上区地方志编纂委员会编 合肥 黄山书社 2012年 598页〔安徽省地方志丛书〕

013702862
蚌埠市郊区人民代表大会志 1949—2002
郊区人民代表大会志编纂委员会编 蚌埠 郊区人民代表大会志编纂委员会 2002年 439页

怀远县

007347868
怀远县志
怀远县地方志编纂委员会编 上海 上海社会科学院出版社 1990年 671页〔安徽省地方志丛书〕

013861721
怀远县志 1986—2005
怀远县地方志编纂委员会编 合肥 黄山书社 2012年 892页〔安徽省地方志丛书〕

009378080
怀远县委党校志
中共怀远县委党校志编写组编 怀远 中共怀远县委党校志编写组 1987年 38页

013374023
怀远县政协志 1981—2011
政协怀远县委员会编 怀远 政协怀远县委员会 2011年 931页

011319956
怀远县农牧志 征求意见稿
怀远县农牧业局编 怀远 怀远县农牧业局 1986年 330页

009009963
龙亢志
怀远县龙亢志编纂委员会编 汤怀坤主笔 北京 方志出版社 2002年 499页

008662991
安徽省怀远县地名录
怀远县地名委员会办公室编 怀远 怀远县地名委员会办公室 1986年 332页

五河县

007490373
五河县志
五河县地方志编纂委员会编 杭州 浙江人民出版社 1992年 746页〔安徽省地方志丛书〕

008662912

安徽省五河县地名录

五河县地名委员会编 五河 五河县地名委员会 1986年 1127页

固镇县

006555891

固镇县志

安徽省固镇县地方志编纂委员会编纂 北京 中国城市出版社 1992年 512页〔中华人民共和国地方志丛书〕

013404366

固镇县政协志 1979—2009

中国人民政治协商会议固镇县委员会编 固镇 中国人民政治协商会议固镇县委员会 2009年 442页

008663520

安徽省固镇县地名录

固镇县地名委员会编 固镇 固镇县地名委员会 1987年 271页

淮南市

014032762

淮南民盟志

中国民主同盟淮南市委员会编 北京 中国文化出版社 2011年 433页

008450993

淮南市志

淮南市地方志编纂委员会编 合肥 黄山书社 1998年 1491页〔安徽省地方志丛书〕

013627793

淮南市志

淮南市地方志编纂委员会编 合肥 黄山书社 2012年 1661页〔安徽省地方志丛书〕

013628640

毛集实验区志

淮南市毛集实验区地方志编纂工作委员会编 合肥 黄山书社 2011年 505页

010731798

淮南市政协志 1950.9—2006.6

政协安徽省淮南市委员会编 合肥 黄山书社 2006年 690页

013143968

淮南市民政志 1949.10—2006.12

安徽省淮南市民政局编 淮南 淮南市民政局 2007年 172页

008914458

淮南市工商行政管理志

淮南市工商行政管理志编纂委员会编 北京 方志出版社 1995年 311页〔安徽省工商行政管理志系列丛书16〕

013688770

淮南市工商行政管理志 1978—2008

淮南市工商行政管理志编纂委员会编 合肥 黄山书社 2012年 493页

010686947

淮化志 1957—1988

淮化志编纂委员会编 淮南 淮南化工总厂 1991年 460页

011327180

淮南发电总厂志 1930—1985

淮南发电总厂 赵炳文 张仲明等 淮南发电总厂修志办公室编辑 淮南 淮南发电总厂 1989年 495页

012139276

淮南供电志 1986—2002

吴平主编 北京 中国电力出版社 2009年 350页〔安徽省电力工业志丛书〕

010007555

淮南煤矿志

淮南矿务局史志办公室编 合肥 黄山书社 1992年 381页

008663545

淮南市水利志

淮南市水利局水利编写办公室编 淮南 淮南市水利局水利编写办公室 1997年 309页

008830475

新庄孜煤矿志 1946—1991

新庄孜煤矿志编纂委员会编 合肥 黄山书社 1993年 375页

013316287

淮南公路运输志

淮南公路运输志编纂委员会编 淮南 淮南公路运输志编纂委员会 2007年 211页

013374031

淮南邮电志

淮南邮电局邮电志编纂领导小组编 周公权主编 淮南 淮南邮电局邮电志编纂领导小组 1990年 151页

013792399

淮南市财政志 1978—2011

淮南市财政志编纂委员会编 合肥 黄山书社 2013年 605页

010254025

淮南建行志 1951—1986

中国人民建设银行淮南市支行编 淮南 中国人民建设银行淮南市支行行志编辑室 1987年 151页

008662908
淮南市地名录
淮南市地名办公室编 淮南 淮南市地名办公室 1983 年 233 页

田家庵区

010007654
田家庵区志 1953—1990
淮南市田家庵区地方志编纂委员会编 合肥 黄山书社 1997 年 425 页

012638731
田家庵区志 至1953
田家庵区地方志编纂委员会编 合肥 黄山书社 2009 年 339 页

009378096
廖家湾村志
淮南市田家庵区地方志编纂委员会编 合肥 黄山书社 2000 年 185 页〔淮南市地方志丛书 4〕

谢家集区

008985257
谢家集区志 1949—1990
淮南市谢家集区地方志编纂委员会编 合肥 黄山书社 2000 年 524 页〔淮南市地方志丛书 2〕

八公山区

011496820
八公山区志 1949—1998
淮南市八公山区地方志编纂委员会编 合肥 黄山书社 2000 年 578 页〔淮南市地方志丛书 3〕

011578769
八公山志 简编本
八公山志编纂委员会编 合肥 黄山书社 2007 年 162 页

潘集区

012680154
潘集区政协志 1984—2005
中国人民政治协商会议淮南市潘集区委员会编 淮南 潘集区政协志编委会 2005 年 237 页

凤台县

008450986
凤台县志
凤台县地方志编纂委员会编 合肥 黄山书社 1998 年 736 页〔安徽省地方丛书〕

008663023
安徽省凤台县地名录
凤台县地名委员会办公室编 凤台 凤台

县地名委员会办公室 1987年 186页

马鞍山市

004344813
马鞍山市志
马鞍山市地方志编纂委员会编 合肥 黄山书社 1992年 1080页〔安徽省地方志丛书〕

012614085
马鞍山市志 1988—2005
马鞍山地方志编纂委员会编 合肥 黄山书社 2009年 2册〔安徽省地方志丛书〕

008528227
马鞍山市志评论文集
安徽省地方志办公室 马鞍山市地方志办公室编 合肥 黄山书社 1993年 277页

008528242
马鞍山市志资料
马鞍山市地方志办公室编 马鞍山 马鞍山市地方志办公室 1984年

008528208
马鞍山历史大事记
马鞍山市地方志编纂委员会编 马鞍山 马鞍山市地方志编纂委员会 1990年 224页〔马鞍山市地方志系列丛书6〕

012174204
马钢工会志
马鞍山钢铁公司工会编辑委员会编 马鞍山 马鞍山钢铁公司工会编辑委员会 1987年 165页

010193979
马鞍山政协志
马鞍山政协志编审委员会编 马鞍山 政协 1999年 307页

012174190
马鞍山市检察志 1954—2002
马鞍山市人民检察院编 香港 中华大视角艺术出版有限公司 2002年 464页

012049376
姑山铁矿志 1912—1988
马鞍山钢铁公司姑山铁矿编 马鞍山 马鞍山钢铁公司姑山铁矿 1989年 377页〔马钢史志丛书〕

010265820
马鞍山钢铁公司志 1911—1985
马钢史志办公室编 马鞍山 马鞍山钢铁公司 1986年 654页

013461659
马鞍山钢铁股份有限公司车轮轮箍厂志 1984—1993
厂志编辑委员会编 马鞍山 马鞍山钢铁股份有限公司车轮轮箍厂厂志编辑委员会 1995年 307页

013337589
马鞍山供电志
张其仁主编 1987年 219页〔安徽省电力志丛书〕

012265355
马鞍山供电志 1978—2003
马鞍山供电志编委会编著 北京 中国电力出版社 2009年 372页〔安徽省电力工业志丛书〕

013689035
马鞍山烟草志
马鞍山烟草志编纂委员会编 合肥 黄山书社 2011年 586页

011319931
马钢第三轧钢厂志 1958—1984
1987年 324页〔马鞍山钢铁公司志丛书〕

012174195
马钢二机制志 1986—2005
马钢二机制志编辑委员会编 马鞍山 马钢二机制志编辑委员会 2006年 306页

011313058
马钢江东志 1989—1998
马钢江东公司史志办公室编 安徽 马钢江东广告装潢分公司 1999年 280页

013753591
马钢矿山志 1911—1986
马鞍山钢铁公司矿山公司编 马鞍山 马鞍山钢铁公司矿山公司 1988年 357页

011570035
马钢利民志 1979—2003
马钢利民志编纂办公室编 马鞍山 马钢利民公司 2004年 278页

013000461
马钢南山铁矿志 1916—1985
马钢南山铁矿志编纂办公室编 马鞍山 马钢南山铁矿志编纂办公室 1987年 496页

011319939
马钢一轧钢厂志 1961—1983
周嘉忽 田启哲主编 马鞍山 198u年 343页〔马鞍山钢铁公司志丛书〕

009471998
马钢志 1911—2000
马钢志编纂委员会编 北京 方志出版社 2004年 780页

012174211
马钢重机志 1958—2007
马钢重机志编纂委员会编 马鞍山 马钢重机志编纂委员会 2008 年 421 页〔马钢志丛书〕

013991241
南山的辉煌 南山铁矿志续集 1986—1994
南山铁矿志续集编委会编 马鞍山 南山铁矿志续集编委会 1994 年 305 页

013991375
热轧板厂志 1985—2004
厂志编纂委员会编 2005 年 356 页

013630425
修建部志 1961—1991
修建部志编纂委员会编 马鞍山 修建部志编纂委员会 1991 年 243 页

013630656
冶金工业部第十七冶金建设公司志 1963—1985
冶金工业部第十七冶金建设公司志编纂委员会编 马鞍山 冶金工业部第十七冶金建设公司志编纂委员会 1987 年 241 页

013628133
一铁志 1942—1985
马鞍山钢铁公司第一炼铁厂编 马鞍山 马钢第一炼铁厂志编纂办公室 1988 年 520 页

013628136
一铁志 1986—1995
马鞍山钢铁公司第一炼铁厂编 马鞍山 马钢铁公司第一炼铁厂志编纂办公室 1998 年 403 页

011319946
中板厂志 1970—1984
1985 年 312 页〔马鞍山钢铁公司志丛书〕

013958864
马鞍山市交通志 1986—2005
王化成主编 马鞍山 马鞍山市交通志编纂委员会 2007 年 426 页

009683249
马鞍山市公路志
马鞍山市公路志编纂委员会 陶立群主编 合肥 安徽人民出版社 1994 年 145 页〔安徽省公路志系列书 4〕

012680467
马鞍山农行志
中国农业银行马鞍山分行行志办编 珠海 珠海出版社 2005 年 370 页

010193975
马鞍山市文化志
马鞍山市文化局编 马鞍山 马鞍山市文化局 2002 年 439 页

010730138
马鞍山市集邮志
马鞍山市集邮协会编 马鞍山 马鞍山市集邮协会 1996年 274页

010475894
马鞍山风物志
马鞍山市政协文史和学习委员会编 长春 时代文艺出版社 2001年 181页

008663314
安徽省马鞍山市地名录
马鞍山市地名委员会编 马鞍山 马鞍山市地名委员会 1986年 238页

009377275
采石志
李恩绶 史寄发编 合肥 黄山书社 1992年 240页

008528206
马鞍山名胜古迹志
马鞍山市地方志办公室编 合肥 黄山书社 1992年 148页

雨山区

012662820
马鞍山市雨山区志
雨山区地方志编纂委员会编 北京 方志出版社 2010年 637页〔安徽省地方志丛书〕

花山区

012661601
马鞍山市花山区志
花山区地方志编纂委员会编 马鞍山 花山区地方志编纂委员会 2009年 763页〔安徽省地方志丛书〕

012680469
马鞍山市金家庄区志 至2005
金家庄区地方志编纂委员会编 合肥 黄山书社 2010年 729页〔安徽省地方志丛书〕

当涂县

007443579
当涂县志
当涂县志编纂委员会编纂 北京 中华书局 1996年 728页

013751619
当涂县志 1978—2010
当涂县地方志编纂委员会编 合肥 黄山书社 2012年 1185页〔安徽省地方志丛书〕

009887039
当涂县工商行政管理志
当涂县工商行政管理志编纂委员会编 合肥 黄山书社 1997年 187页〔安徽省工商行政管理志系列丛书 34〕

013334568

当涂县粮食志

当涂县粮食局粮食志编写组编 当涂 当涂县粮食局粮食志编写组 1989年 206页

008662901

安徽省当涂县地名录

当涂县地名领导小组办公室编 当涂 当涂县地名领导小组办公室 1983年 292页

含山县

007490998

含山县志

含山县地方志编纂委员会编 合肥 黄山书社 1995年 696页〔安徽省地方志丛书〕

013772722

含山县政协志 1981—2011

政协含山县委员会编 合肥 黄山书社 2011年 386页

和县

007490999

和县志

和县地方志编纂委员会编 合肥 黄山书社 1995年 812页〔安徽省地方志丛书〕

013860716

和县志 1989—2005

和县地方志编纂委员会编 合肥 黄山书社 2012年 909页〔安徽省地方志丛书〕

008845168

驷马山引江灌溉工程志

安徽水利志编纂委员会编 安徽 安徽水利志编纂委员会 1999年 254页〔安徽省大型水利工程志丛书〕

013045568

和县水利志

和县水利志编纂委员会编 荆诚孝主编 北京 方志出版社 2011年 424页

淮北市

008451014

淮北市志

淮北市地方志编纂委员会编 北京 方志出版社 1999年 1161页

013335402

淮北市政协志 1966—1991

淮北市政协志编审委员会编 2009 年 136 页

010292974

淮北市农业志

淮北市农林局编 合肥 黄山书社 1997 年 191 页

012263870

安徽省矿业机电装备公司志

安徽省矿业机电装备公司编 北京 煤炭工业出版社 2009 年 400 页

009887034

岱河煤矿志

淮北矿业集团公司岱河煤矿编 北京 当代中国出版社 2005 年 459 页

013415282

淮北发电厂志

黄志举主笔 常学仁 王建设 张东明编 淮北 淮北发电厂编志办公室 1988 年 358 页〔安徽省电力志丛书 5〕

012251120

淮北供电志 1993—2005

淮北供电志编纂委员会编著 北京 中国电力出版社 2009 年 331 页〔安徽省电力工业志丛书〕

011580065

淮北矿业勘探工程公司志

淮北矿业勘探工程公司编 北京 当代中国出版社 2008 年 256 页

012718975

淮北矿业志 1987—2007

淮北矿业志编纂委员会编 合肥 黄山书社 2010 年 1466 页

009008712

淮北选煤厂志

淮北矿业（集团）公司淮北选煤厂编 北京 煤炭工业出版社 2002 年 243 页

009959301

临涣煤矿续志 1995—2005

淮北矿业（集团）公司临涣煤矿编 北京 新华出版社 2005 年 295 页

011311045

临涣煤矿志 1985—1995

淮北矿务局林焕煤矿编 北京 煤炭工业出版社 1995 年 292 页

010107806

朔里煤矿志

朔里煤矿志编委会编 北京 中国致公出版社 2001 年 367 页

011478688

童亭煤矿志

淮北矿业集团公司童亭煤矿编 北京 煤

炭工业出版社 2004 年 324 页

012545478
新编童亭煤矿志 1989—2009
淮北矿业（集团）公司童亭煤矿编 北京 煤炭工业出版社 2009 年 443 页

011809558
杨庄煤矿志
淮北矿业（集团）公司杨庄煤矿编 北京 煤炭工业出版社 2002 年 401 页

011910096
袁庄煤矿志
淮北矿业集团公司袁庄煤矿编 北京 当代中国出版社 2008 年 517 页

013512144
朱庄煤矿续志 1991—2000
淮北朱庄煤矿志编辑办公室编 北京 中国致公出版社 2001 年 275 页

013464423
朱庄煤矿志
淮北朱庄煤矿志编辑办公室编 北京 新华出版社 1991 年 428 页

009001285
淮北市交通志
淮北市交通志编纂委员会编 合肥 黄山书社 2002 年 317 页

009683237
淮北市公路志
李光朝主编 北京 中国对外翻译出版公司 1999 年 237 页〔安徽省公路志系列书 11〕

013726751
安徽省淮北卫生学校校志
2008 年 154 页

008662910
安徽省淮北市地名录
淮北市地名办公室编 淮北 淮北市地名办公室 1989 年 139 页

013531020
淮北矿工总医院志
淮北矿工总医院编 北京 新华出版社 1991 年 540 页

008663537
安徽省淮北大堤志
徽省水利志编纂委员会编 合肥 黄山书社 1997 年 412 页〔安徽省大型水利工程志丛书〕

杜集区

013772859
杜集区志
淮北市杜集区地方志编纂委员会编 北京 方志出版社 2012 年 677 页〔安徽省地方志丛书〕

009878459
石台煤矿志
淮北矿业集团公司石台煤矿编 北京 煤炭工业出版社 2005年 370页

濉溪县

010107794
双堆区志
双堆区志编纂小组编 双堆区 双堆区志编纂小组 1987年 382页

005701613
濉溪县志
濉溪县地方志编纂委员会编 上海 上海社会科学院出版社 1989年 956页

008528080
濉溪县志续编 1986—1996
濉溪县地方志编纂委员会 上海 上海社会科学院出版社 1999年 827页

013706409
濉溪县政协志 1980.6—2010.1
政协安徽省濉溪县委员会编 濉溪 政协安徽省濉溪县委员会 2010年 694页

008914423
濉溪县工商行政管理志
濉溪县工商行政管理志编纂委员会编 北京 方志出版社 1995年 195页〔安徽省工商行政管理志系列丛书33〕

012639766
临涣选煤厂志
淮北矿业集团公司临涣选煤厂编 合肥 黄山书社 2010年 479页

014052259
濉溪县金融志
濉溪县金融志编写小组编 1986年 128页

008662995
安徽省濉溪县地名录
安徽省濉溪县地名办公室编 濉溪 濉溪县地名办公室 1984年 406页

铜陵市

006795921
铜陵市志
铜陵市地方志编纂委员会主编 合肥 黄山书社 1994年 1134页〔安徽省地方志丛书〕

013072554
铜陵市劳动志

安徽省铜陵市劳动局编 铜陵 安徽省铜陵市劳动局 1987年 283页

010138092
铜陵房产志
铜陵市房地产管理局编 铜陵 铜陵市房地产管理局 1989年 186页

013991590
铜陵市城市建设志
铜陵市建设委员会编 铜陵 铜陵市新华印刷厂 1988年 365页

013991588
［铜陵有色金属公司］设计研究院志
1956—1985
铜陵有色金属公司设计研究院志编辑领导小组编 1987年 270页

012252720
铜陵供电志 1986—2005
铜陵供电公司编委会编著 北京 中国电力出版社 2009年 456页〔安徽省电力工业志丛书〕

013991585
铜陵市化纤厂志 1971.12—1985.12
铜陵市化纤厂编志办公室编 铜陵 铜陵市化纤厂编志办公室 1986年 235页

008450984
铜陵有色金属公司志 1950—1990
铜陵有色金属公司编 合肥 黄山书社 1995年 583页

013996041
中国有色金属工业总公司铜陵有色金属公司建筑安装公司志初稿
1952—1985
领导小组编纂 1987年 2册

013996044
中国有色金属总公司铜陵有色金属公司卫生志
铜陵有色金属公司卫生处编 1989年 177页

010007656
铜陵市公路志
铜陵市公路志编纂委员会编 合肥 黄山书社 2001年 215页〔安徽省公路志系列书 13〕

012140413
铜陵日报志 1955—2004
铜陵日报志编纂委员会编 铜陵 铜陵日报志编纂委员会 2005年 147页

013991584
铜陵市广播电视志 1949—1985
沈海荣主笔 魏宜泰编审 铜陵市广播电视史志编纂组编 1985年 200页

013991586
铜陵有色二冶小学志
铜陵有色二冶小学志编纂委员会编 铜

陵 铜陵有色二冶小学志编纂委员会
2003年 471页

011500704
铜陵市第一中学志
铜陵市第一中学志编纂委员会编 铜陵
　铜陵市第一中学 1998年 485页

008663035
安徽省铜陵市地名录
铜陵市地名委员会编 铜陵 铜陵市地名
　委员会 1986年 115页

013686304
铜陵市中医医院志 1955.3—2005.3
铜陵市中医医院编 铜陵 铜陵市中医医
　院 2005年 138页

013462680
铜陵有色金属(集团)公司第二职工医院志 1973—1996
第二职工医院(职业病防治研究所)志
　编委会编 铜陵 第二职工医院(职业
　病防治研究所)志编委会 1998年
　137页

013822923
铜陵卫生志 1950—2000
铜陵市卫生局编 铜陵 铜陵市卫生局
　2005年 443页

铜官山区

011806011
铜陵市铜官山区志 至2000
铜官山区地方志编纂委员会编 合肥 黄
　山书社 2008年 439页〔安徽省地方
　志丛书〕

狮子山区

011806004
铜陵市狮子山区志 至2000
狮子山区地方志编纂委员会编 合肥 黄
　山书社 2008年 300页〔安徽省地方
　志丛书〕

郊区

011805998
铜陵市郊区志 至2000
铜陵市郊区地方志编纂委员会编 合肥
　黄山书社 2008年 459页〔安徽省地
　方志丛书〕

铜陵县

007132525
铜陵县志
安徽省铜陵县地方志编纂委员会编纂
　合肥 黄山书社 1993年 707页〔安
　徽省地方志丛书〕

011066424

铜陵县志 1991—2000

铜陵县地方志编纂委员会编 北京 方志出版社 2006年 827页〔安徽省地方志丛书〕

012051988

铜陵县工商行政管理志

铜陵县工商局编 铜陵 铜陵县工商局 2008年 189页

013603322

铜陵机车厂志 1970—1985

铁道部铜陵机车厂志编纂委员会编 铜陵 铁道部铜陵机车厂志编纂委员会 1989年

013462678

铜陵县实验小学志

铜陵县实验小学志编纂委员会编 铜陵 铜陵县实验小学志编纂委员会 2008年 535页

008663320

安徽省铜陵县地名录

铜陵县地名委员会编 铜陵 铜陵县地名委员会 1986年 211页

013758746

铜陵有色运输部志 1952—2007

运输部志编纂委员会编 铜陵 运输部志编纂委员会 2007年 333页

010776962

铜陵发电厂志

铜陵发电厂志编纂委员会编 铜陵 铜陵发电厂志编纂委员会 1988年〔安徽省电力志丛书 6〕

安庆市

007493540

安庆地区志

安庆市地方志编纂委员会编 合肥 黄山书社 1995年 1444页〔安徽省地方志丛书〕

008451008

安庆市志

安庆市地方志编纂委员会编 北京 方志出版社 1997年 2册〔安徽省地方志丛书〕

011469918

安庆市志 1978—2000

安庆市地方志编纂委员会编 合肥 黄山书社 2008年 2册 1816页〔安徽省地方志丛书〕

009046608

安庆市政协志 1949—1999

安庆市政协文史资料委员会编 北京 中国文史出版社 1998年 419页

013987325
安徽省安庆香皂厂志
安庆香皂厂编 1987年 92页

012713839
安庆电力志 1897—2003
安庆电力志编委会编 北京 中国电力出版社 2011年〔安徽省电力工业志丛书〕

009377214
安庆市公路志
王友若主编 合肥 安徽人民出版社 1996年 372页〔安徽省公路志系列书 7〕

010007532
安庆市财政志 1978—2002
安庆市财政志编委会编 王俊科主编 万翔 容运全副主编 合肥 黄山书社 2006年 380页

012635491
安庆市金融志 1978—2005
安庆市金融志编纂委员会编 北京 中国金融出版社 2010年 2册 1348页

010577235
安庆市文化市场志
安庆市文化局文管办 安庆市文化娱乐业协会编 安庆 安庆市文化局 2000年 178页

011067174
安庆地区教育志 1902—1988
安庆 1994年 582页

013330203
安徽省安庆卫生学校志 1943—2003
安徽 安徽省安庆卫生学校 2003年 186页

011578738
安庆科技人物志
季昆森主修 胡学明 陈宜训主编 安庆 安徽省安庆行署科学技术委员会 1988年 265页

011067653
安庆地区教育人物志 1903—1990
安庆 1992年 117页

012950329
安庆地区文物志稿
安徽省安庆地区行署文化局编印 安庆 安徽省安庆地区行署文化局 1983年

008845944
安徽省安庆市地名录
安庆市地名委员会编 安庆 安庆市地名委员会 1987年 313页

010291628

安庆市卫生防疫志 1497—1985 文稿

安庆市卫生防疫志编纂领导小组编 1987年 278页

大观区

013987319

安庆市大观区志 1996—2006

安庆市大观区地方志编纂委员会编著 合肥 黄山书社 2013年 460页〔安徽省地方志丛书〕

迎江区

007478006

安庆市郊区志

安庆市郊区地方志编纂领导小组编 北京 社会科学文献出版社 1994年 453页〔安徽省地方志丛书〕

009332377

迎江寺志

安庆市迎江寺志编纂委员会编 长春 时代文艺出版社 2001年 257页

宜秀区

013987322

安庆市宜秀区志 1988—2007

安庆市宜秀区地方志编纂委员会编 合肥 黄山书社 2013年 460页〔安徽省地方志丛书〕

012540689

安庆市宜秀区政协志 1987.5—2007.1

政协安庆市宜秀区委员会编 安庆 政协安庆市宜秀区委员会 2007年 297页

桐城市

013507513

桐城市志 1978—2000

桐城市地方志编纂委员会编 合肥 黄山书社 2012年 1072页〔安徽省地方志丛书〕

007488878

桐城县志

桐城县地方志编纂委员会编 合肥 黄山书社 1995年 971页〔安徽省地方志丛书〕

011320304

安徽省桐城县轴瓦厂志

张德友主编 合肥 黄山书社 1993年 221页

011998451

桐城市电业志 1989—2003

安徽电力桐城供电有限责任公司编 合肥 黄山书社 2008年 359页〔安徽电力工业志丛书 桐城市地方志丛书〕

009683280
桐城县电业志
章德年主修 徐光华主编 桐城县电业志编纂办公室编 合肥 黄山书社 1991年 263页

009878462
桐城市财政志
桐城市财政志编纂办公室编 合肥 黄山书社 2005年 514页

008043155
桐城文化志
方尔文主修 汪福来主编 方尔文等编委 汪福来等编 合肥 安徽人民出版社 1992年 394页

011321392
桐城教育志 1978—2002
桐城市教育局编纂 合肥 安徽少年儿童出版社 2006年 410页

010476444
安徽省天城中学志
安徽省天城中学编 合肥 黄山书社 2006年 320页 〔桐城市地方志丛书〕

010469303
桐城县文物志
童树桐主编 李晖编审 桐城 安徽省桐城县文化局 1988年 238页

008662917
安徽省桐城县地名录
桐城县地名委员会编 桐城 桐城县地名委员会 1990年 537页

怀宁县

007443583
怀宁县志
怀宁县地方志编纂委员会编 合肥 黄山书社 1996年 989页 〔安徽省地方志丛书〕

011804612
怀宁县志 1978—2002
怀宁县地方志编纂委员会编 合肥 黄山书社 2005年 975页 〔安徽省地方志丛书〕

012541758
怀宁县教育志 1898—2002
怀宁县教育局编 合肥 安徽大学出版社 2005年 369页

010292038
安徽省怀宁中学校志校友录 1952—1991
怀宁中学校志编委会 储经笥主编 怀宁 怀宁中学校志编委会 1992年 256页

008662899
安徽省怀宁县地名录
怀宁县地名委员会办公室编 怀宁 怀宁

县地名委员会办公室 1989年 407页

枞阳县

008450989
枞阳县志
枞阳县地方志编纂委员会编 合肥 黄山书社 1998年 765页〔安徽省地方志丛书〕

011757511
枞阳县志 1978—2002
枞阳县史志编纂委员会编 合肥 黄山书社 2007年 931页〔安徽省地方志丛书〕

009009959
枞阳县烟草志
方文阁主修 安徽省枞阳县烟草专卖局编 北京 方志出版社 2002年 320页

010138028
枞阳县财政志
枞阳县财政局编 合肥 黄山书社 2000年 303页

009413235
枞阳县信合志
枞阳县农村信用合作联社编 北京 方志出版社 2004年 358页

012658298
枞阳县教育志
枞阳县教育志编纂委员会编 北京 方志出版社 2010年 623页

011890519
枞阳文物志
孔祥彪编审 王乐群主编 王乐群总撰稿 枞阳文物志编委会编 北京 中国文史出版社 2003年 304页〔世纪之春丛书〕

008662887
安徽省枞阳县地名录
枞阳县地名委员会办公室编 枞阳 枞阳县地名委员会办公室 1989年 434页

007506847
浮山志
枞阳县地方志编纂委员会编 合肥 黄山书社 1994年 389页〔安徽省山水志丛书〕

012872207
枞阳县水利志
王泰炳主编 安徽省枞阳县水利局编 合肥 黄山书社 1998年 320页

潜山县

004516622
潜山县志
潜山县地方志编纂委员会编 北京 社会科学文献出版社 1993年 1059页〔安徽省地方志丛书〕

012266039

潜山县财政志 1978—2002

潜山县财政局编 潜山 潜山县财政局 2008年 280页〔潜山县第二届地方志丛书〕

013144650

潜山县信合志

潜山县农村信用合作联社编 潜山 农村信用合作联社 2009年 558页

008663008

安徽省潜山县地名录

潜山县地名委员会办公室编 潜山 潜山县地名委员会办公室 1985年 212页

001717806

天柱山志

乌以风编著 合肥 安徽教育出版社 1984年 505页

009856041

中国禅宗三祖寺志

潜山县三祖寺志编纂委员会编 合肥 黄山书社 1997年 254页

太湖县

007294756

太湖县志

太湖县地方志编纂委员会编 合肥 黄山书社 1995年 893页〔安徽省地方志丛书〕

011321182

太湖县志 1978—2001

太湖县地方志编纂委员会编 合肥 黄山书社 2007年 1062页〔安徽省地方志丛书〕

012969730

太湖县工商行政管理志

吴敦康主编 合肥 黄山书社 1994年 190页〔安徽省工商行政管理志系列丛书 21〕

014052265

太湖县教育志 1905—1987

太湖县教育委员会编 1990年 290页

010576457

安徽省太湖中学志

安徽省太湖中学志编纂委员会编 合肥 黄山书社 1996年 347页

013987307

安徽省太湖中学志 1996—2005

安徽省太湖中学志编纂委员会编 合肥 安徽科学技术出版社 2006年 390页

008662969

安徽省太湖县地名录

太湖县地名委员会办公室编 太湖 太湖县地名委员会办公室 1986年 425页

009988736

太湖鱼类志

倪勇 朱成德主编 上海 上海科学技术出版社 2005年 292页

宿松县

013002617
宿松县志 1978—2002
宿松县地方志编纂委员会编 合肥 黄山书社 2011年 2册〔安徽省地方志丛书〕

012836365
洲头乡志 1978—2004
宿松县洲头乡地方志编纂委员会编印 宿松 宿松县洲头乡地方志编纂委员会 2007年 354页〔宿松县地方志丛书〕

012836343
宿松金融志 1985—1997
宿松 金融志编纂委员会 1998年 192页

012613875
宿松县教育志
高嗣照主编 合肥 黄山书社 2010年 561页

008662894
安徽省宿松县地名录
宿松县地名委员会编 宿松 宿松县地名委员会 1985年 378页

望江县

007986606
望江县志
望江县地方志编纂委员会编 合肥 黄山书社 1995年 787页〔安徽省地方志丛书〕

013959457
望江县志 1988—2005
望江县地方志编纂委员会编 合肥 安徽人民出版社 2013年 1004页〔安徽省地方志丛书〕

013706853
望江县电力志 1929—2010
安徽电力望江供电有限责任公司编著 合肥 黄山书社 2011年 362页〔安庆电力志丛书〕

008663317
安徽省望江县地名录
望江县地名委员会办公室编 望江 望江县地名委员会办公室 1986年 325页

岳西县

007425712
岳西县志
岳西县地方志编纂委员会编 合肥 黄山书社出版 1996年 549页〔中华人民共和国地方志丛书 安徽省〕

012100849
岳西县志 1978—2002
岳西县地方志编纂委员会编 合肥 黄山书社 2009年 893页〔安徽省地方志丛书〕

009332379
岳西县乡镇简志
岳西县乡镇简志编纂领导小组办公室编 合肥 黄山书社 2001年 384页

010686868
毛尖山水电站志
汪同群 储德才编 合肥 安徽人民出版社 1989年 271页〔安徽省电力志丛书〕

012662863
岳西方言志
岳西县地方志编纂委员会编 储泽祥主编 武汉 华中师范大学出版社 2009年 258页

008663000
安徽省岳西县地名录
岳西县地名领导小组办公室编 岳西 岳西县地名领导小组办公室 1985年 455页

黄山市

007490424
黄山市志
黄山市(县级)地方志编纂委员会编 合肥 黄山书社 1992年 886页〔安徽省地方志丛书〕

012680178
黄山市志 至2006
黄山市地方志编纂委员会编著 合肥 黄山书社 1992年 3册〔安徽省地方志丛书〕

004516446
徽州地区简志
何警吾主编 吴元超副主编 安徽省徽州地区地方志编纂委员会编 合肥 黄山书社 1989年 588页〔中华人民共和国地方志丛书〕

012832074
黄山市检察志 1951—2006
黄山市人民检察院编 黄山 黄山市人民检察院 2009年 583页

012265079
黄山市国土资源志
黄山市国土资源局编 黄山 黄山市国土资源局 2006年 398页

010291911

徽州地区林业志

徽州地区林业志编纂委员会编 徽州 徽州地区林业志编纂委员会 1991年 356页

013316288

黄山市农业志

黄山市农业委员会编 黄山 黄山市农业委员会 2008年 447页

010576729

黄山市烟草志

黄山市烟草志编纂委员会编 合肥 黄山书社 2007年 567页

011294262

徽州地区交通志

徽州地区交通志编纂委员会编 合肥 黄山书社 1996年 361页〔黄山市地方志丛书〕

008450969

黄山市公路志

黄山市公路志编纂委员会编 北京 方志出版社 1996年 414页〔安徽省公路志系列书 8〕

013045649

黄山市价格志

黄山市物价局编 黄山 黄山市物价局 2009年 292页

013144406

黄山市财政志 至2010

黄山市财政局编 北京 中国文史出版社 2011年 535页

010007607

黄山市报业志

黄山市报业志编纂委员会编 合肥 黄山书社 1998年 306页

013507979

黄山市黄山第一中学校志 1941—2011

黄山一中校志编审委员会编 黄山 黄山一中校志编审委员会 2011年 376页

010007595

黄山旅游地学志

胡济源著 合肥 黄山书社 1996年 257页

006361640

黄山志

黄山志编纂委员会编 合肥 黄山书社 1988年 499页

012811549

黄山志 至2008

黄山志编纂委员会编 合肥 黄山书社 2010年 594页〔安徽省地方志丛书〕

屯溪区

013820300
黄山市屯溪区志
黄山市屯溪区地方志编纂委员会编 北京 方志出版社 2012年 2册 1569页〔安徽省地方志丛书〕

004892979
屯溪市志
屯溪市地方志编纂委员会编 合肥 安徽教育出版社 1990年 479页〔安徽省地方志丛书〕

012662355
屯溪政协志 1955—2006
屯溪政协志编纂委员会编 屯溪 屯溪政协志编纂委员会 2007年 215页

008663498
安徽省屯溪市地名录
屯溪市地名委员会办公室编 屯溪 屯溪市地名委员会办公室 1985年 183页

黄山区

011954334
黄山区志
黄山区地方志编纂委员会编 合肥 黄山书社 2008年 1273页〔安徽省地方志丛书〕

012252635
汤口镇志 至2006
汤口镇志编纂委员会编 黄山 汤口镇志编纂委员会 2008年 390页〔黄山区乡镇志丛书〕

012506287
乌石乡志 至2006
乌石乡志编纂委员会编 黄山 乌石乡志编纂委员会 2007年 542页〔黄山区乡镇志丛书〕

012613282
仙源镇志 至2006
仙源镇志编纂委员会编 黄山 仙源镇志编纂委员会 2007年 324页〔黄山区乡镇志丛书〕

012898650
黄山市林业志
黄山市(县级)林业局编 黄山 黄山市(县级)林业局 1987年 405页

徽州区

013704287
黄山市徽州区志
黄山市徽州区地方志编纂委员会编 合肥 黄山书社 2012年 2册 1195页〔安徽省地方志丛书〕

011996708
徽州人物志

万正中编撰 合肥 黄山书社 2008年 938页

歙县

007486939
歙县志
歙县地方志编纂委员会编纂 北京 中华书局 1995年 846页〔安徽省地方志丛书〕

012837452
歙县志 至2005
歙县地方志编纂委员会编 合肥 黄山书社 2010年 2册

010193990
歙县供销合作社志
歙县供销合作社联合社编 歙县 1986年 110页

012052406
歙县财政续志
歙县财政局编 歙县 歙县财政局 2006年 202页

012545423
歙县教育志
歙县教育局编 合肥 黄山书社 2009年 632页

009250160
溪头志
溪头志编纂委员会编 合肥 合肥工业大学出版社 2003年 1049页

010686938
歙县文物志
歙县文化局编 歙县 歙县文化局 1989年 132页

休宁县

010229508
休宁县志 评审稿
休宁县地方志编纂委员会编 休宁 1988年 2册

007348208
休宁县志
休宁县地方志编纂委员会编 合肥 安徽教育出版社 1990年 661页〔安徽省地方志丛书〕

013379127
休宁县志 208—2010
休宁县地方志编纂委员会编 合肥 黄山书社 2012年 2册〔安徽省地方志丛书〕

013509224
齐云山志 至2011.6.30
安徽省齐云山志编纂委员会编 黄山 黄山书社 2011年 429页〔安徽省地方志丛书〕

黟县

007347959
黟县志
黟县地方志编纂委员会编 上海 光明日报出版社 1988年 667页〔安徽省地方志丛书〕

祁门县

003807942
祁门县志
祁门县地方志编纂委员会办公室编 合肥 安徽人民出版社 1990年 894页

011955288
祁门县志
祁门县地方志编纂委员会编 合肥 黄山书社 2008年 2册 1247页〔安徽省地方志丛书〕

013753758
祁门乡镇简志
祁门乡镇简志编纂委员会编 祁门 祁门县地方志办公室 1999年 320页

010007625
祁山镇志
祁山镇志编纂领导小组编 合肥 黄山书社 1992年 272页

009378108
祁门县工商行政管理志
祁门县工商行政管理志编纂委员会编 合肥 黄山书社 1995年 245页〔安徽省工商行政管理志系列丛书 46〕

010193986
祁门县农业志
祁门县农业志编纂办公室编 祁门 祁门县农业委员会 2003年 233页

010193981
祁门县教育志
祁门县教育委员会编 祁门 祁门县教育委员会 1989年 263页

011066699
祁门县旅人志
祁门县旅外人士联谊会 祁门县地方志办公室编 祁门 祁门县旅外人士联谊会 2002年

008663323
祁门县地名录
祁门县地名委员会办公室编 祁门 祁门县地名委员会办公室 1987年 153页

滁州市

007990208
滁县地区志
滁州市地方志编纂委员会编 北京 方志出版社 1998 年 1536 页〔安徽省地方志丛书〕

008451005
滁州市志
滁州市地方志编纂委员会编 北京 方志出版社 1998 年 1004 页〔安徽省地方志丛书〕

008830488
滁州市民族宗教志
吴文荣主编 张海东编撰 合肥 黄山书社 1992 年 226 页

013314272
滁州市公安志
滁州市公安局编 滁州 滁州市公安局 1988 年 88 页

011327104
滁县地区工商行政管理志
滁县地区工商行政管理局编 滁县 滁县地区工商行政管理局 1990 年 157 页

011757489
滁县地区林业志
徐文铮主编 滁州 滁州报社印刷厂 1987 年 169 页

011325442
滁州市粮食志
滁州市粮油食品局编 滁州 滁州市粮油食品局 1987 年 225 页

012658274
滁州市水产志
滁州市农业委员会编 滁州 滁州市农业委员会 2010 年 384 页

010469054
滁县地区农业志 征求意见稿
吕崇学主编 滁县 安徽省滁县地区行政公署农业局 1987 年 422 页

010138018
滁县农业志 1949—1985
滁州市农业局编 滁州 滁州市农业局 1986 年 217 页

009115805
滁县地区机械电子工业志
滁州市机械电子工业志编纂委员会编 北京 方志出版社 1996 年 517 页

012967428
滁州供电志 1986—2005
滁州供电志编纂委员会编 北京 中国电

力出版社 2011 年 307 页〔安徽省电力工业志丛书〕

011327172
滁州市二轻工业局志
滁州市二轻工业局汇编 滁州 滁州市二轻工业局 1991 年 2 册

011325328
滁州市人民印刷厂志
滁州市二轻工业局汇编 滁州 滁州市二轻工业局 1986 年 19 页〔安徽轻工业史志丛书〕

009115803
滁县地区交通志
滁县地区交通志编纂委员会编 北京 方志出版社 1997 年 643 页

010251835
滁州交通志
管笛编 合肥 黄山书社 1993 年 306 页

009683223
滁县地区公路志
陈思齐主编 合肥 安徽人民出版社 1996 年 278 页〔安徽省公路志系列书 5〕

010278306
滁州邮电志
安徽省滁县地区邮电局编 滁县 安徽省滁县地区邮电局 1991 年 198 页

013680663
滁县地区税务志 1949—1992
滁州市国家税务局 滁州市地方税务局合编 滁州 滁州市地方税务局 1995 年 245 页

010251109
滁县税务志
滁州 1988 年 224 页

013314278
滁州市国税志
滁州市国税局编 滁州 滁州市国税局 2010 年 198 页

010251768
滁县地区金融志 1912—1987
滁县地区金融志编写组编 滁县 滁县地区金融志编写组 1991 年 236 页

013179369
滁州市金融志 1912—1992
滁州市金融志编写组编修 滁州 滁州市金融志编写组 1993 年 145 页

013923954
滁州市教育志
滁州市教育局编 滁州 滁州市教育局 2013 年 487 页

009783897
滁县地区体育志
安徽省滁县地区体育志编纂委员会编

合肥 黄山书社 1992年 254页

011910360
中国民族民间器乐曲集成 安徽卷 滁县地区分卷
滁县地区行署文化局编 滁县 滁县地区行署文化局编 1993年 327页

011147860
中国民族民间舞蹈集成 安徽卷 滁县地区分卷
滁县地区行署文化局编 滁县 滁县地区行署文化局 1988年 240页

010251094
滁州市文物志
安徽省滁州市文化局编 滁州 安徽省滁州市文化局 1987年 209页〔安徽省文物志丛书 滁州市文化丛书 1〕

008663331
安徽省滁州市地名录
滁州市地名领导小组办公室编 滁州 滁州市地名领导小组办公室 1984年 264页

009226955
琅玡山植物志
訾兴中主编 张定成副主编 北京 中国林业出版社 1999年 800页

010251352
滁县地区卫生志
滁县地区行署卫生局编 滁县 滁县地区行署卫生局 1989年 276页

011313040
滁州水利志 1912—1987
滁州市水利局编 滁州 滁州市水利局 1992年 176页

琅琊区

009378093
琅琊山志
琅琊山志编纂委员会编 合肥 黄山书社 1989年 385页〔安徽山水志丛书〕

南谯区

013373424
滁州市南谯区志 至2005
滁州市南谯区地方志编纂委员会编 合肥 黄山书社 2011年 670页〔安徽省地方志丛书〕

天长市

005536238
天长县志
天长县地方志编纂委员会编 北京 社会科学文献出版社 1992年 684页〔安徽省地方志丛书〕

009683255

天长教育志

天长教育志编纂组编写 合肥 安徽教育出版社 1993年 506页

013706521

天长体育志

安徽省体育运动委员会史志编辑室编 天长 安徽省体育运动委员会史志编辑室 1990年 305页

013680529

安徽省天长市人民医院志 1949—2009

天长市人民医院志编委会编 天长 天长市人民医院志编委会 2009年 125页

明光市

010474452

嘉山交通志

嘉山 嘉山县交通局 1994年 274页

010138082

明光市文化志

明光市文化局编 明光 安徽省明光市文化志编委会 1998年 254页

008663526

安徽省嘉山县地名录

嘉山县地名办公室编 嘉山 嘉山县地名办公室 1989年 232页

来安县

003491392

来安县志

严希总纂 安徽省来安县地方志编纂委员会编纂 北京 中国城市经济社会出版社 1990年 577页〔中华人民共和国地方志丛书〕

013508532

来安县志 1986—2005

来安县地方志编纂委员会编 合肥 黄山书社 2011年 928页〔安徽省地方志丛书〕

011294266

来安县工商行政管理志

来安县工商行政管理局编 合肥 黄山书社 1997年 331页〔安徽省工商行政管理志系列丛书 70〕

013684462

来安县交通志

来安县交通史志编写领导小组编 来安 来安县交通史志编写领导小组 1987年 253页

008844973

安徽省来安县地名录

来安县地名委员会编 来安 来安县地名委员会 1986年 248页

全椒县

003105197

全椒县志

安徽省全椒县地方志编纂委员会主编 合肥 黄山书社 1988年 738页〔安徽省地方志丛书〕

013225623

全椒县志 1985—2005

全椒县地方志编纂委员会编 合肥 黄山书社 2011年 848页

012208126

全椒军事志 231—1984

全椒县地方志编纂委员会办公室 全椒县人民武装部军事志编写组联合编纂 全椒 全椒县人民武装部军事志编写组 1984年 119页

010292673

全椒县工商行政管理志

全椒县工商行政管理志编纂委员会编 北京 方志出版社 1995年 205页〔安徽省工商行政管理志系列丛书 67〕

014049954

全椒教育志 1986—2005

全椒教育志编纂组编 2006年 264页

010229441

全椒县文物志

安徽省全椒县文化局编 全椒 安徽省全椒县文化局 1985年 150页〔安徽省文物志丛书 全椒县文化丛书〕

定远县

007486938

定远县志

定远县地方志编纂委员会编 合肥 黄山书社 1995年 1036页〔安徽省地方志丛书〕

008830271

定远县税务志

定远县税务局方志编纂领导小组编 合肥 黄山书社 1994年 217页

凤阳县

008527552

凤阳县志

凤阳县地方志编纂委员会编 北京 方志出版社 1999年 819页〔安徽省地方志丛书〕

010229287

凤阳县体育志

安徽省体委体育史志编辑室 凤阳县体育志编写组编 合肥 安徽省体委体育史志编辑室 1988年 92页

013690599
凤阳山志
凤阳山志编委会编 北京 中国林业出版社 2012年 333页

阜阳市

008599808
阜阳地区志
阜阳市地方志办公室编 北京 方志出版社 1996年 1220页〔安徽省地方志丛书〕

008865075
阜阳地区志
王忍之总编 吴敬人主编 北京 方志出版社 1999年 428页〔新编中国优秀地方志简本丛书〕

006933775
阜阳市志
阜阳市地方志编纂委员会编 合肥 黄山书社 1993年 553页〔安徽省地方志丛书〕

011889598
阜阳县志
阜阳县地方志编纂委员会编 合肥 黄山书社 1994年 574页〔安徽省地方志丛书〕

013771467
安徽省阜阳县集镇小志
阜阳县地名办公室编 安徽 安徽省测绘局印刷厂 1990年 140页

013506721
阜阳地区党的纪律检查志 1950—1991
中共阜阳地区纪律检查委员会编 阜阳 中共阜阳地区纪律检查委员会 1992年 474页

013681561
阜阳县统战志
阜阳县统战志编写组编 阜阳 阜阳县统战志编写组 1985年 126页〔阜阳县地方志丛书 2〕

013314431
阜阳市林业志
阜阳市林业志编纂委员会编 合肥 黄山书社 2012年 188页

012714227
阜阳电力工业志 1973—2003
阜阳电力工业志编委会编 北京 中国电力出版社 2011年 483页〔安徽省电力工业志丛书〕

013647462
阜阳纺织厂志

阜阳纺织厂志编纂办公室编印 阜阳 阜阳纺织厂志编纂办公室 1985年 112页

011066931
阜阳地区交通志
阜阳地区交通志编纂委员会编 阜阳 阜阳地区交通志编纂委员会 1999年 373页

009683233
阜阳地区公路志
王进友编 北京 中国对外贸易出版公司 1999年 410页〔安徽省公路志系列书 9〕

011995621
阜阳邮电志
阜阳邮电志编纂委员会编 合肥 黄山书社 2008年 758页

013143671
阜阳县物价志
阜阳县物价志编写组编 阜阳 阜阳县物价志编写组 1988年 755页〔阜阳县地方志丛书 32〕

010577227
阜阳地区文化志
阜阳地区文化志编纂委员会编 阜阳 阜阳市文化局 1997年 316页

013726989
阜汽集团集邮志
安徽省阜阳汽运集团集邮协会编 阜阳 安徽省阜阳汽运集团集邮协会 2008年 332页

013771895
阜阳市教育志 1976—1985
阜阳市教育志编纂室编纂 阜阳 阜阳市教育志编纂室 1986年 505页

013771465
安徽省阜阳地区体育志
阜阳地区体育志编纂委员会编 合肥 黄山书社 1994年 304页

008663495
安徽省阜阳市地名录
阜阳市地名委员会编 阜阳 阜阳市地名委员会 1985年 85页

008663025
安徽省阜阳县地名录
阜阳县地名办公室编 阜阳 阜阳县地名办公室 1989年 723页

013506759
阜阳地区气象志
安徽省阜阳行署气象局 阜阳地区地方志办公室编 阜阳 安徽省阜阳行署气象局 阜阳地区地方志办公室 1990年 195页〔阜阳地方志丛书〕

界首市

007491033
界首县志
界首市地方志编纂委员会编 合肥 黄山书社 1995 年 595 页〔安徽省地方志丛书〕

013092996
界首市人民医院院志 1950—2000
界首市人民医院院志编委会 李国庆主编 钱宇地主笔 界首 界首市人民医院院志编委会 2000 年 262 页

临泉县

007478000
临泉县志
临泉县地方志编纂委员会编 合肥 黄山书社 1994 年 594 页〔安徽省地方志丛书〕

011892109
临泉县志 1986—2005
临泉县地方志编纂委员会编 合肥 黄山书社 2008 年 668 页〔安徽省地方志丛书〕

太和县

007490951
太和县志
太和县地方志编纂委员会编 合肥 黄山书社 1993 年 482 页〔安徽省地方志丛书〕

008914412
太和县工商行政管理志
太和县工商行政管理志编纂委员会编 北京 方志出版社 1995 年 274 页〔安徽省工商行政管理志系列丛书 54〕

阜南县

008812126
阜南县志
阜南县地方志编纂委员会编 合肥 黄山书社 1997 年 631 页〔安徽省地方志丛书〕

013726986
阜南县政协志 1980—2009
政协安徽省阜南县委员会编 阜南 政协安徽省阜南县委员会 2009 年 576 页

008914462
阜南县工商行政管理志
阜南县工商行政管理志编纂委员会编 北京 方志出版社 1996 年 279 页〔安徽省工商行政管理志系列丛书 52〕

008663329
安徽省阜南县地名录

阜南县地名委员会办公室编 阜南 阜南县地名委员会办公室 1987年 415页

013091044
阜南县气候志
阜南县气象局编 阜南 阜南县气象局 1997年 241页〔阜南县地方志丛书〕

颍上县

008488258
颍上县志
颍上县地方志编纂委员会编 合肥 黄山书社 1995年 558页〔安徽省地方志丛书〕

012689887
颍上县志 1949—2009
颍上县地方志编纂委员会编 合肥 黄山书社 2010年 2册

010880715
颍上县志 1989—2003
颍上县地方志编纂委员会编 合肥 黄山书社 2007年 415页

012889177
八里河镇志
颍上县八里河镇人民政府编 颍上 颍上县八里河镇人民政府 2003年 217页

012613031
颍上县政协志 1980—2009
颍上县政协文史和学习委员会编 合肥 黄山书社 2010年 391页

012252524
慎城春秋 颍上人物志
政协颍上县委员会文史委员会编辑 颍上 颍上县政协 2001年 245页

008663504
安徽省颍上县地名录
颍上县地名委员会办公室编 颍上 颍上县地名委员会办公室 1988年 400页

宿州市

007132536
宿县地区志
安徽省宿县地区地方志编纂委员会 周道斌主编 北京 中国人民大学出版社 1995年 713页〔中华人民共和国地方志丛书〕

013939602
宿州宣传志 1949—2009
王子宜主编 中共宿州市委宣传部编 宿

州 中共宿州市委宣传部 2010 年 374 页

013823032
宿县林业志
张道引主编 合肥 安徽人民出版社 1985 年 204 页

013320927
任楼煤矿志 1984—2010
任楼煤矿志编纂委员会编 徐州 中国矿业大学出版社 2011 年 632 页

012969694
宿州电力工业志 1916—2005
宿州电力工业志编纂委员会编 北京 中国电力出版社 2011 年 517 页〔安徽省电力工业志丛书〕

009378115
宿县地区公路志
武德科主编 合肥 安徽人民出版社 1996 年 300 页〔安徽省公路志系列书 6〕

009378138
宿县地区粮食志 1949—1996
宿县地区行政公署粮食局编 合肥 黄山书社 1996 年 401 页

012101028
宿州财政志
宿州财政志编纂委员会 朱柏茂主编 北京 中国财政经济出版社 2008 年 493 页

013510578
宿州税务志 1949—2009
宿州税务志编纂委员会编 合肥 黄山书社 2010 年 776 页

013959625
宿县教育志
李淑怀主编 宿县教育志局安徽省教育志编辑室编 宿县 宿县地区印刷厂 1986 年 378 页

013067295
宿县地区文物志
郑雨亭编审 徐长祥责任编辑 宿县 宿县地区行政公署文化局 1984 年 152 页

埇桥区

007348174
宿县志
安徽省宿县地方志编纂委员会主编 合肥 黄山书社 1988 年 495 页〔安微省地方志丛书〕

005331567
宿州市志
宿州市地方志编纂委员会主编 上海 上海古籍出版社 1991 年 677 页〔安徽省地方志丛书〕

008812023
符离镇志
李胜田主编 合肥 黄山书社 1997 年 307 页

012051778
蕲县镇志
蕲县镇志编纂委员会编 合肥 黄山书社 2009 年 364 页

013072536
宿州市桃山集志
安徽省宿州市埇桥区桃山集志编纂委员会编 宿州 安徽省宿州市埇桥区桃山集志编纂委员会 2009 年 612 页〔安徽省宿州市地方志丛书〕

011477233
宿州市埇桥区曹村镇简志
曹村镇简志编纂委员会编 曹村镇 曹村镇简志编纂委员会 2007 年 125 页

008914396
宿县工商行政管理志
宿县工商行政管理志编纂委员会编 北京 方志出版社 1997 年 141 页〔安徽省工商行政管理志系列丛书 65〕

008914469
宿州市工商行政管理志
宿州市工商行政管理志编纂委员会编 北京 方志出版社 1997 年 168 页〔安徽省工商行政管理志系列丛书 60〕

001691246
宿县文化志
娄天劲编著 合肥 安徽文艺出版社 1985 年 190 页

008662865
安徽省宿县地名录
宿县地名委员会办公室编 宿县 宿县地名委员会办公室 1990 年 539 页

009783893
宿州市医药卫生志
宿州市医药卫生志编写组编 宿州 宿州市医药卫生志编写组 1986 年 126 页

砀山县

008812019
砀山县志
砀山县地方志编纂委员会编 北京 方志出版社 1996 年 597 页〔安徽省地方志丛书〕

013221077
砀山县国土资源志
砀山县国土资源志编纂委员会编 北京 方志出版社 2012 年 479 页

008662988
安徽省砀山县地名录
砀山县地名委员会办公室编 砀山 砀山

县地名委员会办公室 1988 年 333 页

萧县

007380994
萧县志
萧县地方志编纂委员会主编 北京 中国人民大学出版社 1989 年 757 页〔安徽省地方志丛书〕

013373644
萧县志 1986—2005
萧县地方志编纂委员会编 合肥 黄山书社 2011 年 745 页〔安徽省地方志丛书〕

012723184
萧县政协志 1981—2008
中国人民政治协商会议安徽省萧县委员会编印 萧县 中国人民政治协商会议安徽省萧县委员会 2009 年 341 页

012052428
萧县民政志 1985—2005
萧县民政局编印 香港 香港天马出版有限公司 2007 年 402 页

013732431
萧县检察志 1950—2007
萧县检察志编写组编 萧县 萧县检察志编写组 2008 年 310 页

013186060
萧县城建志
刘兵主编 萧县城建志编纂领导组编 萧县 萧县城建志编纂领导组 1986 年 256 页

012814002
毛郢孜煤矿志
毛郢孜煤矿志编纂委员会编 萧县 毛郢孜煤矿志编纂委员会 2006 年 573 页

012252804
萧县财政志 1986—2005
萧县财政局编 萧县 萧县财政局 2008 年 525 页

011292534
萧县教育志
萧县教育志编辑室编 北京 中国人民大学出版社 1991 年 466 页

008663047
安徽省萧县地名录
萧县地名委员会办公室编 萧县 萧县地名委员会办公室 1985 年 374 页

013630281
萧县水利志
萧县水利志编辑组编 萧县 萧县水利志编辑组 1985 年 143 页

灵璧县

009878444
灵璧县志财政志
灵璧县志财政志编纂委员会编 合肥 黄山书社 2005年 415页〔灵璧县志丛书〕

009878455
灵璧县人口志
灵璧县人口志编纂委员会编 合肥 黄山书社 2005年 483页〔灵璧县志丛书〕

009878453
灵璧县民政志
灵璧县民政志编纂委员会编 合肥 黄山书社 2008年 535页〔灵璧县志丛书〕

009878450
灵璧县交通志
灵璧县交通志编纂办公室编 合肥 黄山书社 2007年 348页〔灵璧县志丛书〕

006933718
灵璧县志
灵璧县地方志编纂委员会编 杭州 浙江人民出版社 1991年 1003页〔安徽省地方志丛书〕

013958756
灵璧县教育志 清末—1983
张良元主笔 灵璧 灵璧县教育志编写小组 1984年 260页

008663284
安徽省灵璧县地名录
灵璧县地名委员会编 灵璧 灵璧县地名委员会 1988年 343页

泗县

007348185
泗县志
泗县地方志编纂委员会编 杭州 浙江人民出版社 1990年 785页〔安徽省地方志丛书〕

012662295
泗县人民代表大会志
泗县人民代表大会志编纂委员会编 泗县 泗县人民代表大会志编纂委员会 2009年 436页

013603190
泗县工商行政管理志
泗县工商行政管理志编纂委员会编 北京 方志出版社 1993年 247页〔安徽省工商行政管理志系列丛书 32〕

013630070
泗县交通志
泗县交通志领导小组编 泗县 泗县交通

志领导小组 1986年 76页

008830265
泗县交通志 1985—2000
泗县交通局编 合肥 黄山书社 2000年 239页

013342593
泗县粮食志
泗县粮油食品局编 泗县 泗县粮油食品局 1986年 141页

013603187
泗县财政志
泗县财政志编写组编 泗县 泗县财政志编写组 1987年 261页

013185789
泗县金融志
泗县金融志编纂小组编 泗水 1985年 139页

013510572
泗县教育志
安徽省泗县教育志办公室编 虞子畏 张晚枫主笔 泗县 安徽省泗县教育志办公室 1985年 506页

008662868
安徽省泗县地名录
泗县地名委员会编 泗县 泗县地名委员会 1986年 274页

六安市

008565549
六安地区志
六安地区地方志编纂委员会编 合肥 黄山书社 1997年 769页〔安徽省地方志丛书〕

007013511
六安市志
六安市地方志编纂委员会编 南昌 江西人民出版社 1991年 545页〔安徽省地方志丛书〕

012813955
六安市志 2010
六安市地方志编纂委员会编 合肥 黄山书社 2009年 3册〔安徽省地方志丛书〕

007480688
六安县志
六安县地方志编纂委员会编 合肥 黄山书社 1993年 780页〔安徽省地方志丛书〕

012832491
六安市工商行政管理志
六安市工商行政管理志编纂委员会编 合肥 黄山书社 2002年 320页〔安徽省工商行政管理志系列丛书 12〕

012899116
六安地区林业志
安徽省六安行署林业局编 六安 安徽省六安行署林业局 1990年 357页

013508665
六安地区电力工业志
史世勇主编 合肥 安徽人民出版社 1988年 322页〔安徽省电力志丛书 7〕

008663551
六安地区水利志
安徽省六安地区水利电力局编 六安 安徽省六安地区水利电力局 1993年 430页

012968283
六安电力工业志 1986—2005
六安电力工业志编纂委员会编 北京 中国电力出版社 2011年 353页〔安徽省电力工业志丛书〕

008663539
六安县水利志
李秉龙主编 六安 安徽省六安县水利电力局 1990年 296页

008830275
六安地区文化志
六安地区文化志编纂委员会编 曾广林主编 合肥 黄山书社 1993年 326页

009378105
六安县文化志
许正英主编 六安 六安县文化局 1988年 342页

008342699
安徽省六安地区曲艺志
沈小富主编 六安地区行署文化局编印 合肥 黄山书社 1999年 240页

012899802
皖西风物志
六安地区行署文化局编 六安 六安地区行署文化局 1988年

008845952
安徽省六安市地名录
六安市地名委员会办公室编 六安 六安市地名委员会办公室 1985年 110页

008662913
安徽省六安县地名录
六安县地名委员会办公室编 六安 六安县地名委员会办公室 1985年 567页

010229370
六安地区人民医院院志 1949—1999
六安地区人民医院志编委会编 东莞 东

莞爱达彩印有限公司印制 1999 年 234 页

013144537
六安市人民医院院志 1999—2009
六安市人民医院院志编委会编 六安 六安市人民医院院志编委会 2009 年 225 页

012505338
六安市中医院院志 1978—2003
六安市中医院院志编纂委员会编 六安 六安市中医院院志编纂委员会 2003 年 182 页

013688979
六安市卫生志
六安市卫生志编纂委员会编 合肥 黄山书社 2012 年 622 页〔安徽省地方志丛书〕

012051765
淠史杭灌溉工程志
安徽省水利志编纂委员会编 合肥 安徽省水利志编纂委员会 2000 年 391 页〔安徽省大型水利工程志丛书〕

寿县

007969458
寿县志
寿县地方志编纂委员会编 合肥 黄山书社 1996 年 911 页〔安徽省地方志丛书〕

008487166
寿县工商行政管理志
寿县工商行政管理志编纂委员会编 寿县 寿县工商行政管理志编纂委员会 1997 年 267 页〔安徽省工商行政管理志系列丛书 74〕

008663501
安徽省寿县地名录
寿县地名办公室编 寿县 寿县地名办公室 1991 年 539 页

007981968
安丰塘志
安徽省水利志编纂委员会编 合肥 黄山书社 1995 年 135 页〔安徽省大型水利工程志丛书〕

霍邱县

004018780
霍邱县志
霍邱县地方志编纂委员会编 北京 中国广播电视出版社 1992 年 926 页〔安徽省地方志丛书〕

013955850
霍邱县志 1984—2004
霍邱县地方志编纂委员会编 合肥 黄山书社 2013 年 974 页〔安徽省地方志丛书〕

012767162

姚李镇志

霍邱县姚李镇姚李镇志编纂委员会编 霍邱 霍邱县姚李镇姚李镇志编纂委员会 2008年 278页

013627955

霍邱县政协志 1981—2005

政协霍邱县委员会办公室 政协霍邱县委员会文史委编 霍邱 政协霍邱县委员会文史委 2007年 352页

012174019

霍邱县公安志

安徽省公安厅公安史志办公室编 合肥 黄山书社 1998年 607页〔安徽公安史志系列丛书〕

009173790

霍邱县工商行政管理志

霍邱县工商行政管理志编纂委员会编 合肥 黄山书社 1995年 258页〔安徽省工商行政管理志系列丛书 75〕

008662885

安徽省霍邱县地名录

霍邱县地名委员会办公室编 霍邱 霍邱县地名委员会办公室 1985年 632页

008663559

霍邱县水利志

霍邱县水利电力局编 霍邱 霍邱县水利电力局 1990年 162页

舒城县

007291164

舒城县志

舒城县地方志编纂委员会编 合肥 黄山书社 1995年 708页〔安徽省地方志丛书〕

013775253

舒城县志 1986—2004

舒城县地方志编纂委员会编著 合肥 黄山书社 2012年 837页〔安徽省地方志丛书〕

012722377

舒城县政协志

中国人民政治协商会议安徽省舒城县委员会编 舒城 中国人民政治协商会议安徽省舒城县委员会 2009年 275页

008865082

舒城县工商行政管理志

舒城县工商行政管理志编纂委员会编 北京 方志出版社 1995年 189页〔安徽省工商行政管理志系列丛书 77〕

013630044

舒城麻纺织厂厂志 1966—1985

潘友三主编 舒城 舒城麻纺织厂 1987年 242页

009310007
舒城县文物志
安徽省舒城县文化局编 舒城 安徽省舒城县文化局 1984年 98页 〔舒城文化丛书〕

008662878
安徽省舒城县地名录
舒城县地名办公室编 舒城 舒城县地名办公室 1984年 528页

012950324
安徽省舒城县土壤志
舒城县农业局 舒城县土壤肥料站编 舒城 舒城县农业局 舒城县土壤肥料站 1986年 290页

008663535
舒城县水利志
安徽省舒城县水利电力局编 舒城 安徽省舒城县水利电力局 1992年 246页

金寨县

004018808
金寨县志
金寨县地方志编纂委员会编 上海 上海人民出版社 1992年 877页 〔安徽省地方志丛书〕

013317829
金寨县纪检志 1950—1987
中共金寨县纪律检查委员会编 金寨 中共金寨县纪律检查委员会 1989年 173页

013897657
金寨县工会志
金寨县总工会编 金寨 金寨县总工会 1994年 335页

009226949
金寨县民政志
金寨县民政局编 金寨 金寨县民政局 1988年 205页

011319941
梅山水电站志
梅山水电站志编纂委员会编 金寨 梅山水电站 1985年 250页 〔安徽省电力志丛书 6〕

012541916
金寨县商业志
金寨县商业局编纂 金寨 金寨县商业局 1986年 414页

008663491
安徽省金寨县地名录
金寨县地名办公室编 金寨 金寨县地名办公室 1983年 570页

012506339
响洪甸水库电站志 1986—2008
响洪甸水库电站志编纂委员会编 安徽 2009年 410页

009385451

响洪甸水电站志

韩家琦主编 金寨 响洪甸水电站志编纂委员会 1986年 314页〔安徽省电力志丛书1〕

霍山县

006795885

霍山县志

霍山县地方志编纂委员会编 合肥 黄山书社 1993年 980页〔安徽省地方志丛书〕

013792418

霍山县志 1986—2005

霍山县地方志编纂委员会编 合肥 黄山书社 2012年 1006页

011294707

佛子岭水电站志续卷

安徽 2003年 269页

013183539

霍山县广播电视志

霍山县广播电视志编纂委员会编 吴南江主编 北京 方志出版社 2011年 386页

008662880

安徽省霍山县地名录

霍山县地名办公室编 霍山 霍山县地名办公室 1985年 291页

008663548

霍山县水利志

余恒昌主编 霍山 安徽省霍山县水电局 1991年 213页〔安徽省水利志丛书〕

010292614

佛子岭水电站志

佛子岭水电站志编纂委员会编 霍山 佛子岭水电站志编纂委员会 1994年 390页

亳州市

013680572

亳县交通志 征求意见稿

亳县交通志编纂办公室编 亳县 亳县交通志编纂办公室 1986年 132页

012635651

亳州市志 2000—2009

亳州市地方志编纂委员会编 北京 方志出版社 2010年 837页

012871841
亳州烟草志
亳州烟草志编纂委员会编 合肥 安徽人民出版社 2011年 513页

011943135
亳州市教育志
亳州市教育志编纂委员会编 亳州 亳州市教育志编纂委员会 1997年 606页

008663503
安徽省亳县地名录
亳县地名办公室编 亳县 亳县地名办公室 1984年 424页

谯城区

013859406
亳州市志 1987—2000
亳州市谯城区地方志编纂委员会编 合肥 黄山书社 2013年 639页〔安徽省地方志丛书〕

013933314
谯城教育志 2000—2009
亳州市谯城区教育局教育志办公室编 亳州 亳州市谯城区教育局 2010年 244页

涡阳县

003491313
涡阳县志
安徽省涡阳县地方志编纂委员会主编 合肥 黄山书社 1989年 540页〔安徽省地方志丛书〕

009887044
义门区志
涡阳县义门区编史修志办公室编 涡阳 涡阳县义门区编史修志办公室 1983年 225页

009799872
高炉酒厂志 1949—1993
涡阳高炉酒厂志编纂委员会主编 高炉镇 高炉酒厂 1993年 280页

008663534
涡阳县水利志 1949—1981
涡阳县水利局编 涡阳 涡阳县水利局 1984年 206页

008662930
安徽省涡阳县地名录
涡阳县地名委员会办公室编 涡阳 涡阳县地名委员会办公室 1987年 361页

蒙城县

006555968
蒙城县志
蒙城县地方志编纂委员会编 合肥 黄山书社 1994年 570页〔安徽省地方志丛书〕

013774645
蒙城县志 1986—2003
蒙城县地方志编纂委员会编纂 合肥 黄山书社 2013年 963页〔安徽省地方志丛书〕

008663517
安徽省蒙城县地名录
蒙城县地名领导小组办公室编 蒙城 蒙城县地名普查办公室 1983年 332页

利辛县

007294766
利辛县志
利辛县地方志编纂委员会编 合肥 黄山书社 1995年 538页〔安徽省地方志丛书〕

012202978
利辛县军事志
利辛县人武部军事志编纂组编 利辛 利辛县人武部军事志编纂组 198u年 106页

013684474
利辛县交通志
利辛县交通局编 利辛 利辛县交通局 1986年 89页

008663486
安徽省利辛县地名录
利辛县地名委员会办公室编 利辛 利辛县地名委员会办公室 1987年 337页

池州市

007523615
池州地区志
池州地区地方志编纂委员会编 北京 方志出版社 1996年 929页〔安徽省地方志丛书〕

009115644
池州地区工商行政管理志
池州地区工商行政管理志编纂委员会编 北京 方志出版社 1995年 290页〔安徽省工商行政管理志系列丛书

17〕

008830554
池州地区审计志
宁代苏主编 合肥 黄山书社 1994 年 95 页

012173713
池州电力志 1985—2005
北京 中国电力出版社 2009 年 295 页〔安徽省电力工业志丛书〕

011890508
池州烟草志
池州烟草志编纂委员会编 合肥 黄山书社 2008 年 476 页

009115646
池州地区公路志
朱帮前主编 北京 方志出版社 1998 年 295 页〔安徽省公路志系列书 10〕

008985704
池州地区卫生志
池州地区卫生志编纂委员会编 合肥 黄山书社 1997 年 557 页

贵池区

012139141
贵池市志 1988—2000
池州市贵池区地方志编纂委员会编 合肥 黄山书社 2009 年 655 页〔安徽省地方志丛书〕

007491012
贵池县志
贵池市地方志编纂委员会编 合肥 黄山书社 1994 年 1102 页〔安徽省地方志丛书〕

012173820
贵池市人民代表大会志
贵池市人大常委会编 常州 常州太平洋印刷有限公司印刷 1999 年 542 页

012898437
贵池市人民检察志 1986—2000
贵池市人民检察院检察志办公室编 贵池 贵池市人民检察院检察志办公室 2008 年 170 页

008662876
安徽省贵池县地名录
贵池县地名委员会编 贵池 贵池县地名委员会 1985 年 223 页

东至县

007905697
东至县志
东至县地方志编纂委员会办公室编 合肥 黄山书社 1991 年 788 页〔安徽省地方志丛书〕

011804274
东至县志 1988—2005
东至县地方志编纂委员会编 合肥 黄山书社 2008年 678页〔安徽省地方志丛书〕

009557441
东至县土地志
东至县土地志编纂委员会 沈时翔主编 北京 地质出版社 2000年 400页

011497002
东至县林业志
胡锦章主编 合肥 安徽人民出版社 1993年 365页

011890588
东至县水利志
东至县水利志编纂组编 南京 河海大学出版社 2007年 226页

013758760
张溪文化志 天然画卷
2011年 210页

008662924
安徽省东至县地名录
东至县地名委员会办公室编 东至 东至县地名委员会办公室 1986年 364页

石台县

007001962
石台县志
储满贵主编 贺祖诚副主编 合肥 黄山书社 1991年 672页〔中华人民共和国地方志丛书〕

青阳县

006795894
青阳县志
安徽省青阳县地方志编纂委员会编纂 合肥 黄山书社 1992年 636页

012955893
青阳镇志
施正凯主编 南京 江苏科学技术出版社 2011年 421页

013705579
青阳县人民法院志
青阳县人民法院志编纂委员会编 青阳 青阳县人民法院志编纂委员会 2006年 240页

008914452
青阳县工商行政管理志
青阳县工商行政管理志编纂委员会编 北京 方志出版社 1996年 295页〔安徽省工商行政管理志系列丛书91〕

013958938

青阳电力志 1936—2007

青阳电力志编纂委员会编 青阳 青阳电力志编纂委员会 2009年 252页

013684575

青阳县财政志

青阳县财政志领导小组编纂 青阳 青阳县财政志领导小组 1994年 174页

008662903

安徽省青阳县地名录

青阳县地名委员会办公室编 青阳 青阳县地名委员会办公室 1986年 222页

008811653

九华山志 修订本

九华山志编纂委员会编 合肥 黄山书社 1990年 607页〔安徽山水志丛书〕

宣城市

008451013

宣城地区志

宣城地区地方志编纂委员会编 北京 方志出版社 1998年 890页〔安徽省地方志丛书〕

011909907

宣城地区志 1988—2000

宣城市地方志编纂委员会编 合肥 黄山书社 2008年 723页〔安徽省地方志丛书〕

013757201

宣城地区中级人民法院志 1949—1988

宣城市中级人民法院院志编纂委员会编 宣城 宣城市中级人民法院院志编纂委员会 2003年 338页

012837534

宣城市中级人民法院志 1989—2002

宣城市中级人民法院院志编纂委员会编 宣城 宣城市中级人民法院院志编纂委员会 2006年 716页〔宣城地方志丛书〕

009188409

宣城地区公路志 总纂稿

宣城地区公路志编纂委员会编 宣城 宣城地区公路志编纂委员会 1998年 548页〔安徽省公路志系列书〕

009188417

宣城日报社志 1984—2003

邓一丁主编 宣城日报社志编纂委员会编 北京 方志出版社 2003年 349页

009783881

宣城职业技术学院校志 1914—2004

宣城职业技术学院校志编纂委员会编 北京 方志出版社 2004年 213页

012052484

皖南医学院第二附属医院宣城地区人民医院院志 1949—1999

张祖德主编 宣城 皖南医学院第二附属医院宣城地区人民医院院志编纂委员会 1999年 229页

宣州区

007806628

宣城县志

安徽省宣州市地方志编纂委员会编 北京 方志出版社 1996年 855页〔安徽省地方志丛书〕

012636821

宣城市宣州区人民法院志 1949—2006

宣城市宣州区人民法院院志编纂委员会编 宣城 宣城市宣州区人民法院志编纂委员会 2009年 522页〔宣城市地方志丛书〕

008663515

宣城县地名录

宣城县地名委员会办公室编 宣城 宣城县地名委员会办公室 1993年 330页

宁国市

007886151

宁国县志

宁国县地方志编纂委员会编 北京 三联书店 1997年 921页〔安徽省地方志丛书〕

012542717

宁国市人民法院志

宁国市人民法院志编纂委员会编 合肥 黄山书社 2009年 462页〔安徽省地方志丛书〕

008663350

安徽省宁国县地名录

宁国县地名委员会办公室编 宁国 宁国县地名委员会办公室 1985年 284页

郎溪县

007990193

郎溪县志

郎溪县地方志编纂委员会编 北京 方志出版社 1998年 1183页〔安徽省地方志丛书〕

007995589

郎溪县志资料

郎溪县地方志编纂委员会办公室编 郎溪 郎溪县地方志办公室 1985年

010735969

郎溪县教育志 1905—1985

安徽省郎溪县教育委员会编印 郎溪 安徽省郎溪县教育委员会 1988 年 314 页

008663307

安徽省郎溪县地名录

郎溪县地名委员会办公室编 郎溪 郎溪县地名委员会办公室 1984 年 195 页

广德县

007806583

广德县志

广德县地方志编纂委员会编 北京 方志出版社 1996 年 777 页〔安徽省地方志丛书〕

013897147

广德县志 1978—2005

广德县地方志编纂委员会编 合肥 黄山书社 1996 年 2 册 1377 页〔安徽省地方志丛书〕

013728673

广德县政协志 1981.2—2011.10

政协安徽省广德县委员会编 合肥 安徽人民出版社 2011 年 815 页

013704039

广德县财政志 1912—2007

广德县财政志编委会编 合肥 黄山书社 2012 年 896 页〔安徽省地方志丛书〕

008663028

安徽省广德县地名录

广德县地名委员会编 广德 广德县地名委员会 1985 年 246 页

泾县

007512919

泾县志

泾县地方志编纂委员会编 北京 方志出版社 1991 年 1083 页〔安徽省地方志丛书〕

013599605

泾县志 1988—2005

泾县地方志编纂委员会编 北京 方志出版社 2012 年 1031 页〔安徽省地方志丛书〕

010244214

泾县工商行政管理志

安徽省泾县工商行政管理局编 泾县 安徽省泾县工商行政管理局 1987 年 140 页

010244248

泾县粮食志

甄茂荣主编 泾县 1989 年 309 页

011319998

陈村水电站志

徐静轩主编 泾县 陈村水电站志编纂委员会 1988年 366页〔安徽省电力志丛书 8〕

010244275

泾县财政志 1912—1987

安徽省泾县财政局编 泾县 安徽省泾县财政局 1991年 339页

010244251

泾县税务志 1806—1987

泾县税务局编 泾县 泾县税务局 1988年 150页

009405802

泾县文物志

安徽省泾县文化局编 泾县 安徽省泾县文化局 1986年 129页〔安徽省文物志丛书〕

012832237

泾县妇幼卫生志 1953—2008

泾县妇幼保健所编 泾县 泾县妇幼保健所 2009年 297页

012139420

泾县医院志 1940—2007

泾县医院志编纂委员会编 泾县 泾县医院 2008年 184页

绩溪县

008492870

绩溪县志

绩溪县地方志编纂委员会编 合肥 黄山书社 1998年 1084页〔安徽省地方志丛书〕

013704291

绩溪县志

绩溪县地方志编纂委员会编 北京 方志出版社 2011年 2册 1635页〔安徽省地方志丛书〕

012836315

石㺇村志

中共石㺇村村支部委员会 石㺇村村民委员会编 中共石㺇村村支部委员会 石㺇村村民委员会 2000年 139页

013926348

绩溪县人民法院志

绩溪县人民法院志编纂委员会编 绩溪 绩溪县人民法院志编纂委员会 2009年 445页〔安徽宣城地方志丛书〕

008914430

绩溪县工商行政管理志

绩溪县工商行政管理局编 绩溪 绩溪县工商行政管理局 2000年 260页〔安徽省工商行政管理志系列丛书 88〕

012139292

绩溪县城建志

绩溪县建设委员会编 绩溪 绩溪县建设委员会 2006年 248页

012811550

绩溪县地方税务志 1994—2007

洪鹏华主编 安徽省绩溪县地方税务局编 绩溪 安徽省绩溪县地方税务局 2008年 164页

009683246

绩溪县税务志

绩溪县税务志编纂领导组编 绩溪 绩溪县税务志编纂领导组 1998年 217页

009767760

绩溪县教育志

绩溪县教育志编委会编 北京 方志出版社 2005年 443页〔绩溪县地方志丛书〕

008844977

安徽省绩溪县地名录

绩溪县地名办公室编 绩溪 绩溪县地名办公室 1988年 223页

008830561

绩溪县卫生志

绩溪县卫生局卫生志编纂领导组编纂 胡河旺主编 绩溪 绩溪县卫生局 1987年 170页

旌德县

007905737

旌德县志

安徽省旌德县人民政府主修 合肥 黄山书社 1992年 651页〔安徽省地方志丛书〕

012097639

旌德县志 1978—2003

旌德县地方志编纂委员会编 合肥 黄山书社 2008年 907页〔安徽省地方志丛书〕

008663039

旌德县地名录

旌德县地名办公室编 旌德 旌德县地名办公室 1986年 194页

010252918

旌德卫生志

旌德卫生志编纂委员会编 合肥 黄山书社 2002年 339页

福建省

007881713

福建省志

福建省地方志编纂委员会编 福州 福建人民出版社 1992年〔中华人民共和国地方志〕

009887077

福建省志 体育志 送审稿

福建省体育志编辑委员会编 福州 福建省体育志编辑委员会 1992年 4册

007010463

福建省志 第1卷 华侨志

福建省地方志编纂委员会编 福州 福建人民出版社 1992年 337页〔中华人民共和国地方志〕

012971599

福建省志 第1卷 环境保护志 2001—2005

福建省地方志编纂委员会编 北京 社会科学文献出版社 2011年 246页〔中华人民共和国地方志〕

007010470

福建省志 第2卷 测绘志

福建省地方志编纂委员会编 福州 福建人民出版社 1993年 179页〔中华人民共和国地方志〕

012883311

福建省志 第2卷 公安志 1990—2005

福建省地方志编纂委员会编 北京 社会科学文献出版社 2011年 383页〔中华人民共和国地方志〕

013143603

福建省志 第3卷 国土资源志 1991—2005

福建省地方志编纂委员会编 北京 社会科学文献出版社 2011年 320页〔中华人民共和国地方志〕

007010472
福建省志 第3卷 粮食志
福建省地方志编纂委员会编 陈世钦主编 福州 福建人民出版社 1993年 410页〔中华人民共和国地方志〕

007010471
福建省志 第4卷 电子工业志
福建省地方志编纂委员会编 福州 福建人民出版社 1992年 319页〔中华人民共和国地方志〕

013183427
福建省志 第4卷 气象志 1991—2005
福建省地方志编纂委员会编 北京 社会科学文献出版社 2012年 383页〔中华人民共和国地方志〕

013183424
福建省志 第5卷 工商行政管理志 1996—2005
福建省地方志编纂委员会编 北京 社会科学文献出版社 2012年 414页〔中华人民共和国地方志〕

008413502
福建省志 第5卷 教育志
福建省地方志编纂委员会编 北京 方志出版社 1998年 874页〔中华人民共和国地方志〕

007345753
福建省志 第6卷 化学工业志
福建省地方志编纂委员会编 北京 方志出版社 1995年〔中华人民共和国地方志〕

013183429
福建省志 第6卷 人口和计划生育志 1991—2005
福建省地方志编纂委员会编 北京 社会科学文献出版社 2012年 399页〔中华人民共和国地方志〕

007010544
福建省志 第7卷 水产志
福建省地方志编纂委员会编 北京 方志出版社 1995年 373页〔中华人民共和国地方志〕

013687429
福建省志 第7卷 通信志 1991—2005
福建省地方志编纂委员会编 北京 社会科学文献出版社 2012年 331页〔中华人民共和国地方志〕

013686669
福建省志 第8卷 农业志 1991—2005
福建省地方志编纂委员会编 北京 社会科学文献出版社 2012年 589页〔中华人民共和国地方志〕

007010540
福建省志 第8卷 卫生志
福建省地方志编纂委员会编 北京 中华书局 1995年 447页〔中华人民共和

013687427

福建省志 第 9 卷 交通志 1990—2005
福建省地方志编纂委员会编 北京 社会科学文献出版社 2012 年 529 页〔中华人民共和国地方志〕

009854434

福建省志 第 9 卷 军事志
福建省地方志编纂委员会编 北京 新华出版社 1995 年 675 页〔中华人民共和国地方志〕

013726979

福建省志 第 10 卷 财政志 1989—2005
福建省地方志编纂委员会编 北京 社会科学文献出版社 2013 年 501 页〔中华人民共和国地方志〕

007591344

福建省志 第 10 卷 海关志
福建省地方志编纂委员会编 北京 方志出版社 1995 年〔中华人民共和国地方志〕

013751748

福建省志 第 11 卷 税务志 1989—2005
福建省地方志编纂委员会编 北京 社会科学文献出版社 2013 年 271 页〔中华人民共和国地方志〕

007591346

福建省志 第 11 卷 烟草志
福建省地方志编纂委员会编 北京 方志出版社 1995 年〔中华人民共和国地方志〕

007010543

福建省志 第 12 卷 供销合作社志
福建省地方志编纂委员会编 北京 中华书局 1995 年 372 页〔中华人民共和国地方志〕

013751792

福建省志 第 12 卷 物价志 1999—2005
福建省地方志编纂委员会编 北京 社会科学文献出版社 2013 年 471 页〔中华人民共和国地方志〕

007591345

福建省志 第 13 卷 林业志
福建省地方志编纂委员会编 北京 方志出版社 1996 年〔中华人民共和国地方志〕

013771894

福建省志 第 13 卷 人民代表大会志 1998—2008
福建省地方志编纂委员会编 北京 社会科学文献出版社 2013 年 358 页〔中华人民共和国地方志〕

013751729

福建省志 第 14 卷 环境保护志 2001

—2005
福建省地方史志编纂委员会编 北京 社会科学文献出版社 2011年 297页〔中华人民共和国地方志〕

007591347
福建省志 第14卷 邮电志
福建省地方志编纂委员会编 北京 方志出版社 1996年〔中华人民共和国地方志〕

013751741
福建省志 第15卷 金融志 1999—2005
福建省地方志编纂委员会编 北京 社会科学文献出版社 2012年 657页〔中华人民共和国地方志〕

007591343
福建省志 第15卷 轻工业志
福建省地方志编纂委员会编 北京 方志出版社 1996年〔中华人民共和国地方志〕

007591342
福建省志 第16卷 金融志
福建省地方志编纂委员会编 北京 新华出版社 1996年〔中华人民共和国地方志〕

013791185
福建省志 第16卷 统计志 1996—2005
福建省地方志编纂委员会编 厦门 厦门大学出版社 2012年 423页〔中华人民共和国地方志〕

007591341
福建省志 第17卷 气象志
福建省地方志编纂委员会编 北京 方志出版社 1996年〔中华人民共和国地方志〕

007010545
福建省志 第18卷 体育志
福建省地方志编纂委员会编 福州 福建人民出版社 1993年 455页〔中华人民共和国地方志〕

009117960
福建省志 第19卷 旅游志
福建省地方志编纂委员会编 北京 方志出版社 1997年 324页〔中华人民共和国地方志〕

009117963
福建省志 第20卷 煤炭工业志
福建省地方志编纂委员会编 北京 方志出版社 1997年 319页〔中华人民共和国地方志〕

008451037
福建省志 第21卷 民政志
福建省地方志编纂委员会编 北京 方志出版社 1997年 283页〔中华人民共和国地方志〕

009117952
福建省志 第 22 卷 民俗志
福建省地方志编纂委员会编 北京 方志出版社 1997 年 383 页〔中华人民共和国地方志〕

009117982
福建省志 第 23 卷 档案志
福建省地方志编纂委员会编 北京 方志出版社 1997 年 193 页〔中华人民共和国地方志〕

007010541
福建省志 第 24 卷 财税志
福建省地方志编纂委员会编 北京 新华出版社 1994 年 485 页〔中华人民共和国地方志〕

008413403
福建省志 第 25 卷 科学技术志
福建省地方志编纂委员会编 北京 方志出版社 1997 年 859 页〔中华人民共和国地方志〕

008413404
福建省志 第 26 卷 畜牧志
福建省地方志编纂委员会编 北京 方志出版社 1998 年 252 页〔中华人民共和国地方志〕

008365918
福建省志 第 27 卷 人口志
福建省地方志编纂委员会编 北京 方志出版社 1998 年 326 页〔中华人民共和国地方志〕

008365927
福建省志 第 28 卷 医药志
福建省地方志编纂委员会编 北京 方志出版社 1997 年 283 页〔中华人民共和国地方志〕

008366800
福建省志 第 29 卷 地质矿产志
福建省地方志编纂委员会编 北京 方志出版社 1996 年 240 页〔中华人民共和国地方志〕

008392005
福建省志 第 31 卷 商业志
福建省地方志编纂委员会编 北京 中国社会科学出版社 1999 年 653 页〔中华人民共和国地方志〕

008385267
福建省志 第 32 卷 交通志
福建省地方志编纂委员会编 北京 方志出版社 1998 年 615 页〔中华人民共和国地方志〕

008486350
福建省志 第 33 卷 劳动志
福建省地方志编纂委员会编 北京 方志出版社 1998 年 266 页〔中华人民共和国地方志〕

008451030
福建省志 第34卷 公安志
福建省地方志编纂委员会编 北京 方志出版社 1997年 257页〔中华人民共和国地方志〕

008385269
福建省志 第35卷 电力工业志
福建省地方志编纂委员会编 北京 方志出版社 1998年 332页〔中华人民共和国地方志〕

008451033
福建省志 第36卷 方言志
福建省地方志编纂委员会编 北京 方志出版社 1998年 662页〔中华人民共和国地方志〕

008482199
福建省志 第37卷 纺织工业志
福建省地方志编纂委员会编 北京 中国社会科学出版社 1999年 336页〔中华人民共和国地方志〕

008482192
福建省志 第38卷 对外经贸志
福建省地方志编纂委员会编 北京 中国社会科学出版社 1999年 357页〔中华人民共和国地方志〕

008482207
福建省志 第39卷 共产党志
福建省地方志编纂委员会编 北京 中国社会科学出版社 1999年 506页〔中华人民共和国地方志〕

008680215
福建省志 第40卷 检察志
福建省地方志编纂委员会编 北京 方志出版社 1997年 149页〔中华人民共和国地方志〕

008569805
福建省志 第41卷 土地管理志
福建省地方志编纂委员会编 北京 方志出版社 2000年 297页〔中华人民共和国地方志〕

008680241
福建省志 第43卷 物价志
福建省地方志编纂委员会编 北京 中国社会科学出版社 1999年 2册 1392页〔中华人民共和国地方志〕

008680243
福建省志 第44卷 戏曲志
福建省地方志编纂委员会编 北京 方志出版社 2000年 290页〔中华人民共和国地方志〕

008680208
福建省志 第45卷 二轻工业志
福建省地方志编纂委员会编 北京 方志出版社 2000年 276页〔中华人民共和国地方志〕

008680206
福建省志 第46卷 大事记
福建省地方志编纂委员会编 北京 方志出版社 2000年 678页〔中华人民共和国地方志〕

008680187
福建省志 第47卷 建筑志
福建省地方志编纂委员会编 北京 中国社会科学出版社 1999年 359页〔中华人民共和国地方志〕

008680231
福建省志 第48卷 水利志
福建省地方志编纂委员会编 北京 中国社会科学出版社 1999年 374页〔中华人民共和国地方志〕

008680228
福建省志 第49卷 审判志
福建省地方志编纂委员会编 北京 中国社会科学出版社 1999年 308页〔中华人民共和国地方志〕

008680234
福建省志 第50卷 司法行政志
福建省地方志编纂委员会编 北京 高等教育出版社 2000年 254页〔中华人民共和国地方志〕

008680222
福建省志 第51卷 农业志
福建省地方志编纂委员会编 北京 中国社会科学出版社 1999年 518页〔中华人民共和国地方志〕

008680198
福建省志 第52卷 城乡建设志
福建省地方志编纂委员会编 北京 方志出版社 1999年 411页〔中华人民共和国地方志〕

008846576
福建省志 第53卷 计划志
福建省地方志编纂委员会编 北京 方志出版社 2001年 375页〔中华人民共和国地方志〕

008680218
福建省志 第54卷 民主党派志
福建省地方志编纂委员会编 北京 方志出版社 2001年 344页〔中华人民共和国地方志〕

008680248
福建省志 第55卷 政府志
福建省地方志编纂委员会编 北京 方志出版社 2002年 369页〔中华人民共和国地方志〕

008986040
福建省志 第56卷 船舶工业志
福建省地方志编纂委员会编 北京 方志出版社 2002年 382页〔中华人民共和国地方志〕

008865106

福建省志 第57卷 工商行政管理志

福建省地方志编纂委员会编 北京 方志出版社 2000年 408页〔中华人民共和国地方志〕

008986038

福建省志 第58卷 海洋志

福建省地方志编纂委员会编 北京 方志出版社 2002年 564页〔中华人民共和国地方志〕

008865107

福建省志 第59卷 审计志

福建省地方志编纂委员会编 北京 方志出版社 2000年 231页〔中华人民共和国地方志〕

008865110

福建省志 第60卷 统计志

福建省地方志编纂委员会编 冯声康主编 北京 方志出版社 2000年 449页〔中华人民共和国地方志〕

009024722

福建省志 第61卷 新闻志

福建省地方志编纂委员会编 北京 方志出版社 2002年 506页〔中华人民共和国地方志〕

009117956

福建省志 第62卷 冶金工业志

福建省地方志编纂委员会编 北京 方志出版社 2001年 579页〔中华人民共和国地方志〕

009198052

福建省志 第63卷 生物志

福建省地方志编纂委员会编 北京 方志出版社 2003年 815页〔中华人民共和国地方志〕

009000424

福建省志 第64卷 工人运动志

福建省地方志编纂委员会编 北京 方志出版社 2001年 568页〔中华人民共和国地方志〕

009024718

福建省志 第65卷 政协志

福建省地方志编纂委员会编 北京 方志出版社 2002年 578页〔中华人民共和国地方志〕

009009792

福建省志 第66卷 技术监督志

福建省地方志编纂委员会编 北京 方志出版社 2002年 312页〔中华人民共和国地方志〕

009250560

福建省志 第67卷 铁路志

福建省地方志编纂委员会编 北京 方志出版社 2003年 350页〔中华人民共和国地方志〕

008680193

福建省志 第68卷 文物志

福建省地方志编纂委员会编 北京 方志出版社 2002年 404页〔中华人民共和国地方志〕

009009789

福建省志 第69卷 广播电视志

福建省地方志编纂委员会编 北京 方志出版社 2002年 366页〔中华人民共和国地方志〕

009397887

福建省志 第70卷 人物志

福建省地方志编纂委员会编 北京 中国社会科学出版社 2003年 2册〔中华人民共和国地方志〕

009124473

福建省志 第71卷 建设志 1991—1997

福建省地方志编纂委员会编 北京 中国社会科学出版社 2002年 585页〔中华人民共和国地方志〕

009335501

福建省志 第72卷 地理志

福建省地方志编纂委员会编 北京 方志出版社 2001年 474页〔中华人民共和国地方志〕

009413288

福建省志 第73卷 武夷山志

福建省地方志编纂委员会编 北京 方志出版社 2004年 796页〔中华人民共和国地方志〕

009553661

福建省志 第74卷 外事志

福建省地方志编纂委员会编 北京 方志出版社 2004年 394页〔中华人民共和国地方志〕

009346485

福建省志 第75卷 人民代表大会志

福建省地方志编纂委员会编 北京 方志出版社 2003年 479页〔中华人民共和国地方志〕

011943565

福建省志 第76卷 文化艺术志

福建省地方志编纂委员会编 福州 福建人民出版社 2008年 813页〔中华人民共和国地方志〕

011472976

福建省志 第77卷 闽台关系志

福建省地方志编纂委员会编 福州 福建人民出版社 2008年 451页

009472041

福建省志 第78卷 妇女运动志

福建省地方志编纂委员会编 福州 福建人民出版社 2008年 406页〔中华人民共和国地方志〕

009472048
福建省志 第79卷 环境保护志
福建省地方志编纂委员会编 福州 福建人民出版社 2008年 690页〔中华人民共和国地方志〕

009472062
福建省志 第80卷 社会科学志
福建省地方志编纂委员会编 福州 福建人民出版社 2009年 474页〔中华人民共和国地方志〕

011329755
福建省志 第81卷 佛教志
19uu年 3册

009472031
福建省志 第82卷 出版志
福建省地方志编纂委员会编 福州 福建人民出版社 2008年 544页〔中华人民共和国地方志〕

010779034
福建省志 第83卷 物资志
福建省地方志编纂委员会编 福州 福建人民出版社 2008年 375页〔中华人民共和国地方志〕

013687430
福建省志 第84卷 民航志
福建省地方志编纂委员会编 北京 方志出版社 2011年 268页〔中华人民共和国地方志〕

009835678
福建省华侨志
福建省华侨志编纂委员会编 福建 福建省华侨志编纂委员会 1989年 2册 622页

011804290
福建民革志
中国国民党革命委员会福建省委员会编 福建 民革福建省委 1994年 139页

010252472
中国民主建国会福建省地方组织志
中国民主建国会福建省委员会编 福州 中国民主建国会福建省委员会 1997年 520页

011579794
福建炼化志
福建炼油化工有限公司编 北京 中国石化出版社 2007年 313页

008298309
福建省电力工业志
福建省电力工业志编纂委员会编 北京 当代中国出版社 1997年 428页〔中国电力工业志丛书〕

010275916
福建省电子工业志
福建省电子工业志编纂委员会 福建省电子工业志编辑部编 厦门 鹭江出版

社 1989年 664页

008592513
福建省公路志
福建省公路局编 北京 华艺出版社 1992年 448页

008451041
福建航道志
福建航道志编纂委员会编 北京 人民交通出版社 1997年 396页

011890631
福建水运志
福建省轮船总公司史志办编 北京 人民交通出版社 1997年 492页

012714205
福建税务志 1949—1994
福建税务志编委会编 福州 福建人民出版社 2010年 198页

010576587
福建图书馆事业志 第2卷
福建省文史研究馆编 北京 方志出版社 2006年 266页〔福建文史丛书〕

009195142
福建县市方言志12种
李如龙著 福州 福建教育出版社 2001年 539页

012197180
中国歌谣集成 第16卷 福建卷
中国民间文学集成全国编辑委员会 中国歌谣集成福建卷编辑委员会编 北京 中国ISBN中心 2007年 1032页

009648651
中国谚语集成 第12卷 福建卷
中国民间文学集成全国编辑委员会 中国民间文学集成福建卷编辑委员会编 北京 中国ISBN中心 2001年 1350页

008706589
中国民间歌曲集成 第19卷 福建卷
中国民间歌曲集成全国编辑委员会 中国民间歌曲集成福建卷编辑委员会编 北京 中国ISBN中心 1996年 2册 1549页〔十部文艺集成志书〕

009619531
中国戏曲音乐集成 第20卷 福建卷
中国戏曲音乐集成编辑委员会 中国戏曲音乐集成福建卷编辑委员会编 北京 中国ISBN中心 2003年 2册 1540页

009649056
中国民族民间器乐曲集成 第15卷 福建卷
中国民族民间器乐曲集成全国编辑委员会 中国民族民间器乐曲集成福建卷编辑委员会编 北京 中国ISBN中

心 2001年 2册 2827页

011586335
中华舞蹈志 第12卷 福建卷
中华舞蹈志编辑委员会编 马建梁特约编辑 上海 学林出版社 2006年 340页

013996049
中华舞蹈志 第12卷 福建卷
中华舞蹈志编辑委员会编 上海 学林出版社 2014年 336页

008708451
中国民族民间舞蹈集成 第24卷 福建卷
中国民族民间舞蹈集成编辑部编 北京 中国ISBN中心 1996年 931页〔十部文艺集成志书〕

009234409
中国戏曲志 福建卷编纂提纲 暂定稿
中国戏曲志福建卷编辑部编 中国戏曲志福建卷编辑部 1984年 83页

003606251
中国戏曲志福建卷 初稿讨论集
1986年 324页

011762041
中国曲艺音乐集成 第20卷 福建卷
中国曲艺音乐集成全国编辑委员会 中国曲艺音乐集成福建卷编辑委员会编 北京 中国ISBN中心 2001年 2册 2142页

012197170
中国曲艺志 第12卷 福建卷
中国曲艺志全国编辑委员会 中国曲艺志福建卷编辑委员会编 北京 中国ISBN中心 2006年 632页

008704017
中国戏曲志 第21卷 福建卷
中国戏曲志编辑委员会编 北京 文化艺术出版社 1993年 743页〔十部文艺集成志书〕

013894627
福建陈氏人物志
福建省姓氏源流研究会陈氏委员会 福建陈氏人物志编纂委员会编 陈及霖主编 厦门 厦门大学出版社 2013年 746页

012679317
福建连氏志
福建省姓氏源流研究会连氏委员会编 福州 海风出版社 2010年 359页

011476862
闽台历代中医医家志
肖林榕 林端宜主编 北京 中国医药科技出版社 2007年 384页〔闽台中医药文化丛书〕

009378220
闽台医林人物志
俞慎初主编 俞慎初等编写 福州 科学技术出版社 1988年 178页〔福建史志资料丛刊〕

013462686
辛亥革命福建英杰图志
福建省地方志编纂委员会 福建省档案局 中国国民党革命委员会福建省委员会编 罗健主编 林真 柳红副主编 江荣全等编委 福州 海峡书局 2011年 367页

002396311
福建风物志
福建风物志编写组编 福州 福建人民出版社 1985年 350页〔中国风物志丛书〕

008914156
福建省海域地名志
福建省地名委员会办公室 福建省地名学研究会编 福州 福建省地名委员会办公室 福建省地名学研究会 1991年 424页

009804532
福建省地震监测志
福建省地震局编 北京 地震出版社 2005年 409页〔中国地震监测志系列〕

007670460
福建植物志
福建省科学技术委员会 福建植物志编写组编著 福州 福建科学技术出版社 1982年

009105993
福建昆虫志
黄邦侃主编 福州 福建科学技术出版社 1999年

009767779
福建出入境检验检疫志
福建出入境检验检疫志编纂委员会编 北京 方志出版社 2005年 687页

010138256
福建省卫生志
福建省卫生志编纂委员会编 福州 福建省卫生志编纂委员会 1989年 870页

005416328
福建药物志
福建省医药研究所编 福州 福建科学技术出版社 1979年

012049291
福建省防痨志
陈文加主编 福州 福建省防痨协会 2007年 135页

012951996
福建土种志

林景亮主编 福建 福建省土壤普查办公室 1989年 352页

012810595
福建省水土保持志
吴章云 刘子维主编 福州 海风出版社 2011年 228页

013221126
福建省畜禽疫病志
福建省农业厅畜牧局编 福州 福建科学技术出版社 1994年 236页

004021546
福建鱼类志
福建鱼类志编写组编著 福州 福建科学技术出版社 1984年

福州市

008302210
福州市志
福州市地方志编纂委员会编 北京 方志出版社 1998年〔中华人民共和国地方志 福建省〕

009378203
福州市志 人物志
福州地方志编纂委员会福州市志人物志编辑组编 福州 1989年

011295982
福州方志史略
张天禄著 福州 海风出版社 2007年 294页

009557515
福州市历史文化名城名镇名村志
张天禄主编 福州市地方志编纂委员会编 福州 海潮摄影艺术出版社 2004年 302页〔中华人民共和国地方志 福建省〕

009804587
福州市宗教志
福州市宗教志编纂委员会编著 福州 福建人民出版社 2000年 335页

008254858
福州市人口志
福州市人口志编纂委员会编 北京 方志出版社 1999年 302页

008532509
中国共产党福州地方组织志
石建国主编 黄开良副主编 北京 中国大百科全书出版社 1998年 503页

010194013
福州工会志

福州市总工会编 福州 福州市总工会 2000年 258页〔中华人民共和国地方志 福建省〕

009106002
福州市政府志
福州市政府志编纂委员会编 福州 海潮摄影艺术出版社 2003年 390页〔中华人民共和国地方志 福建省〕

013703343
福州市政协志
福州市政协志编辑委员会编 福州 福州市政协志编辑委员会 1995年 197页

009385957
福州民政志
福州民政志编纂委员会编 福州 福建人民出版社 1997年 327页

008532478
福州市党派志
石建国主编 黄开良副主编 福州市党派志编纂委员会编 北京 方志出版社 1999年 200页

013506719
福州市外事志
福州市外事志编辑委员会 福州市人民政府外事办公室编 福州 福州市人民政府外事办公室 1996年 225页

010194014
福州市检察志
福州市人民检察院编 福州 福州市人民检察院 1998年 173页

011293524
福州市人民防空志
福州市人民防空办公室编 福州 福州市人民防空办公室 1994年 141页

011579785
福建船政学校校志 1866—1996
福建船政学校史志编纂委员会编 厦门 鹭江出版社 1996年 275页

009742355
福州市名产志
福州市地方志编纂委员会编 福州 海风出版社 2004年 283页〔中华人民共和国地方志 福建省〕

013897114
福州市工商行政管理志
福州市工商行政管理局编 福州 福州市工商行政管理局 1993年 315页

008527465
福州市物资志
福州市物资志编纂办公室编 厦门 鹭江出版社 1995年 301页

007358333
福州市城乡建设志

福州市城乡建设志编纂委员会编 刘润生主编 北京 中国建筑工业出版社 1994年 2册 1136页〔中华人民共和国地方志 福建省〕

012872298
福州市土地志
福州市土地志编纂委员会编 福州 福州市土地志编纂委员会 2000年 235页〔中华人民共和国地方志 福建省〕

012810589
福建省第二电力建设公司志 1989—2002
福建省第二电力建设公司志编纂委员会编 北京 中国电力出版社 2010年 286页〔福建省电力工业志丛书〕

012951991
福建省第六建筑工程公司志
福建省第六建筑工程公司志编纂委员会编 福建 福建省第六建筑工程公司志编纂委员会 1996年 301页

011804300
福建省第一电力建设公司志 1989—2002
福建省第一电力建设公司编著 北京 中国电力出版社 2008年 323页〔福建省电力工业志丛书〕

013506704
福建省电力建设公司志
福建省电力建设公司志编纂委员会编 福建 福建省电力建设公司志编纂委员会 1997年 447页〔福建省电力志丛书〕

013506708
福建省电力试验研究所志
福建省电力试验研究所编 福建 福建省电力试验研究所 1998年 320页〔福建省电力志丛书〕

013506712
福建省电网中心调度所志
福建省电网中心调度所编 福建 福建省电网中心调度所 1995年 203页〔福建省电力志丛书〕

012191812
福建省福州电厂志
福建省福州电厂编 福州 福州电厂 1997年 283页〔福建省电力志丛书〕

009405819
福建省福州市机械冶金工业志
林建华主编 福州市机械冶金工业志编纂委员会编 福州 福州市机械冶金工业志编纂委员会 1999年 569页

011804321
福建省火电工程承包公司志 1984—2002
林图生主编 北京 中国电力出版社

2008年 276页〔福建省电力工业志丛书〕

013128917
福建省机械科学研究院志
福建省机械科学研究院志编纂委员会编 福州 福建省机械科学研究院志编纂委员会 2003年 258页

012191806
福建省冶金（控股）公司志 1958—2007
福建省冶金（控股）公司编 福州 海潮摄影艺术出版社 2009年 681页

011295659
福建水口发电有限公司志 第3卷
福建水口发电有限公司编著 北京 中国电力出版社 2007年 506页〔福建省电力工业志丛书〕

011321130
福州电力工业志 第4卷 1991—2002
福州电业局编志办公室编 北京 中国电力出版社 2007年 505页〔福建省电力工业志丛书〕

008532470
福州市化学工业志
福州市化学工业局编 福州 福州市化学工业局 1997年 219页

007493518
福州市建筑志

福州市建筑志编纂委员会编 北京 中国建筑工业出版社 1993年 476页〔中华人民共和国地方志 福建省〕

013957107
[中建海峡建设发展有限公司]公司六十年志
中建海峡建设发展有限公司编 2013年 415页

013866417
中国水利水电建设集团公司志 中国水利水电闽江工程局卷 1955—2006
中国水利水电建设集团公司史志编辑委员会编 北京 中国电力出版社 2013年 688页

012139115
福建省交通规划设计院院志 续集 1991.1—2003.12
福建省交通规划设计院编 福建 福建省交通规划设计院 2004年 181页

007474479
福州交通志
福州市交通局编 福州 福建人民出版社 1988年 484页

009024714
福州铁路分局志 1905—1995
福州铁路分局史志编委会编 北京 中国铁道出版社 2002年 453页

007347933
福州港志
福州港务局史志编辑委员会编 北京 华艺出版社 1993年 401页

012831419
福州市公共交通公司志 1952—1995
曾昭益主编 福州市公共交通公司志编纂委员会编 福州 福州市公共交通公司志编纂委员会 1998年 192页

013404290
福州市公共交通集团有限责任公司志 1995—2005
陈宙泉主编 福州市公共交通集团有限责任公司志编纂委员会 福州 福州市公共交通集团有限责任公司志编纂委员会 2008年 182页

012952014
福州电信志
福州电信局编 福州 福州电信局 2000年 366页

013404280
福州粮食志
福州市粮食局编 福州 福州市粮食局 1992年 512页

012191814
福州中药商业志
福建省福州药材采购供应站编 福州 福建省福州药材采购供应站 1991年 215页

008451059
福州金融志
福州金融志编纂委员会编 福州 福州金融志编纂委员会 1995年 639页

009082518
福州文化志
福州市文化局编 福州 海潮摄影艺术出版社 2003年 467页

012758772
东快十年志
江信银主编 福州 东南快报社 2010年 188页

008451047
福州新闻志 报业志
王植伦主编 潘群副主编 福州 福建人民出版社 1997年 465页

011579799
福州档案志 1949.9—2006.12
福州市档案馆编 福州 海风出版社 2007年 188页

009378195
福州市科技志
福州市科技志编纂委员会编 福州 海风出版社 1999年 649页

009851139
福州市教育志
福州市教育志编纂委员会编 福州 福州市教育志编纂委员会 1995年 470页

010576836
福州市教育志 1995—2005
福州市教育局编 福州 福州市教育局 2006年 289页

012995162
八闽之光 福建师范大学附属中学校志（含原英华中学 华南女中 陶淑女中） 1881—2001
福建师大附中校志编委会编 福州 福建师范大学附属中学 2001年 647页

011066947
巍巍福中 福建省福州第一中学校志
福州 福建省福州第一中学 1997年 640页

008532531
〔福州教育学院〕院志 1960—1990
福州教育学院院志编写组编 福州 福州教育学院 1992年 145页

012609810
福建广播电视大学志
福建广播电视大学志编纂委员会编 福州 海峡文艺出版社 2009年 993页〔中华人民共和国地方志 福建省〕

013506670
福建金融管理干部学院福建银行学校院（校）志 1978—2003
福建金融管理干部学院编 福州 福建金融管理干部学院 2003年 136页

013506675
福建省电力技工学校志
福建省电力高级技工学校编 福建 福建省电力高级技工学校 1997年 248页〔福建省电力志丛书〕

008451049
福建省福州市体育志
福州市体育运动委员会编 北京 方志出版社 1995年 233页

009441459
福州方言志
李如龙 梁玉章编撰 福州 海风出版社 2001年 263页

009804591
福州寿山石志
福州市地方志编纂委员会编 福州 海潮摄影艺术出版社 2005年 217页〔中华人民共和国地方志 福建省〕

001717094
寿山石志
方宗珪编著 福州 福建人民出版社 1982年 186页

009699296
福州市畲族志
福州市地方志编纂委员会编 张天禄主编 福州 海潮摄影艺术出版社 2004年 504页〔中华人民共和国地方志 福建省〕

009303530
福建省文史研究馆志
福建省文史研究馆志编委会编 北京 方志出版社 2003年 194页

009804583
福州姓氏志
福州市地方志编纂委员会编 福州 海潮摄影艺术出版社 2005年 819页〔中华人民共和国地方志 福建省〕

010779018
福州人名志
福州市地方志编纂委员会编 福州 海潮摄影艺术出版社 2007年 535页〔中华人民共和国地方志 福建省〕

010359286
冰心志
福州市地方志编纂委员会编 福州 海风出版社 2005年 273页〔中华人民共和国地方志 福建省 福州市〕

010238292
郑振铎志
福州市地方志编纂委员会编 福州 海潮摄影艺术出版社 2006年 208页

006885100
福州市地名录
福建省福州市地名办公室编 1982年 337页

009510494
福州市地名志
福州市地方志编纂委员会编 福州 海潮摄影艺术出版社 2004年 328页〔中华人民共和国地方志 福建省〕

012140247
三坊七巷志
福州市地方志编纂委员会编 黄启权主编 福州 海潮摄影艺术出版社 2009年 558页〔中华人民共和国地方志 福建省 福州市 中国历史文化名街〕

011312667
昙石山文化志
张天禄主编 福州市地方志编纂委员会编 福州 海潮摄影艺术出版社 2007年 128页

012141508
于山志
谢其铨 郭斌编纂 北京 大众文艺出版社 2009年 421页

011294630
福州温泉志

福州温泉志编委会编 福州 福建科学技术出版社 2001年 255页〔中华人民共和国地方志 福建省〕

009557503
福州市地震志
福州市地震局编 福州 福建省地图出版社 2004年 249页

013897117
福州市卫生志
福州市卫生志编纂委员会编 福州 福州市卫生志编纂委员会 1999年 355页

012264246
福建省农业科学院水稻研究所所志 1935—2005
福建省农业科学院水稻研究所所志编撰委员会编 福州 福建省农业科学院水稻研究所所志编撰委员会 2005年 170页

012264237
福建省农业科学院茶业研究所所志
福建省农业科学院茶业研究所所志编撰委员会编 福州 福建省农业科学院茶业研究所所志编撰委员会 2005年 236页

009107180
福州市园林绿化志
福州市园林绿化志编纂委员会编 福州 海潮摄影艺术出版社 2000年 305页〔中华人民共和国地方志 福建省〕

011995618
福建省电力试验研究院志 1991—2002
福建省电力试验研究院志编辑组编著 北京 中国电力出版社 2008年 168页〔福建省电力工业志丛书〕

012898391
福建省电力干部学校志 1982—2001
福建省电力干部学校志编纂委员会编著 北京 中国电力出版社 2010年 122页〔福建省电力工业志丛书〕

012810601
福州电力高级技工学校志 1990—2001
福州电力高级技工学校志编委会编著 北京 中国电力出版社 2010年 211页〔福建省电力工业志丛书〕

012250927
福建省电力勘测设计院志
福建省电力勘测设计院办公室编 福建 福建省电力勘测设计院 1998年 210页〔福建省电力志丛书〕

012658446
福建省电力勘测设计院志 1990—2002
福建省电力勘测设计院志编纂委员会编 北京 中国电力出版社 2010年 368页〔福建省电力工业志丛书〕

013404260
福建海事局志 1999—2010
福建海事局编著 北京 人民交通出版社 2012年 344页

鼓楼区

008866668
鼓楼区志
鼓楼区地方志编纂委员会编 北京 方志出版社 2001年 2册 1515页〔中华人民共和国地方志 福建省 福州市〕

009153970
洪山镇志
洪山镇志编纂委员会编纂 福州 福建人民出版社 1998年 426页

012675072
福州开元寺志略
福州开元寺志略编纂委员会编 北京 宗教文化出版社 2010年 329页

009000459
鼓楼区人大志
鼓楼区人大志编纂委员会编 福州 海潮摄影艺术出版社 2002年 207页〔中华人民共和国地方志 福建省福州市〕

012609867
鼓楼区人民法院院志 1956—2006
福州市鼓楼区人民法院编 福州 福州市鼓楼区人民法院 2008年 178页

009124578
福建省福州市鼓楼区建设志
福州市鼓楼区建设局编 福州 福州市鼓楼区建设局 1991年 162页〔中华人民共和国地方志〕

009234386
福建省福州市鼓楼区教育志
福州市鼓楼区教育志编纂委员会编 福州 海潮摄影艺术出版社 1998年 434页〔中华人民共和国地方志〕

011480563
中国歌谣集成 福建卷 福州鼓楼区分卷
福州鼓楼区民间文学三集成编委会编 福州 福州鼓楼区民间文学三集成编委会 1989年 286页

台江区

013726984
福州市台江区志 1991—2005
福州市台江区地方志编纂委员会编 北京 方志出版社 2010年 720页〔中华人民共和国地方志 福建省〕

009117897
台江区志
台江区地方志编纂委员会编 北京 方志出版社 1997年 979页〔中华人民共和国地方志 福建省 福州市〕

011431407
福州市台江区人民代表大会志
福州市台江区人民代表大会志编纂小组编 福州 福州市台江区人民代表大会志编纂小组 2004年 335页

009839181
福州市台江建设志
福州市台江建设志编纂委员会编 福州 福建科学技术出版社 1993年 125页
〔中华人民共和国地方志 福建省〕

仓山区

009378189
福州市盖山镇志
中共盖山镇党委 盖山镇人民政府 福建师范大学地理系福州市盖山镇志编写组编 福州 福建科学技术出版社 1997年 318页

012049541
建新镇志
建新镇志编纂委员会编纂 建新镇 建新镇志编纂委员会 2007年 445页

013506763
高湖江边乡土志
高湖江边乡土志编纂委员会编 仓山 高湖江边乡土志编纂委员会 1991年 106页

012132476
仓山区人民代表大会志 1951—2005
仓山区人民代表大会志编纂委员会编 福州 仓山区人民代表大会志编纂委员会 2006年 305页

012831143
仓山区政协志
政协福州市仓山区委员会编 福州 政协福州市仓山区委员会 2005年 238页
〔仓山区政协文史资料专辑〕

012967359
仓山区交通志
仓山区交通局编 仓山区 仓山区交通局 2009年 137页

013002627
台屿志
台屿管理区编 福州 台屿管理区 2005年 449页

007535979
福州市仓山区建设志
福州市仓山区建设志编纂委员会编 北京 中国建筑工业出版社 1993年 101页

马尾区

009157919
马尾区志
马尾区地方志编纂委员会编 北京 方志

出版社 2002 年 2 册 1526 页〔中华人民共和国地方志 福建省 福州市〕

012635663
长安村志
中共长安支部 村委会编 亭江镇 中共长安支部 村委会 2003 年 243 页

008451086
东岐村志
中共东岐村支部 东岐村民委员会编 福州 福建省地图出版社 1998 年 218 页

012814020
闽安镇志
闽安镇志编纂委员会编著 福州 福建人民出版社 2010 年 420 页〔福建省历史文化名村〕

009378216
马尾土地志
马尾土地志编纂办公室编 福州 马尾土地志编纂办公室 1995 年 344 页〔中华人民共和国地方志 福建省 福州市〕

008532523
福州马尾港图志
林萱治主编 郑丽生责任编辑 福州 福建省地图出版社 1984 年 410 页

008986174
马尾物价志
马尾物价志编纂委员会编 北京 中国物价出版社 2001 年 276 页〔中华人民共和国地方志 福建省 福州市〕

晋安区

008636645
福州市郊区志
福州市郊区志编纂委员会编 福州 福建教育出版社 1999 年 882 页

013506718
福州市郊区台江镇志
台江镇志编纂委员会编 台江镇 台江镇志编纂委员会 1996 年 181 页

012545419
西园村志
福州市晋安区新店镇西园村党委会 福州市晋安区新店镇西园村村委会编 福州 福州市晋安区新店镇西园村村委会 2009 年 343 页〔福州市社会主义新农村建设丛书〕

012636832
秀岭村志
福州市秀岭村志族谱编委会编 福州 福州市秀岭村志 族谱编委会 2006 年 186 页

012317123
园中村志
中共园中村支部园中村民委员会编 福州 福建省地图出版社 2002年 239页

008532515
西园乡土志
西园村委会编 西园村 西园村委会 1997年 141页

013404292
福州市郊区房地产志
福州市郊区房地产管理局编志办公室编 福州 福州市郊区房地产管理局编志办公室 1996年 158页

013528899
福州郊区教育志
福州郊区教育志编委会编 福州 福州郊区教育志编委会 1996年 394页

012096703
福州市郊区文物志
黄荣春编著 福州 福建人民出版社 2009年 790页

013064790
晋安风物志
林兆荣 李海燕编著 北京 中国作家出版社 2007年 128页

010194015
[福州市郊区]地名志
福州市郊区建设局地名办公室编 福州 1982年 363页

008034149
福州市郊区建设志
福州市郊区建设局编 北京 中国建筑工业出版社 1994年 215页〔中华人民共和国地方志 福建省〕

福清市

008034101
福清市志
福清市志编纂委员会编 厦门 厦门大学出版社 1994年 1243页〔中华人民共和国地方志 福建省〕

007505420
福清县志
饶安鼎 邵应龙修 林昂 李修卿纂 福州 福建省福清县志编纂委员会 1989年 867页

012952011
福清村志 简史记
东南名镇名村系列丛书编辑部 林建编 2003年 160页〔东南名镇名村系列丛书 福州卷〕

013222019
福清音西村志

福清音西村志编纂委员会编 福州 福建人民出版社 2011年 285页

013706219
上薛村志
薛偕顺主编 薛偕明 薛章钲副主编 福建省福清市上薛村之志编纂委员会编印 福清 上薛村之志编纂委员会 2000年 328页

012551544
福清市道教志
何爱先主编 北京 宗教文化出版社 2009年 124页

008452031
福清市军事志
福建省福清市人民武装部编 福清 福建省福清市人民武装部 1995年 237页〔中华人民共和国地方志 福建省〕

008452039
福清市城乡建设志
福清市城乡建设志编纂委员会编 何爱先主编 北京 中国建筑工业出版社 1991年 152页〔中华人民共和国地方志丛书〕

009405822
福清市建设志
福清市建设志编纂委员会编纂 北京 中国城市出版社 1997年 348页〔中华人民共和国地方志丛书〕

012049298
福清电力工业志 1918—2005
福清电力工业志编委会编 北京 中国电力出版社 2009年 307页〔福建省电力工业志丛书〕

008452035
福清县二轻工业志
福建省福清县第二轻工业局 福建省福清县二轻集体工业联社编 福州 福建省福清县第二轻工业局 1989年 192页

008452045
福清交通志
福建省福清县交通局 福清县交通志编纂组编 福清 福清县交通局 1986年 188页

009378181
福清市财政志
李开明主编 陈世泰副主编 曹于恩执行主编 严义安 黄敦辉执行副主编 福清市财政局编 福州 海潮摄影艺术出版社 1999年 219页〔中华人民共和国地方志 福建省〕

012049293
福清市财政志
方朝钦主编 福清市财政局编 福清 福清市财政局 2006年 94页〔中国人民共和国地方志 福建省〕

008452043
福清县金融志
福建省福清县金融志编纂组编 福清 1988年 91页

009378176
福清科技志
福清科技志编纂委员会编 王琼培主编 福州 福建人民出版社 2000年 497页

009378169
福清教育志
福清教育志编委会编 福州 海峡文艺出版社 1996年 297页

010194003
福建省福清第一中学校志 1993—2004
福建省福清第一中学编 福清 福建省福清第一中学 200u年 416页

012758807
福建省福清华侨中学校志 1955—2005
福清华侨中学编印 福清 福清华侨中学 2005年 631页

011293105
福清第三中学校志 1892—1992
福建省福清第三中学编 北京 中国国际广播出版社 1992年 346页

008452042
福清市教师进修学校志
福清市教师进修学校编 林起源主编 王荣贵执行主编 俞兆华副主编 天津 天津市卫生志编修委员会 1990年 258页〔中华人民共和国地方志 福建省〕

013791187
福清毛氏志
毛厚明编 香港 香港国际学术文化资讯出版公司 2009年 375页

008116868
石竹山志
福清市宗教局 福清市佛教协会 福清市石竹寺编 厦门 厦门大学出版社 1993年 222页

011473006
福清市规划建设志
福清市规划建设志编纂委员会编 何爱先主编 福州 海风出版社 2007年 280页〔中华人民共和国地方志丛书〕

长乐市

012831150
长乐市志
长乐市地方志编纂委员会编 高宇彤主编 施祖永 陈羽军副主编 福州 福建人民出版社 2001年 1290页〔中华人民共和国地方志 福建省〕

012503714
长乐村志
林建编著 长乐村志编委会编 长乐 长乐村志编委会 uuuu 年 160 页〔东南名镇名村系列丛书 福州卷〕

012889256
长乐罗联乡志
林子健主编 长乐市罗联乡(离)退休干部协会编纂 香港 香港文学报社出版公司 2004 年 167 页

013824311
长乐市工会志
长乐市总工会编 福州 海峡文艺出版社 2013 年 323 页

009107177
长乐市建设志
长乐市建设委员会编 福州 海潮摄影艺术出版社 2001 年 294 页〔中华人民共和国地方志 福建省〕

012540874
长乐市土地志
林木好主编 福建 福建省长乐市土地志编辑委员会 1997 年 348 页

007507921
长乐县邮电志
福建省邮电志编辑组编 福建省长乐县地方志编纂委员会审订 厦门 厦门大学出版社 1993 年 111 页〔长乐县地方志丛刊〕

013961343
长乐教育志
长乐县教育志编委会办公室编 1991 年 309 页

013037916
长乐第一中学校志 1890—2008
福建省长乐第一中学编 福州 福建省长乐第一中学 2009 年 517 页

013133777
图说琴江新志
张熙 林茂玉著 香港 香港天马出版有限公司 2007 年 128 页

010730258
长乐李姓谱志
长乐李姓谱志编纂委员会编 长乐 2001 年 737 页

008663659
长乐县地名录
福建省长乐县地名办公室编 长乐 福建省长乐县地名办公室 1983 年 151 页

013404417
寒岩天王寺志
释本法编 郑和文印社 2011 年 127 页

012049517
晦翁岩志

晦翁岩志编纂领导小组编 刘润生主编 福州 福建省地图出版社 2003 年 310 页

闽侯县

009157941
闽侯县志
刘必寿主编 闽侯县地方志编纂委员会编 北京 方志出版社 2001 年 1204 页〔中华人民共和国地方志 福建省〕

013335036
福建省闽侯县大湖乡志
大湖乡志编纂办公室编 大湖乡 大湖乡志编纂办公室 2010 年 320 页

013987658
廷坪乡志
闽侯县廷坪乡志编纂委员会 李弥琴主编 2013 年 425 页〔福建省福州市地方志〕

012661653
闽侯县统计志
闽侯县统计志编委会编 闽侯 闽侯县统计志编委会 2000 年 241 页〔中华人民共和国地方志 福建省 福州市〕

013508684
闽侯县政协志
中国人民政治协商会议福建省闽侯县委员会编 李孟基主编 闽侯 福建省闽侯县委员会 1996 年 185 页

011066632
闽侯县财政志
闽侯县财政局编 闽侯 闽侯县财政局 2005 年 301 页〔中华人民共和国地方志 福建省 福州市〕

012661650
闽侯风物志
林建主编 香港 香港飞翔国际出版社 2007 年 381 页〔福建地方文化研究丛书〕

008913826
闽侯县地名录
福建省闽侯县地名委员会办公室编 福州 福建省地图出版社 1986 年 215 页

连江县

009157927
连江县志
张平官主编 张明骅 陈志中副主编 连江县地方志编纂委员会编 北京 方志出版社 2001 年 2 册 1505 页〔中华人民共和国地方志 福建省〕

012658336
定海志
定海村定海志编纂委员会编 定海 定海

村定海志编纂委员会 2007 年 639 页〔中华人民共和国地方志福建省历史文化名村〕

012955023
连江村志 连江马祖
连江村志编委会 林建编 福州 旅游出版社 uuuu 年 176 页〔东南名镇名村系列丛书 福州卷〕

013508546
连江县工会志
福建省连江县工会志编委会编 连江 连江县工会志编委会 2005 年 159 页〔中华人民共和国地方志〕

012639808
连江县妇女志
连江县妇女联合会编 连江 连江县妇女联合会 2001 年 140 页〔中华人民共和国地方志 福建省 福州市〕

013508547
连江县人大志
福建省连江县人大志编委会编 连江 福建省连江县人大志编委会 1999 年 263 页

012968227
连江县人大志 1994—2006
福建省连江县人大志编委会编 连江 福建省连江县人大志编委会 2008 年 302 页

008451939
连江县政府志
连江县人民政府办公室编 连江 连江县人民政府办公室 1997 年 422 页〔中华人民共和国地方志 福建省〕

008451935
连江县政协志
政协连江县委员会编 连江 政协连江县委 1995 年 97 页〔中华人民共和国地方志 福建省〕

008451930
连江县民政志
福建省连江县民政局编 连江 连江县民政局 1990 年 248 页〔连江县地方志丛书〕

008451925
福建省连江县检察志
连江县人民检察院编 连江 连江县人民检察院 1996 年 131 页

008532466
连江县审计志
连江县审计局编 连江 连江县审计局 1998 年 147 页〔中华人民共和国地方志 福建省福州市〕

008451949
连江县劳动志
福建省连江县劳动局编 连江 福建省连江县劳动局 1996 年 192 页

008451944
连江县城乡建设志
连江县建设局编 连江 连江县建设局 1992年 178页〔中华人民共和国地方志 福建省〕

008451951
连江县土地志
连江县土地管理局编 连江 连江县土地管理局 1995年 194页〔中华人民共和国地方志 福建省 连江县地方志丛书〕

008451937
连江林业志
连江县林业局编 连江 连江县林业局 1995年 218页

008451947
福建省连江县烟草志
福州市连江县烟草专卖局 福州市连江县烟草公司编 连江 连江县地方志编纂委员会 1995年 194页

008452049
山仔水利枢纽工程志
福建省连江山仔水利枢纽工程建设指挥部编 福建 福建省连江山仔水利枢纽工程建设指挥部 1998年 165页

011439937
连江县交通志
福建省连江县交通局编 福建 连江县交通局 1987年 133页〔连江县地方志丛书〕

008451940
连江县财政志
连江县财政局编 连江 连江县财政局 1995年 204页〔中华人民共和国地方志 福建省福州市〕

008451952
连江县税务志
福建省连江县税务局 福建省连江县志编纂委员会审定 连江 福建省连江县税务局 1993年 134页〔连江县地方志丛书〕

008451922
连江县金融志
福建省连江县金融志编纂室编 连江 福建省连江县金融志编纂室 1995年 337页

012813938
连江郑氏志
连江郑氏志编委会编 2007年 449页

008664180
连江县地名录
连江县地名办公室编 连江 连江县地名办公室 1989年 185页

012139566
南湖太极道观志

连江县南湖太极道观编 连江 连江县南湖太极道观 2008年 190页

008451932
连江县卫生志
福建省连江县卫生局编 连江 福建省连江县卫生局 1989年 149页〔连江县地方志丛书〕

罗源县

008451912
罗源县志
游文良 黄宏纲主编 黄步真 黄士乾 吴顺良副主编 罗源县地方志编纂委员会编 北京 方志出版社 1998年 1160页〔中华人民共和国地方志 福建省〕

012832528
罗源县人口与计划生育志
罗源县人口和计划生育局编 2005年 188页〔中华人民共和国地方志 福建省〕

012541545
共青团罗源县组织志
共青团罗源县委编 罗源 共青团罗源县委员会 2004年 203页〔中华人民共和国地方志 福建省〕

008451905
罗源县妇女志

罗源县妇女联合会编 罗源 罗源县妇女联合会 1999年 197页〔中华人民共和国地方志 福建省〕

012680463
罗源县人民代表大会志
福建省罗源县人大常委会编 罗源 福建省罗源县人大常委会 2006年 356页〔中华人民共和国地方志〕

011805608
罗源县政协志
政协福建省罗源县委员会编纂 罗源 政协罗源县委 1991年 290页

012813975
罗源县军事志
福建省罗源县人民武装部编 福州 福建省地图出版社 1989年 401页

012832515
罗源县工商行政管理志
罗源县工商行政管理局编 罗源 罗源县工商行政管理局 2001年 258页〔中华人民共和国地方志 福建省〕

008451909
罗源县城乡建设志
罗源县建设局编 罗源 罗源县建设局 1995年 353页〔中华人民共和国地方志 福建省〕

008451915
罗源县土地志
陈传贤主编 罗源县土地管理局编 罗源 罗源县土地管理局 1998年 279页〔中华人民共和国地方志 福建省〕

013336294
罗源县交通志
福建省罗源县交通局编 罗源 福建省罗源县交通局 1989年 172页〔罗源县地方志丛书〕

013628088
罗源县金融志
罗源县金融志编纂委员会编 罗源 罗源县金融志编纂委员会 2000年 253页〔中华人民共和国地方志 福建省〕

013898421
罗源县教育志
罗源县教育局编 罗源 罗源县教育局 2004年 244页〔中华人民共和国地方志 福建省〕

012661583
罗源县凤山诗社志
罗源县凤山诗社编 罗源 罗源县凤山诗社 2010年 266页〔中华人民共和国地方志 福建省〕

013184365
罗源县畲族志
罗源县民族与宗教事务局编 罗源 罗源县民族与宗教事务局 2010年 423页〔中华人民共和国地方志〕

012542668
罗源县姓氏志
罗源县地方志编纂委员会编 罗源 罗源县地方志编纂委员会 2006年 462页〔中华人民共和国地方志 福建省〕

008923578
罗源县地名录
福建省罗源县地名委员会办公室编 罗源 福建省罗源县地名委员会办公室 1982年 396页

012719349
罗源县环境保护志
罗源县环境保护局编 2008年 267页〔中华人民共和国地方志 福建省〕

闽清县

008486824
闽清县志
闽清县地方志编纂委员会编 张天主编 张端钦执行主编 朱礼瑶 林而严副主编 北京 群众出版社 1993年 966页〔中华人民共和国地方志 福建省〕

011892179
闽清村志
林建 赵青编著 200u年 160页〔东南名镇名村系列丛书 福州卷〕

012661655

闽清县人大志

闽清县人大常委会编志委员会编 闽清 闽清县人大常委会编志委员会 2008年 331页

012766255

闽清第一建筑工程公司志 1958—1998

福建省闽清第一建筑工程公司编 闽清 福建省闽清第一建筑工程公司 1998年 167页〔中华人民共和国地方志〕

008923622

福建省闽清县地名录

福建省闽清县地名办公室编 闽清 闽清县地名办公室 1980年 183页

永泰县

006822862

永泰县志

永泰县地方志编纂委员会编 北京 新华出版社 1992年 915页〔中华人民共和国地方志 福建省〕

010195242

永泰县政协志 1984—1999

政协永泰县委员会编 永泰 政协 1999年 147页

012662769

永泰县建设志

永泰县建设局编 永泰 永泰县建设局 2002年 136页〔中华人民共和国地方志 福建省〕

013686513

永泰县粮食志

杨寿坚主编 永泰县粮食局编印 永泰 永泰县粮食局 1991年 207页

平潭县

008830615

平潭县志

平潭县地方志编纂委员会编 北京 方志出版社 2000年 774页〔中华人民共和国地方志 福建省〕

013508835

平潭县交通志 1995

平潭县交通局编 薛由芳主编 平潭 平潭县交通局 1997年 382页〔中华人民共和国地方志 福建省〕

012096693

福建省平潭县图书馆志

平潭县图书馆编 平潭 平潭县图书馆 2006年 159页〔中华人民共和国地方志〕

008663619

平潭县地名录

福建省平潭县地名办公室编 平潭 福建省平潭县地名办公室 1983年 187页

厦门市

009303992
厦门市志
厦门市地方志编纂委员会编 北京 方志出版社 2004 年 5 册 4169 页〔中华人民共和国地方志 福建省〕

011762016
禾山镇志
禾山镇志编委会编 陈高润主编 禾山镇 禾山镇志编委会 2004 年 331 页

013865453
新圩志
新圩志编纂委员会编 2012 年 436 页

010007691
厦门佛教志
厦门市佛教协会编 厦门 厦门大学出版社 2006 年 612 页

011444019
厦门市统一战线志
厦门市统一战线志编纂委员会编 厦门 厦门市统一战线志编纂委员会 1999 年 385 页

012506311
厦门市人民公安志 1949.10—1994.12
厦门市人民公安志编纂委员会编 厦门 厦门市人民公安志编纂委员会 1998 年 379 页

003989830
厦门华侨志
厦门华侨志编委会编 厦门 鹭江出版社 1991 年 477 页

010138259
厦门市政协志 1950—1998
政协厦门市委员会编 厦门 政协厦门市委员会 1999 年 250 页

012052408
厦门市政协志 1950—2006
政协厦门市委员会编 厦门 政协厦门市委员会 2008 年 337 页

011479298
中国民主建国会厦门市地方组织志
中国民主建国会厦门市委员会编 厦门 中国民主建国会厦门市委员会 1999 年 298 页

012662516
厦门外事志
厦门外事志编委会编 厦门 厦门外事志编委会 2002 年 236 页

012316912
厦门法院志
厦门法院志编纂委员会编 厦门 厦门法院志编纂委员会 2006年 276页

012837453
厦门司法行政志
厦门市司法局编 厦门 厦门市司法局 2004年 325页

011793086
厦门政法志 1906—1990
厦门政法志编纂委员会编 厦门 厦门大学出版社 1997年 619页

011293547
厦门市人民防空志
厦门市民防办公室编 厦门 厦门市民防办公室 1994年 110页

011793075
厦门市计划志
厦门市计划志编纂委员会编 厦门 厦门大学出版社 1997年 416页

013072681
厦门市国土资源与房产志 1996—2010
厦门市国土资源与房产志编纂委员会编 厦门 厦门市国土资源与房产志编纂委员会 2011年 230页〔中华人民共和国地方志 福建省〕

012723137
厦门市工商行政管理志
厦门市工商行政管理局编 厦门 厦门市工商行政管理局 2008年 712页

010730243
厦门城市建设志
厦门城市建设志编纂委员会编 北京 中国统计出版社 2000年 645页〔中华人民共和国地方志 福建省〕

011793072
厦门市房地产志
厦门市房地产志编纂委员会编 厦门 厦门大学出版社 1988年 221页

013510755
厦门市国土房产志 讨论稿
厦门市国土房产志编纂委员会编 厦门 厦门市国土房产志编纂委员会 2008年 226页

010303449
厦门市土地志
厦门市土地志编纂委员会编 厦门 鹭江出版社 1996年 251页

011327211
厦门市政志
厦门市政志编纂委员会编 厦门 厦门大学出版社 1991年 247页

009742378
厦门市林业志
厦门市林业志编纂组编 刘维裕总纂 王恭买 李进托执笔 厦门 厦门大学出版社 2005年 255页

011757755
厦门电厂志
福建省厦门电厂编 福建 福建省厦门电厂 1999年 262页〔福建省电力志丛书〕

011479289
厦门电力工程集团有限公司志 1981—2005
厦门电力工程集团有限公司志编纂委员会编 厦门 厦门电力工程集团有限公司 2006年 168页

011294332
厦门电力工业志
厦门电力工业志编纂委员用会编 北京 当代中国出版社 1998年 491页〔福建省电力工业志丛书〕

011998570
厦门电力工业志 1991—2004
厦门电力工业志编委会编 北京 中国电力出版社 2009年 549页〔福建省电力工业志丛书〕

011570963
厦门华夏国际电力发展有限公司志 1991—2002
陈定华主编 厦门华夏国际电力发展有限公司编著 北京 中国电力出版社 2007年 309页〔福建省电力工业志丛书〕

012723112
厦门市二轻工业志
陈明山主编 厦门市二轻工业志编委会编 北京 中国文联出版社 1999年 578页〔中华人民共和国地方志 福建省〕

011570977
厦门水利志
厦门市水利局编 北京 方志出版社 2007年 281页

002522810
厦门交通志
厦门交通志编纂委员会编 北京 人民交通出版社 1989年 381页

009412540
厦门港志
厦门港史志编纂委员会编 北京 人民交通出版社 1994年 403页

009173837
厦门市邮电志
厦门市邮电志编纂委员会编 北京 方志出版社 2003年 436页〔中华人民共和国地方志 福建省〕

013096593

厦门市粮食志

厦门市粮食局 厦门市粮食志编委会编纂 厦门 厦门市粮食局 1997年 386页

008067599

厦门海关志 1684—1989

中华人民共和国厦门海关编著 北京 科学出版社 1994年 500页

008451111

厦门商检志

厦门商检志编纂委员会编 北京 方志出版社 1998年 342页

008802574

厦门财政志

厦门市财政局编 厦门 厦门大学出版社 2001年 361页

014050112

厦门市财政志 1996—2010

厦门市财政局编 厦门 厦门大学出版社 2013年 535页

011294333

厦门税务志

厦门市税务局编 北京 中国审计出版社 1998年 535页

006100971

厦门金融志

厦门金融志编委会编 厦门 鹭江出版社 1989年 339页

012545427

厦门新闻志

厦门新闻志编纂委员会编 厦门 鹭江出版社 2009年 630页

012636926

厦门市科学技术志

厦门市科学技术志编纂委员会编 厦门 厦门大学出版社 1999年 229页

012636931

厦门大学中文系系志 1921—2001

厦门大学中文系编 厦门 厦门大学中文系 2001年 298页

013732408

厦门大学中文系系志 厦门大学中文系90周年系庆纪念 1921—2011

厦门大学中文系编 厦门 厦门大学中文系 2011年 262页

008096714

厦门方言志

谭邦君主编 李熙泰 何志伟副主编 李熙泰 詹龙标 纪亚木撰稿 厦门市地方志编纂委员会办公室编 北京 北京语言学院出版社 1996年 196页

009145221

厦门文物志

厦门市文物管理委员会 厦门市文化局编 北京 文物出版社 2003年 245页

011585100
厦门地志
陈嘉平 张聪慧 方文图编著 厦门 鹭江出版社 1995年 149页〔厦门文化丛书〕

009851141
厦门市地名志
厦门市民政局编 福州 福建省地图出版社 2001年 328页〔中华人民共和国地方志 福建省〕

009389536
厦门动植物检疫局志
厦门动植物检疫局编著 颜金村主编 倪礼传 黄德聪副主编 方元炜等撰稿 厦门 鹭江出版社 1999年 195页

011444021
厦门市卫生志
厦门市卫生志编纂委员会编 厦门 厦门大学出版社 1997年 304页

思明区

013144627
南普陀寺志
厦门南普陀寺编 上海 上海辞书出版社 2011年 2册

013991536
思明侨志
思明区归国华侨联合会编 2013年 96页

湖里区

012956554
厦门市湖里区高殿寨上志
高殿社区寨上志编委会编 香港 中国文献出版社 2011年 216页

集美区

013792435
厦门市集美区志
厦门市集美区地方志编纂委员会编 北京 中华书局 2013年 867页〔中华人民共和国地方志 福建省〕

013957675
集美区侨联志
陈永健主编 厦门市集美区归国华侨联合会编印 2008年 118页

同安区

008640095
同安县志
同安县地方志编纂委员会编 北京 中华书局 2000年 2册 1590页〔中华人民共和国地方志 福建省〕

012173920
洪塘头村志
西柯镇洪塘头社区党总支 居委会（编 厦门 西河镇红塘头社区居委会 2009年 184页

012638709
同安县妇女志
同安县妇女志编纂委员会编 同安 同安县妇女志编纂委员会 2002年 232页

012140389
同安台湾关系志
同安台湾关系志编纂委员会编 同安 同安台湾关系志编纂委员会 2002年 297页

009107184
同安县政务志
同安县政务志编纂委员会编 福州 海潮摄影艺术出版社 2002年 253页〔中华人民共和国地方志 福建省〕

012140399
同安县民政志
同安县民政局编 同安 同安县民政局 1995年 364页

009835475
同安华侨志
郭瑞明 蒋才培编著 厦门 鹭江出版社 1992年 326页

012543020
同安政法委志 1981.11—2002.12
中共厦门市同安区委政法委员会 厦门市同安区社会治安综合治理委员会办公室编 厦门 中共厦门市同安区委政法委员会 2004年 280页

013342626
同安县人事编制志
同安县人事局编 同安 同安县人事局 1995年 330页

012956054
同安区城乡建设志
同安区建设局编 厦门 同安区建设局 2009年 453页

011764845
同安县城乡建设志
同安县城乡建设委员会编 同安 同安县城乡建设委员会编 1995年 312页

013956930
福建省厦门市同安县林业志
同安县林业局编 同安 同安县林业局 1995年 203页

011757762
福建省厦门市同安县水利电力志
方一新主编 李永川主审 1993年 360页

006548264
同安交通志
同安交通志编委会编 厦门 厦门大学出版社 1993年 351页

011764861
同安县商业志
福建省厦门市同安县商业局编 同安 福建省厦门市同安县商业局编 1995年 248页

011764839
同安金融志
同安金融志编委会编 同安 同安金融志编委会 1999年 205页

011764856
同安县科学技术志
同安县科学技术委员会编 同安 同安县科学技术委员会 1995年 192页

011793614
中国民间故事集成 福建卷 同安县分卷
颜立水执行编委 同安县民间文学集成编委会编 同安 同安县民间文学集成编委会 1990年 295页

011998447
同安县地名志
同安县地名志编纂委员会编 同安 同安县地名志编纂委员会 1998年 611页

011764870
同安医药卫生志
李挺生主编 林玉歆 张大金编撰 同安县卫生局编 厦门 厦门大学出版社 1995年 269页

翔安区

013603459
厦门市翔安区志
厦门市翔安区志编纂委员会编 北京 方志出版社 2011年 2册 982页〔中华人民共和国地方志 福建省〕

012613232
新店镇志
厦门市翔安区新店镇人民政府编 厦门 厦门市翔安区新店镇人民政府 2008年 266页

莆田市

009020679
莆田市志
黄金恳主编 莆田市地方志编纂委员会编 北京 方志出版社 2001年 3册〔中华人民共和国地方志 福建省〕

013991338

莆田市志 司法行政志

福建省莆田市司法局编 莆田 莆田市司法局 2000年 144页〔中华人民共和国地方志〕

007480668

莆田县志

翁忠言主编 蔡健恒等副主编 莆田县地方志编纂委员会编 北京 中华书局 1994年 1258页〔中华人民共和国地方志 福建省〕

009385964

江口镇志

江口镇志编纂委员会编 北京 华艺出版社 1991年 177页

009836893

妈祖的传说

王武龙主编 杨祖煌 林成彬 朱宪章副主编 莆田 中国民间故事集成莆田市卷编辑部 1989年 81页

013129976

湄洲妈祖志

莆田湄洲妈祖祖庙董事会 蒋维锬 朱合浦主编 北京 方志出版社 2011年 592页〔中华人民共和国地方志 福建省〕

013319954

莆田县人民代表大会志

莆田县人民代表大会志编纂委员会编 莆田 莆田县人民代表大会志编纂委员会 1996年 188页〔莆田县地方志丛书〕

013319952

莆田法院志

莆田市中级人民法院编 莆田 莆田市文化广电新闻出版局 2011年 328页

013794801

莆田市检察志

于南生主编 莆田市检察志编纂委员会编 北京 方志出版社 2013年 481页〔中华人民共和国地方志 福建省〕

013342434

莆田市畜牧志

王德华主编 莆田市农业局编 福州 福建科学技术出版社 1999年 177页

009650196

福建省莆田市烟草志

唐光启主编 莆田市烟草专卖局 莆田烟草分公司编 福州 福建人民出版社 1995年 209页

009117825

木兰陂水利志

林国举主编 姚宗森副主编 莆田县木兰溪水利管理处 莆田县南北洋海堤管理处编 北京 方志出版社 1997年 183页

012814079
莆田电力工业志 1990—2002
莆田电力工业志编纂委员会编 北京 中国电力出版社 2010年 365页〔福建省电力工业志丛书〕

007508976
莆田市交通志
莆田市交通局编 北京 华艺出版社 1992年 304页

009106055
莆田市邮电志
寇云峰主编 莆田市邮电局编 北京 方志出版社 2002年 256页〔中华人民共和国地方志 福建省〕

009117944
莆田市外经贸志
陈美德 戴永存主编 林寿棋 戴屏山副主编 莆田市对外经济贸易委员会编 北京 方志出版社 1995年 306页

012684558
莆田市财政志
莆田市财政志编纂委员会编 北京 方志出版社 2010年 442页〔中华人民共和国地方志 福建省〕

013898930
莆田市税务志
莆田市税务志编纂委员会编 厦门 厦门大学出版社 1994年 222页

013629322
莆田县财政志
傅明淡主编 福建省莆田县财政局编 北京 中国社会科学出版社 1999年 229页

008451143
莆田县税务志
莆田县税务局编 莆田 莆田县税务局 1994年 223页

009106053
莆田市金融志
林洪霖主编 林玉宗 杨丰奕副主编 莆田市金融志编纂委员会编 北京 方志出版社 2003年 623页〔中华人民共和国地方志 福建省〕

008846583
莆田市农村金融志
中国农业银行莆田市分行编 林洪霖主编 蔡文春等编 北京 方志出版社 1998年 270页

013794782
莆田市档案志
莆田市档案志编纂委员会编 福州 福建省地图出版社 2012年 146页〔中华人民共和国地方志 福建省〕

008846590
莆田市教育志
莆田市教育委员会编 刘荣玉 姚志平主

编 庄水平等副主编 北京 方志出版社 2000年 382页〔中华人民共和国地方志 福建省〕

012661731
莆田市体育志
莆田市体育志编纂委员会中华人民共和国编 北京 方志出版社 2010年 286页〔中华人民共和国地方志 福建省〕

012982268
莆田市姓氏志
莆田市地方志编委会编 傅庆定主编 蔡庆发副主编 北京 方志出版社 2010年 662页〔中华人民共和国地方志 福建省〕

013375400
莆田市地名志
莆田市地方志编纂委员会编 傅庆定主编 鲍文芳副主编 福州 福建省地图出版社 2011年 448页〔中华人民共和国地方志 福建省〕

008914550
莆田县地名录
福建省莆田县地名办公室编 莆田 福建省莆田县地名办公室 1982年 396页

012661723
莆田市第一医院志
林祖泉主编 郑州 中州古籍出版社 2009年 409页

涵江区

008492547
涵江区志
涵江区地方志编纂委员会编 陈金山主编 林玉宗等副主编 北京 方志出版社 1997年 920页〔中华人民共和国地方志 福建省 莆田市〕

009117939
梧塘镇志
蔡金耀主编 蔡鸿渚 蔡人杰 林伟明副主编 梧塘镇志编纂委员会编 北京 方志出版社 1997年 459页

012819742
涵江区财政志
朱永恒主编 涵江区财政志编委会编 北京 方志出版社 2010年 341页

009839175
涵江医院志
林祖泉主编 涵江医院志编委会编 北京 方志出版社 2005年 423页

秀屿区

009117918
忠门镇志
莆田市忠门镇人民政府编 北京 方志出

版社 1997 年 417 页

仙游县

007482440
仙游县志
仙游县地方志编纂委员会编 周益民主编 何文光 吴燕泰副主编 北京 方志出版社 1995 年 1289 页〔中华人民共和国地方志 福建省〕

008830594
榜头镇志
榜头镇志编纂委员会编 仙游 榜头镇志编纂委员会 1989 年 331 页

009117996
枫亭志
蔡建华 何文光主编 枫亭镇人民政府编 北京 方志出版社 1999 年 505 页

008846578
郊尾镇志
郊尾镇人民政府编 温训新主编 何文光等副主编 北京 中国社会科学出版社 2000 年 481 页

012351982
仙游县度尾乡志 初稿
中共仙游县度尾公社委员会 仙游县度尾公社管委会乡志编写组编 仙游 乡志编写组 1984 年 346 页

013955620
中华人民共和国福建省仙游县大济镇志
大济镇志编纂委员会编 福州 海峡文艺出版社 2013 年 401 页

014052844
仙游县人民代表大会志
仙游县人民代表大会志编纂委员会编 福州 海峡文艺出版社 2013 年 450 页〔中华人民共和国地方志 福建省〕

012636536
[仙游县]审计志
黄庆舜主编 北京 中国文联出版社 2008 年 283 页

013606620
中华人民共和国福建省仙游县劳动保障志
仙游县劳动和社会保障局编 仙游 仙游县劳动和社会保障局 2007 年 250 页

008830588
仙游林业志
仙游林业志编纂委员会编 北京 方志出版社 1995 年 323 页

008830590
仙游农业志
仙游县农业志编纂委员会编 仙游 仙游县农业志编纂委员会 1994 年 313 页

008528049
仙游蔗糖志
仙游县糖业生产办公室编 王元炎主编 吴春泰 周益民副主编 福州 福建科学技术出版社 1994年 239页

008830577
仙游交通志
仙游县交通局编 仙游 仙游县交通局 1993年 166页

009106059
仙游邮电志
陈庆宝主编 仙游县邮电局编 北京 方志出版社 2002年 199页〔中华人民共和国地方志 福建省〕

008830582
仙游县供销合作社志
仙游县供销合作社联合社编 北京 中国社会科学出版社 2000年 398页

009310085
仙游粮食志
仙游粮食志编辑室编 北京 方志出版社 1998年 304页

008830580
仙游金融志
林洪霖主编 仙游 仙游金融志编写组 1994年 160页

008451122
仙游县教育志
仙游县教育志编纂委员会编 北京 方志出版社 1997年 276页

012264253
福莆仙人物志
福莆仙文化出版社编 新加坡 福莆仙文化出版社 2005年 310页

三明市

009003122
三明市志
三明市地方志编纂委员会编 丁瑜主编 刘祖展 孙海平 陈盛美副主编 北京 方志出版社 2002年 3册 3279页〔中华人民共和国地方志 福建省〕

012877145
三明工会志
三明市总工会编 三明 三明市总工会 2008年

012174846
三明市人民代表大会志
三明市人民代表大会常务委员会编 三明 三明市人民代表大会常务委员会 2001年 328页

012252385
三明市政府志
三明市政府志编纂委员会编 厦门 厦门大学出版社 1998年 328页

012174847
三明市政协志
政协福建省三明市委员会编 三明 政协福建省三明市委员会 1995年 261页

011293540
三明市人民防空志
三明市人民防空志办公室编 三明 三明市人民防空志办公室 1994年 62页

012831411
福建省三明市土地志
三明市土地管理局编 三明 三明市土地管理局 2000年 376页

009389564
三明林业志
三明市林业志编纂委员会编 三明 三明市林业志编纂委员会 1998年 268页

012766464
三钢志 1998—2007
三钢志编纂委员会编 三明 福建省三钢集团有限责任公司 2008年 560页

013509255
三明电力工业志
三明电力工业志编纂委员会编 三明 福建省三明电业局 1997年 520页〔福建省电力志丛书〕

011998144
三明市交通志
三明市交通局编 三明 三明市交通局 1991年 300页

013067059
三明财政志
三明市财政局编 三明 三明市财政局 1992年 235页

008451134
三明赋税志
杨纯华主编 北京 方志出版社 1995年 243页

012208162
三明市广播电视志
福建省三明市广播电视志编纂委员会编 三明 福建省三明市广播电视志编纂委员会 1995年 228页

008663613
三明市地名录
福建省三明市地名办公室编 三明 福建省三明市地名办公室 1982年 178页

梅列区

010195225
梅列区政协志 1987—2002

中国人民政治协商会议三明市梅列区委员会编　梅列区　政协　2002年　242页

永安市

008451138
永安市志
虞韶年主编　毛起成　陈锦铸副主编　永安市地方志编纂委员会编　北京　中华书局　1994年　1216页〔中华人民共和国地方志　福建省〕

007493527
永安县志
永安市地方志编纂委员会编　永安　永安市地方志编纂委员会　1989年　725页

009413276
安砂镇志
永安市安砂镇镇志编纂委员会编　永安　永安市安砂镇镇志编纂委员会　1999年　148页

010150800
曹远镇志
永安市曹远镇志编纂委员会编　永安　永安市曹远镇志编纂委员会　2005年　305页

011313009
燕江街道志
永安市地方志编纂委员会办公室编　永安　永安市地方志编纂委员会办公室　2007年　384页

012175197
永安市政协志 1956—2006
中国人民政治协商会议永安市委员会编　永安　中国人民政治协商会议永安市委员会　2006年　365页

012141486
永安市城乡建设志 1990—2005
永安市建设局编　永安　永安市建设局　2007年　107页

012141493
永安市粮食志 1988—2005
福建省永安市粮食局编　永安　福建省永安市粮食局　2008年　202页

013510891
永安火电厂志
永安火电厂志编纂委员会编　永安　福建永安火电厂　1995年　245页〔福建省电力志丛书〕

012141489
永安市二轻工业志 1986—2005
永安市城镇集体工业联合社编纂　永安　永安市城镇集体工业联合社　2007年　95页

011500804
永安名产志

永安市地方志编纂委员会办公室编 永安 永安市地方志编纂委员会办公室 2007年 152页

012141496
永安市商业志 1988—2005
永安市商业总公司编 永安 永安市商业总公司 2008年 107页

012141490
永安市金融志 1990—2005
永安市金融志编纂办公室编 永安 永安市金融志编纂办公室 2007年 127页

013221129
福建水利电力学校志
福建水利电力学校志编纂委员会办公室编 福建 福建水利电力学校志编纂委员会办公室 2009年 322页

009683627
永安姓氏志
永安市地方志编纂委员会办公室编 永安 永安市地方志编纂委员会办公室 2004年 369页

008664046
永安县地名录
福建省永安县地名办公室编 永安 福建省永安县地名办公室 1980年 131页

012100754
永安寺庙志

永安市地方志编纂委员会办公室编 永安 永安市地方志编纂委员会办公室 2008年 288页

明溪县

008451103
明溪县志
陈秉直主编 张长河副主编 明溪县地方志编纂委员会编 北京 方志出版社 1997年 1077页〔中华人民共和国地方志 福建省〕

010195227
明溪县政协志
政协福建省明溪县委员会编 明溪 政协 1999年 282页

008923552
明溪县地名录
福建省明溪县地名办公室编 明溪 福建省明溪县地名办公室 1981年 120页

010245100
明溪竹类图志
游为贵主编 南京 东南大学出版社 1998年 250页

清流县

007479144
清流县志

清流县地方志编纂委员会编 北京 中华书局 1994年 830页〔中华人民共和国地方志 福建省〕

008385537
清流县人民代表大会志
清流县人民代表大会常务委员会编 李心祥主编 厦门 厦门大学出版社 1994年 269页

010195235
清流县政协志
清流县政协志编纂委员会编 清流 政协 2000年 196页

009389580
清流县林业志
清流县林业志编纂委员会编 甘志忠主编 黄秀红副主编 清流 清流县林业志编纂委员会 1993年 275页

012140226
清流名产志
李心祥主编 卢德生 江椿福副主编 福建省清流县地方志编纂委员会办公室编 清流 福建省清流县地方志编纂委员会办公室 2007年 178页

008923628
清流县地名录
福建省清流县地名办公室编 清流 福建省清流县地名办公室 1981年 156页

宁化县

007905783
宁化县志
宁化县志编纂委员会编 福州 福建人民出版社 1992年 958页〔中华人民共和国地方志 福建省〕

012542805
宁化县泉上镇志
泉上镇志编写组编 福建 泉上镇志编写组 1989年 348页

013131052
宁化林业志
宁化林业志编纂委员会编 厦门 鹭江出版社 1992年 691页

013751678
福建省宁化第二中学校志 1897—2011
福建省宁化第二中学编 宁化 福建省宁化第二中学 2011年 376页

013335038
宁化第一中学校志 1927—2007
福建省宁化第一中学校志编委会编 宁化 福建省宁化第一中学校志编委会 2007年 344页

008914305
宁化县地名录
福建省宁化县地名办公室编 宁化 福建省宁化县地名办公室 1981年 188页

大田县

008028165
大田县志
大田县地方志编纂委员会编 北京 中华书局 1996年 1137页〔中华人民共和国地方志 福建省〕

013897682
均溪镇志
中共大田县均溪镇委员会 大田县均溪镇人民政府编 大田 中共大田县均溪镇委员会 2013年 506页

012969671
宋京村志
大田县均溪镇宋京村村志编委会编 宋京村 大田县均溪镇宋京村村志编委会 2010年 166页

009378162
大田县政协志
中国人民政治协商会议福建省大田县委员会编 大田 中国人民政治协商会议福建省大田县委员会 199u年 19页

009010092
大田县电力志
福建省大田县电力公司编 北京 方志出版社 2002年 444页

008527985
大田县烟草志
大田县烟草志编纂委员会编 北京 方志出版社 1997年 189页

008914176
大田县地名录
福建省大田县地名办公室编 大田 福建省大田县地名办公室 1982年 190页

尤溪县

007412391
尤溪县志
尤溪县志编纂委员会编 福州 福建省地图出版社 1989年 827页〔中华人民共和国地方志 福建省〕

012723413
尤溪县志 1986—2000
尤溪县地方志办公室编 严道明主编 北京 方志出版社 2009年 1039页〔中华人民共和国地方志 福建省〕

013628644
梅营村志
梅营村志编纂领导小组编 福建 梅营村志编纂领导小组 2008年 237页

009683630
尤溪名产志
尤溪县地方志办公室编 香港 天马图书有限公司 2000年 59页

012814526
尤溪姓氏志
政协尤溪县委员会 尤溪县地方志编纂委员会办公室编 福州 海潮摄影艺术出版社 2010年 353页

008663648
尤溪县地名录
福建省尤溪县地名办公室编 福建省尤溪县人民政府编 尤溪 福建省尤溪县人民政府 1982年 205页

沙县

005591308
沙县志
沙县地方志编纂委员会编 北京 中国科学技术出版社 1992年 837页〔中华人民共和国地方志丛书〕

012810580
福建沙县人大志 1950.3—2006.12
沙县人大常委会编纂委员会编 沙县 沙县人大常委会编纂委员会 2008年 296页

013509261
沙县交通志
福建省沙县交通局编 沙县 沙县交通局 1992年 143页

008664186
沙县地名录
福建省沙县地名办公室编 沙县 福建省沙县地名办公室 1982年 178页

将乐县

008379751
将乐县志
将乐县地方志编纂委员会编 郑大余等主编 北京 方志出版社 1998年 1044页〔中华人民共和国地方志 福建省〕

008664027
将乐县地名录
福建省将乐县地名办公室编 将乐 福建省将乐县地名办公室 1981年 186页

泰宁县

007479145
泰宁县志
欧阳英主编 陈祖蔚副主编 泰宁县地方志编纂委员会编 北京 群众出版社 1993年 761页〔中华人民共和国地方志 福建省〕

013506629
池潭水力发电厂志
福建池潭水力发电厂编 福建 福建池潭水力发电厂 1998年 251页〔福建省电力志丛书〕

008913798

泰宁县地名录

福建省泰宁县地名办公室编 泰宁 福建省泰宁县地名办公室 1981年 161页

建宁县

007486933

建宁县志

建宁县地方志编纂委员会编 北京 新华出版社 1995年 778页〔中华人民共和国地方志 福建省〕

泉州市

008523782

泉州市志

泉州市地方志编纂委员会编 北京 中国社会科学出版社 2000年 5册

007352557

泉州市志人物传稿

泉州市地方志编纂委员会编 泉州 泉州市地方志编纂委员会 1990年 3册〔泉州市志通讯增刊〕

011294778

泉州宗教志

泉州市民族与宗教事务局编 泉州 泉州市民族与宗教事务局 2005年 255页

012661785

泉州党校工作志

中共泉州市委党校党校工作志编纂委员会编 厦门 厦门大学出版社 2010年 189页〔中华人民共和国地方志 福建省 泉州地方志丛书〕

010577320

泉州市妇女组织志

泉州 1993年 162页〔泉州市地方志丛书〕

011292511

泉州市政协志

泉州市政协志编纂委员会编 泉州 泉州市政协志编纂委员会 1989年 164页〔泉州市地方志丛书〕

010577324

泉州市人事志

泉州 1993年 174页〔泉州市地方志丛书〕

011294745

泉州公安志

泉州市公安局编 泉州 泉州市公安局

2004年 215页

010577246
泉州市华侨志
泉州市华侨志编纂委员会编 北京 中国社会出版社 1996年 533页〔泉州市地方志丛书〕

013000274
九三学社泉州市委员会志 1986—2008
九三学社泉州市委员会编 泉州 九三学社泉州市委员会 2011年 291页

013958952
泉州民建五十年 中国民主建国会泉州市地方组织志 1956—2006
中国民主建国会泉州市委员会编 泉州 泉州晚报印刷厂 2006年 487页

012542808
泉州市商会志
泉州市商会志编纂委员会编 泉州 泉州市工商业联合会 2006年 204页

013074824
致公党泉州市地方组织志 1957—2008
中国致公党泉州市委员会编 泉州 中国致公党泉州市委员会 2008年 319页

011293413
泉州市检察志
泉州市检察志编纂委员会编 泉州 泉州市检察志编纂委员会 1993年 140页〔泉州市地方志丛书〕

010577274
泉州市经济体制改革志
高厚生 方贤明主编 福建省泉州市经济体制改革委员会编 泉州 福建省泉州市经济体制改革委员会 1995年 111页〔泉州市地方志丛书〕

012639047
泉州工商行政管理志
泉州市工商行政管理局编 福州 海风出版社 2010年 808页〔泉州市志书系列 中华人民共和国地方志 福建省〕

010577322
泉州市劳动志
福建省泉州市劳动局编 泉州 泉州市劳动局 1993年 118页〔泉州市地方志丛书〕

009742384
泉州市乡镇企业志
泉州市乡镇企业志编纂委员会编 泉州 泉州市乡镇企业志编纂委员会 1993年 281页〔泉州市地方志丛书〕

008451097
泉州市城乡建设志
泉州市建委修志办公室编 北京 中国城市出版社 1998年 636页〔福建省泉州市地方志丛书〕

010577294
泉州市粮食志
黄培群 陈祖植主编 泉州市粮食局编 泉州 泉州市粮食局 1994年 164页〔泉州市地方志丛书〕

011564553
福建省水利水电工程局史志
宁蔚华主编 福建 福建省水利水电工程局 1995年 182页

011294344
泉州电力工业志
福建省泉州电业局编 泉州 福建省泉州电业局 1999年 468页〔福建省电力业志丛书〕

012814167
泉州电力工业志 1991—2002
泉州电力工业志编纂委员会编 北京 中国电力出版社 2010年 780页〔福建省电力工业志丛书〕

008451094
泉州市建筑志
泉州市建委修志办公室编 北京 中国城市出版社 1995年 489页〔福建省泉州市地方志丛书〕

007347926
泉州市煤炭志
福建省泉州市煤炭工业公司编 胡仲超主编 周亦斌编审 北京 中国统计出版社 1994年 290页〔泉州市地方志丛书〕

011294243
泉州市医药志
泉州市医药志编纂委员会编 泉州 泉州市医药志编纂委员会 1995年 183页〔泉州市地方志丛书〕

010577222
泉州市交通志
泉州市交通局编 上海 学林出版社 1998年 398页

008096666
泉州市道路交通管理志
泉州市交通人民警察支队编印 泉州 泉州市交通人民警察支队 1992年 141页〔泉州市地方志丛书〕

007508982
泉州市邮电志
福建省泉州市邮电局编志组编 北京 人民邮电出版社 1993年 302页〔泉州市地方志丛书〕

009878619
泉州市供销合作社志 1991—2001
福建省泉州市供销合作社志编纂委员会编 泉州 福建省泉州市供销合作社志编纂委员会 2004年 231页〔泉州市地方志丛书〕

009378270
泉州市物价志
黄奕恩主编 泉州市物价志编纂委员会编 泉州 泉州市物价志编纂委员会 1993年 688页〔泉州市地方志丛书〕

009683392
泉州海关志
泉州海关编 厦门 厦门大学出版社 2005年 472页

008101479
泉州市对外经济贸易志
泉州市对外经济贸易志编纂委员会编 北京 中国国际广播出版社 1993年 413页〔泉州市地方志丛书〕

009378262
泉州市科学技术志
泉州市科学技术志编纂委员会编 北京 中国科学技术出版社 1994年 576页〔中国地方科技史志丛书〕

011294259
泉州市教育志
泉州市教育志编纂委员会编 福州 福建教育出版社 1996年 445页〔泉州市地方志丛书〕

011294620
泉州市区教育志稿
王挥编撰 泉州 2001年 164页

011294242
福建省泉州市体育志
泉州市体育运动委员会编 福建 泉州市体育运动委员会 1995年 233页〔泉州市地方志丛书〕

005109424
泉州市方言志
林连通主编 福建省泉州市地方志编纂委员会编 北京 社会科学文献出版社 1993年 280页〔泉州市地方志丛书〕

011293410
泉州市电影志
福建省泉州市电影志编纂领导小组编 泉州 福建省泉州市电影志编纂领导小组 1993年 151页〔泉州市地方志丛书〕

009863426
泉州市计划管理志
泉州市计划管理志编纂小组编 傅鸿曦主编 倪长林校正 黄德明 林春枝整理 1993年 177页〔泉州市地方志丛书〕

011294268
泉州市政府志
王华民主编 泉州 泉州市政府 1997年 190页

013793078

九日山历代名人志

黄威廉辑录 北京 中国文联出版社 2007年 147页〔九日山文化丛书3〕

011757602

大泉州风物志

李建生主编 林建伟编著 福州 福建省通俗文艺研究会 2006年 784页〔福建地方文化研究丛书〕

008913807

福建省泉州市地名录

福建省泉州市地名办公室编印 泉州 福建省泉州市地名办公室 1983年 278页

010280161

九日山志 修订本

黄柏龄编著 上海 上海辞书出版社 2006年 267页

009673104

清源山志

清源山风景名胜区管理委员会编 北京 中华书局 2004年 580页

007468546

泉州市建置志

林龙海编纂 宙定黄安全 傅金星 杨清江 泉州市地方志编纂委员会编 福州 海峡文艺出版社 1993年 201页〔泉州市地方志丛书〕

007466624

泉州通淮关岳庙志

傅金星 曾焕智编著 泉州 吕纯青 1986年 166页

011584802

泉州动植物检疫局志 1981—1998

中华人民共和国泉州动植物检疫局编 福州 海潮摄影艺术出版社 1999年 125页〔泉州市地方志丛书〕

009117936

泉州市卫生志

泉州市卫生志编纂委员会编 福州 福建人民出版社 2000年 465页

012969498

泉州市水土保持志

泉州市水土保持志编纂委员会编 泉州 泉州市水土保持志编纂委员会 2010年 288页〔中华人民共和国福建省泉州地方志系列〕

008451099

泉州市水利志

泉州市水利水电局编 北京 中国水利水电出版社 1998年 480页

012684637

泉州电力学校志 1984—2003

泉州电力学校志编纂委员会编著 北京

中国电力出版社 2011 年 175 页〔福建省电力工业志丛书〕

013629529
山美水库志
泉州市山美水库管理处编 福州 海风出版社 2012 年 240 页

丰泽区

012191767
丰泽区姓氏志
泉州市丰泽区地方志编纂委员会办公室编 北京 方志出版社 2009 年 190 页

鲤城区

008664242
鲤城区志
泉州市鲤城区地方志编纂委员会编 蔡才厚主编 庄超雄副主编 北京 中国社会科学出版社 1999 年 2 册 1519 页〔中华人民共和国地方志 福建省〕

009010088
鲤城镇志
陈国华 陈明泉主编 鲤城镇人民政府编 北京 方志出版社 2002 年 486 页

011293537
泉州市鲤城区人口志
许锦鹏主编 杨致贵副主编 泉州市鲤城区计划生育委员会 泉州市鲤城区人民政府统计局编印 泉州 泉州市鲤城区人民政府统计局 1994 年 192 页〔泉州市鲤城区地方志丛书〕

011293222
泉州市鲤城区统战志
泉州市鲤城区统战志编纂委员会编 泉州 泉州市鲤城区统战志编纂委员会 1992 年 124 页

012955905
泉州市鲤城区人民代表大会志 1993—2007
泉州市鲤城区人大志编纂委员会编 泉州 泉州市鲤城区人大志编纂委员会 2009 年 210 页

010200436
鲤城区政协志
泉州市鲤城区政协志编纂委员会编 泉州 泉州市鲤城区政协志编纂委员会 199u 年 96 页〔泉州市鲤城区地方志丛书〕

012208130
泉州鲤城区检察志
林玉城主编 泉州市鲤城区检察志编纂委员会编 泉州 泉州市鲤城区检察志编纂委员会 2000 年 140 页

011955321

泉州市鲤城区军事志 669—2005

刘西水主编 泉州市鲤城区军事志编委会编 北京 中央文献出版社 2008年 296页

008601044

鲤城交通志

福建省泉州市鲤城区交通局编 北京 人民交通出版社 1997年 210页

013630803

鲤城区国有商业志 1978—2008

泉州市鲤城商业总公司编 厦门 厦门大学出版社 2012年 148页〔中华人民共和国福建省泉州地方志丛书〕

011764837

通淮关岳庙志

吴幼雄 李少园主编 北京 中国社会科学出版社 2008年 803页

011293498

鲤城区自然地理志 初稿

鲤城区自然地理志编纂小组 鲤城区农业委员会编 1993年 202页〔泉州市鲤城区地方志丛书〕

洛江区

011294618

洛江区政协志

中国人民政治协商会议福建省泉州市洛江区委员会编 泉州 中国人民政治协商会议福建省泉州市洛江区委员会 2002年 55页

石狮市

008451136

石狮市志

石狮市地方志编纂委员会编 北京 方志出版社 1998年 1098页〔中华人民共和国地方志 福建省〕

013731371

石狮市人民代表大会志

石狮市人民代表大会志编纂委员会编 北京 方志出版社 2012年 282页

009378274

福建省石狮市政协志

中国人民政治协商会议石狮市委员会编 石狮 中国人民政治协商会议石狮市委员会 1998年 140页

013991431

石狮市华侨志

石狮市华侨志编纂委员会编 北京 九州出版社 2013年 345页

009389529

工商行政管理志

福建省石狮市工商行政管理局编 许谋团主编 吴为国 赖绍松副主编 福州 福建人民出版社 1998年 425页

011998282

石狮电力工业志 1924—2002

傅宗涛主编 北京 中国电力出版社 2008年 381页〔福建省电力工业志丛书〕

011294289

福建省石狮市教育志

石狮市教育志编纂领导小组编 石狮 1998年 350页

晋江市

006350794

晋江市志

晋江市地方志编纂委员会编 上海 上海三联书店 1994年 2册 32页

009198619

晋江市志

陈健倩 蔡长安主编 北京 方志出版社 2001年 446页〔新编中国优秀地方志简本丛书 第2辑〕

011491203

深沪镇志

深沪镇志编纂委员会编 上海 上海辞书出版社 2007年 389页〔中华人民共和国地方志 福建省 晋江市〕

011294273

塘东村志

蔡菁主编 李原审订 晋江市金井镇塘东村志编纂委员会编辑 塘东村 福建省晋江市金井镇塘东村志编纂委员会 1997年 221页

011294831

中国民主建国会晋江市地方组织志

中国民主建国会晋江市委员会编 晋江 中国民主建国会晋江市委员会编 2008年 225页

009009796

晋江市人大志

晋江市人大常委会晋江市人大志编委会编 北京 方志出版社 2002年 271页

007478017

晋江华侨志

吴泰主编 晋江县侨务办公室 晋江县归国华侨联合会 晋江县华侨志编纂委员会编 上海 上海人民出版社 1994年 250页

012832208

晋江农工 中国农工民主党晋江市地方组织志 1949—2009

中国农工民主党晋江市委员会编 晋江 中国农工民主党晋江市委员会 2010年 210页

012880337

晋江市司法行政志

晋江市司法局编 北京 方志出版社

2010年 181页

007825635
晋江市交通志
晋江市交通局编 上海 上海社会科学院出版社 1996年 386页

014280724
晋江共青团志
共青团晋江市委员会编 北京 九州出版社 2014年

008664195
晋江市邮电志
晋江市邮电志编写组编 北京 人民邮电出版社 1995年 192页

007482393
晋江市人物志
晋江市地方志编纂委员会编 陈苗主编 庄维坤副主编 上海 上海三联书店 1994年 493页

011566155
晋江市地名志
晋江市地方志编纂委员会编 北京 方志出版社 2007年 395页

008663654
福建省晋江县地名录
晋江县人民政府编 晋江 晋江县人民政府 1983年 302页

011292036
[晋江市]农作物品种志
福建省晋江专属农业局编 晋江 福建省晋江专属农业局 1964年 461页

南安市

011294250
丰州志
南安市丰州镇丰州志编写组编 丰州镇 1996年 354页

007490995
南安县志
福建省南安县地方志编纂委员会编 南昌 江西人民出版社 1993年 1114页 〔福建省地方志丛书〕

012658601
洪濑镇志
黄荣周主编 南安市洪濑镇志编纂委员会编印 北京 人民日报出版社 2009年 786页 〔福建省南安市地方志〕

009319938
南安市人民代表大会志
南安市人民代表大会志编委会编 北京 中国民主法制出版社 2003年 151页

013730303
南安市政协志
中国人民政治协商会议南安市委员会编 北京 人民日报出版社 2006年

335 页

008451843
南安华侨志
刘安居 陈芳荣主编 北京 中国华侨出版社 1998 年 268 页

011292477
南安县人事志
洪维贤主编 福建省南安县人事局编 南安 南安县人事局 1989 年 242 页

009553658
南安县交通志
福建省南安县交通局编 福建省南安县地方志编纂委员会 福建省泉州市交通史志编纂委员会审定 福州 海风出版社 1995 年 279 页〔南安县地方志丛书〕

008451845
南安县税务志
南安县税务志编纂领导小组编 南安 南安县税务志编纂领导小组 1992 年 174 页

013093155
南安县教育志
南安县教育志编纂委员会编 厦门 厦门大学出版社 1993 年 463 页

008914184
福建省南安县地名录
福建省南安县人民政府编 南安 福建省南安县人民政府 1982 年 368 页

001719076
九日山志
黄柏龄著 1983 年 203 页

惠安县

008846570
惠安县志
福建省惠安县地方志编纂委员会编 陈万里 王春来主编 林瑞峰常务副主编 王良周副主编 北京 方志出版社 1998 年 1318 页〔中华人民共和国地方志 福建省〕

012173714
崇武镇志 第三稿
崇武镇地方志编纂委员会编 崇武镇 崇武镇地方志编纂委员会 1995 年 408 页

009441450
惠安县妇联志
惠安县妇女联合会编 惠安 惠安县妇女联合会 1993 年 63 页〔惠安县地方志丛书 14〕

013861739
惠安县民政志
惠安县民政局 民政志编纂组编印 惠安 惠安县民政局民政志编纂组 1990 年

3 册

009836632
惠安县华侨志
张省民主编 惠安县侨务办公室 惠安县归国华侨联合会合编 惠安 1990 年 93 页〔惠安县地方志丛书 1〕

011804673
惠安县华侨志稿
张省民 庄崇辉 孙怀伟 惠安县侨务办公室 惠安县侨联会编 惠安 198u 年 99 页

008116875
惠安县工商行政管理志
惠安县工商行政管理志编委会编写 厦门 鹭江出版社 1992 年 209 页

011292505
惠安县城乡建设志
王森林主编 惠安县城乡建设局编 惠安县地方志编纂委员会主办 惠安 1990 年 51 页〔惠安县地方志丛书 3〕

011292500
惠安县农业志
林先民主编 惠安县农业局编 惠安县地方志编纂委员会主办 惠安 1990 年 194 页〔惠安县地方志丛书 2〕

011292525
惠安县水利电力志
惠安县水利电力局编 惠安 惠安县水利电力局 1992 年 241 页〔惠安县地方志丛书 11〕

013683728
惠安县交通志
惠安县交通局编 厦门 鹭江出版社 1997 年 260 页

013092934
惠安县教育志 981—2010
惠安县教育局编 北京 方志出版社 2011 年 375 页〔惠安县地方志丛书〕

011442055
獭窟岛地志
庄弈谋 庄世坚编著 2006 年 190 页

012202863
惠安县文物志
惠安县文化体育局编 惠安 惠安县文化体育局 2003 年 121 页

005599308
惠安风土志
张开权著 1963 年 116 页

008663650
惠安县地名录
福建省惠安县地名办公室编 惠安 福建省惠安县地名办公室 1982 年 304 页

安溪县

007358342
安溪县志
林园主编 林辉标等副主编 安溪县地方志编纂委员会编 北京 新华出版社 1994年 2册 1470页〔中华人民共和国地方志 福建省〕

010195241
清水岩志
安溪清水岩志编纂委员会编著 福建 泉州市文物管理委员会出版 1989年 259页〔泉州文物志 2〕

012503634
安溪县计生协会志 1985—2007
黄一将主编 安溪县计划生育协会编 国际华文出版社 2008年 268页〔福建省安溪县地方志〕

007347925
安溪华侨志
陈克振主编 安溪华侨志编纂委员会编 厦门 厦门大学出版社 1994年 336页〔福建省安溪县地方志丛书 7〕

007654336
安溪县交通志
林辉标主编 厦门 厦门大学出版社 1994年 199页〔福建省安溪县地方志丛书 5〕

013625835
安溪县财税志 事物发端—2007
安溪县财税志编纂委员会编 福州 海风出版社 2012年 325页

004014316
中国民间故事集成 福建卷 安溪县分卷
安溪县民间文学集成编委会编 1988年 2册

010007681
安溪姓氏志
凌文斌主编 安溪县地方志编纂委员会编 北京 方志出版社 2006年 666页〔福建省安溪县地方志丛书 10〕

011804074
安溪地名志
凌文斌主编 北京 方志出版社 2008年 343页〔福建省安溪县地方志丛书〕

008663631
安溪县地名录
福建省安溪县人民政府编 安溪 福建省安溪县人民政府 1982年 353页

012871801
安溪县城隍庙志
林园主编 沈金来等副主编 安溪 安溪城隍庙管理委员会 2007年 129页〔福建省地方志丛书〕

永春县

003801294
福建省永春县志
梁天成总编 李世山副总编辑 永春县志编纂委员会编 北京 语文出版社 1990年 982页〔中华人民共和国地方志丛书〕

013012586
永春县人民代表大会志
永春县人民代表大会志编纂委员会编 永春 永春县人民代表大会志编纂委员会 2010年 352页

011292489
永春方言志
林连通 陈章太编 北京 语文出版社 1989年 205页

012982266
永春县姓氏志
永春县地方志编纂委员会办公室编著 北京 方志出版社 2010年 864页

010290172
福建省永春县地名录
永春县人民政府编 永春 永春县人民政府 1981年 290页

011585262
永春医药志 初稿
廖玉景主编 永春县医药公司编 永春 永春县医药公司 1988年 131页

德化县

006542999
德化县志
德化县志编纂委员会编 北京 新华出版社 1992年 888页〔中华人民共和国地方志 福建省〕

012967412
赤水镇志
赤水镇志编纂委员会编 赤水镇 赤水镇志编纂委员会 2011年 475页

008664192
桂阳乡志
德化县桂阳乡志编纂委员会编 德化 德化县桂阳乡志编纂委员会 1993年 334页

012951987
龙浔镇志
龙浔镇志编纂委员会编 龙浔镇 龙浔镇志编纂委员会 2004年 362页

011312494
德化县人民代表大会志
德化县人民代表大会志编纂委员会编 北京 方志出版社 2007年 387页

010197240
德化县政协志

德化县政协志编委会编 德化 德化县政协 2000年 136页

009683372
德化陶瓷志
德化县地方志编纂委员会编纂 北京 方志出版社 2004年 331页

007347934
德化县交通志
德化县交通志编纂委员会编 北京 中国统计出版社 1994年 209页

012096616
德化县姓氏志
德化县地方志编纂委员会办公室编著 北京 方志出版社 2008年 639页

011294280
德化县人物志
福建省德化县地方志办公室编 福建 福建省德化县地方志办公室 1998年 266页

009683374
德化县文物志
德化县文物管理委员会 德化县文物志编纂委员会编 德化 德化县文物管理委员会 德化县文物志编纂委员会 1996年 132页〔德化县地方志〕

008914228
德化县地名录
福建省德化县地名办公室编 德化 福建省德化县地名办公室 1983年 319页

012846135
戴云山志
德化县地方志编纂委员会办公室编 北京 方志出版社 2010年 456页

漳州市

008612592
漳州市志
漳州市地方志编纂委员会编 北京 中国社会科学出版社 1999年 6册〔中华人民共和国地方志 福建省〕

013134010
漳州市人民代表大会志
漳州市人民代表大会常务委员会编 漳州 漳州市人民代表大会常务委员会 1998年 359页

008101460
漳州人事编制志
漳州市人事编制志编委会编 厦门 厦门大学出版社 1993年 463页

009683639
漳州华侨志
漳州市人民政府侨务办公室编 厦门 厦门大学出版社 1994年 325页

012878929
漳州法院志
漳州市中级人民法院编 漳州 漳州市中级人民法院 2000年 424页

012612939
漳州检察志
漳州市人民检察院编 漳州 漳州市人民检察院 2002年 406页

013343584
漳州市物资管理志
陈正团主编 欧阳金余副主编 北京 北京广播学院出版社 1996年 337页

013464340
漳州房地产志
漳州市房地产管理局编 漳州 漳州市房地产管理局 1998年 194页

012256581
漳州市渔业志
漳州市渔业志编纂委员会编 北京 中国农业出版社 2009年 700页

009683636
漳州二轻工业志
漳州市二轻志编纂委员会编 厦门 鹭江出版社 1991年 376页〔中华人民共和国地方志 福建省〕

010293924
漳州市烟草志
漳州市烟草志编纂委员会编 北京 方志出版社 2006年 394页

008451089
漳州水利志
福建省漳州市水利水电局编 厦门 厦门大学出版社 1998年 410页

007659730
漳州交通志
漳州市交通局编 北京 东方出版社 1993年 402页

009683633
漳州市道路交通管理志
张国和主编 漳州市公安局交通警察支队编 北京 警官教育出版社 1992年 87页

009683641
漳州市粮食志
林依秋主编 厦门 厦门大学出版社 1995年 508页

012141534
漳州市金融志
漳州市金融志编纂委员会编 北京 东方出版社 1993年 281页

013735542
漳州文化志
漳州市文化局编 漳州 漳州市文化局 1999年 568页

008986206
漳州市科学技术志
漳州市科委编 厦门 厦门大学出版社 2001年 412页

007659742
漳州市体育志
厦门 鹭江出版社 1994年 322页

013067224
水仙花志
漳州市文学艺术工作者联合会编 福州 福建人民出版社 1980年 85页

芗城区

008612613
芗城区志
漳州市芗城区地方志编纂委员会编 汪照元主编 北京 方志出版社 1999年 2册〔中华人民共和国地方志 福建省〕

008914325
漳州市芗城区地名录
漳州市芗城区地名办公室编 芗城区 漳州市芗城区地名办公室 1987年 205页

龙海市

008612595
龙海县志
福建省龙海县地方志编纂委员会 黄剑岚主编 陈吴泉 张日庆副主编 北京 东方出版社 1993年 1190页〔中国地方志〕

009683387
港尾镇志
港尾镇志编纂委员会编 合肥 黄山书社 1995年 286页

010200057
龙海市政协志 1949—1999
政协福建省龙海市委员会编 龙海 政协 1999年 297页

009335557
龙海交通志
福建省龙海市交通局编 北京 社会科学文献出版社 1995年 197页

008451140
龙海县标准地名录
龙海县革命委员会编 龙海 龙海县革命委员会 1980年 106页

云霄县

008599913
云霄县志
云霄县地方志编纂委员会编 北京 方志出版社 1999年 2册 1377页〔中华人民共和国地方志 福建省〕

008914328
云霄县地名录
云霄县地名办公室编 云霄 云霄县地名办公室 1981年 147页

漳浦县

008451091
漳浦县志
方荣和主编 汤淑镇 林寿龙 李林昌副主编 漳浦县地方志编纂委员会编 北京 方志出版社 1998年 1231页〔中华人民共和国地方志 福建省〕

013901229
漳浦县古雷镇镇志
古雷镇志编写组编 2002年 423页

012636919
福建省漳浦县统计志
漳浦县统计志编写组编 漳浦 漳浦县统计志编写组 1995年 325页

013707194
漳浦县共青团志 1927—2011
共青团漳浦县委员会编 漳浦 共青团漳浦县委员会 2011年 204页

008380280
漳浦盐场志
许展文主编 张永宗执编 厦门 厦门大学出版社 1993年 228页

013630716
漳浦县供销志 1934—2007
漳浦县供销合作社联合社编 2009年 187页

008664085
漳浦县地名录
漳浦县地名办公室编 漳浦 漳浦县地名办公室 1981年 233页

诏安县

008612602
诏安县志
诏安县地方志编纂委员会编 周跃红 陈宝钧主编 沈耀喜等副主编 北京 方志出版社 1999年 1194页〔中华人民共和国地方志 福建省〕

008663614
诏安县地名录
福建省诏安县地名办公室编 诏安 福建省诏安县地名办公室 1982年 181页

长泰县

009767818
长泰县志
长泰县地方志编纂委员会编 北京 方志出版社 2005年 1144页〔中华人民共和国地方志 福建省〕

013961346
长泰政协志 1980—1992
中国人民政治协商会议福建省长泰县委员会编 长泰 长泰县政协 1992年 67页

013309038
长泰县交通志
长泰县交通志编纂领导小组编 长泰 长泰县交通志编纂领导小组 1990年 146页

008923591
长泰县地名录
福建省长泰县地名办公室编 长泰 福建省长泰县地名办公室 1981年 102页

东山县

006697065
东山县志
东山县地方志编纂委员会编 北京 中华书局 1994年 833页〔中华人民共和国地方志 福建省〕

012998911
东山县教育志续志 中小学概况
东山县教育局编 阮水木主编 福州 海风出版社 2008年 82页

012872233
东山关帝庙志
东山关帝庙理事会编 东山 东山风动石管理处 2007年 165页

南靖县

008612604
南靖县志
南靖县地方志编纂委员会编 吴荣宗主编 张亚芬 王少卿 杨惠芬副主编 北京 方志出版社 1997年 1342页

008451069
南靖县农业机械志
南靖县农业机械管理局编 南靖 南靖县农业机械管理局 1991年 216页

008451076
南靖县粮食志
南靖县粮食局编 北京 方志出版社 1996年 271页

009117933
南靖县商业志
南靖县商业局 南靖县财政贸易委员会编 北京 方志出版社 1998年 241页

008451075

南靖县教育志

福建省南靖县教育局编 南靖 福建省南靖县教育局 1991年 142页

008664183

南靖县地名录

福建省南靖县地名办公室编 南靖 福建省南靖县地名办公室 1981年 197页

平和县

007479115

平和县志

平和县地方志编纂委员会编 北京 群众出版社 1994年 1037页

012315619

三平寺志

卢振海主编 张长弓 黄丰茂副主编 福建省平和县三平风景区管委会编 平和 福建省平和县三平风景区管委会 2008年 332页

011320723

平和县政协志 1980—2000

政协福建省平和县委员会编 平和 政协福建省平和县委员会 2000年 219页

华安县

007342718

华安县志

华安县地方志编纂委员会编 厦门 厦门大学出版社 1996年 843页

010198882

福建省华安水力发电厂志

福建省华安水力发电厂编 福建 华安水力发电厂 1998年 186页〔福建省电力志丛书〕

012661220

华安县教育志 1409—1990

福建省华安县教育局编 华安 福建省华安县教育局 1995年 333页

008664187

华安县地名录

华安县地名办公室编 华安 华安县地名办公室 1982年 121页

南平市

007287214
福建南平县志 图集
吴栻主修 蔡建贤总纂 刘光舟编辑 1985年 1册

009412583
南平地区志
南平市地方志编纂委员会编 卓建武主编 刘积卫副主编 北京 方志出版社 2004年 3册〔中华人民共和国地方志 福建省〕

007479113
南平市志
南平市志编纂委员会编 北京 中华书局 1994年 2册 1627页〔中华人民共和国地方志 福建省〕

010110000
南平市志 金融志
南平市金融志编纂领导小组编 南平 南平市金融志办公室 1989年 72页

012753176
宝珠村志
宝珠村志编写小组编 南平 宝珠村志编写小组 2008年 198页

011293534
南平市人民防空志
南平市人民防空办公室编 南平 南平市人民防空办公室 1994年 71页

013898513
南平地区建设志
南平市建设委员会编 南平 南平市建设委员会 1996年 282页

009385973
南平地区烟草志
南平市烟草专卖局 南平烟草分公司编 福州 福建人民出版社 1997年 347页

013508751
南平电力工业志
福建省南平电业局编 南平 福建省南平电业局 1996年 417页〔福建省电力志丛书〕

010280166
沙溪口水力发电厂志
沙溪口水力发电厂史志办公室编 北京 中国电力出版社 2006年 234页〔福建省电力工业志丛书〕

010195458
南平市工业志
福建省南平市经济委员会编纂 南平 福建省南平市经济委员会 1990年

517 页

009310078
南平市交通志
福建省南平市交通局编 上海 上海社会科学院出版社 1991 年 191 页

009378278
武夷交通志
福建省南平地区交通史志编纂委员会编 上海 上海社会科学院出版社 1990 年 407 页

009310672
南平地区邮电志 综合卷
南平市邮电局编 北京 北京燕山出版社 2002 年 254 页

008451084
南平名产志
萧志善主编 北京 方志出版社 1995 年 181 页

012872290
福建省南平地区商业志
福建省南平地区商业局编 南平 福建省南平地区商业局 1993 年 214 页

008451082
南平地区金融志
南平地区金融志编纂委员会编 北京 中华书局 1995 年 343 页

008664031
南平市地名录
福建省南平市地名办公室编 南平 福建省南平市地名办公室 1980 年 146 页

013894444
[南平市]村镇建设志
南平市志村镇建设志编纂小组编 1984 年 170 页

013461687
南平市水利志
福建省南平市水利志编纂委员会编 北京 方志出版社 2011 年 394 页

延平区

012541539
凤池村志
福建省南平市游酢文化研究会 延平区南山镇凤池村志编委会编 南平 延平区南山镇凤池村志编委会 2007 年 264 页

邵武市

008053749
邵武市志
卓朗然主编 陈永敏 张桂贤副主编 邵武市地方志编纂委员会编 北京 群众出版社 1993 年 1313 页〔中华人民共和国地方志 福建省〕

007995590

邵武市林业志

邵武市林业委员会编 厦门 鹭江出版社 1990年 521页

011955402

邵武市教育志

邵武市教育局教育志编纂领导小组编 邵武 邵武市教育局教育志编纂领导小组 1987年 174页

武夷山市

007479207

武夷山市志

武夷山市志编纂委员会编 北京 中国统计出版社 1994年 1248页〔中华人民共和国地方志 福建省〕

012662473

武夷山市林业志

武夷山市林业委员会编 厦门 鹭江出版社 1993年 502页

012955262

南平地区邮电志 武夷山市邮电志

武夷山市邮电局编 北京 北京燕山出版社 2000年 208页

008923568

崇安县地名录

福建省崇安县地名办公室编 崇安 福建省崇安县地名办公室 1980年 158页

013959584

武夷山水利志

武夷山市水利局水利志编纂委员会编 肖力主编 刘德馨副主编 福州 海峡书局出版社 2012年 155页

建瓯市

006822868

建瓯县志

潘渭水 黄芝生主编 蔡伟缵等副主编 建瓯县地方志编纂委员会编 北京 中华书局 1994年 1068页〔中华人民共和国地方志 福建省〕

013335410

建瓯林业志

建瓯市林业委员会编 厦门 鹭江出版社 1995年 646页

008541290

建瓯县地名录

福建省建瓯县地名办公室编 建瓯 福建省建瓯县地名办公室 1981年 162页

013415323

建瓯市水利志

建瓯市水利局水利志编纂委员会编 北京 方志出版社 2011年 331页〔福建省建瓯市地方志〕

建阳市

007480655
建阳县志
李家钦编委主任 陈明考主编 建阳县地方志编纂委员会编 北京 群众出版社 1994年 994页〔中华人民共和国地方志 福建省〕

012898645
黄坑镇志
王晓 吴政禹主编 2010年 366页

012811575
建阳政协志 1955—2008
政协建阳市委员会编 建阳 政协建阳市委员会 2009年 438页

008451128
福建省建阳市林业志
建阳市林业委员会编 北京 方志出版社 1996年 208页

012661257
建阳市文物志
谢道华著 厦门 厦门大学出版社 1997年 210页

008913816
建阳县地名录
福建省建阳县地名办公室编 建阳 福建省建阳县地名办公室 1981年 186页

顺昌县

006350825
顺昌县志
顺昌县志编纂委员会编 北京 中国统计出版社 1994年 923页〔中华人民共和国地方志 福建省〕

013756083
顺昌交通志
福建省顺昌县交通局编 顺昌 福建省顺昌县交通局 1991年 192页

012955256
南平地区邮电志 顺昌县邮电志
顺昌县邮电局编 北京 北京燕山出版社 2000年 249页

008664036
顺昌县地名录
福建省顺昌县地名办公室编 顺昌 福建省顺昌县地名办公室 1981年 135页

浦城县

006543149
浦城县志
蒋仁主编 余奎元 章复权副主编 浦城县地方志编纂委员会编 北京 中华书局 1994年 1411页〔中华人民共和国地方志 福建省〕

012722060
浦城县人大志 1991—2006
浦城县人大志编纂委员会编 浦城 浦城县人大志编纂委员会 2008 年 367 页

013601951
浦城公安志
浦城县公安志编纂委员会编 厦门 厦门大学出版社 1997 年 221 页〔中华人民共和国地方志 福建省〕

009835667
浦城县侨务志
浦城县人民政府侨务办公室编 浦城 浦城县人民政府侨务办公室 1990 年 122 页

光泽县

006350830
光泽县志
光泽县地方志编纂委员会编 北京 群众出版社 1994 年 848 页〔中华人民共和国地方志 福建省〕

011473056
[光泽县]民政志
光泽县民政志编辑组编 光泽 光泽县民政志编辑组 1991 年 178 页

011890676
光泽交通志
福建省光泽交通志交通局编 福建 光泽交通志交通局 1993 年 185 页

008663606
光泽县地名录
福建省光泽县地名办公室编 光泽 福建省光泽县地名办公室 1983 年 132 页

松溪县

006567524
松溪县志
松溪县志编纂委员会编 北京 中国统计出版社 1994 年 828 页〔中华人民共和国地方志 福建省〕

012955259
南平地区邮电志 松溪县邮电志
松溪县邮电局编 北京 北京燕山出版社 2000 年 214 页

011148004
中国民间故事集成 福建卷 松溪县分卷
福建省松溪县民间文学集成编委会编 松溪 福建省松溪县民间文学集成编委会 1991 年 314 页

008923611
松溪县地名录
福建省松溪县地名领导小组办公室编 松溪 福建省松溪县地名领导小组办公室 1980 年 76 页

政和县

007657607
政和县志
林天福主编 周元火 丁少康 郑亚雄编 政和县地方志编纂委员会编 北京 中华书局 1994年 866页〔中华人民共和国地方志 福建省〕

012208580
政和县水利志
政和县水利局编 北京 方志出版社 2009年 262页

008923603
政和县地名录
福建省政和县地名办公室编 政和 福建省政和县地名办公室 1981年 125页

龙岩市

007905713
福建省龙岩地区志
龙岩地区地方志编纂委员会编 林金禄等总编 上海 上海人民出版社 1992年 2册 1681页

005705515
龙岩市志
龙岩市地方志编纂委员会编 北京 中国科学技术出版社 1993年 1066页〔中华人民共和国地方志 福建省〕

010730555
龙岩市志 1988—2002
龙岩市地方志编纂委员会编 北京 方志出版社 2006年 3册〔中华人民共和国地方志 福建省〕

009683388
闽西共青团志 1926—2003
共青团龙岩市委员会编 北京 中国广播电视出版社 2005年 365页

013659613
龙岩市人民代表大会志
龙岩市人民代表大会常务委员会编 龙岩 龙岩市人民代表大会常务委员会 2007年 414页

012680439
龙岩法院志
林卫里主编 龙岩 龙岩市中级人民法院 2010年 572页

008532534
龙岩市城乡建设志
龙岩市建设委员会编 龙岩 龙岩市建设

委员会 1990 年 114 页

009173834
福建省龙岩地区烟草志
福建省龙岩地区烟草志编纂委员会编 福州 福建科学技术出版社 1994 年 328 页

013508673
龙岩电厂志
福建省龙岩电厂编 龙岩 福建省龙岩电厂 1993 年 238 页〔福建省电力志丛书〕

010778933
龙岩电力工业志 1990—2002
龙岩电力工业志编纂委员会编 北京 中国电力出版社 2007 年 345 页〔福建省电力工业志丛书〕

012924882
龙岩市烟草志 1993—2009
福建省龙岩市烟草专卖局 福建省烟草公司龙岩市公司编 北京 方志出版社 2011 年 418 页

012680442
龙岩市交通志 1988—2006
龙岩市交通志编纂委员会编 北京 方志出版社 2010 年 277 页

008486829
闽西交通志
福建省龙岩地区交通史志编纂委员会编 北京 中国计划出版社 1991 年 313 页

009839174
龙岩财政志
苏振旺 邓干华主编 厦门 厦门大学出版社 2002 年 217 页

010194025
龙岩市地方税务志
吴汉文主编 厦门 厦门大学出版社 2006 年 347 页

012968307
龙岩金融志 1988—2002
龙岩金融志编纂委员会编 龙岩 龙岩金融志编纂委员会 2005 年 303 页

010243949
龙岩人民保险志 1949—2002
龙岩人民保险志编纂委员会编 龙岩 龙岩人民保险志编纂委员会 200u 年 309 页

008527459
龙岩教育志 990—1996
福建龙岩教育志编纂委员会编 龙岩 福建龙岩教育志编纂委员会 1996 年 1066 页〔福建龙岩市地方志丛书〕

011480569
中国歌谣集成 福建卷 龙岩市分卷

龙岩市民间文学集成编委会编 龙岩 龙岩市民间文学集成编委会 1989年 337页

008451852
闽西客家志
张东民 熊寒江著 龙岩地区地方志编纂委员会编 福州 海潮摄影艺术出版社 1998年 430页

008914312
龙岩市地名录
福建省龙岩市地名办公室编 龙岩 福建省龙岩市地名办公室 1982年 167页

新罗区

011475361
龙岩新罗区志 1988—2002
龙岩市新罗区地方志编纂委员会编 北京 方志出版社 2008年 2册 1297页〔中华人民共和国地方志 福建省〕

011908829
适中镇志
福建省龙岩市新罗区适中镇志编纂委员会编 北京 华夏出版社 2008年 713页

008665704
雁石镇志 续编
龙岩市新罗区雁石镇人民政府编 龙岩 新罗区雁石镇人民政府 2000年 343页

011441036
龙岩市新罗区政协志 1956—2006
中国人民政治协商会议福建省龙岩市新罗区委员会编 龙岩 中国人民政治协商会议福建省龙岩市新罗区委员会 2006年 184页

012872988
江山风物志
龙岩文化研究会江山分会编 江山乡 龙岩文化研究会江山分会 2008年 226页

漳平市

007491000
漳平县志
福建省漳平市地方志编纂委员会编 李祖富主编 北京 生活·读书·新知三联书店 1995年 929页

长汀县

005701641
长汀县志 第1卷
福建省长汀县地方志编纂委员会编 北京 生活·读书·新知三联书店 1993年 1149页〔中国地方志丛书〕

010007684

长汀县志 第2卷 1988—2003

长汀县地方志编纂委员会 卢德明主编 北京 中华书局 2006年 1007页〔中华人民共和国地方志丛书 福建省〕

013012682

支乡志

福建省长汀县智力支乡协会编 长汀 福建省长汀县智力支乡协会 2010年 296页

012967382

长汀县交通志

长汀县交通局编 长汀 长汀县交通局 1996年 211页

011147849

中国歌谣集成 福建卷 长汀县分卷

长汀县民间文学集成编委会编 长汀 长汀县民间文学集成编委会 1991年 371页

008914342

长汀县地名录

福建省长汀县地名办公室编 长汀 福建省长汀县地名办公室 1981年 275页

永定县

007482412

永定县志

永定县地方志编纂委员会编 张定雄总编 江文野 陈树浪副总编 北京 中国科学技术出版社 1994年 1208页〔中华人民共和国地方志 福建省〕

009988784

永定县志 1988—2000

永定县地方志编纂委员会编 福州 福建人民出版社 2005年 832页〔中华人民共和国地方志 福建省〕

010138263

永定县志 1988—2000 评议稿

福建省永定县地方志编纂委员会编 福州 福建人民出版社 2004年 980页

008846566

永定县劳动志

福建省永定县劳动局编纂组编 永定 福建省永定县劳动局编纂组 1988年 168页

008101442

中川史志

胡以按主编 厦门 厦门大学出版社 1988年 146页

008914335

永定县地名录

福建省永定县地名办公室编 永定 福建省永定县地名办公室 1981年 264页

008664215

福建省永定县医院志 1938—1998

永定 1998年 204页

012141499
永定客家土楼志
永定县地方志编纂委员会编 北京 方志出版社 2009年 292页〔中华人民共和国地方志 福建省〕

上杭县

005331692
上杭县志
范书声主编 林守明 汤维高副主编 上杭县地方志编纂委员会编 福州 福建人民出版社 1993年 1053页〔中华人民共和国地方志 福建省〕

013957110
官庄畲族乡志
官庄畲族乡志编纂委员会编 北京 方志出版社 2013年 510页〔中华人民共和国地方志〕

010201684
上杭县政协志
中国人民政治协商会议上杭县委员会编 上杭 政协 1999年 200页

011320332
福建省上杭县烟草志
李榕龄主编 王卫平 邱维坤副主编 上杭县烟草专卖局 上杭县烟草公司编 上杭 福建省上杭县烟草志编纂委员会 1993年 213页

008122766
上杭县畲族志
黄集良主编 厦门 厦门大学出版社 1994年 180页

008664007
上杭县地名录
福建省上杭县地名办公室编 上杭 福建省上杭县地名办公室 1980年 216页

武平县

005701653
武平县志
武平县县志编纂委员会编 北京 中国大百科全书出版社 1993年 894页〔中华人民共和国地方志 福建省〕

011793007
武平县志 1988—2000
武平县地方志编纂委员会编 北京 方志出版社 2007年 850页〔中华人民共和国地方志 福建省〕

013510725
武平县交通志
武平县交通局史志办公室编 武平 武平县交通局史志办公室 1991年 155页

008663610
武平县地名录

福建省武平县地名办公室编 武平 福建省武平县地名办公室 1983 年 242 页

连城县

006350838
连城县志
连城县地方志编纂委员会编 邹日升等主编 北京 群众出版社 1993 年 1014 页〔中华人民共和国地方志 福建省〕

009804594
连城县志 1988—2000
连城县地方志编纂委员会编 北京 方志出版社 2005 年 683 页〔中华人民共和国地方志 福建省〕

013097843
新泉镇志
新泉镇志编纂委员会 张汝莘主编 新泉镇 新泉镇志编纂委员会 2005 年 379 页

010194024
连城县政协志
连城县政协志编纂委员会编 连城 政协 1999 年 160 页〔中华人民共和国地方志 福建省〕

008664067
连城县地名录
福建省连城县地名办公室编 连城 福建省连城县地名办公室 1983 年 99 页

009227049
冠豸山志
龙岩市地方志编纂委员会 连城县地方志编纂委员会编 张东民主编 周兴栋等副主编 福州 福建人民出版社 1999 年 240 页〔中华人民共和国地方志 福建省〕

宁德市

008599898
宁德地区志
宁德地区地方志编纂委员会编 北京 方志出版社 1998 年 2 册〔中华人民共和国地方志 福建省〕

007490430
宁德市志
林希顺主编 周孝钧 林孝章 颜素开副主编 宁德市地方志编纂委员会编 北京 中华书局 1995 年 1176 页〔中华人民共和国地方志 福建省〕

012872287
福建东侨经济开发区志
何如芳主编 福州 福州人民出版社 2011年 204页

009378230
宁德地区计划志
宁德地区计划志编纂委员会编 福州 福建人民出版社 1999年 213页

007508970
宁德地区工商行政管理志
宁德地区工商行政管理志编纂委员会编 厦门 厦门大学出版社 1993年 223页〔中华人民共和国地方志 福建省〕

013705219
宁德市粮食志
宁德市粮食志编纂委员会编 宁德 宁德市粮食志编纂委员会 2004年 322页

011328499
宁德茶业志
宁德市茶业协会编 叶乃寿主编 福州 福建人民出版社 2004年 437页

012051750
宁德电力工业志 1919—2005
宁德电业局编著 北京 中国电力出版社 2009年 532页〔福建省电力工业志丛书〕

009413297
闽东工业志
福建省宁德市经济贸易委员会编 福州 福建人民出版社 2003年 317页

013342311
宁德地区交通志
宁德地区交通局编 厦门 鹭江出版社 1997年 317页

012836045
宁德市文化志 1993—2008
宁德市文化与出版局编 福建 宁德市文化与出版局 2010年 283页

012139533
闽东科学技术志
宁德地区科学技术委员会编 1994年 291页

013528894
福建省宁德第一中学志 1940—2010
福建省宁德第一中学编印 宁德 福建省宁德第一中学志编纂委员会 2010年 267页

012096690
福建省宁德市民族中学志 1958—2008
宁德市民族中学编 李健民撰稿 北京 民族出版社 2008年 290页

008555468
闽东畲族志

蓝运全 缪品枚主编 北京 民族出版社 2000 年 522 页〔中华人民共和国地方志丛书 福建省〕

011911561
福建苏氏闽东定居志
苏振团编著 北京 作家出版社 2008 年 458 页

002283739
畲族风俗志
施联朱编著 北京 中央民族学院出版社 1989 年 181 页〔民俗文库 8〕

013090949
大宁德风物志
吴赵青著 北京 中国文联出版社 2009 年 489 页

008451108
闽东风物志
梁奕章主编 福州 福建人民出版社 1993 年 214 页

008923585
宁德县地名录
宁德县人民政府编 宁德 宁德县人民政府 1981 年 202 页

013066903
宁德市水利志
福建省宁德市水利局编 北京 中国水利水电出版社 2011 年 432 页

蕉城区

012614298
宁德市蕉城区计划生育协会志
宁德市蕉城区计划生育协会编 宁德 宁德市蕉城区计划生育协会 2009 年 592 页

013443088
蕉城区关工委志 1990—2010
福建省宁德市蕉城区关心下一代工作委员会编 宁德 福建省宁德市蕉城区关心下一代工作委员会 2010 年 179 页

福安市

009061196
福安市志 送审稿
福建省福安市地方志编纂委员会编 福安 福建省福安市地方志编纂委员会 1988 年

009061473
福安市志 征求意见稿
福建省福安市地方志编纂委员会编 福安 福建省福安市地方志编纂委员会 1993 年

008640101
福安市志
福安市地方志编纂委员会 蓝如春主编

缪品枚常务副主编 林善坦 冯克光副主编 北京 方志出版社 1999年 1241页〔中华人民共和国地方志 福建省〕

010687008
甘棠镇志
福建省福安市甘棠镇地方志编纂委员会编 张水顺 缪品枚主编 厦门 厦门大学出版社 1992年 484页

013404249
福安市工会志
福安市工会志编纂委员会编印 福安 福安市工会志编纂委员会 2011年 222页

012658441
福安市人民代表大会志
福安市人民代表大会志编纂委员会编 福安 福安市人民代表大会志编纂委员会 1992年 282页

012264236
福安市政协志 1991—2008
政协福安市委员会编 福安 政协福安市委员会 2009年 412页〔福安文史资料 第18辑〕

012951982
福安民政志
见明编纂 福安 福安民政志编委会 1993年 435页

009107193
福安市财政志
刘宗廷主编 福安市财政志编委会编 乌鲁木齐 新疆人民出版社 1999年 221页〔中华人民共和国地方志 福建省〕

009335532
福安畲族志
福安畲族志编纂委员会编 蓝炯熹总纂 福州 福建教育出版社 1995年 822页

009335534
福安市老区志
福建省福安市老区志编纂委员会编 福州 海潮摄影艺术出版社 1994年 320页

009107187
外塘苏氏定居九百年志
苏振团编著 福州 海潮摄影艺术出版社 2002年 305页

008664033
福安县地名录
福建省福安县地名办公室编 福安 福建省福安县地名办公室 1982年 226页

福鼎市

008451142
福鼎县志

福鼎县地方志编纂委员会编 卢宜忠主编 北京 中国统计出版社 1995 年 1088 页〔中华人民共和国地方志 福建省〕

009319305
福鼎县志
林守无主编 卢宜忠 黄玲清 施均济副主编 福鼎市地方志编纂委员会编 福州 海风出版社 2003 年 1088 页〔中华人民共和国地方志 福建省〕

013726975
福鼎县政协志
福鼎县政协志编纂委员会编 福鼎 福鼎县政协志编纂委员会 1993 年 194 页

010280429
福鼎政协志 续编 1991—2005
福鼎市政协志编纂委员会编 福鼎 福鼎市政协志编纂委员会 2005 年 267 页

008663642
福鼎县地名录
福鼎县地名办公室编 福鼎 福鼎县地名办公室 1984 年 281 页

霞浦县

008599908
霞浦县志
霞浦县地方志编纂委员会编 陈永庚主编 北京 方志出版社 1999 年 1174 页〔中华人民共和国地方志 福建省〕

008527784
霞浦县佛教志
霞浦县宗教志编写组编 霞浦 霞浦县宗教志编写组 1994 年 282 页

008527772
霞浦县基督教志
霞浦县宗教志编写组纂 霞浦 霞浦县宗教志编写组 1992 年 195 页

013145643
霞浦县人民代表大会志
霞浦县人民代表大会志编纂委员会编 霞浦 霞浦县人民代表大会志编纂委员会 2011 年 482 页

011320307
福建省霞浦电子仪器厂志 1973—1993
霞浦电子仪器厂志编委会编 福建 1993 年 104 页

008527739
霞浦县交通志
霞浦县交通志史编纂委员会编 霞浦 霞浦县交通志史编纂委员会 1991 年 157 页

008527760
霞浦县邮电志
霞浦县邮电志编纂委员会编 霞浦 霞浦

县邮电志编纂委员会 1994年 235页

007347927
霞浦县畲族志
霞浦县民族事务委员会霞浦县畲族志编写组编 俞郁田编纂 福州 福建人民出版社 1993年 513页

古田县

008051690
古田县志
李扬强主编 黄家祥 陈惠英 李万民副主编 古田县地方志编纂委员会编 北京 中华书局 1997年 1089页〔中华人民共和国地方志 福建省〕

012139129
古田县土地志
古田县土地管理局编 古田 古田县土地管理局 2000年 153页

013507789
古田溪水力发电厂志
古田溪水力发电厂志编纂委员会编 古田 福建省古田溪水力发电厂 1995年 314页〔福建省电力志丛书〕

013404264
福建省古田第一中学校志 1943—2003
古田第一中学校志编纂委员会编 宁德 古田第一中学校志编纂委员会 2003年 252页

013045530
古田会议人物志
游宝富编著 北京 解放军出版社 2006年 496页〔古田会议史料丛书〕

008914172
古田县地名录
福建省古田县地名办公室编 古田 福建省古田县地名办公室 1983年 135页

012952036
古田临水宫志
叶明生 郑安思主编 香港 香港天马出版有限公司 2010年 452页

屏南县

008830624
屏南县志
屏南县地方志编纂委员会编 李升荣主编 毛云岑等副主编 北京 方志出版社 1999年 896页〔中华人民共和国地方志 福建省〕

010195230
屏南县政协志
政协屏南县委员会编 屏南 政协 1996年 107页

寿宁县

005285197
寿宁县志
寿宁县地方志编纂委员会编 厦门 鹭江出版社 1992年 935页〔中华人民共和国地方志 福建省〕

008527789
斜滩镇志
王道亨主编 斜滩镇志编纂委员会编 福州 海峡文艺出版社 1998年 327页

008528018
寿宁县林业志
寿宁县林业局编 金生勋主编 北京 中国社会科学出版社 1999年 244页

周宁县

006697059
周宁县志
周宁县地方志编纂委员会编 北京 中国科学技术出版社 1993年 787页〔中华人民共和国地方志 福建省〕

柘荣县

007359850
柘荣县志
柘荣县地方志编纂委员会编 金振淑主编 刘公谨 陶孝通 黄金树副主编 北京 中华书局 1995年 956页〔中华人民共和国地方志 福建省〕

008663639
柘荣县地名录
福建省柘荣县地名办公室编 柘荣 福建省柘荣县地名办公室 1983年 126页